제2판

An Introductory Text For the 21st Criminology & C·J system

CRIMINOLOGY
C·J SYSTEM

범죄학과
형사사법체계론

김창윤

박영사

2021년은 형사사법체계에 가장 많은 변화와 혁신이 도래한 시기이다. 형사사법체계 전체의 경우, 「고위공직자 범죄수사처 설치 및 운영에 관한 법률」이 2021년 1월 1일부로 전면 시행되었다. 경찰의 경우, 「구 경찰법」은 2020년 12월 31일 24시 부로 폐지되었으며, 2021년 1월 1일부터 「국가경찰과 자치경찰의 조직 및 운영에 관한 법률」로 전부 개정 시행되었다. 이에 따라 경찰은 국가수사본부가 1월 1일부로 출범하였으며, 자치경찰제도가 7월 1일 시행된다.

검찰의 경우, 개정 「형사소송법」이 2021년 1월 1일부로 시행되면서, 검사와 사법경찰관의 관계가 수사, 공소제기 및 공소유지에 관하여 상명·하복관계가 아닌 상호 협력관계로 변경되었다. 또한 개정 「검찰청법」이 2021년 1월 1일부로 시행되면서 검사가 수사를 개시할 수 있는 범죄의 범위가 새롭게 정의되었다. 그 내용은 ① 부패범죄, ② 경제범죄, ③ 공직자범죄, ④ 선거범죄, ⑤ 방위사업범죄, ⑥ 대형참사, ⑦ 경찰공무원이 범한 범죄 등이다. 그리고 검사의 범죄수사에 관한 지휘·감독 대상은 특별사법경찰관리로 한정되었다.

법원의 경우 「법원조직법」이 2021년 2월 9일 부로 시행되면서, 고등법원 부장판사 직위를 폐지하면서 법관의 관료화를 타파하고, 대등한 지위를 가진 판사로 구성된 재판부를 통해서 충실한 심리가 이루어지도록 하였다. 그리고 법원의 윤리감사업무가 독립적·전문적으로 이루어질 수 있도록 '윤리감사관 제도'를 개선하여 윤리감사관을 공개모집절차로 임용하도록 하였다.

이러한 형사사법체계의 많은 변화는 21세기 대한민국 시민의 인권보호와 치안서비스 그리고 형사사법권한의 분권화에 기여할 것이다.

제2판에서 새롭게 추가된 내용은 다음과 같다. 먼저 범죄원인론과 범죄대책론에 이어서 범죄현상론을 Part 2 제14장으로 새롭게 추가하였다. 새롭게 추가된 범죄현상론에서는 다음과 같은 부분을 중점적으로 추가하였다.

첫째, 범죄학 연구방법론에 대한 추가이다. 범죄학의 과학적 연구 의의와 범죄학 연구문제의 가설에 따른 통계분석 방법 그리고 범죄학 연구방법의 종류를 설명하였다. 다양한 통계학 교재와 일본 교재를 참고하였다. 이를 통해서 범죄학이 어떻게 연구되는지를 알 수 있을 것이다.

둘째, 범죄현상을 파악하기 위해서 공식 범죄통계자료와 비공식 조사 자료를 설명하였다. 특히 최근에 주목받고 있는 범죄피해자 통계를 자세히 소개하였다. 최초의 피해자조사연구 연혁과 우리나라 피해자조사연구를 분석하였다.

셋째, 다양한 범죄학자들과 美FBI의 지표범죄 등을 소개하고, 우리나라 경찰청의 5대 지표범죄를 소개하였다. 우리나라 경찰청의 5대 지표범죄인 ① 살인, ② 강도, ③ 강간·강제추행, ④ 절도, ⑤ 폭력 등을 소개하고, 이에 대한 자세한 설명을 추가하였다.

제2판의 또 다른 특징은 2021년 1월 1일부터 시행된 국가수사본부 조직과 자치경찰제도 그리고 고위공직자 범죄수사처(공수처) 등에 대한 내용을 상세하게 정리한 것이다. 새롭게 추가된 내용은 다음과 같다.

첫째, 국가독립수사기구인 공수처에 대해서 조직과 구성을 알기 쉽게 표와 그림으로 추가하였다.

둘째, 국가경찰 및 자치경찰의 조직과 구성을 최신 자료를 참고하여 소개하였다. 경찰청 소속의 국가수사본부와 자치경찰 조직에 대해서 최대한 충실히 담았다.

셋째, 변화된 대검찰청의 조직과 구성을 개정 「검찰청법」을 참조하여 새롭게 그림으로 알기 쉽게 추가하였다.

넷째, 자치경찰제 도입과 검·경수사권 조정내용을 부록으로 추가하여 그 내용을 상세히 알 수 있도록 하였다.

제2판 개정작업을 하면서 많은 경찰학 및 범죄학 관련 교수님들과 형사사법기관의 실무자님들 그리고 기자님들께서 큰 조언과 도움을 주셨다. 그 분들의 격려에 깊은 감사의 마음을 지면을 통해 전하고 싶다. 또한 열심히 학문에 정진하고 있는 플로리다 대학교 박사 과정의 이원기, 동국대학교 경찰행정학과 석사과정의 박시영, 배병준, 김동현, 김소영, 전준하, 박주애, 정소연 등 후배님들의 교정과 교열에도 감사드린다.

마지막으로 부모님, 장인·장모님과 형제들, 일가친척들, 사랑하는 나의 예쁜 아내와 멋진 아들, 한강이 그리고 학교를 위해서 늘 헌신하시는 경남대학교 박재규 총장님께도 다시 한 번 진심어린 감사의 마음을 전하고 싶다.

특히 제2판의 개정을 위해서 마산까지 오는 수고를 마다하지 않고 집필을 독려해 주신 박세기 부장님, 교정과 편집 작업을 세심하게 해 주신 정은희 님, 멋진 디자인 작업을 함께 한 조아라 과장님께도 진심어린 감사의 말씀을 꼭 드리고 싶다. 특히 코로나19 팬데믹 위기라는 어려운 여건에도 불구하고 부족한 제2판의 개정을 허락해 주신 안종만 회장님과 안상준 대표님께도 진심으로 감사의 말씀을 드린다.

2021년 4월

무학산 기슭 월영대에서

저자 배상

서문

　　우리나라의 범죄학 연구는 법학 분야 중 하나인 형사정책학의 일부분으로 간주되면서 시작되었다. 초기 범죄학에 대한 연구는 대부분 법학자들에 의해 이루어졌기 때문에, 범죄학에 대한 연구를 위해서는 부득이하게 형사정책학을 연구할 수밖에 없었다. 하지만 2000년대 이후 범죄학에 대한 연구가 심화되면서 형사정책학에서 독립된 학문으로 범죄학 연구가 본격적으로 시작되었다. 규범학적 접근에서 사실학적 접근으로의 전환이 이루어진 것이다.

　　법학자들이 저술한 대부분 형사정책학 교재의 체계는 범죄원인론, 범죄현상론, 범죄대책론의 3단 체제를 기본으로 구성되었다. 법학자들이 형사정책을 수립하기 위해서 범죄의 실태와 함께 범죄의 원인을 파악하기 위한 연구를 진행한 것이다. 이처럼 영·미의 범죄학 연구와는 다르게 우리나라의 범죄학은 대륙법계의 영향을 받아서 범죄원인을 파악하여 형사정책학에 도움을 주는 방향으로 연구된 것이 특징이다.

　　대륙법계와 달리 영·미의 범죄학(Criminology) 교재 체계는 범죄학 이론을 중심으로 자유롭게 기술되어 있다. 예를 들어, 볼드(Vold)·버나드(Bernard)·스나이퍼(Snipes) 교수 등은 제1장 이론과 범죄학, 제2장 고전주의 범죄학, 제3장 실증주의 학파, 제3장 신체적 특징에 관한 범죄이론, 제4장 지능에 관한 범죄이론, 제5장 생물학적 요인과 범죄적 행동, 제6장 범죄인의 성격, 제7장 범죄와 경제적 조건, 제8장 뒤르깽, 아노미, 근대화, 제9장 범죄생태학, 제10장 긴장이론, 제11장 학습이론, 제12장 통제이론, 제13장 범죄의 의미, 제14장 갈등범죄학, 제15장 비판범죄학, 제16장 발달범죄학, 제17장 통합이론들, 제18장 범죄학이론에 대한 평가 등의 순으로 구성하였다.

　　시걸(Larry J. Siegel) 교수는 제1장 범죄, 법, 그리고 범죄의 개념, 제2장 범죄원인이론, 제3장 범죄유형 등의 순서로 하였다. 브라운(Stephen E. Brown)·애스븐슨(Finn Aage Esbensen)·기스(Gilbert Geis) 교수 등은 제1장 범죄학의 기초, 제2장 범죄이론, 제3장 범죄의 유형 순으로 목차를 구성하였다. 매구이어(Brendan Maguire)와 래도쉬(Polly F. Radosh) 교수는 제1장 범죄와 형사사법, 제2장 범죄의 본성과 범위, 제3장 범죄의 유형, 제4장 형사사법체계, 제5장 결론의 순서로 구성하였다.

이처럼 대륙법계와 영·미법계의 형사사법 관련 교재들은 각자의 장점을 가지고 범죄학 연구를 심화시키고 발전시켰다. 하지만 기존의 우리나라 형사정책학과 범죄학 교재들은 형사사법기관과 형사사법절차 그리고 각국의 형사사법체계에 대한 내용을 소개하지 않았다. 그 결과 형사정책과 연계된 범죄학이 어떻게 형사사법체계에 구현되었는지를 알 수가 없었다. 각국의 형사사법체계가 어떠한지, 우리나라 형사사법체계의 역사와 현재 모습 그리고 형사사법절차는 어떠한지를 구체적으로 알 수 없었다.

따라서 형사사법 실무자와 전국 110여 개의 경찰관련 학과의 학부생, 대학원생들 그리고 범죄 연구자들은 '범죄'가 무엇인지를 알기 위해 형사정책학, 범죄학 그리고 형사소송법까지 모두 봐야 하는 번거로움이 있었다. 더욱이 형사사법체계에 대한 교재도 미흡했기 때문에 '범죄'와 관련된 유기적인 이해가 더욱 힘들게 되었다.

2005년부터 경찰학과에 재직하면서 '경찰학'에도 범죄학이 도입되어야 한다고 생각하여 처음으로『경찰학』(박영사, 2014) 교재에 범죄학이론을 추가하였다. 또한 10년 넘게 형사사법체계론을 강의하면서 형사정책은 범죄학과 형사사법체계 그리고 형사사법절차가 함께 논의되어야 함을 느꼈다.

21세기 4차 혁명시대에는 범죄학·피해자학·여성주의 범죄학 등을 바탕으로 형사정책이 수립되어야 한다. 시대정신(Zeitgeist)을 반영한 형사정책을 수립하여 형사사법이 발전하야 하며, 이러한 발전에 맞게 형사사법체계도 운영되어야 한다. 따라서 21세기 형사사법체계는 범죄학과 피해자학 그리고 여성주의 범죄학 등과 상호 밀접한 관련성을 가지면서 발전해야 한다.

20년 전에 이미 매구이어(Maguire)와 래도쉬(Radosh) 교수는 1999년 출판된『범죄학(Introduction to Criminology)』교재에서 범죄학과 형사사법체계를 함께 다루었다. 우리나라도 이제 형사정책·범죄학·형사사법체계, 그리고 형사사법절차를 함께 조망할 수 있는 교재가 필요한 시점이 되었다. 특히 방대한 형사소송법을 형사사법절차로 재정리하는 과정이 꼭 필요하게 되었다.

따라서 본 교재에서는 범죄학·형사정책·형사사법체계, 그리고 형사사법절차와 연계된 '형사정책을 위한 범죄학과 형사사법체계론'으로 큰 흐름을 잡았다. 기존의 교재와 차별화된 본 교재의 특징은 다음과 같다.

첫째, 제1편 제1장에서는 범죄학 개관으로 범죄학의 의의, 형사정책 개관, 형사정책의 모델, 법규범과 형사정책과의 관계 등을 다루었다. 제2장에서는 형사사법체계 개관으로 형사사법체계의 의의, 형사사법체계의 모델 등을 소개하였다.

둘째, 제2편은 범죄학 이론 부분으로 사회과정이론과 사회구조이론으로 크게 구별하여 설명하였다. 제1장 근대이전의 범죄학, 제2장 고전주의와 실증주의, 제3장 범죄사회학, 제4장 사회생태학이론, 제5장 긴장이론, 제6장 하위문화이론, 제7장 학습이론, 제8장 통제이론, 제9장 낙인이론, 제10장 갈등이론, 제11장 발전범죄학, 제12장 신고전주의 범죄학, 제13장 피해자학과 여성주의 범죄학 등을 소개하였다.

특히 범죄학 이론을 주장한 학자들을 별도로 소개하여 범죄학에 대한 이해를 높이도록 하였으며, 경찰에서 주로 사용하는 이론들을 빠짐없이 소개하였다.

셋째, 제3편 제1장에서는 한국 형사사법체계의 발전과정을 다루었다. 경찰, 검찰, 법원, 교정, 보호관찰 등 모든 형사사법기관의 역사를 고조선부터 현대에 이르기까지 정리하였다. 제2장 각국의 형사사법체계에서는 영국, 미국, 독일, 프랑스, 일본, 중국 등의 형사사법체계를 소개하였다. 우리나라 형사사법체계의 역사와 각국의 형사사법체계를 다루는 교재가 미흡한 실정에서 작은 도움이 되리라 생각한다.

넷째, 제4편은 우리나라 형사사법기관을 소개하였다. 제1장 수사기관, 제2장 기소기관, 제3장 재판기관, 제4장 재판집행기관으로 구분하여 설명하였다. 특히 경찰, 검찰, 법원, 교정, 보호관찰 등의 기관을 최근의 정부자료를 참조하여 표와 그림으로 정리하였다. 형사사법기관이 탄생한 유래와 최근 형사사법기관의 모습이 어떠한지를 일목요연하게 서술하였다.

다섯째, 제5편은 형사사법절차로서 범죄자가 각 단계별로 어떠한 절차를 밟게 되는지를 소개하였다. 제1장 수사단계, 제2장 기소단계, 제3장 재판단계, 제4장 재판집행단계, 제5장 간이절차 및 경죄사건 처리절차, 제6장 소년사건 처리절차로 구성하였다. 특히 방대하고 어려운 형사소송법에서 규정하고 있는 법규정들이 실제로 어떻게 적용되고 구현되는지를 쉽게 이해할 수 있도록 관련 사례와 함께 소개하였다.

마지막으로 제6편에서는 형사사법의 미래를 다루었다. 제1장 미래사회의 범죄양상에서는 오늘날의 범죄양상과 미래사회의 범죄양상을 소개하였다. 특히 오늘날의 범죄양상에서는 민주화 이후의 정부인 김영삼 정부부터 박근혜 정부까지의 총범죄건수, 경제성장률, 1인당 GNI, 인구 10만 명당 범죄발생건수, 경찰관수 등을 표를 통해서 알 수 있도록 하였다. 또한 민주화 이후 주요 강력사건을 모두 소개하였다.

제2장 형사사법체계의 미래대응에서는 형사사법기관의 새로운 패러다임, 4차 산업혁명 시대를 위한 형사정책도입, 사회적 약자를 배려하는 형사사법체계의 구축, 인권을 최우선 가치로 삼는 형사사법기관으로 변화, 형사사법기관의 세계화 등을 제시하였다. 특히 형사사법기관의 새로운 패러다임으로 '지역사회 형사사법(COCJ, Community Oriented Criminal Justice)' 등을 소개하였다.

본 교재의 특징은 범죄학·형사정책·형사사법체계, 그리고 형사사법절차를 유기적으로 연계해 구성한 것이다. 이를 통해서 형사사법에 대한 제반 기초이론을 배울 수 있을 것이며 형사사법체계 그리고 형사사법절차에 대한 폭넓은 이해를 도모할 수 있을 것이다.

또한 경찰 및 법학 관련 학부생, 대학원생, 그리고 형사사법 실무자들은 형사사법에 대한 기초이론을 바탕으로 최근의 범죄학 이론은 무엇인지, 형사정책의 패러다임은 어떻게 변해가는지, 그리고 형사사법절차가 어떻게 발전해 가는지를 이해할 수 있을 것이다.

본 교재는 인용의 출처나 참고문헌을 최소한으로 표기하는 데 그쳤다. 모든 형사사법기관, 각종 저서 및 논문, 기타 신문 및 인터넷자료 등 제반 문헌들을 참고하였지만 논문을 작성하는 것이 아니라서 출처표기를 생략한 경우가 많았다. 이 점은 저자의 불찰이므로 미리 널리 양해를 바라고 싶다.

본인의 20여 년간의 연구에도 불구하고 형사정책학과 범죄학이라는 학문의 깊이와 그 넓은 범위는 거대한 벽처럼 다가온다. 학문적 깊이가 부족한 점을 많이 느끼지만 본 교재와 같은 편제의 범죄학도 필요하다는 지도교수님, 선배님 그리고 학문적 도반들의 격려에 힘입어 작은 용기를 내게 되었다. "돌고래 중에서도 흑 돌고래만 30년간 연구한다"는 선진국처럼 우리나라도 범죄학과 형사사법체계에 대한 학문적 깊이가 더 심화되기를 바란다.

본 교재는 기존의 저명한 형사법 교수님들의 형사정책 및 형사소송법 교재와 범죄학 교수님들의 범죄학 및 경찰학 교재를 우선적으로 참조하였다. 특히, 권영성 교수님, 김종구 교수님, 김형만 교수님, 배종대 교수님, 백형구 교수님, 변태섭 교수님, 신동운 교수님, 심희기 교수님, 유종해 교수님, 이윤호 교수님, 이재상 교수님, 이황우 교수님, 임동규 교수님, 전대양 교수님, 최선우 교수님 그리고 이범준 기자님 등의 저서와 기사에서 큰 영감과 도움을 받았다. 모두 열거하지는 못했지만 교재에 인용된 자료의 모든 저자분들께도 지면을 빌려 감사의 말씀을 꼭 드리고 싶다.

미흡한 저자를 학문의 길로 인도해 주신 동국대의 이황우 지도교수님과 김보환 교수님, 작고하신 이상현 교수님과 이윤근 교수님께 진심으로 감사의 말씀을 드리고 싶다. 그리고 즐거운 학문생활을 할 수 있도록 도와준 이윤호 교수님, 양문성 교수님, 이상원 교수님, 전대양 교수님, 장석헌 교수님, 최웅렬 교수님, 한상암 교수님, 임준태 교수님, 곽대경 교수님, 허경미 교수님, 황희갑 교수님, 이웅혁 교수님, 이봉환 교수님, 이상훈 교수님, 김상원 교수님, 박외병 교수님, 이창무 교수님, 최진혁 교수님, 황성현 교수님, 노호래 교수님, 송병호 교수님, 김종오 교수님, 임창호 교수님, 권창국 교수님, 이창한 교수님, 이대성 교수님, 김상호 교수님, 조호대 교수님께도 감사드린다. 아울러 각종 자료제공과 조언으로 도움을 준 경남대 동료교수인 김진혁 교수님, 김성언 교수님, 하태인 교수님, 김도우 교수님께도 감사의 말씀을 드린다.

무엇보다도 바쁘고 힘든 와중에도 범죄학과 형사사법체계론 교재의 중요성을 인정하고 아낌없이 조언해 주신 강소영 교수님, 강지현 교수님, 공태명 교수님, 김대권 교수님, 김순석 교수님, 김양현 교수님, 김연수 교수님, 김은기 교수님, 김은주 교수님, 김지선 교수님, 김학범 교수님, 남재성 교수님, 문준섭 교수님, 박동수 교수님, 박상진 교수님, 박성수 교수님, 박재풍 연구관님, 박종승 교수님, 박주상 교수님, 성용은 교수님, 신성식 교수님, 신소라 교수님, 신현주 교수님, 오규철 교수님, 유영재 교수님, 유재두 교수님, 이강훈 교수님, 이도선 교수님, 이미정 교수님, 이완희 교수님, 이창배 교수님, 장현석 교수님, 정덕영 교수님, 정병수 교수님, 정세종 교수님, 정연균 교수님, 정우일 교수님, 정의롬 교수님, 조용철 교수님, 조윤오 교수님, 조현빈 교수님, 주성빈 교수님, 최선우 교수님, 함혜연 교수님, 허준 교수님 등 동료교수이자 도반들인 후배 교수님들과 일일

이 열거하지 못한 고마운 분들께도 감사의 말씀을 전하고 싶다.

영국 Portsmouth 대학의 연구년 동안에 많은 추억과 도움 그리고 학문적 교류를 나누었던 Mark Button 교수님, Nick Parment 교수님, 최관호 前 전남청장님, 이주락 교수님, 서준배 경찰수사연수원 학과장님, 정제용 교수님, 그리고 이준형 박사님도 잊지 못할 것 같다.

마지막으로 부모님, 장인·장모님과 형제들, 일가 친척들, 사랑하는 나의 예쁜 아내와 멋진 아들 한강이 그리고 학교를 위해서 늘 헌신하시는 경남대학교 박재규 총장님, 마산까지 와 주셔서 집필을 독려해 주신 안상준 대표님과 박세기 부장님, 어려운 편집 작업을 맡아 준 정은희 님, 힘든 디자인 작업을 함께해 준 조아라 대리님께도 진심어린 감사의 말씀을 꼭 드리고 싶다. 특히 어려운 여건에도 부족한 원고의 출판을 허락해 주신 안종만 회장님께도 진심으로 감사의 말씀을 드린다.

2019년 9월

무학산 기슭 월영대에서
저자 배상

PART 05 **형사사법절차** / 467

Criminology &
C·J system

범|죄|학|과
형|사|사|법|체|계|론

PART

01

범죄학과
형사사법체계 개관

함부로 인연을 맺지 마라

함부로 인연을 맺지 마라.
진정한 인연과 스쳐가는 인연은
구분해서 인연을 맺어야한다.
진정한 인연이라면 최선을 다해서 좋은 인연을 맺도록 노력하고
스쳐가는 인연이라면 무심코 지나쳐버려야 한다.

그것을 구분하지 못하고 만나는 모든 사람들과
헤프게 인연을 맺어놓으면 쓸만한 인연을 만나지 못하는 대신에
어설픈 인연만 만나게 되어
그들에 의해 삶이 침해되는 고통을 받아야 한다.

인연을 맺음에 너무 헤퍼서는 안 된다.
옷깃을 한번 스친 사람들까지 인연을
맺으려고 하는 것은 불필요한 소모적인 일이다.

수많은 사람들과 접촉하고 살아가고 있는 우리지만
인간적인 필요에서 접촉하며
살아가는 사람들은 주위에 몇몇 사람들에 불과하고,
그들만이라도 진실한 인연을 맺어 놓으면
좋은 삶을 마련하는 데는 부족함이 없다.

진실은, 진실된 사람에게만 투자해야 한다.
그래야 그것이 좋은 일로 결실을 맺는다.
아무에게나 진실을 투자하는 건 위험한 일이다.
그것은 상대방에게 내가 쥔
화투패를 일방적으로 보여주는 것과 다름없는 어리석음이다.

우리는 인연을 맺음으로써 도움을 받기도 하지만
그에 못지않게 피해도 많이 당하는데 대부분의 피해는 진실 없는
사람에게 진실을 쏟아 부은 댓가로 받는 벌이다.

– 법정스님. '인연'에 대한 명언 中에서

Criminology &
C▪J system

범|죄|학|과
형사사법체계론

제1장 범죄학 개관

제1절 범죄학의 의의

1 범죄의 정의

국민의 생명과 재산을 보호하는 것은 국가가 수행해야 하는 가장 주요한 임무이며, 형벌은 이를 달성하기 위한 주요 수단 중 하나이다. 국가는 신체적 자유를 제한하거나 재산을 빼앗음으로써 타인의 생명이나 재산을 침해하는 행위를 처벌하고 발생을 억지한다. 하지만 형벌의 집행은 사람의 생명과 재산을 침해하는 행위이기 때문에 매우 신중하게 이루어져야 한다.[1]

형벌을 받는 사람 역시 국민, 나아가 인간으로서의 기본적 권리를 존중받아야 하며, 국가가 혹시라도 저지를 수 있는 오류가 야기하는 피해를 최소화해야 하기 때문이다. 나아가 과도한 또는 잘못된 형벌은 공권력에 대한 신뢰를 훼손하고 정당성legitimacy 위기가 야기할 수 있으므로, 이러한 위험도 방지해야 하기 때문이다.

죄형법정주의는 이상과 같은 문제를 해결하기 위한 여러 가지 장치 가운데 하나이다. 국가가 법으로 정한 범죄에 대해서만 처벌을 하며, 처벌의 수준과 방법 역시 법으로 규정하고 그에 따라 집행한다는 죄형법정주의의 원리는 형벌과 관련해 발생할 수 있는 국가 권력의 남용을 최소화하는 노력이라고 할 수 있다. 이런 취지에서 우리나라 헌법은 제12조 제1항과 제

---

1 김두얼·김원종a, "죄형법정주의: 우리나라 법에 규정된 범죄의 범위, 형벌 수준 및 형벌 간 균등성에 대한 실증분석"「저스티스」, 2019, pp. 58-59.

13조 제1항 등을 통해 죄형법정주의를 명문화하였다. 이처럼 우리나라는 헌법에 죄형법정주의의 원칙을 천명하였고, 이에 맞추어 죄의 범위, 처벌 수준, 처벌 방식 등을 법률에 구체적으로 규정하였다.

어떤 행위가 범죄^{Crime}가 되고, 비행^{Delinquency}이 되는가는 그 행위가 행하여진 사회에 의하여 규정된다. 이에 관하여 사이크스^{Gresham M. Sykes}는 "범죄^{犯罪, Crime}란 사회규범에 대한 하나의 위반행위이며, 법이 금지한 행위를 위반한 것이다. 그리고 또 마음의 병을 표현한 것으로 볼 수 있으며, 사회적 긴장관계의 증표로서 해석될 수도 있다. 그렇지만 범죄는 기본적으로 단순한 개념이어서 도덕적이고 윤리적인 의미는 포함하고 있지 않고, 인간이 살고 있는 사회의 법규범을 위반한 행위에 불과하다"고 하였다.[2]

심지어 국제관습법으로 인정받고 있는 유엔국제법위원회의 '뉘른베르그 원칙'^{Nuremberg Principles}의 제1원칙은 "누구든 국제법상 범죄를 구성하는 행위를 한 자는 책임을 지며 처벌 받는다"라고 선언함으로써 국제범죄에 대한 개인형사책임 개념을 인정하는 한편, 제2원칙은 여기서의 개인형사책임이란 "국제법상의 책임"^{responsibility under international law}임을 명확히 하고 있다[3]

오늘날 세계 각국의 형사사법체계에서 말하는 범죄란 국가의 제반 법령에 의해서 형벌을 받게 되는 행위를 말하며, 법률적으로는 구성요건^{構成要件}에 해당하고 위법^{違法}하며 유책^{有責}한 행위를 말한다.

하지만 해당 국가가 범죄로 규정하는 행위의 범위가 얼마나 되고 시간의 흐름에 따라 어떻게 변화하는지를 파악하기 위해서는 각 시점별로 어떤 행위들을 범죄로 규정하고 있는지 밝혀내는 작업이 필요하다. 법이 우리의 행위 가운데 얼마만큼을 범죄라고 규정하는지 헤아리는 일은 매우 어렵다. 현재 우리 국회가 제정하고 발효 중인 법령이 모두 몇 개인가를 세는 작업은 미군정기의 법령문제가 있기 때문에 다소 쉽지 않은 문제가 있다. 2017년 기준 법제처의 법령통계는 발효 중인 법률을 1,417개로 집계한다.[4]

> 범죄의 진정한 중대성은 그것이 인간 공동체를 배신하는 것에 있다.
> The real significance of crime is in its being a breach of faith with the community of mankind.
> – 영국 소설가 조지프 콘래드(Joseph Conrad, 1857~1924)

---

2 이상현, 「범죄심리학」 (서울: 박영사, 2004), p. 3.

3 김상걸, "국제법상 '범죄의 집단성'과 '처벌의 개인성'의 포섭과 통합: 개인형사책임 개념의 도입과 범죄참가형태의 정교화" 「국제법학회논총」, 64(1), 2019, p. 21.

4 김두얼·김원종b, "우리나라 법률의 제정, 개정, 폐지와 법률 수의 변화, 1945-2017", 2018.

이처럼 범죄는 보편적 성질을 가지고 있지만, 어떤 국가의 정치적·경제적·사회적 조건에 따라서 다르게 정의된다.[5] 살인죄나 절도죄 등은 모든 나라 및 시대에 공통된 범죄이지만, 사이버범죄와 같은 것은 그 나라의 사회변화에 따라 범죄로 규정된 것이다.

Criminology & C·J systems

🌐🔍 소크라테스는 범죄자다!?

그리스의 철학자 소크라테스Socrates를 오늘날 범죄자라고 생각하는 사람은 아무도 없을 것이다. 하지만 소크라테스가 살던 그 시대에는 범죄자였다고 할 수 있다. 왜냐하면 소크라테스는 당시 젊은이들의 도덕성을 타락시킨 죄목으로 재판에 회부되어 사형에 처해졌기 때문이다.

소크라테스는 그 당시의 법을 위반하였으며, 법위반에 대한 재판결과 유죄로 인정되어 사형이라는 형벌을 받은 것이다. 이처럼 사회적 규범의 반영인 법이라는 것은 고정불변의 것이 아니라 사회의 변화에 따라 유동적으로 변화됨을 알 수 있다.

또한 비행이란 사회의 규범에서 일탈된 행동을 말한다. 아직 범죄에 이르지는 않았지만, 사회적으로 비난을 받는 행위를 말한다. 하지만 사회의 규범이 다양하다면 누구의 기준에 따라 비행을 규정해야 하는가의 문제가 발생하게 된다. 예를 들면, 불교의 규범에 의하면 고기를 먹는 것이 비행이 될 수 있지만, 다른 사회규범에서는 이를 비난하지 않는 것이 그 예가 될 것이다. 이처럼 범죄와 비행에 대한 기준인 사회규범social norm을 다양한 범죄학이론에서 각각 다르게 정의하고 있기 때문에 범죄와 비행을 한 마디로 정의하기는 어렵다.

2 ‖ 범죄학의 의의

범죄학Criminology이라는 용어는 라틴어 crimen범죄에서 유래하며, 1889년 프랑스 인류학자 토피나르Topinard가 처음 사용하였다. 그리고 이탈리아의 법학자 가로팔로Garofalo가 1885년에 출간된 자신의 저서명을 최초로 "범죄학"Crimiologia(1885)이라고 하였다. 범죄학이라는 용어 외

---

[5] 김용우·최재천, 「형사정책」 (서울: 박영사, 1998), p. 93.

에도 범죄심리학(1792년 이후), 범죄사회학(1882년 이후), 범죄생물학(1883년 이후)이라는 용어가 사용되고 있으며, 이러한 분야별 영역은 모두 범죄학에 포함되는 것으로 볼 수 있다.[6]

일반적으로 범죄학이란 범죄와 범죄자, 사회적 일탈행위 및 이에 대한 통제방법을 연구하는 경험과학 혹은 규범학이 아닌 사실학의 총체를 의미한다. 구체적 연구영역은 범죄와 범죄자, 사회적 범죄통제조직 및 범죄피해자와 범죄예방을 포함한다. 리스트[Liszt]가 "범죄 퇴치는 범죄에 대한 인식을 전제로 한다"라고 한 것은 범죄학적 연구 없이는 형사정책의 수립이 불가능함을 말한 것이다.[7]

따라서 범죄의 원인을 규명하고자 하는 범죄학을 바탕으로 형사정책이 수립되고, 형사정책의 영향을 받아서 형사사법이 발전하게 되며, 이러한 발전에 맞게 형사사법체계가 운영된다고 할 수 있다. 형사사법체계는 범죄학과 상호 밀접한 관련성을 가지면서 변화한다고 할 수 있다. 또한 피해자학은 범죄학과 연관된 세부 분야로 최근에 각광받고 있다.

Criminology & C·J systems

 범죄학의 정의[8]

"범죄학[Criminology]이란 사회[Society]와 인간[Human Being]에 대한 학문으로서 사회학, 심리학 등과 같은 다양한 학문적 방법론 및 이론체계를 바탕으로 범죄원인, 범죄동기, 범죄자의 심리 등을 연구하는 과학적 학문이다.

Criminology is the study of the causes of crime and of criminology motivation. It combines the academic disciplines of sociology and psychology in an effort to explore the mind of the offender."

6　박상기·손동권·이순래, 「형사정책」, 한국형사정책연구원, 2001, p. 5.

7　상게서, p. 5.

8　Frank Schmalleger, *Criminal Justice Today(3rd. ed.)* (Englewood Cliffs, NewJersey: Prentice-Hall Inc., 1995), p. 29.

문제를 해결하는 데 별로 도움이 되지 않는 이론체계란 결국 학문적으로 죽은 것이며 이야깃거리 밖에 되지 않는다. 뒤르켐Durkheim, 웨버Weber 및 막스Marx의 이론이 제시될 때마다 그들이 그러한 이론을 주장했던 시기에서 있어서는 몰라도 오늘날 너무나 다른 시대적 상황아래에서 주장된 이론을 그대로 답습하는 것이 무슨 의미가 있는지 의문이 들기도 한다.

그들이 사망한 지도 오래되어 그런 생각이 들지만 그들의 통찰력이 워낙 뛰어났던 학자들이기 때문에 오늘도 설득력을 유지하고 있다. 그러나 통찰력이 탁월한 약간의 학자들만이 이론주장을 할 수 있는 것은 아니다. 사회현상에 관한 이론은 그 폭이 넓고 그 주제도 무한하다. 따라서 누구든지 사회현상에 대한 나름대로의 체험을 기초로 하고 다른 학설을 참고하면서 범죄의 이론을 제시해 볼 수 있다.[9]

범죄학을 연구한 많은 학자들이 범죄와 연령의 관계에서 전통적인 범죄에 있어서 후기 청소년기의 자들이 가장 높은 비율로 범죄를 범하고 그 후 나이가 들수록 감소하게 되는데 그 이유를 놓고 여러 가지 의견이 나온다. 조준현 교수에 의하면 이론 설명은 그다지 어렵지는 않다. 이론을 읽을 때는 핵심내용을 찾아 읽을 수는 있지만 지나치게 핵심내용 위주로 보게 되면 중요한 다른 내용을 제대로 읽지 못하게 될지 모르므로 신중해야 한다고 한다. 현상의 특징을 드러낸 것을 '이념형 타입'ideal type이라고 부른다.[10]

베버Max Weber는 과학으로서 사회학을 제창하면서 이념형 타입이라는 용어를 사용하였다. 가장 이상적인 강의란 정밀하고, 실수 없이 전달되었으며 잘 구성되었으며, 아주 고도화된 정보를 담고 있고, 강의를 듣고 있는 자를 분발하게 하는 것이어야 한다. 실제 이러한 정도로 이념화된 것이 실현될 수 있을까하는 의문이 있다. 베버는 이념형 타입으로 구상된 순수한 형태에 부합하는 실제세계란 거의 생각하기 어렵다고 한다.[11]

이념형이란 사회현상을 분석하는데 도움이 되도록 하기 위하여 어느 정도 자의적으로 선택된 분석틀이다.

오랫동안 설득력을 유지해 온 이념형 범죄원인론들은 ① 타당성, ② 실증성, ③ 오류 가능성의 배제, ④ 예측가능성 등의 요소를 가지고 있다.[12] 조준현 교수의 설명에 의하면 이론은

---

9 조준현, "범죄의 사회적 요인에 대한 미시적 접근과 거시적 접근" 「저스티스」, 2004, pp. 153-154.

10 Brendan Maguire & Polly F. Radosh, *Introduction to Criminology* (CA, Belmont, Wadsworth Publishing co., 1999), p.157.

11 Max Weber, *Economy and Society: An Outline of Interpretive Sociology*, edited by Guenther Roth & Claus Wittich (University of California Press 1968), p.20.

12 rendan Maguire & Polly F. Radosh, *op. cit.*, p.158.

다음과 같은 내용을 가지고 있어야 한다.

① 설득가능성 Plausibility

모든 이론은 그 타당성을 검증받기 위하여 우선 여러 가지 사실들의 관계를 적절하게 설명하여야 할 수 있어야 한다.

② 실증성 Real-Life Evidence

이론의 정확성에 관한 두 번째 요소는 이론이 실제의 삶에서 얼마나 타당성을 검증받느냐 일 것이다. 사회학이론 중 가장 유명한 예로 뒤르켐 Durkheim의 자살론을 들 수 있다.

이러한 주장은 이론으로서 타당하며 동시에 실제생활에 있어서도 그러한 현상을 얼마든지 볼 수 있음을 입증하였다. 이론이란 이처럼 주장 자체의 타당성뿐만 아니라 실제에 있어서도 그렇다는 입증을 해야 한다.

③ 오류가능성의 배제 Falsifiability

종교와 과학은 때때로 대립의 관계에 있다. 과학적 주장은 입증이 가능하지만 종교적 언명은 입증될 수 없다. 종교란 믿음에 터잡은 반면에 과학은 의심에서 출발한다. 과학 특히 사회과학은 절대진리를 찾으려는 것이 아니다.

다양한 검증절차를 거쳤다고 해서 학설의 진리성을 드러 내는 것은 아니다. 그 당시에는 이론체계의 오류가 아직 입증되지 않았다는 의미일 뿐이다. 반박이 가능한 명제도 있을 수 있고, 불가능해 보이는 명제도 있을 수 있다.

④ 예측가능성 Predictability

범죄학자들은 사람들이 사회적으로 어떻게 행위하는지 살펴 보려고 한다. 학설의 가치는 무엇보다도 그 학설을 통하여 미래의 행동이나 활동을 정확히 예측할 수 있느냐에 달려 있다. 범죄학에서 가장 훌륭한 이론체계란 이미 이루어진 범죄행동을 분석하여 미래에 어떻게 행동할 것인지를 논리필연적으로 설명할 수 있어야 한다.

4 ‖ 대륙과 영 · 미의 범죄학 비교

유럽의 범죄학은 범죄의 현상과 원인에 대한 실증적 연구에 치중하였다. 그러나 유럽의 범죄학이 20세기에 영미법에 도입되면서 점차 범죄에 대한 방지대책을 포함하는 넓은 의미로 사용되었다. 특히 영미에서 범죄학의 개념을 범죄에 대한 다양한 시각과 사회현상으로 범죄에 관한 지식의 총체로 이해하려는 견해가 있다. 이러한 견해에 따르면 범죄학의 관심분야는 사회적 상호작용social interaction의 문제로까지 확대된다. 특히 형사법의 입법과정과 이에 대한 법률위반 및 사법기관의 대응에 관한 것이 중요한 연구대상이 되었다. 반면에 고전적인 범죄학의 관심사항인 개별적 범죄원인의 분석에 대해서는 '백과사전식' 범죄학이라고 하며 관심을 두지 않는 것이 특징이었다.[13]

　　이처럼 대륙의 범죄학이 범죄자의 특성과 범죄행위의 원인에 관심을 두고 이론적 발달을 한 반면에, 미국의 범죄학은 범죄자나 범죄행위보다는 실업과 같이 범죄를 유발하는 사회구조적 측면과 범죄자가 되어가는 범죄과정적 측면을 강조하는 이론들이 발달하였다.

　　오늘날에는 기존의 범죄학이론들을 통합하여 범죄에 대한 일반이론을 구축하려는 논의와 마르크스주의를 재해석한 비판범죄학이 새로운 범죄학의 한 분야로 각광받으면서 대륙과 미국에서 연구되고 있다.

제2절　형사정책 개관

1 ‖ 형사정책의 의의

1 정책이란 무엇인가?

　　현대 정책학의 창시자라고 할 수 있는 라스웰Lasswell은 "정책은 목적가치와 실행을 투사한 계획" 또는 "문제해결 및 변화유도를 위한 활동"이라고 하였다.[14] 정책의 일반적 개념은 "바람직한 사회상태를 이룩하려는 정책목표와 이를 달성하기 위해 필요한 정책수단에 대하여 권위 있는 정부기관이 공식적으로 결정한 기본방침"[15] 또는 "각종 정치적·행정적 과정을 거

13　박상기·손동권·이순래, 전게서, p. 5.

14　Halold D. Lasswell, & Abraham Kaplan, *Power and Society* (New Haven: Yale University Press, 1970), p. 71.

15　정정길, 「정책학원론」 (서울: 대명, 1991), p. 37.

쳐 권위 있게 결정된 공적 목표public goal" 등으로 정의하고 있다.[16]

정책학the Policy Sciences은 중요한 사회문제에 대한 문제해결책Solution Oriented Response을 찾는 과정에서 등장하게 된다. 특히 정책의 선택과정과 해결책의 제시과정을 분석하면서 '다원주의적 민주주의Pluralist Democracy 이론'을 주장한 학자들은 정책에 영향을 미치는 제반 요인을 '직접권력Direct Power'과 '간접권력Indirect Power'으로 구분하였다.

'철의 삼각Iron Triangle 이론'을 주장한 학자들은 단순화된 이원론적 다원주의적 프레임 대신에 '의회'congress와 '행정부'bureaucracy 그리고 '특정 이익집단'special interest groups을 정책에 영향을 미치는 요소로 주목했다.[17]

철의 삼각 이론이 기존의 프레임에서 나올 수 없는 새로운 정책의 등장을 설명하지 못하고 정책과정의 다양한 역동성과 복잡한 이해관계에서 나타난 '의제 네트워크'issues networks와 '기술관료'technopols의 증가를 무시했다는 비판을 받으면서 '정책하위구조'Policy Subsystems 이론이 등장하게 된다.

1980년대 들어 학자들의 관심이 정치체제 자체로 집중되게 되면서, 신웨버 국가이론과 합리적 선택이론이 등장하여 정치체제내의 정책과정에 대한 보다 체계적인 분석이 가능하게 되었다. 1980년대 새로운 이론인 신웨버 국가이론은 국가를 사회 전체 이익을 위해 행동하는 존재로 가정하고 국가를 정책결정의 주체로 여겼다. 반면 합리적 선택이론은 국가를 자익추구적인 개인들의 집합체로 간주하고 이들에 의해 정책결정이 이루어지는 것으로 보았다.[18]

이 중 로위의 정책분류에서 '형사정책'Criminal Justice Policy은 분배정책 Distributive Policy이면서 또한 규제정책Regulatory Policy에 해당된다고 할 수 있다. 이러한 로위의 연구는 정책유형과 정책결정과정을 연결시킬 수 있다는 가능성을 제시하면서, 비록 그의 연구가 한 국가에 국한된 연구이기는 하지만, 여러 국가의 정책을 비교할 수 있는 기반을 제시하고 있어 국가 간 비교연구도 가능하게 되었다.[19]

최근의 정책이론에서는 '구조'의 분석으로 중점을 옮기면서 행위자가 상호작용하는 장소area의 구조, 각 행위자의 행동을 규제하는 매커니즘 또는 각 행위자의 배치상황을 분석대상으로 하는 신제도주의가 정치학, 행정학, 정책학 분야에서 두각을 나타내고 있다.

---

16 유훈, 「행정학원론」(서울: 법문사, 1982), p. 17.

17 Halold D. Lasswell, & Abraham Kaplan, *op. cit.*, p. 75.

18 박대식, "비교정책 접근법 모색," 「사회과학연구」, 12, 2001, p. 82.

19 Alexander T. Smith, The Comparative Policy Process (Santa Babara: Clio Books Co., 1975, pp. 5-8; 박대식, 전게논문, p. 85.

Criminology & C·J systems

🔍 법과 정의의 상징, 해치[20]

우리 역사 속에는 법과 정의를 상징하는 신비한 동물, 신수神獸가 있었다. 바로 해치다. 봉황은 상서로운 뜻을 지닌 신령스러운 동물이다. 고대부터 용과 봉황은 최고 지도자의 신성을 상징했다. 특히 봉황은 용보다 더욱 고귀했으며, 동이족 문화에 더 가까웠다.

선악을 가리거나, 행운을 가져다주거나, 나쁜 귀신을 막아주는 전설 속 동물은 세계 곳곳에 존재한다. 이들은 서수瑞獸 또는 신수神獸로 불린다. 지금껏 한반도에서 가장 오래된 서수상은 공주 무령왕릉에서 발견된 것이다.

아랍과 서양에서 대표적인 게 '유니콘'이다. 말이나 염소 몸뚱이에 이마에 뿔이 달린 일각수一角獸다. 유니콘은 지금 영국 국장國章 문양에도 사자와 나란히 들어가 있다. 이집트 스핑크스 또한 파라오 무덤을 지키는 수호 동물의 의미가 크다.

2 형사정책의 개념

어느 시대를 막론하고 범죄 문제는 심각한 사회혼란을 야기했다. 국가에서는 범죄문제를 해결하기 위해서 여러 대응책을 제시했지만, 부적절한 정책, 일관적이지 못한 정책실행 그리

---

20 박승규, "법과 정의를 상징하는 해치와 사자견(10)" 「내외뉴스통신」, 2018.10.08.

고 부족한 평가로 인해 범죄문제를 해결하기 위한 목표를 달성하지 못했다. 범죄 감소를 위해서 각국은 다양한 정책수단을 강구하게 되었으며, 이러한 노력의 결과 범죄문제 해결을 위한 형사정책이 등장하게 되었다.

Criminology & C·J systems

형사정책의 유래

형사정책은 독일어 'Kriminologisches Wörterbuch'라는 용어를 우리말로 옮긴 것이다. 대륙법계에서의 형사정책은 18세기말 독일의 자본주의가 발달하면서 국가가 사회, 경제, 문화 등 여러 방면에 지원을 하게 되면서 시작되었다.

학문적으로 1800년 포이어바흐Ludwig Andreas Feuerbach가 '코란 형법서설'에서 처음 사용하기 시작하였다. 프랑스에서는 1890년대에 Politique Criminelle로 번역되어 사용되었다. 초기에는 형사입법정책이라는 아주 좁은 의미로 사용되었으나, 점차 범죄의 실태와 원인을 규명하여 이를 방지하려는 일반대책의 개념으로 확대되었다.[21]

대륙법계와는 달리 영미법계에서는 범죄학Criminology 혹은 형벌학Penology이라는 용어가 주로 사용되었다. 형사정책Criminal Policy이라는 용어는 1952년 UN에서 "국제형사정책보고서"International Review of Criminal Policy를 발간한 이후 형사정책Criminal Policy 또는 Crime Policy이라는 단어가 널리 사용되었다. 형사정책Kriminalpolitik과 범죄학Kriminologie으로 구분되는 독일과는 달리 영미법계에서는 독일의 형사정책과 범죄학에 해당하는 모든 연구대상이 범죄학Criminology에 포함되었다.

형사정책은 법정책학Rechtspolitik의 한 부분으로 발전하였다. 법정책학은 현재의 실정법을 기초로 하여 이것을 비판하면서 장래 개정 또는 신입법의 형식으로 정립될 이상적 법규범을 사회적 여러 여건하에서 연구하는 학문을 말한다. 법정책학은 법의 본질·이념·목적을 탐구하여 실정법이 지향하여야 할 원리를 제시하는 법철학의 기반 위에, 현행법의 내용에 관한 정확한 지식과 법사실학이 부여하는 전반적인 법의 과학적 인식을 획득하는 때에 가능하다.[22]

법정책학 가운데 특히 형사정책과 비교입법학이 최근에 발달하였다. 형사정책은 현행 형벌제도하에서 범죄대책을 확립하는 것을 목적으로 하며, 비교입법학은 각국의 법제도를 비교연구하여 현행법의 개정이나 새로운 입법을 위한 준비자료를 작성하는 것을 목적으로 한다.

---

21 박상기·손동권·이순래, 전게서, p. 4.

22 임충희, 「법과 현대생활」 (서울: 삼조사, 2015), p. 8.

형사정책은 보통 학문적인 개념으로 쓰이고, 실무에서는 범죄와 관련된 범죄대책 혹은 형법입법문제 등과 같은 정부의 정책을 말한다.[23] 형사정책을 광의의 개념으로 파악하는 학자로는 리스트Von Liszt, 메츠거Mezger, 마이어Mayer 등이 있다. 광의의 개념이 의미하는 형사정책은 범죄방지를 간접적·종속적 목적으로 하는 모든 활동을 의미이고, 반면에 협의의 개념은 범죄자와 범죄위험이 있는 자를 대상으로 형벌 또는 이와 유사한 수단으로 직접 범죄방지를 목적으로 하는 국가의 입법·사법·행정 활동을 의미한다.

배종대 교수는 형사정책에 대한 명확한 개념규정이 어렵기 때문에 학문으로서의 형사정책과 정부작용으로서의 형사정책을 나누어서 구분하는 것이 필요하며, 학문적 의미의 형사정책이 옳다고 주장한다. 따라서 형사정책은 '형법과 형법학의 현실 관련성에 대한 연구를 토대로 궁극적으로는 입법론을 제시하는 것을 목적으로 하며 범죄에 대한 전반적인 대책수립을 내용'으로 한다.[24]

정영석 교수는 형사정책을 사실로서의 형사정책과 학문으로서의 형사정책(형사정책학)으로 구별하여 설명한다. 신진규 교수는 범죄방지에 관한 국가시책 일반을 포괄하는 것으로 일반적으로 형사정책하면 언제나 사실로서의 형사정책을 가리키고 학문으로서의 형사정책은 '형사정책학'이라고 구별하는 것이 타당하다고 주장했다. 이황우 외 8인 공저에서는 형사정책은 범죄의 원인, 현상, 그리고 대책을 포괄하는 의미로 사용되며 범죄방지에 관한 일반적인 국가시책 전체를 포함하는 의미라고 주장한다.

이상의 논의를 종합하면 형사사법기관이 추진하는 '형사정책'은 '국가정책을 바탕으로 형사사법 이념을 실현하는 기본적 수단이며, 형사사법 행정의 기본방침'이라고 할 수 있다. '형사사법 이념'은 형사정책을 수립하기 위한 상위개념으로 철학적 목적이 강한 기본 이상이며, 형사정책은 형사사법 이념 구현을 위한 하위개념으로 수단적 성격을 갖는다.

형사정책은 형사사법 행정의 목표와 방향을 결정해 주는 것으로 형사사법 이념이 구체화된 것이며, 형사사법 이념이 형사사법 활동과 운영의 최고 원리이며 그것을 구현하기 위한 수단이 곧 형사정책이고, 이는 형사사법 행정의 기본지침이라고 할 수 있다. 또한 형사사법 기획은 형사정책 실현을 위한 형사사법 행정활동의 수단·방법을 사전에 체계적으로 연구·검토하여 결정된 결과물을 말한다.

이러한 형사정책은 국가의 정책, 정치 이데올로기, 국민의 공통된 가치관 및 국민정신 등을 반영해야 하며, 형사정책을 추진하는 형사사법 활동이 있어야 한다. 따라서 형사사법 제도

---

23 배종대, 「형사정책」 (서울: 홍문사, 2017), p. 3.

24 상게서, pp. 4-5.

는 형사정책의 실현을 위해서 최적화·효율화된 조직을 의미하며, 형사사법 행정은 형사사법 제도를 운영하기 위한 제반 조직과 제도를 본래의 목적달성에 맞게 운영하는 지원활동이라고 할 수 있다.

Criminology & C·J systems

🌐🔍 형사정책의 정의

'형사정책'은 '국가정책을 바탕으로 형사사법 이념을 실현하는 기본적 수단이며, 형사사법 행정의 기본방침'이다. 형사정책은 형사사법 행정의 목표와 방향을 결정해 주는 것으로 형사사법 이념이 구체화된 것이다.

형사정책은 목적달성을 위한 방안이며, 형사사법 제도는 정책목적에 맞게 제도화된 조직이고, 형사사법 행정은 제도화된 실체를 운영하는 제반 행위를 의미한다고 할 수 있다. 한 국가의 형사정책은 형사사법에 관련된 제반조직과 제도에 영향을 미치며, 형사사법 제도는 그 구성원에게 영향을 미쳐 형사정책에 따른 형사사법 활동이 이루어지게 된다.

형사정책은 정책과정 이론에서 말하는 정책과정policy process의 복잡한 단계들을 거치면서 형성된다. 각 단계는 전·후방 고리loop의 다음 단계와 연결되어 있기 때문에, 전체과정은 시작과 끝이 없으며, 개인, 이익집단, 정부부서들이 협력·경쟁·갈등을 통하여 몇 개의 정책단계에 참여하게 된다.

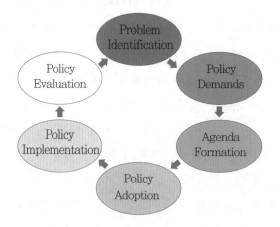

일반적으로 형사정책은 다음과 같은 정책발전의 6단계를 거치면서 구체화된다. ① 문제식별Problem Identification, ② 정책요구Policy Demands, ③ 정책형성Agenda Formulation, ④ 정책채택Policy Adoption, ⑤ 정책집행Policy Implementation, 그리고 ⑥ 정책평가Policy Evaluation의 단계를 거치면서 끊

임없이 순환한다. 정책과정 이론에서는 정책을 정치활동으로 보고 있으며, 특히 정책의제설정에 많은 관심을 가지고 있다.

2 ▎ 형사정책의 3가지 접근방법

형사정책을 위한 기본계획은 준비-개발-이행-점검-평가단계를 거치게 된다. 준비단계에서는 정부 내 협의, NGO 등 관련단체와의 협의, 주관부처의 선정, 기본원칙의 개발과 정부 승인 및 공포, 그리고 정책협의체의 설립이 이루어진다. 개발단계에서는 계획을 구상하고 기초연구를 준비하며, 우선순위와 특별중점사항을 파악한다. 형사정책과 관련된 국가정책계획과의 연계성을 확보하고 초안을 마련한다.

준비와 개발단계에서 형사정책 담당부서는 정부기관 및 사회 각 부문과의 협의, 기본원칙의 개발, 기초연구 등의 역할을 중심적으로 담당한다. 준비와 개발이 구체화된 후 정책이론, 점검이 이루어지며 최종적으로 평가를 받게 된다.

범죄문제를 해결하기 위한 형사정책에는 3가지 일반적인 접근법이 있다. 형사정책의 구체성과 복잡성에 따라서 접근방법은 달라진다. 가장 구체적이고 단순한 유형의 접근법은 '프로젝트'project이다. 다음으로 중간적인 구체성과 복잡성을 가진 접근법은 '프로그램'program이다. 마지막으로 가장 복잡하고 포괄적인 접근법이 '정책'policy이다.[25]

정책은 '의사 결정 방법을 위한 규칙 또는 일련의 규정 그리고 지침'을 말한다. 프로그램은 어떤 특정한 목표와 목적을 달성하기 위해서 다양한 개인, 사회조직과 지역사회 그리고 국가조직들의 활동이 연결되어 지속가능한 해결책을 모색하는 것을 의미한다. 프로젝트는 특정 개인, 그룹, 조직 또는 지역사회에서 제한된 시간 내에 특정문제를 해결하기 위한 방안을 말한다.[26]

---

[25] there are three general approaches to planned change, which differ in terms of their specific and complexity. the most specific type of intervention is a project, the next most specific is a program, and the most complex and comprehensive is a policy(Wayne N. Welsh. Philip W. Harris, *Criminal Justice Policy & Planning* (MA: Anderson Publishing), 2013, p. 4.).

[26] Policy is a rule or set of rules or guidelines for how to make a decision. Program is a set services aimed at achieving specific goals and objectives within specified individuals, groups, organizations, or communities. Project is a time-limited set of services provided to particular individuals, groups, organizations, or communities, usually focused on a single need, problem, or issue(*Ibid*, pp. 4-5).

따라서 형사정책은 특정 목표의 단순 해결을 위한 '프로젝트'와 특정 목표의 지속성과 연속성을 위한 '프로그램'을 통해서 구체화된다. 형사정책이 프로젝트와 프로그램으로 실현 되는 사례를 살펴보면 다음과 같다.

[그림 1-1] 美연방중점프로그램 목표: 마약 및 강도 범죄 감소
(National Impact Goal: Reduce Stranger-to-Stranger Crime and Burglary)

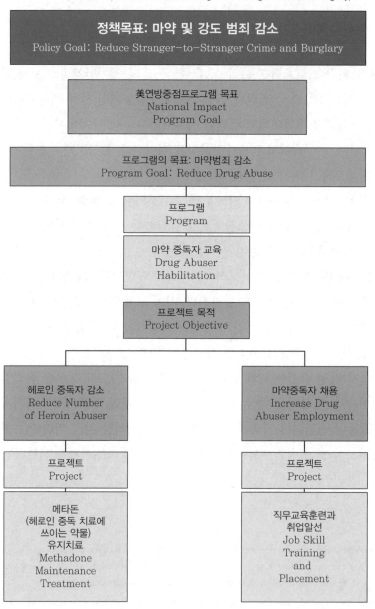

출처: Wayne N. Welsh · Philip W. Harris, op. cit., p. 5.

제3절 형사정책의 모델

1 응보형 형사정책 모델

근대 형법의 아버지로 불리는 베카리아Cesare Beccaria,1738~1794는 250년 전인 1764년 '범죄와 형벌'을 발표하였다. 가혹한 형벌이 당연시되고 고문까지 용인되던 시대에, 죄형법정주의·유추해석 금지·형벌 비례의 원칙 등 현대 문명국 형법 체계의 근간을 이루는 견해를 밝혔다.

베카리아는 피고인 권리 보호뿐만 아니라 형벌에도 관심을 가졌다. 그는 인간 본성과 형사사법에 대한 깊은 성찰을 바탕으로 "범죄를 예방하는 최선의 수단은 형벌의 가혹함이 아니라 확실성이다", "형벌은 확실하고 면할 수 없는 것이어야 한다"고 주장하였다.[27] 그는 범죄를 저지르고 안 저지르고는 모두 개인의 의지에 달려있다고 주장한다.

Criminology & C·J systems

🌐🔍 베카리아의 사상

"범죄예방 효과는 형벌의 가혹함에서 오는 것이 아니라 확실함에서 온다." 근대 범죄학과 형사정책의 토대를 마련한 고전 '범죄와 형벌'에서 계몽주의 법학자 베카리아가 꿰뚫어 낸 통찰이다. 베카리아에 따르면 잠재적 범죄자들은 더 잔혹해진 형벌이 두려워 범죄를 덜 저지르게 되는 게 아니라, 죄를 지을 경우 처벌받을 가능성이 더 커졌다고 느낄 때 범법행위를 더 자제하게 된다.[28]

"범행 후에 즉각적으로 처벌이 가해질수록 처벌은 정당하고 유용할 것이다. 즉각적 처벌은 더 유용하다. 범행과 처벌 사이의 시간의 간격이 짧을수록 범죄와 처벌이라는 두 관념의 결합은 더 긴밀하고 지속적인 것이 될 것이다."[29]

베카리아는 1764년에 저술한 '범죄와 형벌'에서 국가가 행하는 사형과 고문은 부당하다고 주장했고, 최초로 사형제 폐지를 주장했다. 이후 투스카니 대공 레오폴드 2세는 1786년에 사형제도를 폐지했다.[30]

---

27 권순정, "균형 있는 형사사법제도 설계" 「법률신문」, 2017.07.03.

28 김유겸, "가혹한 처벌 vs 확실한 처벌" 「동아일보」, 2019.05.13.

29 민수홍 외 5인 공역, 「범죄학 이론」 (서울: 나남, 2004), p. 46.

30 구경모·우원태, "흉악범죄자 사회서 영구 격리", "무고한 희생 사법살인 막아야" 「영남일보」, 2015.08.06.

전통적 형사사법 모델인 응보적 사법restitutive justice 또는 배분적 사법distributive justice에서는 범죄자의 처우에 중점을 둔다. 전통적 모델에서는 수많은 갈등과 피해가 일어나지만 많은 경우, 비공식적으로 또는 사법 외적으로 해결방안을 찾고, 사회 문제의 극히 일부만이 법적 절차로 진입한다. 이는 곧 사법 시스템은 갈등과 분쟁을 해결하는 여러 방법 중의 하나에 불과하다는 것을 의미한다.

그러한 갈등이나 분쟁 중에서도 극히 일부만이 형사사법 절차에서 다뤄진다. 형사사법의 틀에 들어오면 완전히 다른 가정과 이해로 그 절차는 진행된다. 여기서 응보적 패러다임은 그 위력을 발휘한다. 전통적 형사사법의 패러다임에서 범죄는 한 주체, 즉 국가만이 형사정책을 수립하고 결정하게 된다.

Criminology & C·J systems

🌐🔍 벤담의 범죄해결 구상

16세기 이후 홉스와 벤담을 거쳐 자유주의가 형성되면서 자유가 "개인의 선택에 대해 간섭을 받지 않는 상태"를 가리키는 '불간섭 자유'로 좁혀졌다. 공리주의 철학자 벤담Jeremy Bentham,1748~1832은 '백지설'Theory of Tabula Rasa을 주장했다. 특히 '최대다수의 최대행복'이라는 공리주의Utilitarianism를 행복의 지향점으로 보았다.

그는 "자연은 인류를 고통과 쾌락이란 두 절대적인 주권의 통치하에 두었다. 그들만이 우리가 무엇을 해야 하는가를 지적하며 무엇을 할 것인가를 결정할 수 있다"고 말했다. 고통과 쾌락이 인간의 모든 행동을 결정한다는 주장이다.[31]

하지만 다수의 행복을 위해 소수의 희생이 정당할까. 이런 이유로 하버드 대학의 샌델은 공리주의가 정의의 기준으로 적합지 않다고 주장한다. 그럼에도 공리주의는 공공정책 분야에서 비용 대비 편익 분석benefit-cost analysis 등의 형태로 여전히 위력을 발휘하고 있다. 우리의 재개발 사업이 대표적이다. 여기서 다수의 찬성은 소수 반대자의 집도 허문다.[32]

벤담은 프랑스 국민의회 의원 가랑에게 편지를 쓴다. 국가가 감시자에게 돈을 지불하지 않아도 되는 시스템을 알려주겠다고. 싼값에 원하는 통제를 손에 넣을 수 있다고. 그 방책이 바로 판옵티콘Panopticon이다.

판옵티콘의 원리는 감옥에만 적용되는 것이 아니다. 벤담은 판옵티콘의 원리

---

31 손봉호, "의사와 구주"「문화저널21」, 2019.06.17.

32 박종선, "마이클 샌델, 정의란 무엇인가(Justice; What is the right thing to do)"「주간조선」, 2019.01.21.

가 감옥뿐 아니라 학교나 병영, 더 나아가 소수가 다수를 감독하는 사안에 모두 적용 가능함을 강조한다. 즉, 판옵티콘은 국가의 운영 원리이기도 하다. 판옵티콘 구상 속에는 연좌제의 아이디어도 포함되어 있다. 수감자들은 서로를 감시하며, 발생한 문제에 대해서는 연대 책임을 지게 된다. "동료의 수만큼 감시자가 있는 셈이 되어 피감시자들이 서로를 감시하고 결국 전체 안전에 공헌하게 된다." 즉, 판옵티콘은 단순히 국가가 자기 감시를 강제하는 데 그치는 것이 아니라 이웃끼리의 감시도 강제한다.[33]

전통적 모델에서 형사사법의 정의라는 것은 '공刑형벌'과 '국가형벌권'으로 표현되는 형벌의 본래적 속성과 목적에 기인한다. 형벌은 사적보복을 대신하기 위하여 존재하는 것이 아니라 공적 사회질서를 유지하기 위하여 존재하는 것이다(형벌의 공공적 성격). 이러한 공적인 형벌을 합리적이고 객관적인 관점에서 수행하기 위하여 이를 국가가 독점하게 된 것이라고 설명된다.

따라서 이러한 형벌을 실현하기 위한 절차인 형사사법에서의 정의라는 것은 사회질서의 유지와 그 실질적 내용이라고 할 수 있는 사회적 법익의 보호를 목적으로 하는 것이다. 이러한 목적을 위한 형사사법의 정의가 어떠한 내용이어야 하는 것에 대하여 종래 범죄행위에 상응하는 일정한 반대급부의 손해를 부과해야 한다는 '응보론'과 형벌의 부과가 사회일반이나 범죄자 자신에게 장래의 범죄를 예방토록 하여야 한다는 '예방론'의 대립이 있어왔다.[34]

오늘날에는 응보와 예방을 결합한 형벌이 형사사법의 정의에 부합한다는 것으로 정리되었다. 하지만 과거로부터 이어온 형사사법의 정의이념에는 범죄피해자의 이익이나 피해회복에 관련된 내용은 들어있지 않았다.

전통적 모델에서 범죄사건의 해결절차는 경찰, 검사 및 법관 등 전문직 공무원에 의하여 주도되는 정형적 절차이다. 형사정책의 목표는 회복과 재통합을 통한 공동체의 평화회복이 아니라 억압과 위압를 통한 예방이다. 전통적 모델에서의 형사정책은 법치주의의 보장, 적법절차의 준수, 인권보호, 법질서의 발전 등을 강조한다.

형벌로 대변되는 전통적 형사정책 모델의 목표는 '사회질서의 유지'라고 할 수 있다. 사회질서의 유지와 보호의 책무를 지고 있는 국가는 형법을 통하여 사회질서의 유지에 저해되는

33 김영민, "자기 마음을 들여다보기, 누가 강제하는가" 「한겨레」, 2019.05.11.

34 이용식, "회복적 정의와 형사사법 정의: 두 정의의 '절충'은 가능한 것인가?" 「동아법학」, 54, 2012, p. 418.

행위의 유형을 규정하고, 이러한 행위를 저지르는 구성원에게는 그 행위의 불법성과 그에 따른 책임을 일정하게 산정하여 그 책임만큼의 형벌을 부과한다.

국가가 형법을 통하여 구체적으로 사회질서를 유지하는 방법은 사회의 존속에 필요한 각종 사회적 가치들을 '보호법익'으로 설정하고 이에 대한 일정한 침해행위를 형벌을 동원하여 처벌하는 것이다. 따라서 현행 형사체계에서 범죄의 의미는 이러한 처벌의 대상이 되는 일정한 침해행위이며, 그 내용은 사회의 존속에 필요한 '사회적 가치'를 침해하는 행위라고 할 수 있다.[35]

Criminology & C·J systems

🌐🔍 합리적 인간을 부정하는 행동경제학의 탄생[36]

응보적 사법은 합리적 인간을 전제하고 있다. 인간은 이성으로 범죄를 했을 때의 이득과 잡혔을 때의 손해를 비교하여 범죄를 했을 때의 이득이 더 크면 범죄를 하게 된다는 것이다. 경제학의도 '인간은 합리적이고 이성적'이라는 기본 가정위에 세워진 학문이다.

심리학자 대니얼 카너먼과 아모스 트버스키는 기존 주류 경제학의 프레임에 정면으로 반박하였다. 두 학자는 모든 판단과 결정에는 이성과 합리성이 아니라 심리와 감정이 지대한 영향을 끼친다는 사실을 밝혀냈다.

그들이 주목한 것은 인간을 편향에 빠뜨리는 '머릿속 속임수'다. 우리의 머리가 확률법칙을, 경험을 바탕으로 한 '짐작 법칙'으로 대체하기 때문이다. 이를 '체계적 오류'라고 부른다. 그들의 공동연구는 행동경제학으로 발전했고, 카너먼은 심리학자로는 드물게 노벨경제학상을 수상했다.

---

2 ‖ 예방적 형사정책 모델

범죄통제의 방법은 형사정책의 발전과 더불어 ① 응보와 복수, ② 형벌과 제재, ③ 교정과 치료, ④ 범죄예방 정책으로 발전했다.[37] 범죄예방에 대한 다양한 정의가 있으나 일반적으로

---

35 상게논문, p. 427.
36 이창신 옮김, 「생각에 관한 생각 프로젝트」 (서울: 김영사, 2018), p. 35.
37 김보환, "효율적 범죄통제를 위한 방범체계의 개선(도시경찰을 중심으로)" 「치안논총」, 1989, p. 20.

'범죄의 위험을 예측, 인식, 평가하여 이를 감소하고 근절시키기 위한 사전활동'으로 정의하고 있다. 범죄예방은 범죄의 예방 그 자체를 의미하기 때문에 예방적으로 작용할 수 있는 어떤 특정한 조치로 한정되지는 않는다. 그러나 전통적으로 예방은 형사정책과 관련되어 논의되었다.

1970년대까지의 형사정책은 범죄를 저지른 행위자에 대한 특별예방이 중심이었다. 하지만 산업화와 도시화가 진전되고, 소득 양극화가 심화되면서 위험판단, 위험매니지먼트, 비용효과분석, 불관용정책, 위험한 범죄자에 대한 보안감호가 유행하였다. 최근에는 범죄예방개념이 부흥하여 세계적으로 범죄예방개념이 확산되었다. 그 이유는 여러 가지가 있지만 주된 원인은 '원인보다는 결과, 범죄자보다는 범죄'로 관심이 전환되었기 때문이다.[38]

예방적 형사정책 모델은 범죄에 대한 두려움Fear과 공포Angst, 그리고 공포증Phobia을 감소시키기 위한 활동이다. 두려움은 현존하는 위험에 대한 반응으로서의 신호인 반면에 공포는 감정으로서 대상이 존재하지 않거나 상상속의 위험을 대상으로 할 수도 있다. 공포증이란 고양된 감정으로서, 자기강화적인 순환과정의 결과이다.

위협적이라고 판단되는 상황의 회피는 공포를 진정시키는 것이 아니라 오히려 강화시키는데, 폐소공포증 또는 광장공포증이 그 예이다. 교통사고나 비행기추락 등에 의한 트라우마적인 공포에서도 상황의 회피는 공포를 증대시킬 수 있으나, 안전한 비행 등의 경험을 통해 공포는 감소할 수 있다.[39]

브랑틴햄Brantingham과 파우스트Faust는 질병예방의 공중보건 모델과 유사한 3가지의 범죄예방 유형을 제시하였다. 따라서 예방적 형사정책 모델은 질병예방을 위한 공중보건모델과 유사하게 3가지 유형으로 구분된다.[40] 첫째, 1차적 범죄예방이다. 1차적 예방은 질병에 대한 예방접종 또는 겨울에 감기를 예방하기 위해서 주기적으로 사우나에 방문하는 것과 비슷한 방식으로 처음부터 범죄가 발생하지 않도록 하는 활동이다.[41]

범죄행위를 촉발하거나 범죄기회를 제공하는 사회적 환경과 물리적 환경을 개선하는 것이다. 일탈과 범죄에 관련된 광범위한 사회적 문제를 포함하는 예방활동으로 '사회적 예방'이라 할 수 있다. 1차적 예방은 일반예방활동으로 환경설계(신규 건축물 등 도시환경의 계획과 디자인), 이웃감시, 민간경비, 일반예방, 개인안전, 경찰의 순찰과 체포 활동, 시민순찰활동, 범죄예

---

38 최준혁, "사전예방 중심의 형사정책(예방의 의미, 방법, 한계에 관하여)"「형사정책연구」, 25(2), 2014, p. 214.

39 Fabricius, Ehrengabe für Anne-Eva Brauneck, S. 420.

40 이건종·전영실,「각국의 범죄예방정책에 관한 연구」, 한국형사정책연구원, 1993, pp. 19-20.

41 이순래 외 2인 역,「범죄예방론」(서울: 그린, 2011), pp. 47-49.

방교육 및 캠페인 등이 포함된다.[42]

둘째, 2차적 범죄예방이다. 2차적 범죄예방은 잠재적 범죄자를 초기에 발견하고 범죄 행위가 발생하기 이전에 예방하고자 하는 것이다. 2차적 범죄예방은 '우범지역'과 '우범자'에 초점을 맞춘다. 1차적 예방의 프로그램이 범죄행위를 야기할 가능성을 가진 문제들을 방지하는 것을 목적으로 하는 반면, 2차적 예방에서는 이미 존재하는 요인들과 범죄·비행을 조장하는 미시적 요인들에 더 초점을 맞춘다.

따라서 2차적 예방활동은 취약한 구체적 우범환경요소나 우범자를 대상으로 이들과 많이 접하는 지역사회, 교육자, 부모에 의해 이루어진다. 2차적 예방은 의학에서 흡연자, 고도 비만자, 또는 지속적으로 스트레스를 받는 자를 대상으로 하는 것처럼, 범죄를 하려는 '잠재적 범죄자'를 조기에 발견하여 이들이 범죄행동을 저지르기 전에 개입하는 것이다. 최근에 각광을 많이 받아온 물리적 디자인 변경(취약한 기존 건축물이나 환경의 개선), 사회적 행동 변화, CCTV 등 영상감시 강화, 지역사회 경찰활동[COP] 등 '상황적 범죄예방'situational crime prevention이라 할 수 있다. 2차 예방에는 범죄자 예측, 상황적 범죄예방, 약물남용자 관리, 문제 학생 관리, 지역사회경찰활동 등이 포함된다.[43]

셋째, 3차적 범죄예방이다. 3차적 예방은 실제 범죄를 저지른 범죄자를 대상으로 하며 이들의 재범을 억제하고 제지하기 위한 활동을 말한다. 3차적 범죄예방은 특별예방활동으로 대부분 형사사법기관에서 담당한다. 특히 '범죄자를 어떻게 관리하느냐'가 재범률을 좌우한다. 따라서 성범죄의 재범을 억제하기 위한 약물·심리치료, 전자팔찌 등과 같이 범죄자의 범죄능력을 무력화시키는 활동 이외에도 교도소의 직업훈련 등과 같이 사회복귀를 지원하는 활동 등도 포함된다.[44]

3차적 예방활동의 대부분은 교정, 보호관찰, 치료감호 등 법무부가 담당하는 것이라고 볼 수 있다. 체포, 기소, 교도소구금, 치료, 사회복귀와 같은 것이 3차적 예방과 관련되는 것이다.[45] 최근에는 3차적 범죄예방의 한 형태인 보안처분에 대한 소급금지원칙이 적용되는지에 대해서 다양한 논의가 진행되고 있다.

---

42 최영신 외 16명, 「형사정책연구 30년의 성과와 과제(Ⅰ)」, 형사정책연구원연구총서, 2018, p. 408.

43 상게서, p. 408.

44 이순래 외 2인 역, 상게서, pp. 51-52.

45 최영신 외 16명, 전게서, p. 408.

1 회복적 사법의 개념

고대 함무라비 법전에서는 사적인 복수는 금지하되 '눈에는 눈, 이에는 이'라는 응보적 형벌을 규정하고 있었다고 한다. 이를 이어받은 전통적 형사사법 시각에 따르면 범죄를 국가 법률에 대한 위반행위로 보고, 형사재판은 국가가 죄인에게 그들이 응당 받아야 할 형벌을 부과하는 절차로 이해한다. 따라서 이 절차에서 피해자는 소외된다.

그러나 최근 '회복적 사법'restorative justice 시각에 따르면 범죄를 사람과 인간관계에 대한 위반행위로 보고, 피해자·범죄자와 공동체 구성원들이 함께 범죄로 인하여 잘못된 상태를 바로잡는 노력을 하도록 하며, 피해에 대한 범죄자의 책임을 중요시한다.[46]

회복적 사법이란 가해자에게는 범죄 피해자에게 손해를 배상하고 사죄함으로써 공동체로 복귀할 수 있는 길을 열어주고, 피해자에게는 피해를 회복하고 가해자와 화해할 기회를 주는 사법절차를 말한다. 회복적 사법은 서구의 사법시스템의 한계를 극복하고 부족한 점을 바로잡기 위한 노력으로 1970년대에 등장했다.

회복적 사법의 이념에는 국가에 의한 지배로부터 벗어나 공동체의 민주적이고 자율적인 갈등해소 시스템을 재구축한다는 대망이 내포되어 있다. 회복적 사법은 단지 형사사법체제 개혁의 길을 제시하는데 그치지 않는다. 이것은 현대 국가의 법체계, 시민들의 가정생활, 사회적 행동양식 및 정치활동 전체에 걸친 개혁의 방안이다.

회복적 사법의 비전은 우리가 정의를 행하는 방식의 총체적 변화에 관련되어 있는 형사정책이다. 회복적 사법은 국가의 독점적 지배체제를 극복하고 시민의 자율적 지배를 회복할 변혁의 패러다임이다. 제르Zehr 교수는 이러한 정의를 바라보는 관점을 사진을 찍을 때 사용하는 '렌즈'에 비유하며, 회복적 사법의 정의는 형사사법에서의 이러한 '렌즈'를 바꾸는 일이라고 표현했다.[47]

회복적 사법 모델은 형사정책의 내용과 그것을 실현하는 절차의 중심을 범죄피해의 회복이라는 점에 두고 있다. 회복적 사법의 중심에는 범죄피해의 당사자라고 할 수 있는 피해자가 자리하고 있다. 피해자를 그 중심에 두는 회복적 사법의 이념은 현대 형사사법절차에서 소외

---

46 정준영, "형사재판과 화해중재"「매일경제」, 2006.12.18.
47 손진 역,「회복적 정의란 무엇인가?」, KAP, 2011, p. 208.

된 혹은 소외될 수밖에 없었던 형사피해자를 형사절차라는 무대의 중심으로 부각시켰다.[48]

회복적 사법모델은 가해자와 피해자, 그 가족 및 지역사회를 함께 참여시키는 사회적 관계 속에서 문제를 해결하고자 하며, 궁극적으로는 범죄로 인해 발생한 정신적·물질적 피해를 복구함으로써 법적 평화를 회복하는 것을 목표로 한다.

관점에 따라 회복적 사법모델에 대한 개념 정리에 차이가 있다. 따라서 조금씩 다른 의미로 사용되는데, 피해복구적 형사사법reparative justice, 지역사회 형사사법community justice, 공동체주의적 형사사법communitarian justice, 적극적 형사사법positive justice, 상호적 형사사법relational justice 등의 용어들이 혼용되어 쓰이고 있는 것이 그것이다.

Criminology & C·J systems

🌐🔍 회복적 사법 프로그램

회복적 사법 프로그램은 지역사회 및 가족 집단회의(뉴질랜드, 오스트렐리아), 경찰의 회복적 경고제도(잉글랜드와 미국의 일부 사법권), 지역사회 참가에 의한 판결 선고(미국), 피해자-가해자 조정(미국과 유럽 국가) 등이 있다.

구체적으로는 지역사회와 민간단체가 중재하는 '피해자-범죄자 화해중재'를 통해 피해자가 피해 회복을 할 수 있도록 하는데, 이러한 화해중재 프로그램은 미국은 290여 개, 독일은 350여 개에 달한다고 한다.[49]

2019년 기준 우리나라에서도 2003년부터 설치된 민간단체인 전국 59개의 범죄피해자지원센터가 피해자-범죄자 화해중재를 하고 있는데, 주로 기소전 단계에서 시행하고 있다.

회복적 사법 모델의 절차에 의해 어떠한 결과를 끄집어내기 위한 일련의 프로그램을 회복적 프로그램restorative programme이라 한다. 회복적 절차restorative process는 피해자와 가해자, 그리고 경우에 따라서는 범죄로 영향을 받은 기타 자연인이나 지역사회 구성원들이 통상적으로 조정자의 도움을 받아 범죄행위로 인해 발생한 문제들을 해결하기 위해 능동적으로 참여하는 절차라 할 수 있다. 회복적 결과restorative outcome는 회복적 절차의 결과로 이루어진 합의라고 할 수 있다.[50]

---

48 이용식, 전게논문, pp. 418-419.
49 정준영, 전게기사.
50 장규원·윤현석, "회복적 사법의 한계에 대한 고찰" 「동아법학」, 57, 2012, p. 127.

형사절차 전 과정에서의 회복적 사법모델의 도입[51]

대법원 양형위원회는 2018년 7월 16일 대법원 청사 대회의실에서 양형위원회의 자문기구인 양형연구회 창립을 기념해 '형사재판 양형을 통한 회복적 사법 이념 구현과 양형인자로서 합의'를 주제로 심포지엄을 열었다.

김성돈 성균관대 로스쿨 교수는 "회복적 사법모델 구축을 위해서는 형사절차의 전단계에서 회복적 프로그램과의 연계 가능성이 열려 있어야 한다"며 "가장 우선해야 할 방안은 형사절차를 회복적 사법 프로그램과 연계시키고 당사자들 사이에 이루어진 회복적 합의를 고려해 절차중단을 하거나 양형단계에서 적극적으로 반영하는 일"이라고 강조했다.

이어 "검찰 단계에서는 피해자-가해자 조정모델에 기초한 형사조정제도가 시행되고 있지만 결과적 측면의 회복에 치중돼 절차적 측면의 회복적 사법이념의 실현과는 다소 거리가 있고, 법원 단계에서의 회복적 사법이념 구현 시도는 거의 아무것도 이루어진 것이 없다"면서 "형사재판에 연계될 수 있는 회복적 사법 프로그램 전문기관의 규모나 시설, 예산문제 등에 대한 획기적인 변화가 필요하다"고 지적했다.

그는 "회복적 사법 프로그램과의 연계가 법제화 되기 전이라도 현행 형사재판 단계에서 회복적 사법이념을 실현할 수 있는 가능성은 있다"며 "공판절차에서 피해자와 피고인을 어떻게 차별 없이 공정하고 존중받는 감정이 들도록 대우할 것인지, 피해자의 진술권 제도나 피해자 변호사제도를 어떻게 운용할 것인지, 합의 결과를 어떻게 반영할 것인지에 따라서도 형사재판을 얼마든지 회복적인 색깔로 물들일 수 있다"고 설명했다.

그러면서 "현행법제하에서 회복적 사법이념을 실현할 수 있는 가능성이 가장 높고 가시적으로 보여줄 수 있는 영역이 양형분야"라며 "형사재판과 연계된 회복적 프로그램을 거치게 한 후 거기서 나오는 회복적 합의 내용을 양형에 반영하는 방안과 피해 회복을 지향한 회복적 제재를 부과하는 방안을 고려해 볼 수 있다"고 제안했다.

---

51 이세현, "형사절차 전과정에서 '회복적 사법' 최우선 고려돼야"「법률신문」, 2018.07.17.

2 회복적 사법 모델의 종류

회복적 사법이 추구해야 할 구체적인 목표 및 방법에 관하여는 순수모델purist model과 확장모델maximalist model이 있다. 양자는 회복적 사법의 외연에 관한 논쟁으로 범죄(비행)로 인한 피해를 회복하는 방법에 있어서 그 범주를 달리하고 있다.[52]

먼저 순수모델은 회복적 사법을 '당해 범죄와 관련된 모든 이들이 함께 모여서 범죄로 인하여 발생한 결과 및 장래에의 영향에 관하여 서로 협의하는 과정'이라고 정의하고 당사자의 자발적이고 직접적인 대면을 통한 결론의 도출 과정을 중시한다.[53] 이에 대하여 확장모델은 회복적 사법을 '범죄로 인한 피해를 회복함으로써 정의의 실현을 추구하는 모든 행위'라고 이해하고 배상명령과 같은 강제적 회복이나 사회봉사명령과 같은 상징적인 회복, 그리고 간접적인 대화도 회복적 사법의 범주에 포함되는 것으로 인식하고 있다.

네스Van Ness는 대면encounter, 개선amend, 재통합reintegration, 포함inclusion을 기준으로 회복적 사법 시스템을 완전한 회복적 시스템fully restorative system, 상당한 회복적 시스템moderately restorative system, 최소한의 회복적 시스템minimum restorative system으로 구분하고 있다.[54]

4 ‖ 사회적 책임 형사정책 모델

사회적 책임 모델은 사회적 책임 이론에서 나왔다. 원래 사회적 책임이론은 대표적인 미디어 규범 이론이었다. 이 이론에서는 전통적인 자유주의 이론이 소극적 자유를 중심으로 한 것과 달리 적극적 자유를 기반으로 하고 있다.[55]

선진국에서는 공공의 이익과 공동체 발전에 기여하는 가치로 정의되는 '사회적 책임'이 사회 전반에 크게 확산되었다. 기업에서는 일찍부터 기업의 사회적 책임CSR, Corporate Social Responsibility과 공유가치 창출CSV, Creating Shared Value이 강조되었다.

---

52 김혁, "회복적 사법의 이념 구현을 위한 경찰의 경미소년사건처리,"「경찰학연구」, 11(1), 2011, p. 64.

53 P. McCold, "Toward a holistic vision of restorative juvenile justice: a reply to the maximalist model," *Contemporary Justice Review*, Vol.3 No.4, 2000, p.373.

54 Daniel W. Van Ness, "The shape of things to come: a framework for thinking about a restorative justice system" t*he Fourth International Conference on Restorative Justice for Juveniles*, 2000, pp.2-10.

55 정수영,「어카운터빌리티, 새로운 미디어 규범」(서울: 커뮤니케이션북스, 2015), p. 45.

우리나라에서도 2000년대 초반 외환위기를 겪으면서 기업의 이윤 추구뿐만 아니라 도의적 책임을 요구하는 목소리가 커지기 시작했다. 기업의 사회적 책임^{CSR}의 이슈들에 대한 관심이 쏠리게 됐다.[56]

그러나 여러 번의 경제침체로 인해 CSR보다 한 단계 발전된 CSV 형태가 생겨났고, 단순 기부 활동이나 의례적인 봉사를 넘어, 기업의 핵심 역량과 연계된 사업을 통해 수익성과 사회적 가치를 모두 창출하자는 내용으로 정의됐다.

오늘날 선진국들은 인권 보호만큼이나, 책임에 상응하는 제재를 중시하는 방향으로 꾸준히 형사사법을 업그레이드하고 있다. 일례로, 영국은 기존의 형사절차가 기업활동 과정의 인명사고에 무력하다는 반성에서 2007년 '기업과실치사법'$^{Corporate\ Manslaughter\ Act}$을 제정하였다. 임직원 개인에 대한 범죄 입증이 없더라도 경영진의 중대한 주의의무 위반이 입증되면 해당 기업은 상한 없는 벌금을 부과받게 된다. 2016년에 발생한 가습기 살균제 사건이 영국에서 발생하였더라면, 이 법이 적용되어 관련 기업들이 막대한 제재를 받았을 것이다.[57]

오늘날 도시에서는 스마트시티의 발달로 CCTV, 블랙박스, 스마트폰, IoT 등 빅데이터를 양산하는 지능정보기술의 급속한 발전 혜택을 보고 있다. 하지만 각종 도심 테러나 '묻지마 범죄' 등 대형 범죄 대응 문제가 심각해지면서 인권침해적인 형사정책이 국민의 합의 없이 시행되고 있다.

특히 정보수집 기관의 권한 남용을 감독해야 하는 형사사법기관의 사회적 책무가 그만큼 무겁게 요구되고 있다. 최근에는 여성·청소년 등 사회적 약자 보호와 소수자 인권 보호 강화도 요구되고 있다. 형사정책도 사회적 책임을 다하라는 시대적 요청이 부각되고 있다.

제4절. 법규범과 형사정책과의 관계

1 ‖ 법치주의와 형사정책

오늘날 법치주의^{法治主義}라는 용어가 널리 사용되고 있다. 법치주의란 국민의 자유와 권리

---

56 박용기, "구미형 일자리 모델, 노사입장 듣다"「경북일보」, 2019.03.31.
57 권순정, 전게기사.

에 대한 제한이나 국민에게 새로운 의무의 부과는 법률에 근거가 있어야 하고, 집행과 사법도 법률에 의하여야 한다는 원칙을 말한다.

법치주의

오늘날 법치주의法治主義라는 용어가 널리 사용되고 있다. 도대체 법치주의란 무엇일까? 법치주의란 국민의 자유와 권리에 대한 제한이나 국민에게 새로운 의무의 부과는 법률에 근거가 있어야 하고, 집행과 사법도 법률에 의하여야 한다는 원칙을 말한다.

원래 법치주의란 근대 절대군주의 자의적 권력행사를 제한하기 위한 목적으로 생겨난 개념이며, 이는 말 그대로 법法대로 하자는 것이었다. 이때의 법치주의는 의회가 제정한 법률에 의한 지배만을 의미하게 되었고 법률의 목적이나 내용은 문제 삼지 않게 되었다.

그러다가 20세기 초 바이마르 공화국에 이르면 법치는 부르주아 계급의 이익을 대변하는 지배도구로 전락했다. 입법기관인 국회 또는 행정권의 부패에 의해 특히 독일에서 나치정권하에서, 프랑스의 경우 비시정권하에서 정의에 반하는 법이 제정되어 집행되게 되었다. 부패한 국가권력에 정당성을 부여하여 지배권력에 대한 복종을 요구하는 기능을 수행하였다.

오늘날 헌법책에는 이 시기를 합법적 불법국가라고 규정하고 있다. 이후 1949년 독일 기본법은 경제적 불평등을 제거하고 정의·평화를 보장하는 올바른 법만이 실질적 법치주의라고 못 박았다. 오늘날 법은 형식뿐만 아니라 그 내용까지도 정의로워야 한다는 것을 법치주의의 원칙으로 삼고 있다.

법치주의는 영국에서의 '법의 지배'rule of law의 원리에서 비롯되었다. 영국에서 코크경Coke, E.이 제임스 1세와 항쟁할 때 "국왕이라 할지라도 신과 법 밑에 있다."는 것을 주장하여 영국의 헌정상의 원칙으로 확정되었다. 이것은 절대군주의 권력을 견제하여 그의 자의恣意로 통치하는 것을 막고 국민의 대표기관인 국회에서 제정된 법률에 의해서만 통치하게 하려는 데 그 의의가 있다.

따라서 이 '법의 지배'의 원리는 왕권에 대한 '법의 우위'를 의미하며, 그것은 영국에서는 국회의 '입법권의 우위'로 나타나게 되었다. 이러한 법치주의의 원칙에 따라 국왕의 권력을 제한하는 법률로서는 1215년의 마그나카르타Magna Charta Libertatum를 비롯하여, 1628년의 권리

청원^{Petition of Rights}, 1689년의 권리장전^{Bill of Rights} 등이 있으며, 그러한 법률들은 모두 국왕의 절대권력을 제한함으로써 시민의 자유를 보장하기 위한 것이었다.

이 '법의 지배'의 원리는 독일에서는 '법치국가'^{Rechtsstaat} 이론으로 발전하여, ① 국가는 법으로 구성된 단체이며(법과 국가의 동일성의 이론), ② 국가의 모든 행정은 법률에 따라서 행하여져야 하고(행정의 합법률성의 원칙), ③ 기본권의 제한은 법률에 의해서만 가능하고(기본권 제한의 법률유보), ④ 행정명령은 법률에 근거해서만 만들어지고 그 법률에 저촉되지 아니하는 한에 있어서만 효력을 가질 수 있다는 원칙(법률우위의 원칙) 등으로 나타났다.[58]

이러한 법치국가는 당시의 절대군주국가나 경찰국가에 대립하여 등장한 것이었지만, 19세기의 법실증주의사상과 결부되어 완전히 형식적 개념으로 전락되고 말았다.

왜냐하면 통치가 법에 의하기만 하면 어떠한 국가도, 즉 권력국가나 경찰국가도 법치국가가 될 수 있었기 때문이다. 이것은 법치주의 원래의 의미, 즉 권력자의 자의를 법으로 통제함으로써 국민의 자유와 권리를 보장한다는 것과는 거리가 멀다. 법치주의가 형식적 법치국가사상에 의하여 이와 같이 변질된 것은 입법권의 우위가 배제되고 법내용의 정당성 여부가 문제시되지 않았기 때문이다.

입법권이 형식상 국회에 주어져 있다 할지라도 그 국회가 권력분립의 원칙에 따르는 견제적 기능을 할 수 없게 되거나, 포괄적인 위임입법으로 그 견제적 기능을 포기하거나 할 때에는 지배자 마음대로 법을 만들어 다스릴 수 있기 때문에 권력을 법에 구속시켜 이를 통제한다는 의미의 '법의 지배'는 존재할 수 없게 된다.

이렇게 되면 형식에서만 법의 지배일 뿐이고 실제로는 사람의 지배에 지나지 않는다. 따라서 이러한 형식적 법치국가에서는 지배자의 자의가 법률의 탈을 쓰고 무엇이든지 합법적으로 할 수 있었고, 심지어는 법률에 의한 합법적인 범죄까지 저지를 수 있었다. 그 전형적인 예가 히틀러에 의한 나치스정권의 지배였던 것이다. 이와 같은 역사적 경험을 겪고 나서 제2차 세계대전 후에는 형식적 법치주의는 크게 비난받게 되고 실질적 법치주의가 새로이 등장하게 되었다.

원래 법치주의란 근대 절대군주의 자의적 권력행사를 제한하기 위한 목적으로 생겨난 개념이며, 이는 말 그대로 법^法대로 하자는 것이었다. 이때의 법치주의는 의회가 제정한 법률에 의한 지배만을 의미하게 되었고 법률의 목적이나 내용은 문제 삼지 않게 되었다. 그러다가 20세기 초 바이마르공화국에 이르면 법치는 부르주아 계급의 이익을 대변하는 지배도구로 전락했다.

---

58 "법치주의" 「네이버 지식백과」.

입법기관인 국회 또는 행정권의 부패에 의해 특히 독일에서 나치정권하에서, 프랑스의 경우 비시정권하에서 정의에 반하는 법이 제정되고 집행되게 되었다. 부패한 국가권력에 정당성을 부여하여 지배권력에 대한 복종을 요구하는 기능을 수행하였다.

Criminology & C·J systems

악의 평범성[59]

20세기 최고의 정치사상가 중 한 명으로 평가받는, 독일 유대인 출신인 미국 정치 철학자·사상가 한나 아렌트(1906-1975)는 〈예루살렘의 아이히만〉(1963)이라는 책에서 '악의 평범성'Banality of evil이라는 개념을 소개했다. 논란이 많은 이 개념에는 '괴물 같은 끔찍한 일을 저지르는 사람들도 괴물이 아니라 평범한 사람들'이라는 뜻이 담겼다.

"악이란 뿔 달린 악마처럼 별스럽고 괴이한 존재가 아니며, 사랑과 마찬가지로 언제나 우리 가운데 있다." 아렌트는 독일 나치의 유대인 학살을 지휘했던 친위대 장교인 아돌프 아이히만을 보며 '악의 평범성'이란 개념을 도출했다.

1961년 〈뉴요커〉의 특별취재원으로서 이스라엘 예루살렘에서 열린 아이히만의 재판을 방청하게 된 아렌트는 피고인석에 앉은 남자를 보고 깜짝 놀랐다. 무수한 이들을 가스실에서 죽게 만든 그가 언제 어디서나 볼 수 있는 평범한 중년 남성의 얼굴을 하고 있었기 때문이다. 놀랍게도 아이히만은 평소 준법정신이 투철한 시민이자 조직의 효율성을 높이기 위해 노력하는 관리자였고, 사람 좋은 미소를 짓는 친절한 이웃이었다.

아이히만은 자신의 '행위'를 인정했지만 '죄'는 인정하지 않았다. 그는 그저 '명령에 따랐을 뿐'이며 상관의 명령을 따르는 것이 도리였다는 말을 되풀이했다. 그는 '양심의 가책을 느끼지 않았느냐'는 질문에 "월급을 받으면서도 주어진 일을 열심히 하지 않았다면 그랬을 것"이라 답했다. 아렌트는 이 재판을 토대로 "파시즘의 광기로든 뭐로든 우리에게 악을 행하도록 계기가 주어졌을 때 그것을 멈추게 할 방법은 '생각'하는 것 뿐"이라고 전했다.

아이히만에게는 법의 내용은 중요하지 않았다. 가스실에서 사람을 죽이라는 법이 있으면 족했다. 그 법이 올바른 절차를 거치고, 제정이 되면 그 내용은 상관없이 집행하는 것이 자신의 책임이라고 생각했다.

---

59 임현경, "박소연의 기자회견에서 '악(惡)의 평범성'을 목도하다" 「더팩트」, 2019.01.21.

오늘날 헌법책에는 이 시기를 합법적 불법국가라고 규정하고 있다. 1949년 독일 기본법은 경제적 불평등을 제거하고 정의·평화를 보장하는 올바른 법만이 실질적 법치주의라고 못박았다. 오늘날 법은 형식뿐만 아니라 그 내용까지도 정의로워야 한다는 것을 법치주의의 원칙으로 삼고 있다.

법치주의는 권력의 자의적인 지배가 아니라 법과 정의의 지배여야 한다는 사상이다. 권력이 정당한 목적이 한계 안에서 법적 절차에 따라 행사되도록 하는 것, 인권과 정의의 편에 서있는 법의 지배가 권력욕에 사로잡힌 사람의 지배의 우위에 있게 하는 것 그것이 법치주의의 이념이다.

법치주의의 개념은 크게 2가지로 나뉘어 왔는데, 하나는 형식적 법치주의 개념이고 다른 하나는 실질적 법치주의 개념이다. 형식적 법치주의의 개념은 법의 내용보다는 주로 절차적인 측면에 관심을 기울이는 것으로, 그 구성요소로는 ① 명확성, ② 법적 안정성, ③ 소급효금지 원칙 등이 있다. 형식적 법치주의는 나치 독일, 남아공의 아파르트헤이트, 미국의 노예제도, 우리의 군부정권 등과 같은 어두운 역사를 낳았다.

오늘날에는 형식적 법치주의의 단계를 넘어 실질적 법치주의를 강조하고 있다. 실질적 법치주의란 법률의 실체적인 내용 또한 중요하다는 것으로, 법률은 인간의 존엄성 내지 인권을 보호해야 하고 또 인권을 침해해서는 안 된다는 것이다.

Criminology & C·J systems

 "권리 위에 잠든 자는 보호받지 못한다"의 엉터리 해석[60]

법학의 고전으로 불리는 〈권리를 위한 투쟁〉을 쓴 독일의 법학자 예링은 "권리 위에 잠든 자는 보호받지 못한다."는 명문을 남겼다. 권리 위에 잠든 자는 보호받지 못하는 것이 법의 원리라며 성폭력을 예방하기 위해 여성들에게 더 단호하게 거부하는 법을 가르쳐야 한다는 식의 한탄이 들렸다. 그들의 요지는 여성들이 성적자기결정권을 제대로 사용하지 않다가 뒤늦게 침해당했다고 하소연하는 건 무책임하다는 것이다.

권리 위에 잠들지 말라는 의미는 권리 침해를 받지 않도록 미리 조심하라는 경고가 아니다. 우리는 누군가 길을 가다가 갑자기 칼에 찔린다고 해서 그 사람이 자신의 생명권을 적극적으로 행사하지 않아서 벌어진 일이라고 하지 않는다. 왜 주변에 수상한 사람이 없는지 경계심을 잔뜩 세우고 더 조심하지 않았느냐고 탓하지도

---

60   한채윤, "권리 위에 잠든 자는 누구인가(성적 자기결정권'을 엉터리로 해석하는 사람들에게), 「한겨레」, 2019.03.21.

않는다. 설사 살려달라고 크게 외치지 않았다고 해서 자기방어를 포기했다고 하지 않는다.

생명권은 존중받아야 하는 권리이고, 존중해야만 하는 권리라고 모두 생각하기 때문이다. 예링은 인격을 훼손하는 굴욕적 불법에 대한 저항은 권리자 자신의 의무이자 공동체에 대한 의무라고 강조했다. 투쟁 없이 소중한 것을 지킬 수 없기 때문이다.

자신의 권리가 아니라 타인의 권리 위에서 잠든 자들만이 법과 권리를 무시하고 함부로 행동할 수 있다. 성폭력을 저지르고 불법 영상을 촬영하고 유포하며, 성적 학대와 착취를 일삼고 이를 기반으로 돈과 권력을 나누고 불리며 자신들만의 안락한 일상생활을 즐긴다. 권리 위에 잠든 자들을 보호하지 않아야 한다면 바로 이런 경우다. 우리는 어떤 사회에서 살 것인가, 나는 못 본 척 눈을 감은 자가 될 것인가, 눈을 뜨고 기억하는 자가 될 것인가 결정해야 한다.

2 ‖ 형법과 형사정책

근대적 법치국가의 형법은 시민들을 보호해야한다는 보호적 과제와 형법을 통해 행위자의 권리를 보장해야 한다는 보장적 과제를 동시에 추구한다. 무죄추정원칙, 책임원칙, 적법절차원칙 등 형사법의 모든 원칙은 피의자를 위한 보장의 원리다. 특히 '비례성원칙'은 정책의 효과와 권리 침해 사이의 균형을 요구한다. 최근 논의되는 불심검문 강화는 범죄예방의 목적과 권리 보장의 목적이 상충하는 예다.

법 경제학의 '한계형벌체감효과'는 범죄를 예방하고 처리하는 데 소요되는 자원이 한정돼있다고 가정한다. 때문에 최적상태Pareto efficiency에서 형사처벌만으로 시민의 보호를 실현하는 것은 피의자 권리의 기하급수적인 포기를 요구한다.

이주원 교수는 "최고의 형사정책은 사회정책이란 말이 있다. 범죄 문제는 개인적·사회적으로 다양한 원인이 있는데 형벌을 강화하는 방식으로 범죄를 억지하려는 것에는 한계가 있다"고 말했다.[61]

---

61 박재승, "최고의 형사정책은 사회정책"「고대신문」, 2012.09.23.

시민들의 공포심과 처벌강화의 요구 사이에 비이성적 심리가 존재할 가능성도 있다. '벌 주는 사회 이론'은 범죄자에 대한 사회적 처벌요구 이면의 반사회적 본능을 지적한다. 사람은 누구나 반사회적 본능이 있는데 법에 의해 억눌러져있던 이러한 본능이 범죄자를 비난하고 처벌하는 방향으로 표출하면서 심리적 불안감을 해소하고 책임의식을 덜어낸다는 이론이다.

'속죄양 이론'은 사회구성원들이 그들의 문제, 불만족, 분노를 적절한 대상을 속죄양으로 삼아 해소의 통로로 삼는다는 것이다. 이 이론은 특히 심층심리적인 방어 본능이 내면의 불안 감을 해소하기 위해 '필요한 적'을 만들어낼 수도 있다고 주장한다.

통영 어린이 살인사건, 나주 성폭행 사건 등 최근 발생한 잇따른 아동 성범죄로 처벌과 대 책의 강화를 요구하는 여론이 일면서 정치권에선 '화학적 거세' 대상을 모든 성범죄자로 확대 하는 특별법 개정을 추진 중이다. 하지만 사회적 이슈가 발생할 때마다 장기적 입법정책 없이 제정되는 특별법은 형법의 사문화와 법체계의 혼란을 불러일으킨다.

특히 성폭력 범죄에 대한 특별법은 2000년 '아동·청소년의 성보호에 관한 법률(26차례 개 정)', 2007년 '특정 성폭력 범죄자에 대한 위치추적 전자장치 부착에 등에 관한 법률(7차례 개 정)' 등 제·개정을 거듭하며 예외, 보충적인 당초 의미를 넘어 기존 형법을 대체하고 있는 것 은 문제라고 할 수 있다.

위협이론Scared theory은 범죄의 위험성이 있는 비행소년의 비행을 억제학고 성인이 되어 범 죄경력을 계속하는 것을 예방하기 위하여 다양한 무서운 경험을 하게 하는 이론이다. 위협프 로그램을 통해서 생활의 거친 현실과 공포를 경험하게 하여 비행소년의 삶의 변화를 이끌어 내려는 이론이다. 비행소년들을 겁먹게 하여 바르게 하려는 노력은 소년비행에 대한 억제적 접근, 특히 엄격한 처벌에 대한 공포가 비행을 억압한다는 관념에 기초하는 것이었다. 뉴저지 주의 중구금교도소에 가서 냉혹한 수형자들과 집중적 대면을 경험하게 하는 것이라든지 신 병캠프Boot Camp를 경험하게 하는 것은 좋은 예가 될 것이다.

특히 위협이론은 소년범과 초범을 단기간 교도소에 구금한 다음 석방하여 보호관찰관의 감독하에 형기를 마치도록 하는 '충격구금'Shock Incarceration 또는 '충격보호관찰'Shock Probation 정 책의 기초를 이루었다.[62]

하지만 이러한 위협이론에 의한 중구금교도소 프로그램에 참여했던 소년들은 나중에 4 배나 많은 범죄를 저지른 것으로 밝혀졌다. 범죄자들과 접촉할 수 없었던 소년들을 범죄자들 에게 노출한 것이 비행의 위험을 감소시키기기보다는 증가시키는 부작용을 초래한 것이다. 신 병캠프는 1980년대에 연방 및 주의 교정정책가들의 지지를 받았다. 하지만 그 효과성에 대한

---

62 민수홍 외 5인 공역, 전게서, pp. 65-66.

평가는 실망스러웠고, 재범을 감소시킬 수 없는 것으로 분석되었다.

Criminology & C·J systems

가정폭력과 형사사법체계의 미비[63]

이상은·정희진의 『아주 친밀한 폭력』에는 가정폭력의 역사가 잘 기술되어 있다. 조선 후기 유학자인 이덕무는 '남편과 시부모가 성질이 포악해서 때리고 구박하여 집에 못 있게 하더라도 친정에 돌아가는 것은 배반이 아니겠는가'라는 기록을 남겼다. 또한 조선 시대 여성들의 생활 지침서인 '내훈 2권 부부장'에는 '남편을 아버지같이 섬길 것이나, 혹 그릇된 일을 간하였다가 매를 맞는 일 있더라도 노하기는커녕 전혀 원망해서는 안 된다'라는 문장이 있다. 한국뿐일까. 서양의 기록을 살펴보면 중세 유럽에서 기사와 귀족들은 아내를 구타했고 심지어 유산流産했다는 이유로 산 채로 불태우기도 했다.

근세에 이르러서 법이 발달하긴 했지만, 이 법들은 남편의 아내 폭력을 금지하는 것이 아니라 단지 '제한'을 하는 데 그쳤다. 매의 굵기가 남편의 엄지보다 굵지 않거나 위협적인 도구를 사용하지 않으면 괜찮다는 식이다. 아내에 대한 폭력이 본격적으로 범죄 행위나 사회적 문제로 다루어진 것은 서구 여성운동의 두 번째 물결이 일었던 1960년대부터였다.

유럽인권재판소에서는 '가정폭력이 여성인권의 문제이며 이를 막는 것은 국가의 의무'라는 요지의 판결이 계속 나오고 있다. 보다 구체적으로 살펴보자면 동 재판소는 2009년 지속적인 가정폭력으로 생명을 위협을 느껴왔던 여성이 결국 남편에 의해 자신의 어머니를 잃은 사건을 놓고 '국가가 생명권 보장을 위한 적극적 의무를 주의를 기울여 이행하지 않았으며 이는 유럽인권협약을 위반한 것이다'는 결론을 내렸다. '국가가 가정폭력과 살인을 막을 수 있었지만 그렇게 하지 않았고, 이는 주어진 의무를 다하지 않은 것'이라는 말이다.

---

63 김예지, "과태료 내고 그 여자 죽이겠다, 법은 피해자를 보호하지 못했다" 「오마이뉴스」, 2018.10.29.

제 **2** 장 **형사사법체계 개관**

PART 01

제1절 형사사법체계의 의의

1 ▎형사사법체계의 개념

형사사법刑事司法, Criminal Justice이란 형법과 형사소송법에 관한 내용, 그리고 형법을 집행하기 위한 적법절차와 제반 활동을 말한다. 법원에 의해서 판단되는 정의正義는 국민들의 옳고 그름에 대한 사회의 규범을 반영하기 때문에, 형사사법은 사회정의社會正義, Social Justice와 깊은 연관성을 갖게 된다.[64]

Criminology & C·J systems

🔍 **Criminal Justice**[65]

The Criminal law, the law of criminal procedure, and that array of procedures and activities having to do with the enforcement of the criminal law. Criminal Justice cannot be separated from social justice because the kind of justice enacted in our nations criminal courts is a reflection of basic understandings of right and wrong.

---

64 Frank Schmalleger, *op. cit.,* p. 14.

65 *Ibid.,* p. 14.

형사사법체계刑事司法體系, Criminal Justice System라는 용어의 의미는 첫째, 특정한 사회적 가치 social value를 표상하는 법규들의 조합으로 형성되는 '규범적 체계'로 둘째, '형사사법행정제도'로 셋째, '전체 사회체계의 일부'로도 파악될 수 있다.[66] 두 번째 관점인 '형사사법제도'에서 주목하는 대상은 형사사법 관련 제반 법규들을 집행하는 공식적 기구이며, 이러한 형사사법 법규들을 집행하는 공식적 기구들 속에는 경찰, 검찰, 법원, 교정 등이 망라될 것이다.

이처럼 형사사법체계란 전문화된 국가사법기관의 제도로써 형사사법상의 임무를 맡고 있는 조직과 기능에 관한 제도를 총칭한 것이라고 할 수 있다. 이러한 형사사법체계에 속하는 기관으로 우리의 경우에는 수사기관(일반·특별사법경찰기관·검찰), 기소기관(검찰), 재판기관(법원), 재판집행기관(교정, 보호관찰 기관) 등을 들 수 있다. 형사사법체계란 범죄문제를 해결하기 위한 사회적 통제로써 형사사법을 집행하는 유기적이며 공식적인 제반 행정제도를 의미한다고 할 수 있다.

Criminology & C·J systems

Criminal Justice System[67]

The aggregate of all operating and administrative or technical support agencies that perform criminal justice functions. The basic divisions of the operational aspect of criminal justice are law enforcement, courts, and corrections.

형사사법기관은 개인과 개인 간의 생활관계를 다루는 민법民法, Civil Law[68]의 영역이 아니라 국가와 개인 또는 범죄인의 관계를 규율하는 형법刑法, Criminal Law의 영역을 다루게 된다는 점에서 그 특징이 있다. 형사사법기관은 민사관계가 아니라 주로 형법을 위반한 범죄자를 주된 대상으로 하게 된다.

---

66 심희기b, "문화와 형사사법제도-신유학적 형사사법제도의 공과와 그 장래에 대한 전망," 「형사정책연구」, 7(4), 1996, pp. 39-41. 이러한 형사사법체계에 대한 3가지 개념 중 본서에서는 두 번째 관점인 형사사법 법규들을 집행하는 공식적 기구의 조직과 절차를 중심으로 서술하고자 한다.

67 Frank Schmalleger, *op. cit.*, p. 17.

68 사법(私法)인 민법은 개인 상호 간의 생활관계이며, 이는 재산관계와 가족관계로 나눌 수 있다.

🌐🔍 민사사건과 형사사건

홍길동이 황진이에게 100만 원을 빌려가서 2달이 넘도록 갚지 않자, 황진이는 이런 나쁜 놈은 교도소에 보내야 된다고 생각한다. 하지만 이처럼 개인과 개인과의 사적인 관계에는 형사사법기관이 개입할 수 없다. 따라서 황진이는 법원에 민사소송을 제기하고, 민사법원은 황진이의 정신적·금전적 손해에 대하여 홍길동에게 배상을 명하게 된다. 이처럼 개인 간의 사적인 거래는 형사사법기관의 개입 없이 당사자끼리 재판을 걸어 시비를 가리게 되는데 이를 '민사사건'이라고 한다.

이와 같은 민사사건은 경찰 등 국가에서 강제력을 동원하여 개입하지 않고 당사자 간의 합의를 최우선으로 하게 된다. 개인 간의 금전거래 등과 같은 민사사건을 경찰에 고소·고발하더라도 경찰은 개입할 수 없으며, 개인이 직접 법원에 화해·조정을 신청하게 된다. 따라서 홍길동이 100만 원을 갚지 않는다고 해서, 경찰 등과 같은 형사사법기관이 홍길동에 대한 출석요구를 할 수는 없다.

그러나 예컨대 강도사건과 같은 범죄문제는 사회질서를 유지하는데 중대한 위협이 되기 때문에 개인들끼리 해결하도록 놓아두지 않고 직접 형사사법기관이 개입을 하게 된다. 이러한 강도사건과 같은 문제는 국가가 법률로 범죄라고 규정하여 강제로 형벌을 과하는데, 이러한 것을 '형사사건'이라 하며, 이러한 형사사건에 관한 제반 절차를 형사사법절차라고 한다.

형사사법체계는 형사정책Criminal Justice Policy의 영향을 받게 된다. 형사정책에 대한 광의의 정의는 범죄와 관련된 국가적인 정책 모두를 말하고, 협의의 정의는 범죄자 또는 범죄를 행할 위험이 있는 자에 대해 가해지는 강제적 조치를 의미한다.

이러한 개념정의는 전자에 의하면 대상이 지나치게 넓어져서 사회정책 등과의 구별이 어렵고, 후자에 의하면 대상이 지나치게 좁아져서 소년비행과 같은 중요한 문제가 형사정책의 시야에서 벗어나게 되는 문제가 있다.

따라서 오늘날 형사정책은 범죄를 방지하고 또한 범죄의 피해자 내지 사회일반의 범죄에 대한 분노의 감정을 누그러뜨림으로써 사회질서의 유지를 도모하는 국가적 기관의 일체 정책을 말한다.[69]

---

69 김용우·최재천, 전게서, p. 3.

또한 형사사법절차刑事司法節次란 범죄에 대하여 국가의 형벌권을 실현하는 절차로써 범죄의 수사, 범인의 검거, 공소제기, 공판절차, 형의 선고와 형의 집행 등으로 구성된다. 형사사법절차는 형사소송보다는 넓은 개념이라고 할 수 있다. 엄격한 의미에서 형사소송刑事訴訟은 법원의 면전에서 진행되는 피고인의 유·무죄를 판단하기 위한 일련의 쟁송활동을 의미한다.[70] 이러한 형사사법체계는 크게 영미법계와 대륙법계로 나눌 수 있는데 이에 대해서 간략하게 살펴보면 다음과 같다.

1 대륙법계 형사사법체계

대륙법계 형사사법체계는 법원의 직권적 조사를 특징으로 하는데, 공판정에서 모든 사건을 조사할 수 없고 사법관적 성격의 수사기관으로 검사를 상정하고 있으므로 수사는 객관적이고 중립적이며, 실체적 진실발견의 이념하에 이루어진다. 조사방법에 있어서는 피의자신문이 중요한 수단이며, 효율성과 경제성이 우수하나, 수사절차상 피의자신문과정에서 인권침해의 우려가 있다.[71]

이러한 대륙법계 형사사법체계는 무고한 사람이 처벌받는 한이 있더라도, 한 명의 범죄자라도 끝까지 처벌하겠다는 강경한 입장을 취하고 있다. 범죄자처벌을 통한 사회정의를 우선시하는 체계라고 할 수 있다.

2 영미법계 형사사법체계

영미법계 형사사법체계는 법원은 조사권한자가 아니며, 사실관계의 확정을 위한 자료의 수집은 당사자에게 맡겨져 있고, 법원의 절차는 당사자가 수집한 자료를 제시하는 과정이다. 당사자의 지위에서 수사하는 경찰은 사법관적 검사의 수사와는 범위가 다르며, 피고인 신문제도가 없고, 피의자신문도 제한적이어서 수사절차에 있어 피의자신문에 따르는 인권침해에 대한 보장이 우수하나 효율성과 경제성이 낮다.[72]

이러한 영미법계 형사사법체계는 열 명의 범죄자를 놓치는 한이 있더라도 한 명의 억울

---

70 신동운, 「형사소송법」(서울: 박영사, 2005), p. 3.

71 대검찰청, 「검찰지식리뷰(창간호)」, 2005. 4. 15, p. 2.

72 상게잡지, p. 2.

한 사람이 있어서는 안 된다는 것으로써 인권보장을 우선시하는 체계라고 할 수 있다.

영미법계에서는 법치의 관점에서 '보통법의 지배'the rule of Common law를 지향한다. 동일한 법이 사회의 모든 영역에 기본적으로 관철되는 것을 뜻한다. 보통법의 정신은 각자의 입장에서 파악된 특수한 정의가 아니라 언제 어디서나 적용되는 보편적 정의를 정치공동체의 토대로 삼는다. 이는 사람 위에 사람 없고 사람 밑에 사람 없으며, 모든 시민은 법 앞에서 동등하게 대우받아야 함을 불가역적으로 선언하는 것이다.

Criminology & C·J systems

🔍 형사사법체계의 이해

대학생 황진이가 홍길동에게 강도를 당했다고 가정해 보자. 형사사법체계는 무엇을 할 수 있으며, 어떻게 작동될까? 우선 경찰은 범죄신고를 받고 출동해서 병원호송 및 정신적인 도움 등 1차적인 원조를 제공하게 된다.

이후 경찰은 형사들을 통해서 홍길동을 범인으로 체포하고 조사를 하게 되며, 검사의 지휘를 받아서 피해물품 등을 황진이에게 돌려준다(수사기관).

검사는 피해금액이 100만 원밖에 되지 않아 홍길동을 강도죄로 기소를 할 것인지 아니면, 불기소할 것인지를 잠시 고민했지만 죄가 매우 중하므로, 기소를 하기로 정하고 재판에 회부하게 된다(기소기관). 판사는 홍길동이 죄를 뉘우치는 사정 등을 고려하고, 정의가 진정 실현되기를 바라는 황진이를 만족시킬 수 있는 형을 선고한다(재판기관).

교정당국(교정기관)에서는 홍길동에게 죄수복을 입히고, 교도소에서 죗값을 치르도록 하며, 교정과 교화를 한다. 나중에 홍길동이 모범수로 가석방된 경우, 보호관찰관(보호관찰기관)은 법원이 정한 명령을 홍길동이 잘 이행하는지를 감시하며, 혹시 황진이를 찾아가 괴롭히지 않는지를 확인하게 된다(재판집행기관).

---

2 ┃ 법체계와의 비교

오늘날 각국의 법체계法體系는 크게 4가지 체계와 전통으로 구분될 수 있다. 특히, 각 국가 간의 법률전통은 법체계의 발전과 형태에 영향을 주는 독특한 요소가 된다. 예를 들면, 자연법

[73]에 대한 태도, 사회에 대한 법의 역할, 법체계의 운영방식, 법의 제정 및 적용 등에 대해 역사적으로 조건 지워지고 국가체계에 뿌리 깊게 내재되는 것들이 이러한 법률전통의 예이다.

한 국가의 법체계가 다른 국가의 법체계와 정확히 일치할 수는 없으나 특정국가의 법률전통은 다른 국가와 공유할 수 있다. 따라서 법체계를 구분할 때 전통을 기초로 하여 유사성에 따라 집단화할 수밖에 없다.[74]

학자에 따라서 차이는 있지만 법체계는 영·미법계 법체계, 대륙법계 법체계, 사회주의 법체계, 이슬람 법체계 등 4가지로 구분될 수 있다.

첫째, 영·미법계 법체계는 보통법Common Law 체계라고 할 수 있는데 그 특징은 배심제, 법의 지배, 판례법 등을 들 수 있다.

Criminology & C·J systems

🌐🔍 법의 지배와 법률의 우위

법의 지배rule of law는 권력자가 제왕으로 군림하지 않는 공화주의를 이념으로 한다. 구름 위에 있던 귀족과 권력자에 대해서 법 앞의 평등이라는 대원칙을 적용하는 것이다. 실무적으로 법의 지배rule of law란 판례의 집적을 통해 법이 형성된다는 것을 의미한다. 반대로 법률의 우위는 행정보다 법률이 우위에 있기에, 행정은 법률에 위배해서는 안 된다는 원칙이다.

둘째, 대륙법계 법체계는 보통법과 대비하여 시민법Civil Law 체계라고 할 수 있는데, 그 특징은 법률의 우위, 시민 개개인의 권리와 의무를 보장하는 것이다.

셋째, 사회주의 법체계는 공산주의 법체계라고 할 수 있는데, 그 특징은 사회주의 국가체제를 수호하고, 인민들의 경제적·정치적 이익을 보호하는 것이다.

마지막으로 이슬람 법체계는 종교적 색채가 강한 법체계라고 할 수 있는데, 그 특징은 신과 인간에 대한 의무관계인 의례적 규범과 인간 상호 간의 권리와 의무관계인 윤리적 규범으로 구별한다는 것이다.

그러나 일반적으로 법체계는 독일과 프랑스를 중심으로 한 유럽의 대륙법계와 영국과 미

---

[73] 자연법(natural law)이란 법도 국가도 없는 상태를 상상한 인간 본래의 성질인 자연상태하에서 모든 시대·모든 장소에 적용되는 영구불변의 원초적인 법을 말한다.

[74] 김정해·최유성, "형사사법기관의 조직구성과 운영에 대한 비교연구: 독일과 미국의 법원조직을 중심으로," 「행정논총」, 43(2), 2005, p. 66.

국을 중심으로 한 영미법계로 구분한다. 대륙법계와 영미법계의 가장 큰 차이는 불문법, 즉 판례법의 지위이다. 대륙법계 국가에서는 판례가 추후의 재판을 직접적으로 구속하는 효과가 없으나 영미법체계를 채택하고 있는 나라들은 법원의 결정이 추후의 재판을 구속한다.[75]

Criminology & C·J systems

🔍 불문법[76]

불문법^{不文法}은 성문법^{成文法}이외의 법으로서 문자에 의하여 표시되지 아니하고 입법기관의 절차를 거치지 않고 생겨난 법이다. 이러한 불문법에는 관습법, 판례법, 조리 등이 있다. 미국에서는 판사라는 직업에 대한 명언이 있다.

"판사는 최고의 직업이다."^{Judge is the best job}

이는 판사가 내린 판결 자체가 미국사회에서는 '법'이기 때문이다. 불문법 국가인 영국과 미국에 있어서 불문법의 법원^{法源}인 판결을 내리는 판사는 거의 신과 같은 존재이다. 그리고 실제 美연방 판사는 종신제이다. 따라서 판사가 판사직 이외에 다른 직업을 구할 이유가 없다. 미국 연방 판사는 자신의 직업에 만족하고 나아가 그 직업에 충실하면서 사회의 존경을 받는 것이다.

영국과 미국은 판결이 곧 법인 불문법 국가이다. 따라서 영국과 미국의 로스쿨에서는 성문법을 공부하는 것이 아니라 법원의 판결문을 연구·분석하여 거꾸로 법을 추론해 낸다. 그런데 문제는 미국 로스쿨 학생들에게 조차 판결문은 해석이 어려운 또 다른 언어라는 점이다.

그래서 실제 로스쿨 3년을 마쳐도 구체적인 법을 모르는 경우가 상당수 있다고 한다. 로스쿨에서 배우는 수많은 판결문을 통하여 법보다는 구체적인 사건에서 자기의 주장을 논리적으로 주장하는 토론법을 배우는 데에 집중하기 때문이다.

PART 01

---

75   이윤근, 「비교경찰제도론」 (서울: 법문사, 2002), p. 374.

76   김승열b, "불록체인형 사법절차를 기대하며" 「조선일보」, 2019.04.08.

세계 각국은 형사사법체계에 대한 다양한 비교연구를 진행하면서 몇 가지 접근방법을 주로 활용하였다. 특히 역사적 접근, 정치적 접근, 기술적 접근방식은 대표적인 접근방법이라고 할 수 있다.[77]

본서에서는 이와 같은 다양한 비교접근방법 중에서 형사사법체계의 구성과 운영에 대해서 기술적인 접근방식을 중점적으로 사용하였으며, 필요한 경우 역사적 접근을 보완적으로 활용하였다.

김정해와 최유성 교수에 의하면 역사적 접근이란 한 국가의 형사사법체계가 어떻게 변화되어 왔는가를 살펴보고, 이를 다른 국가와 비교해 보는 방식이다. 이러한 접근방법을 사용하는 중요한 목적은 비교국가에 어떤 실패와 성공사례가 있었는가, 현재에 도움이 될 만한 초기의 경험들은 무엇인가를 살펴보고 이를 통해 자국의 형사사법체계를 개혁할 수 있는 방안을 모색하고자 하는 것이다.[78]

정치적 접근이란 어떤 국가의 정치가 그 나라의 형사사법체계에 어떻게 영향을 주는가, 정치가 어떻게 국가간 상호관계에 영향을 주는가, 국가의 법적 전통은 정치에 의해 어떤 영향을 받는가 등을 밝히기 위해서 필요하다.

왜냐하면 한 국가의 사법체계를 이해하는데 있어 중요한 것이 그 나라의 정치적인 여건과 상황이라고 할 수 있기 때문이다. 한 국가의 정치적 이념이나 상황에 따라 형사사법의 절차와 방식 그리고 특성이 달라질 수 있기 때문이다.

기술적 접근이란 어떤 제도에 대한 분석을 통해서 그 제도가 현재 어떻게 구조화되어 있고, 조직화되어 있으며, 운영되는가에 대해 기술하는 것이다. 한 국가의 형사사법체계가 어떻게 운영되는가, 그 시스템의 중요한 요소는 무엇이며, 주요 행위자들은 누구인가 등이 중심내용이 된다.

---

77 Philip L. Reichel, *Comparative Criminal Justice System: A Topical Approach(3th ed.)* (NJ: Prentice Hall, 2002), pp. 11-15.

78 김정해·최유성, 전게논문, pp. 64-66.

　　형사사법체계가 추구하는 목표는 기본적으로 사회통제와 인권보장에 있지만 이에 접근하는 관점 및 방법은 다양하다고 할 수 있다. 왜냐하면 형사사법체계에서 다루는 범죄문제는 그 사회의 규범변화와 밀접한 관련을 가지고 있으며, 형사사법체계를 구성하고 있는 각 기관이 추구하는 '목표'Goal와 '사회정의'Social Justice가 서로 일치하지 않으며, 경우에 따라서는 상충될 수도 있기 때문이다. 예를 들어, 경찰과 검찰은 범죄자의 처벌이라는 응보에 관심이 있을 것이며, 변호사는 처벌보다는 적법절차라는 인권보장에 더 많은 관심이 있을 것이다.

　　이처럼 형사사법체계를 구성하는 각 기관은 범죄문제에 대한 다양한 관점을 가지고 있기 때문에 형사사법체계 전체를 관통할 수 있는 일반적 체계론을 구성하는 것은 매우 어려운 문제라고 할 수 있다. 왜냐하면 형사사법체계는 갑자기 나타난 것이 아니며, 새로운 형사사법기관을 만든 사람들이 처음부터 '체계'System라는 관점에서 사고한 것도 아니기 때문이다. 또한 '체계'라는 용어의 사용은 사실상 존재하지도 않는 통합의 정도를 암시하고 있다는 비판을 받을 수도 있기 때문이다.

　　이러한 문제는 형사사법기관이 등장하게 되는 역사를 보면 더욱 분명하게 나타난다고 볼 수 있다. 19세기에 이르러 유럽과 미국은 범죄문제에 관한 많은 국제교류를 하게 되는데, 미국은 범죄문제를 해결하기 위해서 영국으로부터 경찰이라는 제도를 받아들였고, 유럽은 범죄자에 대한 가혹한 처우가 문제되자 미국의 교도소제도를 연구하게 되었다.

　　특히 미국의 경우는 1815년에서 1890년대에 이르러야 오늘날과 같은 경찰, 교도소, 보호관찰, 가석방과 같은 현대적 형태의 중요한 형사사법제도가 각각 다른 목적으로 등장하게 되었다. 이처럼 유럽과 미국은 제반 범죄문제를 해결하기 위해서 불완전하고 불확실한 시도에서 독립된 형사사법기관들을 창설하였으며, 19세기 후반에 이르러서야 형사사법기관들간의 상호관련성을 이해하고 '사회통제'Social Control에 대한 체계적인 접근을 시도하였다.[79]

　　이처럼 유럽과 미국의 형사사법체계는 사회변동에 의해서 야기된 과도한 '무질서'disorder에 대한 반응으로서 각각 개별적으로 발전하게 된 것이며, 19세기 후반에 이르러서야 형사사법체계에 대한 이해를 시작하였다. 특히 실버Allan Silver는 "경찰의 탄생이야말로 전대미문의 사회적·정치적 사건이다"라고 지적하였다.[80]

79　장영민 역, 「미국형사사법사」, 한국형사정책연구원, 2007, pp. 55-56.

80　Allan Silver, "The Demand for Order in Civil Society: A Review of Some Themes in the History of Urban Crime, Police, and Riot," in David J. Bordua, ed., *The Police: Six Sociological Essays* (New York: Wiley, 1967), pp. 1-15; 장영민, 전게서, p. 56.

이처럼 형사사법체계는 각각의 설립목표와 추구하는 방향이 일치하지 않고, 개별적으로 발전하여 왔기 때문에 형사사법기관을 체계적으로 이해하기 위한 다양한 논의가 진행되었다. 특히 복잡하고 세분화된 형사사법체계를 이해하기 위해서 '형사사법모델'Criminal Justice Model 이라는 분석방법을 사용하여 공식·비공식 형사사법현상을 설명하기 시작하였다.

형사사법모델과 관련하여 1964년, 패커H. Packer,1964는 적법절차모델Due Process Model과 범죄통제모델Crime Control Model이라는 2가지 모델을 제시하였다. 그가 제시한 2가지 모델은 개인과 국가간의 '투쟁'struggle을 강조하는 단 하나의 모델만을 제시한 것에 불과하다[81]는 비판을 받고 있지만, 현재에 이르기까지 형사사법체계에 영향을 미치고 있으며, 많은 논의가 이 모델의 영향을 받아서 전개되었다. 그러나 이 모델만 가지고는 범죄예방에서 수사·기소·재판·교정에 이르는 공식적인 형사사법체계와 아울러 정치권력·자본주의와 같은 외부환경 영역을 충분히 설명하지 못하였다.[82]

따라서 패커 이후 그리피스J. Griffiths,1970는 가족모델family model을, 바텀스와 맥클린A. E. Bottoms & J. D. McClean,1976은 자유주의적 관료모델liberal bureaucratic model을 주장하였으며, 맥바넷D. McBarnet, 1981은 패커의 범죄통제모델과 적정절차모델의 구분은 잘못된 이분법이라고 비판하였다. 이처럼 이들은 패커의 형사사법모델에 대한 많은 비판과 수정을 가한 새로운 형사사법모델들을 제시하게 되었다.[83]

이러한 형사사법체계에 대한 여러 모델들을 새롭게 정리한 킹M. King,1981은 이들 학자들이 제시한 형사사법모델들을 체계적으로 유형화시켜 범죄통제모델Crime Control Model, 적법절차모델Due Process Model, 의료모델Medical Model, 관료모델Bureaucratic Model, 지위강등모델Status Passage Model, 권력모델Power Model 등 6가지로 제시하였다.[84] 따라서 형사사법체계에 대한 다양한 관점이 있지만, 이하에서는 최선우 광주대 경찰법행정학부 교수가 정리한 킹의 6가지 모델을 중심으로 살펴보고자 한다.

---

81 김형만·이동원 공역, 「범죄학개론」 (서울: 청목출판사, 2001), p. 325.

82 최선우, "형사사법모델과 형사사법의 특성에 관한 연구," 「공안행정학회보」, 24, 2006, p. 215.

83 J. Sanderson, *Criminology Text Book* (London: HLT Publication, 1995), p. 150.

84 Michael King(a), *The Framework of Criminal Justice* (London: Croom Helm, 1981), p. 27.

범죄통제모델CCM, Crime Control Model은 범죄억제를 목표로 효율적인 형사사법체계를 추구하는 모델로 행정적인 절차를 중시하며 경찰과 사전심리과정에서 중요한 의사결정이 이루어진다. 또한 자유재량이 광범위하게 인정되는 제도이다.[85] 이러한 범죄통제모델이 성공적으로 운영되기 위해서는 높은 체포율과 신속한 절차에 따른 판결 등이 요구된다.

신속성이 강조된다는 것은 정형화된 판결과 절차를 보다 중시한다는 행정적이고 관리적인 시스템을 의미한다. 범죄통제 모델에서는 '유죄의 추정'presumption of the guilty을 기반으로 다양하고 많은 사례를 효율적으로 처리할 수 있다. 이 모델은 무죄일 가능성이 있는 혐의자를 풀어주거나 범죄자를 통제하는데 있어서 검찰과 경찰이 매우 강력한 권한을 지닌다.[86]

범죄통제모델에서는 "사회다수의 보호를 위해서는 범죄자를 엄격히 색출·통제해야 한다. 그리고 경우에 따라서는 무고한 사람이 범죄자가 되어 희생되어도 이는 불가피한 현실이다"라는 기본전제를 내포하고 있다. 따라서 이 모델에 의하면 형사사법체계의 제1차적 기능은 범죄자를 '처벌'punishment하기 위한 것이며, 이들을 처벌함으로써 범죄통제를 할 수 있다는 것이다.[87]

따라서 이 모델에 의하면 법원은 법과 질서의 수호자로 인식되며, 법규범을 위반한 형사 피고인을 반드시 처벌해야 한다는 것이다. 법원은 범죄행위에 대해 유죄판결을 내리고, 범죄자를 정의의 심판대에 세운 경찰과 검찰의 권위를 지지하게 된다.

결과적으로 이 모델에서는 처벌을 통한 범죄통제가 유일한 혹은 최상의 기능이라는 가정을 지향하고 있다고 볼 수 있으며, 높은 유죄판결과 경찰과 같은 수사기관의 권한확대와 이에 대한 지원을 주장하게 된다. 특히, 경찰과 검찰은 주로 범죄통제모델에 따라서 일하는 경향이 있으며, 가난한 사람에게는 범죄통제모델을 적용하고, 부유한 사람에게는 적법절차모델을 적용한다는 비판을 받고 있다.

---

85 George F. Cole & Christopher E. Smith, *The American System of Criminal Justice* (Wadsworth: Thompson Learining Inc. 2007), p. 7.

86 김정해·최유성, 전게서, pp. 67-68.

87 최선우, 전게논문, pp. 218-219.

적법절차모델DPM, Due Process Model은 개인의 자유를 보호하는데 중점을 둔 모델로 절차의 정당성을 강조하는 것이다. 이 모델은 당사자주의적인 절차를 중시하며 중요한 결정은 법원에서 수행하고 의사결정의 기초도 법 Law이 된다.[88] 범죄통제모델이 마치 조립라인과 같다면 적법절차모델은 장애물 코스와 같다. 이 모델은 체포와 구속과정, 변호사의 변론과정, 형사피의자 및 피고인의 권리, 공정한 재판과정 등을 강조한다. 특히, 피고인은 법원에서 유죄로 판명될 때까지는 무죄로 추정된다는 원칙을 강조하게 된다.

형사사법체계를 적법절차모델의 관점에서 살펴보면 "열 사람의 범죄자를 놓치는 한이 있더라도, 단 한 사람의 무고한 사람도 결코 있어서는 안 된다"라는 기본 전제를 내포하고 있다.

이 모델에 의하면 형사사법체계의 제1차적 기능은 개인의 인권보호를 위한 제반 형사사법상의 절차법적 규정의 강조이다. 특히 '법에 의한 지배'rule of law를 강조하며, 변호사는 적법절차모델에 따라서 일하는 경향이 있다. 적법절차모델에서 인권보장을 강조하기 때문에 경찰과 검찰과 그리고 피의자·피고인과 변호인은 대등한 당사자의 지위를 갖게 되며, 법원은 공정하고 중립적인 심판자의 지위를 갖게 된다. 특히 형사사법기관의 공권력 행사에 대한 시민의 법적 보호규정과 권리 등이 마련되어야 한다. 또한, 수사단계, 기소단계, 재판단계, 재판집행단계 등 모든 형사사법절차에서 시민의 보호규정과 권리 등이 명시되어야 한다고 주장하고 있다.

[표 1-1] 적법절차모델과 범죄통제모델 비교

구분	목표	가치	과정	중요결정지점	결정의 기초
적법절차모델	개인의 자유보호	신뢰성	당사자주의	법원	법
범죄통제모델	범죄억제	효율성	행정적	경찰 사전공판절차	자유재량

출처: 김정해 · 최유성, 전게논문, p. 68.

---

88 George F. Cole & Christopher E. Smith, *op. cit.,* p. 8.

3 ‖ 의료모델

알렌$^{Francis\ Allen}$은 의료모델$^{Medical\ Model}$을 통해 "범죄는 밝힐 수 있는 원인에 의해서 이루어지며, 치료하고 완치할 수 있다. 따라서 범죄자의 처벌은 범죄자가 가지고 있는 부정적 관념을 재강화시키기 때문에 바람직하지 않다"고 주장한다.[89]

의료모델에서는 "죄는 미워하되 사람은 미워하지 말라. 모든 사람(심지어 극단적으로 잔혹한 범죄자라 할지라도)은 교화개선의 가능성이 있다"는 기본 전제를 내포하고 있다. 따라서 이 모델에서는 유죄입증과 처벌이라는 개념은 의미가 없는 것으로서 부인하게 된다. 이 모델에 의하면 형사사법체계의 제1차적 기능은 '교정'^{correction}과 '사회복귀'^{rehabilitation}라는 것이다. 범죄라는 것은 '사회적 중재'$^{social\ intervention}$를 필요로 하는 하나의 사건이며, 범죄자는 병들어 있는 사람이지만, 적절한 방법에 의해서 치료될 수 있다는 것이다.

Criminology & C·J systems

 The Medical Model[90]

> A theoretical framework for the handling of prisoners which held that offenders were "sick" and could be "cured" through the application of behavioral and other appropriate forms of therapy.

따라서 이 모델의 관점에서는 범죄자에게 자신들이 저지른 행위에 대해서 '책임'을 부과하기보다는 자신들의 통제범위를 넘어선 불가피한 '산물'로 인식하며, 경우에 따라서는 심지어 사건의 '피해자'로서 간주되기도 한다.[91] 형사사법체계는 진단^{diagnosis}과 예측^{prognosis}, 처방^{treatment} 및 치료^{cure}가 연속적으로 이루어지는 병원의 치료과정과 유사한 면을 가지게 된다. 또한 이 모델은 형사사법체계에서 범죄자에 대한 폭넓은 의사결정 권한을 가질 것을 주장하며, 범죄자를 치료하기 위해서 다양한 의료시설을 활용할 것을 권장하고 있다.[92]

---

89 이윤호b, 「교정학」 (서울: 박영사, 2007), pp. 36-37.

90 Frank Schmalleger, *op. cit.*, p. 457.

91 최선우, 전게논문, pp. 217-218.

92 이윤호b, 전게서, p. 37.

4 ‖ 관료모델

관료모델Bureaucracy Model은 "형사사법체계 역시 하나의 관료조직이며, 따라서 관련 종사자들은 특정계층에 대한 배려보다는 합리성·능률성을 지향하며, 그러한 가치 속에서의 형사사법을 운용하고 있다"는 기본전제를 내포하고 있다. 관료모델에서는 기존의 형사사법 관련 규정과 절차에 의해 어떠한 자의적 판단이나 정실의 개입을 허용하지 않고 기계적인 관점에서 합리성과 능률성을 지향하는데 초점을 두고 있다. 그런데 모든 사회에서 발전되어 온 법규위반자의 관리·처리시스템(이른바 형사사법체계)은 그 사회의 사회·경제적 이념socio-economic ideology에 기초를 두고 있다. 따라서 그 사회가 자본주의를 지향하고 있다면, 형사사법이념 역시 그러한 자본주의의 이념(능률성)을 고려하지 않을 수 없다는 것이다.[93]

이러한 관료모델은 신속성과 효율성을 추구하며, 공식적인 기록을 강조하고, 차별 없는 표준화된 절차에 따라서 형사사법이 운용된다는 장점을 가지고 있다. 경찰, 검찰, 법원, 교정 등과 같은 형사사법기관은 국가와 형사피고인간의 갈등에 대해서 중립적인 지위를 가지며, 표준화된 사건처리절차에 형사사법체계가 운영되어야 함을 강조한다.[94]

따라서 이 모델에 의하면 형사사법체계의 제1차적 기능은 피의자와 피고인이 누구든 간에 정치적 영향을 받지 않고 운영되는 '폐쇄적 규범시스템 하의 표준절차를 진행'시키는데 있다. 관료모델의 관심이 표준절차를 진행시키는데 있다면, 적법절차모델의 관심은 형사사법기관의 자의적인 재량권행사에 대하여 시민의 인권을 보호하는데 있다는 것이다. 따라서 적법절차모델과 관료모델은 비슷한 관련성을 가지고 있음을 알 수 있다.

5 ‖ 지위강등모델

지위강등모델Status Degradation Model은 "형사사법이라는 것은 범죄자로 지목된 개인에 대해 사회적 비난을 가하고, 그의 사회적 지위 social status를 강등시키고, 이를 통해 한편으로는 사회구성원들의 결속력을 강화시킨다"는 기본전제를 내포하고 있다. 어떤 개인의 '지위'라는 것은 사회의 구성원으로서 그가 도달할 수 있는 신분상의 '위치'position를 의미하며, 이는 그의 사

---

93 최선우, 전게논문, pp. 217-218.

94 김형만·이동원, 전게서, p. 327 재구성.

회적 가치에 대한 타인의 평가뿐만 아니라 그 자신의 이미지를 반영하는 것이다. 따라서 이 모델의 관점에서 보면, 공식적 형사사법절차가 진행되는 과정에서 개인의 사회적 지위는 '강등'degradation되게 된다.[95]

이 모델에 의하면 형사사법체계의 제1차적 기능은 형사피의자와 피고인에 대한 '사회적 강등'social degradation과 일반 시민들간의 '사회적 결속'Social bond이라는 것이다. 경찰 등 수사기관이 사건에 대해서 구체적인 혐의는 없으나 의심스러운 경우 '용의자 또는 혐의자'로 인식되며, 이 용의자에 대해 수사기관이 잠정적인 가해자로 지목하여 범죄혐의에 대해 신문하는 과정에서 '피의자'로 불리게 된다. 이때가 되면, 언론은 수모를 당한 개인의 정보를 일반시민에게 알리는 역할을 하게 된다.[96]

경찰의 사건처리가 검찰에 넘겨져 검찰에 의해 기소가 되면 그는 '피고인'의 지위를 갖게 되면서 사실상의 범죄자라는 낙인을 받게 된다. 마지막으로 법원에서 유죄가 확정되면 그는 일반시민이라는 신분을 상실하고 '범죄자'라는 신분을 얻게 되면서 사회적 지위가 최종 강등되게 된다. 또한 일반시민들은 이러한 사건처리를 보면서 사회규범을 재확인하고, 사회정의가 살아 있음을 느끼게 되면서 사회적 결속을 강화하게 된다.

이처럼 한 개인이 범죄혐의로 형사사법기관에 인지되고, 그에 대한 공식적 절차가 진행됨에 따라 그의 신분은 법적으로도 변하게 되며, 이에 대한 사회적·도덕적 비난 역시 가해지는 것이 일반적이다. 이러한 점에서 지위강등모델에서는 형사사법기관 특히 형사법원의 의식적·관습적 측면을 강조하고 있다. 이 모델에 따르면 형사법원의 '의식'ceremony(형사피고인을 법정에 세우고 여러 관중이 참여한 가운데 재판하는 과정)은 단순히 범죄자를 처벌하기 위한 사회적 기능이 아니라 무대 위에 대중적 참여와 관심을 불러일으키고, 이를 통해 일종의 '카타르시스'katharsis를 제공하는 하나의 공연이라고 볼 수 있다.[97]

---

95 Michael King(b), "A Status Passage Analysis of the Defendant's Progress through the Magistrate's Court," *Law and Human Behavior*, Vol. 2, No. 3, 1978, p. 187.

96 김형만·이동원, 전게서, p. 332.

97 최선우, 전게논문, pp. 222-223.

권력모델^{Power Model} 관점에서는 "형사사법체계라는 것은 본질적으로 사회 내의 지배계급 자신들의 이해관계 증진 및 지배권력 유지수단으로 작용한다"라는 기본전제를 내포하고 있다. 이 모델의 관점에서는 다른 사회제도와 더불어 형사사법체계는 지배계급의 유지 또는 권력재생산을 위한 국가적 장치의 일부분을 형성한다고 보고 있다. 이 때문에 베버^{Max Weber}는 자본주의와 공식적·제도적 형사사법체계를 '동전의 양면'^{two sides of the same coin}으로 표현하기도 하였다.[98] 자본주의사회에서 경제적 부를 향유하고 있는 집단은 자신들의 입지를 유지·강화하기 위해서 형사사법체계 역시 자신들에게 유리한 방향으로 조정·통제하고자 하는 것이다. 따라서 사회 내 지배계급의 실질적 목표는 어떠한 희생을 치르더라도 현존하는 사회질서를 그대로 유지하고자 하며, 이로 인해 새로운 신진세력에 대한 억압이 불가피해 진다.[99]

이 모델에 의하면 형사사법체계의 제1차적 기능은 지배계급의 권력을 유지하기 위한 '법과 질서'^{law and order}를 운영하는 것이다. 국가로부터 형사사법체계의 독립과 국가와 개인 간에 제기되는 갈등에서 중립성을 지향하는 관료제모델과는 달리 권력모델은 경찰, 검찰, 법원, 교정 등과 같은 형사사법기관을 지배계급의 이익을 보호하기 위한 매우 중요한 국가장치로 간주하고 있다. 따라서 지배계급은 자신들의 이익을 위협하는 행위를 범죄행위로 규정하며, 자신들의 이익을 보호하기 위해서 엄격한 법적용을 하게 된다.

이러한 권력모델하에서의 형사사법기관은 사회전체를 위한 정의의 실현보다는 지배계급을 위한 가치를 보호하는 데 관심을 갖게 된다. 따라서 경찰과 검찰에서는 범죄자의 체포와 유죄입증에 보다 많은 관심을 가지게 되면서, 적법절차보다는 강압적인 방법 등을 사용하면서 유죄판결을 이끌어 내는데 노력을 하게 된다. 이는 결과적으로 지배계급의 이익에 부합하는 결과를 낳게 된다.

---

[98]   Michael King, *op. cit.*, p. 27.

[99]   최선우, 전게논문, pp. 223-224.

[표 1-2] 형사사법모델의 사회적 기능과 특징

관련모델	제1차적 기능	형사사법의 특징
적법절차모델	적법절차	• 당사자 간의 대등한 관계 • 형사피고인의 보호규정 • 자의적 권력 · 권한행사의 억제 • 무죄의 추정
범죄통제모델	처벌	• 법률적 통제의 경시 • 유죄의 내재적 추정 • 높은 유죄판결률, 피고인으로서의 불쾌한 경험 • 경찰 등 수사기관에 대한 지원
의료모델	교정과 사회복귀	• 정보의 수집, 개별화 • 치료를 가정 • 의사결정자의 재량 • 의사결정자 또는 자문가의 전문성 • 공식적 규정의 완화
관료모델	중립적 표준절차 집행	• 정치적 개입으로부터 독립 • 신속성과 능률성, 기록의 중요성 • 갈등의 최소화 • 노동의 경제적 분화
지위강등모델	범죄자에 대한 사회적 강등과 일반인의 사회적 결속	• 피고인에 대한 공공의 비난 • 지역사회의 가치를 반영 • 형사절차에 대한 기관의 통제
권력모델	지배계급의 권력유지	• 계층가치의 재강화 • 피고인에 대한 소외와 억압 • 계층갈등의 문제로부터 관심의 변화 • 제도의 겉모습과 현실간의 모순

출처: 최선우, 전게논문, p. 225 재구성.

Criminology & C·J system

범 | 죄 | 학 | 과
형 | 사 | 사 | 법 | 체 | 계 | 론

PART

02

범죄학 이론

"지식인은 특정 이데올로기에 치우치지 않는 존재인
'자유로이 떠다니는 지식인(Free-Floating Intelligentsia)'이 되어야 한다."

— 칼 만하임(Karl Mannheim), 『이데올로기와 유토피아(Ideology and Utopia』 中에서

"좋은 일을 행한 36명의 사람들이 있었는데 그 사람들의 이름은 알려지지 않았다."

— 아미타이 에치오니(Amitai Etzioni), 『책임사회(Responsibility Society)』 인터뷰 中에서

제**1**장 **근대 이전의 범죄학**

제1절 **고대**

　　고대인들은 범죄자나 정신장애자를 귀신이 씌웠거나 신의 저주를 받은 것으로 보았다. 이러한 '귀신론'Demonology적인 견해에 따라서 범죄자를 치료하는 방법도 초자연적 방법을 사용하였다. 귀신을 쫓는 의례를 행하거나 혹은 신과 귀신을 달래는 의식을 치르기도 하였다.[1] 중남미지역에서는 '트레핀'Trephine이라는 방법에 의해 해골에 구멍이 뚫린 유골이 다수 발견되었는데, 이는 머릿속에 들어와 나가지 못한 채 사람을 미치게 만드는 귀신을 쫓아내기 위한 고대의 범죄자나 정신병자를 치료하는 방법으로 추측되고 있다.[2]

　　그리스시대에 들어서서 이상범죄자 및 정신장애자를 종교나 미신과 분리시켜 의학적 문제로 보려는 시도가 나타나기 시작했다. 기원 전 4세기경 그리스의 히포크라테스Hippocrates, B.C 460-377는 정신장애를 3가지 유형, 즉 조급증, 우울증, 그리고 광증으로 분류하고 그 원인은 신체적 요인의 불균형에 있다고 보았다.

　　따라서 그는 이상 범죄자나 정신장애자를 치료하기 위해서 주술적인 방법을 배제하고 식이요법, 심리적 안정, 성행위의 자제 등과 같은 방법을 제시하면서, 이상범죄 및 정신장애는 종교인보다는 의료인이 다루어야 하는 영역이라고 주장하였다.[3]

1　권석만,「현대 이상심리학」(서울: 학지사, 2007), p. 44.

2　이러한 고대의 귀신론적 범죄관 및 정신장애관은 매우 원시적, 미신적, 비과학적임에도 불구하고, 우리 사회에는 아직도 일부 종교나 민속에 여전히 미신적 정신장애관이 남아 있다(상게서, p. 44).

3　상게서, p. 44.

고대 로마의 유명한 의사인 갈레노스(A.D 130-201)는 인간의 '영혼'은 뇌에 있으며, 2개로 나뉘어져 있는데 하나는 오감을 관장하는 외면적인 영혼이고 다른 하나는 상상력, 판단력, 지각, 운동을 관장하는 내면적인 영혼이라는 이론을 제기했다.[4] 유기체의 통일성에 대한 히포크라테스의 개념을 이어받은 그의 생리학은 이후 1400년 동안 의학의 발달에 지대한 영향을 끼쳤다고 한다.

제2절　중세

　　서양의 중세시대는 이상범죄자와 정신병자의 수난시대였다. 중세에는 그리스·로마시대에 발전한 의학적 이해가 억압되고, 고대의 귀신론적 범죄관으로 회귀하면서, 범죄문제를 마녀나 악마에 사로잡히기 때문에 발생한다는 원시적인 논리로만 설명했다. 종교적 입장에 근거하여 인간의 삶을 사탄과 악령에 대항하는 영적인 전쟁으로 보았으며, 범죄자는 사탄과 악령에 사로잡힌 사람으로 규정되었다.

　　또한 범죄자는 죄를 지어 하나님으로부터 벌을 받는 것이거나 마귀의 수족 역할을 하는 자로 규정되었다. 따라서 범죄자는 종교재판의 대상이 되었으며, 마귀를 쫓기 위한 다양한 형태의 고문을 당하거나 심지어 화형을 당하기도 하였다. 특히 시련을 부과하여 재판하는 '시죄법'試罪法, Trial by ordeal을 시행하면서 가혹한 고문이 용인되었다.

Criminology & C·J systems

 시죄법Trial by Ordeal

　　시죄법은 1215년 라테란 공의회에서 폐지되기까지 수세기 동안 시행되었다. 이것은 '정의가 힘을 부여해 준다'는 믿음아래 범죄자의 죄를 밝혀내는 방법이었다. 당시 사람들은 범죄자가 뜨거운 불로 달구어진 쇠로 살을 지지는 고문을 받더라도 만약 무고하다면, 신神께서 그를 보호해 줄 것이라 믿었다.

4　이경식 역, 「프로파일링」 (서울: Human & Books, 2005), p. 14.

불에 달구어진 불판을 맨발로 걸어가는 시련을 당할 때, 무죄라면 하나님이 그에게 천사를 보내어 아무 상처 없이 불판을 걸어가게 해 준다는 것이다. 따라서 발바닥에 상처가 있으면, 유죄였고, 상처가 없으면 무죄가 되었다.

이러한 시죄법에 대해서 피터^{peter}는 "다치지 않고 시죄법의 심판에서 살아남기를 바라는 것은 기적을 바라는 것과 마찬가지이며, 이는 '너는

(출처: shutterstock)

네 창조주이신 주님을 시험하지 말라'는 말씀을 어기는 것"이라고 역설하였다.[5]

제3절 근대 초기 범죄학의 태동

중세의 귀신론에 근거한 범죄학 시대가 지나면서 관상학과 골상학이 대두되었다. 16세기에 이르러 어떤 사람을 그의 이마, 입, 눈, 치아, 코, 머리카락과 같은 외모로 판단할 수 있다는 생각이 나타났으며, 이 분야의 학문을 프랑스의 바르텔레미 코클레가 '관상학'^{Physiognomy}이라고 불렀다. 그는 『관상학자』^{Physiognomonai}(1533)라는 저서에서 목판화로 된 수많은 그림을 제시했으며, 이후 골상학의 발전에도 영향을 미치게 되었다.[6]

17세기부터 계몽주의^{Enlightenment} 철학자들이 점차 의학 분야에 영향을 끼치기 시작했는데, '심리학'^{Psychology}이라는 용어가 처음 나타난 것도 바로 이 시기였다. 그러나 비록 뇌가 행동뿐만 아니라 질병에도 영향을 미친다는 사실이 드러났음에도 불구하고, 외면적인 신체적 특징이 질병진단의 핵심적인 기준이 되었다. 그런데 뇌와 외면적인 신체적 특징이라는 2가지 측면의 접근을 통합하고 아울러 대중적인 상상력까지 사로잡은 이론이 있었는데, 그것이 바로 '골상학'^{Phrenology}이었다.[7]

---

5   김윤성 역, 「고문의 역사」(서울: 들녘, 2004), p. 49.

6   상게서, pp. 14-15.

7   상게서, p. 15.

이처럼 근대 이전에는 범죄원인에 대해서 악마와 범죄인이 결합되었다는 '악마론'Demonology과 경험적 관찰에 의한 '자연주의적 경험론' 등 2가지가 주된 이론이었다. 앞서 살펴본 것처럼, 악마론은 원시사회의 애니미즘에 기원을 두고 있으며, 범죄는 악마의 소행이라고 생각하였다. 13세기 말에서 17세기에 걸쳐 유럽에서는 범죄인이 악마와 결합했다는 이유로 이들을 처형하는 마녀재판이 유행하였다.[8] 그 뒤 교회세력이 쇠퇴하면서 비이성적인 마녀재판은 종식되었다.

자연주의적 경험론은 중세의 신비주의나 종교적 도그마를 배제하고 경험적 관찰에 의하여 범죄의 소질과 범죄 환경적 요인을 찾으려는 것이다. 일찍이 아리스토텔레스는 범죄성의 유전에 주목하여 신체적 특징과 정신상태의 상관관계를 주장하였다.[9] 이와 같은 영향을 받아서 관상학과 골상학이라는 분야가 새로운 각광을 받게 되었다. 이러한 근대 이전의 비합리적인 범죄학의 단계를 지나서 최초로 범죄를 이론적으로 고찰한 것은 18세기 고전주의 학파가 등장하면서부터이다.

Criminology & C·J systems

 근대 초기의 자살론

1774년 출간된 괴테의 '젊은 베르테르의 슬픔'은 계몽주의 문학의 엄격과 이성에 숨막혔던 젊은이들의 감성을 해방시키면서 유럽을 흔들어놓았다. 수많은 젊은이들이 베르테르의 죽음을 모방해 권총 자살을 시도하는 바람에 사회적인 문제로 대두된 사실은 유명하다.[10]

17세기 후반까지만 해도 자살은 죄악이자 중대한 범죄였다. 유럽 기독교사회에서 자살은 영혼과 육체의 이중적 살해로, 신성모독으로 여겨졌다. 자살 후에도 재판에 회부돼 교수형에 처하는가 하면 재산을 몰수하고 남겨진 가족들은 굴욕을 당해야 했다.

이런 분위기는 16세기 중엽과 17세기에 오면 서서히 바뀐다. 토머스 모어, 몽테뉴, 몽테스키외 등이 작품을 통해 자살에 대한 입장을 드러내면서 귀족과 지식인, 부르주아 사이에서 자살을 옹호하는 기류가 형성되기 시작했다.[11]

---

8   천정환, 「신범죄학」 (서울: 백산, 2006), p. 77.

9   상게서, p. 77.

10   김덕영, "김덕영 교수의 사회학이론 시리즈 첫 책…'에밀 뒤르케임'" 「연합뉴스」, 2019.04.27.

11   이윤미, "무엇이 한 인간을 '자살'로 이끄는가" 「헤럴드경제」, 2017. 12.22.

고전주의와 실증주의 범죄학

Criminology &
C ▪ J system

범|죄|학|과
형사사법체계론

제2장

제1절 고전주의 범죄학파의 등장

유럽은 중세를 넘어서서 근세에 이르면서 수백 년 동안(적어도 3세기간) 이전 시대에 볼 수 없었던 범죄현상 앞에서 공포감을 느꼈으며 범죄문제를 심각하게 생각하게 되었다. 이전에 도 범죄는 있었지만 그 수에 있어서나, 그 종류와 태양에 있어서 비교할 수 없을 정도였다. 미국도 당시로서는 신대륙에 세워진 신생국가였지만 당시 유럽에서 이민 간 세력들은 엄청난 범죄현상으로 골머리를 앓고 있었던 점에서 차이가 없었다.[12]

이러한 상황에서 18세기에 이루어진 범죄와 형사사법Criminal Justice에 관한 특정한 개념들을 통틀어 범죄학의 '고전주의 학파'The Classical School라고 한다. 고전주의 학파는 ① 자유의지Free Will에 의한 선택과 인간의 합리성을 강조하고, ② 합리적 쾌락주의rationalistic hedonism라는 행동관을 가지며, ③ 도덕성과 책임감에 초점을 두고, ④ 정치구조와 정부가 시민을 통제하는 방식에 관심을 가지며, ⑤ 만인의 기본적 권리에 관심을 두는 것을 특징으로 하고 있다.[13]

> **Criminology & C · J systems**
>
> **벤담의 판옵티콘**
>
> 근대 인식론은 크게 영국의 경험주의와 대륙의 합리주의로 나뉜다. 경험주의 는 인간의 지식은 오로지 경험에 의해서만 가능하다고 주장하는 반면, 합리주의는

---

12 조준현, "범죄의 사회적 요인에 대한 미시적 접근과 거시적 접근" 「저스티스」, 2004, p. 156.

13 박승희 역, 「사회문제론」 (서울: 민영사, 1994), p. 27.

PART 02

인간의 이성만이 진정한 인식을 가져다준다고 믿는다. 경험주의는 우리의 관념이 기본적으로 개별적 경험에 의존하며, 총합적 지식이란 그러한 관념의 연합일 뿐이라고 보는 것이다.

하지만 합리주의는 이성에 의한 주체의 사유라는 중심 없이는 인식이 불가능하다고 본다. 그러므로 경험주의적으로 보면 주체는 관념의 다발이지만, 합리주의적으로 보면 주체는 인식의 중심이다. 독일 철학자 칸트는 이 둘을 종합하여 선험철학을 완성한다.

판옵티콘Panopticon은 원래 영국의 공리주의자 제러미 벤덤이 말한 것인데, 미셸 푸코가 『감시와 처벌』에서 예로 들면서 유명해진 개념이다. 그것은 방사형의 감방에 갇힌 죄수들을 중앙에 위치한 간수가 360도로 감시하는 원형감옥으로서, 최소한의 감시자가 최대한의 수감자를 통제할 수 있는 효율적인 구조이다.[14]

이 시기에 두 사람의 저자, 즉 베카리아Cesare Beccaria, 1738~1794와 벤덤Jeremy Bentham, 1748~1832은 가장 유명한 저서를 남겼고, 고전주의 학파에서는 그들의 영향력이 가장 컸다. 베카리아는 1764년 『범죄와 처벌』Essay on Crimes and Punishment이라는 저서를 통해 계몽주의에서 유래한 인간의 존엄성Humandignity을 강조하였다.

체자레 베카리아(Cesare Beccaria)

1738년생. 이탈리아 범죄학자. 26살 되던 1764년 「범죄와 형벌」(On Crimes and Punishments)을 저술함. 이 책은 전 세계 22개국에서 번역되었으며, 형법 근대화에 큰 공헌을 함. 죄형법정주의 사상과 고문·사형의 폐지론 등을 낳게 하였음.

특히 자백을 얻기 위한 고문의 사용을 비난하고, 사형제도의 폐지를 주장하였다. 그는 실효성이 없을 때(정신착란자를 처벌하는 등), 무익할 때, 또는 불필요할 때 형벌이 가해져서는 안 되며, 처벌은 범죄를 억제할 만큼만 부과해야 하며, 남용해서는 안 된다고 믿었다. 이러한 베카리아는 오늘날 '고전주의 범죄학파의 선구자'the founder of the Classical School of criminology로 인식되고 있다.

가혹한 형벌이 당연시되고 고문까지 용인되던 시대에, 그는 죄형법정주의·유추해석 금지·형벌 비례의 원칙 등 현대 문명국 형법 체계의 근간을 이루는 견해를 밝혔다. 그렇다고 베

---

14 최범, "디자인, 배치는 권력이다" 「중앙일보」, 2019.02.28.

카리아가 피고인 권리 보호에만 치우쳤던 것은 아니었다. 그는 인간 본성과 형사 사법에 대한 깊은 성찰을 바탕으로 "범죄를 예방하는 최선의 수단은 형벌의 가혹함이 아니라 확실성이다", "형벌은 확실하고 면할 수 없는 것이어야 한다"고 주장하였다.

베카리아에 영향을 받은 벤담은 범죄를 했을 때의 이익과 그로 인한 처벌을 합리적으로 판단하여, 범죄를 했을 때의 이익이 잡혔을 때의 손해보다 작다면 범죄를 하지 않을 것이라는 '쾌락주의적 산출법'hedonistic calculus을 고안하였다. 벤담은 이러한 사상을 체계화하여 사회통제Social Control를 위한 '공리주의'Utilitarianism 철학으로 발전시켰다.[15]

베카리아와 벤담은 범죄 처벌의 '신속성과 확실성'Swift and Certain을 강조하였다. 처벌이 신속하면 체포단계부터 고통이 시작될 수 있기 때문에, 범죄자의 고통은 긴 시간 동안 강하게 지속될 수 있으며, 처벌이 확실하다면 범죄를 생각하는 사람들의 마음을 두렵게 할 수 있기 때문이다.

(출처: shutterstock)

Criminology & C·J systems

🔍 Classical School [16]

An eighteenth century approach to crime causation and criminal responsibility which resulted from the Enlightenment and which emphasized the role of free will and reasonable punishment.

---

15 Frank Schmalleger, *Criminal Justice Today(3rd. ed.)* (Englewood Cliffs, NewJersey: Prentice-Hall Inc., 1995), p. 80.

16 *Ibid.*, p. 80.

실증주의 학파[Positivist School]는 처음으로 범죄자의 행동을 연구하는데 관심을 가졌다. 이들은 범죄인의 행동에 대한 결정론적[determination] 입장을 취하고, 인간이 자유의지를 가진 합리적인 존재라는 고전주의 학파의 입장에 반대하였다. 이들의 관심은 범죄행동을 야기하는 원인을 발견해서 이를 제거하거나 치료하는 것이었다.[17]

19세기에 케틀레[Adolphe Quetelet, 1796-1874]는 자살과 범죄의 규칙성의 발견을 토대로 하여 범죄가 개인의 자유로운 의지에 따라 발생하는 것이 아니라고 주장하였다. 그는 사회가 범죄율을 결정하며 범죄자는 그 도구일 뿐이라고 하였다.

비록 구체적인 원인진단이 다르기는 하나, 범죄의 원인이 인간의 자유 의지를 넘어선 곳에 존재한다는 케틀레의 발상은 이탈리아의 실증주의 범죄학자 롬브로조뿐만 아니라 이후 자살의 사회적 요인을 강조한 뒤르켐에게도 영향을 미쳤다.

범죄학에 있어서 실증주의 학파의 창시는 일반적으로 롬브로조[Cesare Lombroso], 가르팔로[Raffaelo Garofalo] 그리고 페리[Enrico Ferri] 등 세 사람의 이탈리아 사상가의 업적으로 보고 있다. 이러한 실증주의 학파는 인간의 행동이 인간의 생물학적·심리학적·사회적 특성에 의해 결정되는 것으로 보았으며, 생물학파(생물학적 이론), 심리학파(심리학적 이론) 그리고 사회학파(사회학적 이론)의 발달에 영향을 주게 되었다.

실증주의 학파는 법을 범죄자를 억제하기 위한 수단이 아니라 사회를 보호하고 범죄자를 교정하기 위한 수단으로 보았다. 따라서 엄격한 처벌이 사회통제의 수단으로 더 이상 효과를 가지지 않으며, 오히려 치료와 사회복귀가 더 유용한 수단이라고 주장하였다. 실증주의 학파의 영향으로 소년법원[Juvenile Court]이 설립되었다.

구 분	고전주의	실증주의
전 제	비결정론	결정론
원 인	자유의지	사회적 · 심리적 · 생물학적 요인
관 점	범죄행위	범죄자의 특성(범죄성)
범죄예방 수단	형벌 등 형사사법제도	과학적인 방법
목 적	일반예방	특별예방
학 자	철학자, 계몽사상가	사회학자, 심리학자, 생물학자

---

17 박승위 역, 전게서, p. 38.

제3절 실증주의 범죄학의 유형

1 ‖ 범죄생물학

범죄생물학파^{Crime Biological School}는 범죄행동은 생리적 기초, 유전자, 음식, 첨가물, 호르몬 그리고 유전형질 등 모든 요소가 개인의 행동을 결정하는데 영향을 미친다는 견해를 가지고 있다. 범죄생물학자들은 인간의 행동이 이성에 의한 합리성에 영향을 받는 것이 아니라, 생물학적인 결함요인에 의해서 영향을 받는다고 생각하고 있다.[18] 생물학적인 요소나 조건이 직접적으로 또는 환경적 요소와 결합하여 범죄를 야기할 수도 있고, 개인의 환경적 요소가 생물학적 요소나 조건에 영향을 미쳐 범죄를 유발할 수도 있다는 것이다.[19]

Criminology & C·J systems

🔍 **Biological School [20]**

A perspective on criminological thought which holds that criminal behavior has a physiological basis. Genes, foods and additives, hormones, and inheritance are all thought to play a role in determining individual behavior. Biological thinkers highlight the underlying animalistic aspect of being human as a major determinate of behavior.

---

1 초기의 생물학파

❶ 갈^{Gall}의 이론

사람들은 흔히 곱상한 생김새를 보고 '천사'처럼 생겼다거나 혹은 털이 많고, 눈매가 사납고, 광대뼈가 튀어나온 사람을 보고 '악마'처럼 생겼다는 이야기를 하는 경우가 종종 있다. 이처럼 사람의 외형적인 모습을 보고 그 사람의 특성을 파악하는 방법이 오래 전부터 있어 왔다.

---

18 Frank Schmalleger, *op. cit.*, p. 82.

19 Donald J. Shoemaker, *The Theories of Delinquency* (NewYork: Oxford University Press, 1984), p. 14.

20 Frank Schmalleger, *op. cit.*, p. 82.

갈Franz Joseph Gall,1758~1828은 이처럼 신체적 특성이 그 사람의 특성을 반영한다는 오래된 생각을 처음으로 체계화한 사람이었다. 갈의 골상학Phrenology은 서구사회에 전통적으로 내려오던 관상학의 일종으로 볼 수 있지만, 18세기 후반 유럽에 널리 알려진 라바터J.C.Lavater의 인상학과 같은 과거 관상학에 비해서 갈의 골상학은 훨씬 더 구체적이고 과학적인 것이었다. 인상학physiognomy이 얼굴과 몸의 외형적 모습을 통해 성격을 추론하였다면, 갈의 골상학은 두상, 특히 두개골의 부분 부분을 인간의 구체적인 기질과 성향으로 연결시켰다.

18세기 말 오스트리아 빈의 유명한 의사였던 갈은 사람의 뇌는 33개의 기관Organ으로 구성되어 있으며, 각 기관이 어디에 있으며, 얼마나 발달했는지는 두개골을 만져보고 튀어나온 부분들을 확인함으로써 알 수 있다는 이론을 제시했다.

그는 이 33개의 기관을 3가지 유형으로 분류했는데, 첫째 인간의 기본적인 특성을 통제하는 기관, 둘째 자비심과 유쾌함 등의 감정을 다스리는 기관, 마지막으로 크기를 측정하거나 인과관계를 따지는 등 순수하게 지성적인 측면을 다루는 기관 등이었다.[21]

갈은 그의 이론을 정확하게는 골상학Phrenology의 일종인 '두상학'cranioscopy으로 불렀으며, 다음과 같은 전제를 가지고 있었다. 첫째, 뇌는 정신을 담고 있다. 둘째, 뇌는 단일한 개체가 아니라, 정신적 기관들의 집합이다. 셋째, 두개골의 모양은 뇌의 발달된 부분과 부족한 부분을 알려준다. 마지막으로 두개골의 연구는 개인의 특성을 알려준다는 것이다.[22]

이러한 갈의 골상학은 그의 제자인 슈푸르짜임Johann Gaspar Supurzheim,1776~1853이 골상학을 주제로 한 강연과 출판을 통해서 열렬하게 선전하면서 영국과 미국에 대중적으로 전파되었으며, 갈의 이론을 지지하던 사람들은 골상 판정 시연회를 열고는 했는데, 이때마다 직업불문의 많은 사람들이 강연장을 가득 메웠다고 한다. 영국의 경우, 1825년과 1845년 사이에 적어도 200개가 넘는 강연들이 개최되었으며, 미국의 경우에는 상업성이 강하게 가미되면서, 주요 도시마다 소위 '골상학소'가 문을 열었다. 골상학에 관한 강연과 책자들이 홍수를 이루었고, 심지어 구직과정에서 면접을 볼 때 골상학 차트를 면접위원에게 제출해야 하는 경우도 있었다.[23]

하지만 이 당시에도 골상학에 대한 비판이 끊이지 않았다. 벤담Jeremy Bentham은 골상학을 일컬어 "미친 자들의 꿈"이라고 불렀으며, 일부 비평가들은 "돌팔이, 사기꾼, 떠돌이 약장사"라고 혹평하였다.

---

21   이경식 역, 전게서, p. 15.

22   Frank Schmalleger, *op. cit.*, p. 82.

23   이화정, "관악 제2대학(학술교육운동단체) '여성의 눈으로 세상보기' 제3강 강의안 여성사 서술의 의미에 대하여" 「네이버 블로거」.

🌐 골상학과 여성운동[24]

골상학이 대중적으로 어필할 수 있었던 가장 큰 이유는 인간의 본성을 일목요연하게 '정리된 체계'로 설명한다는 점에서 찾을 수 있다. 이것은 난해한 학문적 지식을 필요로 하지 않는 매우 쉽고, 단순한 체계였다.

더구나 이것은 범죄나 광기와 같은 설명이 어려운 현상에 대해서도, 두뇌의 융기라는 간편한 방법으로 그 성향을 집어내어 설명하였고, 실제적인 해결책을 제시한다는 실용적인 측면도 가지고 있었다.

사람의 자질 가운데 어떤 부분이 부족하다고 판단되면, 그 부분을 계속 강화시키면 되었다. 골상학의 이런 속성들은 무언가 변화하여 간다고 믿던 소위 '진보의 시대'에 살던 사람들에게 스스로 무언가를 변화시킬 수 있다는 가설 자체만으로도 매우 강하게 어필하였다.

또한 골상학은 '모든 사람은 평등하다고 선언한 것', 즉 '모든 사람이 동일한 구조의 두뇌를 가지고 태어났다'는 기본원칙 등에 의해서 19세기 여성운동에 많은 영향을 미쳤다는 평가를 받고 있다.

❷ 롬브로조의 격세유전

갈의 골상학이론은 '개인은 자신의 두개골 모양을 선택할 여지가 거의 없다는 점'에서 결정론적determinstic 측면을 가지고 있었다. 이러한 결정론적 시각에 입각한 또 다른 연구가 롬브로조Cesare Lombroso,1835~1909의 격세유전 연구이다.[25]

체자레 롬브로조(Cesare Lombroso)

1835년생. 이탈리아 범죄학자. 고전주의 학파(classical school)에 반대한 실증주의 학파의 창시자(founder of the Italian School of Positivist Criminology). 그는 범죄자와 비범죄자는 다양한 신체적 이상(physical anomalies)에 의해서 구별된다고 주장. 과학적 연구방법론을 사용함.

롬브로조는 정신의학자이면서 외과의사였으며, 이탈리아 실증주의 범죄학파의 창시자

---

24 상계 네이버 블러거.

25 Frank Schmalleger, *op. cit.*, p. 83.

로서 '근대 범죄학의 아버지'the father of modern criminology로 불리는 사람이다. 그는 정신병원과 교도소에서 정신병과 범죄에 대한 생물학적 원인을 조사하면서 정신이상자, 범죄자(주로 사형수), 군인, 그리고 일반인 등 6,000명 이상의 범죄자들을 대상으로 20년이 넘는 세월 동안 두개골 및 외모의 특성을 체계적이고, 면밀한 관찰을 통해 조사하였다.

이후 범죄자에게는 진화론적으로 퇴행한 것으로 간주되는 신체상의 야만적인 격세유전적 Atavism 특징들이 현저하게 나타난다고 주장하였다. 다시 말해 롬브로조는 선천적으로 변경할 수 없는 신체적 특성과 범죄는 상당한 상관관계가 있다고 보았다. 그는 이러한 연구결과를 토대로 『범죄인론』L'Uomo Delinquente(1876년)이라는 저서를 발표하고, 이 책에서 타고난 범죄자를 뜻하는 '생래적 범죄자'란 개념을 처음 사용하였다.[26]

롬브로조는 범죄인을 '생래적 범죄인'Born Criminal, '정신병적 범죄인'Insane Criminal, 백치, 치매 등, '잠재적 범죄인'Criminaloids(범죄인 대부분) 등으로 구분하였다. 이 중, 상습적인 절도나 폭력관계로 인한 중범죄자들은 애초부터 범죄자로 태어났으며Born Criminal, 이들 범죄자들은 그들로 하여금 범죄의 일생을 걷게 하는 신체적인 문제를 유전 받았다는 것을 밝히고, 이것은 격세유전의 결과라고 주장하였다.

범죄자란 일반인에게는 진화의 결과로 원시적 신체특징이 나타나지 않지만, 범죄자들은 고대의 원시적 신체특징primitive physical characteristics이 격세隔世, Atavism, 즉 세대를 뛰어넘어 나타난 것이기 때문에 범죄자는 원시적인 외모를 갖게 된다는 것이었다.

Criminology & C·J systems

Atavism [27]

A condition characterized by the existence of features thought to be common in earlier stages of human evolution.

이러한 그의 연구는 영국의 범죄학자 고링Charles Goring에 의해서 비판받았다. 그는 영국의 범죄집단과 비범죄집단을 거의 10년에 걸쳐 영국 각지의 교도소 수형자 3,000명과 일반시민 3,000명을 대상으로 롬브로조가 제시한 생래성 범죄인의 제반 특징과 기타 사항에 관한 비교조사연구를 하였다. 그 결과 양 집단에 신체적인 차이가 없다고 결론 내렸다.[28]

---

26 김준호 외 5인, 「청소년비행론」 (서울: 청목출판사, 2003), p. 60.

27 Frank Schmalleger, *op. cit.*, p. 83.

28 이상현, 「범죄심리학」 (서울: 박영사, 2004), p. 25.

롬브로조의 지지자였던 하버드 대학의 인류학자 후튼$^{Ernest\ Hooton}$은 고링의 비판을 재반박하면서 미국에서 재소자와 일반인을 비교한 결과 범죄자는 생물학적으로 열등하다고 결론짓고, 신체적 특징에 따라 범하기 쉬운 범죄유형을 제시하기도 하였다.[29] 하지만 이러한 후튼의 연구는 형사사법기관에 체포된 범죄자를 선별해서 조사한 것이기 때문에 신뢰할 수 없는 '인공적인 결과물'$^{artificial\ product}$이라는 비판을 받았다.[30]

❸ 크레츠머의 신체구조와 성격

범죄생물학의 또 다른 학파는 독특한 체형은 특정한 범죄행위와 연관되어 있다고 주장하는 체격학파이다. 체격^{Physique}을 범죄와 관련시킨 최초의 학자는 독일의 정신과 의사였던 크레츠머$^{Ernest\ Kretschmer}$였다. 그는 인간의 전체적인 신체구조상의 특징을 뜻하는 체형을 근거로 하여 인간을 구분하고, 그 신체적 특징과 범죄와의 관계를 연구하여 범죄자를 이해하려고 노력하는 체격 생물학에 대한 연구를 최초로 시도하였다.[31]

그는 정신질환자 4,414명의 체격형 분류를 기초로 범죄자의 유형을 구분한 연구결과를 『신체구조와 성격』$^{Physique\ and\ Character}$(1921)이라는 저서에서 발표하였다. 이 책에서 그는 인간의 체격형을 세장형^{asthenic}, 투사형(또는 근육형, ^{athletic}), 비만형^{pykinc}, 발육이상형으로 나누고,[32] 기질을 승리성, 집착성, 회귀성(순환성)으로 나누면서, 체격과 기질과의 관계를 연구하였다.[33]

이러한 체형과 범죄성향과의 관계에 대해 크레츠머는 세장형은 다른 사람을 배려하는 감정이 없고, 지성이 부족하며, 행동에 조심성이 많은 성격을 가진 사람으로, 주로 소액절도나 사기범에서 많이 발견되지만 때로는 살인자에게도 발견되었다. 투사형은 잔혹한 공격성과 격렬한 폭발성을 보이는 성격의 소유자로 폭력범죄자들 중에서 가장 많이 발견되었다. 그리고 비만형은 범죄를 저지를 가능성이 가장 낮은 유형이지만 간혹 횡령범이나 사기범에서 발견되었다고 한다.[34]

29 이윤호c, 「범죄학」 (서울: 박영사, 2007), p. 219.

30 Frank Schmalleger, *op. cit.*, p. 84.

31 김준호 외 5인, 전게서, p. 60.

32 세장형은 키가 크고 마른 체형을 가진 사람들의 유형이고, 투사형은 근육질이 잘 발달된 사람들의 체형이며, 비만형은 키가 작고 뚱뚱한 사람들의 체형이고, 발육이상형은 여러 가지의 신체상의 특징이 혼재되어 나타나는 체형을 말한다 (김준호 외 5인, 전게서, p. 60).

33 William H. Sheldon, Emil M. Hartl, and Eugene McDermott, *Varieties of Delinquent Youth* (NewYork: Harper, 1949), p. 171.

34 이상현, 전게서, p. 27 재구성.

❹ 셸던의 체격형 이론

크레츠머의 체격형이론을 한층 더 발전시킨 사람으로 미국의 심리학자이며 내과의사인 셸던Willam Sheldon을 들 수 있다. 셸던은 인간은 본질적으로 내배엽endomorph(소화기관), 중배엽mesomorph(뼈, 근육, 운동근육, 조직체계), 외배엽ectomorph(신경체계, 피부, 손, 발)이라는 3개의 층으로 이루어진 튜브상태의 태아embryo상태로 시작한다는 것이다.[35]

셸던이 언급한 3가지 체격Physique과 기질Temperament에 관한 기본유형의 특성은 다음과 같다. 첫째, 내배엽형은 부드럽고, 둥글고, 행동이 느리고, 태평스러우며, 관대하고 낙관주의적이며, 이들은 내장긴장형Viscerotonic의 특성을 갖는다.

둘째, 중배엽형은 근육, 골격, 활동기관이 발달하고 동체가 굵고 가슴이 넓고, 정력적이고 무감각하며 자기주장형이고 모험심이 강하며 공격적이며, 신체긴장형Somotonic의 특성을 갖는다.

셋째, 외배엽형은 여위고, 몸집이 섬세하며, 골격이 가늘고 긴 편이며, 어깨가 축 처지고, 코가 뾰족하며 자기반성적이고 민감하며 신경질적이며, 두뇌긴장형Cerebrotonic의 특성을 갖는다.[36]

셸던은 보스톤에 있는 소년재활원에서 200명의 비행소년에 대하여 자세한 신체검사 및 성장기록자료를 분석했다. 그 결과 중배엽의 구조를 가진 사람은 범죄를 저지를 잠재력을 가지고 있다고 주장했다. 중배엽 구조를 가진 사람은 끝없이 정열적이고 능동적이며 충동적인 것을 행동으로 옮기는데 빠르고 대담하다는 것이다. 그러나 직선적인 행동을 자제할 수 있는 요인, 즉 양심적인 면, 반성적인 면이 결핍되어 있다고 하였다.[37]

셸던 글럭(Sheldon Glueck)

1896년생. 폴란드계 미국인. '사회예측표'(Social Prediction Tables) 모델 개발. 그의 아내인 엘레나 글럭(Eleanor Gueck)과 공동연구로 유명. 1930년 「500 Criminal Careers」 등 저술.

---

35 George B. Vold, Thomas J. Bernard, and Jeffrey B. Snipes, *Theoretical Criminology(4th ed.)* (NewYork: Oxford University Press, 1998), p. 47.

36 이상현, 전게서, pp. 27-28.

37 Sheldon Glueck and Eleanor T. Glueck, *Physique and Delinquency* (NewYork: Harper and Row, 1976), p. 8; 이황우외 7인, 「형사정책」 (서울: 법문사, 1999), p. 246.

이러한 체격과 비행과의 관계는 글릭부부Sheldon Glueck and Eleanor T. Glueck에 의해서 다시 검증되었는데, 이들 부부는 500명의 비행소년과 일반소년 500명을 비교하여 체격과 비행과의 관련성을 검증하였다. 하지만 이들 부부의 주장은 연구방법상의 결함 등으로 인해서 많은 지지를 받지 못하였다.[38]

이러한 초기 생물학적 이론들은 여러 가지 측면에서 비판을 받았다.

첫째, 신체구조가 행동을 결정한다고 생각했지만 이에 대한 정확한 기술과 정의가 부족하다.

둘째, 범죄행위와 생물학적 원인과의 관계가 분명하지 못하여, 왜 모든 생물학적 결함을 가진 사람이 범죄를 범하지 않는지 또는 왜 모든 범죄자가 생물학적 결함을 가지고 있지 않는지를 알 수 없다.

셋째, 비행자나 범죄자의 표본으로서 형사사법체계 밖의 범죄자가 충분한 정도로 추출되지 못하고 있다는 것이다. 따라서 오늘날에는 이러한 주장이 큰 의미가 없는 것으로 인식되고 있다.

2 현대의 생물학 이론

20세기 초 롬브로조의 등의 초기 생물학적 범죄원인론은 방법론상의 결함과 그로 인한 타당성의 결여 등으로 크게 주목받지 못하였다. 1970년대 초 윌슨E. O. Wilson이 『사회생물학』Sociobiology을 출간하면서 생물학적 범죄원인론이 재등장하게 되었다. 사회생물학자들은 염색체 이론, 화학적 불균형, 그리고 생물학과 환경 등에 관심을 가지고 있었다.

❶ 염색체 이론Chromosome Theory

정상적인 사람은 23쌍 46개의 염색체를 가지고 있으며, 한 쌍의 염색체가 인간의 1, 2차적인 성징性徵을 결정한다고 한다. 일반적으로 정상적인 여성은 23번째 염색체를 XX로 가지며, 정상적인 남성은 XY를 가지고 있다. 그런데 여기서 관심의 대상이 되는 것은 정상적인 남성보다 Y염색체를 하나 더 많이 가지고 있는 사람, 즉 XYY염색체를 가지고 있는 '클라인펠터 증후군Klinefelter's syndrome인 것이다.[39]

---

38 이윤호c, 전게서, p. 222.
39 박상기·손동권·이순래, 전게서, p. 109.

물론, 남성이 X염색체를 하나 더 가져서 XXY염색체를 가질 수도 있으나 이는 범죄학에서 크게 중요시되지 않았다.[40] Y염색체가 남성성징, 즉 남성男性의 성性을 결정하기 때문에, Y염색체를 하나 더 가지고 있는 사람을 '초남성'Supermale, XXY이라고 하며, 이는 폭력적인 범죄성을 가지고 있다고 가정되었다.

하지만 후속 연구결과, XYY염색체를 가진 남자들 중 대부분이 범죄를 저질렀지만 대부분 경미한 범죄를 저질렀으며, 이들이 일반 남자들 보다 폭력적인 범죄를 저지른다는 증거는 없다는 결론이 나왔다.

Criminology & C·J systems

🔍 똑똑한 후세를 만들려면[41]

일반적으로 똑똑한 후세를 만들려면 우수한 유전자를 가진 여성을 만나야 된다고 한다. 여성의 X염색체에는 지능을 결정하는 중요한 유전자가 있기 때문에 엄마가 아들에게 지능을 고스란히 물려주는 책임을 지고 있다는 것이다.

아들의 지능은 엄마로부터, 딸의 지능은 아버지와 어머니로부터 각각 1개씩 X염색체를 물려받기 때문에 양친의 지능을 모두 물려받게 된다고 한다. 하지만 유전적인 요인이 10%, 환경적인 요인이 90% 정도 되기 때문에 실제로는 유전적인 요인보다는 환경적인 요인이 더 중요하다고 할 수 있다.

---

❷ 화학적 불균형Chemical Imbalance

화학적 불균형에 주목한 생물학적 이론에서는 범죄를 인체 내의 화학적 결핍이나 불균형으로 인한 감정적 장애 때문이라고 보고 있다. 인체 내의 화학적 결핍이나 불균형이 사람들의 사고형태와 동작의 통제에 영향을 미치며, 이러한 불균형이 직접적으로 비행 또는 범죄와 연결된다는 것이다.[42] "당신이 먹는 것을 알려 주면, 당신이 누구인지 알려 주겠다!"You are what you eat!라는 오래된 격언을 기본전제로 하고 있다.[43]

화학적 불균형과 관련해서 가장 많이 연구되고 있는 것은 비타민·미네랄의 결핍과 범죄의 관련성이다. 사회생물학자들에 의하면 사람은 어린 시절에 두뇌가 성장하기 위해서는 어

40　이윤호c, 전게서, p. 230.

41　서유헌, "치매의 대가 서유헌 교수의 재미있는 腦 이야기," 「신동아」, 2009.01.

42　이윤호c, 전게서, p. 234.

43　Frank Schmalleger, *op. cit.*, p. 86.

느 정도의 미네랄과 비타민이 반드시 필요한데, 이러한 영양소가 결핍되면 비타민 결핍vitamin deficiency 현상이 나타나며, 이러한 영양소가 정상인보다 더 많이 필요하게 되면, 비타민 의존 vitamin dependency 현상이 발생하여 이상행동을 초래할 수 있다는 것이다.**44**

또한 저혈당증hypoglycemia이 범죄와 관련이 있는 것으로 조사되었다. 사람은 정상적인 뇌 기능을 위해서 최소한의 혈당을 필요로 하는데, 이것이 부족하게 되면 뇌기능을 저하시켜서 혼돈, 갈등, 우울증depression, 불안anxiety 등을 초래한다는 것이다.**45**

내분비장애도 역시 범죄와 관련이 있는 것으로 조사되었다. 중요한 남성호르몬의 하나인 테스토스테론testosterone은 남성의 2차 성장을 통제하는데, 이 호르몬의 수준이 남성의 범죄적 반 사회성·공격성·폭력성과 관련이 있다는 것이다.**46** 실제 연구에서 교도소에 있는 재소자 가운 데 폭력범죄자가 기타 범죄자에 비해서 이 호르몬이 매우 높은 것으로 밝혀진 경우도 있었다.

물론 남성호르몬의 과다분비와 범죄발생의 여부가 확실하다고 할 수는 없지만, 남성범죄 자들을 처우하기 위해 이 남성호르몬의 수준을 떨어뜨리는 약물을 이용하고 있다는 것은 남 성호르몬과 범죄가 전혀 무관하지만은 않다는 사실을 암시해 주고 있다.**47**

Criminology & C·J systems

 신경범죄학Neuro-criminology

신경범죄학이라는 새로운 분야는 다양한 생물학적 접근법으로 범죄를 예측하 여 궁극적으로는 범죄를 사전에 예방하려는 학문 분야이다. 최근의 신경범죄학적 연구들은 특정 유전자가 반사회적 행동의 위험을 나타내는 지표가 될 수 있다는 것 에 초점을 맞추고 있다.

예를 들어, 임신여성Maternal의 니코틴 흡입과 알코올 섭취는 자식들의 유전자 에 영향을 미쳐 자식들이 성인이 되었을 때 타인에 대한 폭력 범죄에 영향을 미칠 수 있다는 것이다. 또한 임신 중(특히, 첫 번째와 두 번째 임신 중)의 영양실조는 자식들 의 반사회성 인격 장애를 2.5배 가량 증가시키는 것으로 나타났다.**48**

---

44 Larry J. Siegel, *Criminology*(7th ed.) (Belmont, CA: Wadsworth, 2001). p. 154.

45 이윤서c, 전게서, p. 235.

46 박상기·손동권·이순래, 전게서, p. 113.

47 이윤호c, 전게서, p. 235.

48 박주상, "신경범죄학에 대한 탐색적 연구"「한국정부학회 2014년도 추계학술발표논문집」, 2014, pp. 336~359.

❸ 생물학과 환경

최근 들어 인간행위에 의한 환경적 오염environmental contaminants이 문제점으로 대두되어 사회생물학자들의 관심을 끌기 시작하였다. 지나친 환경오염은 인간의 생명을 빼앗아 가기도 하며, 일정 수준의 환경오염도 사람에게 감정적·행동적 장애를 초래할 수도 있다는 것이다.

예를 들어, 식용색소나 향료가 청소년의 반항hostile, 충동impulsive 혹은 반사회적 행동을 야기 시킨다는 연구도 있으며, 혈중에 있는 납성분이 청소년들의 행동문제나 반사회적 행동에 영향을 미치며, 형광등이나 텔레비전과 같은 인공불빛에서 나오는 방사선radiation도 반사회적·폭력적 행동을 유발할 수 있다고 한다.[49]

이러한 최근의 현대 생물학적 범죄이론들이 범죄에 대한 새로운 관점을 제공해 주고 있음에도 불구하고, 범죄 또는 비행과 생물학적 요소와의 연계성에 대한 직접적이고 일관성 있는 증거를 제공하지 못하고 있다는 비판을 받고 있다.

3 범죄 심리학파Crime Psychological School

❶ 범죄심리학

심리적 영향이 인간행동에 미치는 많은 연구 중에서 프로이드Sigmund Freud, 1856~1939의 '정신분석이론'Psychoanalysis Theory은 최초로 이루어진 체계적 이론이자 선구적 이론이라고 할 수 있다. 프로이드는 범죄에 대해 직접 논한 것은 없지만, 범죄를 저지르는 사람들 중에는 과도하게 발달된 슈퍼에고를 갖고 있어서 항상 죄의식과 불안감을 느끼는 사람이 있다고 언급하였다.[50]

이처럼 프로이드는 인간의 행동을 정신분석학적 방법론을 가지고 해석하였으며, 이후 그의 제자 등이 무의식적 갈등이 범죄행동에 미치는 영향을 검토[51]하였다.

이 중에서 가장 유명한 것은 힐리와 브로너Alexander Healy & Augusta Bronner의 연구인데, 그들은 형제 중 한 형제는 비행을 하지만 다른 형제는 전혀 비행을 하지 않는 105쌍의 형제를 조사하였다. 여기서 비행을 하는 형제는 부모와의 정상적인 정서적 유대관계를 맺지 못하였기 때문

---

49 이윤호c, 전게서, p. 236.

50 Sigmund Freud, "Criminal from a Sense of Guilt," James Strachey, *The Standard Edition of the Complete Psychological Works of Sigmund Freud* (London: Hogarth Press, 1975), pp. 332-333; George B. Vold, Thomas J. Bernard, and Jeffrey B. Snipes, *op. cit.,* p. 93.

51 Kate Friedlander, *The Psychoanalytic Approach to Juvenile Delinquency* (London: Kegan Paul, Trench and Trubner, 1947), pp. 25-30.

이며, 비행은 가족에게 충족 받지 못한 원초적 욕구를 채우기 위한 것이라고 주장하였다.[52]

이들은 청소년에 대한 사례연구방법을 통해서 '정서적 쇼크'^{Trauma}가 비행을 일으키는 주된 원인이라는 점을 발견하였다.[53] 다른 접근방법들은 인성차이를 검토하는 것인데, '다면적 인성검사'^{MMPI}와 '정신병적 성격'을 검사하는 것이었고,[54] '범죄인성'이 있다고 주장하는 최근의 연구[55]도 있다.[56]

이처럼 심리학파는 범죄와 일탈행위를 인격상 기능장애의 산물로 보고 있다. 예를 들어, 프로이드는 인간심리에 있는 의식과 잠재의식을 인간행동을 유발하는 결정적인 요인으로 보고 있다. 인간의 심리에 있는 무의식^{unconsciousness}은 언어가 형성되기 이전 시기인 3세에서 5세 사이에 형성되는데, 이때의 경험은 기억이 불가능하지만 무의식에 남아있다는 것이다. 만약 이때 학대와 같은 충격적인 경험을 하게 되면, 이러한 기억은 억압^{repression}되어, 기억은 할 수 없지만 나중에 범죄로 발현될 수 있다는 것이다.

독일계 미국인 심리분석가인 에릭슨^{Erik Homburger Erikson, 1902~1994}은 프로이드의 이론에 근거하면서 어린 시절의 갈등이 부모를 향한 10대들의 반항으로 나타난다는 '정체성 위기이론'^{identity crisis theory}을 주장하였다.

에릭 에릭슨(Erik Homburger Erikson)

1902년생. 학부학위 없음. 하버드 교수 등 역임. 이드(id)의 역할보다 '자아(ego)'의 역할을 중시한 자아 심리학(ego psychology)의 창시자 중 한 명. 1956년 「아동기와 사회(Childhood and Society)」 등 저술.

에릭슨은 프로이드의 인생 3단계 분류 체계를 확대하여 8단계로 분류하였는데, 인생의 8단계 중 3단계(아동기: 3세-6세까지)와 4단계(학동기: 6세-12세까지) 그리고 5단계(청소년기: 12세-18세까지) 등에서 나타나는 정체성의 위기를 적절하게 제어하지 못한다면, 범죄적인 인성이 가장 쉽게 나타날 수 있다고 주장하였다.[57]

---

52 George B. Vold, Thomas J. Bernard, and Jeffrey B. Snipes, *op. cit.*, pp. 94-95.

53 William Healy & Augusta Bronner, *New Light on Delinquency and It's Treatment* (New Haven, CT: Yale University Press, 1936), pp. 1-25.

54 Starke R. Hathaway & Elio D. Monaches, *Analyzing and Predicting Juvenile Delinquency with the M.M.P.I.* (Minneapolis, MN: University of Minnesota Press, 1953), pp. 1-30.

55 Samuel Yochelson & Stanton E. Samenow, *The Criminal Personality* (NewYork: Jason Aronson, 1976), p. 1-25.

56 박승위 역, 전게서, p. 37.

57 이경식 역, 전게서, pp. 286-287.

또한 영국의 심리학자인 아이젠크[H. Eysenck]는 외향성과 내향성의 구분에 관한 융[C. Jung]의 기본적인 개념을 토대로 범죄자의 인성은 유전적인 요인과 환경적인 요인이 결합하여 형성된다고 보았다.[58]

그의 이론은 사람은 모두 학습능력 특히 주변 환경조건에 적응하는 능력을 선천적으로 다르게 타고난다는 것을 전제로 하여, 범죄자는 불안정하고 외향적인 인성과 정신병적인 외향적 인성을 가지고 있다고 주장하였다.

Criminology & C·J systems

🌐🔍 Psychological School [59]

A perspective on criminological thought which views offensive and deviant behavior as the products of dysfunctional personalities. The conscious, and especially the subconscious, contents of the human psyche are identified by psychological thinkers as major determinants of behavior.

Criminology & C·J systems

🌐🔍 사이코패스[Psychopath][60]

사이코 패스[Psychopath]는 정신을 뜻하는 '사이코'[psycho]와 병리 상태를 의미하는 '패시'[pathy]를 합쳐 만든 용어다. 반[反]사회적 인격 장애의 극단적인 증세를 가진 사람을 뜻한다. 반사회적 인격 장애는 사회 관습에 역행하여 지나치게 공격적인 행태를 보이고 자기를 위해 남을 착취하는 '행동질환'이다. '사이코패스'는 여기에다 죄책감이나 타인에 대한 동정심마저 없는 '심리 이상'이 합쳐진 경우다. 정신질환 중 최악의 경우로 꼽힌다. 19세기 프랑스 정신과 의사 필리프 피넬이 최초로 언급하면서 공론화되기 시작했다.[61]

사이코패스의 특성으로는 흔히 '타인의 감정에 공감하지 못하고, 이기적이며, 자극을 추구하고, 남을 잘 속이며, 속이는 과정에서 쾌감을 느낀다'는 등의 특성이

---

58 상게서, pp. 296-298.

59 Frank Schmalleger, *op. cit.*, p. 88.

60 배용진, "사이코패스는 타고나나 만들어지나?" 「조선일보」, 2017.07.23.

61 김철중, "공포 모르는 사이코패스…성인 1%가 성향" 「조선일보」, 2009.02.03.

보고 된다.

사이코패스 여부를 판별하기 위한 방법으로 가장 널리 쓰이는 것은 사이코패스 체크리스트PCL-R 검사다. PCL-R검사로 사이코패스 여부를 진단하는 것은 적절하지 않다. 사이코패스는 감정이 없거나 약하다는 특성이 있어 거짓말탐지기에 걸리지 않을 확률도 일반인에 비해 높기 때문이다.

최근 범죄심리학계에서는 사이코패스를 선천적 요인이나 후천적 요인에 의해 100% 결정된다고 보지는 않는다. 생래적으로 사이코패스적 성향을 지닌 사람이라 하더라도 성장과정에서 적절한 교화를 받으면 사이코패스적 특성이 100% 발현되지는 않는다는 분석이 설득력을 얻고 있다.

최근 들어 정신의학계에서 사이코패스의 뇌가 일반인과 다르다는 연구 결과가 잇달아 나오는 것도 사이코패스가 선천적으로 태어난다는 주장을 뒷받침한다.

캐나다의 범죄심리학자 로버트 D. 헤어 박사다. PCL-R테스트의 개발자이기도 한 그는 사이코패스에게는 생래적인 특성이 존재한다고 봤다. 그가 사이코패스의 특징으로 꼽은 요인 중 대표적인 것이 '공감능력의 결여'와 '이기적인 성격'이다. 그는 인구 100명 중 1명 이상이 사이코패스라는 주장을 내놓아 주목받기도 했다.

Criminology & C·J systems

소시오패스Sociopath

소시오패스는 G. E. 패트릿지가 1930년 사이코패스 장애의 사회적 괴리현상을 설명하기 위해 만들어낸 용어다. '사이코패스'나 '소시오패스'는 공감능력이 결여된 사람을 말한다. 공감이란 다른 사람의 입장을 이해할 수 있는 능력으로, 타인들과 고통과 기쁨을 공유할 수 있는 토대가 된다.

영국 언론인 존 론슨의 '사이코패스 테스트'에서 기업의 CEO 중 4% 정도가 정신병 환자 증세를 보인다는 통계가 있다. 우리나라 대기업 재벌 2세의 이른바 '갑질'은 소시오패스Sociopath에 오히려 가깝다.[62]

김경일 아주대 심리학과 교수는 "소시오패스의 가장 중요한 특징 중 하나가 내가 필요할 때만 나한테 잘해주는 사람이다. 내가 필요 없어지면 차갑게 돌변한

---

[62] 김인구, "돈 많다고 다 上流 아냐… 美선 '내면의 계급'이 중요"「문화일보」, 2016.06.03.

다"며 "내 주변에 수많은 사람이 소시오패스로 보일 것"이라고 말했다. 사람들은 가깝고 좋은 관계를 만들기 위해 특별한 용건이나 목적이 없어도 대화를 한다. 그러나 소시오패스가 제일 싫어하는 사람이 바로 '용건이 없는 데도 말 거는 사람'이라고 한다.[63]

김 교수는 "소시오패스의 가장 중요한 특징 중 하나가 내가 필요할 때만 나한테 잘해주는 사람이다. 가장 중요한 특징은 내가 필요할 때만 나한테 잘하고 내가 필요 없어지면 나를 버리는 사람"이라고 강조했다.

소시오패스란 자신의 성공을 위해서는 수단과 방법을 가리지 않고 나쁜 짓을 저지르며 이에 대해 전혀 양심의 가책을 느끼지 않는 사람을 뜻한다. 사이코패스는 주로 생물학적, 유전적, 환경적 요인 등 선천적인 이유로 나타나는 성격장애인 반면 소시오패스는 자라온 가정이나 사회적 환경에 의해 발생한다.

Criminology & C · J systems

 조현병 schizophrenia

조현병(정신분열증)은 망상·환청 같은 증상을 겪는 정신질환이다. 전두엽에 문제가 생기기 때문으로 알려져 있는데, 전두엽 기능이 떨어지면 이성적인 판단을 하거나 충동을 조절하는 게 어려워진다. 이렇다 보니 사회적으로 고립된 상태가 지속된다. 불특정 다수에 대한 분노감이 쌓일 수 있다. 망상 속에서 자신을 해치려 하는 사람들로부터 자기를 보호하기 위해, 분노감을 조절하지 못하는 등의 이유로 타인을 공격하는 일이 벌어진다.[64]

연구에 따라 다르지만, 폭력성을 보이는 경우가 일반인보다 조현병 환자에게서 더 많다는 보고가 최근 많이 나오고 있다. 조현병 환자가 왜 범죄를 저지르는지에 대한 연구도 있다. 유죄 판정을 받고 수감된 조현병 환자를 대상으로 한 외국 연구인데, 조현병 환자가 범죄를 저지른 이유를 세 가지로 나눌 수 있다.

첫 번째는 병의 증상(망상·환청 등) 때문에 범죄를 일으킨 경우다. 수감된 조현병 환자의 절반 정도를 차지하는데, '저 사람을 해치지 않으면 네가 다친다' 같은 환

---

63 이가영, "살면서 무조건 만난다, 내 주변의 소시오패스 감별법" 「중앙일보」, 2018.04.26.

64 한희준, "조현병, 모두 범죄 일으키지 않아 … 반사회적 성격장애 동반 시 문제" 「조선일보」, 2018.07.09.

청을 듣거나, '저 사람이 나를 해치려 한다'는 피해망상 때문에 살인 등을 저질렀다고 한다.

두 번째는 조현병과는 별개로 반사회적 성격장애(사이코패스·소시오패스 등)를 같이 가져 범죄를 일으킨 경우다. 이 경우에는 일면식이 없는 사람에게 범죄를 저지르는 사례가 많다. 나머지는 보호자에게 폭력을 행사하거나 살인을 저지르는 경우다. 환자를 관리해주는 가족을 '구속하는 사람'이나 '방해물'로 여기고 이를 참지 못해 범죄를 저지른다.

❷ 범죄자 가족들Criminal Families

초기의 심리학적 이론들은 그 당시 유행하던 생물학적 관점의 토대에서 시작되었다. 범죄에 영향을 미치는 정신적 퇴보mental degeneration에 관한 최초의 연구는 덕데일Richard Dugdale에 의해서 시작되었다.[65]

그는 '범죄는 유전의 결과'라는 견해를 밝힌 가장 유명한 사람이었는데, 1877년 쥬크Jukes 가家에 관한 연구를 발표했다. 그는 뉴욕주에 있는 교정시설을 공무시찰 중 우연히 6명의 유별난 가족들과 만나게 되었다. 이들 6명과 직접적인 혈족관계가 있는 15세에서 75세 사이의 29명의 남자를 조사한 결과, 이들 중 17명(58%)이 범죄자였으며, 이들이 저지른 범죄는 폭력, 강도, 강간, 절도 등으로 매우 다양하였다.

덕데일은 7대에 걸친 쥬크가 후손 1,000명의 소재를 파악하여 그 중 280명이 걸인, 60명이 절도범, 7명이 살인범, 140명이 잡범, 50명이 창녀, 40명이 성병환자라는 사실을 발견하였다. 쥬크가에서 이처럼 많은 범죄자가 나온 것은 유전의 작용에 의한 것으로 추정되었다.[66]

이와 비슷한 연구가 1912년 곳다드Henry H. Goddard에 의해서 출간되었다. 그는 '정신박약, 즉 지능의 결함이 범죄의 주요 원인'이라고 강조하였는데, 1912년 남북전쟁 당시 민병대원이었던 칼리카크Kallikak의 후손을 대상으로 연구하였다. 칼리카크는 전쟁 중에 정신박약자인 창녀를 만나 아들을 두었고, 전쟁 후에 독실한 카톨릭 신자인 여성과 정식 결혼하여 자녀를 두었다.

창녀와의 사이에서 태어난 아들의 후손 488명 중에는 정신박약자, 사생아, 알코올 중독자, 간질병자, 포주, 범죄자 등이 다수 나타난 반면에, 카톨릭 신자와의 사이에 태어난 자손들

---

65 Frank Schmalleger, *op. cit.*, p. 88.

66 R. Dugdale, *The Jukes* (NewYork: Putnam, 1910), p. 8; 이상현, 전게서, pp. 29-30.

중에 일부를 제외하고는 모두 교육자, 의사, 변호사 등 훌륭한 시민으로 성장하였다는 사실을 밝혀냈다. 따라서 곳다드는 좋지 않은 혈통을 물려받은 자손들 중에 비행행위를 저지르는 경우가 많다고 설명하였다.[67]

❸ 프로이드의 정신분석Freudian Psychoanalysis

오스트리아의 정신의학자인 프로이드Sigmund Freud, 1856~1939는 심리학 분야에서 가장 많은 영향을 주었지만, 범죄에 대한 저술은 거의 하지 않았다. 하지만 그의 동료들과 후배들은 '정신분석 학파'The School of Freudian Psychoanalysis를 만들면서 인간의 심리적 현상에 대한 몇 가지 기본적인 가정을 세웠다.[68]

지그문트 프로이트(Sigmund Freud)

1856년생. 1881년 비엔나 대학(Vienna Univ.)에서 박사학위. 심리치료를 위한 자유연상 (free association) 기법을 개발함. 인간의 무의식(unconscious)을 최초로 발견하여 정신분석학(Psychoanalysis)의 창시자가 됨. 동료였던 알프레드 아들러(Alfred Adler, 1870년 생)와 칼 융(Carl G. Jung, 1875년 생)은 사상적 갈등으로 결별함.

그 첫째는 심리적 결정론psychic determinism으로써 인간의 모든 행동은 원인 없이 일어나지 않는다는 가정이다.

둘째는 무의식unconsciousness에 대한 가정이다. 인간의 심리세계는 개인이 알 수 없는 무의식적 정신현상이 존재하며, 인간의 행동은 의식적 요인보다 무의식적 요인에 더 많은 영향을 받는다는 것이다.

셋째 성적 욕구는 인간의 가장 기본적인 욕구이며, 무의식의 주요한 내용을 구성한다는 것이다.

마지막으로 정신분석학에서는 어린 시절의 경험을 중요시한다. 특히 부모와의 상호작용 경험이 성격형성의 기초를 이룬다고 보고 있다.[69]

---

67 김준호 외 5인, 전게서, p. 67.

68 G. W. Brown, "Experiences of discharged chronic schizophrenic mental hospital patients in various types of living group," *Milvank Memorial Fund Quarterley*, Vol. 37, No. 105, 1959, pp. 1-30.

69 권석만, 전게서, p. 58.

프로이드와 융 그리고 기타의 심리학자들

프로이드^{Freud}는 우리들이 경험했지만 아주 어린 시기에 체험했기 때문에 기억하지 못하는 경험들이 우리의 사고와 행동을 통제한다고 보았다. 반면에 융^{Carl Gustav Jung}은 "우리들의 정신은 오늘의 것이 아니다. 정신은 수백 만 년 전으로 거슬러 올라가야 한다. 그래서 개인의 의식은 땅 아래에 뿌리를 내리고 있는 계절의 꽃이며 또한 과일에 불과하다"라고 하면서 우리 정신의 주체는 우리가 아니라 할아버지와 할머니들의 정신이 집합된 집단무의식이라고 하였다.

우리가 체험하지 못한 기억들인 집단무의식이 우리의 사고와 행동을 통제한다고 보았다. 따라서 연금술이나 UFO와 같은 경험하지 못한 주제에 빠져들 수도 있다는 것이다. 사람의 성격을 '외향형'과 '내향형'으로 나눈 것도 그의 업적이라고 할 수 있다.⁷⁰

아들러^{Alfred Adler}는 신체적 장애를 가지고 태어난 사람 혹은 다른 환경적 요인에 의한 열등감을 가진 사람들은 무의식적으로 이런 열등한 상태를 심리적으로 극복하려고 노력하는데 이를 '열등감 콤플렉스'^{inferiority feeling complex}라고 하였다. 그는 범죄를 "겁쟁이가 영웅을 흉내낸 행위"라고 하였다.⁷¹

에빙^{R. Kafft Ebing}은 성적 행동에 대한 폭넓은 연구를 바탕으로 성적 욕구의 대상에게 고통이나 굴욕을 주는 '성적 가학증'^{sexual sadism}과 자기 스스로 고통과 굴욕을 당함으로써 성적인 즐거움을 구하는 '성적 피학증'^{sexual masochism}이 인간행동에 존재함을 확인하였다.⁷²

이러한 정신분석이론에서는 범죄는 적어도 원시적 본능^{id}, 자아^{ego}, 초자아^{superego}라고 하는 3가지 조건의 결과에 의한 것이라고 주장하고 있다.

첫 번째, 원시적 본능은 성욕이나 식욕과 같이 기본적인 생물학적 욕구와 충동을 대표하는 것으로 태어날 때부터 존재하는 무의식적 본능이다.

두 번째, 자아는 사회관습의 테두리 내에 남도록 행동하는 것을 도와주는 것으로, 합리적

---

70 이경식 역, 전게서, pp. 43-44.

71 상게서, p. 45

72 권석만, 전게서, pp. 423-424.

이고 온순한 특성을 가지고 있다. 마지막으로, 초자아는 자기비판과 양심이며, 사회적 경험에서 생성되는 요구를 반영하는 것이다.[73] 이러한 원시적 본능, 자아, 그리고 초자아의 3가지 요소의 형성이 잘못되면 범죄를 야기할 수 있다는 것이다.

Criminology & C·J systems

 문화의 기능

아인슈타인Einstein은 "인간의 마음에는 증오와 파멸의 욕구가 있다"고 하였다. 따라서 프로이드Freud는 충동적 삶을 다스리는 지성을 강화하며, 인간의 공격적 성향이 주는 결점과 위험성을 내면화해 줄 수 있는 문화文化, Culture의 기능을 강조하였다.

특히 프로이드는 인간의 마음을 3가지로 구분하여 '의식'consciousness, '전의식'preconsciousness 그리고 '무의식'unconsciousness의 층으로 이루어진다고 생각하였으며, 특히 무의식의 과정을 중요시하였다. 프로이드는 꿈을 '무의식의 발현'으로 보았으며, '무의식과의 해후'를 주장하였다. 이러한 무의식이 잘못 발현된 것이 범죄라는 것이다.

또한 프로이드는 성性 에너르기를 중시하여 이것을 '리비도'Libido라고 하였으며, 이것은 사람의 성장에 따라서 구순기oral stage(0세~1세), 항문기anal stage(1세~3, 4세), 남근기phallic stage(성기기, 3세~6세)의 순으로 발전한다고 생각하였다. 특히 프로이드는 어린아이는 선악을 구분하지 못하고 쾌락원칙에 지배되기 때문에 '어린이는 범죄자로 이 세상에 태어난다'[74]고 하였다.

또한 3세에서 6세까지 어린이가 자기 성기를 만지고 주무르면서 쾌감을 느끼는 때인 남근기에 이성의 부모에게 강한 성애적erotic 감정을 느끼게 된다. 근친상간적 원망이나 동성의 부모에게 질투나 악의를 나타내는데, 프로이드는 이것을 '오디푸스 콤플렉스'Oedipus complex 혹은 '일렉트라 콤플렉스'Electra complex라고 하였다.[75]

❹ 프로파일링 Profiling

심리학적 프로파일링Psychological profiling은 제2차 세계대전 중에 히틀러Adolph Hitler의 행동을 연구하던 미美 전략사무국Office of Strategic Service의 랑거William Langer, 1896~1977에 의해서 시작되었

---

73 김준호 외 5인, 전게서, p. 71.

74 상게서, p. 72.

75 이상현, 전게서, p. 68.

다.[76] 범죄수사에 있어서 프로파일링의 전제는 범죄자의 범죄행동은 범죄성^{Criminality}에 따라서 행동의 유사성을 가지고 있다는 것이다.

프로파일링은 범인의 행동을 심리적으로 분석하고 비교하는 것이며, 심리분석을 통해 범인이 가지고 있는 여러 특징들의 전체적인 모습을 밝히는 것이다. 그러나 이러한 프로파일링은 절대적인 것이 아니며, '연장통 속에 들어 있는 여러 연장들 중 하나'로만 인식되어야 한다.[77]

Criminology & C·J systems

🌐🔍 셜록 홈즈의 프로파일링[78]

왓슨: 여기 시계가 하나 있는데 말일세, 어찌어찌하여 내손에까지 들어왔네. 최근까지 이 시계를 가지고 있었던 사람이 어떤 사람인지 설명해 줄 수 있겠나?

홈즈: 지저분한 버릇을 가지고 있던 사람이었군. 단정치 못하고, 부주의하고……, 상당한 재산을 물려받았지만, 재산을 다 잃고 오랜 세월 가난하게 살았어. 가끔씩 큰돈이 들어오긴 했지만, 결국 가난을 면치 못하고 술에 절어 살다가 죽은 사람일세.

왓슨: 정말 놀랍구먼, 자네가 한 말은 하나도 틀리지 않고 다 맞았네. 도대체 어떻게 알아낸 건가? 설마 추측으로 맞힌 건 아니겠지?

홈즈: 그럼 추측이 아니지. 추측은 논리적인 생각에 가장 치명적인 요소니까. 자네 눈에 이상하게 보일지 모르지만, 그건 자네가 내 논리적인 사고의 흐름을 따라 오지 못하거나 아니면, 커다란 추론을 뒷받침하고 있는 아주 작은 사실들을 제대로 보지 못했기 때문일세.

시계의 아랫부분을 자세히 보게. 그럼 두 군데가 움푹 패여 있는 걸 볼 수가 있을 걸세. 그리고 또 시계 케이스에 온통 긁힌 자국이 나 있는 것도 알 수가 있을 걸세. 그 자국들은 동전이나 열쇠 따위의 딱딱한 물건들과 시계를 같은 주머니에 넣고 다녔다는 걸 의미하네.

이런 사실만 확인하면, 50기나나 하는 값비싼 시계를 함부로 굴린 남자가 부주의한 사람이었다고 추리하는 것은 그다지 어려운 일이 아니네. 또 이런 값비싼 시계를 물려받을 정도였다면 당연히 다른 재산도 상당히 많이 물려 받

---

76 Frank Schmalleger, *op. cit.*, p. 90.

77 이경식 역, 전게서, p. 198.

78 상게서, p. 208

왔겠지.

그리고 또 영국에서 전당포 주인이 시계를 받으면 보통 케이스 안쪽면에 날카로운 핀으로 수령증 번호를 긁어 놓는데, 그 시계에서 그런 숫자를 적어도 네 개는 읽을 수 있더군. 시계주인이 자주 돈이 궁해서 전당포를 찾았음을 알 수 있지 않겠나?

마지막으로, 안에 있는 부분 말일세. 구멍 주변에 긁힌 자국이 수도 없이 많지 않나? 열쇠가 구멍을 제대로 찾지 못하고 긁은 자국일세. 술주정뱅이의 시계가 아니면 이런 자국은 나 있지 않을 걸세. 이제 이해가 되나?

❺ 진화심리학

● 진화심리학의 등장배경

진화심리학Evolutionary Psychology은 인간의 심리를 진화학적 관점에서 이해하려는 학문으로, 인지심리학과 진화생물학을 비롯해 행동생태학, 인공지능, 유전학, 동물행동학, 인류학, 고고학, 생물학, 동물학 등을 기반으로 하는 새로운 학문이다. 진화심리학은 하버드대 에드워드 윌슨Edward. O. Wilson 교수로부터 출발해 데이비드 버스David M. Buss, 리차드 도킨스Richard Dawkins 등 세계적인 석학을 배출해 낸 신생학문 분과다. 한때 '통섭'consilience이라는 용어를 유행시킨 학문으로도 잘 알려져 있다.

1975년 윌슨은 『사회생물학』이라는 책을 세상에 내놓았다. 이 책에서 윌슨은 동물행동에 대한 연구 결과가 인간행동을 이해하는 데 도움을 줄지 모른다고 제안한다. 인간의 성적性的 특성, 종교, 동성애 같은 것을 생물학적으로 설명할 수 있다는 것이다. 나아가 사회과학은 생물학으로 흡수될 거라는 충격적 예측까지 서슴지 않았다. 책은 출간 즉시 논란에 휩싸였고, 윌슨은 사회과학자들의 엄청난 반발에 직면했다.[79]

이로부터 1년 뒤 도킨스는 『이기적 유전자』를 펴냈다. 유전자가 진짜 주인이고 우리는 유전자를 탑재한 기계에 불과하다니. 물론 이런 해석은 지나치게 자극적이었다. 도킨스는 "생물의 어떤 특징이 진화할 것인지를 이해하는 데 가장 유용한 방법은 유전자의 관점에서 문제를 바라보고 다음 세대에서 출현빈도가 증가할 형질이 무엇인지 물어보는 것이다."라고 언급하며 당시 사회에 파장을 불러일으켰다.

---

79 김상욱, "뜨거운 주제 '진화론' 냉정히 평가" 「경향신문」, 2016.05.27.

🌐🔍 리차드 도킨스의 범죄대처법[80]

도킨스 옥스퍼드대 교수는 유전자 결정론은 위험하지만 인정할 수밖에 없는 진실이라고 말한다. 그는 범죄가 발생했을 때 범죄자가 아닌 범죄자의 유전자를 처벌해야 한다고 주장한다. 오작동을 일으킨다고 컴퓨터를 처벌할 수 없는 것과 같은 이치다. 즉, 오작동의 원인을 찾아 소프트웨어나 하드웨어를 수리해야 한다는 것이다.

범죄자를 처벌하는 건 희생자나 그 가족들을 만족시키는 보복일 뿐 범죄를 뿌리 뽑는 대책은 되지 못한다는 말이다. 그 범죄자가 범죄를 선택하게 된 유전적 환경적 원인을 찾아 그것을 해결하는 시스템만이 범죄를 줄일 수 있다는 견해다.

전 세계의 생물학자들은 이 두 저서의 내용을 수업에 반영하기 위해 강의 내용을 수정했다. 이후 사회생물학 서적들이 쏟아져 나왔고, 많은 생물학자들이 인간의 행동 연구에 뛰어들었다. 이에 위기감을 느낀 인문학자와 사회과학자의 반응은 적대감 그 자체였다.

적대감에는 이유가 있었다. 다윈의 진화론이 인간에게 잘못 작용되어 지옥문이 열렸던 쓰라린 경험이 있기 때문이다. 나치가 저지른 대학살의 이론적 기반이 된 우생학이 그 대표적 예다.

사회생물학은 격렬한 논쟁 속에서도 분야를 확장해가며 동시에 분화, 발전하기 시작했다. '인간행동생태학'은 인간의 행동전략을 진화론적 관점으로 이해한다. 일부일처제 사회에서는 종종 아들에게 재산을 상속한다. 딸에게 상속하는 것보다 손주의 수를 늘리는 데 도움을 줄 가능성이 높기 때문이다. 이것이 이 분야의 전형적 설명 방식이다.

'진화심리학'의 핵심은 한 줄로 설명할 수 있다. "현대인이 머릿속에 석기시대의 정신을 가지고 돌아다닌다."[81]

데이비드 버스는 인류의 역사에서 '악이 진화의 원동력'이었다고 주장한다. 누구에게나 살인과 같은 악의 유전자가 내재돼 있으며, 인간 모두에게는 악한 본능이 강하게 자리 잡고 있다는 것이다.

버스 교수는 더 나아가 살인은 개인이나 집단을 방해 없이 유지하는 가장 적은 비용이 드

---

80 허연, "석학이 말하는 불편한 진실들" 「매일경제」, 2007.09.01.

81 김상욱, 전게기사.

는 행위였고, 우리는 그렇게 생을 유지하고 집단을 번식시켜 온 조상들의 후손이라고 말한다. 그는 어두운 면을 부정할 것이 아니라 우리 속에 존재하는 악을 제대로 응시하는 것이 오히려 인간을 더 나은 존재로 만들어준다고 말한다.[82]

Criminology & C·J systems

🌐🔍 데이비드 버스의 악한 본능

버스의 『진화심리학』(1999)에 소개된 한 실험에 따르면 인간은 타인의 사회적 추락에 행복을 느낀다고 한다. 타인의 지위가 높을수록, 그의 성공이 부당하다 여겨질수록, 자신의 자존감이 낮은 사람일수록 그 기쁨의 강도가 세다고 한다. '남의 불행'shaden을 통해서 느끼는 '나의 행복'Freude이 있다는 말이다.[83]

● 진화심리학의 주요내용

진화심리학은 동물의 심리를 진화론적 관점에서 이해하는 학문이다. 기본적으론 진화생물학에 뿌리를 두고 있으며 주로 인간 심리의 본성을 탐구한다. 진화심리학자들은 인간 본성은 태생적이며 인간의 행동은 본성과 환경이 함께 낳은 산물이라고 주장한다. 대표적인 게 남녀의 성차性差다. 남녀 차이는 누가 뭐래도 자연적이고, 내재적이며 불변한다는 것이다. 정치, 경제, 종교, 문학 등 다른 분야도 비슷한 원리가 적용된다고 강조한다. 진화심리학자들은 이같은 결과를 과학이 입증했다는 말로 자신들의 추론을 정당화하고 있다.[84]

진화심리학자인 미美 펜실베니아대학 라이트 교수는 진화심리학이란 '인간의 뇌가 인간을 잘못 이끌고 심지어 노예 상태에 빠지도록 자연선택에 의해 만들어진 방식을 탐구하는 학문'이라고 설명한다. 자연선택은 주어진 환경에 적응하는 데 유리한 형질을 가진 개체가 더 많이 살아남는다는 이론이다.[85]

그에 따르면 오랜 진화 과정에서 유전자 전파라는 시험대를 통과한 특징에는 인간의 신체뿐 아니라 정신도 포함된다. 그리고 자연선택은 인간이 부정확하게 인식, 생각, 느끼도록 하는 게 자신의 유전자를 다음 세대에 전하는 데 유리하다고 판단해 인간의 뇌를 처음부터 미

---

82 허연, 전게기사.

83 신형철, "가십의 나라에서" 「광주일보」, 2016.07.29.

84 김인구a, "유전자에 性差가 새겨졌다고?… 더 이상 못 참겠다" 「문화일보」, 2017.03.17.

85 이재영, "진화심리학, 불교의 무명·무아가 진실임을 입증" 「법보신문」, 2019.01.18.

망에 빠지도록 만들었다. 이런 성향은 먹기, 성관계, 명예, 경쟁상대 제압 등에서 단적으로 드러나며, 라이트 교수는 이 과정에서 ① 목적을 달성했을 때 쾌락을 느껴야 할 것, ② 다시 그 행위를 하도록 쾌락이 영원히 지속되지 않아야 할 것 ③ 인간과 동물의 뇌가 쾌락이 곧 사라질 거라는 사실보다 목적 달성에 쾌락이 따른다는 자연선택의 원칙이 적용됐을 것으로 분석했다.

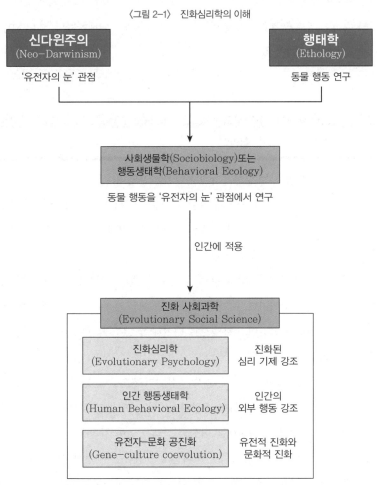

〈그림 2-1〉 진화심리학의 이해

출처: 전중환, 「진화한 마음: 전중환의 본격 진화심리학」 (서울: 휴머니스트, 2019), p. 57.

사회적 동물인 호모사피엔스는 인간 상호 간 신뢰 속에서 생존한다. 하지만 진화심리학에서는 '신뢰는 호혜주의가 아니라 옥시토신이라는 화학물질을 바탕으로 한다는 사실'을 밝혔다. 라이트는 "인간의 마음은 수많은 모듈module로 구성되어 있을 뿐 본질이라고 할 만한 의식적인 자아는 존재하지 않는다"고 말한다.

전중환 경희대 교수는 최근 펴낸 『오래된 연장통』에서 인간이라면 누구나 가지고 있는 '마음의 틀'을 '오래된 연장통'에 비유한다.[86]

> "인간의 마음은 톱이나 드릴, 망치, 니퍼 같은 공구들이 담긴 오래된 연장통이다. (…) 우리의 마음은 어떤 배우자를 고를 것인가, 비바람을 어떻게 피할 것인가, 포식동물을 어떻게 피할 것인가 등 수백 만 년 전 인류의 진화적 조상들에게 주어졌던 다수의 구체적이고 현실적인 문제들을 잘 해결하게끔 설계되었다. 우리 안에는 석기시대의 마음이 들어 있다."

Criminology & C·J systems

진화심리학에서 바라본 살인[87]

"왜냐하면 우리 인류는 살인자의 후손이기 때문입니다."

어째서 지구상에 살인이 끊이지 않는가?라는 질문에 버스David M. Buss 미美 오스틴대학교 교수는 무려 7년간 살인에 대한 진화심리학적인 연구를 수행했고, 그 결과 『이웃집 살인마』라는 책을 출간했다.

버스는 "테드 번디, 찰스 맨슨, 유영철…. 모두 엽기적 연쇄살인 행각으로 세상을 떠들썩하게 만든 살인마다. 하지만 알고 보면 이들은 폭우 속의 작은 빗방울에 지나지 않는다. 살인은 인간이 반복적으로 대면해 왔으며, 적응해야만 했던 진화 압력의 산물"이라고 주장한다.[88]

버스는 진화심리학이야말로 근본적인 살인의 원인을 설명할 수 있다고 말한다. 진화의 중요한 원리는 자연선택과 성선택이다. 자연선택이 재해, 질병, 포식자에게서 살아남는 것이라면 성선택은 이성의 선택을 받아 자손을 남기기 위해 같은 종 내에서 경쟁을 하는 것이다. 동족을 죽이는 살인행위는 이 성선택과 관련되어 있다. 살인은 짝짓기 경쟁에서 이득을 얻기 위한 합리적 선택이었으며, 이 선택의 결과로 우리는 살인을 하도록 진화했다는 것이다.

충격적이게도 아버지가 자신과 유전적으로 관련 없는 아이를 키우는 경우가

---

86 강양구, "내 안에 석기 시대의 마음이 들어 있다"「프레시안」, 2010.01.23.

87 정희주, "어째서 지구상에 살인이 끊이지 않는가"「정신의학신문」, 2016.10.10.

88 이승현, "또 다른 살인"「세계일보」, 2009.02.18.

전체의 9-13%에 달한다는 연구결과는 이를 뒷받침한다.

　　남성이 공들여 양육한 아이가 만약 불륜에 의해 태어난 다른 남성의 자손이라면 구애를 위한 시간과 노력, 자녀 양육을 위해 소모한 재산 들은 모두 쓸모없어진다. 커다란 진화적 손실인 것이다. 결국 여성의 부정에 관대하고 너그러운 남성들은 자신도 모르게 남의 자손을 키우느라 정작 본인의 자손을 남길 수 없었다.

　　반면, 아내의 부정에 민감하게 반응하고 살인도 마다하지 않을 준비가 되어 있던 질투심 넘치는 남성들은 온전히 자손을 남길 수 있었다. 이것이 현대의 남성들이 부정한 여인, 헤어진 연인들을 상대로 살인을 저지르는 이유다. 우리 현대의 남성들은 바로 그 질투심 넘치는 남성들의 후손이기 때문이다.

Criminology & C · J systems

진화심리학에서 바라본 '미투'Me Too[89]

　　미투 운동이라는 현상의 본질은, 위계에 의해 상대 이성의 신체적 자유를 구속하거나 성적 폭력을 가하는 비인권적 행위를 말한다. 이는 폭로가 미투 운동으로써 정당성을 획득하려면, 위계, 즉 불균등한 권력관계가 있어야 하고, 실제 성적 폭력 여부가 규명되어야만 한다는 의미다.

　　진화심리학의 석학들이 미투 운동을 보는 시각은 '긍정오류와 부정오류'로 모아진다. 미투 운동의 배경에는 이성에 대한 '성적인 행위'가 존재하고, 성적인 행위의 목적은 번식이나 성적 쾌락이라서 그렇다.

　　심리학에서 말하는 긍정오류란, 자신에게 성적 관심이 없는데도 있다고 잘못 추론하는 심리현상을 말한다. 반대로 부정오류는 상대 이성이 성적 관심이 있는데도 잘못 추론하는 심리현상이다.

　　긍정오류를 발휘하는 것이 부정오류를 발휘하는 것보다 자손 번식이라는 진화론적 문제를 해결하는 데 더 효과적일 수 있다. 따라서 되도록 자손을 많이 퍼뜨리는 것이 주목적인 남성은 긍정오류를, 자신의 안전과 새끼의 양육이 번식 못지않게 중요한 여성은 부정오류를 발휘하도록 진화해왔다.

　　이런 사실은 남성들이 왜 여성이 웃거나 눈을 마주치거나 가벼운 신체 접촉을

89　김태현, "미투가 점입가경? 인본 향한 존엄한 투쟁"「스트레이트뉴스」, 2018.03.28.

해오는 것만으로도 자신에게 관심이나 호의가 있다고 잘못 추론하는지에 대한 설명을 제공해 준다.

그렇다고 남성들만 긍정오류를 발휘하는 것은 아니다. 영국의 진화심리학자 헬렌 피셔Helen Fischer의 연구에 따르면, 미혼 여성들 역시 긍정오류를 적극 활용하며, 심지어 결혼 상태인 중에도 35%에 이르는 기혼 여성들이 다른 남성을 향해 추파를 던진다. 물론, 결혼 중인 남성이 긍정오류를 발휘하는 비율은 75%로 매우 높다.

미투 운동의 저변이 전 세계로 확산되는 현실의 배경에는 이처럼 긍정오류를 발휘하려는 인간의 성적 본능이 자리하고 있다. 그리고 상대보다 높은 권력관계에 있을 경우, 긍정오류가 허용 한계치를 넘거나 강제될 가능성은 한층 높아진다.

Criminology & C · J systems

진화심리학에서 바라본 나쁜 남자[90]

진화심리학에 따르면 여성들은 짝을 고를 때 남성의 '자원 제공 능력'을 가장 중요하게 생각한다고 한다. 자원 제공 능력을 가장 쉽게 판단할 수 있는 단서로는 남성의 경제력이나 사회적 지위, 학력 등이 있다.

남자가 가진 자원은 눈으로 확인할 수 있지만, 그 남자의 마음은 쉽게 알 수가 없다. 그래서 여성에게는 남성의 마음을 정확하게 파악하기 위한 단서가 필요하다. 바로 '헌신성'이다. 여성은 오랜 기간 진화를 거듭하면서 이 헌신성을 남성의 진심을 확인하는 단서로 사용하게 됐다.

버스 미국 텍사스대 교수(진화심리학)의 연구는 '사랑에 빠졌을 때 하게 되는 가장 전형적인 행동'으로 사람들이 '상대에 대한 헌신'을 꼽는다는 사실을 보여준다. 이를테면 다른 여자에게 관심을 두지 않고, 기꺼이 비싼 선물을 사주며, 힘든 일을 이야기하면 귀 기울여주고, 어려움에 처하면 발 벗고 도와주는 등의 행태이다.

나쁜 남자들이 가장 잘하는 게 바로 이 헌신행동이다. 나쁜 남자는 처음부터 나쁜 남자가 아니다. 실제 나쁜 남자들은 관계의 시작에서부터 상당한 시간 동안(여성의 마음을 얻을 때까지) 전적으로 상대를 위해서 헌신하는 모습을 보여준다. 처음부터 못되게 구는 남자는 그저 '나쁜 놈'에 불과하다. 나쁜 놈에게 매력을 느끼는 여자

90 전우영, "나쁜 남자에게만 끌리는 여성들" 「동아일보」, 2012.11.03.

는 없다.

　문제는 나쁜 남자들의 헌신에는 진심이 없다는 것이다. 나쁜 남자들의 헌신은 목표물의 마음을 얻기 위해 치밀하게 준비된 작전의 일부에 불과하다. 여성이 볼 수 있는 건 마음이 아니고 자신의 행동뿐이라는 사실을 나쁜 남자는 누구보다 잘 알고 있다. 헌신행동을 '수단'으로 여기는 나쁜 남자는 그 행동을 할지 말지에 대한 고민을 하지도 않는다. 목표물이 정해지면 주저하지 않고 바로 작업에 들어간다.

　드라마에서나 나올 법한 남자의 헌신행동을 직접 경험하고 나면, 그게 진짜 사랑이고 그런 사랑이 현실에 존재한다고 굳게 믿게 된다. 그러면 착한 남자들의 계획되지 않은 마음은 '진정한 사랑'으로 받아들이기 힘들어진다.

　나쁜 남자를 통해 체험한 헌신행동을 자신의 인생에서 유일했던 '진짜 사랑'이라고 믿는 여성은 결국 나쁜 남자에게로 달려가게 돼 있다. 상처받고 헤어졌던 과거의 나쁜 남자에게 돌아가거나, 또 다른 나쁜 남자를 만나거나 하는 차이가 있을 뿐이다.

Criminology & C·J systems

 ### 진화심리학에서 바라본 '리더'[91]

　진화심리학자들에 따르면 집단생활을 하는 영장류들의 세계에선 우두머리 침팬지를 중심으로 한 위계질서가 엄연히 존재한다. 마찬가지로 인간 사회 내에서도 지배 서열과 계급의 존재는 피할 수 없는 게 아닐까.

　심리학자들은 서로 모르는 사람 3명씩으로 이뤄진 59개의 집단을 만들어 조사를 진행했다. 조사결과 전체 집단 가운데 50%는 1분 안에, 또 나머지 50%는 5분 안에 분명한 서열이 나타났다.

　페킹 오더pecking order(먹이를 쪼는 순서)는 암탉들의 세계뿐만 아니라 진화를 거듭해온 인간 세계에도 엄연히 존재하는 철칙이다. 조지 오웰이 동물농장에서 말했던가. "모든 동물은 평등하다. 그러나 일부 동물은 다른 동물들보다 더 평등하다"고. 현실적으로 존재하는 리더를 인정해야 살아남는다.

　텍사스오스틴대학교 심리학과 교수인 버스는 그의 저서『진화심리학』에서 리더

---

91 이근우, "대처 전 총리는 왜 말론 브란도를 흉내냈을까"「매일경제」, 2013.05.20.

의 위치에 있는 지배적인 개인들의 신체적 특성을 뚜렷하게 구분해 냈다.

① 저음의 큰 목소리로 말한다. ② 미소를 많이 짓지 않는다. ③ 말을 하면서도 다른 사람에게 시선을 주는 등 많은 곳을 본다. ④ 상체를 꼿꼿하게 세우고 청중을 정면으로 응시하면서 양 손은 허리춤에 갖다 대고 가슴을 앞으로 쑥 내민다. ⑤ 다른 사람들을 손으로 가리키는 제스처를 한다.

영화 대부에서 돈 꼴레오네 역을 맡은 말론 브란도가 둔탁한 저음으로 "내가 거절할 수 없는 제안을 하나 하지"^{I will make an offer he can't refuse}라는 것은 좋은 예가 될 것이다.

반면 지위가 낮거나 복종적인 개인의 행동은 정반대로 나타난다. ① 몸을 꼿꼿이 세우는 대신에 구부정한 경우가 많고, ② 미소를 많이 짓고, ③ 말을 부드럽게 하고, ④ 다른 사람들의 말에 귀를 기울이고, ⑤ 공손하게 고개를 자주 끄덕이고, ⑥ 지위가 높은 사람보다 말을 적게 하고, ⑦ 다른 사람들이 말을 할 때 끊지 않고, ⑧ 집단 전체보다는 집단 내에서 지위가 높은 사람들을 들먹인다.

이처럼 능력, 교육수준, 노력 등을 감안한 합리적인 결정이 아니라 목소리, 키, 피부색깔, 성별 등 비합리적인 요인에 의해 오히려 사회적으로 주요한 자원 배분이 왜곡될 수 있음을 보여 주는 이른바 '바이오경제학'^{biological economics}도 최근 인기를 끌고 있다.

제**3**장 **범죄사회학**

제1절 범죄사회학파

1 범죄사회학파의 등장

근대 사회학의 아버지는 프랑스 사회학자 콘트$^{Auguste\ Comte}$이지만, 그의 업적을 이어 현대 고전 사회학 이론을 세부적으로 정립한 3대 선구자라 하면 통상 세 명의 학자를 떠올린다. 바로 마르크스, $^{Karl\ Marx}$ 뒤르켐, $^{Émile\ Durkheim}$ 그리고 베버$^{Max\ Weber}$이다.[92]

뒤르켐 이후 사회학자들은 통합과 규제의 개념을 점차 수정하고 비판하면서 사회적 지원$^{social\ support}$과 사회적 통합$^{social\ cohesion}$ 등의 개념들로 발전시켜 나갔다.

근세 이후 도시화, 산업화 등으로 상징되는 기존사회의 변화, 즉 해체의 시기에 자연스럽게 빈발하는 범죄를 두려운 눈으로 보게 되었다. 범죄가 증가하자 자연히 범죄원인에 대하여 관심을 가지게 된다. 범죄는 분명 사회현상의 하나이며, 범죄란 어떻게 보든 그 수가 엄청나게 늘면서 사회현상으로 인식되지 않을 수 없게 되자 이를 복합적 요인으로 인하여 자행된 것으로 보아야 하지 않는가하는 인식을 하게 되었다.[93]

사회학적인 면에서 초기의 일부 실증주의자들은 사회 내에서 개인의 행동과 행동의 모방에 관한 설명을 하고 있다. 타드$^{Gabriel\ Tarde,1890}$는 범죄행동을 포함한 행동이 타인을 모방하는 과정을 포함한다고 보았다. 그는 단기적 행위(유행)와 장기적인 행위(관습)에 관한 이론을

---

92 박옥주, "영화 〈돈〉: 돈에 지배되는 삶, 돈을 지배하는 신앙" 「크리스천투데이」, 2019.03.24.
93 조준현, 전게논문, p. 156.

세웠는데, 사회적으로 열등한 사람은 우월한 자를 모방하며, 그들의 행동을 흉내 낸다고 보았다.

그래서 새롭고 기이한 살인기법(예를 들어, 요즈음 알려진 타이레놀Tylenol 독살 등) 등이 확산된다고 보았으며, 인구밀도가 높아질수록 행위는 관습보다 유행을 지향한다고 주장하였다.[94]

이처럼 타드는 인간의 행위란 사람들이 사회생활을 하는 중에 다른 사람의 행위를 모방함으로써 유래한다는 '사회란 곧 모방'이며 '범죄행위 역시 모방'에 의한 것이라고 주장하였다.[95]

타드의 모방의 법칙 중 제1법칙은 모방은 접촉과 비례한다는 것이며, 제2법칙은 열등한 사람이 우월한 사람을 모방한다는 것이고, 제3법칙은 새로운 유행이 기존의 유행을 대체한다는 것이다. 예를 들어, 대도시의 유행을 농촌에서 모방하며, 왕족의 생활양식을 모방하여 시민들이 흉내 낸다는 것이다. 따라서 타드는 범죄행위는 모방에 의한 정상적인 학습의 결과라고 생각하였다.

이러한 타드의 연구와 게리Guerry와 꿰뜰레Quetelte가 통계학적 측면에서 시작한 생태학적 연구 등이 범죄사회학에 영향을 주게 되었다. 범죄의 원인을 범죄자의 개인적 자질과 속성이라는 개인적 요인이 아니라, 범죄자의 사회적 환경을 중심으로 사회구조와 과정이 범죄에 미치는 영향을 검토하는 범죄사회학으로 발전하였다.

2 ∥ 범죄사회학파의 주요 내용

고전학파나 실증학파 모두 범죄와 범죄의 원인을 충분히 해명하지 못했다. 범죄자는 합리적이며, 이기적으로 사고하고 스스로 자유로이 선택하여 범행을 자행한다고 하는 고전학파와 범죄자는 내적 요인이나 외적 요인에 의하여 어쩔 수 없이 범죄를 범한다고 하는 실증학파는 이제 더 이상 화해의 가능성은 없으며 각자 자기의 길을 가고 있다.

미국 사회학자들은 근본적인 두 개의 갈림길에 서서 자유로이 선택하고 실천하는 개인이라는 근본명제에서 출발하기보다는 개인을 둘러싼 환경이 행위자에게 미치는 영향을 중심으로 논의했다. 당연히 생물학적 요인에 의하여 어쩔 수 없이 범죄행위를 하게 되는 소위 결함

---

94 박승위 역, 전게서, p. 37.

95 박상기·손동권·이순래, 전게서, p. 85.

있는 범죄자라는 식의 설명은 당연히 취하지 않는다.

초기에는 미국의 범죄 사회학자들은 사회적 요인 중에서도 미시적 요인을 중심으로 연구하였다. 개인을 둘러싸고 있는 제1차적 환경을 미시사회적 요소라고 한다면 가족, 학교, 지역공동체, 교회, 직장, 교우관계를 들 수 있고 이러한 요인들이 사람에게 미치는 영향력을 중심으로 범죄의 원인을 분석하였다.

그 당시 새로운 사회학이론을 놓고 어떠한 목적을 지니고 있고, 연구대상범위의 한계는 어디까지이냐 하는 문제를 놓고 논의 끝에 사회학은 인과관계를 확정하는 것이라고 의견이 모아졌다. 뒤르켐도 사회학은 현상과 그 원인을 규명하는 학문이며 그 원인이 지니는 효과를 분석하는 학문으로 본다. 사회현실을 놓고 그 현실에 앞서서 영향을 미친 원인은 무엇인지를 따져 보아 원인적 사실이 무엇인지를 확정할 수 있는 것이다.[96]

에밀 뒤르켐(Emile Durkheim)

1858년생. 프랑스의 사회학자. 사회과학으로서의 사회학의 창시자(The Father of Sociology)로 불림. 그는 급속한 산업화에 따른 사회적 대립, 분열, 무규범(anomie) 등의 개념에 영향을 미침.

범죄사회학은 사회학의 전문성이 제고되기 시작하면서 등장한 2가지 학파에 뿌리를 두고 형성되었다. 하나는 하버드학파Harvard School이며, 다른 하나는 시카고학파Chicago School이다. 하버드학파는 하버드 대학을 중심으로 사회구조의 분석 이론에 초점을 둔 학파이고, 시카고학파는 시카고 대학을 중심으로 사회구조의 분석 기술을 강조한 학파이다.

이 두 학파의 학자들은 모두 보다 성숙하고 체계적인 사회학 이론을 발전시키기 위해 사회문제의 중요성을 인식하였으나, 그 접근방법에 대해서는 견해를 달리하였다.[97]

하버드학파는 이론적인 경향이 강하였으며, 뒤르켐Emile Durkheim, 베버Max Weber, 파레토Vifredo Pareto와 같은 유럽 고전 사회학자에 대한 연구를 토대로 파슨스Talcott Parsons와 그의 제자들은 구조기능주의structured functionalism라는 광범위한 이론체계를 구축하였다.

이와는 대조적으로 시카고학파는 이론보다는 기술記述, description을 강조하고, 시카고시市를 대상으로 삼아 부랑자, 빈민지역, 고립지역ghetto, 댄스홀, 정신질환, 소년비행 등에 대한 연구를 잇따라 내놓았다.[98]

---

96 조준현, 전계논문, p. 158.

97 박승위 역, 전게서, pp. 151-152.

98 조준현, 전계논문, pp. 158-159.

🌐🔍 뒤르켐의 자살론

이탈리아 사회학자 바르발디의 신간 『자살의 사회학』에 따르면, 17세기 후반 당시 영국에선 상류층을 중심으로 자살이 증가하기 시작해 영국병이라는 별칭을 얻게 된다. 파리의 경우, 1793년께에는 인구 10만명 당 230명으로 급증한다. 한 사람을 죽음으로 몰고가는 자발적 죽음의 원인은 무엇일까. 이를 사회에서 찾은 학자가 에밀 뒤르켐(1858-1917)이었다.

뒤르켐은 사회의 규제와 규칙이 느슨해지면 자유로워지는 게 아니라 오히려 혼란스럽고 불안정한 아노미Anomie 상태에 빠진다고 보았다. 뒤르켐은 1897년 『자살론』에서 자살은 사회의 기저에 깔려 있는 구조적 문제가 드러나는 방식으로서 복잡한 사회적 병리 현상으로 받아들여야 한다고 진단했다. 어떤 이가 감당하기 어려운 상황을 회피하는 극단적인 방식으로서 특정 개인의 성향에서 비롯된 것으로 인식하면 안 된다고 주장했다. 그는 자살이 개인의 유전적 요인이나 정신병 등과 관련이 없음을 밝혔다.

뒤르켐은 『자살론』에서 자살이 구제불능의 도덕적 죄악이라는 과거의 장벽을 무너뜨리고 실업이나 출산의 경우처럼 치료될 수 있는 '사회적 질병'이라는 길을 열어놓았다.[99]

그는 자신의 이론을 뒷받침하기 위해 통계자료를 이용했다는 것에 의의가 있다. 뒤르켐의 자살론은 통합과 규제의 개념을 양 측으로 삼고 있다. 통합은 소속감과 애정 등의 감정을 나타내고 규제는 모니터링, 감시, 인도guidance를 뜻한다. 이 두 가지 개념을 바탕으로 뒤르켐은 자살의 4가지 유형을 제시했다. 이기적 자살, 이타적 자살, 아노미적 자살 그리고 숙명적 자살이다.[100]

뒤르켐이 자살의 한 요인으로 아노미anomie 현상은 '행위를 규제하는 공통 가치나 도덕 기준이 없는 혼돈 상태'를 말한다. 이런 사회병리가 노이로제, 비행, 범죄, 자살 같은 사회 부적응 현상을 가져온다고 보았다.

이기적 자살과 숙명적 자살을 묶어서 보고 이타적 자살과 아노미적 자살을 묶어서 보면 편하다. 이기적 자살은 집단과 소속감을 못 느끼고 소외되어 자살을 하는 것이고, 숙명적 자살은 반대로 집단으로부터 너무 과도하게 억압을 받아 자살을 하

---

99 천자칼럼, "촉탁살인" 「한국경제」, 2000.12.17.

100 정원철, "내가 자살한다면 누구의 책임일까?" 「정신의학신문」, 2018.09.22.

는 것이다. 이타적 자살은 집단과의 소속감도 크고 규제 또한 강하다. 군인의 희생이 한 예이다. 아노미적 자살은 소속감도 없고 규제 또한 없는 허무감 속에서 자살하는 것이다.

Criminology & C·J systems

바르발디의 자살론[101]

한 세기 넘게 지배해온 뒤르켐의 자살 이론을 새롭게 쓴 이가 이탈리아 사회학자 마르치오 바르발디다. 바르발디는 뒤르켐의 이론이 시간과 장소에 따라 자살률의 변화와 역사적 시기, 국가, 사회 집단 간의 자살률의 차이를 설명하는데 부적절하다는 점을 깨닫고 비교역사적으로 이 주제를 파헤치기 시작한다.

2010년 바르발리는 종전까지 자살률 변화 원인으로 꼽힌 뒤르켐의 '사회적 통합'과 '규제'를 뒤집고 그 유형을 '누군가를 위한 자살'과 '누군가에게 대항하는 자살'로 재규정한 바 있다. 그는 과거와 달리 현대사회에서는 집단이나 사회, 조직보다 문화적 요인과 심리학·정신의학적 변수가 자살에 가장 큰 영향을 미친다고 지적한다.[102]

뒤르켐의 이론대로라면 현대사회로 올수록 집단에 대한 개인의 종속이 약해지면서 이타적 자살이 사라지고, 사회적 통합과 규제의 끈이 느슨해지면서 이기적 자살과 아노미적 자살이 폭발적으로 증가해야 하지만 20세기 마지막 40년 동안에는 이와 정반대의 현상이 벌어졌다. 줄어들 것으로 예상됐던 이타적 자살은 오히려 증가했고 서유럽에서 가파르게 치솟을 것으로 추정된 자살률은 꾸준히 떨어지는 추세. 서로 반대로 움직이는 뜻밖의 결과는 뒤르켐의 한계를 보여준 셈이다.

바르발디는 지난 40년간 많은 나라에서 나타난 자살동향과 역사학, 인류학, 사회학 등을 통해 밝혀진 방대한 새 흐름을 수용, 새로운 자살이론을 전개해 나간다. 바르발디는 뒤르켐의 이론을 일부 수용해 자살을 이기적 자살, 이타적 자살, 공격적 자살, 무기로서의 자살로 분류한다. 이기적 자살과 이타적 자살은 누군가를 위한 자살과 관련돼 있다. 자살을 하게 만든 사회적 원인이 아닌 '개인'의 의도에 초점을 맞

---

101 이윤미, 전게기사.

102 김희윤, "죽음과 삶의 경계에서 쓴 투쟁의 기록"「아시아경제」, 2019.05.24.

PART 02

제3장 **범죄사회학**   97

춘 것이다.

공격적 자살과 무기로서의 자살은 보복으로서의 자살이다. 공격적 자살은 개인적인 이유로 타인을 해치고자 하는 자살이고 무기로서의 자살은 가미카제와 같이 종교적·정치적인 이유로 하는 자살이다.

사회구조이론

사회구조이론은 범죄와 일탈의 원인을 인간의 심리학적 혹은 생물학적 구조에 의한 것이 아니라 사회구조(사회적·물리적 환경)의 변화가 개인의 범죄와 일탈에 영향을 미친다는 이론이다. 범죄는 선천적인 것도, 정신박약의 결과도 아니라는 것이다.

이 이론은 기본적으로 하위계층에서 범죄가 더 많이 발생하는 이유를 설명하는 이론이다. 하위계층의 사람들이 범죄를 더 많이 저지르고, 하위계층이 거주하는 지역에서 범죄가 더 많은 이유를 사회구조적인 차원에서 설명하고자 하는 이론이다.[103]

하위계층이 거주하는 지역에서는 빈곤, 실업, 낮은 교육, 인종차별 등과 같은 '빈곤의 문화'Culture of Poverty가 있다. 하위계층의 사람들에게는 사회제도에 대한 불신, 무력감, 냉소주의 등과 같은 빈곤문화가 있으며, 이들을 성공으로 이끄는 생활유형과 습관, 기술개발, 사회적 유대, 공동체의 융합 등이 약하다.

사회구조이론에서는 "우리가 어떻게 사는가How we live 혹은 우리가 어디에 사는가Where we live"가 핵심적 요소가 된다.

사회구조이론에는 사회해체이론과 긴장이론 그리고 하위문화이론이 유명하다. 사회해제이론은 쇼Shaw와 맥케이McKay의 생태학이론ecology theory, 긴장이론에는 머튼Merton의 아노미 이론anomie theory과 에그뉴Agnew의 일반긴장이론general strain theory 등이 있다.

하위문화이론에는 코헨Cohen의 비행하위문화이론delinquent subculture theory, 클로워드Cloward와 올린Ohlin의 차별적 기회이론differential opportunity theory, 밀러Miller의 하위계층문화이론lower-class culture theory, 그리고 울프강Wolfgang과 페라쿠티Ferracuti의 폭력하위문화이론violent subculture theory 등이 있다.

---

103 심희기 외, 「현대 한국의 범죄와 형벌」 (서울: 박영사, 2017), p. 39.

사회과정이론

사회과정이론의 주요개념 중 하나는 사람들이 일반적인 행동을 학습하는 것과 같이 범죄도 학습된다고 본다. 범죄행위는 타인과의 상호작용 속에서 커뮤니케이션을 통해 학습되며, 학습의 주요부분은 친밀한 개인적 집단 내에서 일어난다.[104]

수많은 사람들이 빈곤선 이하의 삶을 살지만 비교적 소수의 사람만이 심각한 범죄를 범한다는 것이다. 심지어 이들 중 대부분은 사회적 빈곤과 부패가 지속적으로 그들을 압박했음에도 불구하고 비행을 중단했다는 것이다.[105]

왜 이들 빈곤층의 아이들 대다수가 비행을 하지 않는가? 왜 비행을 할 아무런 경제적·사회적 이유가 없는 일부 아이들이 비행을 하는가? 사람이 혼자 남겨지게 되면 사회적 이익보다는 개인적 이익을 추구할 것이다는 것을 주요 명제로 삼는다.

사회과정이론에는 학습이론과 통제이론 그리고 낙인이론이 유명하다. 학습이론에는 서덜랜드Sutherland의 차별적 접촉이론differential association theory, 글레이저Glaser의 차별적 동일시이론differential identification theory, 버제스Burgess와 에이커스Akers의 차별적 강화이론differential reinforcement theory, 에이커스Akers의 사회학습이론social learning theory, 사이크스Sykes와 맛짜Matza의 중화이론neutralization theory 등이 있다. 통제이론에는 레클리스Reckless의 견제이론containment theory, 허쉬Hirschi의 사회유대이론Social Bonding Theory, 그리고 법률적 억제이론restraint theory 등이 대표이론이라고 할 수 있다.

PART 02

104 상게서, p. 43.
105 이윤호, 「청소년비행론」 (서울: 박영사, 2019), p. 234.

Criminology &
C▪J system

범|죄|학|과
형사사법체계론

제4장

사회생태학 이론
(사회구조이론)

제1절 시대적 배경

오늘날 시카고는 뉴욕, 로스앤젤레스와 함께 미국 3대 도시로 꼽힌다. 시카고시는 인구가 270만 명 가량이지만 범위를 시카고 메트로폴리탄으로 넓히면 1,000만 명에 가깝다. 3대 도시답게 메이저리그 2개 팀(컵스·화이트삭스)이 시카고를 연고지로 한다. 이런 도시는 뉴욕(양키스·메츠)과 로스앤젤레스(다저스·에인절스)밖에 없다.

미美 대륙 중부에 위치한 시카고는 지리상 교통의 요지로 안성맞춤이었다. 바다처럼 넓은 호수, 미국에서 가장 긴 강과 연결된 덕분이다. 동부에 정착한 백인 이주민들이 돈 벌러 서부로 갈 때는 중간 기착지 역할을 했다.

1848년에 시카고상품거래소CBOT가 들어선 것도 우연이 아니다. 시카고가 농산물과 원자재의 집하장으로 알맞은 곳이기 때문이다. 지금은 일상화한 선물·옵션 거래도 CBOT가 처음 도입했다. 1898년엔 시카고상업거래소CME가 문을 열었다. 두 거래소는 2007년 CME 그룹으로 통합된다. 지금도 파생상품 거래하면 시카고가 세계 최고다.[106]

'바람의 도시' 시카고는 민주당·백인·남성의 아성이다. 1927년 이래 공화당 출신은 시장에 오른 적이 없다. 흑인 시장은 딱 한번, 여성 시장도 딱 한번 나왔다. 시카고는 이른바 '머신 폴리틱스'의 전형으로 꼽힌다. 보스를 중심으로 기성 정치권이 똘똘 뭉쳐 기득권을 유지하는 구조다.

1800년 초 자그마한 부락에 불과하던 시카고는 '값싼 노동력'이 일자리와 비싸지 않은 토

---

106 사설, "시카고 시장"「파이내셜뉴스」, 2019.04.07.

지의 이점을 노려 몰려옴에 따라 급속하게 성장하였다. 이 같은 기회는 산업의 성장을 장려하는데 필요한 풍부한 미숙련 노동자를 끌어들였다.

시키고는 이주민의 물결이 단순한 소도시의 획일적 구조로부터 복잡하고 갈등을 빚는 도시 생활 형태로 전환되면서 1898년에서 1930년 사이의 30여 년 동안 인구가 두 배로 늘었다.[107] 산업화가 한계점에 다다르고 단순 노동자가 기술노동자로 대치되기 시작하자, 대규모의 미숙련 노동자에 대한 고용이 감소되면서 불량 주택과 위생에서부터 무주택자, 비행갱단 및 범죄에 이르는 복잡한 사회문제를 남기게 되었다.

특히 유럽 남부와 동부의 이주민들은 차별대우를 받고 열등한 혈통으로 취급되었다. 도시근교의 사람들은 공통적인 관습과 문화가 존재하지 않았으며, 가족관계도 와해되어 있었다. 시카고 지역에서는 1920년과 1930년대 사이에 많은 사회사업과 구제책이 등장하였지만 빈민지역의 범죄는 늘어만 갔고, 법질서는 붕괴되어 있었다.[108]

1890년 석유 재벌 존 록펠러의 기부금으로 설립된 시카고 대학의 선진 사회학자들은 시카고라는 도시를 대상으로 도시문제 해결을 위한 새로운 사회학적 실험을 진행하게 된다.

Criminology & C·J systems

🔍 시카고학파의 등장[109]

시카고학파는 뒤르켐의 사상을 수용하여 인과관계를 해명하는 데 초점을 맞추고 인간행동을 규명함에 있어서 사회적 요인을 중시하였다. 사회학은 사회현상을 중요하게 생각하면서 현상의 원인을 구체적인 다른 사회적 현상을 실증적으로 검토하면서 찾으려고 하였다. 심리학적 요인이나 생물학적 요인은 중요하게 생각하지 않고 사회문제를 해결함에 있어서 언제나 인과론적 접근과 실증주의적 입증에 힘을 쏟은 것이다.

원인을 규명하려는 노력은 사회학에 국한한 것은 아니다. 19세기 말과 20세기 초를 지나면서 미국은 정치적, 사회적, 정신적 제 분야에서 크게 발전한 시기였으며, 진보주의자들은 사회는 끊임없이 발전할 수 있으며, 계몽되고 부패하지 않은 정부의 존재가 긴요하다는 식의 주장이 팽배하였다. 이러한 사회발전의 흐름을 사회과학이 이끌어야 한다고 확신하였다.

---

107 Faul F. Gressy, "Population succession in Chicago: 1898-1930," *America Journal of Sociology* 44, 1938, p. 59.

108 박승위, 전게서, pp. 44-45.

109 상게논문, pp. 158-159.

사회학자들은 사회생활 가운데에서 부딪치는 문제를 확인하여 주고, 문제를 치밀하게 검토하며 해결책을 제시해 줄 수 있다. 바로 이러한 사회학에 대한 기대를 시카고 대학 사회학부의 사회학자들이 충족시켜 주었다. 이들은 시카고라는 거대 도시가 직면한 문제의 뿌리까지 짚어 나가 문제를 찾으려고 했으며, 나름대로 해결책을 제시하였다.

시카고학파를 비롯한 사회과정이론에서는 범죄원인을 범죄자의 이웃에서 찾으려고 하는 사회생태론과 범죄자를 둘러 싸고 있는 가족, 친구 그리고 동료들이 어떠한 사람이냐에 따라서 범죄의 원인을 찾으려고 하는 차별적 접촉이론의 두 가지로 크게 분류할 수 있다.

제2절 사회생태학 이론 Social Ecology Theory

사회생태학 이론에서는 시카고 대학의 파크 Robert Park, 쇼 Clifford Shaw, 맥케이 Henry McKay, 그리고 버제스 Ernest Burgess가 유명하다. 파크는 다른 도시들과 마찬가지로 시카고시市를 사회적 특성 Social Characteristics에 따라 지도화할 수 있다고 생각하면서, 시카고시市를 생태학적 접근방법을 사용하여 분석하였다.

생태학적 접근방법은 동·식물의 성장과 발달과정이 침입 invasion·경쟁 competition·계승 succession이라는 과정을 통해서 이루어진다는 점에 주목하는 방법인데, 이러한 생태학적 모형을 가지고 시카고시市의 생태학적 과정 ecological processes을 분석한 것이었다.

로버트 파크(Robert E. Park)

1864년생. 고등학교 졸업 후 언론인으로 활동함. 미시간대학(Michigan Univ.)에서 학사학위. 도시사회학(Urban Sociology)을 연구하는 시카고학파의 설립에 큰 영향을 미침. 동료인 버제스(Ernest W. Burgess) 등과 함께 중심지대이론(concentric zone theory)을 주장함. 1925년 「도시(The City)」 등을 저술함.

이러한 파크의 조사연구를 바탕으로 버제스는 도시라는 것은 동심원의 형태로 중심으로부터 방사상의 형태로 팽창하는 경향이 있다고 주장하면서, 시카고시市를 중심지구에서 방사한 일련의 독특한 동심원으로 만들었으며, 이를 '동심원지대'concentric zone라는 개념을 통해서 사회적 균형이 유지되는 과정과 변화되는 과정을 관찰하였다.[110] 이러한 버제스의 동심원지대 분석모델을 이용하여 쇼와 맥케이는 시카고시市에서 5개의 서로 다른 생태학적 지역이 성장하고 있음을 밝혀냈다.[111]

1. Central business district
2. Zone of transition
3. Zone of independent workers' homes
4. Zone of better residences
5. Commuter's zone

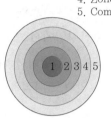 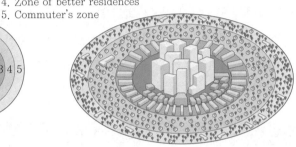

　첫 번째 지대는 '중심상업지대'Central Business District인데 상업 및 공장지대이고 집값이 비싸기 때문에 주거지는 별로 없다.

　두 번째 지대는 '전이지대'Zone of Transition인데, 이곳은 상업 및 공장지역으로 침입, 경쟁, 계승을 받는 과정 속에 있다. 이 지역은 도시에서 가장 집값이 저렴한 지역이며, 보통 가장 최근에 이주한 최빈민층이 살고 있다. 왜냐하면 일자리가 있는 중심상업지대와 가장 가깝게 있기 때문이다. 쇼와 맥케이의 연구에 의하면 이 지역의 범죄율이 가장 높은 것으로 조사되었다.[112]

　세 번째 지대는 '노동자거주지대'Zone of Workingmen's Homes이다. 이곳은 전이지대의 악화된 주거환경에서 빠져나온 노동자와 그 가족들이 살고 있는 지역이며, 전이지대보다는 생활환경이 쾌적하다고 할 수 있다.

　네 번째 지대는 '중산층 거주지역'Zone of Middle Class Residence이다. 이곳은 중산층 이상의 고소득층이 거주하는 지역으로 범죄율이 낮은 지역이다.

110　George B. Vold, Thomas J. Bernard, and Jeffrey B. Snipes, *op. cit.*, p. 142.

111　Larry J. Siegel, *op. cit.*, p. 194.

112　Frank Schmalleger, *op. cit.*, p. 91.

마지막으로 '교외지역'Zone of Suburbs and Urban Fringe으로 정기통근지역이라고 한다.[113]

이들 지역은 동심원의 형태로 발전해 나가며, 서로 침투해 간다. 중심상업지대는 도심의 최내부이며, 주로 사무실, 소매점포, 금융기관, 호텔, 극장, 약간의 아파트들로 채워져 있다. 제2지역은 산업시설이 건설됨에 따라서 외형적으로 주거여건이 악화되는 곳이다. 전당포와 같은 투기적 영업점이 있고, 경제적으로 어려운 처지에 있는 사람들이 거주하는 지역이다. 나머지 외곽의 3곳 지역은 모두 주거지역이다.

제4지역 및 제5지역은 상대적으로 높은 임차료를 내야 하는 지역으로 영세민들의 주거지역이나 소음과 오염지역으로부터 떨어진 지역에 해당한다. 파크와 버지스의 설명에서 본 것 처럼 5개의 각 지역은 환경여건이나 사회적 분위기에서 사뭇 다르다. 쇼와 멕케이는 각 지역과 범죄, 비행과의 관계를 분석해 본 결과 비행율은 도시의 중심지역에서 가장 높고 외곽에로 나아 갈수록 그 비율이 떨어짐을 알 수 있었다. 어떤 지역에서는 범행이나 비행이 조장되었거나 그 정도는 아니라고 해도 그다지 심각하게 받아들이지 않았다고 지적하였다.[114]

클리포드 쇼(Clifford R. Shaw)

1895년생. 아드리안대학(Adrian College)에서 학사학위. 가석방 담당관과 보호관찰관으로 일함. 1942년 「도시지역의 청소년 비행(Juvenile Delinquency and Urban Areas」 등 저술.

쇼와 멕케이는 비행율의 차이는 우연한 것이 아니라 당해지역에서는 다른 지역과 달리 비행이나 범행을 부추기거나 조장하는 분위기가 그렇게 영향을 미쳤다고 본다. 부추기거나 조장하였다는 것은 지역이 혼란스럽거나 해체되어 가기 때문이다. 특정지역에서는 지역사회가 황폐화되어 가거나, 인구가 줄며, 전통적으로 존중되어 오던 공동체문화가 해체되어 간다는 것이다. 쇼와 멕케이가 이웃이라는 말을 쓴 것은 물리적으로 일정한 경계범위를 나타내며 동시에 문화적 전통을 상징하는 뜻으로 그렇게 한 것이다.

비행문화에 익숙한 이웃의 존재는 범죄행위를 하도록 유도하는 역할을 한다고 주장한다. 도시중심가에서 비행소년집단을 만나는 것은 어렵지 않으며, 이들과 어울리면서 자연히 비행청소년이 된다. 중심가에는 사람이 살지 않고 버려진 건물도 많고 야간에는 비어 있는 건물도 많아서 비행청소년패거리들의 지휘부나 도품을 모아두는 곳으로 이용되기도 한다. 비행

---

113 George B. Vold, Thomas J. Bernard, and Jeffrey B. Snipes, *op. cit.*, pp. 142-147.

114 Clifford Shaw, *The Natural History of a Delinquent Career*, University of Chicago Press, 1931, p.15.

율이 낮은 지역은 다소의 차이는 있겠지만 자녀양육, 법의 준수, 기타 문제들에 있어서 안정성, 전통적 가치의 지배를 볼 수 있다. 쇼와 멕케이는 범죄나 비행을 개인이나 집단의 문제로 보기 보다는 하나의 병리현상으로 본 것이다.[115]

이러한 동심원지대에 대한 연구를 통해서 쇼와 맥케이는 전이지대에서 가장 높은 범죄율이 나타난다고 하였다. 왜냐하면 전이지대는 끊임없는 거주민의 이동이 발생함으로써 사회해체가 진행되며, 이러한 사회해체의 결과 높은 범죄율로 나타난다는 것이다.

비교적 오래된 거주민들이 살고 있는 지역에는 범죄율의 증가가 없었지만, 전이지대에서는 익명적 관계, 혈연 및 교우관계의 악화 등의 문제가 나타나면서 '사회해체'Social Disorganization가 진행되었으며, 이러한 사회해체가 범죄문제의 주된 원인이 된다고 하였다. 이처럼 생태학적 이론은 사회해체를 범죄의 주된 원인으로 보고 있기 때문에 사회해체이론이라고도 한다.

Criminology & C·J systems

 ### 사회생태학의 탄생[116]

시카고 대학 청소년연구소의 연구원이었던 쇼와 맥케이Clifford Shaw & Henry McKay는 범죄의 원인을 도시의 생태(삶)에서 찾으려고 했던 학자로 유명하다. 이들은 교수는 아니었지만 사회학부 소속교수들과 함께 많은 연구를 하였으며 특히 파크Robert Park와 버제스Ernest Burgess로부터 많은 영향을 받고 연구방법론을 발전시켜 나아 갔다.

사회현상을 마치 생물학적 특징을 지닌 것처럼 보는 견해는 사회학이 출발할 때부터 존재하였다. 이러한 관점을 체계적으로 설명한 최초의 학자인 콩트는 사회는 생물학적 유기체로 보았으며 그 유기체의 핵심은 가족이며 큰 도로는 인체의 혈관으로 보았다. 또 다윈Charles Darwin의 진화론은 사회학자들에게도 영향을 미치어 많은 학자들이 사회란 마치 살아 있는 현상이라고 볼 수 있다고 믿었다. 그밖의 여러 사회과학분야에서도 다윈의 이론을 받아들임으로써 사회과학을 더욱 과학적으로 발전시킬 수 있다고 보았다.

이러한 지적 분위기가 사회와 사회생활을 생태학적으로 분석하여 사회현상을 예측해 볼 수 있다고 하는 배경이 되었다. 사회생태론자들은 동식물의 삶이나 인간의 사회생활이나 유사점이 있다고 본다. 살아 있는 모든 것은 생태학적 체계의 부

---

115 조준현, 전게논문, pp. 160-161.

116 상게논문, p. 159.

분을 이루게 마련이며, 인간이 살고 있는 도시야말로 하나의 생생한 자연환경natural area으로 볼 수 있다는 것이다. 바로 파크와 버제스의 주장이다.[117]

도시의 삶은 침투invasion와 승계succession로 표현할 수 있다. 산업화가 진행하여 주거지역에까지 영향을 미칠 때 사람들에 의하여 침투와 승계가 발생한다. 쇼와 맥케이의 분석에 의하면 미국이라는 신대륙에 이민 오는 사람들은 보통 도시의 중심지 중 임차료가 제일 싼 곳에 자리 잡고 살기 시작한다. 어느 정도 재산이 늘어나면 이들은 다른 곳으로 이주하며 그 자리를 다른 이주민들이 차지한다. 이것이 침투와 승계의 모습이다.

쇼와 맥케이는 도시 내에서의 이주의 요인을 여러 가지로 분석하는데 예를 들어 그 지역이 주거지역이든 공업지역이든 용도별 특성, 당해 지역의 주요 인종분포, 학교근태율·범죄율 및 비행율, 발병율 및 윤리적 기강의 정도, 생활기준이나 문화적 가치의 차이 등을 들고 있다. 물론 이들 요인에 국한한 것은 아니다. 쇼와 맥케이는 위의 생태적 요소를 언급하는 외에 도시의 중심지모델론concentric zone model theory을 전개하여 범죄원인론을 설명한다.

---

117 Robert E. Park & Ernest W. Burgess, *The City* (Chicago: University of Chicago Press, 1925), p. 25.

긴장이론
(사회구조이론)

Criminology &
C·J system

범|죄|학|과
형사사법체계론

제5장

PART 02

제1절 시대적 배경

(출처: shutterstock)

미국은 1929년 시작된 대공황^{the Great Depression}이 장기화되면서 총체적 난국에 빠져 있었다. 지식인들조차 대공황이 야기한 극심한 충격 탓에 자유방임적 자유주의와 작은 정부가 더 이상 시대적 가치와 변화를 담아내지 못한다는 절망을 쏟아냈다. "그해 (1934년) 겨울, 미국인 1,300만 명이 실업자였다. 길거리엔 누더기를 걸친 굶주린 사람이 득실댔다."[118] 대공황에 대처하기 위하여 체계적인 경제정책을 도입하여 대처한 것은 1933년 3월 4일 취임한 루스벨트^{Franklin D. Roosevelt} 대통령이었다.

산업혁명과 마찬가지로 1930년대의 대공황도 범죄 사회학자들에게 통찰력을 제공해 주었다. 미국 정부의 뉴딜정책이 사회의 재편에 초점을 두게 되자, 사회구조 자체를 분석하는 중요성이 확고한 토대를 가지게 되었다.

사회학자들과 다른 학자들은 편협한 사회학의 응용에서 벗어나 전체로서 사회구조에 대한 검토를 지향하게 되었다. 서덜랜드^{Sutherland}와 머튼^{Robert Merton}은 범죄가 반드시 인간의 본

---

118 김태철, "자유주의의 역사와 본질은 진보." 「한국경제」, 2019.07.10.

질적 속성은 아니라고 보고 개인주의적 병리학적 관점을 거부하였다. 머튼^{Robert Merton}은 범죄는 인간의 본질적 속성이라는 개인주의적 범죄학을 거부하고, 사회구조 내의 긴장 속에서 범죄의 원인을 찾고자 했다.[119]

머튼은 사회문제를 설명하는 접근방법으로 사회의 구조화된 방식을 강조한 파슨스^{Talcott Parsons}의 문하에서 구조화된 방식, 즉 구조적 설명 방법론을 연구하였다. 그는 1938년 미국 사회의 일탈을 설명하기 위해 뒤르켐의 아노미 개념을 차용하여 새로운 아노미 개념을 정립하였다.

제2절 긴장이론 Strain Theory

'긴장이론'으로 대표되는 아노미 이론을 주장한 머튼은 특정사회에서 문화적 목표는 지나치게 강조하는 반면 제도적 수단으로 그 목표를 달성할 수 있는 기회가 제한되어 있기 때문에 사회적 '긴장'이 발생한다고 보았다. 그러나 머튼은 아노미 상황에서 사람들이 내면화한 문화적 목표와 제도화된 수단에 따라 다른 적응방식을 보인다고 보았다.

1 아노미 이론 Anomie Theor

프랑스어인 '아노미'^{Anomie}라는 용어는 일반적으로 '무규범'^{normlessness}이라는 용어로 번역된다.[120] 뒤르켐^{Emile Durkheim, 1858~1917}은 1893년에 간행된 그의 저서 『사회분업론』에서 아노미란 용어를 처음 사용하였으며, 이후 1897년 『자살론』에서도 그 개념을 사용하였다.[121]

뒤르켐의 아노미란 사회규율의 붕괴나 도덕적 규범의 와해에 의한 사회적·도덕적 상황의 파괴를 의미하였다. 사람들이 그들의 행동에 대한 충분한 도덕적 통제를 할 수 없는 무규

---

119 박승위 역, 전게서, p. 70.

120 Frank Schmalleger, *op. cit.*, p. 91.

121 박승위 역, 전게서, p. 69 재구성.

범적 상황을 말하였다.

로버트 머튼(Robert K. Merton)

1910년생. 템플대학(Temple University)에서 학사학위. '역할모델(Role Model)'과 '자기충족적 예언(Self-Fulfilling Prophecy)'이라는 용어로 유명. 1938년 「사회구조와 아노미(Social Structure and Anomie)」 등 저술.

1938년에 머튼Robert Merton은 미국사회의 일탈현상을 설명하기 위해 아노미의 개념을 사용하였지만 그가 사용한 개념은 뒤르켐의 개념과는 달랐다.[122] 머튼은 사회규범(혹은 가치관)을 2가지 형태로 나누어서 사회적 목표goals와 그 목표를 달성하기 위한 수단means으로 구분하였다. 이러한 사회적 목표와 그 목표를 달성하기 위한 수단 사이에 불평등과 긴장이 존재할 때, 이를 아노미적 상황이라고 하였다.

Criminology & C·J systems

🔍 Anomie [123]

A socially pervasive condition of normlessness. A disjuncture between approved goals and means.

머튼은 당시 미국사회의 가장 두드러진 사회적 목표를 부와 성공의 추구라고 보았다. 중산층의 사람들은 사회적 가문, 경제적 재산, 높은 학벌 등으로 부와 성공을 손에 넣을 수 있지만, 하류계층의 사람들은 부와 성공을 손에 넣을 수 있는 수단이 없기 때문에 범죄를 한다고 보았다.[124]

머튼은 그의 이론을 다음과 같은 4가지 유형으로 체계화시켰다.[125]

첫째, 사람들이 추구하는 부와 성공이라는 사회적 목표Goals가 있고, 이러한 목표를 달성하기 위한 제도적 수단Means이 있으면, 동조형Conformity이 된다.

둘째, 부와 성공이라는 목표는 추구하지만 이에 도달할 수 있는 수단이 없으면 범죄를 통해서라도 이를 달성하려고 한다. 이를 혁신형Innovation이라고 한다.

122 상게서, pp. 69-70.

123 Frank Schmalleger, *op. cit.*, p. 91.

124 George B. Vold, Thomas J. Bernard, and Jeffrey B. Snipes, *op. cit.*, pp. 159-160.

125 Robert K. Merton, *Social Theory and Social Structure* (Glencoe, IL: Free Press, 1968), pp. 204-217.

셋째, 부와 성공이라는 목표를 달성할 수 있는 수단은 갖고 있지만 성공의 목표 없이 하루하루를 만족하면서 사는 게으르고, 야망이 없는 유형을 의례형Ritualism이라고 한다. 이들은 "현실에 안주하기"play it safe를 바라는 유형이라고 할 수 있다.[126] 절차적 규범이나 규칙만을 준수하는 데 치중하는 무사안일한 관료에서 그 예를 찾을 수 있다.

넷째, 도피형Retreatism은 추구하는 목표도 없고, 그것을 달성하려는 시도도 하지 않은 부랑자, 알콜중독자 유형이다.

마지막으로 혁명형Rebellion은 기존의 목표보다는 새로운 목표를 대안으로 제시하고, 사회변화를 시도하는 유형으로 반역자와 혁명가를 들 수 있다.[127]

〈표 2-2〉 머튼의 아노미 이론

분류	목표(Goals)	수단(Means)	사례
동조형 (Conformity)	+	+	준법행동(목표달성 노력)
혁신형 (Innovation)	+	−	재산범죄, 화이트칼라 범죄
의례형 (Ritualism)	−	+	현실안주(목표달성 노력 안함)
도피형 (Retreatism)	−	−	마약사용, 부랑자, 피해자 없는 범죄
혁명형 (Rebellion)	±	±	정치적 범죄(특히, 법을 위반한 환경활동, 임신중절 반대 폭동 등)

머튼은 그의 이론에서 하층 청소년들이 겪는 구조적 문제를 지적했다. 하층의 청소년들은 사회구조적으로 성공에 이르는 사회적 배경, 경제적 재산, 학교교육과 같은 제도적 수단이 없으며, 중산층 청소년들과 경쟁할 수 있는 공정한 기회가 차단되어 있기 때문에 비행을 하게 된다고 주장하였다. 이처럼 머튼의 이론은 범죄의 원인을 사회구조적 긴장과 좌절이 원인이라고 보기 때문에 그의 이론을 '긴장이론'Strain Theory이라고도 한다.

---

126 George B. Vold, Thomas J. Bernard, and Jeffrey B. Snipes, *op. cit.*, p. 162.

127 Frank Schmalleger, *op. cit.*, pp. 91-92.

에그뉴Robert Agnew는 1992년 일반긴장이론을 제시하면서 비행의 원인으로 ① 목표달성의 실패, ② 긍정적 자극의 소멸, ③ 부정적 자극의 발생을 제시했다. 일반긴장이론에서는 이러한 긴장요인들로 인해서 청소년들이 부정적 감정을 경험하기 때문에 비행을 저지른다고 봄으로써 긴장과 비행 사이에 부정적 감정을 매개요인으로 제시하였다.[128]

로버트 에그뉴(Robert Agnew)

1953년생. 1975년 러커스대학(Rutgers Univ.)에서 학사학위. 1992년 「일반긴장이론(A General Strain Theory of Crime and Delinquency)」등 저술.

목표달성의 실패에 관한 예를 들면, 자신보다 뛰어난 친구와 비교하면서 긴장을 느끼게 된다는 것이다. 좋은 기업에 취직했지만 다른 친구처럼 최고 기업이 아닌 경우에 긴장을 느끼게 된다는 것이다.

긍정적 자극의 소멸에 관한 예를 들면, 부모의 이혼을 경험한 아이는 대리만족을 느끼기 위해서 나쁜 친구를 찾을 수 있다는 것이다. 또한 에그뉴는 학교를 중퇴한 중산층 청소년과 하류층 청소년 중에서 중산층 청소년이 범죄에 빠질 가능성이 더 높다고 주장하였다. 왜냐하면 퇴학이라는 긍정적 자극의 제거는 성공할 것이라고 믿고 있던 중산층 소년에게 더 큰 충격으로 다가오기 때문이다.[129]

부정적 자극의 발생에 관한 예를 들면, 선생님에게 야단맞은 청소년은 그들의 분노를 자기보다 약한 친구에게 폭력으로 행사한다는 것이다.

하지만 에그뉴는 부정적 감정을 적절히 해소할 수 있는 다른 대처방식이 존재한다면 비행은 일어나지 않는다고 주장하였다.[130] 이러한 일반긴장이론은 머튼의 아노미 이론을 확장하였으며, 중산층의 범죄를 잘 설명해 준다는 장점을 가지고 있다.[131]

---

128 김준호 외 5인, 전게서, p. 95.

129 Larry J. Siegel, *op. cit.*, p. 208.

130 김준호 외 5인, 전게서, p. 96.

131 Larry J. Siegel, *op. cit.*, p. 208.

Criminology & C·J systems

🌐🔍 엄친아

　　엄마의 입방아에 항상 나타나는 신비의 인물이다. "엄마 친구 아들"의 줄임말이며, 공부, 운동, 얼굴까지 모든 점에서 부족한 점이 없는 상상 속의 인물이라고 할 수 있다. 이와 같은 부모의 비교는 자녀들에게 긴장을 야기하여 비행에 이를 수 있는 원인이 된다.

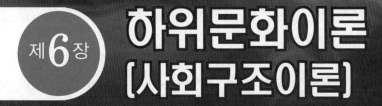

**Criminology &
C▪J system**

**범|죄|학|과
형사사법체계론**

제**6**장

하위문화이론
[사회구조이론]

제1절 시대적 배경

(출처: shutterstock)

1950년대 미국은 거대한 풍요와 번영의 시기였으며, 이 당시 미국의 중산층은 '미국적 사고방식'에 자부심을 가지고 있었다. 하지만 절정에 달한 도시화는 퇴폐적인 도시문화에 의한 소년비행의 문제와 하층민이 주로 가입한 범죄갱단의 문제를 야기시키고 있었다.

이러한 시대적 상황에 따라서 당시 범죄학자들은 소년비행을 연구하고, 갱의 하위문화에 대한 이론화에 착수하였다. 시카고학파인 서덜랜드Sutherland와 머튼Merton의 연구성과를 이어 받아서 1955년에 코헨Cohen이 비행하위문화이론을, 1960년에 클로워드Cloward와 올린Ohlin이 차별적 기회이론을 주장하였는데, 양자의 연구는 도시의 하류층 소년비행에 초점을 두었다.

또 다른 이론으로는 밀러Miller의 하위계층문화이론과 울프강Wolfgang과 페라쿠티Ferracuti의 폭력하위문화이론 등이 있었다. 이처럼 1950년대와 1960년대 초의 범죄학 이론들은 몇몇 예외를 제외하고, 소년비행과 범죄갱단에 중점을 두기 시작하였다.

PART 02

코헨Albert K. Cohen은 1955년『비행소년』Delinquent Boys이라는 저서를 통해서 하류층 청소년들의 일탈행동은 미국 중산층의 규범과 가치에 대한 반항이라는 관점을 제시하였다. 코헨에 따르면 하류층 청소년들은 지위좌절Status Frustration이라는 갈등의 형태를 경험하고 있으며, 그 결과 많은 청소년들이 갱집단에 가입해서 반사회적, 악의적, 범죄적 행동을 한다는 것이다.[132] 이들은 타인의 고통에서 기쁨을 느끼고 있었으며, '중산층의 가치관'Middle Class Values을 비웃고 있다는 것이었다.

알버트 코헨(Albert K. Cohen)

1918년생. 1939년 하버드 대학(Harvard Univ.)에서 학사학위. 1955년 「비행소년들: 불량집단문화(Delinquent Boys: The Culture of the Gang)」 등 저술. 아노미 이론에 대한 비판으로 유명.

코헨은 모든 청소년들이 사회적 지위Social Status를 추구한다고 단언하였다. 하지만 하류층 청소년들이 처음으로 당면하는 중요한 지위문제는 학교제도에서 일어난다. 그들은 중산층 청소년들과 경쟁해야 하며, 그들이 달성하기 어려운 일련의 기준인 '중산층의 잣대'Middle Class Measuring Rods를 사용하는 성인들에 의해 평가되면서 지위좌절Status Frustration을 겪게 된다. 따라서 이들은 중산층의 가치관에 대한 과잉 적대적 반응을 갖게 된다.[133]

코헨은 이처럼 중산층의 잣대에 의한 거부를 경험한 청소년들은 3개의 문화, 즉 '코너보이'corner boy 하위문화, '칼리지보이'college boy 하위문화, 그리고 '비행소년'delinquent boy 하위문화라는 것들 중 하나를 선택하게 된다고 보았다.

코너보이문화는 중산층에 대한 거부의 가장 일반적인 형태로써 가벼운 일탈 혹은 무단결석 등을 하는 문화를 뜻한다. 칼리지보이문화는 중산층의 가치관을 받아들이려고 하지만 사회적 제반 조건들이 맞지 않기에 희망 없는 길hopeless path을 찾는 문화를 말한다. 비행소년문화는 중산층의 가치와 반대되는 문화를 뜻한다.[134]

비행소년 하위문화는 그들이 실제로 가지고 있는 특성, 그들이 할 수 있는 행위유형을 가

---

132 *Ibid.*, p. 210.

133 박승위 역, 전게서, p. 82.

134 Larry J. Siegel, *op. cit.*, p. 211.

치 있는 것으로 규정하고, 그들만의 새로운 규범, 새로운 지위기준을 만들어내는데 이를 비행의 하위문화delinquent subculture라고 한다. 예를 들어, 비행청소년들은 침을 멀리 뱉는 것을 자랑스러워 하며, 이들을 꾸중하는 선생님을 경멸한다.

비행의 하위문화에서는 칼리지보이의 중산층에 동화하려는 시도를 비웃고, 코너보이의 수동성을 경멸하며, 사내다운 활동을 강조하게 된다. 특히 비행의 하위문화에서는 어른들의 간섭을 싫어하는 자율성autonomy을 강조하며, 내적으로는 강한 단결력과 외적으로는 중산층에 대한 적대감을 그 특징으로 한다. "우리에게 내일은 없다"Tomorrow take care of itself라고 하면서 단기적인 쾌락에 관심을 갖게 된다.[135] 이러한 코헨의 비행하위문화이론은 비행소년들의 하위문화 형성원인, 그리고 자아존중감self-esteem과 부적절감feelings of inadequacy 등을 잘 설명한 이론으로 평가받고 있다.

제3절 차별적 기회이론Differential Opportunity Theory

클로워드Richard Cloward와 올린Lloyd Ohlin은 1960년 그의 저서 『비행과 기회』Delinquency and Opportunity에서 머튼의 아노미 이론과 서덜랜드의 차별적 접촉이론, 그리고 쇼와 맥케이의 사회해체이론을 통합한 차별적 기회이론을 발표하였다.

클로워드와 올린은 성공을 추구하는 사회적 목표Goals를 추구하지만, 구조적으로 합법적 기회와 수단Means을 갖지 못한 사람이 범죄를 하게 된다는 머튼의 아노미 이론을 인정하고 있다. 하지만 아노미 이론이 단지 하나의 기회구조만을 설명한 점에 주목하고, 그들은 제2의 기회구조가 있음을 강조하였다.[136] 사회적 목표에 도달하는 데는 합법적 수단(기회)뿐만 아니라 불법적인 길(기회)도 역시 있다는 것이다.

합법적 수단으로는 학교에서 낙오자로 간주되고 기껏해야 최저임금의 보잘 것 없는 직업이나 얻을 수 있는 하류층의 청소년들에게 갱집단에 들어가 마약밀매를 하거나 무장강도가 되어 수천 달러의 수입에 친구들의 존경까지 얻게 되는 또 다른 불법적인 길이 있다는 것

---

135 *Ibid.*, p. 211.

136 박승위 역, 전게서, p. 84.

이다.[137]

하류층의 청소년들이 사회적 성공의 문턱에서 겪는 좌절의 문제는 '처지불만'position discontent의 상태에 놓이게 하며, 이들 청소년들을 불법적인 길인 3가지 유형의 하위문화에 속하게 만든다.[138]

첫 번째는 범죄적 하위문화Criminal Subculture이다. 이는 범죄조직이 체계화되어 있는 지역의 하위문화로써 하류층의 청소년들은 갱집단에 가입하여 범죄의 기술과 기법을 배우게 되며, 성인 갱단원들과 긴밀한 연계를 맺게 된다.

두 번째는 갈등적 하위문화Conflict Subculture이다. 이는 합법적 기회도 없고, 갱집단과 같은 불법적 기회도 없는 지역의 하위문화이다. 이 문화는 주로 거리의 단순 폭력배들에게서 발견되며, 전문범죄집단인 갱집단이 없기 때문에 대부분 패싸움, 난동 등과 같은 형태의 거리폭력을 좋아하는 문화를 갖고 있다.

세 번째는 도피형 하위문화Retreat Subculture이다. 하류층 청소년들 중에는 주류 사회에서 성공하지 못하고, 범죄사회에서도 성공하지 못하는 등 모든 사회에서 실패하여 주로 약물과 알콜중독에 빠지는 '이중실패자'double failure가 되는데, 이들이 속하는 하위문화이다.

리차드 클로워드(Richard A. Cloward)

1926년생. 1949년 로체스터대학(Rochester Univ.)에서 학사학위. 긴장이론(Strain theory)과 아노미 개념 발전에 영향을 줌. 동료인 오린(Lloyd Ohlin)과 1960년 「비행과 기회: 비행집단에 대한 이론(Delinquency and Opportunity: A Theory of Delinquent Gangs)」 등 저술.

클로워드와 올린의 차별적 기회이론은 불법적 기회마저도 사회 내에서 구조화되어 있음을 보여 주었으며, 많은 비행소년들이 일반사회의 가치와 목표를 공유하고 있지만, 이런 목표를 달성하기 위한 수단을 결여하고 있음을 지적하였다. 따라서 이 이론은 비행소년의 교정과 재사회화 정책을 마련하는 데 일정부분 기여하게 되었다.

---

137 Larry J. Siegel, *op. cit.*, p. 211.

138 *Ibid.*, p. 212.

하위계층 문화이론 Lower-Class Culture Theory

밀러Walter B. Miller는 1955년 코헨의 연구 이후 보스턴의 하층민 지역을 검토하고 다른 결론을 얻게 되었다. 그는 중산층의 가치관이 코헨과 다른 학자들이 생각한 것보다 갱비행에 중요하지 않다고 결론지었다.[139]

월터 밀러(Walter B. Miller)

1920년생. 하버드 대학(Harvard University)에서 박사학위. 보스턴의 록스베리 지역 갱비행연구프로젝트(Boston's Roxbury Gang Delinquency Research Project) 책임자였음. 1958년 「갱비행문화를 야기하는 하위계층문화(Lower Class Subculture as a Generating Milieu of Gang Delinquency)」 등을 저술함.

밀러는 하층지역에 본래부터 중산층의 가치와는 다른 비행가치와 하위문화가 존재하고 있기 때문에 하층지역에 사는 청소년들이 비행을 저지르게 된다고 보았다. 또한 이러한 고유의 하위계층문화는 주로 실패한 이주민집단과 흑인사회에서 나타나는 고유의 문화라고 주장하였다.

밀러에 따르면 하층지역은 홀어머니 밑의 결손가정 환경에서 자란 아이들이 많은데, 그 지역의 남자아이들은 역할모델인 아버지가 없기 때문에 남자친구들과 어울리면서 끊임없이 남자다움을 찾으려고 노력한다고 보았다.[140] 이러한 노력이 진행되면서 하층지역은 중산층의 문화와는 다른 별개의 문화separate culture를 가지고 된다는 것이었다.

밀러는 그 문화의 성격인 주요관심focal concern을 싸우고 말썽을 부려도 문제가 안 되는 '말썽'trouble, 남자라면 힘이 세고 용감해야 한다는 '강함'toughness, 남을 속이는 것이 똑똑하다고 평가받는 '교활'smartness, 신나는 일과 모험을 추구하는 '자극추구'excitement, 모든 것이 운에 달려 있다는 '운명주의'fate, 어른들의 간섭을 싫어하는 '자율성'autonomy 등을 특징으로 하고 있다고 하였다.[141]

하위계층 문화이론은 왜 어떤 하류계층의 청소년들은 비행에 가담하지 않는지, 그리고 하층지역의 청소년들도 중산층의 가치를 선호하고 있기 때문에 중산층의 문화와는 다른 별개의 문화가 존재한다는 이 이론은 많은 비판을 받게 되었다.

---

139 박승위 역, 전게서, p. 87.

140 김준호 외 5인, 전게서, p. 107.

141 Frank Schmalleger, *op. cit.*, p. 93.

폭력하위 문화이론은 1967년 울프강Marvin Wolfgang과 페라쿠티Franco Ferracuti의 이론으로 그들은 필라델피아의 살인범죄 발생율을 조사하다가 살인범들이 특정한 집단문화 속에서 생활하고 있었음을 발견하였다.

마빈 울프강(Marvin Wolfgang)

1924년생. 펜실베니아대학에서 학사학위. 1964년 「비행의 측정(The Measurement of Delinquency)」, 1967년 「폭력의 하위문화(The Subculture of Violence: Towards an Integrated Theory in Criminology)」 등 저술.

살인범들은 폭력이 일상화된 문화 속에서 생활하고 있었기 때문에 피살자를 도매가격 wholesale price 혹은 소매가격retail price으로 부르면서 살인을 자행하고 있음을 발견한 것이다.[142]

이 이론에서는 폭력이 적절한 행동으로 평가받는 문화 속에서 생활하는 청소년들의 폭력가능성이 높다고 본다. 폭력은 문화, 규범의 동조행위이며, 적절한 행위로 학습되고, 강화되기 때문에 그러한 문화가 지배적인 지역은 폭력발생률이 높다고 본다.[143]

이들은 흑인은 폭력을 용인하는 하위문화에 있기 때문에 폭력의 가능성이 높고, 따라서 흑인비율이 높은 미국 남부지방에서 폭력발생률이 높다고 주장하였다. 또한 폭력하위문화는 청소년 후반기에서 중년에 이르는 집단에서 가장 흔하게 나타난다고 하였다.[144]

Criminology & C·J systems

🌐🔍 **Subculture of Violence** [145]

A Cultural setting in which violence is a traditional method of dispute resolution.

---

142 *Ibid.*, p. 93.
143 김준호 외 5인, 전게서, pp. 107-108.
144 박승위 역, 전게서, p. 89.
145 Frank Schmalleger, *op. cit.*, p. 93.

이러한 폭력하위문화이론은 왜 하층지역에서 폭력범죄율이 높은가에 주목하였다. 하지만 비판론자들은 중산층 지역보다 하층지역에서 비행행위가 경찰에 의해서 더 많이 단속되었으며, 이것은 형사사법기관의 편견에 의한 것이라고 비판하였다. 또한 흑인의 폭력하위문화에 대한 많은 연구가 있었지만, 그것은 폭력적 하위문화의 문제가 아니라 빈곤문제에 기인한 것이라는 비판을 받았다.

Criminology &
C▪J system

범|죄|학|과
형사사법체계론

제7장

학습이론
(사회과정이론)

제1절　시대적 배경

(출처: Max Pixel)

미美연방범죄수사국FBI은 1920년대와 30년대에 경찰범죄보고서를 바탕으로 연례보고서인 표준범죄보고서UCR: Uniform Crime Report를 발간했다. 지표범죄Index Crime를 중심으로 한 이 보고서는 범죄는 사회학적 영향이라는 시카고학파의 생태학적 자료와 유사했기 때문에 학습이론의 전개에 큰 영향을 주었다.

또한 미국의 금주운동, 마약남용 그리고 대공황과 같은 사회적 상황은 범죄행동은 선천적인 것도 아니고, 정신박약의 결과도 아닌 사회적 상황, 기회 그리고 개인문제라는 사상을 낳았다. 특히 서덜랜드는 1930년에서 1935년까지 시카고 대학의 교수였고, 일생을 통해서 시키고 지역을 멀리 벗어난 적도 없었다. 학습이론은 사회·심리학파Social-Psychological School의 형성과 밀접한 관련이 있는 것이 특징이다.[146]

---

146 *Ibid.*, p. 94.

A perspective on criminological thought which highlights the role played in crime causation by weakened self-esteem and meaningless social roles. Social-psychological thinkers stress the relationship of the individual to the social group as the underlying cause of behavior.

제2절   사회학습이론Social Learning Theory

1 ┃┃ 학습이론Learning Theory

학습이론Learning Theory은 긴장이론과 달리 불평등한 구조와 같은 구조적인 여건에 의한 긴장보다는 학습에 의한 가치와 태도에 주목한다. 범죄적 동료와의 친근한 접촉이나 모방 등을 통해서 범죄의 기술을 학습한다는 것이다.

학습이론Learning Theory은 행동주의 심리학인 파블로프Ivan Petrovich Pavlov, 1849-1936의 반복에 의한 학습을 강조한 '조건반사이론'conditioned reflex theory과 스키너Burrhus Frederic Skinner, 1904-1990의 어떤 행위에 대해서 보상이 뒤따를 때 어떤 내용이 학습되며, 이러한 학습은 변동비율이 강화될 때 가장 효과적이라는 '조작적 학습이론'operant conditioning learning theory에 영향을 받았다.

하지만, 학습이론은 '과거경험에 의한 기억'에 근거를 두고 있으며, 이러한 경험한 기억에 근거를 두고 있다는 점에서 '기억하지 못하는 경험'을 강조하는 프로이드와 '경험하지 못한 기억인 집단무의식'을 강조하는 융과 같은 심리학이론들과 구별된다.

---

147 *Ibid.*, p. 94.

1 차별적 접촉이론의 등장배경

서덜랜드Edwin H. Sutherland, 1883-1950는 20세기의 가장 중요한 범죄학자로 칭찬받는 학자이다. 그의 업적 중 가장 언급이 많이 되는 내용이 바로 차별적 접촉이론(분화적 접촉이론)이다. 차별적 접촉이론은 1934년에 처음 주장되어 오다가 1947년에 완성된 형태를 갖추게 된 이론인데 사회생태론적 범죄원인론을 더욱 세련되게 완성시킨 이론으로 볼 수 있다.

서덜랜드는 1920년대와 1930년대까지 유행하던 "범죄는 개인의 생물학적 혹은 정신적 결함"이라는 주장을 비판하였다. 이러한 비판과 쇼와 맥케이의 연구결과를 토대로 하여, "해체된 지역사회가 어떻게 하여 범죄의 온상이 되어 가는가?"라는 명제를 세우고 특정지역사회의 범죄발생을 이해하고자 하는 이론인 차별적 접촉이론을 주장하게 되었다.[148] 이러한 서덜랜드의 업적을 제프리C. Ray Jeffery, 1977는 "서덜랜드 때문에 오늘날 범죄학과 사회학이 제휴되었다"고 말하였다.[149]

서덜랜드는 특정한 지역에 사는 사람들이 어떻게 범죄자가 되는지를 구체적으로 살펴보았다. 그의 이론은 모든 범죄행위를 포함하여 인간의 행동은 학습되는 것이라는 가정에서 출발한다. 범죄란 사회적 접촉과 사회적 관계 속에서 나온 산물이라는 주장이다.

서덜랜드와 함께 연구를 수행한 크레시Donald Cressy는 범죄자가 되기 위해서는 범죄적 행동양식과 접촉하고 반범죄적 행동양식과 차단되어 있어야 한다. 사람들은 주위환경에 대하여 거부감을 갖고 있지 않는 한 어쩔 수 없이 환경에 동화되는 존재라고 보았다. 그러면 사람들은 어떻게 범죄행동을 학습하게 되는가. 이에 대하여 서덜랜드와 크레시는 아주 정리된 개념을 제시해 보았다.

서덜랜드는 범죄자란 근본적으로 잘못된 사람이 아니며, 유전적 결함이나 정신이상으로 인하여 범죄행동을 하는 것은 아니라고 보았다. 또 자기를 통제하지 못하는 그러한 사람이라고 할 수는 없다. 범죄를 단순히 인간의 기본적 욕망을 실현하기 위하여 행하는 행동으로 볼 수도 없다. 가난한 자는 필요한 것 이상을 절취하여야 하지만 반드시 그렇지는 않다는 데에서 알 수 있다. 범죄행동은 자동차운전이나 운동경기처럼 배워서 따라 하는 것이다.[150]

---

148 E. H. Sutherland and D. R. Cressey, *Principles of Criminology(9th ed.)* (Philadelphia: J. B. Lippincott Company, 1974), pp. 80-82.

149 박승위 역, 전게서, p. 59.

150 조준현, 전게논문, 2004, pp. 161-163.

첫째 직접지시의 방법이 있다. 어떤 사람이 다른 사람에게 경보장치를 끄라고 지시하면 직접지시에 의한 학습이다. 성인이 자기를 따르는 청소년에게 법이란 부자와 권력 있는 사람들이 주도하여 제정한 것에 불과하며 이를 지킬 필요가 없다고 하면서 범행을 부추기는 것도 직접지시이다.

둘째 반사적 행동유발방법이 있다. 막대기를 흔들 때마다 비둘기 모이를 가져다 주다가 실제로 모이를 갖다 주지 않으면서 막대기를 흔들면 비둘기는 막대기에 올라 앉게 된다. 스키너^{Skinner}가 주장한 방법인데 그는 이러한 방법을 이용하여 비둘기에게 테니스도 가르칠 수 있다고 장담하였다. 일정한 지역에서 일정한 행동에 대하여 처벌을 하지 않거나 포상을 하게 되면 특정한 행동을 반사적으로 유발할 수 있다.

에드윈 서덜랜드(Edwin Sutherland)

1883년생. 1904년 그랜드 아이슬란드 대학(Grand Island College)에서 학사학위. 20세기 가장 영향력 있는 범죄학자 중 한명. 1949년 「화이트 칼라 범죄(White Collar Crime)」 등 저술.

2 차별적 접촉이론의 주요내용

19세기 사회철학자인 타드 ^{Gabriel Tarde}는 범죄행동은 모방을 통하여 학습되며, 사람들은 가까이 살며 가장 존경할 만하다고 생각되는 사람의 행동을 모방한다는 것이다. 모방의 대상이 된 사람의 행동이 칭찬을 받으면 모방은 더욱 강력하게 이루어지게 된다. 도시중심지역에 사는 청소년이 거리의 불량배집단에 가입하고, 여러 선배불량배들 중에서 마약을 팔아 돈을 많이 번 선배불량배를 모방하려고 한다고 해서 이상할 것은 없다.

서덜랜드는 1939년 타드의 모방의 법칙^{laws of imitation}에 기초한 『범죄학의 원리』^{Principles of Criminology} 제3판에서 차별적 접촉이론에 관한 최초의 구상이 담긴 저서를 출간하였다.[151]

1947년 『범죄학의 원리』^{Principles of Criminology} 제4판에서 행동이란 사회환경 내에서 학습되는 것이며, 행동은 상황, 기회, 그리고 가치관의 결과라는 범죄에 대한 이론을 체계화하여 차별적 접촉이론을 최종적으로 제시하였다. 이러한 차별적 접촉이론은 9가지 요점으로 제시되어 있는데 이를 살펴보면 다음과 같다.[152]

---

151 Frank Schmalleger, *op. cit.*, p. 94.

152 Larry J. Siegel, *op. cit.*, pp. 229-231.

첫째, 범죄행동은 학습된다.

둘째, 범죄행동은 다른 사람과의 의사소통과 상호작용을 통해서 학습된다.

셋째, 범죄행동의 학습은 친밀한 개인적 집단 내에서 일어난다.

넷째, 범죄행동이 학습될 때, 그 학습은 ① 복잡한 수법과 단순한 수법, ② 범죄에 대한 동기, 충동, 합리화 및 태도 등이 학습된다.

다섯째, 법에 대한 인식이 범죄동기와 범죄충동에 영향을 준다. 범죄가 별 것 아니라는 생각을 가진 사람들과 자주 접촉하게 되면, 범죄를 쉽게 하게 된다. 법에 대한 주변 사람들의 올바른 가치관과 태도도 학습되고, 나쁜 가치관과 태도도 학습된다.

여섯째, 사람이 법을 위반하는 것은 법을 지켜야 된다는 생각보다 법을 위반하는 것이 별것 아니라는 생각이 더 강하기 때문이다.

일곱째, 차별적 교제는 빈도, 지속성, 우선성 및 강도에 따라서 학습의 정도가 달라진다. 예를 들어, 나쁜 친구와 얼마나 자주 만나는지(빈도), 얼마나 오래 만나 왔는지(기간), 처음 사귀었던 친구가 누구였는지(우선성), 얼마나 친한지(강도) 등에 따라서 학습의 정도가 달라진다.

여덟째, 범죄행동의 유형을 학습하는 것은 다른 모든 유형을 학습하는 것처럼 단순히 모방만 하는 것이 아니다. 범죄행동을 하는데 필요한 모든 것을 학습하게 된다.

아홉째, 범죄행동도 사람들의 일반적인 욕구와 가치관의 표현이며, 정상적인 일반행동도 마찬가지이다. 따라서 일반적인 욕구와 가치관 때문에 범죄행동을 하는 것이 아니라 범죄를 옹호하는 가치관 때문에 범죄를 하게 된다.

서덜랜드는 학습이 가장 신속하게 효과적으로 이루어지는 예로 제1차 집단 내부에서의 학습을 예로 든다. 사회학에서는 제1차집단과 제2차 집단을 구분하는데 전자는 감정적으로 매우 가깝고, 얼굴을 맞대고 있는 집단이며, 후자는 감정적으로 아무런 상관이 없으며, 비교적 단순하며 그리 오래 유지되지 아니하는 집단이다. 당연히 제1차 집단 내에서는 행동의 학습이 가장 의미 있게 그리고 강력하게 이루어진다. 범죄자들은 대체로 제1차 집단인 가족이나 친구들 또는 범죄조직의 선배폭력배로부터 범죄행동을 배운다.

범죄행동의 학습과정에서 학습의 기술과 합리화의 문제가 나타난다. 범죄행위를 효과적으로 수행하기 위해서 학습을 단계적으로 하는 것이다. 절도범이 경보장치를 건드리지 않고 침입하는 것이나 정치인이 처벌을 받지 않고 로비스트로부터 금품을 받는 것은 단번에 이루어지지 않는 법이다.

🌐🔍 Sutherland's Principles of Differential Association Theory [153]

1. Criminal behavior is learned.

2. Criminal behavior is learned in interaction with other persons in a process of communication.

3. The principal part of the learning of criminal behavior occurs within intimate personal groups.

4. When criminal behavior is learned, the learning includes (a) techniques of committing the crime, which are sometimes very complicated, sometimes very simple; (b) the specific direction of motives, drives, rationalizations, and attitudes.

5. The specific direction of motives and drives is learned from definitions of the legal codes as favorable or unfavorable.

6. A person becomes delinquent because of an excess of definitions favorable to violations of law over definitions unfavorable to violations of law.

7. Differential associations may vary in frequency, duration, priority, and intensity.

8. The process of learning criminal behavior by association with criminal and anticriminal patterns involves all the mechanisms that are involved in any other learning.

9. While criminal behavior is an expression of general needs and values, it is not explained by those general needs and values since noncriminal behavior is an expression of the same needs and values.

서덜랜드에 의하면, 범죄행동은 친밀한 타인들과 상화작용하고, 의사소통을 하고, 교제를 함으로써 학습된다고 한다. 2가지 기본적인 것이 학습되는데, 범죄행동을 하는 기법과 그러한 범죄행동을 지원해 주는 규정(가치관, 동기, 충동, 합리화, 태도)이 그것이다. 특히 관계가 존재해야 함을 강조하고 있으며, 기술이나 가치관의 전승은 책을 읽거나 영화를 보아서는 이루어질 수 없다고 한다. 기법은 '방법'hows, 즉 행동의 내용 그리고 규정은 '이유'whys, 즉 그것을

---

153 Edwin Sutherland, *Principles of Criminology(4th ed.)* (Chicago: J. B. Lippincott, 1947), pp. 6~7.

하는 이유로 생각할 수 있다.[154]

　서덜랜드는 이상과 같은 9가지 요점을 가지고 화이트칼라White Collar 범죄를 설명하였다. 미국의 상류층에서 화이트칼라 범죄가 끊임없이 발생하는 이유는 그러한 범죄를 긍정적으로 받아들이는 가치관이 있으며, 그러한 범죄가 다른 사람에게 계속 학습되기 때문이라고 하였다.

　또한 불법행위를 묵인하는 일반적 가치관은 특정한 불법행위에 가담함으로써 생성되며, 그렇게 해서 확립된 가치관은 장차 자신이 관여한 불법행위를 정당화시키는데 기여한다고 하였다.[155]

도널드 크레시(Donald Cressey)

1919년생. 1943년 아이오와 주립대(Iowa State College)에서 학사학위. 30년 동안 서덜랜드와 공동 작업. 1972년 「범죄조직: 담론형태(Criminal Organization: Its Elementary Forms」 등 저술.

Criminology & C·J systems

🌐🔍 크레시의 범죄에 대한 시각[156]

　서덜랜드와 함께 연구를 수행한 크레시Donald Cressy는 범죄자가 되기 위해서는 범죄적 행동양식과 접촉하고 반범죄적 행동양식과 차단되어 있어야 한다. 사람들은 주위환경에 대하여 거부감을 갖고 있지 않는 한 어쩔 수 없이 환경에 동화되는 존재라고 보았다. 그러면 사람들은 어떻게 범죄행동을 학습하게 되는가. 이에 대하여 서덜랜드와 크레시는 아주 정리된 개념을 제시해 보았다.

　① 범죄행동은 아주 친밀한 사람들 사이에서 교류가 이루어짐으로써 학습된다. ② 학습은 기술과 합리화를 포함한다. ③ 합리화는 일정집단 내부에서 합법적 행동에 대한 거부적 태도를 통하여 나타난다. ④ 일정한 집단에 속하는 자는 그 집단이 법위반에 대하여 극히 호의적일 경우 범죄자나 비행자가 된다. ⑤ 접촉은 빈도, 기간, 우선순위, 정도에 따라서 다양하게 나타난다.[157]

　범죄의 요소의 하나로서 정당화는 중요하게 작용하는데 크레시는 그의 연구결

154　박승위, 전게서, p. 62.

155　이황우 외 7인, 「형사정책」 (서울: 법문사, 1999), p. 310.

156　조준현, "범죄의 사회적 요인에 대한 미시적 접근과 거시적 접근" 「저스티스」, 2004, p. 161.

157　Edwin H. Sutherland & Donald R. Cressey, *Criminology(9th ed.)* (Philadelphia: Lippincott, 1974), p. 54.

과에서 횡령사범은 언제나 자기합리화를 한다고 한다. 예를 들어 회사돈을 잠시 쓰고 어떻게든 채워 놓을 예정이다라고 식으로 합리화를 하면서 횡령을 한다. 노동자는 작업현장에서 절도를 하면서 회사는 자기의 노동으로부터 엄청난 이익을 취하면서도 마땅히 임금을 높여 주지도 않는데 이까짓 것 쯤 가지고 간들 대수냐 하면서 자신의 절도행동을 정당화한다는 것이다.

3 ║ 차별적 동일시이론 Differential Identification Theory

글레이저Daniel Glaser의 차별적 동일시이론differential identification theory은 차별적 접촉이론이 차별적 반응의 문제를 해결하지 못하고, 또한 범죄의 학습이 반드시 친근한 집단과의 직접적인 접촉을 통해서만 학습되는 것이 아니라는 비판에 대한 대안으로서 제시된 이론이었다.[158]

다니엘 글레이저(Daniel Glaser)

1918년생. 1939년 시카고 대학(Chicago Univ.)에서 학사학위. 1956년 「범죄성 이론과 행동 이미지(Criminality Theories and Behavior Images)」 등 저술.

어떤 특정상황에서는 직접 접촉을 하지 않더라도 범죄를 학습할 수 있다는 것이다.[159] 예를 들어, 청소년들이 영화주인공인 알카포네를 모방하고 흉내 내는 것은 청소년들이 그들을 직접 만나거나 접촉한 적이 없음에도 불구하고 범죄를 학습한 경우라고 할 수 있다.

이 이론은 비행친구와 접촉하지 않은 아이도, 범죄율이 낮은 지역에 사는 아이도 비행을 할 수 있다는 것을 설명해 주고 있다. 하지만 그 아이가 왜 영화 속의 인물과 동일시하는가를 설명하지 못하는 단점이 있다.[160] "개인은 어떻게 해서 특정 인물에 더 매력을 느끼며, 또 매력을 느끼지 않는가?라는 질문에 설명을 하지 못하는 단점이 있다.

---

158 이윤호c, 전게서, p. 307.

159 이황우 외 7인, 전게서, p. 311.

160 김준호 외 5인, 전게서, p. 102.

Criminology & C·J systems

베르테르 효과

뒤르켐에 따르면 자살률의 변화는 사회적 통합과 사회적 규제와 관련이 있다. 사회적 통합 정도가 낮을 때, 즉 개인이 사회로부터 소외되면 이기적 자살이, 통합 정도가 지나치게 높으면 이타적 자살이 발생한다. 또 사회규제가 너무 약하면 아노미적 자살이, 사회적 규제가 과도해지면 숙명적 자살이 나타난다고 하였다.[161]

하지만 필립스와 페이트^{Philips&Paight,1987}는 유명인의 자살 후 자신도 따라 같이 자살하는 현상으로 알려진 '베르테르' 효과를 발견하면서 뒤르켐의 통합 및 규제의 개념보다 모방이 자살에 중요한 요인이 될 수 있음을 시사했다.

Criminology & C·J systems

일진회의 일본만화 모방

한때 우리사회를 떠들썩하게 했던 일진회는 '캠퍼스블루'라는 일본만화를 모방한 것이었다. 그 만화는 가정과 학교에서는 버림받았지만 주먹하나로 학교를 휘어잡고, 때로는 성인폭력배들과 결투를 통해서 조직원들을 지켜 나간다는 것이 기본설정이었다.

우리나라 고등학생 사이에서도 잔인한 학교폭력배 등을 영웅으로 묘사한 '캠퍼스블루'의 영향으로 이를 모방한 학교폭력집단인 '일진회'가 조직되어 많은 문제점이 야기되었다.

레클리스^{Walter Reckless}와 디니츠^{Simon Dinitz}는 서덜랜드의 차별적 접촉이론이 차별적 반응의 문제를 도외시하고 있다는 문제점을 보완하여 "무엇이 대도시 비행다발지역에 사는 청소년들로 하여금 범죄에 멀어지게 하는가?"라는 질문에 답을 하였다.

똑같은 범죄다발지역에 살고 있으면서도 범죄에 빠지지 않는 사람은 좋은 자아관념을 가졌기 때문이며, 반대로 같은 지역에 거주하면서도 범죄에 빠지는 것은 나쁜 자아관념을 가졌기 때문이라는 자아관념이론^{Self-Concept Theory}을 주장하면서 그 대답을 대신하였다.[162]

---

161 이윤미, 전게기사.

162 Walter Reckless and Simon Dinitz, "Pioneering with Self-Concept as a Vulnerability Factor in Delinquency," *Journal of Criminal Law, Criminology and Police Science*, Vol. 58, 1967, pp. 515-523; 이황우외 7인, 전게서, p. 313.

하지만 이러한 "긍정적인 자아관념은 어떻게 생성되는가?"에 대한 질문과 "차별적 자아관념은 또 어떻게 생성되고 발전되는가?"라는 의문에 답을 못하고 있다는 비판을 받고 있다.

사이먼 디니츠(Simon Diniz)

1926년생. 1947년 밴더빌트 대학(Vanderbilt Univ.)에서 학사학위. 자아개념과 일탈에 관한 연구가 유명.

4 ‖ 차별적 강화이론 Differential Reinforcement Theory

버제스와 에이커스 Robert L. Burgess and Ronald L. Akers는 차별적 접촉이론에 대한 비판 중 하나였던 "특정인이 범죄자가 되기 전에 거쳐야 하는 학습의 과정이 명확하지 않다"는 점을 보완하여 '차별적 강화이론' differential reinforcement theory을 주장하였다.

이 이론에 의하면, 비행은 주위 사람들로부터 학습되지만 학습원리, 즉 강화에 의해서 학습된다는 것이다. 이들이 이 이론을 제시한 목적은 서덜랜드의 차별적 접촉이론과 스키너 Skinner의 업적을 관련지어 보다 일반적인 행동이론 behavior theory으로 통합하고자 하는 것이었다.[163]

스키너는 사람이든지 혹은 동물이든지 어떤 행위에 대해서 보상이 뒤따를 때 학습이 된다는 강화이론을 주장하였다. 이러한 강화이론을 대표하는 것이 바로 스키너의 조작적 학습이론이다.

"환경을 통제하면 당신은 행동의 질서를 볼 수 있다"라는 것이 스키너의 주장이다.[164] 이러한 스키너의 이론을 이용하여 에이커스는 행동은 보상 Rewards과 처벌 Punishments에 대한 반응 Response이라는 차별적 강화이론 체계를 구성하였다.[165]

---

163 R. Burgess and R. L. Akers, "A Differential Association Reinforcement Theory of Criminal Behavior" *Social Problems,* Vol. 14, 1968, pp. 128-147; 이윤호c, 전게서, p. 302.

164 홍성열, 「범죄심리학」 (서울: 학지사, 2000), p. 95.

165 이황우 외 7인, 전게서, P. 314.

로널드 에이커스(Ronald Akers)

1939년생. 1960년 인디애나 주립대(Indiana State University)에서 학사학위. 반두라
(Albert Bandura)에게 영향을 줌. 1966년 「전문가 조직, 정치권력, 직업법(Professional
organization, political power, and occupational laws)」등 저술.

에이커스에 의하면 인간의 행위는 직접적인 상황이나 다른 사람의 행위모방imitation을 통하여 습득된다. 특정 행위의 결과로는 긍정적 재강화positive reinforcement인 보상rewards의 취득과 부정적 재강화negative reinforcement인 처벌의 회피가 있다. 이것은 긍정적인 보상이 얻어지거나 부정적인 처벌이 회피될 때, 어떤 특정행위는 강화되는 반면에, 그 행위의 결과로 인해 혐오스러운 자극을 받는 긍정적 처벌positive punishment을 받거나, 보상의 상실이라는 부정적 처벌negative punishment을 받게 될 때 그 행위는 약화된다는 것이다.[166]

차별적 강화이론에 따르면 사람들은 보상이 있으면 그것을 반복하고, 처벌이 있게 되면, 그 일을 회피한다는 것이다. 아이들이 나쁜 행동을 할 때 주위에서 크게 꾸짖으면 그것을 안하게 되지만 처벌이 없거나, 오히려 칭찬을 받는 등의 외부자극이 있게 되면 비행을 반복적으로 저지르게 된다는 것이다.

또한 정상친구와 사귀는 아이들은 친구들이 잘못된 행동을 꾸짖지만, 비행친구는 잘못된 행동에 보상과 칭찬으로 대응해 주기 때문에 비행친구를 사귀는 아이들이 비행에 더욱 호의적인 태도를 학습하게 되고 비행할 가능성이 높아진다는 것이다.[167]

또한 자신의 행동에 대한 강화의 학습 이외에도 주위 사람들의 강화경험도 관찰하여 학습한다는 것을 강조하였다. 내가 과거에 비행으로 칭찬받은 것 이외에 어떤 범죄자가 떵떵거리며 잘 살고 있는 것을 관찰한 '관찰학습'의 결과도 법위반에 호의적인 태도를 형성하는데 있어서 중요하다고 보았다.[168] 이처럼 차별적 강화이론에서는 차별적 접촉, 차별적 강화, 태도학습, 그리고 모방을 비행의 학습과정으로 중요하게 다루었다.

이러한 차별적 강화이론은 사회환경은 실험실과 같이 완벽하게 통제될 수 없기 때문에 어떠한 것이 독립적 재강화의 요소인지 혹은 종속적 재강화요소인지를 알 수 없다는 비판을 받고 있다.

---

166 이윤호c, 전게서, p. 302.
167 김준호 외 5인, 전게서, p. 103.
168 상게서, p. 102.

사이크스Gresham Sykes와 맛짜David Matza의 중화이론neutralization theory도 에이커스, 버제스 그리고 서덜랜드의 이론처럼 범죄자가 되는 과정을 학습의 경험으로 간주하지만 다른 학습이론과는 상당한 차이가 있다.[169]

차별적 접촉이론 등은 범죄행위를 하는데 필요한 태도·가치·기술의 학습을 중시하는데 반해서, 중화이론에서는 대부분의 비행자와 범죄자들이 관습적인 가치와 태도를 지지하지만, 이들 가치를 중화neutralization(합리화, 정당화) 시키는 기술을 배워서 불법행위와 정당행위 사이를 왔다 갔다 표류drift한다고 주장하였다.[170]

데이비드 맛짜(David Matza)

1930년생. 1959년 프린스턴 대학(Princeton University)에서 박사학위. 1957년 「중화기법: 비행이론(Techniques of neutralization: A theory of delinquency)」 등 저술.

대부분의 청소년들은 일반적으로 사회적 규범을 준수하지만, 일시적으로 이들 사회적 규범으로러 자신을 해방시키는 다음과 같은 중화기술을 습득하게 된다고 보았다.

첫째는 책임의 부인denial of responsibility이다. 이는 자신도 어쩔 수 없는 외부요인 때문이었다고 책임을 회피한다.

두 번째는 손상의 부인denial of injury이다. 이는 훔친 것을 빌린 것이라고 하거나, 자신의 행위가 누구도 해치지 않았다고 합리화하는 것이다.

세 번째는 피해자의 부인denial of victim이다. 이는 싫어하는 이웃, 동성애자 등에 대해서 피해를 주는 것이다. 이들은 "맞을 짓을 했기 때문에 때렸다"라고 하면서 피해를 당한 사람이 나쁜 사람이기 때문에 자신의 행동은 정의로운 응징이라고 주장한다.

네 번째는 비난자의 비난condemnation of condemners이다. 이는 자신을 비난하는 사람, 즉 경찰, 기성세대, 부모, 선생님 등이 더 나쁜 사람이면서 자신들의 조그만 잘못을 비난하는 것은 모순이라고 주장한다.

마지막은 충성심에의 호소appeal to higher loyalties이다. 이는 자신의 행위가 옳지 않지만 친구

---

169 Larry J. Siegel, *op. cit.*, p. 234.

170 Gresham Sykes and David Matza, "Techniques of Neutralization: A Theory of Delinquency," *American Sociological Review*, Vol. 22, 1957, pp. 664~670.

들을 위해서 어쩔 수 없었다고 주장한다.

결론적으로 중화이론에서의 관점은 사람들이 "그렇게 할 생각은 없었다", "나는 누구에게도 피해를 주지 않았다", "그들은 맞을 이유가 있었다", "모두가 나를 싫어한다", "나는 조직의 이익을 위해서 그렇게 했다" 등과 같은 이유를 내세우면서 자신의 행동을 합리화한다는 것이다.[171]

이러한 중화이론은 청소년범죄자가 성인이 되면서 왜 범죄를 하지 않는지를 잘 설명해 준다고 볼 수 있다. 하지만 비행청소년이 범죄를 하기 전에 중화를 하는가 아니면 범죄를 하고 나서 중화를 하는가에 대한 비판이 제기되고 있다.

또 범행 전에 중화를 하여 비행원인을 설명할 수 있다고 하더라도 왜 다른 청소년들은 지속적으로 비행에 표류하며, 다른 청소년은 왜 비행에 표류하지 않는지에 대한 개인적 차이를 설명하지 못한다는 비판이 제기되고 있다.

Criminology & C · J systems

🌐🔍 맛짜의 차별적 접촉이론 비판

맛짜David Matza가 지적한 것처럼 서덜랜드도 부분적으로 사회생태론적 방법에 영향을 받아 행위주체들은 환경으로부터 영향을 받아 마치 나무나 늑대처럼 환경에 적응하면서 만들어진 존재라고 보았다. 다만, 차이가 있다면 서덜랜드는 환경이란 상황에 의하여 다양하게 조성되는 것이며 반드시 동일한 환경에 처한 자라고 해도 반드시 동일하게 나타나지는 않는다는 점을 고려하는 점이다.

많은 수정보완을 하여도 이 이론이 범죄자의 책임능력에 관련하여 일관성 있는 결론을 제시하지 못한 것은 분명하다. 왜냐하면 사람들은 친척, 친구와 직장동료들의 태도와 행동을 무조건 받아들이고 이를 모방하려고 하는 자로 묘사하고 있기 때문이다. 사회생태론처럼 범죄는 마치 전염병과 같다고 하는 시각이다. 다른 점은 사회생태론과 달리 개개인의 접촉을 염두에 두고 있는 점이다.[172]

---

171 Larry J. Siegel, *op. cit.*, p. 236.

172 David Matza, *Becoming Deviant* (Prentice Hall, 1969), p.107.

Criminology &
C▪J system

범|죄|학|과
형사사법체계론

제8장

사회통제이론
(사회과정이론)

제1절　시대적 배경

(출처: shutterstock)

사회학의 창시자 중 한 사람인 뒤르켐^{Émile} ^{Durkheim}은 개인의 이기주의를 억제할 힘은 집단에 있다고 하였다. 사회통제이론가들은 이 주장을 받아들이며, 개인이란 그냥 마음대로 하도록 내버려 두면 사회규범을 위배하면서 행동하게 마련이라는 것이다.

나이^{F. Ivan Nye}는 모든 개인은 스스로 욕망과 필요를 충족시키려고 하며 여기서 범죄행위를 하게 된다고 한다. 나이는 프로이트가 지적한 바와 같이 인간은 자신의 욕망을 만족시키기 위하여 사회적 제약에 항거하는 성향을 지적한 것이다. 이드라는 본능은 인간으로 하여금 범죄 행동으로 나아가게 하는 강력한 동인이 된다.[173]

레클리스^{Walter Reckless}는 나이와는 좀 달리 개인과 사회환경의 관계에 관하여 개인은 언제나 사회환경으로 인하여 범죄에로 또는 적법한 행위에로 나가도록 영향을 받는다고 한다. 예를 들어 실직상태는 범죄로 끌려들어 가게 하는 동인이다. 아무리 취직을 하려고 했으나 취업이 안 되면 배고파 강도짓을 할 수 있다. 마약 등을 팔거나 담합행위에 참여하는 것은 범죄에 끌려 들어가게 하는 요인이라기보다는 적극적으로 범죄를 하게 만드는 유발요인이다. 약간

---

173 조준현, 전게논문, p. 168.

PART 02

의 위험부담이 있지만 엄청난 수익이 보장되기 때문이다.

제2절　사회통제이론 Social Control Theory

1 ▌ 사회통제이론 개관

낙인이론의 인기가 떨어지기 시작하고, 갈등이론이 급진론적 관점으로 옮아가게 되자, 통제이론이 보수적 범죄학자들에게 설득력을 가지게 되었다. 통제이론은 인간행동의 통제를 논하는 모든 관점을 말한다. [174]

사회통제이론 Social Control Theory 에서 범죄행동을 설명하는 방식에는 차이가 있지만 "무엇이 인간을 범죄자로 만드는가?"라는 질문보다는 "왜 사람들은 규범을 준수하는가?"라고 하는 기본적인 질문을 공유하고 있다. 많은 사회환경이 범죄를 유혹하고 있음에도 불구하고, 왜 많은 사람들이 법을 지키고 있는지를 알고자 하였다.[175]

사회통제이론은 1970년대 중반에 와서 인기를 끌게 되었다. 그 이유는 첫째, 낙인이론과 갈등이론에 대한 반작용으로 범죄행동을 다시 검토하게 되었다. 보수적 범죄학자들은 '신범죄학'에 관심을 갖지 않았고, 전통적인 주제인 범죄행위로 돌아가고자 하였다. 둘째, 하나의 학문으로서 사법제도에 대한 연구의 대두는 범죄학을 보다 실용적이고 체계적인 방향으로 나아가게 하였다.

사법적 과제에 대한 정부의 관심과 연구기금이 늘어나고, 범죄와의 전쟁이 이러한 운동의 실용적 성격을 더욱 강화하였다. 셋째, 사회통제이론은 비행을 측정하는 새로운 연구기법인 자기응답식 조사 self-report survey 와 관련을 맺으면서 발전하게 되었다.[176]

---

174 박승위 역, 전게서, p. 117.

175 Larry J. Siegel, *op. cit.*, p. 236.

176 상게서, 119.

🌐🔍 인간관계의 최대치 '던바의 수'

인간이 타자와 관계를 맺으려는 특성을 사교성^{sociability}이라 칭한다. 문화인류학자 로빈 던바는 원숭이나 침팬지 같은 영장류들을 대상으로 사교성 연구를 했다. 연구를 통해 신피질 크기가 영장류의 그룹 규모를 결정한다는 것을 알아냈다. 복잡한 사고를 담당하는 대뇌 영역인 신피질이 클수록 관계를 맺을 수 있는 개체의 수가 많아진다. 인간의 경우는 관계를 맺을 수 있는 임계치가 일반적으로 150명으로 밝혀졌다. 그래서 150을 '던바의 수'라고 부른다. 페이스북과 같은 SNS에서도 최적의 친분관계를 맺을 수 있는 한계가 대체로 150명이다.[177]

2 견제이론Containment Theory

레클리스^{Walter Reckless,1899-1988}의 견제이론은 개인의 내적 통제요인에 주목한 이론이다. 그는 가난, 비행하위문화, 퇴폐환경, 갈등, 차별적 기회구조 등 사람들로 하여금 일탈적인 행동을 하게 밀어주는^{pushing}하는 사회학적 외적 압력^{external pressures}들이 있으며, 또한 좌절, 분노, 열등감, 욕구 등 일탈적 행동을 하게 하는 강력한 심리적 내적 압력^{internal pressures}들이 있다고 하였다.[178]

사회가 범죄를 하도록 유인^{pulls}하고 강요^{pushes}하고 있다는 것이다. 하지만 문제는 사회에서 동일한 상황에 처해 있는 모든 사람이 그들의 범죄적 성향을 행동으로 옮기지는 않는다는 것이다.[179]

이처럼 모든 유인과 강요가 사람들에게 작용하고 있음에도 불구하고, 모든 사람들이 일탈행위를 하지 않는 것은 내적 견제^{internal containment}와 외적 견제^{external containment}가 있기 때문이다.

내적 견제로는 좋은 자아관념^{self-concept}이 가장 중요하며, 그 밖에 양심^{conscience}, 목표지향성^{goal directedness}, 현실적 목적^{realistic objectives}, 좌절감의 인내^{tolerance of frustration}, 그리고 합법성에

---

177 김기봉, "디지털시대 시공간 인식지평 넓혀 인구문제 풀어야" 「교수신문」, 2019.04.26.

178 Walter Reckless, *The Crime: Problem(5th ed.)* (NewYork: Appleton Century Crofts, 1973), p. 56.

179 이윤호c, 전게서, p. 313.

대한 동일시^{identification with fullness} 등을 들 수 있다.[180] 외적 견제로는 가족과 지역사회, 사회에서의 기대감, 그리고 사회에 대한 소속감 등이 있다.

레클리스는 열악한 생활조건 등의 반사회적 행위를 저지르도록 이끄는 힘이 있더라도 가족 등의 외적 견제요인 등이 작용한다면 범죄나 비행을 예방할 수 있다고 보았다.

견제이론은 이 이론의 핵심인 내·외적 견제의 강약 정도를 측정하기 어려우며, 이론자체가 지나치게 포괄적이고, 개념이 명확하지 않기 때문에 연구를 위한 가설검증이 어렵다는 비판을 받고 있다.

3 ▌ 사회유대이론Social Bonding Theory

허쉬Travis Hirshci는 1969년 『비행의 원인』Causes of Delinquency이라는 저서를 통해서 그의 사회통제에 관한 이론을 소개하였다. 그는 사람들은 '잠재적인 범죄자'All individuals are potential law violators이지만 자신의 불법행위로 가족과 친구 그리고 직장 등과 같은 중요한 관계들이 피해를 입기 때문에 통제된다고 가정하고 있다.[181]

트래비스 허쉬(Travis W. Hirschi)

1935년생. 1957년 유타 대학 (Utah Univ.)에서 학사학위. 1969년 「비행의 원인(Causes of Delinquency), 동년 「사회유대이론(Social Bond Theory)」 등 저술.

내면화된 규범의 힘, 양심, 그리고 인정받으려는 욕구가 사람들을 도덕적 행동으로 나아가게 한다고 주장하였다. 사이크스와 맛짜Sykes and Matza와 마찬가지로 허쉬는 사람이 '자유롭게'비행에 가담하게 되는 것으로 보았다. 그러나 중화기법을 사용하는 대신에 그는 사회에 대한 결속bond의 붕괴나 약화가 비행의 원인이라고 보았다.[182] 그는 사회화기관에 의한 통제작용에 주목하였다.

---

180 상게서, p. 315.

181 Larry J. Siegel, *op. cit.*, p. 238.

182 박승위, 전게서, p. 122.

허쉬는 사회적 결속에는 애착, 전념, 참여, 신념이라는 4가지 요소가 있으며, 이들 4가지 요소는 모두 개인과 사회의 결속에 영향을 준다고 보았다.[183]

첫째는 가장 중요한 요소인 애착attachment이다. 부모, 친구 등과 맺는 애정이나 관심을 말한다. 두 번째는 전념commitment으로 교육에 투자하고, 저축을 하는 것과 같은 일상적인 생활방식과 활동에 투자하는 시간과 열정을 의미한다. 세 번째는 참여involvement로 전념의 결과로써, 실제로 일상생활에 참여하는 것을 말한다. 학업에 열중하고 가족과 시간을 보내는 것을 말한다. 네 번째는 신념belief으로 사회가 가지고 있는 규율이 공평한 것으로 인정하는 것이다. 규율과 규범을 존중하는 사람은 그것을 준수할 도덕적 의무감을 가진다는 것이다.

허쉬는 자신의 이론을 검증하기 위해서 캘리포니아주에 있는 중·고생 4,000명을 대상으로 상세한 자기보고식 조사를 진행하였으며, 이러한 자료들은 허쉬의 사회유대이론에 대한 타당성을 지지하였다. 따라서 그의 이론에 대한 주요가정을 반박하는 사례나 결과를 발견하는 것은 쉽지 않다.[184]

Criminology & C·J systems

 허쉬의 범죄에 대한 시각[185]

허쉬Travis Hirschi는 사회통제이론가들 중에서 가장 유명한 학자인데 인간은 원래 비도덕적amoral 존재라는 가설로부터 출발한다. 비도덕적이라 함은 도덕적이 아니기도 하지만, 부도덕적이라고 할 수도 없다. 옳고 그른 것을 구분할 수 있으면서 옳은 것을 선택하거나 그른 것을 선택하거나 하면 도덕적이라거나 부도덕적이라고 할 수 있다. 그에 비하여 비도덕적이라고 함은 어떠한 행동의 옳고 그름에 대하여 관심이 없다는 의미이며 사람은 바로 사회의 분위기에 따라 그때그때 행동을 하는 것뿐이라고 한다.

자신의 욕망을 만족시키기 위하여 행동을 선택하는 것이지 올바른 행동을 해야 한다고 하면서 행동을 선택하지는 않는다.[186] 배고픈 아기는 한밤중이거나 아니거나 상관없이 울어 댄다. 부모가 잠을 잘 자고 그 다음날 직장에 나가야 하는 것을 고려하지 않는다. 물론 대부분의 개인은 원래 비도덕적인 성향을 지닌 존재에서 차

---

183 Frank Schmalleger, *op. cit.*, p. 96; Larry J. Siegel, *op. cit.*, pp. 238-239.

184 Larry J. Siegel, *op. cit.*, p. 239.

185 조준현, 전게논문, p. 167.

186 Travis Hirschi, *Causes of Delinquency* (University of California Press, 1969), p. 10-13.

츰 도덕적 존재로서 발달한다고 본다. 그러나 그렇지 않다는 증거도 있으며 허쉬는 이런 입장을 취한다.

허쉬의 주장은 20세기 내내 많은 사회학자들이 무시해 왔던 입장이며 이들은 대부분 인간의 도덕적 존재성을 믿는다. 그러나 허쉬는 레클리스, 나이와 마찬가지로 인간의 이기심에서 범죄의 원인을 본다. 사회통제론자들은 '범죄로 끌려들게 하는 요인'push to crime과 '범죄를 유발하는 요인'pull to crime을 다양하게 제시한다. 개인이란 도덕에 관심이 없으며 그때그때마다 자신의 욕구를 충족시키기 위하여 행동을 할 뿐이다.

만일 이렇게 생각한다면 실제의 범죄율보다 더욱 높은 비율로 범죄가 일어나야 하지 않겠는가 하는 의문이 든다. 사회통제론자들은 개인의 본성에 비추어 볼 때 통제가 어려울 정도로 범죄가 일어 나지 않고 있는 이유를 개인은 억압되고 있기 때문이라고 본다.

사회통제는 개인의 양심이라는 내적 통제방식과 경찰의 감시라는 외적 통제방식의 두 가지가 있다. 당연히 통제가 약화되면 범죄가 자행될 가능성이 높아지며, 내적 통제와 외적 통제는 개인을 억제하는 셈이다. 레클리스도 비슷하게 설명하는데 범죄로 끌려들어 가거나, 범죄유발적 상황에 직면하여 범죄충동을 갖게 되는데 이 충동을 내적, 외적 통제장치가 가동되어 억제하게 된다고 한다. 통제가 강하면 개개인은 범죄를 범하지 않게 된다.

4 | 억제이론Restraint Theory

억제이론은 사법기관의 처벌작용을 강조한다. 범죄의 이익이 처벌의 고통보다 크면, 범죄가 발생할 것이고, 처벌의 고통이 범죄의 이익보다 크면 범죄는 일어나지 않을 것이라는 것이다. 이는 고전주의 범죄학으로의 회귀경향이라고도 볼 수 있다.

고전주의 범죄학은 계몽주의Enlightenment에 영향을 받아 인간의 이성을 강조하고 합리적 인간상을 전제로 하였다. 하지만 범죄를 계속하는 재범자에 대한 설명이 힘들어지면서 실증주의 범죄학이 대두되었다. 새로운 이론이 등장했지만 재범에 대한 설명이 힘들어지자 신고전주의 범죄학이 등장하였다. 이들은 인간의 이성적 판단이 모두 다르며, 개개인은 저마다 다른 합리적 기준을 가지고 있다고 보았다.

신고전주의 범죄학의 하나가 억제이론이며, 억제에는 일반억제와 특별억제가 있다. 일반억제general deterrence란 일반대중에게 범죄처벌에 관한 정보를 제공하여, 그들의 범죄행위를 억제시키는 것을 말한다. 특별억제specific deterrence란 한때 범죄행위로 처벌받은 사람이 자신이 경험한 처벌에 대한 고통과 현실로 인하여 미래의 범죄행위를 억제하는 것을 말한다.[187] 또한 이러한 억제이론은 고전주의 학파와 비슷한 처벌의 신속성celerity, 확실성certainty, 그리고 엄격성severity이라는 3가지 요소를 가지고 있다.

잭 깁스(Jack P. Gibbs)

1927년생. 1950년 텍사스 크리스티안 대학(Texas Christian Univ.)에서 학사학위. 1975년 「범죄, 처벌 및 억제(Crime, Punishment and Deterrence」 등 저술.

억제이론은 1970년대와 1980년대에 각광을 받았는데, 비슷한 시기인 1970년대 후반에 일상생활이론Routine Activity Theory이 등장하였다. 이 이론에서는 '동기화된 범죄자'motivated offender, '적합한 대상'suitable target 그리고 '감시의 부재'absence of surveillance 등을 범죄 발생의 요건으로 주목하였다. 이러한 억제이론은 사실상 1980년대 중반 이후 합리적 선택이론으로 통합되게 되었으며, 일상생활이론도 합리적 선택이론의 한 부분으로 논의되게 되었다.[188]

억제이론에 대한 비판은 여러 가지가 있지만 그 중에서도 가장 큰 문제점은 이 이론이 사기·횡령과 같은 재산범죄인 도구적 범죄instrumental crimes에는 적용될 수 있어도 죄질이 중하고 높은 형벌이 예상되는 살인, 강도, 강간과 같은 표출적 범죄expressive crimes에는 적용이 어렵다는 비판을 받고 있다.[189]

---

187 이윤호c, 전게서, p. 320.

188 김준호 외 5인, 전게서, p. 122.

189 Allen E. Liska, *Perspectives on Deviance* 109 (Englewood Cliffs, NJ: Prentice-Hall, Inc., 1981) p. 67; 상게서, p. 322.

제 **9** 장

낙인이론
[사회과정이론]

제1절 시대적 배경

1950년대에 이르러 사회경제적 여건이 엄청나게 바뀌어 사회학도 관심분야를 달리하게 되었다. 20세기 전반기에 미국인들은 두 번의 전쟁과 대공황을 겪었다. 그러나 1950년대에 들어서서는 전쟁의 공포에서 벗어나 경제적으로도 큰 발전을 이루게 된다. 그만큼 미국 중류층이 성장하였음을 나타낸다. 미국의 모든 제도가 크게 발전한 시기이다. 경제는 건실하게 발전하였고 가정은 안정을 이루었고, 학교는 더욱 확장되고, 조직된 종교조직은 더욱 강해졌다.

그러나 50년대를 지나 60년대에 들어서면서도 미국사회에서 하류계층에 속하는 사람들 특히 흑인들은 미국의 이와 같은 발전과 번영의 혜택을 별로 보지 못하였다. 미국 사회학자들은 계층과 인종별로 범죄율과 법집행률을 따져 보면서 이러한 요인들이 범죄와 어떠한 상관관계에 있는지를 논의하게 된다. 특히 낙인이론을 주장하는 학자들에게서 이러한 문제의식이 철저하게 나타난다.[190]

미국은 낙인이론에 근거한 형사정책을 번복했던 역사가 있다. 1970년대까지는 범죄자를

---

190 조준현, 전게논문, p. 164.

교화 대상으로 보는 시각이 지배적이었다. 그러나 1980년대 범죄율이 치솟자 미 정부는 범죄와의 전쟁을 선포한다. 이후 치안정책을 강화하고 범죄자를 교화가 아닌 격리 대상으로 보기 시작했다. 그러나 이 같은 강경책은 2000년대에 이르러 수많은 비판에 직면했다. 재범률 상승과 수감자 증가에 따른 부작용이 심각한 수준에 이른 것이다. 최근 잊혔던 낙인이론이 다시 주목받기 시작했고 정부는 다시 '엄벌'에서 '교화'로 방향을 틀게 됐다.[191]

에드윈 슈어(Edwin M. Schur)

1930년생. 1952년 윌리엄스 대학(Williams Univ.)에서 학사학위. 1971년 「일탈행동과 낙인(Labelling Deviant Behavior)」 등 저술.

제 2 절   사회반응이론 Societal Reaction Theory

  1960년대 범죄학 이론에 하나의 다른 접근방법이 등장하였다. 기존 이론의 분파였지만 낙인이론은 새로운 관점에서 범죄와 범죄행위에 대한 문제를 제기하였다. 낙인이론은 일탈자보다는 일탈자를 취급하는 사회, 경제, 법제도에 초점을 둔다. 따라서 "왜 사람들이 일탈자가 되는가"라는 문제는 "어떻게 해서 사람들이 일탈자로, 그리고 어떤 행동이 일탈행동으로 규정되는가?"의 문제로 된다.

  예를 들어, 상상력이 풍부하여 수업시간에 간혹 엉뚱한 말과 행동을 하는 아이는 기발한 천재로, 혹은 수업을 방해하는 멍청한 아이로 규정될 수 있다. 또한 짧은 치마에 독특한 헤어스타일을 한 학생은 개성 넘치는 유행의 선두주자로, 혹은 규율을 지키지 않는 말썽꾼으로 규정될 수도 있다.

---

191 박나영, "청소년기 법정경험은 충격…정체성 발달에 악영향" 「아시아경제」, 2019.07.10.

낙인이론의 주요 개념[192]

낙인이론의 주장자들은 범죄나 비행의 제1차적 원인(근본원인)을 찾으려고 해서는 안 된다고 한다. 이 질문은 그냥 붙들어 메두고 더 이상 논의를 해서는 안 된다. 왜냐하면 범죄행위의 제1차적 원인은 많고 그 성격이 다양하다. 사회적 행동의 하나인 범죄행위는 완전히 이해하기에는 너무나 복합적이다.[193]

이처럼 제1차적 원인을 규명하여 범죄를 설명하기는 불가능하지만 (제1차적 일탈의 해명의 불가능), 행위자가 그후에도 왜 범죄행동을 일삼는지를 설명하는 것은 가능하다는 것이다(제2차적 일탈의 해명의 가능).

르머트는 제2차적 원인을 규명하는 것이 사회학자들에게 더 적합하다고 한다. 키츠즈는 더욱 단호하게 이제 연구의 초점을 일탈행위에 두지 말고 사람들이 왜 그러한 행위자를 일탈행위자라고 부르게 되는지에 초점을 맞추어야 함을 강조한다. 낙인이론가들은 사람들이 처음으로 범죄행위를 하게 된 원인에 대해서 별 관심을 갖지 않았다.

범죄자 또는 비행행위자로 평가받는 과정에서 일탈행위자는 아무런 의미를 지니지 못하며, 그러한 행위나 행위자에 대한 사회적 반응이 결정적 역할을 담당한다는 점을 지적한다.

에릭슨은 일탈행위의 일탈이란 특정한 행위가 지니고 있는 본성을 말하는 것이 아니라고 단언한다. 르머트는 어떠한 행위를 범죄라고 규정하는 절차란 그 범죄행동이 사회구성원을 상징하거나 사회의 구성원들에 의하여 그렇게 생각되는 경우에 한하여 이루어진다고 한다. 일탈행위란 그 행위 자체가 일탈성을 지닌 것이 아니라 사회로부터 그렇게 정의 내려진 것에 다름 아니라는 의미가 된다.

범죄의 책임은 행위자로부터 판단되는 것이 아니라, 책임 있는 범죄자라고 정의내릴 만한 권력을 지닌 사람들에 의하여 그렇게 결정된 것일 뿐이라고 주장한다.

이처럼 낙인론자들은 일탈을 일탈자가 저지른 행동의 성질로서가 아니라 일탈이라고 규정된 것이라고 본다. 사법기관에 의해 '이러 저러한 행위는 범죄 혹은 일탈이다'라고 규정되

---

192 조준현, 전게논문, 2004, p. 165.

193 Edwin McCarthy Lemert, *Human Deviance, Social Problems and Socail Control*, (NewYork: Prentice-Hall, 1972), p. 18.

기 때문에 그 행위가 범죄 혹은 일탈이 되는 것이지, 특별히 어떤 사람들이 일탈을 저지르는 것은 아니라고 보았다.

낙인론자들은 이전의 이론들이 일탈자의 특성을 너무 강조하고, 사람들이 일탈에 반응하는 다양한 방식에 대해서는 소홀했다고 주장하였다. 이 같은 취지는 매우 중요한 것이어서 이러한 입장을 '사회반응학파'Societal Reaction School라고 하였다.[194]

낙인이론은 범죄행위를 강조하지 않고, 공식적 담당자의 행위와 법을 만들고 적용하는데 관심을 가진다는 점에서 고전주의 학파에 가깝다. 또한 낙인이론은 상징적 상호작용의 한 분파이기 때문에 새로운 것이 아닐 수도 있다. 그럼에도 불구하고 낙인이론은 범죄학과 전반적인 일탈연구에 많은 영향을 주었다.

프랭크 탄넨바움(Frank Tannenbaum)

1893년생. 1921년 콜럼비아 대학(Columbia Univ.)에서 학사학위. '악의 극화 (Dramatization Of Evil)'라는 용어가 유명. 1938년에 출판된 「범죄와 사회(Crime and the Community)」는 낙인이론(Labelling Theory)과 상징적 상호작용(Symbolic Interactionism)에 영향을 줌.

낙인론자들은 일탈이 규정되는 과정도 중시하였지만, 소위 낙인찍힌 사람들이 어떻게 엄청난 범죄자로 발전하게 되는지에 관심을 가졌다. 1930년대에 탄넨바움Frank Tannenbaum, 1893-1969은 '꼬리표 붙이기'tagging라는 용어를 사용하면서 범죄자라는 꼬리표가 어떠한 결과를 낳는가에 관심을 가졌다. 그는 범죄자로 낙인되는 과정을 '악의 극화'惡의 劇化, dramatization of evil라고 하였다.[195]

Criminology & C·J systems

🌐🔍 Dramatization of Evil [196]

The young delinquent becomes bad because he is defined as bad and because he is not believed if he is good. The process of making the criminal, therefore, is a process of tagging,⋯ it becomes a way of stimulating⋯ and evolving the very traits that are complained of⋯. The person become the thing he is described as being.

---

194 박승위 역, 전게서, p. 93.

195 Larry J. Siegel, *op. cit.*, p. 244.

196 Frank Schmalleger, *op. cit.*, p. 97.

1963년 베커Howard Becker는 그의 저서인 『이방인』Outsiders에서 "범죄라고 하는 것은 사회규범을 위반한 행위를 사회구성원의 합의에 의한 법을 통해서 제재하는 것"이라고 하였다. 이러한 사회적 규범은 사회질서를 수호하려는 '도덕적 사회집단'Moral Enterprise이 제정한 법률을 통해서 보호받게 된다.[197]

하워드 베커(Howard S. Becker)

1928년생. 1946년 시카고 대학(Chicago Univ.)에서 학사학위. 1967년 출판된 「아웃사이드(Outsiders)」는 낙인이론(Labelling Theory) 형성에 영향을 줌. 상징적 상호주의자(symbolic interactionist)로 불림.

베커는 "인간의 범죄성은 기독교에 있어 원죄와 같이 언제 어디서나 일어날 수 있으며, 항상 존재하고 누구나 범죄자가 될 수 있다는 사실을 망각한 채 사회에서는 오만한 다수의 잘못된 시각으로 출소자를 바라보고 있다."라고 주장하였다.

Criminology & C·J systems

🔍 Moral Enterprise [198]

The process undertaken by and advocacy group in order to have its values legitimated and embodied in law.

또한 레머트Edwin Lemert는 낙인을 1차적 일탈primary deviance과 2차적 일탈secondary deviance이라는 개념으로 설명하였다. 1차적 일탈은 누구나 우연한 기회에 저지를 수 있는 사소한 일탈을 말한다. 그런데 그 행동이 일탈로, 그리고 그 당사자가 그 행동으로 인해 일탈자로 낙인이 찍히게 되면, 그 사람은 일탈자라는 꼬리표를 달게 되면서, 심각한 일탈을 저지르게 되는데, 이처럼 낙인으로 인한 보다 심각한 수준의 일탈을 2차적 일탈이라고 한다.[199]

낙인이론가들에 의하면 낙인은 '자기충족적 예언'self-fulfilling prophecy을 일으킨다고 한다.[200] 어떤 사람이 주위로부터 도둑놈이라고 계속 불려지면 그러한 주위의 기대대로 행동한다는 것이다.

---

197 *Ibid.*, p. 98.

198 *Ibid.*, p. 98.

199 Larry J. Siegel, *op. cit.*, pp. 244-255.

200 김준호 외 5인, 전게서, p. 128.

낙인이론가들은 소위 4D정책을 제시했다.

첫째는 비범죄화Decriminalization로 웬만한 비행은 일탈로 규정하지 말자는 것이다.

둘째는 전환제도Diversion로, 비행자를 체포 ⇒ 기소 ⇒ 처벌이라는 공식절차상에 두지 않고, 기소하기 전에 지역사회에서 일정한 처우를 받도록 함으로써 낙인을 줄이자는 것이다.

세 번째는 공정한 절차Due process로, 계층 간에 차별 없이 공정하게 법이 집행되어야 한다는 것이다. 마지막으로는 탈시설화Deinstitutionalization로, 교도소와 같은 구금시설에서 처우하기보다는 가능하면 사회 내에서의 처우를 통해 범죄자들이 낙인을 덜 받고 사회에 재적응하기 쉽도록 하자는 것이다.[201]

에드윈 레머트(Edwin M. Lemert)

1912년생. 1934년 마이애미 대학(Miami Univ.)에서 학사학위. "나는 이런 식으로 살아왔기 때문에 이런 식으로 행동합니다(I do these things because I am this way)"라는 격언을 만듦. 1952년 「1차적 일탈과 2차적 일탈(Primary and Secondary Deviance)」 등 저술.

이러한 낙인이론가들의 주장은 사법제도의 개혁에 많은 기여를 하였으며, 이후 갈등이론의 선구 이론으로써 영향을 주었다.

WHO LABELS WHO?

• TYPICALLY, PEOPLE WITH POWER DO THE LABELING.
• EXAMPLES : Police or Judge

---

201 상게서, p. 131.

제 10 장 갈등이론

제1절 시대적 배경

미국의 1960년대는 번영의 시대였다. 이론적으로도 대공황 이후 주류로 자리 잡은 케인즈학파 경제학이 가장 잘 들어맞은 시기였다. 케인즈 경제학의 근간 가운데 하나라 할 수 있는 '필립스곡선'Phillips curve 또한 그 어떤 시대보다 잘 들어맞았다. 따라서 당시 많은 학자들 사이에는 통화증가율의 변화를 통해 인플레이션을 조정함으로써 정부가 원하는 수준의 실업률을 마음대로 달성할 수 있다는 자신감이 팽배하였다. 당시의 학자들 가운데에는, 설명하고 처방하지 못할 경제문제가 없기 때문에 이제 경제학이 필요 없는 시대가 되었다고 주장하는 학자가 존재할 지경이었다.

미국의 1960년대는 정부지출이 크게 확대된 시기였다. 케네디John F. Kennedy 대통령의 '뉴프런티어'New Frontier로 시작하여 존슨Lyndon B. Johnson 대통령의 '위대한 사회'Great Society 프로그램을 통해 빈곤과 인종차별의 완전한 퇴출을 추구하는 과정에서 예산적자가 크게 확대되었다.[202]

하지만 베트남 전쟁(1960-1975)이 확대되면서 헤어 나올 수 없는 수렁으로 점점 빠져들고 있었다. 1960년대가 끝나갈 무렵 전쟁에 대해 진보와 보수로 국론은 분열되고 경제적으로는 무언가 잘못되고 있다는 인식이 널리 퍼지기 시작하였다.

특히 1965년에서 1975년 사이의 미국사회는 베트남전 반대시위(1965-1968), 흑인민권운동, 여성과 동성애자에 대한 권리운동 등과 같은 사회변혁운동이 일어나고 있었다. 이 당시의 젊은이들은 부모세대의 전통적 생활양식을 위선적이고 도덕적으로 부패한 것으로 여겼으며,

---

202 조장옥, "예술로서의 경제정책…낙서도 작품일까?"「ifsPost」, 2019.07.07.

형법까지도 "… 상대적으로 힘을 가진 집단들이 그들의 특수한 이익을 신장하거나 그들의 도덕적 선호를 다른 사람에게 강요하기 위해 형법을 이용하기로 한 결과"로 간주하였다.[203]

제2절 갈등이론Conflict Theory

갈등이론은 낙인이론에 이어 등장하였는데, 범죄를 사회적 갈등과 경제적 갈등으로 설명하고 있다. 갈등이론은 낙인이론과 유사하게 범죄의 정치성에 초점을 두었고, 범죄에 대한 국가의 역할, 형법제정의 관계, 형사사법체계 운용상의 차별과 편견 등을 강조하였다.

1960년대에 이러한 사회적 갈등의 개념을 처음 범죄학에 적용한 인물은 봉거Willem Bonger, 다렌도르프Ralf Dahendorf, 볼드George Vold였다.[204] 한편 학계 전반에서 비판범죄론이 대두하여 마르크스Karl Marx의 초기 연구에 대한 관심을 갖기 시작했으며, 마르크스의 이론을 범죄와 형사사법체계에 적용한 학자들이 등장하기 시작하였다.

일반적으로 갈등이론은 크게 보아서 보수적 갈등이론과 비판범죄이론으로 나뉘게 되며, 비판범죄학Critical Criminology은 급진범죄학Radical Criminology과 신범죄학New Criminology으로 크게 구분된다. 보수적 갈등이론은 권력에 관한 것이 주된 관심인 반면, 비판범죄이론은 많은 다양성에도 불구하고 법과 범죄에서 자본주의 경제체제의 역할에 특히 중점을 두고 있다.

1 | 보수적 갈등이론Conservative Conflict Theory

봉거Willem Bonger는 1916년 『마르크스주의적 사회주의 범죄원인론』Marxist socialist concepts of crime causation을 출간하면서 마르크스의 주장에 따라 범죄를 사회갈등과 관련짓는 견해를 발전시켰다. 봉거는 범죄란 사회적 근원을 가지는 것이며, 생물학적 원인이 중요한 것은 아니라고

---

203 박승위 역, 전게서, p. 106.
204 Larry J. Siegel, *op. cit.*, p. 260.

하면서 필요한 만큼 소유하는 부의 재분배가 이루어지면 범죄는 사라질 것이라고 하였다.[205]

봉거의 범죄에 대한 시각[206]

봉거(William Bonger)는 1905년에 '범죄와 경제조건'에서 자본주의의 속성상 이윤추구가 최고의 가치이므로 자본주의아래에서 개인은 자연스럽게 이기적 속성을 갖고 살게 마련이며, 개인은 오로지 자기 자신만을 위하여 살게 된다고 한다. 자본주의 아래에서 범죄는 필요악이다.[207]

오늘날의 갈등이론에 큰 영향을 미친 다렌도르프는 마르크스의 주장과는 다르게 물질적 소유보다는 권위구조를 강조하면서, 갈등은 특정한 상황이나 사태에 대해 통제력을 행사하려는 집단 간에 일어남을 가정하고 있다.[208] 다렌도르프는 현대사회는 '권위적으로 조정된 단체'imperatively coordinated association로 제도화 되어 있으며, 권위를 가진 사회적 지배그룹과 권위를 갖지 못한 그룹 등 2개로 제도화된 권위구조를 가지고 있다고 하였다.[209]

이처럼 갈등이론에 대한 이론적 기초는 다레도르프가 제공했지만 범죄학에 갈등론적 견해를 접목시킨 사람은 볼드George Vold였다. 볼드Vold,1954는 형법상 존재하는 갈등에 대해서 "… 입법, 위법 및 법집행의 모든 과정이 뿌리 깊고, 근본적인 집단 이해 간의 갈등을 나타내고, 국가의 경찰력을 통제하려는 집단들 간의 보다 일반적인 투쟁을 직접적으로 반영하는 것"이라고 하였다.

또한 볼드는 소수 집단이 입법과정에서 영향력을 미칠 수 없기 때문에 이들의 반사회적 혹은 반정부적 행동은 범죄로 법제화된다고 하였다.[210] 볼드는 범죄란 사회에 대한 통제력을 얻은 정치적 집단이 자신의 권리와 이익을 보호하기 위하여 제정한 법을 위반한 행위라고 하였다.

또한 터크Austin Turk는 사회질서를 사회를 통제하려는 강력한 집단들의 표현 결과로 보았다. 터크에 의하면 사회에 대해 통제력이 행사되는 방식에는 2가지가 있는데, 첫째는 강압적

---

205 *Ibid.*, 261.

206 조준현, 전게논문, p. 167.

207 Willem Adriaan Bonger, *Criminality and Economic Conditions* (London: Heinemann, 1916), p. 56.

208 박승위 역, 전게서, p. 106.

209 Larry J. Siegel, *op. cit.*, p. 261.

210 박승위 역, 전게서, p. 110.

통제, 즉 물리적인 힘이라고 하였다. 두 번째는 비강압적 통제이다. 이 같은 유형은 법적 이미지와 존속기간의 통제로 나타난다. 존속기간^{living time}에 대한 통제는 한동안의 강압기가 지난 후, 사회가 스스로 새로운 규칙에 적응함을 말한다.

오스틴 터크(Austin T. Turk)

1934년생. 1956년 조지아 대학(Georgia Univ.)에서 학사학위. 1969년 「범죄행태와 법질서(Criminality and Legal Order)」 등 저술.

시간이 지남에 따라, 예전 세대는 죽고 말 것이며, 새로운 세대는 지금 사회에서의 경험만을 가지게 된다. 따라서 새로운 세대는 과거의 질서와 지금의 질서를 비교할 가능성이 적으며, 지금의 질서에 순응한다는 것이다.[211]

이러한 이론에 의하면, 사회지배층에 의한 강압적 통제가 커지게 되면, 약자들의 범죄율은 높아지게 되지만, 사회지배층에 의한 비강압적 통제가 커지게 되면, 약자들의 범죄율은 낮아지게 된다는 것이다.

2 || 비판범죄학Critical Criminology

마르크스와 엥겔스는 일탈이나 범죄에 대해 체계적으로 논의한 바는 없다.[212] 하지만 범죄자들을 다른 생산노동자들에게 기생하는 비생산적 기생충의 성격을 갖는 롬펜 프롤레타리아 계층 혹은 '위험한 계급'dangerous class으로 규정하고, 그들의 범죄활동 또한 도덕적 타락demoralization과 허위의식에서 나온 것이라고 보았다.[213]

또한 마르크스와 엥겔스는 생산수단 뿐만 아니라 법규범을 포함한 상부구조에 대한 통제력을 갖고 있는 자본가들의 독점과 자본주의의 발전에 따라 다수의 실업층과 잉여인구를 생산하게 되며, 노동계급의 열악한 조건이 그들의 도덕적 타락을 불러 일으켜서 범죄가 광범위

---

211 상게서, p. 110.
212 안진, "후기자본주의 사회에서의 범죄통제," 「역사와 사회 2: 현대 자본주의의 이론적 인식」 (서울: 한울아카데미, 1984), p. 34.
213 이황우 외 7인, 전게서, p. 333.

하게 발생하게 된다고 보았다.

따라서 퀴니^{Richard Quinney} 등의 급진범죄학과, 테일러^{I. Tayler}, 월튼^{P. Walton}, 그리고 영^{J. Young} 등의 신범죄학과 같은 비판범죄학의 제반 이론들은 마르크스주의에 대한 해석에 있어서는 입장의 차이가 있지만, 오늘날 대부분의 비판범죄학은 마스크스^{Karl Marx}의 주장을 기본내용으로 하고 있다.

1 급진범죄학^{Radical Criminology}

급진적 갈등이론인 급진범죄학은 정치적 무정부주의^{Tiff, 1979}에서부터 마스크스주의^{Chambliss, 1975; Quinney, 1977; Spitzer, 1975}와 경제적 유물론^{Gordon, 1973}을 거쳐 가치다양성^{Pepinsky와 Jesilow, 1985}에 이르기까지 많은 이론들이 있다.[214]

마르크스는 범죄와 범죄행위에 대해 많이 언급하지는 않았으나, 많은 급진주의 범죄학자들은 마르크스의 일반적 사회모형을 범죄를 설명하는데 적용하였다. 특히 퀴니^{Richard Quinney}는 범죄는 3가지로 나눌 수 있는데 자본가들이 이윤을 위해 저지르는 기업범죄, 자본가의 잉여 작취로 노동자들의 생활유지를 위해 어쩔 수 없이 저지르는 적응범죄(절도, 매춘 등), 그리고 자본가체제에 맞서기 위한 대응범죄 등이 있다고 하였다.[215]

Criminology & C·J systems

🔍 퀴니의 범죄에 대한 시각[216]

자본주의와 범죄와의 관계를 아주 자세히 그리고 탁월하게 설명한 것은 퀴니였다.[217] 그는 1977년에 범죄란 직접적이든 간접적이든 자본주의국가에서 나타 나는 현상이며, 정치·경제^{political economy} 아래에서 일어 나는 사태라고 보았다. 퀴니는 자본주의적 질서로 부터 파생된 범죄를 4가지로 나누어 본다.

첫째 통제의 범죄^{crimes of control}, 둘째 경제적 지배의 범죄^{crimes of economic domination}, 셋째 정부의 범죄^{crimes of government}이다. 넷째 저항의 범죄^{crimes of resistance}이다.

통제의 범죄란 법을 집행하는 공무원이 자행하는 모든 종류의 경죄, 중죄를 의

---

214 박승위, 전게서, p. 110.
215 김준호 외 5인, 전게서, p. 132.
216 조준현, 전게논문, pp. 175-176.
217 Richard Quinney, *Class, States & Crime* (NewYork: Longman Inc., 1977), p.44.

미한다. 지방의 경찰로부터 민간인에 대한 정보기관의 불법감시에 이르기까지 그 범위는 광범위하다.

기존질서를 유지하기 위하여 국가는 때로는 권한을 넘어 서서 권력을 행사한 다. 경제적 지배 범죄는 대기업이 자행하는 범죄를 나타낸다. 입찰가격등의 담합, 공모, 허위광고, 불법한 환경오염 등은 좋은 예이다. 미국에서나 그 밖의 자본주의 사회에서는 기업의 사회적 영향력은 매우 크고 그 만큼 불법행위를 할 가능성이 매우 높다.

미국사회는 철저한 개인주의와 자본주의로 특징 지워진 사회이므로 당연히 기업을 통한 경제발전을 신봉하며 기업자체에 대한 선호가 대단하다. 기업범죄는 일종의 음주운전과 같아서 음주운전자를 벌하면 되지 보행자나 자동차를 처벌할 필요는 없으며 기업범죄에 있어서도 임원을 벌하면 되고 기업 자체나 주주를 벌해서는 안 된다는 생각이다.

퀴니는 형사사법체계란 자본주의 국가가 지배계급의 자본축적을 보호하고 잉여인구와 계급투쟁을 억압하기 위해 출현한 제도라고 본다.[218] 따라서 형사사법체계에 대한 비용을 충당하기 위한 독점자본의 개입이 늘어나면서, '형사사법–산업복합체'Criminal Justice-Industrial Complex 가 성립하게 되며, 이들의 공존관계Symbiotic relationship를 기반으로 하는 지배계급에 의한 범죄통제가 이루어진다고 보았다.[219]

급진적 범죄학자들은 계급투쟁이 3가지 측면에서 범죄에 영향을 준다고 보았는데 이를 살펴보면 다음과 같다.[220]

리차드 퀴니(Richard Quinney)

1934년생. 1956년 캐롤 대학(Carroll Univ.)에서 학사, 1962년 위스콘신 대학(Wisconsin Univ.)에서 박사학위. 범죄와 사회정의(crime and social justice)에 대해서 新막스주의적 접근(Neo-Marxist approach), 갈등론적 범죄학자로 유명. 1974년 「법질서 비판(Critique of Legal Order)」, 1980년 「계층, 국가 그리고 범죄(Class, State, and Crime)」 등 저술.

첫 번째는 법자체가 지배계급의 도구라는 것이다. 법에 나타난 범죄에 대한 규정이 지배

---

218 *Ibid*, p. 132.

219 이황우 외 7인, 전게서, p. 337.

220 박승위 역, 전게서, p. 112.

계급의 이익을 반영한 것이고, 기존 지배계급의 재산을 지속하는데 도움을 주고 있는데, 이것이 자본주의의 기초라는 것이다.

두 번째는 자본주의 사회에서 모든 범죄는 개인주의와 경쟁주의를 낳는 계급투쟁의 결과라는 것이다. 부와 재산의 축적에 대한 강조가 계급간의 갈등과 심지어 계급 내의 갈등을 유발한다는 것이다.

마지막으로 자본주의 사회에서의 잉여노동은 범죄문제를 야기한다는 것이다. 퀴니Richard Quinney,1977와 스피처Steven Spitzer,1975는 잉여노동으로 인한 문제를 ① 부자에 대한 빈자의 절도, ② 노동을 거부하는 사람, ③ 약물로 도피하는 사람, ④ 학업을 포기하거나 가정에 소홀한 사람, ⑤ 적극적으로 비자본주의 사회를 제안하는 사람 등으로 제시하였다. 스피처는 권력을 사용할 필요가 없는 하층민사회skid row에 있는 알콜중독자들을 '사회적 폐물'social junk이라고 하였다. 반대로 지배계급에 위협을 주는 정치적 과격분자와 혁명가들을 '사회적 다이너마이트'social dynamite라고 하였다.[221]

Criminology & C·J systems

Radical Criminology [222]

A conflict perspective which sees crime as engendered by the unequal distribution of wealth, power, and other resources-which it believes is especially characteristic of capitalist societies. Also called "critical criminology."

2 신범죄학New Criminology

미국의 범죄학자들이 형사사법데이터를 통한 구조적 해석을 하고 있는 동안에 영국의 범죄학자인 테일러Ian Tayler, 월튼Paul Walton, 그리고 영Jock Young 등은 1973년『신범죄학』The New Criminology을 발간하면서, 기존 일탈 사회학 이론의 전 분야를 재검토하고, 새로운 일탈이론의 정립을 위해서는 마르크스의 사회구조이론과 상호작용이론을 융합해야 한다는 주장을 하

---

221 상게서, p. 112.

222 Frank Schmalleger, *op. cit.*, p. 98.

였다.[223]

새로운 범죄학은 가난한 사람들의 욕구에 초점을 맞추는 스칸디나비아의 '사회적 복지사회'social welfare societies라는 개념에서 영감을 받았기 때문에 신범죄학의 학자들은 사회변혁을 촉진하고 사법의 불공정을 제거하기 위해서 노력하였다.[224]

신범죄학자들은 범죄문제는 새로운 사회주의 사회로의 변혁을 통해서만 해결될 수 있기 때문에 범죄학은 부와 권력의 불평등 철폐에 노력해야 한다고 하였다.[225] 테일러Ian Taylor는 상층계급의 사기, 뇌물, 재정사취, 부패, 기업범죄, 탈세, 매춘 등과 같은 범죄는 법집행의 이중성으로 인해서 여러 가지 법적 특권을 누리고 있다고 주장하였다.[226]

따라서 신범죄학은 권력층의 비행을 새로운 범죄학의 기본노선으로 할 것을 주장하고 있으며, 또한 다른 갈등이론처럼 범죄자를 심리적·정신적 요인을 가진 병리학적 개념으로 파악하는 것을 비판하였다. 신범죄학에 따르면 범죄는 지배권력과의 불평등한 이해관계를 해결하기 위한 과정에서 발생한 일반 민중들의 개인적 또는 집단적 행동의 산물이며, 범죄자는 정치적·경제적 의미가 더 강한 개념이라고 보고 있다.

---

223 이황우 외 7인, 전게서, p. 335.

224 Frank Schmalleger, *op. cit.*, p. 99.

225 이황우 외 7인, 전게서, p. 335.

226 Ian Taylor, *Criminology* (London: Routledge and Kegan Paul, 1975), p. 29; 심영희, 「국가권력과 범죄통제」 (서울: 한울아카데미, 1988), p. 81.

제**11**장 발전범죄학

제1절 시대적 배경

1980년대에 들어 본격적으로 실시된 범죄경력연구는 기존의 정태적 연구를 통해서는 알려지지 않았던 범죄현상에 대한 몇 가지 새로운 사실들을 발견하였다. 그 중에서도 이후 형사정책 부분에 가장 중요한 영향을 미쳤던 사항은 만성범죄자 집단의 존재를 확인했다는 것이다. 만성범죄자의 존재를 확인한 대표적인 연구로는 울프강 등Wolfang et al.,1972이 1972년에 발표한 필라델피아 출생집단 연구를 들 수 있다.[227]

울프강 등은 필리델피아에서 1945년도에 출생한 9,945명을 대상으로 18세가 될 때까지를 추적조사하여 이들의 범죄발생양태를 분석하였다. 이들의 연구에서 가장 주목받은 연구결과는 소위 '6% 현상'이다. 울프강 등은 9,945명 중에서 5회 이상의 범죄를 저지른 소녀은 627명이었고, 이들이 전체 출생코호트에서 차지한 비율은 6% 가량이었다.

전체에서 차지한 비율은 6%로 낮았지만 이들이 저지른 범죄는 1945년에 태어난 전체가 저질렀던 총범죄의 52%를 차지하였다. '6% 현상'이란 이같이 6%에 불과한 극히 소수가 과반수를 넘는 대다수의 범죄를 저질렀다는 사실을 지칭하는 것이다. 울프강 등의 1972년 연구는 대규모의 출생코호트를 20년 가까이 추적조사함으로써 처음으로 소수의 만성적인 범죄자 집단을 확인하였다.

이후 '6% 현상'은 이후 만성범죄자의 특성이나 발전양상 등에 관한 연구를 촉진하는 계

---

[227] 박순진a, "범죄현상에 관한 새로운 분석틀: 발전범죄학의 대두와 전개"「한국사회학회 사회학대회 논문집」, 1999, pp. 396-397.

기가 되었다. 또한 소수의 만성범죄자만 제대로 관리할 수 있다면 전체 범죄발생의 절반 이상을 줄일 수 있다는 가능성을 제시하여 이후 선택적 무력화와 같은 새로운 범죄자관리대책의 기초가 되었다.

소수의 만성범죄자 집단은 이후의 다른 연구들에서도 확인되었다. 트레시 등[Tracey et al., 1985]은 필리델피아에서 1958년에 태어난 27,160명 중에서 만성범죄자 집단의 크기를 살펴보았다. 18세가 될 때까지를 조사했을 때 연구대상자 중에서 한 번이라도 범죄를 저지른 사람은 전체의 15.9%인 4,315명이었고, 5회 이상 범죄를 저지른 만성범죄자는 982명으로 전체의 3.6%를 차지하였다.

만성범죄자 비율을 울프강 등의 연구에 비해서 다소 낮았지만 이들이 저지른 범죄건수는 전체 범죄의 60% 이상을 차지하여 역시 전체범죄의 상당부분을 이들 소수의 만성범죄자들이 유발한다는 것을 알 수 있었다.

제2절　발전범죄학의 주요내용

1980년대 말부터 범죄학 분야에서 발전범죄학[developmental criminology]이라는 하나의 조류가 새롭게 나타났다. 발전범죄학은 개인의 범죄경력이 연령의 증가에 따라 발전하는 과정에 주목하였다. 손베리[Terence Thornberry, 1987]는 이러한 발전범죄학의 이론화를 가장 먼저 시도한 사람이다. 그는 허쉬[Hirschi]의 통제이론과 에이커스[Ronald L. Akers]의 학습이론을 바탕으로 비행을 상호작용의 발전과정 속에서 파악하였다.[228]

그에 의하면 비행은 처음에는 부모, 학교, 전통적 가치 등으로 표현되는 인습사회와의 결속의 약화로 인해 발생하는데 이 세 가지 연결이 약화될수록 비행의 가능성은 증가한다.

이와 더불어 비행친구 또는 비행적 가치와의 접촉은 비행의 빈도와 강도를 증가시키며 비행 자체가 다른 비행의 간접적 원인이 되기도 한다. 이러한 상호작용의 과정은 개인의 생애주기를 통해 발전하며 각 연령단계에 상이하게 작용한다.

초기 청소년기(11-13세)에는 가정, 중기 청소년기(15-16세)에는 친구나 학교, 후기 청소년

---

[228] 박순진b, "1980년대 이후의 범죄학 이론 동향" 「사회과학연구」, 9(2), 2001, pp. 15-16.

기(18-20세)에는 취업, 대학, 결혼 등과 같은 것이 각각 보다 중요한 역할을 하게 된다. 이처럼 비행을 설명하는 인과적 과정이나 변수는 개인의 생애에 따라서 발전하는 동태적 과정을 적절하게 반영하여야 한다.

Criminology & C·J systems

부모 청소년기 비행, 자녀를 범죄의 길로 안내[229]

손베리Terence Thornberry 미美 메릴랜드대 교수는 "부모의 청소년기 비행이 자녀의 반사회성을 키워 범죄의 길로 쉽게 접어들도록 한다. 부모의 청소년기 비행이 2세에 이어 3세까지 악영향을 끼치는 것으로 조사됐다"고 주장한다.

'로체스터 청소년 발달 연구'RYDS 논문의 제1 저자인 그는 "연구를 통해 우리가 알게 된 것은 부모의 청소년기 비행과 마약 흡입 경험이 자녀에 대한 정상적인 육아 활동을 방해해 자녀의 올바른 성장에 지장을 준다는 점"이라며 반사회적 행동이 세대 간에 계승된다는 결론이 시간이 지날수록 힘을 얻고 있다고 강조했다.

RYDS 결과가 공개된 것이 처음은 아니다. 이 연구는 지난 1986년 뉴욕교육청 산하 로체스터 지역의 7-8세 어린이 1000명을 대상으로 처음 시작된 뒤 오늘날까지 메릴랜드대 산하 마약남용연구센터에서 수행되고 있다.

조사는 백인 학생 15%, 히스패닉 17%, 흑인 68%를 대상으로 했으며, 남학생 73%, 여학생 27% 비율을 표본으로 삼았다. 인터뷰는 약 한 시간 동안 가족 구조, 교육 성취율, 또래 간 관계 정도, 이웃의 특성, 사회적 유대, 사회복지 혜택 유무를 폭넓게 조사했으며, 성장 과정을 계속 추적해 29-31세에 다시 803명을 인터뷰한 뒤 추이를 분석하고 결과를 업데이트했다.

손베리 교수는 "부모가 청소년기에 비행을 경험했다면 20-25년 뒤 자녀 또한 비행을 경험할 가능성이 커지는 것으로 조사됐다. 비행을 경험하면 부모가 된다는 삶의 변화 자체를 스트레스로 받아들여 육아에 대해서도 극심한 스트레스를 받기 쉽고, 금전적 어려움마저 겹칠 경우 정서적 불안감이 2-3세에 전달돼 후대의 반사회적 (범죄) 성향을 더 키우기 때문"이라고 강조했다.

그러면서 "자녀를 올바르게 가르친다는 것은 고도의 협력관계를 유지한다는 것"이라며 "청소년기에 비행을 경험하거나 마약을 흡입한 부모일수록 '육아 훈련'practice parenting에 더 심혈을 기울이면 반사회적 경향을 줄여 자녀의 미래를 달라

---

229 허겸, "부모 청소년기 비행, 자녀 범죄의 길로" 「중앙일보」, 2018.11.19.

지게 할 수 있음에 유념해야 한다"고 제언했다.

조수정 서던일리노이대 교수는 "부모가 청소년기에 겪은 나쁜 경험이 육아와 자녀훈육에 직접적이고 부정적인 영향을 끼칠 수 있음을 통계학적으로 설명한 것"이라며 "특히 성장기에 조기 결혼 등 좋지 않은 경험을 한 부모는 러닝 메커니즘이 제대로 발달하지 않아 육아 스타일에도 부정적인 요소들이 끼어들 여지가 많다는 연구도 있다"고 설명했다.

패터슨Patterson, 1989은 반사회적 행동의 발전을 '초기 개시자'early starter와 '후기 개시자'late starter로 나누어 설명하였다. 그에 따르면 초기 개시자는 아동기의 부적절한 양육에 따라 학업에의 실패와 친구집단의 거부라는 이중적 실패를 경험하게 되고 결과적으로 비행집단에 참가할 가능성이 높고 만성적 비행자가 될 가능성이 매우 크다. 반면, 후기 개시자는 중기 또는 후기 청소년기에 비행을 시작한 경우로써 이중적 실패를 경험하지 않음으로써 쉽게 범죄경력을 중단할 수 있다.[230]

모핏Moffitt, 1993은 범죄경력의 전개과정을 '생애지속형'life-course-persistent과 '청소년기형'adolescence-limited으로 구분하였다.

생애지속형 범죄자는 태아의 발생과정에서 신경심리학적 결손에 의하여 시작되는데, 이러한 결손은 경험적으로 언어적, 행동적 결손과 관련되며 성장하면서 점차 비행의 가능성을 증대시킨다. 이러한 과정은 사회환경적 요인(차별, 낙인 등)에 의하여 영속되거나 악화된다.

청소년기형 범죄자는 늦게 비행을 시작하며 비행이 청소년기에 한정되는 경우이다. 이들은 대부분 일찍 범죄를 중단하게 되는데, 이는 그들이 범죄를 시작하게 했던 요인들(성숙격차 등)이 변화하였기 때문이다.

샘슨Robert J. Sampson과 라웁John Laub, 1997은 청소년 비행, 청소년의 성인으로의 성장에서의 행동변화, 성인의 범죄행위 등으로 연령에 따라 세 단계를 구분하였다. 이들은 청소년기의 비행을 가정적 맥락을 중심으로 설명하고 있으며 청소년기의 비행이 가지는 인과적 영향을 주목하고 있다. 청소년기의 비행은 누적적 불이익의 과정을 거쳐 성인범죄를 촉진하기도 한다. 이들은 청소년기의 비행이 초래하는 직접적인 효과보다는 사회적 제도와의 결속을 약화시키는 효과에 주목하고 있다.[231]

---

230 박순진b, 전게논문, p. 16.

231 상게논문, p. 16.

로버트 샘슨(Robert J. Sampson)

1956년생. 버팔로 대학(Buffalo Univ.)에서 학사학위. 인종(race)과 민족(ethnicity)의 차별에 관심이 많았음. 라웁(John Laub)과 1993년 「범죄와 생애주기(Crime and the Life Course)」 등 저술.

Criminology & C·J systems

🌐🔍 인생의 나침반, 멘토[232]

　　청소년 비행의 원인에 대해 발전이론을 주장한 샘슨^{Sampson}과 라웁^{Laub}은 어려서 문제 성향을 보인 아이들은 부모와의 유대가 약화되고, 학교에서 적응하지 못하며, 친구들과의 교우관계도 원만치 못해 점차 비행청소년, 더 나아가 성인이 되어서도 범죄를 저지르게 된다고 보았다.

　　그러나 한편으로 어려서 문제행동을 보였던 어떤 아이들이 사회와의 유대가 회복되거나 강화될 경우 더 이상 비행을 저지르지 않고 비행을 중단하게 된다고 주장했다.

　　세상을 깜짝 놀라게 한 흉악범죄를 저지른 범죄자들의 삶을 들여다보면, 그들의 부모, 스승, 친구 등과 정상적인 유대관계를 맺고 있는 경우가 매우 드물다. 청소년기부터 비행을 시작하면서 부모, 친구, 선생님들과의 유대관계가 약화됐거나 단절됐기 때문이다.

　　비행 청소년들 대부분은 주위에 변함없는 관심과 한결같이 지지해주는 멘토가 거의 없다. 길을 잃고 방황할 때 그들 주변에는 멘토 대신 비행 소년들이 함께하며 지속적으로 혹은 더 심각한 비행을 저지르게 되는 것이다. 청소년기에 멘토가 필요한 가장 큰 이유다.

---

232 김송수, "인생의 나침반, 멘토" 「경남일보」, 2018.09.11.

제12장 신고전주의 범죄학

제1절 시대적 배경

1 지역사회의 중요성 대두

오늘날 '지역사회'Community라는 용어가 광범위하게 사용되고 있다. 정치학, 사회학, 행정학, 지역계획학, 경찰학 등 다양한 사회과학 분야에서 지역사회에 주목을 하고 있다. 이처럼 다양한 사회과학 분야의 연구자들이 지역사회에 관심을 갖는 것은 급변하는 전지구적 환경 속에서 인간의 삶을 근본적으로 개선하기 위해서는 지역적 차원에서의 자발적 노력이 필수라는 깨달음을 얻었기 때문이다.

연구자들은 산업화와 도시화가 진행되면서 해체된 지역사회를 다시 살려내는 일의 중요성을 새롭게 깨닫게 되었다. 특히 올바른 사회적 가치를 전수하던 가족, 학교, 종교단체, 사회단체 등과 같은 각종 조직이 약화되거나 와해되는 '사회해체'Social Disorganization현상은 심각한 사회문제를 낳았다. 지역사회의 문제를 해결하기 위한 다양한 방안이 제시되면서 먼저 '지역사회'라는 개념을 어떻게 정의할 것인가라는 문제가 대두되었으나 지역사회를 바라보는 학자들의 관점이 다양했기 때문에 지역사회에 대한 개념 정립이 일치되지 않고, 혼란이 가중되었다.

PART 02

1955년 사회학자 힐러리^{Hillery}는 '지역사회'^{Community}의 개념에 관해 연구한 94편의 논문을 분석하여 기존의 학자들이 주장한 다양한 개념들을 바탕으로 공통적인 3가지 요소를 제시하였다. 그 내용은 ① 상호 원활한 의사소통이 이루어지는 지리적 영역으로서 '공동의 생활권,' ② 소속감과 정체성을 가진 '공동의 유대감,' ③ 공동체 구성원간의 '상호작용' 등이었다.[233]

이후 윌킨슨^{Wilkinson,1991}은 지역사회를 규정하는데 있어서 3개의 요소, 즉 ① 영역 또는 장소, ② 지역주민들 사이의 사회적 상호작용을 제공하는 사회적 조직 또는 제도, ③ 공동관심사에 대한 사회적 상호작용 등을 제시하였다.

지역사회는 먼저 장소 또는 영역이 가장 중요한 요소라는 점이 강조되었다. 어떤 장소에 살고 있는 주민들의 공통 관심사인 주택문제, 환경문제, 실업문제, 교육문제, 범죄문제 등은 모두 장소에 기초한 것이기 때문이다. 지역사회는 공동의 문화와 사회, 정치 및 경제적 특징들을 공유하고 있는 개개인 또는 가족들이 모여 있는 장소를 기초로 한다.

Criminology & C·J systems

🌐🔍 지리적 지역사회와 이해관계적 지역사회

트로야노비치^{R. Trojanowicz}와 무어^{M. Moore}는 지역사회는 '지리적 지역사회'^{Geographic Community}와 '이해관계적 지역사회'^{Community of Interests}의 2가지 측면이 있다고 주장하였다. 지리적 지역사회는 구성원들이 상호작용하는 공간적인 장소를 의미한다. 이때 이웃^{Neighborhood}은 오로지 특정의 지리적 영역으로서 거리나 기타 물리적 장벽에 의해 경계를 둔 장소를 의미한다. 이해관계적 지역사회는 공간을 초월한 공통적인 이해관계에 초점을 두고 있다. 예를 들어, 사이버 공간에서 활동하는 동아리는 이해관계적 지역사회의 좋은 예가 될 것이다.

오늘날 교통·통신·미디어 등의 발달로 이해관계적 지역사회가 지리적 지역사회보다 더 강조되고 있다. 하지만 이해관계적 지역사회가 증가한다고 해서 우리는 일정한 장소(공간)에 기반을 두고 살아가기 때문에 지리적 지역사회가 완전히 사라질 수는 없다.

---

233 G. A. Hillery, "Definitions of Community: Area of Agreement," *Rural Sociology*, 20, 1955, pp. 111-123.

두 번째는 지역주민들 사이의 사회적 상호작용을 제공하는 사회적 조직 또는 제도가 필수적이라는 것이다. 지역사회는 공식 혹은 비공식 조직을 통해서 개인들 간의 의사소통이 이루어지고, 개인들의 의견과 지식 또는 정보 공유가 이루어지는 지역성 Locality이 강조된다. 또한 지리적 공간에 기초한 공동체적 조직이 갖는 지역성을 보다 분명히 하는 차원에서 지역과 공동체 두 단어를 조합한 '지역 공동체'Local Community라는 개념도 등장하였다.

세 번째는 시민들 간의 사회적 상호작용Social Interaction이 본질적인 요소라는 것이다. 지역사회는 공동의 이해관계를 가지는 주요 사안들에 대한 사회적 상호작용을 통해서 공동체 의식과 공동의 유대감을 형성하게 된다.

이상의 논의를 종합하여 지역사회를 정의하면 다음과 같다.

> "지역사회란 공동의 생활권을 가진 자유로운 개인이 지역의 고유성과 정체성을 가진 지역공동체에서 사회적 상호작용을 하는 물리적 장소를 의미한다."

지역사회의 중요성이 강조되면서 지역사회의 문제를 해결하기 위한 다양한 방안들이 제시되었다. 예를 들어 ① 지역사회 개발Community Development, ② 지역사회 구축Community Building, ③ 지역사회 조직Community Organizing, ④ 지역사회 복원Community Retrieving, ⑤ 지역사회 형사사법 Community Justice, ⑥ 지역사회 경찰활동Community Policing 등의 내용이 추진되었다.

3 ‖ 지역사회 공동체의 주도적 발전

1995년 6·27 제1회 전국동시지방선거를 통해서 중단되었던 지방자치가 30년 만에 부활하였다. 풀뿌리 민주주의라는 화려한 깃발을 들고 의욕적으로 출발했지만 아직도 미흡한 점이 많다. 우리의 지방자치는 '결정권 없는 지방자치', '세원 없는 지방자치', '인재 없는 지방자치'로 비판받고 있다. 독일의 사회학자 폰쉬타인은 "지방자치는 주민재창조"라고 했다.

지역공동체 주도적 발전CDD: Community-Driven Developmen이란 발전과정, 자원, 지역공동체 집단에 대한 직접적인 의사결정권한의 부여를 핵심으로 하는 개발 계획이다. 이는 지역공동체가 스스로 그들의 삶을 어떠한 방식으로 향상시킬 것인가에 관한 최선의 판단이 가능하다는 것을 인정하고 정확한 자원 및 정보가 확보된다면 스스로 즉각적인 요구에 맞는 결과를 제시하

기 위해 스스로 조직화가 가능하다는 능력을 도출된 개념이다.[234]

　　따라서 계획, 관리 및 실행의 측면에서 지역 주민이 수혜자이자 실행자로서 적극적으로 관여하는 지역 발전 프로젝트를 의미하며 의사결정에 대한 실질적인 참여가 보장되어야 한다. 다시 말해 지역공동체 주도의 발전은 지역주민들의 신뢰를 통한 동기부여를 특징으로 한다.

제2절　신고전주의 범죄학 Neo Classical Criminology

　　신고전주의 범죄학 Neo Classical Criminology은 거시적인 지역사회, 중범위의 근린 생활지역, 잠재적 범죄자에 대한 범죄예방을 합리적 인간을 가정으로 하여 발전된 범죄학이론이다.

　　일상생활 이론 Routine Activity Theory과 환경범죄학 Environmental Criminology은 지역사회라는 다소 거시적인 지역을 다루고, 범죄패턴이론 Crime Pattern Theory은 지역사회보다 작은 중범위의 근린 생활지역을 대상으로 한다. 합리적 선택이론 Rational Choice Theory은 잠재적 범죄자 개인 offender이라는 미시적인 범위를 다룬다.

　　이와 같은 일상생활 이론, 범죄패턴 이론, 합리적 선택이론 등은 개인을 합리적 존재로 가정하고 범죄예방에 관심을 둔다는 점에서 신고전주의 이론 Neo- Classical Theory으로 분류된다. 클락 Clarke(1992)이 주장한 상황적 범죄예방 이론 Situational Crime Prevention Theory은 위의 3가지 이론들이 중요한 이론적 배경이 되고 있다. 또한 깨어진 창문이론도 상황적 범죄예방이론을 지향하는 이론이다.[235]

　　환경설계를 통한 범죄예방 CPTED: Crime Prevention Through Environmental Design이론은 1970년대에 등장한 범죄예방이론으로서, 크게 보아 상황적 범죄예방이론을 구성하는 하나의 하위이론이다.[236]

234　김재경, "지역사회 공동체의 이해와 현황분석" 「사회복지경영연구」, 2(2), 2015, p. 288.

235　박현호, 「범죄예방환경설계(CPTED)와 범죄과학」(서울: 박영사, 2014), p. 28.

236　최응렬, "환경설계를 통한 범죄예방에 관한 연구", 동국대학교 박사학위논문, 1994, pp. 12-140.

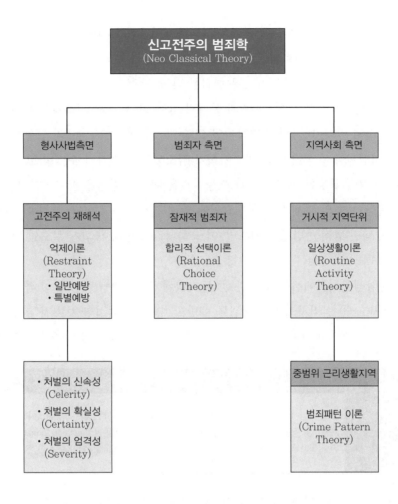

제3절 | 일상생활이론과 환경범죄학

1 ||| 일상생활이론

공동체구조의 붕괴가 불법적인 행위를 야기한다는 연구주제와 관련된 연구성과는 쇼와 맥케이의 연구로부터 출발하여 현재에 이르기까지 지역연구에 있어 반복되는 검증과 수정과 정을 거치면서도 여전히 분석틀로서의 유용성을 인정받고 있다.

쇼와 맥케이의 생태학적 이론에 근거한 사회해체이론은 1970년대 이후 일상생활이론 및 생활양식·노출이론 그리고 기회이론 등 크게 피해자이론과 합리적 선택이론의 틀 안에 수렴되는 일련의 이론들이 등장하면서 새로운 변화를 맞았다.[237]

특히 일상생활이론Routine Activity Theory과 상황적 범죄예방이론은 피해자와 관련된 범죄예방이론으로도 알려져 있다. 미국의 범죄학자인 코헨Cohen과 펠슨Felson, 1979의 일상생활이론에 따르면, 개인의 일상활동 유형에 따라 범죄기회가 감소되거나 증가될 수 있다고 한다. 즉, 특정한 사람 또는 대상이 일정한 공간과 시간에 놓여졌을 때 범죄발생은 잠재적인 범죄자의 존재, 적절한 범행대상, 보호의 부재 등 3가지 요인에 의해 결정된다고 한다. 특히 이 3가지 요인이 동시에 겹치게 되면 범죄는 발생이 되지만, 어느 하나라도 충족이 되지 않으면 범죄는 발생되지 않는다고 한다.

이처럼 일상생활이론에서는 범죄란 ① 동기화된 범죄자likely offender, ② 적합한 범죄대상suitable target 그리고 ③ 범죄자의 범죄행위를 예방할 수 있는 적절한 보호자(감시자)의 부재the absence of a guardian capable of preventing the criminal act와 같은 3가지 구성요소를 가지고 있다고 본다.

알버트 코헨(Albert K. Cohen)

1918년생. 1948년 하버드 대학(Harvard Univ.)에서 학사학위. 파슨스(Talcott Parsons)의 제자이자 공동 연구자. '지위좌절(status frustration)'과 '반동형성(reaction formation)'이라는 용어가 유명. 1955년 「비행소년(Delinquent Boys: The Culture of the Gang)」 등 저술.

일상생활이론에 의하면 범죄자, 범행대상, 범행기회는 상호작용적이라고 보고 있고 이 중에서 하나의 요인이 존재한다면 다른 요인을 촉진시킨다. 동기화된 범죄자는 이용가능한 적당한 대상이 없으면 범행을 하지 않을 것이다. 동기화된 범죄자는 범행기회를 가져야 한다. 범행기회가 없다면 가장 충동적인 범죄자는 범행을 단념할 것이다. 감시의 존재는 대부분의 범죄자를 단념시킬 것이고 매력적인 범행대상에 접근제한을 할 것이다.

일상생활이론은 범죄자는 범죄가 존재하는 유력한 기회를 이용하면서 범죄를 할 것인지 혹은 하지 않을 것인지에 대한 합리적인 의사결정을 하고, 환경적인 특징을 이용한다는 믿음에 기초하고 있다.[238]

일상생활이론이 실질적으로 함축하고 있는 것은 비록 동기화된 범죄자가 있다고 하더

---

[237] 이현희, "범죄발생율의 지역별 차이에 관한 연구", 이화여자대학교 박사학위논문, 1994, p. 22.

[238] Paul J. Brantingham and Patricia L. Brantingham, *A Theoretical Model of Crime Site Selection* (CA: Sage, 1978), p. 58.

라도 범죄를 하는데 많은 장애물이 있다거나, 범죄를 하기에 너무 많은 위험이 따르거나, 처벌이 지나치게 무겁거나, 이익이 실지로 많지 않거나 하게 되면 범죄를 하지 않게 된다는 것이다.[239] 특히, 주거침입절도에서 이처럼 범죄가 용이한 지역과 용이하지 않는 지역을 구별할 수 있게 하는 요인을 인식하면서, 변수들을 선정하거나 그러한 변수를 조작하게 된다.

이와 같이 코헨과 펠슨의 일상생활이론은 사회해체이론, 하위문화이론 등의 전통이론과 뚜렷한 차이를 보이고 있다. 기존의 이론들이 범죄 발생을 둘러싼 사회적인 요인들을 설명함으로 범죄를 행하는 행위자에 초점을 두었다.

하지만 일상생활이론은 범죄발생을 가능케 하는 기회가 특정 시점, 특정 장소에서 어느 정도 형성되고 있는지에 관심을 갖는다는 것이다. 1970년대 이후 지리학자들의 고유의 연구 영역이라 해도 과언이 아닌 '공간'이란 요소를 고려한 범죄연구가 이루어졌으며, 이 중 대표적인 연구분야가 일상생활이론routine activity theory과 환경범죄학environmental criminology 등으로 볼 수 있는 것이다.

이것은 범죄가 발생하는 장소에 초점을 둔 연구란 점에서 범죄자에 관심을 가졌던 기존의 연구와 차별될 수 있는 것이다. 또한 1970년대 이후 이루어진 범죄와 장소 사이의 관계를 연구한 많은 연구들은 범죄학자와 사회학자에 의해 독점된 것이 아니라 비슷한 관심을 가지고 있는 제반 지리학자들에 의해서도 많이 이뤄졌다.

1970년대 이후 일상생활이론의 발전은 크게 2가지 방향으로 발전하였다. 첫째는 방어공간개념defensible space의 발전이며 두 번째는 피해자조사의 발전이다.[240] 방어공간defensible space 개념은 뉴먼Oscar Newman이 발전시킨 개념으로 합리적인 주거공간의 계획 및 설계를 통하여 범죄 유발요인을 억제할 수 있다는 목적에서 출발한다.

이 개념을 중요시 하는 연구에서는 특히 공공주택에 있어서 건물높이, 단지규모, 승강기, 그리고 놀이터 등 공공시설의 형태와 위치 등이 범죄발생에 어떠한 영향을 주는지에 관심을 갖는다. 특정한 건축설계는 범죄기회를 감소시킬 수 있으므로 감시를 가능하게 하는 실제적인 혹은 상징적인 장벽을 마련하는데 노력을 기울이는 것이다.[241]

두 번째로 일상생활이론이 발전하는데 작용한 또 다른 요인은 피해자조사의 발전을 들 수 있다. 피해자조사의 발전은 범죄현상의 연구과정에서 거의 유일하게 사용되어 왔던 공식범죄통계의 적합성에 대한 의문이 제시되면서 시작되었다.

---

239 Ronald Clarke and Ross Homel, "A Revised Classification of Situational Crime Prevention Techniques." *In Crime Prevention at a Crossroad* (Cincinnati,: Anderson, 1997), p. 51.

240 김창윤a, "GIS를 활용한 경찰의 범죄통제에 관한 연구," 동국대학교 박사학위논문, 2004, pp. 62-63.

241 Oscar Newman, *Defensible Space* (NewYork: Coller Books, 1978), p. 54.

기존의 범죄통계는 주로 형사사법기관에 의해 인지되어 처리되어진 가해자를 중심으로 통계자료가 수집되므로 발견되지 않은 범죄에 대한 관심은 도외시되는 체계적인 편차가 개입될 수 있다는 것이다.

이러한 공식통계의 문제점을 보완하기 위해서 범죄피해조사에서는 일반인들을 대상으로 일정한 주거기간 동안 어느 정도 범죄피해를 경험했는지 또한 그 구체적인 상황, 범죄피해에 대한 두려움, 그리고 범죄에 대한 대응방법을 조사한다. 그 외에도 범죄피해조사는 범죄피해자에 대한 일반적인 특성(연령, 생활양식, 가족구성, 교육 그리고 소득 등)을 조사함으로써 범죄연구방향을 가해자의 입장에서 피해자의 입장으로 전환시키고 있다.

Criminology & C·J systems

일상생활이론과 생활양식이론의 비교[242]

일상생활이론과 생활양식이론은 두 가지 다른 방향에서 독립적으로 발전되어 왔다. 힌들랭Hindelang에 의한 생활양식이론은 "왜 어떤 사람은 다른 사람들에 비해서 더 많이 폭력범죄의 피해를 입게 되는가?"라는 문제를 제기하면서 여기에 대한 해답을 주로 개인의 생활양식lifestyle에서 찾고 있다.

개인이 지닌 특수한 지위특성(연령, 성별, 인종, 수입 등)은 다양한 역할기대를 낳고 여기에 부합하는 독특한 생활양식, 행위유형의 차이는 결국 범죄피해의 차별화를 낳게 된다는 설명이다.

힌들랭이 주로 개인을 대상으로 한 미시적인 분석에 초점을 맞추었다면 코헨Cohen과 펠슨Felson은 제2차 세계대전 이후 기존의 연구에서 폭력범죄를 유발시키는데 중요한 원인으로 손꼽혔던 사회의 빈곤 수준이 향상됨에도 불구하고 범죄율이 오히려 증가하고 있는 현상에 주목하고 이를 설명하기 위한 거시적인 분석을 시도하였다.

코헨과 펠슨은 이러한 모순이 지난 몇 십년간의 사회적 변화가 사람들의 일상적 삶의 기회와 삶의 질에 미친 영향에서 비롯된 것으로 이해하면서 대표적인 예로 개인의 노동행위유형과 여가생활유형 등 개인의 일상생활유형이 변화함으로써 범죄피해의 위험이 증가한 것으로 보고 있다.

---

242 김창윤a, 전게논문, p. 59.

환경범죄학Environmental Criminology은 일상생활이론을 확장한 연구로 볼 수 있으며, 범죄연구의 주된 관점을 범죄가 발생한 장소에 중심적인 초점을 두는 이론으로 브란팅햄 부부Faul J. Brantingham and Patricia L. Brantingham(1981)에 의해서 제시된 이론이다.

환경범죄학의 주제는 범죄자보다는 범죄에 있고, 장소의 특성과 특정 사건이 왜 일어나는지를 이해하는데 있다. 그들은 범죄가 법, 범죄자, 목표물, 장소라는 네 가지 차원으로 구성된다고 주장하였다.

환경범죄학은 범죄의 4가지 차원 중 법, 범죄자 그리고 목표물이 상호작용하고 범죄가 일어나는 장소에 관한 연구라는 것을 강조한다. 범죄는 법률, 범죄자, 범죄대상 그리고 범죄장소와 시간과 같은 4가지 요소가 있어야 발생하게 된다.

법률이 없으면 범죄가 없다(죄형법정주의). 법을 위반하는 누군가가 없다면 범죄는 없다. 범죄의 대상이나 피해자가 없다면 범죄는 없다. 나머지 3가지 요소를 가지고 있더라도 범죄가 발생하는 장소와 시간이 없다면 범죄는 없게 된다. 이러한 4가지 요소(법률, 범죄자, 범죄대상, 범죄장소와 시간)는 범죄가 발생하는 4가지 필수요건이라고 할 수 있을 것이다. 환경범죄학은 이러한 4가지 차원에서 범죄를 다루게 된다.[243]

범죄의 첫 번째 차원으로, 법률적인 측면은 법률가와 사회학자들에 의해서 연구되고 있으며, 이들은 입법부와 사법부에 의해서 주로 취급되었다. 법률은 특별한 법에 위반되는 행동을 정의하며, 그러한 법을 위반한 행동을 하게 되면 처벌하는 내용을 규정하고 있다.

형사법학자들은 법의 제정과 집행에 대해서 연구하고 있다. 이들은 특별한 법률이 제정되는 배경과 그러한 법들이 정부기관에서 공정하고 능률적으로 집행되는지를 연구한다. 형사법학은 18세기 후반과 19세기 초반에 큰 관심을 불러 일으켰다. 또한 지난 20여 년 동안 중요한 문제로 대두되었다.

범죄의 두 번째 차원으로, 범죄자는 사회학자들과 생명과학자들 사이에서 연구되어 왔으며 법원과 교정기관 그리고 사회복지기관에서 주로 실무로 취급하였다. 범죄자를 주관심 대상으로 삼고 있는 범죄학자들은 범죄자들이 나타내는 특별한 행동들과 그러한 행동을 유발하는 동기들에 대해서 연구를 하였다.

그들은 왜 특정한 사람이 법을 위반하게 되는가에 의문점을 가지고 범죄자의 사회적 조

PART 02

---

243 Paul J. Brantingham and Particia L. Brantingham, *Environmental Criminology* (California: Sage Publivcations, Inc., 1981) pp. 7-13.

건, 정치적 이데올로기, 도시화, 범죄자의 친구집단과 같은 요인을 가지고 범죄자의 범죄행동을 설명하려고 하였다. 이와 같은 범죄자에 주된 관심을 가진 범죄학이 지난 100년 동안의 범죄 연구분야에 있어서 주테마였다.

범죄의 세 번째 차원에서, 범죄대상의 측면은 범죄사회과학자들에 의해서 주로 연구되어 왔으며, 경찰과 민간경비회사, 사회기관과 개인들에 의해서 실무적으로 취급되었다.

이러한 차원에 관심을 가지고 있는 연구자들은 범죄의 목표와 대상 그리고 범죄피해자에 대해서 연구를 하고 있다. 범죄학자들은 범죄의 대상이 사람인 경우에 있어, 무엇이 혹은 누가 범죄의 대상이 되는가와 누군가는 왜 범죄의 대상이 되고 누군가는 왜 그렇지 않은가 등에 대한 논의를 할 것이다. 또한 누군가는 왜 범죄의 피해자가 되고 누군가는 되지 않는 가에 대한 피해의 결과에 대해서도 관심을 가질 것이다.

이러한 해답을 주로 피해자의 심리, 사회적 상황 혹은 경제적 환경 혹은 정치적인 것에서 찾으려고 했다. 피해자의 행동에 관한 연구로 잘 알려져 있는 피해자학은 피해자의 행동이 범죄사건을 유발하는 것 등을 연구하고 있다.[244]

범죄의 네 번째 차원에서, 범죄가 발생하는 장소는 다른 3가지 차원들이 시간과 장소에 있어서 상호교차하는 차별화된 위치에 관한 것이며 범죄사건이 발생하는 장소에 관한 것이다.

환경범죄학자들의 주된 연구과제는 범죄가 발생하는 장소와 시간에 관한 것이다. 즉, 범죄가 언제when 그리고 어디에서where 발생하는 가를 연구하고 있다. 그들은 범죄가 발생하는 장소의 공간적·사회환경적 특징을 연구하면서 특정 범죄장소에서 범죄자와 범죄대상이 어떻게 결합되지를 분석하고 그러한 상황적 요인에 관심을 가지고 있다.

그들은 범죄자가 범죄장소를 선정하게 되는 인지적 과정perceptual processes과 사회적 과정social processes에 관심을 기울이고 있다. 환경범죄학자들은 또한 범죄에 있어서의 공간패턴과 범죄피해를 유발하는 요소에 대해서 관심을 가져왔다. 그들은 도시와 도시주변 그리고 시골지역에서의 범죄대상과 범죄자에 대한 공간적 분포에 대해서 관심을 가져왔다.

이와 같이 전통적인 범죄학연구는 주로 특정한 사람이 범죄행위를 하는 이유와 그에 대한 대응방안에 중점을 두는 범죄자를 중심으로 한 이론과 연구가 지배적인 경향이었지만 최근의 환경범죄학연구에서는 범죄공간에 대한 연구가 중심인 것이다.[245]

사회생태학과 달리 환경범죄학을 비롯한 범죄지리학 연구에서는 범죄를 공간상에서 발생하는 현상으로 명확히 인식하여 공간효과를 고려한 연구가 이루어졌다. 브란팅햄 부부Faul J.

---

244 *Ibid.*, p. 15.

245 *Ibid*, p. 18.

Brantingham and Particial L. Brantingham(1975)는 범죄의 시간과 공간적인 패턴을 밝히고 범죄자가 좋은 목표물로서 어떤 지역을 인식하는지를 설명하려한 스카[Scarr](1973)의 연구는 분석집계 자료의 단위가 너무 커서 도시의 복잡한 사회·공간적 구조를 분명히 반영할 수 없기 때문에 범죄의 공간적인 현상을 무시하였다고 비판하였다.

이러한 측면에서 그들은 플로리다[Florida]의 탈라하세[Tallahassee]에서 주거침입을 대상으로 범죄와 토지 이용 패턴사이의 관계를 시험한 연구에서 센서스 트랙 단위보다 상대적으로 작고 단일한 단위인 블록 규모로 분석하였다. 이들의 연구는 분석의 규모를 넓은 단위에서 좁은 단위로 분석함으로써, 더 세밀하게 범죄의 공간적인 패턴을 확인할 수 있었으며, 공간적인 특성이 나타나는 것으로 분석되었다. 하지만 이것은 단지 분석의 규모의 차이에 따른 결과일 뿐이었다.

브라운[Brown]의 연구에 이르러 비로소 이전의 연구들과 달리 공간효과를 고려한 분석방법을 이용하여 범죄의 공간분포를 연구하였다. 그의 연구에서는 시카고[Chicago] 교외범죄의 공간적 분포를 모델링하기 위해 범죄 발생률의 공간적 자기상관을 분석하여 범죄 발생율에서 접근성이란 요인의 영향을 분리하였다. 연구 결과 폭력범죄는 시카고의 도심에서 교외까지의 거리에 따라 감소효과가 있었다. 그리고 각 교외지역의 폭력범죄비율과 이웃하는 교외지역의 비율은 정적으로 관련 있는 공간적 자기상관이 나타났다.[246]

환경범죄학은 범죄의 지리학적인 측면의 분석을 발달시키기 위한 유용한 구조를 제시한다. GIS와 공간분석으로 향상된 범죄분석 기술들은 범죄학적인 이론의 이용을 더 요구할 것이다. 이에 따라 환경범죄학은 범죄분석에서 GIS와 공간통계분석을 이용하는 기반을 마련해주는데 훌륭한 역할을 한다.

3 ∥ 범죄경제학

범죄경제학[Economics of Crime]은 '범죄란 범죄로 얻게 될 기대이익이 지불해야 할 기대비용보다 클 때 범죄가 발생한다'고 한다. 신고전주의[Neoclassical] 학파가 대두되면서 나타난 접근방법이다. '기대비용 = 적발확률(체포·구속 등) × 처벌 강도(형량)'으로 나타낼 수 있다. 사기·횡령·

---

246 M. A. Brown, "Modelling the Spatial Distribution of Suburban Crime", *Economy Geography*, Vol. 58, 1982, pp. 247-261.

배임 등 지능형 범죄의 발생에 유용한 설명툴이다.

1992년 노벨 경제학상을 받은 베커$^{Gary\ Becker}$ 시카고 대학 교수는 모든 인간은 편익과 비용을 계산해 자신의 이익을 극대화한다고 주장했다. 그는 지능형 범죄는 '합리적 범죄'$^{Rational\ Crime}$라고 보았다. "개인은 이기적이든 이타적이든, 충실하든 악의적이든 효용을 극대화 할 뿐이다"라고 했다.[247]

게리 베커(Gary Becker)

1930년생. 1951년 프린스턴 대학에서 학사학위. '인간자본(human capital)'과 '망나니 자식이론(rotten kid theorem)'이라는 용어로 유명. 뉴욕타임스는 결혼 출산과 사망 등 매일 벌어지는 생활 현상들의 원인을 밝혀내려 했던 '행동 경제학의 대가'로 평가함. 범죄경제학이 경제학으로 자리 잡는 기틀을 마련함. 1968년 「범죄와 처벌」 등 저술.

1950~1960년대에는 미국의 많은 지식인들이 범죄를 정신적 병리현상이나 사회적인 억압에 의해 일어나는 것으로 보았다. 베커는 "나는 범죄행위는 합리적이라는 데에 초점을 맞추고 이론적, 경험적 접근을 시도했다. 일찍이 벤담이 논했고 베카리아도 지적했듯이 이러한 접근은 선구적이다. 다만, 여기서 '합리적'이라 함은 반드시 물질주의를 의미하지는 않는다."라고 주장했다.

사람들이 보통 범죄를 저지르지 않는 이유는 도덕이나 윤리의 제어를 받기 때문이다. 그래서 이익을 얻을 수 있고 또 체포될 가능성이 전혀 없다고 하더라도 범죄를 저지르지 않는다.

그러나 베커는 체포나 유죄판결 등의 처벌에 비해 범죄를 저질렀을 때 얻는 이득이 크다면 누군가는 범죄자가 될 것이라는 가정을 했다. 이것이 바로 베커가 말하는 범죄의 '합리성'이다.

> "범죄의 총량은 이 합리성과 범죄에 대한 선호에 따라 결정될 뿐 아니라, 공공정책에 기반을 둔 경제정책이나 사회 환경에 의해서도 결정된다. 즉, 정책에 드는 비용, 범죄별로 달리 부과되는 처벌, 고용기회, 학교 교육, 훈련 프로그램 등에 따라 범죄의 총량은 달라진다."

이런 생각을 더욱 발전시켜 나가면, 범죄가 사회적으로 비생산적이라는 사실을 사람들이 깨닫게 된다고 베커는 주장했다. 범죄의 계획이나 실행을 위해 쓰이는 도구나 범죄를 위해

---

247 손정희, "모든 인간은 효용을 극대화 한다…미시경제학 지평 확대…'행동경제학의 대가' 게리 베커 잠들다" 「한국경제」, 2014.05.16.

소비되는 시간은 사회 전체에 비생산적이다. 이것을 경제학 용어로 말하자면 '지대 추구'rent seeking,생산과 관련 없는 활동을 통하여 이익을 추구하는 행위인데, 범죄는 새로운 부를 창출하는 행위가 아니라 단지 부를 분배하는 것에 불과한 것이다. 따라서 베커는 범죄를 처벌할 때도 합리적으로 생산성을 생각해야 한다고 강조했다.[248]

> "옥살이를 시킨다거나 다른 방식의 처벌을 내리기보다는 벌금형이 바람직하다. 왜냐하면 범법자가 내는 벌금은 국가의 수입으로 직결되기 때문이다."

이처럼 그는 다양한 인간 행동이 합리적이고 만족을 극대화시키는 것으로 간주했다. 인간은 편익과 비용을 계산해 자신의 이익을 극대화하는 방식으로 행동한다고 주장했다. 베커 교수는 비용-편익분석을 결혼 출산 이혼 교육 등에도 적용했다.

특히 그가 발표한 '결혼이론'은 이를 체계적 이론으로 정립한 학문적 진수로 평가받았다. 결혼의 결정은 결혼으로 얻을 수 있는 만족이 혼자 살아갈 때 얻는 만족보다 클 것이란 기대가 전제될 때 가능하다는 이론이다.

또 부모가 가족을 위해 헌신적으로 봉사하면 불량아도 가족들에게 이타적으로 행동하게 된다는 '망나니 자식이론'Rotten Kid Theorem도 발표했다. 이 이론은 가족에게 해가 되는 자식이라도 돈 줄을 쥐고 있는 부모가 그 경제적 인센티브를 잘 조절하면 더 이상 문제를 일으키지 않고 부모의 뜻에 협조하는 자식이 되게 할 수 있다는 것이다.

> "가족에게 해가 되는 망나니 자식rotten kid이라도 돈 줄을 쥐고 있는 부모가 그 경제적 인센티브를 잘 조절하면 더 이상 문제를 일으키지 않고 부모의 뜻에 협조하는 자식이 되게 할 수 있다"

하지만 모든 의사결정을 비용-편익을 따져 편익이 큰 쪽으로 결정한다는 베커의 가정은 많은 비판을 받았다. 수지타산에 필요한 인간의 지적 능력, 경제적 합리성을 과대평가한다는 것이다.[249]

248 히가시타니 사토시(신현호 역), 「경제학자의 영광과 패배」 (서울: 부키, 2014), pp. 123-150.
249 손정희, 전게기사.

1 | 범죄패턴이론의 가정

범죄가 발생하는 공간에 관한 연구는 범죄관련 학문의 오랜 연구주제였다. 기존의 경험적 연구는 범죄의 공간적 분포, 그리고 범죄자 거주지와 피해자 거주지 사이의 공간적 분포를 통해 범죄현상이 특정한 패턴을 보이고 있다는 사실을 밝히고 이런 현상의 원인을 찾는데 노력하였다.[250]

브란팅햄 부부Faul J. Brantingham and Particial L. Brantingham(1984)는 범죄에는 일정한 장소적 패턴이 있다는 범죄패턴이론Crime Pattern Theory을 주장하였다. 범죄패턴은 범죄자의 일상적인 행동 패턴과 유사하며 우리 모두가 잠재적 범죄자임을 가정할 경우, 각자 집, 가정, 직장, 쇼핑 등 여가활동 장소와 이동 경로, 이동 수단 등이 어느 정도 일정함을 알 수 있다.

범죄패턴이론은 이러한 사실에 착안하여 잠재적 범죄자는 일상활동 과정에서 적절한 범죄대상을 찾게 되고, 그들이 잘 알고 있는 지역 안에서 잘 알고 있는 이동경로나 수단을 이용해서 적당한 기회가 왔을 때 범죄를 저지른다고 주장한다. 범죄와 연관된 사람들(피해자나 가해자)과 사물들이 어떻게 시간과 공간에서 움직이는지를 고려한다.

Crime Pattern Theory

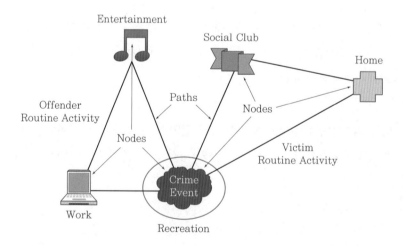

250 T. Kamber, H. Mollenkopt and A. Ross, "Crime, Space, and Place: An Analysis of Crime Patterns in Brooklyn," *Analyzing Crime Patterns: Frontiers of Practice* (London: Sage, 2000), pp. 121-136.

이 이론은 사람들이 활동하기 위해 움직이고 이동하는 것과 관련하여 교차점[Nodes], 행로[Paths], 가장자리[Edges]의 3가지 개념을 가지고 있으며, 이러한 개념적 장소의 내부 혹은 근처에서 범죄가 발생한다고 한다.[251]

범죄자들은 일반인들의 집, 직장, 여흥장소 등과 같은 개인활동 교차점과 범죄자 개인이 선호하거나 익숙한 '범죄자 개인 형틀'[Template]의 공간 안에서 잠재적 범죄대상[Potential Target]을 찾는다고 한다.

범죄분석은 범죄패턴과 경향을 발견하는데 그 목적이 있는데,[252] 범죄지도는 범죄지역의 위험분석[Hazard Analysis]과 범죄패턴 그리고 범죄경향을 분석하는데 있어서 최적의 도구로 각광받고 있다.[253]

범죄패턴을 고려하는 범죄 분석가들은 범죄의 이익[the crimes of interest]을 일련의 필터(여과) 질문을 통해서 구하려고 한다. 가장 중요한 질문은 다음과 같다.

첫째, 범죄의 유형을 설명하는 데 지리적인 요소가 얼마나 중요한가?(범죄유형이 임의적인가 아닌가 만약 임의적이 아니라면, 왜 아닌가).

둘째, 일상생활이론[routine activity theory]과 범죄자 공간행동이론[criminal spatial behavior theory]은 이러한 유형을 설명하는데 도움을 줄 수 있는가?

셋째, 이러한 유형은 그 공간에서 정상적인가 아니면 특이한 것인가?

넷째, 만약 이러한 유형이 변칙적인 것이라면 왜 그러하며, 어떠한 요소들이 지리적 이점의 사회적 그리고 다른 환경적 변천(발전)[dynamics]을 보다 잘 이해하는 데 도움을 줄 수 있는가?

다섯째, 범죄패턴 분석가들에게 친숙한 지역적 환경에 대한 지식을 구할 수 있는가?

여섯째, 원인실태분석을 위한 일련의 질문들을 발전시킬 수 있는가?

마지막으로 그것은 분석모델을 위한 기초가 될 수 있는가 등의 질문이 있다.

미국의 범죄공간분석은 지난 몇십 년 동안 마약, 도박, 연쇄강도, 주거침입절도, 살인, 학교범죄 등의 연구에 사용되어왔다. 이러한 범죄공간분석기법이 GIS와 결합하여 더욱 강력한 분석기능을 수행할 수 있게 되었다. 또한 범죄패턴분석은 지금 경찰과 법집행기관에 의해서 다양하게 활용되고 있으며, 사회, 문화, 경제, 나아가 물리적 환경들을 고려한 분석이 수행되고 있다.

---

251 박현호, 전게서, pp. 29-30.

252 이황우, 「경찰행정학」 (서울: 법문사, 2002), p. 344.

253 David Weisburd and Tom McEwen, *Crime Mapping and Crime Prevention* (NewYork: Criminal Justice Press, 1998), p. 2.

2 ‖ 범죄패턴이론의 주요내용

범죄는 범죄자, 기회, 동기 등 여러 제반적인 요인이 결합된 복잡한 사건[254]인데, 이 중에서도 범죄 발생 장소가 지리정보시스템 GIS: Geographic Information System 기술이 발전하면서 주목을 받고 있다.

이 중 공간데이터베이스에서는 먼저 지역사회Community에 대한 지리정보, 토지이용도, 인구통계학적 자료 등이 구축되며, 형사사법기관CJ: Criminal Justice Agency에서의 범죄발생지역 자료, 범죄자 거주자료, 피해자 거주자료, 체포자료, 경찰을 비롯한 형사사법기관의 지역자료 등이 모두 구축된다.

1 기능적 측면

범죄발생의 공간적 패턴을 규명하기 위해서 필요한 자료는 범죄가 발생하는 공간적 스케일에 해당하는 장소에 대한 행정구역도나 경찰관할구역도와 같은 기본도와 범죄발생 지점을 표현한 주제도 등으로 구성된다.

이러한 자료들은 범죄발생의 일시와 같은 각종 속성자료와 범죄발생의 공간적 배경이 되는 지리적 영역에 대한 사회경제적인 변수 등도 포함한다. 현재의 범죄분석 시스템들의 기능적 특성은 첫째, 범죄발생 자료와 공간분포를 가시화하고, 둘째, 범죄다발지역을 다양한 형태로 지도화하며, 셋째, 공간통계적 기법을 이용하여 범죄발생의 공간패턴을 분석하는 것으로 되어 있다.

Criminology & C·J systems

🌐🔍 **범죄다발지역의 지도화** Hotspot Mapping

범죄발생을 점의 형태로 가시화해보면, 범죄발생이 일정지역에 집중한다거나 혹은 전체적으로 균등하게 분포한다거나 하는 등의 공간적 패턴을 개략적으로 파악할 수 있다. 범죄다발지역Hotspot은

---

254 김보환,「범죄생물학」(서울: 동국대출판부, 2004), pp. 13-14.

범죄발생이 집중되는 지점을 규명하기 위해 고안된 개념이며, 이는 공간상의 분포에서 군집성clustering이 인지되는 형태라고 할 수 있다.[255]

범죄다발지역Hotspot을 지도화하는 방법은, 첫째 사건의 군집정도에 근거하여 원이나 타원과 같은 기하학적 형태로 범죄다발지역을 도식화하는 것, 둘째 범죄발생정도를 나타내는 밀도면density surface을 원자료 위에 중첩하는 것으로 대별할 수 있다.

2 구조적 측면

범죄분석 시스템은 지리공간상에 분포하는 자료를 다루기 때문에 그 기능을 수행함에 있어 지도화 엔진mapping engine과 분석 엔진analysis engine이라는 두 가지 모듈이 연계된 구조를 필요로 하게 된다.[256]

범죄분석통계프로그램CrimeStat은 분석지향적인 시스템으로서 외부의 지도화 시스템과 직접적인 연결고리는 가지고 있지 않지만, 범죄발생 자료의 공간분석결과를 표준화된 파일의 형태로 외부에 제공하는 방식을 채택한다. 공간적 지역범죄정보 분석시스템RCAGIS: Regional Crime Analysis Geographic Information System은 분석엔진과 지도화 엔진 사이의 시스템 내부적 연계를 통해 자료를 교환하는 방식을 채택한다.

분석 엔진이 질의와 분석 결과를 지도화 엔진에 전달하면, 지도화 엔진은 이를 가시화 가능한 형태로 변환하여 지도화하고, 최종 결과물은 통일된 사용자 인터페이스 상에서 가시화된다.

255 C. Block, "STAC Hot Spot Areas: A Statistical Tool for Law Enforcement Decisions in Crime Analysis through Computer Mapping," *Police Executive Research Forum*, 1995, pp. 15-32.

256 D. Brown, "The Regional Crime Analysis Program(RECAP): A Framework for Mining Data to Catch Criminals," *Proceedings for the 1998 International Conference on Systems*, 1998, pp. 2848-2853.

범죄자 프로파일링Criminal Profiling 혹은 심리학적, 행동학적 프로파일링은 동일인에 의한 범죄는 공통성을 지닌다는 가정에 기초하여 범죄 전의 준비행적, 범죄행위의 특성, 피해자의 특성, 범죄 후의 행적 등의 소위 표준절차MO: Modus Operandi를 파악하여 범조자의 유형을 추정하는 수사기법을 말한다.[257]

프로파일링에는 이외에도 목소리와 언어를 분석하여 범죄자의 유형을 파악하는 언어 프로파일링, 두 개의 범죄가 동일인에 의한 것인지의 여부를 파악하기 위한 연관성 프로파일링, 범죄자의 거주지역을 파악할 목적으로 행해지는 지리학적 프로파일링Geographic Profiling 등이 있다.

이처럼 프로파일링은 범죄자의 신원identity를 파악하는 것이 아니라 유형type을 파악하는 것이다. 범죄용의자의 범위를 축소하기 위한 수사방법이라고 할 수 있다. 프로파일링은 범죄자가 정신병리적인 흔적을 남긴 경우, 혹은 특정 지리에 연관된 경우 등에 있어서 여러 가지 기초사실 등을 종합하여 범죄자의 심리적, 신체적, 인구통계학적, 지리적 상태를 추정하는 방법을 말한다.

미국에서 프로파일링이 주목받게 된 실질적 계기로, 1940-50년대 사이에 뉴욕에서 기차역, 극장 등 공중밀집장소에서 폭발물을 설치하여 많은 사상자를 유발시킨 '미친광이 폭발범'Mad Bomber사건 및 1962-64년 사이에 13명을 강간 살해한 '보스턴 교살자'Boston Strangler사건 등을 들 수 있다.[258]

범행동기나 피해대상과의 연관성 등을 확인하기 어려워 기존 수사방법의 적용으로는 문제 해결이 어려웠던 양 사건에서, 범행현장 등에서 확보된 각종 증거의 분석 및 유사한 기존 범죄자의 성격 및 인구사회학적 특성의 비교를 통해 확보한 용의자의 성격, 기타 인구사회학적 특성(즉, 프로파일링)을 통해 용의자를 특정, 검거하였는데, 사후 검증을 통하여 범죄자에 대한 프로파일링 자료의 상당한 정확성을 확인, 유효한 수사기법으로 부각되었다.

그 뒤, 1970년대 들어서면서 프로파일링 기법의 도입과 활용은 미 연방 수사국FBI에 의하여 주도되었다.[259] 1972년 버지니아주에 위치한 FBI 아카데미 내에서는 BSUBehaviour Science Unit라는 프로파일링 전담부서를 설치, 프로파일링 전문가의 양성 및 교육, FBI 및 기타 연방

---

257 곽대경, "경찰수사를 위한 범죄심리연구의 활용방안"「한국경찰학회보」, 3(1), 2001, p. 2.

258 권창국, "범죄자프로파일링 증거의 활용과 문제점에 관한 검토"「형사정책연구」, 13(4), 2002, pp. 247-254.

259 Janet L. Jackson & Debra A. Bekerian, *Offender Profiling-Theory, Research and Practice* (England,: West Sussex, 1997), pp. 3-5.

및 주 수사기관에의 도입을 주도하였다.

1990년대에 들어서 연방폭력범죄분석센터^{NCAVC: National Center for the Analysis of Violent Crime} 내에서 범죄수사분석프로그램,^{CIAP} 방화·폭파사건수사서비스,^{ABIS} 폭력범죄자 체포프로그램^{VIC AP}의 세부 부서를 갖는 프로파일링·행동평가과^{PBAU}로 조직개편과정 등을 거쳤다.[260] 현재는 FBI 외에도 기타 연방 및 각 주의 수사기관에도 독자적인 프로파일링 전문가^{profiler}를 양성, 보유하는 경우가 증가하고 있다.

이 중 지리학적 프로파일링^{Geographic Profiling}은 범죄자가 숨어 있는 가장 유력한 거주지를 찾기 위해서 일련의 범죄에 관련된 장소를 분석한다. 이러한 지리학적 프로파일링은 연쇄살인사건, 강간, 방화 그리고 절도사건에도 일반적으로 활용되고 있다.

또한 지리학적 프로파일링을 통해서 다양한 범죄장소와 중요한 지리적 특징을 가지고 있는 자동차절도, 주거침입절도 등과 같은 연쇄사건이 아닌 단일사건에도 적용하고 있다. 특히 벤쿠버 경찰^{VPD}에서는 이미 기존에 확립된 환경범죄학적 관점에 착안하여 지리학적 프로파일링 기법을 도입하여 절도범죄, 협박범죄, 연쇄방화범죄 등에도 활용하고 있다.[261]

지리학적 프로파일링은 두 가지 중요한 요소를 가지고 있다.

첫 번째는 동일한 유형에 속하는 일련의 범죄장소를 확인하기 위한 유용한 연관분석^{Valid linkage analysis}이다.

두 번째는 범죄와 범죄자 그리고 지리적 장소에 관한 특별한 유형을 발견하기 위해서 범죄장소까지의 이동거리를 확인하기 위한 유용한 지리적 모델링^{Valid geographic modeling}이다. 이 중 첫 번째 요소는 연관분석시스템과 관련이 있고, 두 번째 요소는 지리학적 프로파일링시스템^{Geographic Profiling system}과 관련이 있다.

이 중 리겔^{Rigel™} 소프트웨어는 현재 북미지역과 유럽지역의 주요한 경찰기관에서 사용되고 있다. 프로파일링을 담당하는 범죄분석가와 경찰수사관은 수백 건의 연쇄범죄(예를 들면, 방화, 살인, 강간, 주거침입절도 등)를 해결하기 위해서 Rigel™ 소프트웨어를 사용하고 있다.

---

260 高村茂·桐生正幸, 「プロファイリングとは何か」 (東京: 立花書房, 2002), p. 74-76.

261 임준태, "강력범죄에서의 범인상 추정기법 도입에 관한 연구," 치안연구소, 2004, pp. 277-289.

합리적 선택이론 Rational Choice Theory은 베카리아 Beccaria의 1764년 『범죄와 형벌』 On Crimes and Punishment에서 시작되어 그 계보가 지속되다가 1979년 코헨 Cohen과 펠슨 Felson의 『일상생활』 Routine Activities과 1980년대 후반 『합리적 선택과 억제이론』 Rational Choice and Deterrence Theory으로 발전하여 클락 Clake의 『상황적 범죄예방』 Situational Crime Prevention에 이르기까지 지속적으로 영향을 미치고 있다.

합리적 선택이론에서 범죄라는 것은 개인의 목적에 합치된 개개인의 자기결정 self-determining이라고 가정한다. 범죄자는 그들에게 이로운 것을 찾고 있으며, 범죄를 했을 때 긍정적인 결과를 가져올 것인지 아닌지를 계산하면서 결정을 한다는 것이다.[262]

또한 범죄자들은 용이한 혹은 장애물이 있는 범죄기회를 제공하는 상황적·환경적인 특징에 영향을 받는다는 가정을 갖고 있다. 범죄자는 특정목표물을 왜 선정하며 어떤 목표물은 범죄자가 호감을 가지고 있는 반면 다른 목표물에 대해서는 왜 거부감을 가지고 있는 가와 범죄행위의 장애물은 무엇이고, 그 장애물을 어떻게 극복하는지 그리고 범죄자와 피해자의 일상생활유형은 무엇이며 특정 공간에서 발생하는 범죄는 유사성이 있는가 등에 대한 해답을 계속 찾는 것이다.

합리적 선택이론은 범죄자가 목표물을 선정하고, 범행수단을 범죄자 자신의 관점에서 합리적으로 선택한다는 것이다. 이 이론은 일상생활이론과 접목되는 경우 그 가치가 있다. 일상생활이론은 범죄발생의 환경요인을 설명하려는 것으로 범의를 가진 범죄자가 있어야 하고, 그가 원하는 목표물이 있어야 하며, 목표물과 범죄자는 같은 장소에 있어야 하고, 부모, 관리인, 교사, 장소관리자(경비원) 등의 통제자가 없거나 그들의 통제력이 효과적이지 못해야 하기 때문이다.

Criminology & C·J systems

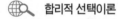 **합리적 선택이론**

합리적 선택이론 Rational Choice Theory은 인간은 범죄이익과 처벌의 손해를 합리적으로 비교하여 선택한다는 이론으로 범죄자나 정상인 모두 합리적 존재이며, 이익보다는 손실을 부각시키는 정책이 효과적일 것이라는 주장이 대두되면서 나타났다.

---

262 Keith C. Clarke, *Getting Started with Geographic Information Systems* (NJ: Prentice Hall, 1997), p. 55.

이는 비행청소년들의 특성을 파악하고, 이에 맞는 치료정책으로 범죄문제를 해결하려고 한 범죄사회학적 제반 이론들이 범죄율 감소에 큰 효과가 없게 되자 대두되었다.

상황적 범죄예방이론과 셉테드^{CPTED}

1 ┃ 상황적 범죄예방이론

1980년대 초 영국 내무부의 클락^{Ronard V. Clarke}은 뉴먼^{Newman}(1972)의 방어공간^{defensible space} 개념과 제프리^{Jeffery}(1971)의 셉테드^{CPTED} 개념에 영향을 받아 '상황적 범죄예방'^{Situational Crime Prevention}이라는 개념을 주장하였다.

특히 클락은 1983년 일상생활이론, 합리적 선택이론, 범죄패턴이론 등을 종합하여 "상황적 범죄예방: 그 이론적 기초와 적용범위"^{Situational Crime Prevention: Its Theoretical Basis and Practical Scope}라는 논문을 통해 상황적 범죄예방이라는 개념을 적극적으로 소개하였다.[263]

상황적 범죄예방은 1980년대 클락에 의해 개념적 틀이 제기된 이후, 1990년대 초 지속적인 연구를 거치면서 일련의 전략과 기법들이 발전되었다. 상황적 범죄예방의 전략과 기법들의 범주표는 새로운 조사연구 결과들에 기초하고 다른 범죄학자들과의 아이디어 교환을 통해 지속적으로 진화해 온 산물이다. 상황적 예방 모델의 가장 최근 분류표 코니시^{Cornish}와 클락^{Clarke}(2003)에 의해 집성되었다.[264]

상황적 범죄예방이론은 범죄자, 범죄대상, 범죄기회로 구분하고 범죄가 발생하는 상황적 요인, 즉 범죄기회를 통제하여 범죄를 예방하려는 것이다. 범죄자를 고정된 성향의 존재가 아니라 가변적인 존재로 보고 범죄환경과 기회조건에 따라 행동하는 역동적인 존재로 보고 있다. 따라서 상황적 범죄예방이론은 범죄기회가 주어지면 누구든지 범죄를 저지를 수 있다고

---

[263] Ronard V. Clarke, "Situational Crime Prevention: Its Theoretical Basis and Practical Scope," *Crime and Justice: An Annual Review of Research*, 4, 1983, pp. 225-256.

[264] 김성언, "상황적 범죄예방론에 대한 비판적 검토," 「형사정책연구」, 20(1), 2009, p. 1047.

보고 있고 모든 사람을 잠재적인 범죄자로 파악하고 있다.[265]

로날드 클락(Ronald V. Clarke)

1941년생. 1962년 브리스톨 대학(Bristol Univ.)에서 학사학위. 영국 내무부에서 15년간 범죄연구자로 근무함. 합리적 선택이론(Rational Choice Theory)을 발전시킴. 1986년 코니쉬(Derek Cornish)와 함께 「범죄에 있어서의 합리적 선택(Crime as a Rational Choice)」을 저술함.

범죄대상에 대한 접근을 어렵게 하는 다양한 방법들의 일련의 과정을 일반적인 용어로 상황적 범죄예방situational crime prevention이라고 한다.[266] 이처럼 상황적 범죄예방이론에서는 범죄자를 고정된 기질disposition이나 성향을 가진 존재로 보는 '치료 및 갱생이론' 등과 달리 가변적인 상황적 요인situational factor, 즉 범죄환경과 기회조건에 따라 행동하는 역동적이고 가변적인 존재로 본다.

화재의 3요소

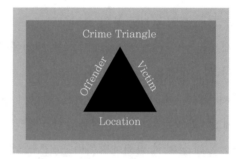

범죄의 3요소

이러한 것은 화재의 3요소와 비슷하다. 화재가 발생하기 위해서는 열Heat과 연료Fuel 그리고 산소Oxygen가 필요하다. 만약 이 중 어느 한 요소라도 제거된다면 화재는 일어나지 않게 된다. 마찬가지로 범죄도 범죄자Offender, 피해자Victim, 범죄가 발생하는 시간과 장소Time and Place 등과 같은 범죄의 3요소가 있다. 이 중 범죄의 한 요소가 제거된다면 범죄는 발생하지 않게 될 것이다. 이러한 접근 유형을 상황적 범죄예방이론이라고 한다. 이 이론에서는 범죄의 기회와 범죄의사를 감소시키는데 관심을 집중하고 있다.[267]

상황적 범죄예방이론은 범죄가 발생한 환경에 초점을 둔다. 범죄가 발생한 장소의 지역

---

265 김창윤a, 전게논문, p. 60.

266 상황적 범죄예방이론은 영국 내무부에 의해 연구·개발된 것으로 단순히 범죄의 기회를 줄이는데 의존하는 범죄예방이다.(최응렬, 전게논문, p. 11.)

267 Paul J. Brantingham and Particial L. Brantingham, *Environmental Criminology* (California: Sage Publication), 1981, pp. 340-343.

적 특성을 분석해 부정적 환경 요인을 없애면 범죄를 예방할 수 있다고 본다.

2 ‖ 셉테드CPTED

1 셉테드CPTED의 등장 배경

셉테드CPTED란 Crime Prevention Through Environment Design의 영문 약어로, '환경설계를 통한 범죄예방'을 뜻한다. 셉테드 이론은 야콥스Jane Jacobs에서 시작된다. 그녀는 "위대한 미국도시의 삶과 죽음"The Death and Life of Great American Cities이라는 저서에서 아무도 모르고 있는 도시 재개발의 비극을 묘사하였다. 도시재개발이 진행되면서 이들 전통적인 지역들이 어떻게 파괴되었고, 범죄문제가 발생하였는지를 알려주었다. 특히 디자인이 어떻게 범죄를 예방할 수 있는지를 최초로 보여주었다.[268]

야콥스의 도시재생에 관한 연구에 영향을 받아서 제프리Ray Jeffery는 1971년 "환경설계를 통한 범죄예방"Crime Prevention Through Environment Design이라는 저서를 발간하였다. 한편 건축학자인 뉴먼Newman은 제프리의 이론 중 특히 영역성에 대한 개념을 더욱 발전시켜 "방어공간이론"Defensible Space Theory을 만들었다.

1970년대 초반 미국에서 처음으로 개념이 정립된 셉테드는 미국 정부가 발주한 연구보고서가 사실상 계기가 됐다. 당시 미국 사회는 복지와 교육 서비스를 확대하고 낙후지역을 개발해 범죄 원인으로 지목되는 빈곤, 실업, 사회적 불평등 등을 어느 정도 해소했다. 그럼에도 범죄는 줄지 않았다.

특히 폭력 범죄가 눈에 띄게 증가했고, 과거에는 없던 연쇄살인사건이 빈번하게 발생했다. 이에 따라 범죄 발생 원인을 찾는 실증적 연구가 진행됐고, 그 결과 인적이 드물거나 외진 장소 등 환경 요인이 범죄를 유발한다는 결과가 도출됐다.[269]

'공간을 어떻게 설계하느냐에 따라 범죄도 막을 수 있다'는 생각은 미국의 뉴먼Oscar Newman이 1970년대 초 시행한 연구를 통해 대중적 관심을 불러 일으켰다. 그는 뉴욕의 어느두 마을에서 주민들의 생활수준은 비슷함에도 불구하고 범죄 발생 수가 3배가량 차이가 나는

---

268 신의기 외 5인, 「범죄예방을 위한 환경설계의 제도화 방안(Ⅰ)」형사정책연구원, 2008, p. 57.

269 강지남, "우리가 지켜보는 우리 동네, 범죄 꼼짝 마!" 「주간동아」, 2009.03.04.

현상에 의문을 품었다.[270]

　뉴먼은 두 마을이 건물 배치 모습이나 공공장소 활용 실태 등 공간적 설계에서 차이가 있다는 사실에 주목해 연구한 끝에 공간 디자인에 따라 범죄예방 효과에도 차이가 날 수 있다는 이론을 정립했다. 실제 '셉테드'라는 용어는 1971년 제프리 Ray Jeffery의 책 제목에서 유래되어 현재 CPTED라는 용어로 사용되고 있다.

2 셉테드CPTED의 주요내용

　제프리는 범죄의 예방을 위해서는 도시의 물리적 환경의 개선이 필요하다고 주장했고, 뉴먼은 범죄의 기회를 줄이기 위해서는 방어공간Defensible Space이 필요하다고 강조했다.

　셉테드에는 5가지 기본원리가 있다.[271] ① 자연적 감시Natural Surveillance, ② 접근통제Access Control, ③ 영역성Territoriality 강조, ④ 활동성 지원Activity Support, ⑤ 유지 및 관리 Maintenance and Management 등이다.

　첫 번째 '자연적 감시'는 최대한 일반 사람들이 많이 다니는 통로를 만들어 대중의 '거리의 눈과 귀'Eyes and Ears on the Street를 통한 자연스러운 감시가 이뤄지도록 하는 것이다.

　두 번째 '접근통제'는 허가받지 않은 사람들의 진입과 출입을 차단하여 범죄대상에 대한 접근을 어렵게 만드는 것이다. 출입증은 좋은 예가 될 것이다.

　세 번째 '영역성의 강조'는 개인의 사적 공간을 뚜렷하게 표시해서 범죄자가 무단침입해서 변명할 이유를 제공하지 않는 것이다. 예를 들어, 집 마당에 잔디나 꽃을 심고, 나무울타리를 설치하는 것이다.

---

270 이가혁, "범죄예방용 환경설계(CPTED)" 「중앙일보」, 2012.06.22.

271 박현호, 전게서, pp. 35-38.

네 번째 '활동성 지원'은 일반시민의 다양한 활동을 유도하여 '거리의 눈과 귀'가 다양하게 움직이는 것이다. 예를 들어, 노천 카페, 야외 스포츠 시설 등의 설치이다.

마지막으로 '유지 및 관리'는 어떤 시설물이나 공공장소를 처음 설계된 대로 지속적으로 이용할 수 있도록 하는 것이다. 예를 들어, 깨어진 가로등이나 낙서를 신속하게 교체하거나 지우는 것이다.

3 셉테드CPTED의 활용

선진국들은 우리보다 앞서 셉테드에 정책적인 관심을 기울였다. 미국의 경우 1960년대 이후부터 주택단지를 조성하거나 도로를 낼 때 범죄예방에 효과적으로 설계하도록 조례를 제정하고 건축 지침을 개발해왔다.

미국 애리조나주 템페시는 아예 건축 및 소방 공무원들로 구성된 셉테드 전문부서를 두고 있다. 이들은 새로운 건축이 있을 때마다 해당 건물이 범죄예방 설계에 적합한지 일일이 점검한다. 플로리다주 게인스빌에는 80년대 중반 '편의점 조례'를 도입했다. 저녁 8시부터 새벽 4시까지는 반드시 2명 이상의 점원을 둬야 하며, 계산대는 편의점 밖에서도 잘 보이는 곳에 설치해야 한다.[272]

영국은 중앙정부 주도로 1989년 방범인증제도인 SBD^{Secured By Design}를 시행해 범죄예방 기준을 충족한 주택이나 마을 전체에 대해 인증서를 발급해준다. 영국은 셉테드를 도시계획과 설계에 도입하도록 법적으로 규정했다. 브리스틀시에서는 건축이나 주요 도로 개설 이전에 경찰에 사전 통보해 범죄예방 자문을 구해야 한다.

네덜란드는 영국 SBD를 벤치마킹한 폴리스 레이블^{Police Label} 시스템의 도입으로 침입절도를 80% 정도 줄였다. 네덜란드는 2004년 셉테드를 도시계획 정책 가이드라인으로 채택, 모든 신축건물에 셉테드를 적용하고 있다. 셉테드 인증을 받은 주택은 보험료를 10-30% 할인받는 등의 혜택도 있다.

일본 도쿄의 미드타운과 롯폰기 힐스 등도 도시계획 단계에서부터 셉테드가 도입된 사례다. 주차장에는 비상벨이, 보행자 통로에는 조명이 5m 간격으로 설치됐다. 2004년부터는 '방범우량멘션·주차장' 인증제도를 시행해 빈집털이나 주차장 내 범죄 등을 줄이려고 노력하고 있다. 또 일본에는 가로등 불빛을 주황색에서 푸른색으로 바꾸는 '푸른 가로등' 사업을 통해

---

272 강지남, 전게기사.

범죄발생률을 20%나 낮췄다.

호주는 2000년 시드니올림픽 때 경기장, 숙소, 교통시설 설계에 셉테드 개념을 채택해 실행했다.[273] EU유럽연합 산하 유럽표준화위원회는 '셉테드 유럽표준'European Standard ENV 14383-2:도시계획과 건축설계를 통한 범죄 및 두려움 감소을 작성했다.

국내에서는 1992년 건설교통부에서 고안한 '방범설계를 위한 지침'을 시작으로 정책적인 셉테드 연구가 시작됐다. 범죄예방이나 공공정책 개발 등과 관련된 본격 연구는 2005년 3월 경찰청에서 최초로 셉테드 추진 계획을 발표하면서라고 볼 수 있다. 당시 경찰청이 경기도 부천시를 셉테드 시범적용 지역으로 지정해 2005년부터 2년 동안 폐쇄회로 카메라를 설치하고 가로등을 개선하는 등의 사업을 진행했다. 2016년부터 범죄예방진단팀CPO 제도를 운영하고 있다. 법무부에서는 법사랑위원회를 중심으로 셉테드 활동을 진행하고 있다.

국토교통부는 2014년에 건축법 53조의2항(건축물의 범죄예방) 조항을 신설하며 셉테드의 법제화에 나섰다. 범죄예방을 위한 건축기준의 세부 지침을 명시한 '범죄예방 건축기준'도 고시했다.

제임스 윌슨(James Q. Wilson)

1931년생. 1952년 레드랜즈 대학(Redlands Univ.)에서 학사학위. 1982년 죠지 켈링 (George L. Kelling)과 공동 연구한 '깨어진 창문이론(Broken Windows Theory)'이라는 논문으로 유명함.

 깨어진 **창문이론**Broken Window Theory

깨어진 창문이론은 통제이론과 상황적 범죄예방이론과 연계되어 있다. 깨어진 창문이론은 무질서한 지역사회의 모습과 실제 범죄는 직접적인 연관성이 있다는 것이다.[274] 깨어진 창문 하나가 수리되지 않고 방치된다면, 그것은 잠재적인 범죄자들에게 경찰과 주민들이 지역사회를 지키지 않는다는 메시지를 준다는 것이다.

따라서 깨어진 창문을 방치한 결과 지역사회는 쓰레기 무단투기, 교통법규 위반, 반달리즘 등에 의해서 더욱 무질서하게 되면서, 마약거래자, 노숙자, 비행 청소

---

273 상게기사.

274 김미숙 외 6인 역, 「현대사회학」 (서울: 을유문화사, 2003), p. 235.

년 등에 의한 강력범죄가 발생하게 된다는 것이다.

깨어진 창문이론은 1982년 윌슨J. Q. Wilson과 켈링G. Kelling이 주장한 것으로써, 1969년 스탠포드 대학의 심리학자인 짐바르도Philip G. Zimbardo의 1969년도 연구인 세워둔 자동차에 대한 '파괴행위'Vandalism 진행과정 연구에서 아이디어를 얻었다.[275]

1980년 이후 각국에서 전개된 지역사회 경찰활동COP: Community Oriented Policing이 시민들의 범죄문제에 대한 무관심과 중앙집권적인 경찰관료조직으로 인하여 범죄와 무질서의 예방효과가 없는 것으로 나타나면서 새롭게 각광을 받게 되었다.

1990년대에 접어들어 지역사회의 범죄와 무질서를 보다 근원적으로 차단하기 위하여 1994년 브래튼William Bratton이 미국 뉴욕 경찰국장으로 취임하여 깨어진 창문이론과 이를 응용한 '무관용정책'Zero Tolerance Policy을 채택, 경이적인 범죄감소를 경험하여 국제적인 관심을 불러일으켰다.[276]

우리나라에서는 깨어진 창문이론을 '기초질서 단속운동'에 적용한 바 있다. 이처럼 깨어진 창문이론은 사소한 경범죄를 단속하면 중대한 중범죄를 예방할 수 있다는 사고에 기초하고 있는 것이 특징이다.

PART 02

---

275 임준태, 「범죄예방론」 (서울: 좋은세상, 2001), p. 295.

276 장석헌, "깨어진 창이론(Broken Window Theory)을 통한 경찰의 대응방안," 「한국 공안행정학회보」, 16, 2003, pp. 1-2.

Criminology &
C·J system

범|죄|학|과
형사사법체계론

제13장 피해자학과
여성주의 범죄학

---

1 ‖ 시대적 배경

1970년대 이전까지 세계 각국은 범죄피해자를 가해자의 범죄사실을 입증하기 위한 단순한 증거방법으로 인식하였다. 이러한 인식의 저변에는 "범죄로 인한 피해자는 실제로 피해를 입은 개인이 아닌 국가"라는 관념이 자리 잡고 있었기 때문이며, "범죄라는 것은 국가의 법질서에 대한 공격이자 침해행위"라는 사고가 형사사법에 스며있었기 때문이었다.[277]

피해자가 범죄의 진상파악 및 실체적 진실발견을 도와주는 증거방법 중의 하나라는 것은 부인할 수 없는 사실이다. 하지만 형사사법의 궁극적 목적이 인간존엄성의 실현을 위한 범죄피해의 신속한 회복이라는 입장에 서게 되면 피해자를 단순히 하나의 '증거방법' 혹은 형사절차의 변방에 있는 '객체'로서만 인식하던 고정관념을 벗어날 수 있게 된다.[278]

이처럼 헨티크Hans von Hentig와 멘델슨Beniamin Mendelsohn에 의해 시작되고 샤퍼S. Schafer의 피해자유형론 등에 의해서 발전된 피해자학은 새로운 형사사법의 발전에 많은 공헌을 하였다. 범죄로부터 국민의 생명·신체·재산을 보호해야 할 국가의 임무가 최근 들어 더욱 강조되면서 범죄피해자의 법적 지위를 강화해야 할 중요성이 세계 각국에서 새롭게 인식되기 시작한 것이다.

---

277 H. Zehr & M. Umbreit, "Victim Offender Reconciliation: An Incareration Substitute," *Federal Probation*, Vol. 46 No. 1, 1982, p. 64.

278 김재민, "피해자학"「피해자서포터」, 경찰수사보안연수소, 2005, p. 5.

피해자학Victimology의 학문적 근원은 1920년대-1950년대 범죄학자들의 관심으로 시작되었으며, 1960년대에 이르러 피해자에 대한 관심이 더욱 고조되었다. 20세기 초반 범죄학자인 헨티크Hans von Hentig는 1925년 "근친상간에 관한 연구"에서 근친상간과 관련해서 범인의 범죄행동에 피해자가 기여하는 측면을 분석하였다.

1948년 "범죄와 피해자"The Criminal and His Victim라는 논문을 통해서 피해자가 범죄행동에 어떤 원인을 제공하고 있음과 가해자와 피해자 상호관계를 충분한 고찰할 필요성이 있다고 주장하였다.[279] 헨티크는 피해자를 피해자로 만드는 것은 과연 무엇 때문인가에 관심을 가지면서 피해자의 특성이 피해자화에 영향을 미친다는 것을 암시하였다.

'피해자학의 아버지'라고 불리우는 멘델슨B. Mendelsohn은 피해자, 목격자, 증인 등을 대상으로 한 면담을 통해서 범죄자와 피해자 사이에는 강한 '개인적 상호 관계'interpersonal relationship가 있음을 발견하였다.[280]

벤자민 멘델슨(Benjamin Mendelsohn)

1900년생. 루마니아 부쿠레슈티(Bucharest)에서 학위. 피해자학의 선구자(Founder of Victimology)로 불림. 1937년 「피해자 연구(The science of the victim)」, 1947년에는 「피해자학(Victimology)」을 저술함.

멘델슨은 피해자학이 범죄학과는 독립된 고유의 과학으로 존재해야 함을 역설하면서 학문으로서의 독자성을 주장하였다. 멘델슨은 '피해자학'Victimology이라는 개념 외에도 '피해가 있는'Victimal(범죄학에서의 Criminal에 대칭된 개념)과 '피해자성'Victimity(범죄학에서의 Criminality에 대칭된 개념)과 같은 피해자 관련 용어를 만들었으며, 이후 이를 심화하여 피해자를 6단계로 분류하였다.[281]5

첫 번째 유형은 '완전히 무고한 피해자'completely innocent victim로서 이들은 가해자의 공격 이전에 아무런 범죄유발 행동을 하지 않았다. 예를 들어, 유괴를 당한 어린이 등이 해당될 수

---

279 MD McShane & FP William, "Radical Victimology: A Critique of Victim in Traditional Victimology," *Crime and Delinquency*, Vol. 38 No. 2, 2001, pp. 258-271.

280 이윤호.d, 「피해자학」 (서울: 박영사, 2007), pp. 15-16.

281 B. Mendelsohn, "The Victimology, Etudes Internationale de Psycho-sociologie Criminelle," *American Journal of Obstetrics Gynecology*, 1956, July, pp. 23-26.

있다.

두 번째 유형은 '사소한 잘못이 있는 피해자'victim with minor guilt 또는 '무지로 인한 피해자'victim due to ignorance로서 범죄피해를 당하기 전에 무심코한 부주의로 인해서 범죄피해를 당한 사람들이다. 예를 들어, 술집에서 폭행범을 째려 본 경우를 들 수 있다.

세 번째 유형은 '가해자만큼이나 책임이 있는 피해자'victim as guilty as offender와 '자발적 피해자'voluntary victim로서 부도덕한 사기성 범죄에 가담하다가 피해를 입은 사람과 기타 피해자 없는 범죄가 여기에 해당된다. 예를 들어, 말다툼을 하다가 서로 폭행한 경우이다.

네 번째 유형은 '가해자보다 더 큰 책임이 있는 피해자'victim more guilty than the offender로서 피해자가 범행을 유발시킨 상황이다. 예를 들어, 상대방에게 욕설을 하다가 폭행을 당한 사람 등이다.

다섯 번째 유형은 '가장 책임이 큰 피해자'The most guilty victim로서 처음에는 가해자로 범죄 상황을 만들었으나 본인이 통제할 수 없는 상황으로 인하여 피해자가 된 경우이다. 예를 들어, 주거침입강도범이 집주인에게 폭행을 당한 경우라고 할 수 있다.

마지막 유형은 '가상 또는 상상적 피해자'simulating or imaginary victim로서 자신이 도박으로 돈을 잃자 강도를 당한 것처럼 가장하는 경우라고 할 수 있다.

또한 사퍼S. Schafer는 '기능적 책임'functional responsibility이라는 개념을 통한 피해자·가해자의 관계를 기초로 하여 이것을 7가지 유형으로 나누었다.[282]

스테펀 사퍼(Stephen Schafer)

1911년생. 헝가리 부다페스트 대학(Budapest Univ.) 교수. 1956년 영국 내무부 컨설턴트로 근무. 1960년 「범죄피해자에 대한 보상(Restitution to Victims of Crime)」 등 저술.

첫 번째 유형은 '무관한 피해자'unrelated victim로서 피해자에게는 책임이 없으며, 단지 피해자가 가해자의 불행한 표적이었던 경우이다.

두 번째 유형은 피해자도 책임을 공유하는 '유발적 피해자'provocative victim로서 가해자가 피해자의 행위나 행동에 반응하는 것이다.

세 번째 유형은 '촉진적 피해자'precipitative victim로서 피해자가 스스로 자신을 위험한 시간과 장소에 처하게 함으로써 스스로를 피해자가 될 수 있도록 만드는 경우이다. 이때는 피해자

---

282 S. Schafe, *The Victim and His Criminal: A Study in Functional Responsibility* (NewYork: Random House, 1968), pp. 5-6.

에게도 약간의 책임이 있다고 볼 수 있다.

네 번째 유형은 '생물학적으로 연약한 피해자'biologically weak victim로서 이들은 노약자처럼 연약한 자신의 신체적 조건 때문에 가해자에게 범죄를 당하는 경우이다. 이때는 당연히 피해자의 책임이 없다.

다섯 번째 유형은 '사회적으로 연약한 피해자'socially weak victim로서 이들은 사회적 소수계층으로 사회에 통합되지 못하여 피해자가 되는 경우이다. 이들에게도 피해의 책임은 없다.

여섯 번째 유형은 '자기피해자화'self victimizing이다. 이는 약물, 매춘 등 피해자 없는 범죄에 가담한 것으로 이때는 모든 책임이 피해자 자신에게 있다.

마지막 유형은 '정치적 피해자'political victim로서 정치적 이유로 피해를 받는 경우이다. 물론 이때도 이들에게는 책임이 없다고 할 수 있다.

이처럼 피해자에 대한 연구는 피해자의 유형화를 시도한 사퍼S. Schafer, 살인죄의 유형분석을 시도한 볼프강Marvin E. Wolfgang, 강간죄의 유형분석을 시도한 아미르Menchem Amir, 피해자의 경솔함이 피해유발과 어떤 관련성이 있는지를 연구한 커티스Curtis 등의 연구로 이어졌다.[283]

이후 피해자에 대한 관심은 피해자의 복지를 위하여 그에 대한 지원과 보호대책을 강화할 것을 호소하면서, 영국의 여성 사회운동가인 프라이Margery Fry는 ① 여성보호, ② 아동의 권리확보, ③ 범죄문제에 대한 관심, ④ 범죄피해자 보상, ⑤ 법률 개정작업 등과 같은 '피해자보호운동'Victim Movement을 최초로 주장하였다.

이처럼 기존의 범죄학이 범죄행위를 한 범죄자에게 집중되었다면, 피해자학은 피해자의 특징 및 피해자를 유발하는 환경에 대한 체계적인 분석을 가능하게 함으로써 개인이 범죄를 예방할 수 있는 방법과 피해자에 대한 보호 및 지원 그리고 범죄다발지역에 대한 통제를 가능하게 하는 방안을 모색하게 하였다.

또한 비록 범죄학의 한 분파로써 피해자학이 등장하였지만 피해자와 가해자의 화해를 도모하는 '회복적 사법'Restorative Justice의 등장에도 많은 공헌을 하였다.

[283] 김재민, 전게서, p. 8.

형사절차에서 범죄 피해자 보호 제도를 가장 잘 갖춘 나라는 미국이다. 미국은 1960년대 범죄의 급격한 증가로 심각한 사회적 후유증을 앓았다. 때문에 1965년 캘리포니아주를 시작으로 연방 경찰의 피해자 보상 제도가 일찌감치 발전할 수 있었다. 현재 '피해자 및 증인 보호를 위한 연방 지침', '범죄피해자법', '피해자 및 증인보호법', '피해자 권리법' 등 각종 법률에 범죄 피해자에 대한 서비스와 보상 규정이 명문화돼 있다.

특히 국민의 세금을 전혀 사용하지 않고 범죄자가 지불하는 벌금이나 보석금으로 재원을 마련, 피해자들에게 지원하는 '범죄 피해자 기금'도 있다. 가해자가 피해자를 보호하는 것이다. 옴부즈맨과 지원인 제도를 둬 피해자 권리 침해 여부를 실시간으로 감시하는 주도 있다. 또 '피해자·가해자 화해 프로그램'은 피해자의 감정을 완화시키는 데 큰 도움을 준다. 피해자에게 분노를 표출할 수 있는 기회를 제공하고, 가해자에게는 범죄 피해 실태를 알려 책임을 자각하게 한 뒤 피해 회복을 위한 계획서를 작성하게 하는 제도다.

일본은 미국·영국보다 피해자 보호에 뒤늦게 뛰어들었지만 2000년대 들어 큰 도약을 이뤘다. 수차례 공청회를 통한 의견수렴 과정을 거쳐 2004년 12월 '범죄피해자기본법'을 제정했다. 특히 범죄 피해자 보호를 위한 경찰의 역할이 두드러진다. 경찰청을 비롯해 모든 경찰서에 설치돼 있는 '범죄피해자 대책실'에서 피해자들의 불만을 청취하고 상담을 돕고 있다. 또 피해자 보호를 위한 경찰·검찰·지자체의 협조 관계가 긴밀하게 유지되고 있다.

캐나다 경찰은 여성·노인·아동 범죄 피해자를 위한 '위기개입·정보제공 서비스'를 통해 직접적인 원조 활동을 벌이고 있다. 수사 과정에서 심리치료사가 심리적 외상 회복을 돕기도 한다. 캐나다 형법은 '성범죄와 관련해 피해자의 성적 평판은 피해자 진술의 신빙성을 떨어뜨리는 증거로 사용할 수 없다.'고 규정할 만큼 피해자 우선주의가 분명하다. 범죄자 석방에 대한 정보도 피해자의 안전을 위해 단계별로 제공된다. 경찰을 돕다가 피해를 입으면 금전 및 정신적 범죄 피해 구조금을 청구할 수 있다.

영국은 1970년대에 "수사 과정이 미숙하게 운영되면 피해자들은 '2차 피해자화'된다."는 낙인이론이 유행했다. 이에 따라 범죄 전수 조사격인 '영국범죄조사'가 1982년에 실시됐다. 그 결과 영국은 범죄수사가 성공하려면 피해자의 협조가 핵심임을 파악했다. 이를 계기로 피해자 보호 시책을 적극 추진했다.

1990년에는 '피해자 헌장'이 공포됐다. 영국의 형사사법 및 공공질서법 51조는 피해자를

---

284 특별취재팀, "선진국에선 어떻게" 「서울신문」, 2011.10.14.

위한 별도의 대기실 마련, 피해자의 동반자 좌석 확보 등 범죄 피해자에 대한 배려를 법으로 규정하고 있다.

프랑스는 범죄 피해자 유족에게 사망 당사자의 지위를 부여할 정도로 피해자 보호에 철저하다. 정부가 설립한 '국립 피해자 원조 중재센터'도 피해자를 돕는다. 독일은 치료 및 직업상 회복을 위한 비용, 유족연금지원, 장례비용, 주거비 원조 등 범죄 피해자에 대한 지원 범위가 세분화돼 있는 게 특징이다.

제2절 여성주의 범죄학 Feminism Criminology

1 ||| 여성주의 범죄학의 등장배경

근대 시민사회의 신호탄을 쏘아올린 1789년의 프랑스혁명. 자유·평등·박애를 부르짖으며 절대왕정을 무너뜨렸지만 그 혜택은 남성에게만 돌아갔다. 1804년에 공포된 '나폴레옹 민법전'은 "남편은 대화를 나눌 때 아내를 지배하고 있는 전반적인 정신과 함께 남편 외부에서 어떤 영향을 받는지를 알 권리를 갖고 있다"고 기록했다.[285]

서구사회가 산업화의 격동을 맞으면서 일과 가정을 분리하였다. 20세가 들어서면서 노동시장이 유연화되고 가정이 해체되면서 서구사회는 개인 단위로 변화하였다. 이런 상황에서 여성 문제는 남녀를 구분하는 전통적 가치와 변화된 사회적 조건이 모순적으로 격돌하면서 가장 민감한 주제로 대두되었다.

> **Criminology & C·J systems**
>
> 🌐 **전업주부**[286]
>
> 과거 전통적인 미국사회에서는 "마사에게 물어볼까"라는 말이 유행했다. 미국의 아주머니들 가운데 집안일을 하다 뭔가 막히면 이렇게 중얼거리는 이가 많다. 마

---

[285] 박정호, "여성의 역사 한국어판 출간" 「중앙일보」, 1998.07.02.
[286] 분수대, "전업주부" 「중앙일보」, 2007.05.22.

사는 '살림의 여왕' 마사 스튜어트를 이르는 말. 폴란드계 이민 노동자의 딸로 태어난 그는 집안 어른들한테 배운 빼어난 손맛과 센스를 무기로 30대 초반 케이터링 사업을 벌여 성공했다. 내친김에 인테리어와 조경 등 웬만한 가사활동을 매뉴얼화하고 콘텐트로 팔아 억만장자가 됐다. 타임지는 '미국인의 삶을 요리하고 바느질하고 페인트칠한다'고 평했다.

국민총생산 수치에도 잡히지 않던 잡다한 가사노동에 즐거움과 혼을 불어 넣고, 주부의 위상을 전문가·예술가의 경지로 끌어올렸다는 것이다. 기분이 유쾌할 때 '마사의 순간'Martha moment이란 표현을 쓸 정도였다.

60년대 초 미국에서 시작되어 가히 혁명적인 사회운동으로 전 세계를 휩쓴 여성 해방운동은 성차별에 따른 남녀불평등을 고발하고 여성이기 이전에 인간임을 강조하는 다양한 '여성학'Women's Study 이론을 낳았다.

아들러Freda Adler는 '시노미 이론'Synomie Theory을 주장하면서 여성해방운동과 페미니즘 범죄학을 접목하였다. 시노미 이론은 아노미 이론Anomie Theory과 반대되는 개념으로 비공식적 사회통제가 범죄를 억제하는 요인이라는 것이다. 범죄와 일탈행위를 통제하기 위해서는 사회구성원 모두가 비공식적 사회통제에 더 관심을 가져야 된다는 개념이다.

프레다 아들러(Freda Adler)

1934년생. 펜실베니아 대학(Pennsylvaina Univ.)에서 학사학위. 그녀는 1975년 「여성범죄와 해방이론(Liberation Theory of Female Criminality)」으로 유명해짐. 여성해방운동의 증가로 여성범죄율이 높아졌다고 주장. '미국에서 가장 중요한 여성 범죄학자(foremost female criminologist in the U.S)'로 불림. 1976년 「범죄자매(Sisters in Crime)」 등 저술.

린드Meda Chesney-Lind는 페미니스트 범죄학자로서 형사사법제도와 연관된 여성의 인권향상에 대해서 노력하였다. 하와이주에서 여성의 일탈과 범죄 그리고 여성피해자보호로 명성을 쌓았다.

메다 체스니 린드(Meda Chesney-Lind)

1969년 화이트맨 대학(Whiteman College)에서 학사학위. 하와이 대학(Hawaii Univ.)에서 박사학위 받음. 여성범죄학(Feminism and Criminology)의 선구자(leading scholar in feminist criminology) 역할을 함. 2004년 「여성 범죄자: 소녀, 여성 그리고 범죄(The Female Offender: Girls, Women and Crime)」 등 저술.

Criminology & C·J systems

🌐 여성혐오misogyny

문화로서 '여성혐오'misogyny는 남성 우월주의 사회에서 자연스럽게 모든 구성원이 체화한 관습이다. 여성혐오는 일상 속에서 늘 일어나는 아주 교묘한 방식의 성차별주의에서부터 극단적이고 집단적인 강간과 살해까지 포괄한다.

성차性差를 강조하고 성별 구분에 따른 행위규범과 노동분업을 당연시하는 관행부터 노골적인 조롱, 멸시, 비하, 비인간화, 성적대상화, 배제, 위협 등으로 나타난다. 눈에 보이지 않는 인식부터 제도화한 차별과 물리적 폭력까지 광범위하다. 제노사이드, 집단강간, 연쇄살인, 성폭력, 데이트강간, 아내 구타, 학대, 영아 낙태와 살해, 성매매와 인신매매, 음란물 등 종류도 다양하다.[287]

2 ║ 여성주의 범죄학의 주요내용

21세기야말로 여성의 세기라는 말이 화두로 등장하였다. 여성주의라는 말이 무엇을 의미하는지는 분명하지 않으나 투크만Tuchman이 '여성해방의 이론'Feminist Theory이라는 공통분모를 지적하면서 20세기 중반 이후 전개된 여성운동에서 나온 말로 사회, 문화에 있어서 여성의 지위와 여성의 본질이 무엇이냐 하는 문제를 체계적으로 다루는 이론으로 본다.

여성학에서는 생물학적 성을 섹스sex로, 사회적 성은 젠더gender로 구분한다. 여성계에서 주로 문제 삼는 것은 젠더다. 남성다움과 여성다움을 사회적으로 구조화하는 젠더가 남성 지배/여성 억압 구도를 합리화한다고 보기 때문이다. 섹스와 젠더를 구분하는 것, 이것이 바로 여성학의 기본이다.[288]

제거Alison M. Jaggar와 스트럴Paula Rothenberg Struhl의 『여성해방의 이론체계』Feminist frameworks: alternative theoretical accounts of the relations between women and men는 여성해방의 이론을 다양한 시각에서 가장 포괄적이고 총체적으로 다룬 것으로 흔히 여성학의 교과서로 일컬어진다.[289] '페미니즘' 여성해방, Feminism은 여권 향상과 여성의 자아 찾기를 통한 여성해방을 목표로 삼고 있다.

---

287 이나영, "그는 왜 국회 대신 화장실로 갔을까"「신동아」, 2016.06.23.

288 조준현, 전게논문, pp. 176-181.

289 박금옥, "올해 출간된 여성관계 서적들"「중앙일보」, 1983.12.19.

> "마지막 해방은 노동해방도 아니고 민족해방도 아니며 결국 여성해방이 될
> 것"이라는 어느 학자의 말처럼 21세기는 여성이 해방의 주체이자 곧 대상이 되는
> 세기가 되면서 사회적 격론을 낳았다.[290]

많은 논의를 필요로 하지만 최소한도의 정의로서 여성문제를 그간의 지배적인 남성우월의 시각이 아닌 여성 고유의 시각으로 바로 보자는 의도이다. 패미니즘 이론이 단일한 통일적인 이론이 없는 것처럼 패미니즘 범죄학도 마찬가지이다.[291] 패미니즘 범죄학에는 여러 가지 계열이 있는데 그중 자유주의 패미니즘 범죄학, 막시즘 패미니즘 범죄학, 급진 패미니즘 범죄학, 사회주의 패미니즘 범죄학 등 4가지 패미니즘 범죄학이 유명하다.[292]

심리학자 위츠Shirley Weitz는 여성은 남성과 달리 취급되고, 다르게 정체성을 확립하게 되면서 여성의 사회적 역할은 남성과 달리 각인되게 마련이라고 한다.[293]

소년과 소녀들은 각각 다르게 사회화된다고 한다. 소녀들은 사람을 돌보고, 감성적이며 순종적으로 키워지고, 소년들은 공격적이며 빈틈없고 남의 위에 서도록 키워진다. 오랫동안 많은 사회학자들이 남성과 여성의 범죄율 차이는 결국 이러한 사회화과정의 결과물이라고 주장하여 왔다. 파슨즈는 소녀들은 상대적으로 유순하게 키워지게 마련이며, 어른들의 기대대로 착한 사람으로 성장하게 마련이라고 한다.[294]

Criminology & C·J systems

🌐🔍 성인지 감수성

'성인지 감수성'gender sensitivity은 양성평등의 시각에서 일상생활에서 성별 차이로 인한 차별과 불균형을 감지해내는 민감성을 뜻한다. 법원은 미투 운동 이후 '성인지 감수성'을 판단의 기준으로 제시했다.[295]

'성인지 감수성'이라는 용어가 최초로 법원 판결문에 등장한 것은 2018년 4월

---

290 김창호, "21세기 여성 역할은…" 「중앙일보」, 1999.01.09.

291 Daly & Chesney-Lind, "Feminism and Criminology," *Justice Quarterly*, Vol. 5, 1988, p. 501.

292 Maguire & Radosh, *Ibid.*, p. 249-250.

293 Association for Psychohistory, "Sex Roles: Biological, Psychological and Social Foundations," *The Journal of Psychological Anthropology*, 1979, p. 252.

294 Talcott Parsons, "Age and Sex in the Social Structure of the United States," *American Sociological Review* 7, 1942, p. 605.

295 이소연, "'미투 촉발' 안태근 2심서도 실형 선고…법원의 '성인지 감수성' 얼마나 달라졌나" 「쿠키뉴스」, 2019.07.19.

의 판례(대법원 2018. 4. 12. 선고2017두74702)이다. 제자를 성추행한 대학교수에게 무죄를 선고한 항소심을 파기환송한 이 판결은 〈한겨레21〉이 선정한 최고의 미투(me too·나도 고발한다) 판결로 꼽혔다.

2018년 4월 12일 대법원2부는 "법원이 성희롱 관련 소송의 심리를 할 때는 그 사건이 발생한 맥락에서 성차별 문제를 이해하고 양성평등을 실현할 수 있도록 성인지 감수성을 잃지 않아야 한다"고 밝혔다.

'성희롱 피해자가 처해있는 특별한 사정을 충분히 고려하지 않은 채 피해자 진술의 증명력을 배척하는 것은 논리와 경험 법칙에 따른 증거판단이라고 볼 수 없다'라는 기준을 제시하며 원심판결을 파기 환송한 바 있다.

대구의 한 사립 전문대학 교수가 학생 성희롱으로 해임되자 불복해 소송한 사건에서 원고 패소 판결을 내리면서다. 당시 대법원은 "가해자가 교수이고 피해자가 학생이라는 점, 학생들의 취업에 중요한 추천서 작성 등을 빌미로 성적 언동이 이뤄진 정황 등을 충분히 고려해 피해자 입장에서 성적 굴욕감이나 혐오감을 느낄 수 있는 정도였는지를 기준으로 심리해야 한다"고 판시했다.

성범죄는 주로 밀폐된 공간에서 발생, 증거가 부족하고 가·피해자의 진술 신빙성이 중요한 논점이 된다는 것이 특징이다. 이전 판례가 평균적인 사람의 상식에서 사건 당시 피해자의 상황을 판단해 왔다면, 최근 판례는 성인지 감수성에 입각하여 피해자와 같은 입장에 있는 평균적인 사람의 상식에서 피해자에게 처한 특별한 상황, 2차 피해에 대한 두려움 등까지 함께 고려하는 취지로 변화하고 있다.

성범죄 피해자 2차 피해의 가장 큰 원인은 무엇이었을까? 피해자가 피해발생 여지, 원인제공을 한다는 '피해자 유발론', 다른범죄에 비해 성폭력 피해자에게 특히 요구되어 왔던 '피해자다움'이다. 예를 들어 '누가 따라가래?, 옷차림이 그러니까 성폭행을 당하지'라는 따가운 주변 시선들, '성폭력은 극복할 수 없는 치명적인 피해'라며 피해자 답기를 강요하는 근거 없는 기준이 피해자를 궁지로 몰아 버렸다. '남자답게, 여자답게'라는 고정된 생각에서 탈피하여 '나다움'을 추구하는 것이 성인지 감수성의 시작이 될 것이다.[296]

296 조가을, "성범죄 판단의 새로운 기준 '성인지 감수성'" 「시민일보」, 2019.07.10.

통합 범죄학 이론의 가치[297]

범죄이론에 대한 통합노력은 여러 차례 시도가 되었다. 하지만 이론적 차원에서 보다 중요한 기준은 이론의 논리성이다. 경험적 검증의 과정에서는 가설 도출, 표집, 측정을 위한 조작화, 추리통계 기법을 통한 자료 분석 등의 여러 단계를 거쳐야 한다. 이러한 단계들에서 발생하는 오류나 오차가 변인의 경험적 지지 여부와 설명력의 정도를 결정할 수 있다.

허쉬Hirschi(1979)는 이론통합을 위해서 '순차end-to-end' 통합방식을 제시하였다. 긴장이론, 사회통제이론, 사회학습이론을 통합하여 여러 직·간접 인과 경로를 상정한 엘리엇과 동료들의 통합이론이 순차통합의 예에 해당한다.[298]

병렬side-by-side 통합과 상하up-and-down 통합은 설명력을 높일 수 있는 통합 방식이 될 수도 있지만, 범죄나 비행의 사례를 이론적으로 의미 있는 방식으로 나누기 어렵다는 점, 여러 이론들을 무분별하게 하나의 일반이론으로 포섭시키려고 하는 경향이 나타날 위험성 등의 문제를 안고 있다. 이는 결국 이론 통합이라기보다는 이론 '흡수'의 형태로 간주 되어 '이론적 제국주의'라는 비난을 받았다.

미드Mead는 상징적 상호작용이론과 같은 더 큰 이론적 틀로 사회통제이론, 차별접촉이론, 낙인이론 등 관련 이론들의 통합을 시도하였다. 허쉬는 '수준 간cross-level 통합'이라는 또 다른 차원의 유형을 제시하였다. 거시 수준의 인과 과정과 미시 수준의 인과 과정을 연결함으로써 이론의 통합을 꾀하는 방식이다.

콜빈Colvin과 폴리Pauly의 구조 마르크시스트 통합이론(1983), 브레이스웨이트Braithwaite의 재통합적 수치심부여이론(1989) 등이 여기에 해당한다.

허쉬Hirschi(1969)와 콘하우저Kornhauser(1978)의 주요 이론의 가정에 대한 분석과 이에 근거한 가정의 양립불가능성에 대한 주장은 통합이론의 넘어야 할 가장 견고한 장벽이 되어왔다. 가정이 양립 불가능한 이론은 사회유대이론과 차별접촉이론으로 대표되는 양 진영의 이론들이다.

최근 들어 통합을 지향하는 이론가들이 일반이론general theory의 유혹에 쉽게 빠지는 것으로 보인다. 하지만 아이러니하게도 이론 통합의 가장 바람직한 방식은 '이

---

297 신동준, "범죄학 이론 통합의 이론적 가치"「한국사회학회 사회학대회 논문집」, 2014, pp. 317-320.

298 Delbert S. Elliott & Suzanne S. Ageton & Rachelle J. Canter, "An Integrated Theoretica Perspective on Delinquent Behavior," *Journal of Research in Crime and Delinquency*, Vol. 16, No. 1, 1979, pp. 3-27.

론 정교화'로 보인다. 이는 사실 이론 통합에 반대하는 진영에서 제시하는 논리이다. "이론을 통합하려는 시도를 하기 전에 먼저 기존의 이론을 발전시키는 데 시간과 노력을 투자하는 것이 더 낫다"는 것이다.

"사람은 자기 자신에 관해서 얘기해서는 안 됩니다. 왜냐하면 마음을 털어버리고 나면 우리는 더 가난하고 더 고독하게 있게 되는 까닭입니다. 사람이 속을 털면 털수록 그 사람과 가까워진다고 믿는 것은 환상입니다. 사람과 사람이 가까워지는 데는 침묵 속의 공감이라는 방법밖에는 다른 방법이 없습니다."

– 루이제 린저(Luise Rinser, 1911~2002), 「생의 한가운데」 中에서

Criminology &
C﹒J system

범|죄|학|과
형사사법체계론

제**14**장 **범죄현상론**

---

1 │ 범죄학의 과학적 연구 의의

범죄학은 범죄원인, 범죄동기, 범죄자의 심리 등을 연구하는 과학적 학문이다. 과학적 학문이라는 것은 과학적 연구scientific research 방법론을 사용해야 한다. 과학적 연구는 사회현상의 부분들 간에 존재하는 관계들을 체계적으로 분석함으로써 어떤 부분에 대한 불확실성의 감소를 목적으로 한다.

범죄학은 ① 범죄원인의 분석(범죄원인론), ② 범죄 실태의 파악(범죄현상론), ③ 범죄통제 방안의 강구(범죄대책론), ④ 범죄피해자의 연구(피해자론) 등을 주요 연구대상으로 한다.

만약 어떤 연구가 단순히 이미 잘 알려진 사실을 다시 증명하는 데에 한정되어 있다면 그것은 '연구'research라고 할 수 없다. 과학적 연구는 철학, 신학, 문학, 그리고 순수 수학 등과 구별된다. 영혼의 존재, 천사의 수, 선의 본질 등은 모두 믿음과 가정의 문제들로 과학적 연구와는 무관하다. 과학적 연구는 관찰과 조작을 통해 입증될 수 있는 속성을 가진 경험적 세계를 대상으로 한다.[299]

범죄학 연구는 관습, 상식, 직관 등과 같은 지식탐구방법과 다른 과학적 방법론을 사용한다. 과학적 방법론은 ① 관습에 의한 방법method of tenacity, ② 권위에 의한 방법method of authority,

---

299 장상희·이상문 역,「사회통계학」(서울: THOMSON, 2007), p. 28.

198 PART 02 범죄학 이론

③ 직관에 의한 방법method of intuition 등으로 분류된다.

과학적 방법method of science은 과학적 지식을 습득하는 기술과 방법이며, 과학적 지식은 과학적 방법에 의해 증명된 지식을 말한다. 코헨과 네이젤Cohen & Nagel은 '논리와 과학적 방법 개론'Introduction to Logic & Scientific Method이라는 저서에서 과학적 방법론과 다른 방법론과의 차이에 대해서 다음과 같이 구별하였다.

[표 2-3] 과학적 방법론과 다른 방법론의 구별

관습에 의한 방법 (method of tenacity)	• 이 방법은 어떠한 명제나 주장을 관철시키기 위하여 단순히 우리가 믿고 있는 선례나 관습 또는 습성을 그 근거로 제시하거나 준용한 것이다. • 이 방법은 전통과 인습과 구별되며 진정한 학문발전에 방해가 된다.
권위에 의한 방법 (method of authority)	• 이 방법은 자신의 주장에 대한 타당성과 설득력을 높이기 위하여 인품이 뛰어나거나, 전문기술을 갖고 있거나, 사회적 지위가 높은 사람을 인용하는 것이다. • 이 방법은 권위의 출처가 다른 경우엔 의견일치를 보기 어렵고 전문가들의 견해일치가 어렵다는 단점이 있다.
직관에 의한 방법 (method of intuition)	• 이 방법은 스스로 분명한 명제에 호소하는 것이다. "인간은 착하게 살아야 한다." 등과 같은 '자명성'(self-evidence)에 의존하는 것이다. • 자명성은 너무나 명백한 사실이기 때문에 그 뜻을 이해하는 사람이면 누구나 그것이 곧 진실이라는 확신을 갖게 된다. • 하지만 교육에 의해서 조성된 자명성 중의 하나였던 "지구는 평평하다."라는 명제가 깨진 것처럼 절대적인 진리가 없다는 것을 간과하고 있다는 단점이 있다.
과학적 방법 (method of science)	• 이 방법은 가능한 한 많은 의문을 제기하고, 과학적으로 증명한다는 점에서 다른 방법론과 차이가 있다. • 자연현상과 달리 사회현상은 재현성이 없고, 사회현상은 복잡하여 규칙성을 찾아내기 어렵다는 단점이 있다.

출처: 김해동, 「조사방법론」(서울: 법문사, 1996), pp. 28-33 재구성.

2 ‖ 범죄학의 연구문제(가설)와 통계분석 방법

1 연구과정에서의 범죄학

연구과정에서의 범죄학Criminology in the research process은 관찰과 조작을 통해 입증될 수 있는 속성을 가진 범죄 세계를 대상으로 한다. 일반적으로 범죄학 연구는 ① 서론Introduction, ② 이론적 배경Literature Review, ③ 연구방법Research Method, ④ 연구결과 분석Results, ⑤ 토의Discussion, ⑥ 결론 및 한계Conclusion 등의 순서로 진행된다.

이 중 서론은 선행연구를 바탕으로 연구의 필요성과 연구의 목적을 서술한다. 연구의 필요성과 연구의 목적을 바탕으로 연구문제가 서술되어야 한다. 연구 문제는 의문문의 형태, 그리고 변인과 변인과의 관계를 검증 가능하도록 세워진다. 이러한 변인들은 측정 가능한 형태로 기술되어져야 한다.

[표 2-4] 일반적인 범죄학 연구논문 작성방법

구분	주요 내용
서론 (Introduction)	• 연구의 필요성과 목적을 바탕으로 연구문제가 서술 • 연구문제는 가능한 한 의문의 형식으로 서술 • 변인과 변인간의 관계로 설명 • 연구문제에 진술된 각 변인은 측정가능 해야 됨 • 현황 → 문제점→ 목적 → 독창성(Originality) 등이 제시되어야 함
이론적 배경 (Literature Review)	• 이론적 배경에서는 ① 이론중심의 정리, ② 연구자 중심 정리, ③ 요인중심 정리 등으로 소개할 수 있음 • 가설에 대한 설명이 필요 • 가설을 설정했다면 적어도 한 문단 이상 가설이 왜 그런지를 설명해야 함 • 가설에 대한 설명이 중요하기 때문에 문헌연구(Literature Review)가 중요함
연구방법 (Research Method)	• 연구수행과정, 응답률, 샘플링(Sampling)방법, 측정문항 개발과정 등 소개
연구결과 분석 (Results)	• 연구의 객관적 결과제시 • 응답자의 인구통계분포 정리 • 측정문항의 타당도, 신뢰도 검정 • 신뢰도 분석에서 Cronbach의 알파값이 0.6 혹은 0.7 정도 나와야 이 문항이 신뢰도 있게 측정되었구나라고 판단함. • 가설검정: 인과관계분석 등 • 분석 → 척도분석 → 신뢰도 분석 →변수 → 통계량
토의 (Discussion)	• 연구결과에 대한 해석 및 함의(Implication), 기여(Contribution) 등
결론 및 한계 (Conclusion)	• 연구에 대한 요약 및 한계 등

범죄학 연구에서는 첫 번째로 제1종 오류와 제2종 오류 문제를 구별하는 것이 중요하다.

제1종 오류 (type 1 error) (α error)	• 범죄학 연구에서는 '아무 차이가 없는데도 차이가 있는 것으로 인식시키는 실수'를 가리켜 제1종 오류라고 함 • 형사재판에 비유하자면, 무죄인 사람을 유죄로 판결하는 것임 • 대다수 일본 교과서에서는 제1종 오류를 '덜렁이(아와테모노)의 실수'라고 함
제2종 오류 (type 2 error) (β error)	• 범죄학 연구에서는 '본래 차이가 존재하는데도 그것을 못 보고 놓쳐버리는 실수'를 가리켜 제2종 오류라고 함 • 형사재판에 비유하자면, 유죄인 사람을 무죄로 판결하는 것임 • 대다수 일본 교과서에서는 제2종 오류를 '멍청이(본야리모노)의 실수'라고 함.

두 번째는 범죄측정이 중요하다. 범죄측정에서 개념적 정의는 연구의 대상인 추상적 개념으로서의 범죄를 말한다. 조작적 정의(척도화)는 추상적 개념을 측정하고 정량화하는 기술을 말한다.

세 번째는 범죄측정을 위한 타당도와 신뢰도가 중요하다. 타당도는 "연구대상을 정확하게 측정하고 있습니까?"라는 질문에 답을 하는 것이다. 신뢰도는 "측정결과가 안정된 정확도를 유지합니까?"라는 질문에 답을 하는 것이다.

Criminology & CJ systems

신뢰도와 타당도 비교

신뢰도reliability는 동일한 개념에 대해서 측정을 반복했을 때 동일한 측정값을 얻을 수 있는가에 대한 문제이다. 반복된 측정을 통해서 동일한 측정값을 수집할 수 있는 경우를 말한다. 만약 A라는 연구자가 어떤 측정을 통해 측정값을 도출했을 경우, 다시 동일하게 측정했을 때 동일한 결과가 나오면 그 결과는 신뢰도가 높다고 말할 수 있다.

신뢰도 분석은 신뢰성 지수크론바흐 알파, Cronbach α와 같은 신뢰도 척도를 계산한 값을 가지고 판단한다. 신뢰도 분석은 연구 결과와 해석을 위한 필요조건일 뿐 충분조건은 아니다.

타당도Validity는 측정하고자 하는 대상을 얼마나 정확하게 측정하였는가에 대한 문제이다. 만약 키를 측정하는데 저울을 가지고 측정한다거나 몸무게를 측정하는데 줄자를 가지고 측정한다면 타당도는 낮게 나올 것이다.

[그림 2-2] 범죄측정

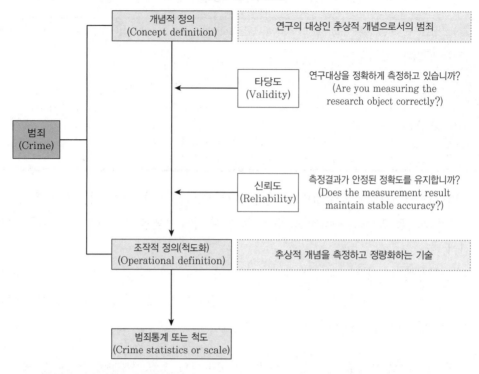

출처: 浜井浩一,「犯罪統計入門」(東京: 日本評論社, 2006), p. 12.

범죄학 연구논문의 데이터 형태에 따라서 통계분석 방법이 달라진다. 종속변수와 독립변수의 관계에 따라서 다양한 분석방법이 사용되는 것이 특징이다.

[표 2-5] 데이터의 형태(양적 · 질적)에 따른 통계분석 방법)

분류		독립변수 (Independent variable)	
		질적 데이터 (Qualitative data)	양적 데이터 (Quantitative data)
종속변수 (Dependent variable)	질적 데이터 (Qualitative data)	교차분석	로지스틱 회귀분석
	양적 데이터 (Quantitative data)	t-test, 분산분석	상관분석, 회귀분석

또한 연구문제라고 하는 가설을 어떻게 설정하느냐에 따라서 통계분석방법이 달라진다. 독립변수가 범주형이면 명목척도와 서열척도를 사용하게 되며, 연속형 이면 등간척도와 비율척도를 사용하게 된다.

[표 2-6] 연구문제(가설)와 통계분석방법)

독립변수	종속변수	통계분석방법	주요분석
범주형 (명목척도, 서열척도)	범주형	교차분석 (카이제곱(I^2)검정)	• 기술통계 → 교차분석
	연속형	독립t-test (두 집단 비교)	• 평균비교 → 독립표본 t검정
		아노바(ANOVA) (세 집단 이상 비교)	• 평균비교 → 일원배치분산분석
연속형 (등간척도, 비율척도)	범주형	로지스틱 회귀분석	• 회귀분석 → 이분형 로지스틱
	연속형	상관분석	• 상관분석 → 이변량 상관계수
		회귀분석	• 회귀분석 → 선형
		구조방정식	• AMOS에서 모형검증

3 ║ 범죄학 연구방법의 종류

범죄학의 연구방법에는 ① 실험연구experiment method, ② 관찰법observation method ③ 설문조사survey, ④ 실증자료분석study with archival data 등이 있다. 연구방법들은 각각 고유의 장점과 단점을 가지고 있다. 측정하려는 개념, 분석단위, 가설의 성격, 시간적 한계, 연구의 특성, 재정상황 등에 따라서 연구방법이 선택된다.

> 1903년 H. G. 웰스는 읽기, 쓰기 능력과 마찬가지로 통계학적 사고 역시 장차 사회인이 갖춰야 할 기본교양이 될 것이라고 예언했다. 읽고, 쓰는 능력을 리터러시(Literacy)라고 하는데 통계학적 리터러시, 즉 '통계 리터러시'가 없으면 사업적으로, 개인적으로 제대로 큰 결정을 내리지 못할 위험이 크다.[300] 통계자료는 모든 의사결정에 가장 먼저 필요한 기본 장비이다. 지금은 빅데이터를 비롯한 '통계를 지배하는 자가 세계를 지배하는 시대'이다.
>
> "거듭 말하지만, 10년 이내에 통계 전문가가 가장 섹시한 직업이 될 것이다."
> I keep saying the sexy job in the next ten years will be statisticians.
>
> 할 배리언(Hal Varian) 구글 수석 경제학자, 美 UC 버클리 교수

---

300 신현호 역, 「빅데이터를 지배하는 통계의 힘」(서울: 비전코리아, 2015), p. 16.

1 실험연구experiment method

실험연구라는 방법론은 19세기에 이르러 서양 의학과 생리학이 근대 과학의 길로 진입하는 바탕이 되었다.[301] 생리학자들로부터 촉발된 실험적 방법론은 범죄학 연구에도 큰 영향을 끼치게 된다.

사회현상에 관해서는 모든 조건을 이상적으로 설정하기란 불가능하다. 현상을 인위적으로 일으키는 것을 실험이라 하고, 자연계에서 일어나는 현상을 그대로 보는 것을 관찰이라 하여 실험과 관찰을 구별하는 사고방식도 있다.

일반적으로 실험연구는 ① 2개 이상의 집단으로부터 무작위로 표본을 추출하여 집단의 등가성equivalence of group 확보, ② 사전과 사후조사pre and post test 실시, ③ 실험집단과 통제집단experimental and control group의 구별이라는 3가지 특징을 가지고 있다.

실험연구방법은 연구의 내적 타당성internal validity에 영향을 미치는 요인들을 통제하는데 가장 유리한 방법으로서 비교적 빨리 그리고 적은 비용으로 쉽게 계량화할 수 있는 자료를 확보할 수 있다는 특징이 있다.

그러나 외적 타당성external validity을 확보하기 위한 변수의 통제로 인한 인위성의 위험성은 자연조건상의 모집단에 일반화할 수 있는 가능성을 저해하며, 연구자가 변수를 적절히 조절할 수 있는 환경이나 실험대상을 확보하기가 쉽지 않다는 어려움이 따른다.

2 관찰법Observational Methods

관찰법Observational Methods은 관찰을 기본으로 하여 연구문제에 대한 답을 얻기 위한 체계적 방법이다. 자연과학분야와 사회과학 분야에서 대부분의 이론들은 자연현상에 대한 세밀한 관찰과 실험장면에서의 관찰에서 발전되었다. 뉴턴Newton의 '만유인력의 법칙'Law of Universal Gravitation, 파블로프Pavlov의 '조건반사이론'Pavlov's Conditioned Response, 피아제Piaget의 '인지발달이론'Theories of Cognitive Development 등은 모두 관찰의 결과였다.[302]

관찰법의 장점은 비교적 단순한 도구나 기자재로 충분한 연구가 가능하여 경제적이라는 것이다. 반면 시간적 투자 측면에서는 비경제적인 것이 단점이다. 관찰의 경우 원하는 현상이

---

301 이찬규·이나미, "클로드 베르나르의 실험 의학, 19세기 유럽 문학에 나타난 자연주의와 근대성의 기원에 관한 연구", 「의사학」, 22(1), 2013, p. 280.

302 김아영, 「관찰연구법」(서울: 교육과학사, 2007), pp. 7-8.

나 행동이 출현하지 않는 경우 몇 일 혹은 여러 달이 소요되는 경우가 많다.

관찰법을 분류하는 체계는 학자들에 따라서 다양하게 정의된다. 첫째, 관찰하는 상황이나 대상 행동이 관찰범위나 내용, 방법을 조직하는 정도에 따라 '자연관찰'naturalistic observation과 '체계적 관찰'systematic observation로 나뉜다.[303]

둘째, 관찰자가 관찰 상황에 개입을 하느냐 하지 않느냐에 따라 '참여관찰'participant observation과 '비참여관찰'non participant observation로 나뉜다. 특히 게이Gay는 관찰법의 유형을 '참여관찰'과 '비참여관찰' 그리고 문화기술법ethnography으로 나누고 비참여관찰을 자연관찰, 모사관찰simulation observation, 사례연구case studies, 그리고 내용분석content analysis으로 나누었다.[304]

셋째, 관찰 대상자들과 상황에 대한 통제 정도에 따라 '통제적 관찰'controlled observation과 '비통제적 관찰'uncontrolled observation로 나누기도 한다.[305]

이 중 범죄학에서의 참여관찰은 연구자가 직접 범죄자의 세계에 뛰어들어 그들과 생활을 같이 하면서 범죄자의 심리, 태도, 가치관 등을 관찰하고 범죄의 원인을 해명하는 방법이다. 참여관찰은 범죄자에 관한 가장 생생한 자료를 수집한다는 점에서 장점을 가지고 있다. 그러나 연구자 자신이 직접 범죄자를 자행하는 경우가 발생하고 피 관찰자들의 성격에 대한 객관적인 관찰이 불가능하며 주관적인 편견이 개입된다는 비판이 있다.[306]

참여관찰의 대표적인 예로는 이아니Ianni의 '조직범죄에 대한 연구'Study of Organized Crimes(1972), 폴스키(Polsky)의 '사기꾼'Con Artists(1967), 클록카스Klockars의 '약물중독자'Drug Addicts(1965) 등이 있다.[307]

3 **설문조사**survey

설문조사는 통계 자료 등을 얻기 위하여 어떤 주제에 대해 문제를 내어 묻는 조사를 말한다. 설문조사에는 우편질문서법mailed questionnaire, 면담personal interview, 인터넷 서베이 등이 있다.

---

303 C. J. Goodwin, *Research in psychology: Methods and design* (New York: John Wiley & Sons, Inc, 1995), p. 45.

304 L. R. Gay, *Educational Research: Competencies for analysis and application(2nd ed.)*(Charles E. New Jersey: Merrill Publishing Co., 1981), p. 35.

305 L. S. Meyers & N. E. Grossen,, *Designing qualitative research* (Newberry Park, Cal: Sage Publishing Inc., 1974), p. 46.

306 이윤호c, 전게서, pp. 26-27.

307 상게서, p. 27.

4 **실증자료 분석**study with archival data

실증자료 분석은 사회현상에 대한 자료를 수량적으로 파악하여 통계적으로 수집·정리하여 그 실태를 밝히는 것을 의미한다. 일차적 자료수집의 좋은 도구로서 조사연구survey는 기술적 연구descriptive study나 추론적 연구inferential study를 위한 양적 자료를 수집하고 인과성문제 causality issues를 다루기 위한 좋은 도구로 사용된다.

5 **기타**

❶ 사례 및 생애사 연구Case & Life History Studies

사례 및 생애사 연구Case & Life History Studies는 연구주제에 대한 큰 그림을 제공하는 거시 범죄학적macro criminological 성격이 아니라 하나 또는 몇 개의 대상에 대한 깊이 있는 연구를 목표로 하는 미시 범죄학적micro criminological 관점을 갖고 있다.

이 중 사례연구는 특정한 사례를 연구하여 자료를 수집하는 방법이다. 생애사 연구는 특정인의 생애를 연구하여 자료를 수집하는 방법이다. 사례 및 생애사 연구는 범죄자 개개인에 대하여 그 인격, 성장과정 등 제 측면을 종합적으로 분석하고 각 측면의 상호관계를 밝힘으로써 범죄 및 범죄자의 원인관계를 더욱 정확히 해명하려는 방법을 말한다.

사례연구의 대표적 예로는 서덜랜드Sutherland의 '직업절도범'The Professional Thief(1937), 스레저Thraser의 '갱'The Gang: A Study of 1313 Gangs in chicago(1927), 쇼(Shaw)의 '잭 롤러'The Jack Roller(1930) 등이 있다. 사례연구는 사례연구자의 주관적인 편견이 개입될 소지가 있다는 비판을 받고 있다.

❷ 문헌연구Literature Review

기타 범죄학의 연구방법으로는 문헌연구Literature Review가 있다. 문헌연구는 기존의 논문이나 출판물 등을 출판물이나 대중매체의 주제를 체계적으로 분석하고 분류하여 자료를 수집하는 '내용분석'content analysis과 공식통계 등 타인에 의해서 이미 수집된 자료를 재분석하는 '이차분석법'secondary analysis 등이 있다.

문헌연구 Literature Review

문헌연구는 일반적으로 다음과 같은 의문에서 출발한다. ① 이 연구과제에 대하여 다른 학자들이나 다른 사람들은 어떻게 말하고 있는가? ② 어떤 이론이 이 문제를 다루고 있으며, 이 문제를 어떻게 이해하고 있는가? ③ 이 문제에 대한 연구가 있었는가? ④ 과거에 이 문제에 대한 연구가 있었다면, 그 연구들은 이 문제에 대해 일치된 의견을 가지고 있는가 아니면 방법론적으로나 이론적으로 상반된 의견을 보이는가? ⑤ 과거에 있었던 연구가 방법론적으로나 또는 이론적으로 시정할만한 문제점이 있는가?

제2절 범죄현상의 파악

1 공식 범죄통계자료

우리나라의 공식범죄 통계는 경찰, 검찰, 법원 및 교정기관 등 형사사법기관과 여성가족부의 공식통계가 있다. 일반적으로 범죄학자들은 공식범죄통계를 활용하여 범죄와 범죄자 및 범죄피해와 피해자에 관한 제반사항을 조사·연구하고 있다.

우리나라에서 발간되는 각종 범죄관련 주요 통계로는 1965년부터 대검찰청에서 발행하는「범죄분석」, 법무연수원에서 1984년부터 매년 발행하고 있는「범죄백서」, 대검찰청에서 검찰사건처리 추이와 해당 도의 각종 사건처리 상황에 대한 통계를 중심으로 1986년부터 매년 발행하는「검찰연감」, 대법원 법원행정처에서 1976년부터 각종 재판통계를 수록하여 매년 발행하는「사법연감」, 경찰청에서 1995년부터 매년 발행하는「경찰백서」, 1954년부터 발간된「경찰통계연보」, 여성가족부에서 1965년부터 매년 발간하는「청소년백서」등이 대표적인 공식범죄 통계자료들이다.[308]

---

308 허경미a,「현대사회와 범죄」(서울: 박영사, 2010), pp, 16-21.

1 자기보고식 조사^{self-report survey}

공식통계에 대한 대안으로서 일반적으로 자주 사용되는 방법 중 하나가 자기보고식 조사^{self-report survey}이다. 이 조사는 암수범죄와 누수범죄를 파악하는데 있어서 좋은 방법으로 알려져 있다. 이 조사는 신고 되지 않는 암수범죄나 범죄통계상의 선별오류로 인한 누수범죄까지도 파악할 수 있으므로 실제 범죄량과 범죄빈도를 평가할 수 있다.[309]

자기보고식 조사는 범죄와 관련된 사항뿐만 아니라 기타 피조사자의 인격특성, 가치관, 태도, 환경 등도 동시에 조사하기 때문에 ① 범죄이론을 검증할 수 있고, ② 범죄의 원인이라고 판단되는 요인도 파악할 수 있으며, ③ 범죄자와 준법자, 누범자와 초범 또는 폭력범과 비폭력범 등을 비교할 수 있는 장점이 있다.[310]

하지만 자기보고식 조사는 여러 가지 단점도 있다. 첫 번째는 조사대상자의 정직성과 진실성의 문제로 인한 조사의 타당성 문제이다. 조사대상자들이 진실한 답변을 함으로써 그들에게 얻어지는 것도 없는데 그들로부터 진실한 답변을 기대한다는 것은 무리라는 것이다. 범죄가능성이 가장 높은 피조사자일수록 자신의 범행을 숨기거나 속이기 쉬운 반면, 반대로 자신의 비행을 허위로 과장하는 경우도 있다.

두 번째는 설문조사의 대표성과 일반화의 문제가 있다. 자기보고식 조사는 대표성이 없어서 연구결과의 일반화가 곤란하다는 것이다. 이 조사는 특정한 시기에 특정한 지역에서 특정한 표본을 추출하여 조사하는 것이 대부분이다. 전국적인 조사나 지속적인 조사가 되지 못하기 때문에 조사의 대표성과 일반화에 어려움을 더해 주고 있다.[311]

세 번째는 조사대상자들의 기억력과 정확성의 문제, 조사별 상이한 기억 기간의 설정, 조사항목의 중복, 애매모호한 응답지 등의 문제가 있다.

마지막으로 조사자료의 처리와 해석의 문제가 있다. 조사대상자의 비행성 정도를 파악하기 위해서는 죄질과 빈도가 동시에 고려되어야 하지만 이 문제를 해결하기 위한 합의된 대안이 없다.

---

309 이윤호, 「범죄학개론」(서울: 박영사, 2005), p. 33.

310 Charles W. Thomas & John Hepburn, *Crime, Criminal Law, and Criminology* (Dubuque, IW: WM. C. Brown Company Publishers, 1983), p. 109.

311 Henry W. Mannle & J. David Hirschel, *Fundamentals of Criminology(2nd ed.)* (Englewood Cliffs, NJ: Prentice Hall, 1988), p. 40.

2 피해자조사연구Victimization Survey Study

❶ 피해자조사연구의 의의

피해자조사연구Victimization Survey Study란 가해자가 아닌 피해자를 통하여 범죄를 파악하고자 하는 방법이다. 공식통계가 암수범죄의 문제점을 안고 있기 때문에 실제 범죄의 피해자는 공식적으로 보고되고 기록된 것보다 많을 것이라는 가정을 전제로 하고 있다.

이 방법은 공식 범죄통계의 문제점을 보완하는 방법으로 활용할 수 있고, 특히 드러나지 않는 범죄인 암수범죄hidden crime를 파악하는 데 효과적이다. 일반적으로 피해자조사연구는 범죄의 피해자를 대상으로 범죄의 실태를 파악하는 조사방법으로 범죄피해 대상자를 조사자가 직접 방문하여 시행한다.[312]

피해자나 목격자가 신고하지 않아서 기록되지 않는 범죄인 암수범죄는 공식통계의 신뢰성을 부정하는 결과를 야기한다. 특히 성폭행의 경우, 신고율이 매우 낮다. 범죄유형별로 다르기는 하지만 성폭행은 실제사건의 50-70%가 기록되지 않는 것으로 조사되기도 했다.[313]

피해자조사연구는 범죄학의 연구영역을 범죄자 중심에서 피해자에게까지 확대하는데 기여하였다. 범죄피해자의 성sex과 빈부의 정도, 학력, 직업, 지역, 생활패턴 등을 파악함으로써 범죄의 종류에 따라 그 피해자가 일정한 특징을 가지고 있음을 보여준다.

❷ 피해자조사연구의 연혁

최초의 범죄피해자에 대한 체계적인 조사는 미국의 범죄학자들에 의해 1966년 10,000가구를 대상으로 이뤄졌다. 이는 1965년 「법집행과 형사사법행정에 관한 대통령위원회」Commission on Law Enforcement and Administration of Justice 활동의 하나였다.

피해자조사연구는 1967년 수도 워싱턴에서의 연구를 지원한 이래로 다양하게 활용되고 있는 범죄현상 파악방법으로서 적정수의 가구를 임의로 추출하여 조사원이 직접 방문하여 가족들의 범죄피해에 관해서 면접 조사하는 것이다. 따라서 공식통계와 자기보고식 조사가 가해자 중심의 통계인 반면, 피해자조사는 피해자가 조사의 초점이며 단위가 된다.

이 설문에 응답한 상당한 비율의 사람들이 그들이 범죄피해를 당한 적이 있다고 응답했다. 그들은 경찰에 산고하지 않은 것도 조사되었다. 보고되지 않는 범죄인 '암수범죄'Dark Figure의 존재에 대한 응답은 FBI의 UCRUniform Crime Report 보고서의 정확성에 대한 의

---

312 허경미b, 「피해자학」(서울: 박영사, 2011), p. 38.

313 U.S. Department of Justice, *Criminal Victimization in the United State-1980* (U.S. Government Printing Office, 1982), p. 76.

문을 증폭시켰다.

따라서 1972년부터 연방정부차원에서 26개 도시의 개인 및 사업체를 대상으로 전국 규모의 범죄피해조사를 실시하였다. 1973년에 미美인구조사국Bureau of the Census에서 계층화된 다단계 표집방법으로 전국의 가구를 무작위로 추출하여 조사하였다. 국가범죄조사NCS: National Crime Survey로 알려진 이 조사는 1992년 이후 국가범죄피해조사NCVS: National Crime Victimization Survey로 명칭이 변경되어 오늘에 이르고 있다.[314]

❸ 우리나라의 피해자조사연구 연혁

우리나라에서 실시한 최초의 범죄피해조사는 1991년 한국형사정책연구원이 실시한 "서울의 범죄피해에 대한 조사연구"이다. 같은 연구기관에서 1993년 전국적인 범죄피해조사를 최초로 실시하였다.

이후 통계청은 2009년 인구센서스 조사의 일부로 범죄피해실태를 전국적으로 실시하였다. 이 조사에서는 절도, 강도, 폭행(상해), 성폭력, 사기, 협박(괴롭힘), 손괴 등의 '암수범죄'Hidden Crime의 발생률을 파악하고, 범죄피해의 취약성 요인을 밝히며, 범죄에 대한 일반인들의 인식과 태도 등 우리나라 국민들의 범죄피해경험 관련 정보를 시계열 자료형태로 구축하는 것을 목적으로 하였다. 조사방법은 자기기입식 조사와 심층면접방식을 병행하였다. 현재는 범죄피해통계를 산출하는 형사통계가 매우 다양해져 있다.[315]

이처럼 피해자조사연구Victimization Survey Study)는 공식통계가 암수범죄의 문제점을 안고 있기 때문에 실제 범죄의 피해자는 공식적으로 보고되고 기록된 것보다 많을 것이라는 가정 하에 가해자가 아닌 피해자를 통하여 범죄를 파악하고자 하는 방법이다. 이 방법은 공식 범죄통계의 문제점을 보완하는 방법으로 활용할 수 있고, 특히 드러나지 않는 범죄인 암수범죄를 파악하는데 효과적이다.

Criminology & CJ systems

🌐🔍 **국가범죄피해조사**NCVS: National Crime Victimization Survey **방법**[316]

NCVS 조사는 3년 동안 6개월 단위로 약 20페이지가 넘는 설문지를 인터뷰한다. 설문은 "지난 6개월 동안 누군가가 당신의 집을 침입한 적이 있습니까?"라는 질

---

314 William G. Doerner & Steven P. Lab, *Victimization(5th ed.)*(Newark, NJ: Anderson Publishing, 2008), pp. 38-40.

315 허경미b, 전게서, pp 40-41.

316 상계서, pp. 39-40.

문으로 시작한다. 만약 'Yes'라고 응답한다면 다음 질문은 그 사건에 대한 구체적인 정보를 수집하는 형태로 이뤄진다. 조사결과는 응답자에게 가해졌던 폭력 및 재산범죄에 대한 많은 데이터를 제공한다.

예를 들어, 사건발생의 시간과 장소, 신체 상처나 재산손실 여부, 범인이 휴대한 흉기에 대한 설명, 피해자와 가해자와의 면식 여부, 경찰에의 신고 여부와 그 이유, 나이, 성별, 인종, 혼인상태, 경제적 수준, 교육정도, 피해자의 거주 장소 등이다.

조사는 4가지 폭력범죄 유형, 3가지 절도범죄 유형(침입절도, 차량절도, 일반절도)에 초점을 맞춘다. NCVS의 범죄분석 리스트는 UCR보다 간결한 것이 특징이다. 예를 들어, 유괴나 사기, 공갈이나 강요, 기물파손이나 방화에 이한 재산 손해는 수집되지 않고 대인범죄 위주로 조사된다.

범죄피해통계는 12세 이상의 인구 1,000명당 혹은 1,000가구당 범죄피해로 산출된다. 이에 비해 UCR은 인구 1000,000명당 범죄건수로서 NCVS에 의해 얻어진 범죄피해통계보다 정교하다. 다만 살인범죄통계는 범죄의 특성상 UCR에 의해서만 집계된다.

이러한 NCVS는 약 3억 명이 넘는 미국시민에 대한 전체조사를 가능하게 해준다. 무작위로 선정된 10여 만 명의 범죄피해경험은 강도, 강간, 절도를 당한 미국의 전체 범죄피해자 수를 추정할 수 있게 해 준다.

Criminology & CJ systems

 범죄현상 파악의 문제점

---

① 공식범죄통계는 암수범죄를 파악하지 못하는 단점이 있음

② 암수범죄를 파악하기 위하여 자기보고식 조사와 피해자 조사 등이 이용됨

③ 피해자조사는 공식 범죄통계의 문제점을 보완하고 암수범죄를 파악하는 데 효과적임

③ 실증연구는 객관적인 연구가 가능하지만, 통계조작의 문제가 있음

범죄학자들은 범죄자와 그들이 저지르는 범죄행위를 분류한 범죄유형crime typology을 통해서 범죄학을 좀 더 쉽게 이해할 수 있도록 도움을 준다. 범죄유형론에서 범죄자들에게 공통적으로 나타나는 특징이 존재하는가? 또는 비범죄자와 구별되는 어떤 특성이 존재하는가? 등을 연구한다.[317]

범죄학자들은 지지하는 학설과 개인적인 성향에 따라서 범죄유형을 다르게 분류한다. 브라운Stephen E. Brown·애스븐슨Finn Aage Esbensen·기스Gilbert Geis 교수 등은 ① 폭력범죄, ② 경제범죄, ③ 피해자 없는 범죄들과 범죄 없는 피해자들로 구분한다.[318] 시걸Larry J. Siegel 교수는 범죄유형을 ① 폭력범죄, ② 절도범죄, ③ 기업범죄, ④ 공공질서 위반범죄, ⑤ 사이버범죄 등 5가지의 유형으로 분류한다.[319]

이윤호 교수는 ① 전통적 범죄(살인, 강간, 강도), ② 특수범죄(조직범죄, 화이트칼라 범죄, 정치범죄, 피해자 없는 범죄) 등으로 구분하였다.[320] 이밖에도 미美 FBI의 지표범죄Index Crime와 우리나라 경찰청의 5대 지표범죄 등으로 분류한다.

[표 2-7] 美FBI와 韓경찰청의 지표범죄 비교

구분	내용
미(美) FBI의 지표범죄	① 살인(Criminal Homicide), ② 강간(Forcible Rape), ③ 강도(Robbery), ④ 중폭행(Aggravated Assault), ⑤ 침입절도(Burglary/Breaking or Entering), ⑥ 절도(Larceny/Theft), ⑦ 차량절도(Motor Vehicle Theft), ⑧ 방화(Arson)
한(韓) 경찰청의 지표범죄	① 살인, ② 강도, ③ 강간·강제추행, ④ 절도, ⑤ 폭력

경찰청에서 분류하는 5대 지표범죄는 ① 살인, ② 강도, ③ 강간·강제추행, ④ 절도, ⑤ 폭력 등이며 '범죄'하면 직관적으로 떠오르는 대표적인 범죄유형을 말한다.

본 교재에서는 다양한 범죄학자들의 범죄유형 분류 보다는 우리나라 경찰청의 5대 지표범죄를 중심으로 범죄유형을 분류하고자 한다. 이러한 분류는 경찰청의 범죄통계표를 분석하고 이해하는 데 도움이 되며, 범죄유형을 직관적으로 분류하는 데 기여할 것이다.

---

317 Larry J. Siegel, *op. cit.*, p. 323.

318 Stephen E. Brown·Finn Aage Esbensen·Gilbert Geis, *Criminology: Explaining Crime and Its Context(7th ed.)*(NewYokr: Elsevier Inc, 2010), p. 481.

319 Larry J. Siegel, *op. cit.*, p. 323.

320 이윤호c, 전게서, p. 73.

Criminology & CJ systems

강력범죄

　　강력범죄란 일반적으로 흉기를 사용하거나 강한 물리적 유형력을 이용하여 피해자를 심리적·물리적으로 압박하여 1차적으로는 생명·신체에 위해를 가하고, 2차적으로는 재산상의 피해를 가져오는 범죄를 말한다.

　　강력범죄에 관한 법률상의 특정 명문규정은 없다. 형법상의 살인·강도·강간·방화 등과 특정강력범죄의 처벌에 관한 특례법 위반 범죄, 폭력행위 등 처벌에 관한 법률 위반 범죄 등이 강력범죄에 속한다. 경찰은 실무상 살인·강도·강간·방화를 강력범죄로 분류하고 있다.

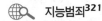

Criminology & CJ systems

지능범죄[321]

　　지능범죄란 사기, 횡령, 배임, 문서·인장·통화위조 등의 범죄를 일컫는 실무상의 용어다. 지능범죄에는 직무유기, 직권남용, 증수뢰 등 공무원의 지위와 관련된 범죄들도 있지만, 이 유형들이 차지하는 비율은 높지 않기 때문에 주요 지능범죄에서는 이러한 범죄들이 제외 되었다.

　　지능범죄 중 특히 보이스 피싱이나 대규모 투자사기의 경우, 다수 피해자를 양산하고 있어 경찰에서도 지능범죄 방지를 위해 많은 경찰자원을 투입하고 있다.

1 ┃┃┃ 살인

1 살인의 정의

　살인이란 고의로 타인의 생명을 단절시키는 행위를 말한다. 살인범죄란 사람을 살해함으로써 그 생명을 침해하는 범죄이다. 살인범죄 수사의 핵심은 피해자 주변수사, 현장관찰 및

증거물의 과학적 감정 등이 있다.[322]

2019년 살인(기수)은 가족을 포함한 친족(31.9%), 친구·애인(8.4%), 직장 동료(1.4%) 등 밀접한 관계에서 발생하였으며, 이웃·지인 간(14.2%) 발생비율도 높았다. 타인(16.2%)의 비율을 고려할 때 친족 등 주변인에 의해서 발생한 살인의 비중이 다른 범죄유형에 비해 높았다.

2 살인의 유형

형법상 살인은 살해의 대상과 범죄행위의 태양 및 참여정도 등에 따라 살인죄, 존속살해, 영아살해, 촉탁·승낙에 의한 살인, 자살교사 및 방조, 위계·위력에 의한 살인 등으로 세분된다. 모두 미수행위를 처벌한다. 살인죄, 존속살해, 위계·위력에 의한 촉탁살인에 대해서는 음모죄도 처벌한다.

미국에서는 한국과 같은 존속살인죄는 없고, 1급 살인first-degree murder(모살죄, 계획적이고 고의)과 2급 살인second-degree murder(고살죄, 비계획적이지만 고의) 그리고 3급 살인third-degree murder(과실치사) 등으로 구분한다. 모살謀殺, murder은 계획적으로 다른 사람을 살해하는 행위이며, 고살故殺, manslaughter은 우발적 충동passion에 의해서 발생하는 살인을 말한다.

일반적으로 범죄학에서는 살인을 일반 살인murder, 연쇄살인serial murder 및 대량살인mass murder 등으로 구분한다. 살인사건의 수사는 ① 초동조치(현장출동), ② 현장관찰, ③ 기초수사, ④ 수사방침의 결정, ⑤ 수사활동, ⑥ 피의자 조사, ⑦ 증거자료 수집결과의 재검토(현장점검), ⑧ 참고인 조사의 순으로 진행된다.[323]

[표 2-8] 살인의 종류

연쇄살인 (serial murder)	• 연쇄살인은 일정기간 동안 3명 이상을 연쇄적으로 살해해야 연쇄살인범으로 정의된다. 연쇄살인의 원인은 어떠한 망상, 사명감(특정인에 대한 증오로 킬러본능 발휘), 성적 쾌락, 피해자에 대한 억압과 통제 등이 있다. • 연쇄살인의 특징은 살인과 살인 사이에 '심리적 냉각기'(cooling-off period of psychological)가 있다는 것이다.[324] • 심리적 냉각기란 살인과 살인 사이에 상당한 시간간격(사람에 따라 며칠에서 수 주 동안으로 개인차가 심함)이 있다는 것이다. 이 기간 동안 심리적 안정을 얻은 후 다시 살인 충동을 느껴 범행을 재개한다.[325]

---

322 Jame N. Gilbert, *Criminal Investigation(5th ed.)* (N.J: Prentice Hall, 2001), p. 229.

323 전대양, 「범죄수사」(서울: 21세기사, 2009), p. 679.

324 Charles R. Title & Raymond Paternoster, *Social Deviance and Crime* (L.A: Roxbury Publishing Co., 2000), pp. 82-85.

325 전대양, 전게서, p. 679.

연속살인 (spree murder)	• 연속살인은 짧은 시간에 여러 장소에서 2명 이상의 피해자를 살해하는 것이다. • 연속살인은 심리적 냉각기 없이 살인 흥분을 지속한 채 한꺼번에 닥치는 대로 몇 명이고 살인하는 것이 며 이 점이 연쇄살인과 구별된다.
대량살인 (mass murder)	• 대량살인(mass murder)은 같은 사람이나 집단이 동시에 4명 이상의 사람을 살인하는 것을 말한다. • 美FBI는 냉각기 없이 많은 사람을 죽이는 것으로 정의한다. 따라서 모든 대량살인은 연속살인이 된다.

출처: 이민식 외 6인 역, 「범죄학」(서울: 센게이지러닝코리아(주), 2008), pp. 409~412.

연쇄 살인 전문가인 제임스 앨런 폭스James Alan Fox와 잭 레빈Jack Levin은 연쇄살인범의 유형을 ① 스릴형 연쇄살인범thrill killers, ② 사명형 연쇄살인범mission killers, ③ 편의형 연쇄살인범expedience killers 등으로 나누었다.

스릴형 연쇄살인범 (thrill killers)	• 스릴형 연쇄살인범은 성적 사디즘이나 지배를 추구하는데, 연쇄살인범 중 가장 일반적인 형태다.
사명형 연쇄살인범 (mission killers)	• 사명형 연쇄살인범은 세상을 변혁시키기 위해 살인을 저지르는 유형이다.
편의형 연쇄살인범 (expedience killers)	• 편의형 연쇄살인범은 금전적·물질적 이익을 얻기 위해 인지된 위협에서 스스로를 보호하기위해 살인을 저지르는 유형이다.

출처: 이민식 외 6인 역, 「범죄학」(서울: 센게이지러닝코리아(주), 2008), p. 410.

2 ‖ 강도

1 강도의 정의

강도죄는 상대방의 반항을 억압할 정도의 폭행 또는 협박으로 타인의 재물을 강취하거나 기타 재산상의 이익을 취득하거나 제3자로 하여금 취득하게 하는 범죄이다. 강도죄는 타인의 재물을 강취하기 위하여 흉기(칼·송곳·드라이버·몽둥이·가스총·총기 등)를 활용한다는데 특징이 있다.[326]

강도범에 있어서 흉기는 ① 범행 도구적 기능, ② 피해자의 위협과 통제기능, ③ 피해자에 대한 상해 혹은 살인 기능, ④ 도주 담보기능, ⑤ 기타 관계자(목격자나 경비원 등) 통제 기능 등

---

326 상게서, p. 690.

을 가지고 있다.[327]

강도행위는 돈의 필요성 때문에 이뤄지며, 강도의 대상이나 목표물들은 일반적으로 ① 강취 가능한 돈의 액수, ② 체포의 위험성, ③ 대상의 취약성, ④ 범행의 용이성 등에 의해서 결정된다.[328]

2 강도의 유형

형법상 강도죄는 ① 단순강도죄, ② 준강도죄, ③ 인질강도죄, ④ 특수강도죄, ⑤ 강도상해·치상죄, ⑥ 강도살인·치사죄, ⑦ 강도강간죄, ⑧ 해상강도죄, ⑨ 상습강도죄 등이 있다. 강도의 수법에 따라 분류하면 ① 침입강도, ② 노상강도, ③ 인질강도, ④ 준강도 등이 있다.[329]

[표 2-9] 강도 수법에 따른 분류

침입강도	• 주거 · 점포 · 은행 · 차량 · 선박 · 항공기 등에 침입하여 물건을 강취하는 강도
노상강도	• 노상에서 행인을 흉기로 폭행 또는 협박하여 소지품을 강취하는 강도
인질강도	• 사람을 인질로 삼아 그 석방의 대가로 금품을 강취하는 강도
준강도	• 누군가의 물건을 훔친 후에 다시 상대방이 되찾아가는 것을 막기 위해 항거하거나 체포를 피하기 위해 폭행이나 협박을 쓰는 강도 • 강도죄는 재물을 빼앗기 위해 폭행이나 협박을 하는데, 준강도는 재물을 다시 빼앗기지 않기 위해 반항, 협박, 폭행을 한다는 점에서 차이가 있음

3 강간 및 강제추행

1 강간 및 강제추행의 정의

성범죄란 강간, 윤간, 강도강간 등을 중심으로 성매매, 성추행, 언어적 희롱, 리벤지 포르노revenge porno, 음란전화, 성기노출, 어린이 성추행, 아내강간, 데이트 강간 등 상대방의 의사에

---

327 장유수, 「범죄과학수사」(서울: 진원사, 2003), p. 376.

328 John E. Conklin, *Robbery & The Criminal Justice System* (Philadelphia: Lippincott Co., 1972), pp. 87-92.

329 전대양, 전게서, p. 691.

반하여 가해지는 성적 범죄를 말한다.

이 중 강간죄는 상대방의 동의 없이 폭력, 공포, 사기 등의 부당한 방법을 사용하여 부적절한 성적 접촉 및 성관계를 맺는 범죄를 말한다.

강제추행죄는 폭행·협박으로 상대방의 항거를 곤란하게 한 후 추행하는 범죄이다. 따로 폭행·협박이 없어도 기습적으로 추행을 해 그 추행 행위가 폭행 행위나 다름없다면 강제추행죄가 성립한다. 예컨대 갑자기 포옹을 했다면 별도로 폭력을 행사하지 않았더라도 강제추행죄가 성립할 수 있다.

2 강간 및 강제추행의 유형

형법상 강간죄의 유형은 ① 단순강간죄, ② 준강간죄, ③ 강간치사상죄, ④ 의죄강간죄 등이 있다. 성폭력범죄의 처벌 및 피해자보호 등에 관한 법률상에는 여러 유형의 강간 및 성폭력범죄에 대한 처벌규정을 두고 있다. 그 유형은 ① 특수강도강간, ② 특수강간, ③ 친족관계 강간, ④ 장애인 준강간, ⑤ 13세 미만 강간, ⑥ 강간 등 상해·치상, ⑦ 업무상 위력 등 강간, ⑧ 공중 밀집장소 추행, ⑨ 통신매체이용 음란, ⑩ 카메라 등 이용촬영 등이 있다.

2012년 12월에 「형법」, 「성폭력범죄 처벌 등에 관한 특례법」, 「아동·청소년의 성보호에 관한 법률」 개정으로 성범죄에 대한 친고죄가 폐지되고 2013년 6월부터 개정내용이 전면 시행되었다.

강간과 강제추행의 경우 범죄발생 특성이 다르다. 특히 발생장소에 있어서 많은 차이가 확인된다. 강간의 경우, 주로 아파트나 단독주택 등 사적인 주거공간이나 숙박시설 등 행위가 노출되지 않는 은밀한 공간에서 발생한다. 반면, 강제추행의 경우, 사적인 공간보다는 주로 노상이나 유흥접객장소 등 타인과의 접촉 빈도가 높은 공간에서 피해자의 방심을 틈타 발생하는 특징이 있다.[330]

---

330 치안정책연구소, 전게서, p. 108.

[표 2-10] 강간의 유형

분노강간 (anger rape)	• 이 형태의 강간은 성욕이 억압된 분노를 표출하는 수단으로 사용될 때 발생한다. • 분노 강간범은 여성과 단순하게 섹스할 때보다 훨씬 더 잔인하게 강간을 한다. • 분노 강간범은 스스로 통제할 수 없는 사건으로 무척 당황스럽거나 초조하거나 화가 난 후에 갑자기 상대 여성을 공격하여 강간한다.
지배강간 (power rape)	• 이 형태의 강간범은 상대 여성에게 어떤 상처를 주고 싶어 하지 않는 대신 상대 여성을 성적으로 소유하고자 한다. • 강간범의 목적은 성적 지배이고, 그 목적을 달성하기 위해 필요한 최소한의 폭력을 사용한다. • 지배 강간범은 상대 여성을 자신의 통제 하에 놓고 싶어 하며, 상대 여성이 자비를 베풀어 달라고 애원하기를 바란다. • 지배 강간의 피해자는 보통 나이가 같거나 강간범보다 어린 여자일 가능성이 높다.
가학성 강간 (sadistic rape)	• 이 형태의 강간에서는 성욕과 폭력이 동시에 수반된다. • 강간범은 피해 여성이 괴롭힘을 당하고, 고통 기를 바라는 성격의 소유자라고 착각한다. • 가학성 강간범은 피해 여성을 학대하고, 모욕감을 안겨주고, 수치심을 불러일으키게 함으로써 만족감을 느낀다. • 특별히 피해자에게 치명적인 상처를 주며, 피해 여성은 신체적 상처 치유 후에도 오랫동안 정신과 치료를 받아야 한다.

출처: 이민식 외 6인 역, 「범죄학」(서울: 센게이지러닝코리아(주), 2008), p. 396.

4 ‖ 절도

1 절도의 정의

절도죄란 타인의 재물을 절취하는 범죄를 말한다. 재산죄 중에서 재물만을 객체로 하는 순수한 재물죄이다. 심리학적으로 인간은 자신이 속한 집단에서 억압받거나 집단이 마음에 들지 않는 경우 무의식적으로 훔치고 싶은 충동이 들기도 하는데, 이를 도벽이라고 한다.

절도 행위나 강도 행위를 상습적으로 저지르다 적발되면 특정범죄 가중처벌 등에 관한 법률에 따라 가중 처벌된다. 생리전 증후군(병적 절도)이라는 병명으로 진단을 받은 후, 충동조절장애에 빠져 절도 행위를 한 경우 심신장애가 인정될 수 있다(대법 2002도 1541 판결).

2 절도의 유형

형법상 절도죄의 유형은 ① 단순절도죄, ② 야간주거 침입절도, ③ 특수절도, ④ 자동차 등 불법사용 등이 있다. 특정범죄 가중처벌 등에 관한 법률상에는 상습절도가 있다.

[표 2-11] 절도 수법에 따른 분류

침입절도	• 야간 또는 주간에 침입이 용이한 곳을 통하거나 잠금장치를 파괴하고 주거 · 방실 · 건조물 등에 침입하는 방법, 방문객 · 행상 · 검침원 등을 가장하여 침입하는 방법, 그 밖에 거짓으로 거주자를 외출시키고 침입하는 방법 등이 있다. • 야간침입절도는 강도로 돌변할 가능성이 많아 특히 위험성이 크다.
방치물 절도	• 옥외 또는 노상에 방치된 물건을 감시가 없는 틈을 타서 훔치는 방법이다. • 범인 특정이 어려우며 자동차 · 오토바이 절도 등은 전문범의 소행일 경우가 많다.
날치기	• 노상에서 타인의 신변에 있는 물건을 순간적으로 잡아채서 도주하는 방법이다. • 어느 정도의 조직을 가진 상습범이 많다. • 오토바이나 차량을 이용하는 오토바이치기 또는 차치기가 많다.
소매치기	• 타인의 신변에 있는 재물을 주의가 산만한 틈을 이용하여 기술적으로 절취하는 방법이다.
들치기	• 백화점 기타 상점의 고객을 가장하여 상품을 훔치는 방법이다. • 들치기 사범들은 초보적인 방치물 절도와는 달리 발달된 수법과 대담성을 발휘하고 있다. • 이들은 위험성이 크며 부녀자 또는 상습범의 경우가 많다.
아리랑치기	• 주취자를 부축하는 척 하면서 주머니를 터는 수법으로 일명 '부축빼기'라고 한다.

출처: 전대양, 「범죄수사」(서울: 21세기사, 2009), pp. 757-758.

5 ‖ 폭행

1 폭행범죄의 정의

폭력이란 사람의 신체에 대하여 직·간접의 유형력의 행사를 말한다. 폭행죄는 상해정도에 이르지 않는 사람의 신체에 대한 유형력의 행사를 말한다. 폭행은 다른 범죄의 수단으로 사용되는 경우가 많은데 이때에는 법조경합으로 해당 범죄 하나만 성립하고 폭행죄를 별도로 구성하지는 않는다.[331]

폭력범죄는 속칭 '불량배'로 불리는 자들에 의해 일어나는 경우가 많다. 따라서 조직폭력배나 상습폭력배가 많고, 피해자 층이 어느 정도 한정되어 있으며, 대부분이 면식범인 것이

---

331 전대양, 전게서, p. 706.

특징이다.

2 폭행범죄의 유형

형법상의 폭행죄 유형으로는 단순폭행죄, 존속폭행죄, 특수폭행죄, 폭행치사상, 상습폭행죄 등이 있다. 폭행죄와 존속폭행죄는 피해자의 명시한 의사에 반하여 공소를 제기할 수 없다. 집단적 또는 상습적으로 폭력행위 등을 범하거나 흉기 그 밖의 위험한 물건을 휴대하여 폭력행위 등을 범한 자는 폭력행위 등 처벌에 관한 법률에 의해 그 형이 가중된다.[332]

Criminology & CJ systems

데이트 폭력[333]

현재 데이트 폭력dating abuse을 별도로 규정하고 피해자 보호 방안을 명시한 법은 전무하다. 데이트 폭력이 협박, 감금, 폭행 등 '뚜렷한 폭력 행위'를 동반했을 시 형법에 근거해 처벌할 수 있지만 여기까지다. 피해자 보호를 위해 가해자와 피해자의 접근금지 조치 명령 등을 규정한 가정폭력처벌법은 혼인과 사실혼 관계를 대상으로 하는 탓에 연인 관계에는 적용하지 못한다.

경찰청 여성청소년안전기획관은 "재범이 쉬운 데이트 폭력 특성상 피해자와 가해자를 분리하는 것이 가장 중요한데 법적 근거가 부족하다"며 "경찰이 현실적으로 제공할 수 있는 보호조치는 스마트워치 지급, 신고 시 신속 출동 정도가 대부분이라 한계가 있다"고 말했다. "정부가 2021년 1월 발의한 스토킹처벌법이 통과되더라도 스토킹 피해에 관한 내용이어서 데이트 폭력 피해자는 사각지대에 놓인다"고 우려했다.

경기도여성가족재단 여성연구팀장은 "데이트 폭력은 신고 이후 보복이 가해질 수 있다는 두려움 때문에 피해자가 제대로 대처하기도 어렵다"고 설명했다. 이어 "그래서 데이트 폭력이 심각한 범죄라는 인식이 필요한데 아직까지도 한국 사회에는 '통제와 집착 정도는 사랑'이라며 심각하게 여기지 않는 분위기가 있다"고 지적했다.

---

332 상게서, p. 731.

333 김태영, "6일에 한 번씩 연인에게 살해되는데···'데이트 폭력' 법적 정의조차 없다"「서울경제」, 2021.02.20.

반면 미국과 영국은 갖가지 법을 통해 데이트 폭력 근절에 적극적으로 나서고 있다. 한국형사정책연구원의 연구에 따르면 미국과 영국은 가정폭력의 범주에 '데이트 관계' 또는 '서로 친밀한 개인적 관계'에서 벌어지는 폭력을 포함한다.

데이트 폭력 피해자에게도 가정폭력 피해자가 받는 보호 조치를 제공하기 위함이다. 뿐만 아니다. 미국은 대부분의 주에서 가정폭력 가해자에 대한 의무 체포제를 채택하고 있다.

영국은 지난 2013년 신체적 폭력뿐만 아니라 '강압적인 통제'를 가정폭력에 포함시켰고 더 나아가 지난해엔 '경제적인 통제'까지 가정폭력으로 간주해 처벌하기로 했다. 2014년부터는 폭력 위험이 있는 연인의 전과 기록을 조회할 수 있도록 하는 일명 '클레어법'도 시행 중이다.

Criminology & CJ systems

학교폭력 가해자의 심리[334]

'학교 폭력'을 스쿨 불링school bullying이라고 한다. '약자 괴롭히기'라는 뜻의 불링bullying은 가해자perpetrator가 언어·물리적 수단으로 피해자victim에게 고통을 가하는 행동을 말한다. 이런 반복적·습관적 가학 행위를 하는 자를 bully라고 한다.

학폭 가해자와 관련해 발달심리학자developmental psychologist들이 지적하는 기본적 유사성이 있다. 가해 행위 심리가 아주 어린 나이에 만들어진다는 사실이다. 걸음마 아기 때와 취학 전 유치원 사이에 형성돼 초등학교를 거치면서 잠재의식 속에 배어들게 된다고 한다.

이런 아이들은 위협과 체벌threats and corporal punishment을 가하는 징계성 부모 훈육disciplinary parenting, 가정 내 폭력domestic violence, 형제자매의 공격성sibling aggression과 관련이 있다. 학교에 가서 또래들에게 똑같은 방법들을 적용한다. 다른 아이들이 어떻게 느끼는지 알지 못한다. 두려움에 의한 조작의 결과가 아니라 모두 자기를 좋아하는 걸로 착각한다.

중·고교에 올라가 신체적 발육 차이로 힘의 불균형imbalance of power이 심해지면 더 적나라해진다. 위협·체벌 등 불안한 환경에서 자란 탓에 스스로 지켜야 한다는

334 윤희영, "학교 폭력 가해자의 심리학" 「조선일보」, 2021.02.18.

PART 02

방어기제defense mechanism가 발동하면서 우월감을 북돋아줄 더 약한 피해자를 찾아내 괴롭히며 안도한다.

이런 취약한 심리vulnerable psychology는 거들먹거리며 거칠게 행동해야 한다는 자기 방어적 선제공격self-defensive preemptive attack으로 나타나 학교폭력이 더욱더 모질어 진다. 미국 심리학자 너새니얼 브랜던 박사는 한마디로 "허세로 가장해 자신의 두려움을 숨기는 비열한 겁쟁이dastardly coward"라고 이들을 정의한다.

Criminology & CJ systems

 학교폭력 피해자가 되지 않는 방법335

혼자만 남몰래 분을 삭인다. 당해보지 않으면 모른다. 말은 쉽다. 홀로 고문을 당하는 것 같다. 가해자는 피해자가 화를 내거나 울기를 바란다. 겁을 먹게 한다. 그 반응을 기대한다. 감정적 반응을 보이면 더 심해지기 시작한다.

가능한 한 가해자를 무시해야 한다. 아예 반응을 보이지 않으면 흥미를 잃는다. 강하고 자신감 있는 목소리로로 "하지 말라"고 단호히 말해야 한다. 눈을 똑바로 쳐다보면서 "나한테 이러지 말라"고 큰 소리로 고함을 질러야 한다.

가해자는 자기보다 약하고 홀로 떨어져 있어 아무 말 못 할 것 같은 목표물을 골라 괴롭힌다. 그런데 갑자기 대들며 맞서고 나서면 섬찟해서 당황한다. 함부로 대할 상대가 아니라고 판단해 꽁무니를 뺀다.

학폭 위험을 느끼면 다른 친구들과 어울려 다니는 것이 좋다. 가해자는 어느 한 명을 괴롭히는 것은 쉽게 여기지만, 여럿이 어울려 있으면 함부로 대하지 못한다. 개인이 아닌 무리를 상대로 섣불리 학폭을 가하지는 못한다.

신체적 폭력physical assault을 가할 경우엔 숨소리 죽이고 고통 참아가며 맞고만 있으면 안 된다. 자기방어를 위해 가해자에게 직접 대항하다가 다칠 필요도 없다. 고래고래 악을 써야 한다. 도와달라고 소리소리 질러 주위의 이목을 끌어야 한다.

학폭 예방의 최선 방책은 선생님 등 어른에게 도움을 청하는 것이다. 또래나 선후배 사이에서는 해결이 어렵다. 어른의 개입 없이는 더 심해질 뿐이다. 고자질했다고 더 큰 화를 당할까봐 망설이다가는 평생 멍에를 벗지 못한다.

---

335 윤희영, "학교 폭력 피해자가 되지 않는 방법"「조선일보」, 2021.02.23.

즉시 어른과 의논해야 한다. 부모님께 말씀드리기 어려우면 믿을 만한 선생님을 찾아 상의한다. 그런데도 해결이 안 된다면? 다른 사람에게 또 말한다. 그랬는데 그 어른도 도움이 안 된다면? 또 다른 어른을 찾아 도움을 청한다.

"어차피 아무도 관심 없고 해결해줄 사람도 없다"고 포기하면 안 된다. 계속 찾다보면, 모든 수단과 방법을 다해 도와줄 어른을 만나게 된다. 누군가 반드시 있다.

Criminology & CJ systems

가정폭력[336]

가정폭력은 남편이 아내에게, 아내가 남편에게, 부모가 자식에게, 자식이 부모에게 가하는 폭력으로 신체에 직접적으로 폭력뿐만 아니라 정신적인 것도 포함된다.[337]

포괄적인 의미의 가정폭력은 때리고 협박하거나 물건을 부수는 등의 적극적인 행동만이 아니다. 무시하기, 죄책감이나 모욕감을 느끼게 하는 것과 같은 정서적인 학대를 비롯하여 배우자를 하인처럼 취급하고 모든 결정을 독단적으로 하는 권위적인 행동 등도 포함된다. 이러한 모든 사유가 민법이 인정하는 재판상 이혼사유가 되기도 한다.

가정폭력은 사적인 공간에서 발생하므로 은폐되기 쉬우며 보통은 한 번으로 그치지 않고 반복되는 경향이 높다. 배우자뿐만 아니라 자녀에게까지 확대되는 경우가 많으며 세대 간에 전달되어 순환되는 특징도 보인다. 가정폭력의 피해자는 가정 내에서 경제적으로 열악한 지위 때문에 가정폭력을 무기력하게 당하며 장기간 폭력상황에 방치되어 있다.

가정폭력 상황이 발생하면 112를 통해 경찰에 신고하여 도움을 받을 수 있고, 여성폭력 긴급전화 1366을 통해 도움을 요청할 수도 있다. 이주여성은 1577-1366으로 전화하면 13개국 언어로 통역 상담도 가능하다. 경찰이 출동했을 때 가정폭력을 당한 정황에 대해 정확하고 구체적으로 알려야 한다.

상황에 맞게 상담, 의료, 법률, 쉼터입소, 임대주택주거 등의 지원을 받을 수 있

---

336 조숙현, "가정폭력이 발생하고 있다면 이렇게 대처하세요!" 「조선일보」, 2017.02.13.

337 김재엽, 「한국의 가정폭력」(서울: 학지사, 2007), pp. 19-53.

기 때문이다. 가정폭력 피해자가 가해자를 피해 마땅히 머물 곳이 없는 경우에는 쉼터에 입소할 수도 있다.

가정폭력 신고를 받은 경찰은 폭력 행위를 제지하고 가해자와 피해자를 분리하여 피해자 면담을 하고 필요에 따라 상담소 보호시설 의료기관 등으로 연계한다. 폭력의 재발 우려가 있고 긴급한 경우 긴급임시조치결정신청을 통해 가정폭력 가해자에 대한 격리나 접근 금지와 같은 절차를 진행하기도 한다.

이외 피해자가 직접 피해자보호명령신청을 통하여 직접 가해자 격리나 접근 금지 등 보호명령을 요구할 수도 있다. 이러한 과정은 가정폭력의 상황에서 벗어나게 하는 수단이 되며, 이혼소송을 할 때 상대방의 폭력 등 부당한 대우를 소명할 수 있는 자료가 되기도 한다.

가정폭력 신고에 대하여 경찰 출동이 의무화되어 있다. 출동한 경찰은 가정폭력이 가정 내의 사적인 문제가 아닌 처벌의 대상임을 인지시켜주기 때문에 경찰에 신고하는 것만으로도 가정폭력의 방지 측면에서 도움이 된다. 사안이 가벼운 경우 출동한 경찰은 가정폭력방지 안내문을 전달하고 돌아가지만, 신고와 경찰 출동 과정에서 가해자가 폭력상황을 반복하지 않게 되므로 가정폭력의 재발 우려가 감소하는 효과가 있다.

Criminology & CJ systems

🔍 방화

방화란 고의로 불을 놓아 사람이 주거로 사용하거나 사람이 현존하는 건조물 등을 훼손함으로써 성립하는 범죄이다. 이러한 건물이나 물건에 불이 날 때에는 재산상의 손실은 물론이고 사람의 생명에 대한 위험이 크다는 점에서 무거운 형벌로 처벌하고 있다.[338]

방화범죄는 방화로 인하여 범죄현장이 소실되는 경우가 많아 현장증거가 없어지기 때문에 수사단서의 발견이 매우 어렵다.[339] 따라서 방화범죄는 많은 형법범 중에서도 가장 수사하기 곤란한 범죄 중의 하나이다.

---

338 전대양, 전게서, p. 706.
339 경찰대학, 「경찰수사론」, 2004, p. 572.

형법상 방화의유형에는 현주건조물 등에의 방화, 공용건조물 등에의 방화, 일반건조물 등에의 방화, 일반물건에의 방화, 연소죄, 진화방해, 실화죄, 업무상 중실화죄 등이 있다.

Criminology & CJ systems

🔍 혐오범죄와 편견범죄[340]

혐오범죄hate crimes나 편견범죄bias crimes는 일반 범죄의 피해자와는 다른 인종적·민족적·종교적·성적 특성을 피해자가 가지고 있다. 따라서 특정 사람이나 특정 집단의 구성원을 혐오나 편견을 가지고 공격하는 폭격행위를 말한다. 이러한 혐오범죄와 편견범죄의 원인은 다음과 같다.

① 가난과 불확실한 경제적 상황
② 영화나 TV에 묘사된 인종적 고정 관념
③ 토크쇼나 정치 광고에서 드러나는 혐오로 가득 찬 강연
④ 생활보조금을 받는 엄마welfare mother와 도시 내 갱단inner city thugs 등이 사용하는 인종적 편견 언어
⑤ 특정 소수 집단 구성원과 접촉한 적이 있는 각 개인의 경험
⑥ 사회의 불행을 소수 집단에게 덮어 씌우는 희생양 찾기

Criminology & CJ systems

🔍 마약범죄[341]

마약narcotics이라는 용어는 일반적으로 의존성이 있으면서 오·남용 되는 물질로서 특별한 구분 없이 아편·대마·향정신성의약품·진정제 등을 총괄하는 의미로 사용된다. 마약범죄의 유형은 매우 다양하다. 마약 밀조, 밀수, 밀매, 밀경, 투약, 소지 등 다양한 마약범죄의 유형이 있으며 이런 마약범죄는 더더욱 증가하고 있다. 일반적으로 마약류는 그 사용자에게 많은 부작용과 역효과를 주는 것으로 다음과 같은

---

340 이민식 외 6인 역,「범죄학」(서울: 센게이지러닝코리아(주), 2008), pp. 409-412.
341 전대양, 전게서, pp. 769-770.

PART 02

특징을 가지고 있다.

① 금단증상^{withdrawal syndrome}: 금단증상이란 규칙적인 마약류 사용자가 사용을 중단하면 발견된다. 특징적인 비자발적 반응으로 사용횟수나 사용량이 많을수록 그 증상이 심각해진다. 불면증·가쁜 호흡·들뜬 기분·혈압상승·간질·헛소리·발한작용 등 그 증상이 다양하다.

② 내성^{tolerance}: 내성이란 마약류 복용의 효과가 처음보다 크게 줄어들거나(이유는 건강악화) 현저히 증가하는 현상이다. 마약류 내성은 최초 사용시와 같은 효과를 내기 위해 더 많은 양을 복용하는 것을 말한다.

③ 의존성^{dependence}: 의존성이란 마약류사용자가 신체적 혹은 정신적으로 약물에 의존되어 있는 것을 말한다. 의존성에는 정신적 의존성과 신체적 의존성이 있는데 마약류 중에는 두 가지 의존성 가운데 한 가지만 일어나는 경우도 있고, 두 가지 모두 일어나는 경우도 있다.

④ 재발현상^{flashback}: 재발현상이란 마약류의 복용을 중단한 뒤에도 부정기적으로 과거에 마약류를 복용했을 당시의 환각상태가 나타나는 현상이다. 환각제 남용자 중에서 많이 볼 수 있는데 마약류를 끊기 힘든 이유 중의 하나가 바로 이 현상이다.

Criminology &
C·J system

03

한국 형사사법체계의 역사와 각국의 형사사법체계

"일반적으로 사람은 선하게 되기를 원한다. 하지만 너무 선하게 되기도,

항상 선하게 살기도 원하지도 않는다."

(On the whole, human beings want to be good, but not too good, and not quite all the time.)

— 조지 오웰(George Orwell), 『도널드 맥길의 미학(The Art of Donald McGill)』 中에서

"모든 동물은 평등하다. 그러나 어떤 동물들은 다른 동물들보다 더 평등하다."

(All animals are equal, but some animals are more equal than others.)

— 조지 오웰(George Orwell), 『동물농장(Animal Farm)』 中에서

제 1 장

한국 형사사법체계의 발전과정

제1절 ‖ 근대 이전

1 ‖ 부족국가시대의 형사사법체계

1 고조선

고조선古朝鮮의 통치체제에 대해서 정확하게 남아 있는 문헌이 부족한 관계로 주로 중국 측의 자료에 의존할 수밖에 없다. 우선 기자가 지었다고 전해오는 『홍범구주』洪範九疇에 의하면 고조선 시대에는 8정八政이 있었는데 식食은 농업과 축산, 화貨는 상업 및 경제, 사祀는 사직과 천신에 대한 제사, 사공司空은 토목과 건축, 사도司徒는 호구조사와 재화 및 교육, 사구司寇는 형 옥刑獄과 경찰업무, 빈賓은 예절과 외교, 사師는 군사업무 등을 담당하였다고 한다.[1]

고조선 사회의 8조 금법은 불문법의 형식으로 그 내용은 어느 민족의 고대법과 별로 다름 이 없는 만민법萬民法. Jus gentium적 성격을 띤 것으로 원시형법으로서 다른 나라의 것과 유사하 다고 할 수 있다. 이 고조선 8조금법의 내용은 오늘날 전부가 전해지지 않고, 다만 3개조만이 『한서지리지』漢書地理志 〈연조〉燕條에 수록되어 있다.

제1조 사람을 죽인 자는 사형에 처한다. 제2조 남에게 상처를 입힌 자는 곡식으로 배상시 킨다. 제3조 도둑질을 한 자는 노예로 만들며, 용서받고자 하는 자는 50만 전을 내게 한다.[2] 이

---

1 이대희 외 7인, 「한국행정사」 (서울: 대영문화사, 2001), p. 64.

2 第1條 "相殺 以當時相殺", 第2條 "相傷 以穀償," 第3條 "相盜 男沒入爲其家奴 女子爲婢 欲自贖者 人五十萬."

처럼 살인, 상해, 절도에 관해서 처벌하는 규정이 전해져 내려오고 있다. 나머지 5개조는 어떤 것인지 알 수가 없으나, 그 당시 부족국가시대의 법에 살인,murder 간음,adultery 절도,theft 주술,witchcraft 신성모독죄sacrilege 등에 관한 것이 공통적이기 때문에 고조선의 법도 대체로 그러한 범주에서 벗어나지 않았으리라 추정하고 있다.

고대 바빌로니아의 함무라비 대왕의 법전인 함무라비법전Code of Hammurabi에는 "남의 눈을 상하게 한 자는 그의 눈을 상하게 하고, 남의 이를 뺀 자는 그의 이를 뺀다"an eye for an eye, a tooth for a tooth라는 대등보복주의적인 사고가 반영되고 있었는데 비해서, 특히 8조금법 중 상해죄에 대해서 곡물에 의한 배상제를 채택한 것은 일반원시형법에 비해서 진보적이라고 할 수 있다.[3]

Criminology & C·J systems

🌐🔍 고대의 대등보복주의

'눈에는 눈, 이에는 이'라는 말은 내가 당한 것과 동일한 혹은 같은 정도의 물질적 손해 또는 신체적 피해를 가해자에게 되돌려 준다는 보복 법칙을 뜻한다. 가해와 복수의 균형을 맞춰 복수와 재복수의 악순환을 끊으려는 이 법칙은 응보應報원칙의 가장 소박한 형태이며 오늘날에는 응보형의 순수이념형을 나타내는 말로 쓰이고 있다. 흔히 탈리오법칙lex talionis 또는 탈리온이라고 불리며 반좌법反坐法 또는 동해보복법同害報復法이라고도 번역할 수 있다.[4]

---

2 한사군

한漢은 군郡·현懸·향鄕·정亭·리里의 행정체제를 취하여 군에는 태수·현위·효렴이 있었으며, 현에는 령·장·위가 있었고, 아래로는 향鄕(대개 10亭이 1鄕)에 유요(도적을 방비하고 순찰을 함)를, 정亭(대개 10里가 1亭)에 정장亭長을 두어 도적을 잡게 하였다. 리里에는 1리에 100가구(일리백가一理百家)를 관장하는 말단의 이괴里魁와 열 가구(10家)를 관리하는 십什과 다섯 가구五家를 관리하는 오伍로 그 조직이 정비되었다.[5]

군·현·향·정·리의 행정체제 중 현의 위,尉 향의 유요游徼, 정의 정장亭長은 도적을 검거하는

---

3 김형청, "한국의 형사정책에 관한 역사적 고찰", 「21세기 질서행정」 (서울: 청계출판사, 2002), pp. 235-277.

4 계동혁, "가브리엘 Mk.1 함대함 미사일" 「중앙일보」, 2008.11.23.

5 내무부치안국, 「한국경찰사」1972, p. 22.

PART 03 한국 형사사법체계의 역사와 각국의 형사사법체계

일을 관장하고 있었으므로 '오병'五兵, 즉 활(궁노弓弩), 창(극戟) 칼(도검刀劍), 갑옷(갑개甲鎧), 방패 (순楯) 등이 준비되어 있었다.[6]

『한서』漢書에 의하면 이(里)에는 1백 가구를 관장하는 이괴里魁와 민民에는 10가구를 주재하는 십,什 다섯 가구를 주재하는 오伍가 있었다고 한다. 이들은 상호 협력하여 민간의 선한 일과 악한 일들을 감관監官에게 알리는 풍속경찰 등 말단행정을 담당한 것으로 추정하고 있다.[7] 이러한 한사군漢四郡의 설치로 고조선 고유의 미풍양속이 파괴되었다. 고조선시대의 8조금법이 60여 조로 늘어났으며, 공동체적 유대가 약화되었다고 한다.[8]

3 부여

부여夫餘에서도 역시 고조선과 같이 원시적인 금법이 있었다. 『위지』魏志 〈동이전東夷傳 부여조夫餘條〉에 의하면 4조목의 법률은 ① 사람을 죽인 자는 사형에 처하고, 그 가족은 데려다 노비로 삼는다. ② 절도를 한 자는 12배로 배상한다. ③ 간음을 한 자는 사형에 처한다. ④ 부인의 질투를 미워하여 투기자는 사형에 처한다 라는 내용이 있다.[9]

여기에서 절도에 대하여 절도품의 12배를 배상하게 하는 이른바 일책십이법一責十二法은 천문학상에서의 12궁·12시·12월 등의 수에 따라 배상액을 정한 점에서 고대 형률의 특색을 보여주고 있다. 그리고 간음죄를 극형으로 다스려 성도덕의 전통을 수립하고 가부장제적인 일부다처제를 옹호했다는 것도 볼 수 있다. 부여에는 이러한 법의 제재대상이 되었던 죄인들을 감금하기 위한 감옥이 존재하였는데 이를 뇌옥牢獄이라고 하였다. 감옥은 수도뿐만 아니라 전국도처에 있었는데 여기에는 사형수 이외의 모든 법률 위반자들이 감금되었을 것이다.[10]

부여의 풍속은 매우 엄하였는데, 살인자는 사형에 처하고, 또 그 가족을 노비로 삼았으며, 절도범에게는 도물의 12배의 배상을 물리고, 남녀 간음을 범한 자 및 부인으로서 투기하는 자는 모두 사형에 처하였을 뿐만 아니라, 부녀자의 덕을 해치는 질투嫉妬를 더 미워하여 그 사체를 남산 위에 버려 썩힌 다음 그 부녀자의 집에서 우마를 바쳐야 시신을 인도하여 주었다고 한다. 이는 사유재산제 및 일부다처제의 질서를 유지하기 위한 것으로 볼 수 있다. 또 은정월殷

---

6 김형중b, 『경찰중세사』(서울: 수서원, 1998), p. 16.

7 내무부치안국, 전게서, p. 22.

8 이대희 외 7인, 전게서, p. 51.

9 내무부치안국, 전게서, p. 25.

10 국사편찬위원회a, 『한국사4』, pp. 94-96.

正(12월) 제천행사인 영고迎鼓 때를 택하여 형사재판을 실시하고 혹은 죄수를 석방하는 등 형사정책적 배려도 하였다.[11]

부여에는 원형옥圓形獄, Round Shape Prison이 있었는데, 이는 일제시대인 1914년까지 2천년 이상을 이어져 온 원형감옥이었다. 이러한 전통 감옥의 형태가 원형이었던 이유는 '감시의 편리함'과 '교육과 개선'이라는 목적을 위해서였다고 한다.[12]

4 동예 및 옥저

동예東濊는 그들 사회를 통치하는 왕이 없고, 각 읍락마다 거수가 있을 뿐이었고, 이들은 민간에 섞여 살았다. 동예는 고구려와 예속적 관계하에 왕이 없이 거수들이 읍락을 지배하였다. 동예에서는 10월에 무천舞天이라는 제천행사를 거행하였는데 이는 농경사회의 추수감사절의 전통을 이은 것이다. 『위지』魏志 〈동이전東夷傳 예조濊條〉에 의하면 동예에서는 각 읍락마다 독립된 경계가 설정되어 있었는데 이를 침범하는 경우에는 '책화'責禍라고 하여 노비·우마 등으로 배상하게 하였다. 또 살인자는 사형에 처하고 도둑이 적었다고 전해진다.[13]

옥저沃沮는 위만조선에 복속된 이래 한군현과 고구려 등 주변 강대세력의 지배를 받아 왔으므로 내부적으로 강력한 정치권력이 성장하지 못하였다. 그래서 3세기 중반경에도 여러 읍락들을 통합하여 다스리는 대군장은 없었고 각 읍락마다 대대로 독자적인 통치자가 있었다. 각 읍락의 우두머리들은 스스로를 삼로三老라고 불렀는데 이는 군현시대에 유래한 것이다.

옥저의 혼인제도는 신랑의 집에서 혼인을 약속한 여자를 데려다 장성하도록 기른 후 며느리로 삼는 민며느리제인 예부제豫婦制였다. 여자가 성인이 되면 본가에 다시 돌아와 신부의 가족들이 신랑집에 돈을 요구하고 돈이 지불된 후, 신랑집으로 다시 돌아갔다고 한다. 이러한 혼인 풍속은 신랑이 혼인 후 첫 아이가 태어날 때까지 여자의 집에 와서 함께 지내면서 각종 댓가를 치르도록 하는 고구려의 '서옥제'壻屋制 혹은 '예서제'豫壻制와는 다르다.[14]

---

11 내무부치안국, 전계서, p. 25.

12 이윤호b, 「교정학」(서울: 박영사, 2007), p. 49.

13 내무부치안국, 전계서, p. 27.

14 국사편찬위원회a, 전계서, p. 257.

5 삼한

삼한三韓사회는 권력의 집중이 이루어지지 않은 사회였으며, 10여 개의 작은 나라들로 이루어진 부족국가사회였다. 『위지』魏志〈동이東夷 한전韓傳 마한조馬韓條〉에 의하면 삼한의 국읍國邑에는 천신을 주제하는 제사장을 두어 천군天君이라 하고, 또 작은 나라에는 별읍別邑이 있어서 소도蘇塗라고 불렀는데 천군이 주관하는 지역이었다고 한다.[15]

이처럼 삼한사회에는 소도라고 불리는 특별구역 즉, 별읍이 있었는데 여기에는 나무를 세우고 방울과 북을 달아서 신성한 지역임을 표시했다. 마치 서양의 신성지역인 도피소asylum와 비슷한 역할을 하였는데 법률의 힘이 이 지역에는 미치지 못하였다. 따라서 죄인이 이 지역 안으로 도망가면 그를 붙잡아 가지 못하였다.

천군이 주관하는 소도는 신지臣智 등 정치적 지배자가 다스리던 국읍國邑과는 다른 별읍別邑으로 되어 있기 때문에 정치와 종교가 분리된 제정분리祭政分離의 상태에 놓여 있었다.[16] 이러한 신성불가침 지역인 소도는 범죄인에게 있어 일종의 치외법권지역의 역할을 하였을 것으로 추정하고 있다.

2 ‖ 삼국시대의 형사사법체계

1 고구려

❶ 형사사법체계

고구려高句麗의 관등조직을 보면, 문헌에 따라 그 내용이 서로 다른데 평양천도 이후라고 생각되는 『한원』翰苑에 인용된 고려기에는 다음과 같이 나타나고 있다. 먼저 국왕의 밑에는 귀족을 대표하는 초계급적인 대대로가 제1관등으로 국정을 총괄하였다. 다음으로 중요한 관직은 태대형·대형·소형 등 고구려 관직의 근간을 이루는 형직兄職이다.

형兄은 원래 족장을 중앙에 편입한 것인데, 그 중에서 태대형은 제2관등이다. 제3관등인 울절鬱折은 주부主簿라고도 하며, 왕에 직속한 관직으로 왕명의 출납을 담당한 고관이었다. 다

---

15 내무부치안국, 전게서, p. 28.

16 변태섭, 「고대사론」 (서울: 일조각, 1995), p. 78.

음에 태대사자·대사자·수위사자·소사자 등 사자직使者職은 지방의 수취체제를 정비하는 과정에서 나타난 관직이며, 제4관등에 해당한다. 제5관등인 조의두대형皂衣頭大兄은 그 직능을 정확히 알 수는 없으나 위의 네 관등과 함께 기밀 장악, 정사논의, 병정 징발 등의 직무를 행한 것으로 보아, 이들이 형사사법권을 행사한 것으로 본다.[17]

이처럼 고구려는 12관등으로 직제가 편성되어 있었고, 이들 중 제1관등에서 제5관등까지인 대대로, 태대형, 울절, 태대사자, 조의두대형은 중요 관등으로 이들만이 국가의 기밀에 참여할 수 있었고, 또한 장군이 될 수 있었다. 이것은 이들 계급의 귀족들이 정치, 군사, 형사사법권을 장악하였음을 의미하는 것이다.

지방의 치안조직은 수도의 5부와 지방의 5부로 편제되었는데, 수도의 5부는 초기의 5부족이 다음과 같은 행정구역인 5부로 개편된 것이다. 지방의 5부는 그 장관을 욕살褥薩이라 하였는데, 중앙에서 군사를 거느리고 내려가 그 하부조직인 구역 내의 성城들을 감독하였다. 지방행정 단위인 성城의 성주城主는 처려근지處閭近支 또는 도사道使라고 하였다. 그리고 그 밑으로 참좌분간參佐分幹과 무관인 대모달大模達 등을 두어 문무사를 담당하게 하였고, 이들이 단계를 이루어 각각 형사사법권을 행사하였다.[18]

❷ 법제

고구려의 법이 매우 엄격했음은 삼국지 위지 동이전 고구려조와 삼국사기 고구려 본기에서 찾아 볼 수 있다. 『위지』魏志〈동이전東夷傳 고구려조高句麗條〉에 의하면 부여의 법속과 비슷하지만, 뇌옥牢獄이 없고, 범죄자는 제가평의諸加評議의 결정하에 사형에 처하고, 그 처자를 노비로 삼는 한편 절도자에게는 일책십이법을 적용하였다고 한다. '고구려에는 감옥이 없고 범죄가 발생하면 제가들이 회의하여 곧바로 죽이고 그 처자를 노비로 삼는다'라고 하였다.[19]

고구려에 뇌옥, 즉 감옥이 없었다는 것은 형벌의 집행이 가혹했다는 측면을 강조한 것이지 실제로 없었다는 것은 아니라고 볼 수 있다. 왜냐하면 『삼국사기』三國史記에 보면 유리왕 23년에 태자 해명解明을 세우고, 국내의 죄수를 석방하였다는 기록, 대무신왕大武神王 2년, 민중왕閔中王 즉위년에 죄수를 대사면했다는 기록, 동천왕(東川王)·중천왕中川王·평원왕平原王·영양왕嬰陽王 때에도 죄수를 대사면했다는 기록이 있기 때문이다.[20] 또한 고구려에는 부여와 같이 절도

---

17 유종해·유영옥,「한국행정사」(서울: 대영문화사, 1988), p. 126.

18 내무부치안국, 전게서, p. 30.

19 『魏志』〈高句麗傳〉"無牢獄 有罪 諸加 評決 使殺之沒人養子爲奴婢."

20 법무부,「한국교정사」, 1987, p. 24.

죄에 관하여 12배의 배상을 하게하고 채무를 갚지 못하는 자의 자녀를 노비로 상환하도록 하였다.

고구려 율령의 특징은 초기 국가시대의 관습법이 그대로 나타나 있으며, 고구려의 법에는 모반謀反(내란죄)이나 모반謀叛(외환죄)을 범한 자가 있으면 백성이 모여 화형시킨 후에 목을 베고, 그 재산 전부를 몰수하였고, 성을 지키다가 적에게 항복한 자, 전쟁에 임하여 도주한 자, 살인자는 참형에 처하였다.

이밖에도 절도를 한 자에게는 12배의 배상을 하도록 하였으며, 만일 가난하여 배상하지 못할 경우와 공사간 부채가 있을 경우에는 그 자녀를 평가하여 노비로 삼아서 상환하도록 하였고, 타인의 우마를 살상한 자는 범인의 적籍을 없애고 노비로 삼고 또 사람이 죽으면 그 시신을 거두어 순장케 하고 이를 어겼을 때 죄를 물었다.[21]

Criminology & C·J systems

🌐🔍 고구려의 율과 령

고구려는 소수림왕 3년(A.D 373)에 성문법인 율령반포가 이루어졌다. 이 당시의 율律과 령令은 고구려에 있어서 2대 근본법이었다. 율은 형벌법전이고 령은 비형벌법전이며, 율과 령은 그 표리를 이룬 것이다. 율은 금지법이고 령은 명령법이며 율은 범인징계법이고 령은 행정법적 규정이다. 령에 위반하면 위령죄로 처벌되었다.

PART 03

---

2 신라

❶ 형사사법체계

신라新羅는 특유의 신분체제로 17관등과 골품제骨品制를 갖추고 있었다. 이러한 17관등 이외에도 국사를 총괄하는 상대등(일명 상신上臣)이 있었고, 또 각간角干(이벌찬의 별칭)직에도 태대각간太大角干, 대각간大角干이 있었다. 신라의 17관등과 연결해서 논의해야 하는 것은 남당南堂이다.

남당은 삼국시대 부족집회소가 발전하여 전형된 정치기구로 보고 있으며, 군신의 회의

---

21 이기백, 「한국사신론」 (서울: 일조각, 1990), p. 226.

장소로 보고 있다. 신라에서는 남당에서 거행되던 군신의 중대 정무회의를 화백^{和白}이라고 했으며, 정무를 합의제로 처리하였다. 이 화백은 통일신라시대에는 평의전^{平議殿}이라 개칭되었다.[22]

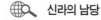

Criminology & C·J systems

🔍 신라의 남당

남당은 도당^{都堂}이라고도 한다. 초기에는 왕과 관리가 모여 국가의 정사를 의논하고 행정사무를 집행하는 중앙정청의 성격을 띠었으나, 국가가 발전하고 정치기구가 복잡해져 행정부문이 분리된 뒤로는 중대회의와 연회, 기타 의식을 행하는 반형식적인 존재로 변하였다.

신라의 화백^{和白}이 그 좋은 예이며, 고려시대의 도당회의^{都堂會議}인 도병마사^{都兵馬使}, 조선시대의 비변사^{備邊司}와 의정부^{議政府}도 그 비슷한 제도라 할 수 있다. 남당에는 임금과 신하의 좌석을 구별하는 궐표가 있어, 왕은 가장 높은 자리에 서고 그 밑에 신하가 관계^{官階}의 순서에 따라 정렬하였다.

신라의 중앙관제는 6-7세기에 정비되었는데, 이 시기에 이루어진 주요 행정조직으로는 집사부, 병부, 조부, 예부, 창부, 사정부, 예작부, 영객부, 위화부, 이방부 등이며 그 장관을 령^令이라 하고, 그 밑에 관리를 두어 정무를 처리하였다. 그리고 국가의 대사는 진골귀족으로 구성된 화백회의에서 만장일치로 결정지었다. 중앙의 행정조직은 신문왕때 완전히 정비되어 이^吏·호^戶·예^禮·병^兵·형^刑·공^工의 6전^典 체제에 해당하는 관제가 갖추어졌다.

신라는 건국초기부터 4세기의 흘해이사금^{訖解尼師今} 때에 이르기까지 부족연맹회의에서의 결의와 이사간^{尼四干}, 이사금^{尼師今} 등의 합의제로 형사사법권이 행사되었다. 내물왕 때에 이르러 남당^{南堂}인 화백회의와 국왕 그리고 각급 기관인 병부, 좌우이방부, 사정부, 집사부에서 경비경찰사무와 사법경찰사무 등을 분장한 것으로 보여진다.[23]

신라의 지방제도는 6세기 초 지증왕 때 군현제가 채택된 이래 각 군현에 중앙관을 파견하고 그 위에 5주^州를 설치하여 감독하였다. 지방장관인 주^州의 군주^{軍主}와 군현^{郡縣}의 태수^{太守}는 수도의 왕경인^{王京人}이 임용되었으며, 정^停이라는 군사조직으로써 각 주의 형사사법권을 행사하였다.

---

22   상게서, p. 43.
23   상게서, p. 44.

❷ 법제

신라의 법제는 고구려를 통한 불교의 전래와 더불어 법흥왕 때 율령을 선포하면서 확립되었다. 신라의 법제는 고구려, 백제와 유사하여 반역자는 죽이고, 그 가족은 노비로 삼았으며, 감옥이 설치되어 범법자는 지체 없이 투옥하여 국가의 기강을 엄히 하였다. 신라율은 십악十惡 중 오역五逆을 가장 중죄로 다루었으며, 요사한 말로 백성을 현혹하거나 관리가 병을 사칭하고 업무를 소홀히 하거나 공물을 횡령했을 때는 중벌로 처단하였다.[24]

3 백제

❶ 형사사법체계

백제百濟 고이왕 때 정비된 관제를 살펴보면, 왕 밑에 6좌평이 있어 각기 업무를 분담하였다. 좌평은 제1관등인 동시에 각 소관업무를 표시하는 명칭을 붙여 관직으로 나타낸 것이다. 6좌평의 업무는 그 업무내용과 역할 혹은 전문영역에 따라 명칭상 분장되어 있을 뿐이고 실제로는 6좌평이 합의하여 국무를 전체적으로 총괄했다.[25] 이러한 6좌평 중 형사사법관련 부서로는 위사좌평(군사, 숙위), 조정좌평(사법, 치안), 병관좌평(지방군사) 등이 있었다.[26]

백제의 지방제도는 수도를 5부部로 나누고 지방을 5방方으로 나눈 5부 5방제이다. 지방의 5방은 군사 700-1,200명을 거느린 방령方領이 통치하였다. 이러한 방령은 군사상 임무와 동시에 형사사법기관의 임무를 담당하였다. 이러한 5방제는 사비시대에 정비한 것이고, 그 이전의 웅진시대에는 전국을 22담로擔魯로 나누어 왕족 또는 귀족이 파견되어 통치케 하였다. 웅진시대의 22담로는 중앙의 왕족 또는 귀족이 중앙의 통치권이 미치는 못하는 지방의 형사사법권을 행사하였다.[27]

❷ 법제

백제는 반역·퇴군·살인은 사형에 처하고, 부인으로서 간음한 자는 남편 집의 노비로 삼았으며, 남의 물건을 훔친 자는 유형에 처하는 한편 2배로 배상케 하였다. 내란죄와 외환죄, 전장에 임하여 후퇴한 자, 인명을 살해한 자는 참수형에 처하고, 절도범은 유형에 처하는 동

---

24 연정열, 「한국법제사」 (서울: 학문사, 1996), p. 25-30.

25 유완빈, 「한국행정사 연구」, 정신문화연구원, 1997, p.

26 허남오a, 「한국경찰제도사」 (서울: 동도원, 2001), p. 85.

27 내무부치안국, 전게서, pp. 39-40.

PART 03

시에 훔친 물건의 2배를 배상케 하였으며, 부녀자로서 간음을 범한 자는 그 집의 노비가 되게 하였다.

고이왕 29년에는 공무원 범죄 엄벌령을 내려 관리로서 뇌물을 받거나 재물을 절취한 자는 장물의 3배를 배상하고 종신 동안 공무원이 되는 길을 막아 등용치 못하게 하였다.[28] 백제의 경우 '관인수재죄'官人受財罪를 처벌함으로써 공무원에 해당하는 관인들의 범죄가 새롭게 처벌되었다.[29]

형벌제도는 당나라의 제도를 도입하여 사死·유流·도徒의 제도가 있었으며, 특히 사형에 관해서는 중앙기관의 재심리를 거쳐 왕의 결제를 받아 집행하도록 하는 신중한 절차를 밟도록 했다. 이는 비록 죄인이라 하더라도 인간의 생명은 귀중하다는 사상의 일면을 볼 수 있다.

범죄인의 생명을 중시하여 복심제(2심제)를 채용하고, 유형流刑과 같은 자유형제를 도입하고, 사면제도를 행하였다. 이처럼 백제는 국가의 존립과 관리의 기강을 바로잡고, 사유재산제를 보호하고, 가부장적 가족제도를 공고히 하였다.

3 ‖ 남 · 북국시대의 형사사법체계

1 통일신라

❶ 형사사법체계

통일신라統一新羅의 관제는 신라의 관제를 그대로 계승하였으며, 관부는 그 격에 따라 「성」省, 「부」部, 「부」府로 구별하여 실시하였다. 집사성은 국가기밀 및 최고정무업무를 담당하였으며, 병부는 군사와 경비경찰의 업무를, 좌우이방부는 사법기관과 형률사무를 담당하였다. 통일신라의 통치체제 중 집사는 국왕 밑의 중추기관이며, 그 장관인 중시中侍가 왕권의 강화를 지탱하였다.[30]

통일신라는 확대된 영토를 통치하기 위하여 지방조직을 정비하였다. 신문왕 5년(685)에 전국을 9주9州로 나누고, 또 수도의 편재성을 보충하기 위해서 지방에 5소경小京을 두었다. 9주

---

28 凡官人受財及盜者 三倍徵 臟禁錮終身

29 김형중a,「한국고대경찰제도사」(서울: 수서원, 1990), p. 98.

30 내무부치안국, 전게서, p. 49.

는 통일전 신라의 5주를 바탕으로 백제와 가야지역에 4주를 설치하여 9주로 만들었다. 소경에는 사신仕臣(일명 사대등仕大等)을 두어 정무 및 형사사법권을 관장케 하고, 주의 장관은 문무왕 원년(661)에 군주軍主에서 총관總管으로 고치고, 원성왕 원년(785)에 도독都督으로 개칭하였는데, 역시 지방의 형사사법권을 행사하였다.[31]

주 밑에는 군郡·현縣을 설치하였는데, 이것은 통일전의 군郡과 촌村을 개편한 것으로 군에는 지방관으로 군태수郡太守가 있었고, 현에는 현령縣令이 있었다. 특히 주와 군에는 감찰의 임무를 가진 외사정外司正이 설치되어 중앙집권적인 성격이 더욱 강화되었다.

이러한 총관과 사신은 모두 중앙정부로부터 파견되어 군사·사법·부역·치안을 담당하였다. 그러나 군사 및 치안에 관한 실무는 장사長史가 담당하였으며, 사법 및 사법경찰에 관한 업무는 외사정外司正이 지휘 또는 집행하였다.

❷ 법제

통일신라시대는 법흥왕 7년 정월에 율령을 반포하였고 백관의 공복을 제정하였다. 특히 이 시기는 형벌이 세분화되었고 집행이 엄격하게 시행되었다. 신라의 형벌법전이며 범인처벌법인 금지법은 신라율新羅律이고, 신라령新羅令은 행정적 규정이며 명령법이라고 할 수 있다. 신라령이 존재하였음은 삼국사기의 기록에 의해 명확히 알 수 있으나, 그 자세한 내용은 알 수가 없다.[32] 일반적으로 신라의 처벌규정에는 오역죄, 지역사불고언죄, 불휼국사죄, 배공영사죄 등이 있었다고 한다. 이를 간략하게 살펴보면 다음과 같다.[33]

[표 3-1] 범죄의 유형

범죄의 유형		내용
오역죄(五逆罪)	모반죄(謀反罪)	오역죄는 당시 당률(唐律)의 십악(十惡)을 참작한 것이며, 이 중 모반죄(謀反罪)는 사직을 위태롭게 한 죄로 오늘날의 내란죄에 해당한다.
	모반죄(謀叛罪)	모반죄(謀叛罪)는 국가를 배반하고 적을 이롭게 한 죄로 오늘날 외환죄에 해당한다(삼국사기에는 모반(謀反)과 모반(謀叛)이 혼용되어 사용되고 있다).
	모대역죄(謀大逆罪)	종묘와 궁궐을 범한 대역죄이다.
	악역죄(惡逆罪)	가족 혹은 가족윤리를 해치는 죄이다.
	강죄(降罪)	전쟁에서 항복한 죄를 말한다.

---

31 변태섭, 전게서, p. 134.

32 내무부치안국, 전게서, p. 57.

33 상게서, pp. 61-64.

범죄의 유형	내용
지역사불고언죄 (知逆事不告言罪)	반역사실에 대해서 신고하지 않는 죄로 오늘날 국가보안법상의 불고지죄에 해당된다.
불휼국사죄(不恤国事罪)	근무를 태만히 하는 것과 같은 것인데, 오늘날 형법상 직무유기죄에 해당된다.
배공영사죄(背公營私罪)	공익을 배신하고 사리사욕을 취하는 범죄이다.

또한 삼국사기에 의하면 통일신라의 율령에는 대체로 사형, 족형, 거열형, 사지해형, 기시형, 참형, 육시형, 자진형, 유형, 장형 등과 같은 10가지 형벌이 있었다. 이러한 형벌의 종류를 간략하게 살펴보면 다음과 같다.[34]

[표 3-2] 형벌의 종류

형벌의 종류	내용
사형(死刑)	참수형과 사약형(賜藥刑)이 있었으며, 잔인한 열지형(裂肢刑)이나 화형(火刑) 같은 형벌은 드물었다.
족형(族刑)	개인에게만 형사책임을 국한하지 않고 그 가족 및 친족 등에 대해서도 무조건 연대책임을 부담시켜 극형을 가하는 것으로 삼족(三族)은 부족(父族), 모족(母族), 처족(妻族)을 말하였다.
거열형(車裂刑)	머리와 사지를 4차(四車)(4마리 소가 끄는 마차)에 묶은 다음 마차를 사방으로 달리게 하여 신체를 찢어 놓는 잔혹한 형벌로써 일명 환형(轘刑)이라고도 한다.
사지해형(四肢解刑)	범죄자의 사지를 절단하여 분참(分斬)하는 형이다.
기시형(棄市刑)	시장이나 거리 등 대중이 보는 자리에서 사형을 집행하는 것이다. 이것은 형을 공개적으로 집행하여 처벌함으로써 대중을 위협하려는 일방예방주의적 형사정책의 표현이다.
참형(斬刑)	참형은 도검으로 신체를 절단하여 치사케 하는 형벌이다.
육시형(戮屍刑)	사형에 해당하는 범죄자가 사망한 경우, 그 시체를 전단하는 형벌이다. 편시(鞭屍)라고도 한다.
자진형(自盡刑)	자결을 명하는 형벌이다.
유형(流刑)	범죄자를 고도 등의 벽지에 격리하여 수용하는 형벌이다.
태형(笞刑)ㆍ장형(杖刑)	곤장 또는 태(笞)로 신체를 때리는 형벌이다.

---

34 이수현, "우리나라 형형사의 근본이념과 현행 교정제도의 발전방안," 경북대학교 박사학위논문, 2004, p. 25.

2 발해

❶ 형사사법기관

발해^{渤海}의 중앙정치조직은 전제적이고 자주적이었다. 발해의 중앙행정기구는 당나라의 제도를 모방하여 3성^省 6부제^{部制}를 갖추었지만, 발해식의 3성^省 6부^部 1대^臺, 7시^侍, 1원^院, 1감^監, 1국^局의 관료체제를 갖고 있으면서 독자성을 가지고 있었다.

발해의 3성은 정당성^{正堂省}, 선조성^{宣詔省}, 중대성^{中臺省}으로 3성 중 정당성의 대내상^{大內相}에게 권력이 집중되어 있었고, 선조성, 중대성^{右相} 위에 위치하며, 3성 중에서 핵심적인 지위를 차지하는 수상의 지위를 갖고 있었다. 대내상은 제일 높은 자리의 대신으로서 모든 국가기관들을 통제, 지휘하였으며, 경찰권 행사의 실질적인 총수였다.

발해의 6부는 충^忠, 인^仁, 의^義, 지^智, 예^禮, 신^信이라는 유학의 정치, 사상, 윤리, 도덕으로 각 부의 명칭을 삼아 유교적 색채를 띠고 있었다. 그 중 경비, 순찰, 진압 등 경비경찰 기능은 지부^{智部}에서, 사법경찰은 예부^{禮部}에서 각각 분장하여 처리하였다.

발해시대에도 경찰권이 뚜렷하게 분리되지 않았지만, 발해의 좌우맹분위^{左右猛賁衛} 좌우웅위^{左右熊衛}, 좌우위위^{左右威衛}는 궁궐을 수비함과 동시에 경성을 보위하는 경찰적 기능을 수행하였으며, 남좌우위,^{南左右衛} 북좌우위^{北左右衛} 등은 백성을 진압하며, 변경의 수비를 담당하는 기능을 수행하였다.[35] 발해의 특별감찰기관으로 중정대^{中正臺}가 있었다. 중정대는 당나라의 어사대와 같이 내외의 경찰업무를 맡았던 특별 감찰기관으로서의 경찰기능을 담당하였다.[36]

발해시대에도 형사사법권이 뚜렷하게 분리되지 않았지만 발해의 좌우맹분위^{左右猛賁衛}, 좌우웅위^{左右熊衛}, 좌우위위^{左右威衛}는 궁궐을 수비함과 동시에 경성을 보위하는 경찰적 기능을 수행하였으며, 남좌우위^{南左右}, 북좌우위^{北左右衛} 등은 백성을 진압하며, 변경의 수비를 담당하는 기능을 수행하였다.[37]37

발해의 지방조직은 5경^京 15부^府, 62주,^州 100-300현^縣의 행정구역으로 정비되어 있었다. 그리고 부에는 도독^{都督}, 주에는 자사^{刺使}, 현에는 현승^{縣丞}을 두고 여러 부의 요충지대에 절도사^{節度使}를 두었다. 도독과 절도사는 군사, 지역통치, 재정, 경찰, 소송 등 여러 가지 일을 맡아 보던 지방 군정장관이었고, 자사와 현승은 민사와 교화를 맡아 보고 군사적인 업무에는 관여하지 않았다. 이러한 부·주·현의 행정조직 아래에 말단인 촌락이 있었고, 촌락에는 수령^{首領}이

---

35 김형중a, 전게서, pp. 123.

36 유종해·유영옥, 전게서, p. 137.

37 김형중a, 전게서, pp. 123.

있었다.[38] 이러한 수령은 각 부, 주, 현의 원래 부족의 유력자로 실제로 부족의 군사, 형사사법권의 책임자였다.

❷ 법제

발해의 법률은 발해 멸망 뒤 거란이 그 유민들을 발해법이 아닌 한나라의 시대의 법률인 한법漢法을 적용한 것에서 알 수 있듯이 당나라와 거의 차이가 없었던 것으로 보인다.[39] 738년 당에서 『삼국지』三國志, 『진서』晋書, 『삼십육국춘추』三十六國春秋와 함께 『당례』唐禮를 인용하였는데, 이 당례는 『대당개원례』大唐開元禮로서 당 현종 때 소숭蕭嵩 등이 현종의 명을 받아 만든 것이다.

『당개원례』唐開元禮에는 황제를 중심으로는 하는 군신과 아래로는 지방관원에 이르는 모든 범위를 포괄하고 있으며, 제사, 의전, 관혼, 상제 등의 의식과 외국에 대한 조공수속 및 외교의례도 명확히 규정하고 있다. 이러한 『당개원례』唐開元禮가 만들어짐으로써 당대의 오례五禮 제도가 완비되었다.

이후 발해에서도 당대의 율령을 인용하여 이것을 근거로 예제를 정하였다. 그러나 당대의 오례를 수정하여 율령을 정비하긴 했으나, 당율령의 범위를 벗어나지는 못하였다. 발해의 가족은 일부일처제가 기본이었으며, 이는 『송막기문』松漠紀聞이라는 문헌상으로도 확인되고 있다.[40]

Criminology & C·J systems

🌐🔍 권력을 가진 여성들의 성폭력[41]

권력 가진 여성은 어떻게 살았을까? 권력과 섹스의 불가분의 관계는 남성들에게만 있었던 것은 아니다. 여왕들은 권력뿐 아니라 사랑을 쟁취하는 데도 탁월한 재주를 보여줬다. '여왕의 시대'라는 책을 보면 가관이다. 이집트의 여왕 클레오파트라 7세는 요부의 대명사로, 최고 권력자 카이사르한테는 알몸으로 담요만 두르고 침실로 들어가 그의 여인이 됐고, 안토니우스도 유혹해 결혼에 성공했다.

신라시대의 미실은 사다함, 설원랑, 동륜태자, 친동생 미생 등과도 사통했고, 선덕여왕은 진지왕의 아들 용준과 용수 형제를 번갈아가며 정을 통했고, 형부가 된

---

38 동북아역사재단, 「발해의 역사와 문화」, 2007, p. 180.

39 島田正郎, 「新出土史料 による 渤海國史の新事實」(東京: 創文社, 1979), pp. 472-475.

40 국사편찬위원회b, 「한국사 제10권 발해」, 1996, p. 161.

41 성경원, "남자도 당하면 아프다" 「매경이코노미」, 2018.04.01.

용춘을 남편으로 삼기도 했으며, 진성여왕은 근친상간과 난교를 일삼은 음탕한 요 녀였다.

당나라의 측천무후는 당태종의 후궁이었지만 아들 고종과 정을 통하다가 죽자 왕이 된 자기 아들을 폐위시키고 여황이 돼 팔순이 넘도록 미소년들과 놀아났다. 앙 골라의 징가여왕Queen Nzinga은 잘 생기고 튼튼한 노예들을 잡아다 하렘Harem을 만들 어 78세까지 미친 듯이 쾌락에 빠졌다.

예카테리나Ekaterina 대제는 러시아 제국을 치마폭에 넣고 둘째가라면 서러울 정 도로 애인들을 거느리고 살았으며, 서태후는 27세에 과부가 되자마자 옛 애인을 불 러들였고 수시로 남자를 취하고 갈아치우며 향락에 빠졌다. 이렇듯 여자들도 권력 을 가지면 남자를 맘대로 취했다.

4 ‖ 고려시대의 형사사법체계

1 형사사법체계

❶ 중앙의 형사사법체계

● 형부

고려시대高麗時代의 형부는 법률, 소송, 형옥 등의 직무를 관장하던 육부 중의 한 관서로 주로 민관의 모든 범죄분쟁을 조사하고 형을 집행하였다. 오늘날 사법경찰 업무의 많은 부분이 이 형부의 업무와 관련이 있었다. 형부의 직속기관으로 노비, 관청의 장부와 문서, 결송決訟을 관장 하던 도관都官이 있었고, 형부의 예하관서로는 전옥서典獄署, 경시서京市署 등의 관서가 있었다.

전옥서는 성종 14년에 일시 대리사大理寺로 고쳤다가 문종 때에 다시 전옥서로 고쳐서 개 국 초기부터의 명칭을 그대로 사용하게 되었으며, 주로 미결수 및 기결수와 같은 죄인들을 수 감하는 일을 맡았다. 경시서는 오늘날의 경제경찰과 같은 역할을 수행하였는데, 주로 수도 개 성의 시장·상점을 검색하여 상인들의 부정행위를 단속하는 임무를 수행하였다.[42]

---

42 내무부치안국, 전게서, p. 94.

● 어사대

어사대御史臺는 임무가 매우 광범위하였지만, 본래의 임무는 시정을 논의하고 풍속을 바로 잡으며 백관을 감찰하여 기강을 진작하고 부정을 탄핵하는 것이었다. 오늘날로 말하면, 청와대 사정반의 임무와 비슷하며, 경찰조직으로 말하면 감찰역을 담당하는 감사실 기능 그리고 풍속경찰의 역할을 수행하였다고 볼 수 있다.[43]

● 중추원

중추원中樞院은 왕궁에 숙직하는 근신들의 기관으로서 왕명의 출납과 숙위 그리고 군기에 대한 업무를 맡았다. 중추원은 추밀樞密과 승선承宣으로 구성되어 있었다.[44] 이 중 승선에서는 숙위宿衛, 즉 국왕경호의 임무를 담당하였는데, 이는 오늘날 대통령을 경호하는 것으로 대통령 경호처의 임무와 비슷하다고 할 수 있다.

● 순군만호부

순군만호부巡軍萬戸府는 몽고의 전란이 있은 후 원의 영향을 받을 때에 설치된 것으로써 순찰·포도·형옥관계의 업무를 담당하던 관서이다. 그 창설은 제25대 충렬왕 때로 보여지고 있는데『고려사』高麗史〈충렬왕세가〉忠烈王世家에는 순군만호부가 모두 순마소巡馬所로 기록되어 있다. 이것은 아마도 업무수행의 신속을 요하는 이 관서의 관리들이 대개 말을 타고 기마경찰의 활동을 하였던 데에서 연유하였던 것으로 보여 진다.[45]

순찰군으로서의 운영도 상당히 발전하여 지방에도 33개소의 주요한 곳에는 각각 순포巡舖를 설치하고, 순군만호부는 그 중앙총본부로서의 역할을 하였다. 제32대 우왕禑王 때에는 다시 순군만호부로 명칭을 고쳤으며,[46] 주된 임무는 주로 순찰,巡察 포도,捕盜 옥수獄囚 등의 업무를 수행하다가 이후 포도금란捕盜禁亂의 업무를 주로 수행하면서 조선 초까지 존속하였다.[47]

이러한 순군만호부를 우리나라 최초의 전문경찰기관으로 볼 수 있다는 주장이 있으며, 이에 대해서 역사학계에서도 거론되고 있다.[48] 순군만호부는 오늘날의 경찰청으로써 관원인 도만호都萬戸는 오늘날의 경찰청장, 상만호上萬戸는 치안정감, 만호萬戸는 치안감, 부만호副萬戸는

---

43 상게서, p. 94.

44 이대희 외 7인, 전게서, p. 115.

45 내무부치안국, 전게서, p. 139.

46 변태섭b,「한국사통론」(서울: 삼영사, 2002), p. 141.

47 허남오a, 전게서, p. 99.

48 이에 대해서는 서기영교수, 이병도교수, 한우근교수 등이 순마소와 순군만호부와의 연계관계와 그 등장시기를 놓고 대립된 견해를 제시하고 있다. 하지만 최초의 전문경찰기관으로서의 역할을 수행한 것으로 인정하고 있다.

경무관, 잔무鎭撫는 총경, 천호千戶는 경정, 제공提控은 경감으로 추정되며, 순마巡馬 또는 순군巡軍이라 부르는 군졸軍卒(경찰관)이 배속되어 있었다.

❷ 지방의 형사사법체계

● 현위

고려시대 지방경찰기관으로서 현위縣尉를 수반으로 한 위아尉衙가 있었다. 이는 이병도 박사가 현위를 지금의 경찰서장, 위아를 경찰서로 밝힌 바 있다. 현위제도는 제8대 현종 때에 설치하기 시작하여, 문종 때에 완성한 것으로 보고 있다.[49] 현위의 임무는 현내縣內의 비행과 범죄의 방지 및 범죄자 처리 그리고 지역의 치안질서유지가 임무였다. 이와 같이 현위는 평상시에는 치안유지나 백성교화에 힘쓰고 비상에는 군사작전의 임무까지 수행하던 중요한 기관이었다.

현위는 그 지방의 풍속경찰·사법경찰의 임무를 담당하였으며, 치안이 확보되지 못한 지역에 있어서는 질서수립의 중책을 가졌다. 이처럼 현위는 해당 지방의 치안유지·사회교화에 힘쓰고, 비상시에는 군사작전의 임무까지 수행하면서 해당 지방의 치안·경비 등의 중대한 임무를 담당하였던 오늘날 경찰서장격인 역할을 수행하였다.[50]

● 지방별초

원종 5년(1264)에는 중앙에서 조직되고 활동하던 야별초夜別抄가 여러 지방에서 도적이 일어나자 각 지방으로 이 별초군을 파견하여 도적을 잡게 하였다. 이러한 중앙파견별초와는 별도로 야별초는 지방의 도道·부府·주州·군郡·현縣 단위에도 조직되어 있었다.

이러한 지방별초는 중앙의 야별초 또는 지방을 순행중인 중앙파견별초와 마찬가지로 포도금란捕盜禁亂과 대외경비를 주 임무로 하였다.[51] 그러나 원종의 친몽정책親蒙政策으로 인하여 배몽排蒙 항전주의抗戰主義의 삼별초는 혁파되었으며, 정국과 변화에 따라 지방의 별초도 해산되었다.[52]

---

49   허남오.a, 전게서, p. 106.

50   내무부치안국, 전게서, pp. 98-99.

51   상게서, pp. 145-146.

52   허남오.a, 전게서, p. 111.

2 고려의 법제

고려의 법제는 비록 통일적인 법전으로 편찬된 것은 없으나 『고려사』^{高麗史} 〈천문지〉^{天文} ^志·〈역지〉^{曆志}·〈오행지〉^{五行志}·〈지리지〉^{地理志}·〈예지〉^{禮志}·〈악지〉^{樂志}·〈여복지〉^{輿服志}·〈선거지〉^{選擧} ^志·〈백관지〉^{百官志}·〈식화지〉^{食貨志}·〈병지〉^{兵志}·〈형법지〉^{刑法志} 등 12지^志에 나타난 바와 같이 개별 법령으로 많이 기록되어 있다. 특히 형법규정에 관한 것은 형법지에 상세히 규정되어 있다.

Criminology & C · J systems

🔍 형법지^{刑法志}

형법지 첫머리에는 형^刑과 법^法의 관계를 다음과 같이 설명하고 있다. 형(刑)이 란 이미 행해진 것(범죄행위)을 징벌하는 것이고, 법^法은 그것을 미연에 방지하는 것 이다. 이미 행하여진 것을 징벌함으로써 사람들로 하여금 두려움을 알게 하는 것은 그것을 미연에 방지하는 것(사람의 범행을 피하게 하는 것)보다는 못하다. 그러나 형^刑 이 아니면 법^法은 행해질 수 없다. 따라서 양자는 함께 있는 것이다.[53]

고려의 율령이 편찬된 시기는 성종이 입법정제^{立法定制}했다는 기록이 있는 것으로 보아 성 종대로 추정된다. 또 1047년(문종 1) 6월에는 최충^{崔冲}을 시켜 율령을 교정했다는 기록이 있는 데, 이후로도 계속 변화가 있었으며, 『고려사』^{高麗史} 〈형법지〉^{刑法志}에는 다음과 같은 71조의 내 용이 있었다고 한다.[54]

Criminology & C · J systems

🔍 형법지^{刑法志}의 71조 내용

옥관령^{獄官令} 2條	명례^{名例} 12條	위금^{衛禁} 4條
직별^{職別} 14條	인혼^{仁婚} 4條	구고^{廐庫} 3條
천흥^{擅興} 3條	도적^{盜賊} 6條	투송^{鬪訟} 7條
사위^{詐僞} 2條	잡율^{雜律} 2條	포망^{捕亡} 8條
단옥^{斷獄} 4條		

---

53 이종일, "근대 이전의 법제 변천," 「법제연구」, 14, 2001, p. 36.

54 내무부치안국, 전게서, p. 107.

이처럼 고려시대의 법률은 당률을 모방한 법률과 보조 법률이 있었다. 일상생활에 관계되는 범죄는 관습법에 의해 규제하였으며, 〈형법지〉^{刑法志} '명례조'^{名例條}에는 형벌의 종류는 태^{笞}·장^{杖}·도^{徒}·유^{流}·사^{死}의 5종으로 구분하고 있다.[55]

첫째, 태형^{笞刑}은 가장 가벼운 형벌로 10대에서 50대까지 5등급으로 나누어져 있다.

둘째, 장형^{杖刑}은 태형보다 중죄일 때 과하는 형벌로써 태형과 마찬가지로 장 60대에서 100대까지 5등급으로 나누어져 있다. 이러한 장형은 도형과 유형에 처해진 죄수들에게 병과하였으며, 조선시대의 도형과 유형에 반드시 장형을 부과한 것은 고려시대의 제도를 이어받은 것으로 보인다.

셋째, 도형^{徒刑}은 자유형의 일종으로 도형 기간 동안 감옥에 구금되어 강제노역에 동원되기도 하였으며, 돈으로 대신 하는 속동^{贖銅}, 일명 속전^{贖錢}으로 대체가 가능하였다.

넷째, 유형^{流刑}은 일정한 형기가 없이 오늘날의 무기형에 해당하는 형벌로써 일종의 종신형에 해당하였다.

마지막으로 사형^{死刑}은 집행방법에 따라 교형^{絞刑}(목을 옭아매어 죽이는 형벌)과 참형^{斬刑}(칼로 목을 베어 죽이는 형벌)이 있었는데 참형이 더 중한 형벌이었다.[56]

또한 『고려사』^{高麗史} 〈형법지〉^{刑法志}에는 형벌 5종 외에 부가형이라고 할 수 있는 삽루형^{鈒鏤刑} 일명, 삽면형^{鈒面刑}(얼굴에 칼로 흉터를 새겨 넣는 형벌)과 경면형^{黥面刑}, 일명자자형^{刺字刑}(얼굴에 흑침^{黑針}으로 글자를 새겨 넣는 형벌)이 있었다. 그 외에도 모반, 대역죄 등 국사범에 대하여 노비몰수, 재산몰수 등과 같은 부가형을 과하였다.[57]

고려의 형벌 중에서 특이한 것은 귀향형^{歸鄉刑}(귀양이란 형의 어원이 됨)과 상충호형^{常充戶刑}에 관한 것이다. 이 두 형^{刑}은 지배신분층이 강등되어 피지배층으로 편입되는 신분강등을 의미하는 처벌이었다. 그러나 귀향형은 사면에 의해서 다시 지배신분층으로 복귀할 수 있었으나 상충호형은 그것이 불가능하였다고 한다.[58]

구금제도와 관련해서는 삼국시대부터 옥^{獄}, 뇌옥^{牢獄}, 영어^{囹圄}라는 구금시설이 있었지만, 고려시대에 와서 처음으로 '전옥서'^{典獄署}라는 독립된 구금시설인 감옥이 설치되었다. 하지만 전옥서는 형을 집행하는 시설이 아니라 주로 처형할 때까지의 죄수를 구금하는 형이 결정될 때까지 미결수를 구금하는 시설로 보고 있다.[59]

---

55 이수현, 전게논문, pp. 3028-30.

56 법무부a, 「한국교정사」, 1987, p. 58.

57 이수현, 전게논문, p. 30.

58 내무부치안국, 전게서, p. 36.

59 이수현, 전게논문, p. 31.

1 형사사법체계

❶ 중앙의 형사사법체계

● 형조

조선시대^{朝鮮時代}의 형조^{刑曹}는 법률^{法律}·송사^{訟事}·형옥^{刑獄}·노예 등의 일을 담당함과 동시에 하급기관의 판결에 대한 재심기관의 역할을 하였다. 하위부서로는 상복사^{詳覆司}(중죄심문), 고율사^{考律司}(법령조사), 장금사^{掌禁司}(감옥과 범죄수사), 장예사^{掌隷司}(노예업무)를 두었다. 속아문으로 장례원^{掌隷院}(노비업무), 전옥서^{典獄署}(감옥담당) 등이 있었다.

형조는 수사와 재판, 중죄인의 재심, 민사소송, 노비에 관한 사무 등을 관장하는 기관으로서 오늘날의 검찰청과 법원을 겸한 기관이라 할 수 있다. 취급하는 업무나 대상 신분에 아무런 특칙이 없어 왕족범행 등 특수한 사건만 다루는 의금부와 구별하여 상민 재판소라 불렀다.[60]

● 사헌부

사헌부^{司憲府}는 법사^{法司}로써 시정의 시비를 논하고 백관의 기강을 규찰하고 국민의 풍속을 바르게 하고 억울함을 풀어주는 등 실로 중대한 기관이었다. 오늘날의 국회의원·검사의 역할 등을 함께 수행한 가장 화려하고 중책을 지닌 기관이다. 사헌부의 말직인 감찰^{監察}은 일선을 직접 검찰^{檢察}하였는데, 길에서 그를 만나면 대신이라도 길을 피했다고 할 정도이다.[61] 사헌부는 검찰사무와 풍속경찰의 임무를 주로 수행하였다.

● 의금부

의금부^{義禁府}는 국왕의 법원^{King's Court}으로서 정치범의 재판소 역할을 하였다. 모반이나 반역사건 등을 다루었고, 왕족이나 양반 등의 자손까지도 직접 치죄(治罪)하는 귀족재판소였다. 따라서 이를 왕부^{王府}라고 별칭하였다.[62]

의금부는 왕명에 따라 특수한 범죄에 관한 조사 및 처리를 담당하는 기관으로서 왕족의

---

60 정동욱, "조선시대 형사사법기관," 「고시연구」, 17(12), 1990, pp. 166-167.
61 내무부치안국, 전게서, p. 195.
62 상게서, pp. 197-198.

범죄, 국사범, 역모와 반역죄 등 대옥사건^{大獄事件}, 일반 백성의 왕족에 대한 범죄, 사헌부가 탄핵한 사건 등을 담당하였다. 의금부는 왕의 교지가 있어야만 재판이 가능한 특별재판기관인 까닭에 이를 양반재판소라고 하였다.[63]

● 한성부

한성부^{漢城府}는 원래 수도 한성지방의 대수령이나 일반수령과 같이 관하의 사법권(검시 등의 검찰사무와 재판 등)을 가졌던 기관이었다.[64] 한성부는 조선시대 수도인 한성의 주민관리 등 일반행정사무, 조세포탈이나 관물(官物)의 개인소비 금지, 폭력행위 단속, 주간순찰, 변사자 검시 등과 같은 경찰업무도 담당하였으며, 태형에 처할 만한 가벼운 범죄는 직접 최종적으로 처결하였다.[65]

한성부는 수도치안을 담당하면서 폭력단속·주간순찰·시체검시 업무를 수행하였다. 이러한 업무는 우윤^{右尹}의 1주부^{主簿} 소속의 병방^{兵房}과 2주부^{主簿} 소속의 형방^{刑房}에서 주로 담당하였다. 하지만 한성부의 치안업무는 한성부 여러 업무 가운데 주업무는 아니었다. 한성부가 기본적인 도적을 예방하는 기능은 하였지만 전문적인 포도활동^{捕盜活動}은 할 수 없었다.

결국 포도장^{捕盜將}의 설치는 도적의 양적인 증가와 질적인 심각함에 따라 기존의 중앙과 지방의 치안기구가 포도활동의 한계를 드러냄에 따라 이를 극복하기 위한 방안에서 이루어진 것이며, 이것은 이후 포도청의 편제로 이어진다.[66]

● 전옥서

전옥서^{典獄署}는 고려 때부터 있었던 제도로써 조선에서는 죄인의 구금과 행형을 담당하였으며, 지금으로 말하면, 교정본부에 있는 구치소나 교도소에 해당한다고 볼 수 있다. 전옥서는 형조에 소속되어 형조의 지휘·감독을 받았는데, 이 점 또한 오늘날 교정본부가 법무부의 소속기관인 점과 유사하다고 할 수 있다.

이러한 전옥서 외에 의금부에는 의금옥^{義禁獄}이 있었으며, 기타 병조·사간원·비변사·포도청 등에도 옥사^{獄舍}, 즉 일종의 감옥이 있었다. 전옥서의 옥사로는 좌·우포도청의 부속 옥사가 있었는데, 이를 보통 좌옥^{左獄}과 우옥^{右獄}이라 불렀다.[67]

---

63 정동욱, 전게논문, p. 167.

64 내무부치안국, 전게서, p. 198.

65 정동욱, 전게논문, p. 169.

66 내무부치안국, 전게서, pp. 200-211.

67 정동욱, 전게논문, p. 171.

포도청

　조선시대 초기의 전문적 경찰기관으로는 고려시대 관제를 계승한 순군만호부를 들 수 있는데, 이후 순군만호부巡軍萬戶府는 태종 2년 6월에 순위부巡衛府로, 태종 3년에 의용순금사義勇巡禁司로, 태종 14년에 의금부義禁府로 이어져 오면서 그 기능을 마쳤다.[68]

　포도청이 중종 때 상설될 때까지 전문적 경찰관청을 정식관제에서는 찾아볼 수 없었지만, 도적이 갑자기 출몰하면 임시로 포도장을 임명하여 경찰군을 편성하고 도적을 체포하였다. 또한 법적으로 「포도논상」捕盜論賞을 마련하여 도적을 잡으면 계급을 올려주었고, 일반 백성이 도적을 고발하면 포상해 주었다.

Criminology & C·J systems

🔍 조선전기의 유죄협상Plea Bargain과 형사면책Immunity 제도[69]

　조선조 1456년 도둑이 들끓자 세조는 유시를 내린다. "도적이 자수하여 그 중에 잡아 고발한 것이 9인 이하는 면포 50필을 주고, 10인 이상은 면포 100필을 주고, 무리를 만들어 횡행한 자를 고발한 사람은 논공행상하도록 한다." 1470년 성종이 "도적 중에 고발자가 있으면, 그 죄를 면하게 하고 상賞은 보통 사람과 같다"는 사목事目(공사규칙)을 내린 바 있다.

　이상과 같은 사목事目은 자신의 범죄혐의와 책임을 인정하는 경우에 면책하고 상을 준다는 것으로 현재 미국 등 선진국의 '유죄협상'Plea Bargain이나 '형사면책'Immunity 제도와 유사한 성격을 갖는다고 할 수 있다.

　그러나 이러한 제도에도 불구하고 도적의 수는 흉년이면 급증하였고, 규모 또한 집단화되었다. 따라서 도적을 통제하기 위한 독립된 전문기관이 필요하여 포도장제捕盜將制를 설치하게 되었다. 그러나 성종 2년에 설치한 포도장제는 잠시 설치한 임시직에 불과하였다.

　성종 초반 포도장은 도적이 발생한 해당 지역에 임시적으로 파견되었기 때문에 해당 임무를 종료하면 폐지하였다.[70] 포도장이 도적단속을 효과적으로 했지만, 그 폐단 또한 많아 치폐에 대한 논의가 지속되었다. 그러다가 포도장이 성종 후반 중앙군이 여진정벌에 동원되면

68　이당재, 「조선시대 포도청 연구」, 연세대학교 석사학위논문, 1982, p. 11.

69　최재경, "록히드 스캔들 해결한 일본의 '형사면책'" 「중앙일보」, 2008.10.19.

70　내무부치안국, 전게서, p. 233.

서 도성의 치안공백을 대신하는 계기로 점차 수도치안기구로 역할을 하였다.[71]

포도장제는 성종 2년에 창설된 이래 중종 23년에 이르러 직제의 승격을 보게 되었다. 지금까지 포도장捕盜將이라고 부르던 것을 중종 23년 11월부터 '포도대장'捕盜大將이라 호칭하고 종사관從事官인 포도부장捕盜部將의 임용방식이 정해졌던 것이다.[72] 이러한 일련의 직제상의 규정에 의해서 중종 39년(1544)에 비로소 독립된 경찰행정기구로 '포도청'捕盜廳이 창설되었다.

성종 때부터 심각해진 도적의 발효는 중종, 명종 때에 이르러 조선왕조를 통하여 가장 극심하였다. 따라서 과거 범죄가 발생할 때 임시로 설치되었던 포도청이 중종 39년에 그 형성을 보게 되었고, 명종 때에 임꺽정에 의한 피해가 커지게 되자 이들을 효과적으로 진압하기 위해서 포도청을 상설화하였다.[73]

특히 조선후기에 와서는 포도捕盜 업무보다는 궁성의 호위, 왕의 행행幸行(선왕의 능 참배)할 때의 수행, 인산因山(왕족의 국상) 시 거사군 차출 등이 주임무처럼 되었다. 또한 개항 이후 각국 공사관의 파수와 정치범의 체포·조사업무가 추가되면서 본연의 치안업무는 소홀해지는 양상이 나타나게 된다.[74]

또한 조선후기에 들면서 상업의 발달과 함께 포도청의 업무가 증가하였다. 좌포도청은 조운·세미·방납에 관하여, 우포도청은 잠상, 인삼매매에 관한 치죄가 많아졌다. 그 후 정치적 변화에 따라 포도대장의 위상이 올라가, 국왕은 왕권보호와 군권을 장악하기 위하여 이를 이용하였다.

한편 근세로 내려오면서 포도청은 방도금란의 임무 외에 한참 세를 더해가는 천주교의 탄압에 주력하게 된다. 이를 위하여 5가작통제伍家作統制를 활용하기도 하였다. 개화 이후인 고종 20년(1894)에는 한성부에 순경부를 설치하여 외국인을 보호하기도 하였다.[75] 포도청은 고종 31년(1894) 7월 14일에 경무청관제직장이 공포됨으로써 그 설치 410여 년 만에 경무청으로 흡수되면서 폐지되었다.[76]

❷ 지방의 형사사법체계

조선시대 지방의 형사사법기관은 관찰사와 수령을 들 수 있다. 전국 8도에 관찰사가 있고

---

71 차인배, "조선전기 성종-중종대 '포도장'제 고찰," 「사학연구」, 72, 2003, p. 80.

72 중종실록 64권23월11월 경신조 참조.

73 이당재, 전게논문, pp. 27-28.

74 손영상, "갑오개혁 이후 근대적 경찰제도의 정립과 운영", 서울대학교 석사학위논문, 2005, p. 9.

75 허남오b, 「너희가 포도청을 어찌 아느냐」 (서울: 가람기획, 2001), p. 104.

76 이당재, 전게논문, p. 28.

그 밑에 부·대도호부·목·도호부·군·현이 있었으며, 각 수령으로 부윤·대도호부사·목사·도호부사·유수·군수·현령·현감이 병렬적으로 관찰사의 관할하에 있었는데 관찰사와 각 수령은 각자 그 관할구역 안에서 일반행정 업무 및 일정 범죄(경죄)에 대한 사법권을 행사할 수 있었다.[77] 관찰사와 수령은 각자 사형에 해당하는 중죄에 관해서는 수사기관의 역할을 담당하였으며, 관찰사가 국왕에게 올리는 장계狀啓는 오늘날의 공소장과 같은 성격을 가졌다고 한다.[78]

지방의 경우, 부·목·군·현의 수령인 부사·목사·군수·현령·현감과 도의 관찰사는 행정관인 동시에 사법관으로서, 수령은 민사소송과 태형笞刑 이하의 형사소송을 직결하였으며, 관찰사는 관내의 사법사무를 통할하며 유형流刑 이하의 형사사건을 직결하고 그 이상의 중죄는 상부의 지시를 받아야 했다.[79]

Criminology & C·J systems

🔍 조선의 절묘한 형사사법체계[80]

조선의 사법체계는 절묘했다. 수사권을 가진 수사기관은 여럿 있었다. 중대 사건을 수사하는 사헌부와 왕명 사건을 수사하는 의금부가 있었다. 서울시에 해당하는 한성부도 수사권이 있었고 서민 관련 사건은 포도청 관할이었다. 지금의 법무부인 형조도 수사권이 있었다.

수사권을 여러 기관에 준 것, 즉 직접 구금하여 수사할 수 있는 관청인 직수아문直囚衙門을 여러 군데 둔 것은 실체적 정의를 찾기 위해서였다.

사헌부에서 대충 수사하면 곧바로 사간원이 탄핵에 나서고 의금부나 형조가 재수사에 나서므로 이른바 '봐주기'가 있을 수 없었다. 반면 여러 수사기관의 수사 내용은 모두 사율원司律院에서 판결했다.

특이한 점은 수사기관엔 모두 대과大科 출신이 포진한 반면 사율원엔 잡과雜科 출신이 포진했다는 점이다. 사율원은 때로 율학律學이라고 불렸는데, 수사기관에서 문부文簿(수사기록)를 보내오면 『경국대전』經國大典, 『대명률』大明律, 『율학해이』律學解?, 『율해변의』律解辨疑 같은 법률서를 뒤져 형량을 조율照律했다.

조율이란 법률서와 대조해 해당 형벌을 찾는 것이다. 정확한 법조문인 정률正律

---

77 김종구, 「형사사법개혁론」 (서울: 법문사, 2002), p. 36.

78 정동욱, 전게논문, pp. 171−172.

79 김종구, 전게서, p. 37.

80 이덕일, "부러진 화살" 「중앙일보」, 2016.12.20.

이 없을 경우 가장 비슷한 법조항을 끌어다 안률按律했는데 이것이 비의比依다.

엘리트 사대부들이 수사한 내용을 중인 출신들에게 판결시킨 이유는 이른바 재량권을 막으려는 조상들의 지혜였다. 엘리트 사대부들의 수사 내용을 중인 출신 율학인律學人이 마음대로 재량할 수 없었다.

『맹자』孟子 '진심 상'盡心 上에서 도응桃應은 맹자에게 "고요皐陶가 법관士으로 있는데 순舜 임금의 부친 고수가 사람을 죽였다면 어떻게 했겠는가"라고 묻는다. 맹자는 "법대로 집행할 따름이다"라고 간단하게 답변했다. 『서경』書經 '우서'虞書에 '믿는 구석이 있어서 다시 범행하면 도적으로 다스린다'는 호종적형?終賊刑이란 말이 있다. 호는 믿는 구석이란 뜻이고 종은 재범이란 뜻이다. 믿는 구석이 있어 재범하면 사형시킨다는 뜻이다.

이익李瀷은 『성호사설』星湖僿說 '형법'刑法조에서, "법法과 이利는 서로 승제乘除가 된다"고 말했다. 법과 이는 상호모순 관계라서 이가 무거우면 법이 가볍게 되고, 이가 가벼우면 법이 무겁게 된다는 뜻이다.

2 법제

조선시대는 입법·사법·행정 등 3권의 분립이 분명하지 않은 채 혼재되어 있었으며, 형사 절차에 있어서도 판관이 직권으로 피의자를 체포하고 일방적으로 신문·고문하여 처리하는 규문주의糾問主義를 택하고 있었다. 특히 범죄의 수사면에 있어서는 그 담당기관이 다양하고 중복되어 복잡하였다. 조선시대는 강력한 중앙집권적 통치체제를 구축하기 위하여 '오가작통법'五家作統法을 조선 초부터 실시하였다.[81]

Criminology & C·J systems

🔍 **오가통제법**五家統制法[82]

5가구를 중심으로 통제하는 오가작통법 즉, 오가통제법五家統制法은 당나라의 오가비五家比제도를 참조한 것으로 우리나라 최초의 국민적 말단 조직단체 및 최초의 예방경찰을 위한 조직이라는 점에서 의의를 가진다. 고종 21년에 10가구로 재편하

---

81 임승재, "조선시대 경찰의 사적고찰," 「법정논총」, 동국대학교 법정연구소, 1970, p. 186.

82 상게논문, p. 186.

여 십가통제법十家統制法으로 발전하였다.

오가통제법의 내용은 ① 상호부조, ② 호구 등의 조사와 미등록자에 대한 비보호, ③ 범죄의 신고의무 및 연대처벌, ④ 거주이전의 허가제 등이다. 이러한 오가통제법은 영국의 앵글로·색슨시대에 있었던 10인조 제도Tithing와 비슷한 성격의 제도였다고 볼 수 있다.

오가작통법五家作統法이 일반적으로 사용되는 용어이지만 보다 정확한 의미를 위해서는 오가통제법五家統制法이라는 용어가 더 정확할 것이다. 왜냐하면 오가작통법은 주민자치조직이 아니라 조선의 법전인 경국대전經國大典에 법제화되어 있었으며, 강제로 시행된 제도이기 때문이다.

태조 이성계는 그의 즉위조서에서 '刑曹 掌 刑法·聽訟[83]·鞫詰,[84] 巡軍 掌 巡綽[85]·捕盜·禁亂'형조 장 형법·청송·국힐, 순군 장 순작·포도·금란이라 하여 수사와 재판기관을 분명히 하였으나, 각사各司와 각군문各軍門이 자신들의 직무에 속하는 피의자를 멋대로 체포·구금하였다.

따라서 이러한 폐단을 없애기 위하여 범인을 직접 체포하여 감금할 수 있는 관청인 직수아문直囚衙門, 즉 직수를 할 수 있는 아문을 법으로 정하였다. 직접 범죄자를 구금할 수 있는 관청인 직수아문으로는 형조·병조·한성부·사헌부·승정원·장예원·종부사와 관찰사 및 수령이 있었다.

직수아문 이외의 관청에서는 범죄자를 형조로 이송하여 그곳에서 구금하도록 하였으나 실제에 있어서는 각사各司·각방各房을 비롯하여 권세있는 사문私門까지도 수금囚禁·남형濫刑을 단행하였으므로 역대 임금들이 사사수금私事囚禁·사문형추私門刑推·사문남형私門濫刑을 금하는 영을 누차 내렸다.[86]

조선후기에는 비변사와 포도청이 추가되어 중앙의 권위적인 주요 관서가 모두 체포·구금의 권한을 행사할 수 있게 되어 있었다. 사법권을 가진 기관을 법사法司라고 하였는데 중앙의 법사로는 사헌부, 의금부, 형조, 한성부, 장예원이 있었으며, 그 중 형조, 사헌부, 의금부를 특별히 삼법사三法司라고 호칭하였다.

경국대전 등 법전에 의거하여 집행된 사법司法은 통치 또는 행정의 일환으로 운영되었으

---

83 재판을 위하여 당사자로부터 소송사유를 듣는 일.

84 죄인을 신문하는 일.

85 야간에 군사들이 대오를 이루어 위엄을 갖추어 호령을 하면서 순찰하는 것

86 서일교, 「조선왕조의 형사제도 연구」(서울: 박영사, 1974), p. 8.

며, 민사·형사의 구분이 명확치 않았다. 태조는 즉위교서를 통해 죄를 범한 자에게는 반드시 명나라의 법인 대명률^{大明律}을 적용할 것을 지시하여 대명률의 적용을 선언하였고, 이후 대명률을 적용하는 원칙은 고종황제 시대인 광무 9년(1905년 4월 29일), 형법대전^{刑法大典}이 공포될 때까지 조선왕조의 역대 임금에 의해서 지속되었다.

재판의 경우, 상급심을 위해 형조·의금부·한성부의 3법사가 설치되었는데, 형조는 사법 행정의 감독기관인 동시에 수령이 관장하는 일반사건에 대한 상소심으로서의 재심기관이었고 합의제였다.

조선왕조의 형벌은 고려와 마찬가지로 태(笞)·장(杖)·도(徒)·유(流)·사(死)의 5형이 시행되었다. 형옥은 일반적으로 잔혹하게 다스려져 영조는 이를 개혁하여 압슬^{壓膝}·낙형^{烙刑}·묵자^{墨刺}·난장^{亂杖} 등을 폐지하였다. 그러나 역적을 처벌함에는 참혹하였다.

[표 3-3] 조선시대의 5형

태(笞)	가는 형나무 가지로 때리는 것으로 10~50회를 5등급으로 구분. 태형에 쓰는 매는 대두쪽은 2분 7리, 소두쪽은 1분 7리, 길이 3척 5촌이다. 작은 형나무 가지로 만들되 옹이나 눈은 깎아버림.
장(杖)	커다란 가시나무로 때리는 것으로 60~100회를 5등급으로 구분. 장의 대두 쪽은 지름이 3푼 2리이고, 소두쪽은 지름이 2푼 2리인데 길이는 3척 5촌. 장은 커다란 가시나무의 가지로 만들며 또한 반드시 가지사이에 박힌 옹이나 나무눈은 깎아 버림.
도(徒)	징역형으로 1~3년을 5등급으로 구분
유(流)	귀양 보내는 것으로 가깝고 먼 지역에 따라 3등급으로 구분
사(死)	교수형과 참수형의 2등급으로 구분

이처럼 조선시대도 다른 앞전의 시대와 마찬가지로 행정권과 사법권이 분화되지 않은 상태에서 행정관료가 사법권까지 관장하였는데, 범죄혐의자를 수사하는 경찰기능과 소추하는 검찰기능 그리고 재판기능까지 모두 담당하였다. 이러한 조선시대의 형법제도는 갑오개혁 때에 개정되어 죄인의 연좌제^{連坐制}가 폐지되고 고문을 금지했으며, 사법관 이외의 관리가 마음대로 구속하지 못하게 되었다.

무원록無寃錄87

대검찰청 이현정 연구사의 자료에 의하면 '무원록'無寃錄이란 '없을 무, 원통할 원, 책 록'으로서 원통함을 없게 하는 책을 의미한다. 사실 이 책은 중국 원나라 때 왕여(王與)라는 사람이 만든 법의학서, 즉 사망 원인 판별법에 관한 책이었다. 여기에 '신주'新註 혹은 '증수'增修라는 말이 덧붙여졌으니, 이는 곧 무원록이라는 중국의 기본서에다가 우리나라의 현실을 반영하거나 시대의 변화에 맞게 새로운 내용을 덧붙인 책이라는 의미가 된다.

조선시대에는 인명사건이 접수되면 관리들은 반드시 시신을 검사해서 사망 원인을 밝혔다. 이를 '검시'檢屍라고 하고, 검시를 포함하여 사건을 해결하기 위한 수사과정 전부를 일컬어 '검험檢驗 제도'라고 하였다.

일단 당시 지방에는 오늘날과 같은 경찰조직이 별도로 있었던 것이 아니기 때문에, 지방관인 사또가 직접 살인 사건의 목격자를 심문하고 현장을 조사하여 보고서를 쓰도록 되어 있었다. 이들은 실무자급인 순검巡檢들의 도움을 받으면서 '신주무원록'新註無寃錄, 혹은 '증수무원록'增修無寃錄이라는 책을 지침서로 삼아 사건을 조사하고 직접 보고서를 작성하였다.

제2절 | 근대 이후

1 || 갑오개혁기의 형사사법체계

1 경찰제도

1894년 7월 14일 최초의 근대경찰인 경무청警務廳 설치를 골자로 하는 '경무청관제警務廳官

---

87 대검찰청, "New-Pros," 2008년 9월호.

制·직장職掌'이 확정·반포되었다. 전통적인 경찰체제였던 좌우포도청을 합쳐 경무청을 설립하고, 이를 내무아문에 소속시켜 한성부 소속 5부 내의 모든 경찰사무를 관장하게 하였다. 경무청의 책임자로 경무사警務使를 두었고, 그 아래 부관 1인을 두어 총무국을 책임지게 하였으며, 그 외 경무관警務官·서기관書記官·총순總巡·순검巡檢을 두었다. 같은 날 경무청의 총순·순검 등의 직무를 구체적으로 규정한 '행정경찰장정'行政警察章程도 반포되었다.[88]

2 검찰제도

1894년에 단행된 갑오개혁에 의하여 일본의 재판소구성법(1890)을 일부 모방한 '재판소구성법'이 1895년 3월 25일 법률 제1호로 공포되어 같은 해 4월 1일부터 시행됨으로써 비로소 행정권으로부터 사법권의 분화·독립이라는 역사적인 개혁이 이루어지게 되었다. 우리의 사법제도가 갑오경장 이후 일본의 사법제도가 이식됨에 따라 근대 사법제도의 틀이 형성되기 시작했다.[89]

1895년 4월 1일 '재판소구성법'이 시행되면서 각급 재판소에 검사를 두도록 하여 우리나라에 최초로 "검사"라는 용어와 관직이 등장하게 되었고, 그 결과 재판을 전담하는 판사와 범죄수사 및 소추를 담당하는 검사를 분별하는 근대적 검찰제도의 발아를 보게 되었다.[90]

재판소구성법이 시행되면서 근대 법원제도 및 검찰제도가 도입되었다고 할 수 있다. 하지만 이 당시 검사는 독자적인 직무권한을 가지고 있었지만 오늘날처럼 판사와 소속이 다른 것이 아니라 같은 재판소 소속의 공무원이었다.[91]

3 법원제도

앞서 살펴본 것처럼 1895년 4월 1일 시행된 '재판소구성법'에 따라 지방재판소, 개항장재판소(한성, 인천, 부산, 원산), 순회재판소, 고등재판소, 특별법원 등 5종류의 재판소를 설치하였

88 행정자치부, 「대한민국 정부조직변천사」, 1998, p. 58.

89 김원태, "한독검찰제도의 비교연구-우리 검찰제도의 입법론적 과제를 위하여," 「해외파견검사연구논문집」, 4, 법무부, 1983, p. 339.

90 대검찰청a, 「검찰청법 연혁」검찰사자료, 1, 1999, p. 5.

91 허익환, "검찰조직의 환경변화와 개선방안," 경북대학교 석사학위논문, 2006, p. 4.

다. 이때 지방재판소, 개항장재판소가 형사사건 1심 재판을, 순회재판소와 고등재판소가 상소사건을 담당하는 2심제의 재판제도가 도입되게 되었고, 각 재판소에는 검사를 두어 검찰사무를 처리하게 하였다.[92]

1899년 '재판소구성법'을 일부 개정하여, 고등재판소를 '평리원'平理院으로 개편하고, 모든 상소사건을 처리하게 하였으며, 순회재판소는 폐지되었다. 또한 1905년 4월 29일에는 형법대전이 공포됨으로써 종래의 대명률 적용이 종식되었다.[93]

1905년 을사보호조약 이후인 1907년 12월 23일 공포된 재판소구성법개정법률, 재판소구성법시행법, 재판소설치법 등의 3개 법률로 인해서 일본의 재판제도가 거의 그대로 한국에 도입되었다.

경죄를 1심으로 재판하는 구區재판소가 신설되고, 지방재판소와 개항장재판소를 지방재판소로 일원화하여 구區재판소 사건의 상소사건과 중죄의 1심 재판을 담당하게 하였으며, 평리원을 '공소원'控訴院으로 개편하여 지방재판소 1심 사건의 상소사건을 처리토록 하고, 상소법원인 '대심원'大審院을 신설함으로써 4급 3심제를 채택하는 한편, 각 재판소에 검사국檢査局을 대치시켜 검찰사무를 처리하게 하였다.[94]

이러한 신新재판소구성법의 제정으로 변호사에 대한 검사의 감독권과 사법경찰관에 대한 검사의 지휘·명령권 등이 규정되었다. 또한 검사에 대한 조직체계가 재판소 소속이 아니라 재판소와 병치하는 검사국의 형식으로 분리되었다. 1910년 10월 1일 '조선총독부재판소령'이 제정·공포되면서 검사는 법원과 독립하여 직무를 수행하게 되었다.[95]

일제는 1909년 7월 12일 대한제국의 사법 및 감옥사무를 장악하는 '한국사법및감옥사무위탁에 관한 각서(이른바 기유각서己酉覺書)'를 체결하면서 대한제국의 사법권을 강탈하게 된다.[96] 이에 따라 통감부는 '통감부재판소령'을 제정하여 동년 11월 1일부터 시행하면서 새로 통감부재판소로써 고등법원, 공소원, 지방재판소를 설치하였다.

92 김종구, 전게서, p. 37.
93 상계서, pp. 37-38.
94 김종구, 전게서, p. 38.
95 허익환, 전게논문, p. 4.
96 성황용, 「근대동양외교사」(서울: 명지사, 1992), p. 341.

4 교정제도

1894년 7월 14일 경무청이 설치되면서 본청에는 감금監禁·부감금副監禁·감수監守 등을 두어 별도로 설치하여 경무사의 지휘 아래 감옥사무를 관장하도록 하였으며, 한성 5부에는 경찰지서를 따로 설치하여 각 부의 경찰사무를 담당하게 하였다.

다만, 전옥사무의 경우 본청 내에 별도로 설치하여 감금監禁·부감금副監禁·감금서기監禁書記·압뢰押牢 등을 두도록 규정하였으나 실제로는 본청의 총순이나 순검이 겸임하였다.[97]

1895년 4월 29일 개정·반포된 '경무청관제'는 1894년 '경무청관제·직장'이 대폭 확대·정비된 것이었다. 우선 경무청의 업무범위가 "한성부 내의 5부의 모든 경찰사무"에서 "한성부 5부 내의 경찰·소방 및 감옥의 사무"로 확대되고, 앞 시기에 없었던 감옥서와 경무사 관방이 새로 설치되었다. 수화소방水火消防에 관한 사항, 도로경찰에 관한 사항, 위생경찰에 관한 사항 등과 이와 별도로 소송업무와 범인수사 및 체포에 관한 사항을 두고 있었다.[98]

감옥 업무는 본청에 별도로 설치하여 본청의 총순과 수검이 겸임하던 것을 없애고, 새롭게 독립기구로서 감옥서를 두고 감옥서장·감옥서기·간수장·순검간수 등을 따로 두도록 하였다.[99]

2 || 일제 강점기의 형사사법체계

1 경찰제도

일제는 1910년 한·일강제병합을 하면서 한국통치에서 가장 핵심기관으로 헌병경찰제도를 구축하여 식민지 조선에 대한 지배력을 강화하였다. 이러한 헌병경찰제도는 군사조직인 헌병이 경찰권을 장악하고 경찰조직과 연립하여 헌병의 장이 경찰의 장을 겸임하는 '1원적 2원 조직'이었다. 헌병경찰은 치안경찰 뿐 아니라 사법행정 및 일반행정에도 작용하여 한국통치의 주역을 담당하였다.[100]

---

97 손영상, 전게논문, p. 19.

98 차혜선, "대한제국기 경찰제도의 변화와 성격", 「역사와 현실」, 19, 1996, p. 81.

99 손영상, 전게논문, p. 24.

100 유종해·유영옥, 전게서, p. 247.

일제는 통감부시대에 한국에 있어서 '범죄즉결령'(칙령 제240호, 1909), '범죄즉결례'(제령 제10호, 1910) 등을 제정하였다. 이미 강점 이전에 범죄사건의 하부를 이루는 대부분의 경미사건에 대해 검사의 공소제기와 법원의 판단을 기다리지 아니하고 경찰이 바로 즉결처분하는 식민지형 경찰사법을 대폭 인정함으로써 철저하게 소송경제를 도모하였다.[101]

이처럼 일제경찰에 의한 범죄자의 즉결처분은 '조선태형령'과 결합되어 합법을 가장한 고문이 자행되는 온상이 되었고, 이로 인해 한국인은 경찰에 대해 매질을 하는 기관으로 인식하게 되었다.[102]

1919년 3·1운동을 무력으로 탄압한 일제는 기존의 헌병경찰에 의한 군사통치에서 '문화의 발달과 민력民力의 충실'이라는 구호를 내건 이른바 '문화정치'로 그 통치의 형식을 전환하였다. 하지만, '무단통치'가 '문화통치'로 바뀌면서 형식상의 관제개정과 헌병경찰이 보통경찰로 바뀌었지만, '시정상의 강령' 첫 번째가 '치안유지'였다는 점에서 식민지지배의 본질은 전혀 달라지지 않았다.

다만, 탄압의 제1선에 서있던 군軍이 제2선으로 물러나고 대신에 문관인 경찰이 그 역할을 담당하게 되는 보통경찰체제가 수립된 것에 지나지 않았다.[103]

Criminology & C·J systems

🌐🔍 시정상 강령

시정상의 강령은 ① 치안유지,治安維持 ② 민의창달,民意暢達 ③ 행정쇄신,行政刷新 ④ 국민생활의 안정, ⑤ 문화 및 복리증진 등이었다.

한편 일제는 1937년 이후 침략전쟁이 장기화됨에 따라 경찰의 지도·감독 아래 방공防空업무를 전담하는 보조기구인 '경방단'警防團[104]을 창설하였다. 1939년 10월 종래의 하부조직이던 경방기관警防機關, 즉 방호단防護團·소방조消防組·수방단水防團 등을 '경방단'警防團으로 통합하였다.

이처럼 1937년 이후 식민지 조선의 경찰은 일제의 침략전쟁 수행을 위해서 총동원체제로 재편되었으며, 철저하게 수탈의 첨병에 앞장서서 주요한 역할을 하였다.

---

101 신동운a, "일제하의 예심제도에 관하여," 「법학」, 27(1), 1986, pp. 405-406.

102 상게논문, pp. 408-409.

103 김민철, "일제 식민지배하 조선경찰사 연구", 경희대학교 석사학위논문, 1994, p. 40.

104 1948년 이승만을 중심으로 한 세력들이 남한에서 단독정부 수립을 위한 선거를 강행할 때 경찰이 각 지역에 '향보단(鄕保團)'이라는 것을 만들었는데 이는 경방단을 모방한 것이라는 비판을 받았다(류상영, "초창기 한국경찰의 성장과정과 그 성격에 관한 연구(1945-1950)", 연세대학교 석사학위논문, 1987, pp. 87-89).

2 검찰제도

일제가 1912년 3월 18일 '조선총독부재판소령'을 거의 전면 개정하여 법원제도를 지방법원, 복심법원, 고등법원의 3급 3심제로 변경하였으며, 또한 과거의 구구재판소를 폐지하고 지방법원 지청을 설치하였다.

이처럼 일제의 재판소제도가 3급 3심제로 바뀜에 따라 검찰의 조직[105]도 고등법원 검사국, 복심법원 및 지방법원 검사국, 지방법원지청 검사분국의 체계로 바뀌어 총독부시대가 끝날 때까지 이러한 제도가 기본적 체제로 유지되었다.[106]

또한 '조선형사령'(제령 제11호, 1912)에 의하면 구류장은 검사만 발부할 수 있었고, 사법경찰관에게는 이러한 권한이 없었으나, 사법경찰관은 피고인을 신문한 후 금고 이상의 형에 해당된다고 사료될 때에는 14일까지 피고인을 유치할 수 있었다.

이러한 유치명령권은 현행범의 경우에도 인정되었다. 검사는 공소제기까지 20일간의 구금이 가능하였으므로, 무기한의 구류권이 인정되고 있었던 예심판사에 대한 예심청구는 미결구금의 연장을 위한 수단으로 악용되었다.[107]

일제시대의 '범죄즉결례'(제령 제10호, 1910)에 의하면 경찰이 경죄사건 대부분을 검사의 공소제기 및 법원의 사실심리 없이 즉결로 처리할 수 있었기 때문에, 경죄분야에 대한 검찰의 개입은 필요 없었다. 또한 '조선형사령'(제령 제11호, 1912)에 의하면 사법경찰관리가 작성한 조서에 대하여 절대적인 증거능력이 인정되었으므로 마찬가지로 검사의 개입이 필요 없었다.

일제시대는 표면적으로는 검사의 개입이 많지 않았지만, 실질적으로는 소수정예의 검사들이 식민통치의 첨병인 사법경찰관리를 지휘·감독함으로써 조선총독부의 지배체제를 더욱 공고히 하였다.[108]

3 법원제도

1910년 10월 1일 한·일강제합방 이후에 조선총독부가 설치됨에 따라 '조선총독부재판소령'이 제정·시행되었다. '조선총독부재판소령'은 '통감부재판소령'을 그대로 답습하여 구구재

---

105 1944년 말 우리나라에는 1개 고등법원 검사국, 3개 복심법원 검사국, 11개 지방법원 검사국, 48개 지방법원 지청 검사분국이 설치되어 있었다.

106 대검찰청a, 전게자료집, p. 7.

107 신동운c, "일제하의 형사절차에 관한 연구," 「한국법사학논총」 서울: 박영사, 1991, p. 154.

108 허익환, 전게논문, pp. 4-5 재구성.

판소, 지방재판소, 공소원 및 고등법원의 4급 3심제를 채택하고 있었으므로 검찰의 조직도 통감부 시대와 같이 각 재판소에 위치되어 4급의 조직·감독체계를 갖고 있었다.

그런데 과거의 4급 3심제가 지나치게 복잡하여 간소화하기 위하여, 1912년 3월 18일 '조선총독부재판소령'을 거의 전면 개정하여 지방법원, 복심법원, 고등법원의 3급 3심제로 변경하였으며, 과거의 區재판소를 폐지하고 지방법원 지청을 설치하였다.[109] 1944년 일제의 전시 총동원령에 따라서 재판소제도 역시 "조선총독부재판소령 전시특례"의 제정으로 3심제가 2심제로 변경된 채 1945년 8월 15일 해방을 맞게 되었다.

4 교정제도

1909년 7월 12일 "한국의 사법 및 감옥사무를 일본국 정부에 위탁하는 각서"(기유각서)라는 조약의 형식으로 대한제국의 감옥사무는 일제에 의해 박탈당하여 통감부 사법청에서 관장하게 되었다. 1909년 10월 31일을 기하여 한국의사법 및 감옥에 관한 여러 법령을 폐지하고, 같은 해 11월 1일 부터 일제통감부의 법령을 적용케 함으로써 대한제국의 감옥관제, 감옥규칙, 감옥세칙 등도 폐지되어 자주적인 행형의 근대화작업은 종지부를 찍게 되었다.[110]

Criminology & C·J systems

🔍 일제의 감옥정책[111]

일제 통감부가 서대문형무소를 지은 건 1908년이다. 구한말 항일 의병 투쟁과 1911년 '105인 사건'으로 감옥은 금세 포화 상태가 됐다. 1910년 전국 감옥 면적(1,470평) 대비 수감 인원(7,021명)을 계산하면 평당 4.7명에 이르렀다. 1911년 안악 사건으로 서대문형무소에 수감된 김구金九도 '백범 일지'에서 감옥의 열악한 상황에 대해 "힘써 밀 때는 사람의 뼈가 상하는 소리인지 벽판이 부러지는 것인지 우두둑 소리에 소름이 돋는다"고 회고했다.

1910년 한국을 강제 병합한 일제는 곧바로 감옥 확장 계획부터 세웠다. 1908년 서대문형무소는 면적 1만 3,000m^2(3,934평) 규모에 수용 인원 500명에 불과했다.

---

109 대검찰청a, 전게자료집, pp. 64-65 재구성.

110 성황용, 전게서, pp. 341-348.

111 김성현, "독립운동의 聖地… 수감자 절반이 20대 청년이었다"「조선일보」, 2019.04.13.

하지만 1930년대에 이르면 5만 5,000㎡(1만 6,500여 평)에 수용 인원 2,500명으로 4~5배씩 증가했다. 1935년에는 독립운동 탄압을 위해 사상범만 별도 수용하는 특수 감옥인 '구치감'도 운영했다.

당시 형무소는 중앙사中央舎를 중심으로 수감자들의 옥사가 방사형으로 뻗어나가는 판옵티콘panopticon 구조였다. 프랑스 철학자 미셸 푸코가 '감시와 처벌'에서 근대식 감옥의 특징으로 꼽았던 그 구조다.

한겨울에도 일제는 수감자들에게 방한복을 지급하지 않았다. 수인복 사이에 솜을 넣어서 누빌 수 있도록 했지만, 솜은 1벌당 2.35㎏으로 엄격히 제한했다. 수감자들의 식사는 9등급으로 세세하게 구분했다. 독립운동으로 옥고를 치르는 '사상범'은 5등급 이하의 식사만 제공하도록 했다. 한 끼 270g 이하, 하루 764㎉ 이하였다. 성인 남녀의 일일 권장 칼로리가 2,000~2,500㎉ 가량이라는 사실을 감안하면 절대적으로 영양 공급이 부족했던 셈이다. 박 관장은 "독립운동가들을 일상적인 굶주림에 노출시켜 본능적으로 협력할 것을 강요한 것"이라고 말했다.

2015년 국사편찬위원회에서 온라인으로 공개한 일제 시대 수형기록카드는 6,264장. 이 중 나이를 확인할 수 있는 4,377명 가운데 20대 청년이 절반 이상인 57.5%(2,517명)를 차지한다. "20대 청년들이 중심이 되어 식민지 사회의 모순을 자각하고 일제에 저항했다는 것을 알 수 있다"는 분석이다.

1910년 8월 29일 한국을 병합한 일제는 통감부 사법청을 총독부 사법부로 개편하고 사법부에 서무과, 민사과, 형사과 등 3개과를 두어 행형에 관한 업무는 형사과에서, 감옥의 설치 및 폐지에 관한 것은 서무과의 소관으로 하였다.[112]

이 당시 교정의 경우, 식민정책의 한 일환으로 시행되어 교정행정은 완전히 유린되었다. 하지만 수용절차, 예산운영을 비롯한 교정행정의 체계는 어느 정도 근대적 형태를 갖추게 되었으며, 이 시기에 감옥이라는 명칭도 1923년 '형무소'[113]로 개칭되었다. 경성감옥은 1908년 신설한 한국 최초의 근대식 행형시설로 1967년 서울구치소로 개칭되었다. 그리고 개성소년형무소는 1921년 경성감옥 개성본감으로 신설된 후 1923년 한국 최초의 소년형무소로 승격되었다.

---

112 대검찰청a, 전게자료집, p. 96.

113 형무소는 1961년 행형법의 개정으로 '교도소'로 개칭되었으며, 1962년 형정국도 '교정국'으로 변경되었다.

1923년 9월 3일 제령 제12호로 조선감화령을 제정하여 비행소년에 대한 처우제도를 최초로 도입하여 8세 이상 14세 미만의 불량행위자로 친권자 또는 후견인이 입원을 희망하는 자와 소년심판소에서 송치된 20세 미만자를 감화원에서 수용·보호하도록 하였고, 이를 토대로 하여 1942년 3월 23일 '조선교정원령'과 '조선교정원관제'를 각 제정·공포하고, 동년 4월 20일 서울에 조선교정원이 설치됨으로써 비로소 근대적 소년보호제도의 기틀이 마련되었다.

근대적인 소년원의 시초는 1942년 설립된 '경성교정원'으로 1948년 8월 15일 해방 이후 서울소년원으로 개정되었다가 1958년 교정원령이 폐지되고, 새로운 '소년원법'이 제정됨에 따라 소년원이 신설되었다.[114]

Criminology & C·J systems

식민지정책의 일환이었던 일제의 사법제도 개혁[115]

일본제국주의는 1905년 을사늑약 이후 재판제도 개혁에 집중했다. 부당한 재판에 오랫동안 시달려온 조선인들이 많은 만큼 이를 개선하면 빠르게 마음을 얻을 것이라 판단했다. "대한제국에는 재판제도가 없다시피 할 정도로 부실하다. 서서히 개량해 조선인 스스로가 감복하게 해야 한다"고 초대 조선통감 이토 히로부미가 1907년 1월 법무보좌관들에게 말한 이유다. 이렇게 일제의 사법개혁은 조선의 식민지화를 당겨왔다.

이토는 조선의 제도들 가운데 재판에 주목했다. 조선의 재판제도는 부당하고 가혹했으며 민심을 이반시킨 중요한 요인이기 때문이다. 물론 일제의 최종 목표는 사법기관을 장악해 조선인들의 저항을 진압하는 것이었다.

부당한 재판제도는 당시 중요한 사회문제였다. 동학농민군은 1894년 폐정개혁안에서 재판제도 시정을 요구했다. '인명을 거리낌 없이 죽인 자는 벨 것' 등 6개가 사법제도에 관한 것이다. 이 때문에 같은 해 제1차 갑오개혁을 추진한 군국기무처 의안에도 '재판 없이 함부로 죄벌을 가하지 못할 것' 등 재판절차 개혁안이 들어 있다.

사법제도를 장악하던 조선의 기득권층은 격렬하게 저항했다. 개화파가 갑오개혁을 통해 추진한 재판제도는 사법을 행정에서 분리하고, 절차를 강화한 형법을 만드는 것이었다. 이는 기존의 신분제에 바탕을 둔 법률과 재판을 부정하는 것이었다.

---

114 권오걸, "현행 보안처분제도 개관," 「법학논고」, 22, 2005, p. 158.

115 이범준b, "헌법 11.0 다시 쓰는 시민 계약, 그들만의 '사법 왕국', 불행은 시민의 몫으로" 「경향신문」, 2018.02.02.

이에 따라 대한제국 시기에 권력을 회복한 기존 지배층은 새로운 재판제도를 줄줄이 폐기했다. 1898년 2월 대한제국 법부는 "귀하고 천한 것은 자기 자리가 있다. (이것이) 천지의 도리이며 바로 개화다"라는 훈령을 각급 재판소에 보냈다.

이토가 재판제도 개혁을 들고 나온 게 이 무렵이다. 1907년 4월 통감 관저에서 열린 시정개선협의회 기록을 보면, 이토는 고문 폐지를 주장한다. 이에 대한제국 법무대신 이하영은 "관대한 취조로는 쉽게 자백하지 않고, 국사범의 경우 고문이 불가피하다. 이들을 단속하기 위한 법률을 제정해야 한다"고 했다.

그러나 이토는 대한제국의 반대를 물리치고 같은 해 6월 고문 폐지를 관철시킨다. 그리고 갑오개혁 당시 재판제도 법령들을 살려냈다. 소송 절차와 재판 집행에 이의를 제기하는 절차를 확립했다.

제3절 ## 현대

1 ‖ 미군정기의 형사사법체계

1 경찰제도

1945년 8월 15일 조국 광복과 더불어 국립경찰이 출범하였다. 해방 직후 치안공백상태의 극심한 혼란상황이 계속되어 치안과 질서유지를 위한 경찰의 창설은 시급한 민족적 과제였으며, 이에 따라 1945년 10월 21일 군정청에 '경무국'이 창설되었다. 새로이 편성된 경찰조직의 가장 큰 특징은 경찰의 지휘통솔권이 군정청의 경무국에 집중되었다는 점이다.

군정청 경무국에 직접 경찰의 지휘통솔권이 집중되어 있다는 점을 나타내기 위하여 새로운 경찰조직에 대하여 "국립경찰"이라는 명칭이 사용되었다. 조선총독부 체제하의 경찰조직과 비교하여 볼 때 경찰행정을 도지사의 권한에서 분리하여 도경찰부를 독립시킨 점이 주목된다.[116]

---

[116] 경찰청, 「경찰50년사」, 1995, p. 31.

이후 경찰의 조직편제를 강화하여 1946년 1월 16일 '경무부'로 개편되었다. 지방조직은 1946년 4월 11일 '국립경찰조직에 관한 건'에 의해서 개편을 단행하여 각 도경찰부가 관구경찰청으로 개칭되었고, 8개의 관구경찰청이 생겨났다. 특히 여자경찰은 1946년 7월 1일 경무부 공안국에 여자경찰과라는 과단위의 기구가 생긴 것이 효시였다.[117]

또한 간부급 경찰관 교육의 중요성에 맞게 종래의 중앙교육기관이었던 국립경찰학교 (1946년 2월 1일)를 폐지하고, 1946년 8월 15일에 국립경찰전문학교를 설치하여 신임경찰간부를 양성하였으며, 이후 1947년 9월 1일 간부후보생 제도를 도입하였다. 1946년 2월 25일에는 기동성과 질서유지를 위해서 한국 최초의 기마경찰이 창설되었다.[118]

1946년 8월 14일 서울특별시 헌장이 공포되어 서울시가 경기도에서 분리되어 특별시로 승격하게 되었다. 따라서 수도 서울을 독립된 치안구역으로 설정할 필요성을 제기되어 1946년 9월 17일 경찰직제가 개편되면서 제1관구청에서 서울지역을 분리하여 '수도관구경찰청' 首都管區警察廳을 창설하였다.[119] 이 당시 경찰의 역할과 기능은 해방 직후 정권탈취를 기도하는 좌익세력을 진압하기 위한 공산당 제거 및 독립국가를 수립하기 위한 치안활동이 핵심을 이루었다.

Criminology & C·J systems

 검사의 경찰 지휘감독권의 유래[120]

우리나라 형사사법체계는 일제로부터 비롯됐다. 당시 일제는 식민지 행정효율을 극대화하기 위해 중앙집권적인 형사사법체계를 도입했다. 검사에 대해서는 검사동일체 원칙, 사법경찰관에 대해서는 검사에 대한 복종의무를 규정해 형사상 명령체계를 일원화했다.

해방 이후 미군정은 당초 일본에서와 같이 수사(경찰)와 기소(검찰)기관을 분리하는 미국식 형사제도를 도입하려 했다. 그러나 신생 독립국가에는 형사소추기능의 신속한 회복이 필요하다는 주장이 부각되면서 제도운영 방향을 전환, 1948년 8월 검찰청법을 제정해 검사에게 범죄수사에 관한 경찰 지휘감독권을 부여했다.

---

117 내무부치안국, 전게서, pp. 938-960.

118 상게서, p. 958.

119 허남오a, 전게서, p. 275 재구성.

120 백인성, "검경수사권 논의, 60년간 혈투 살펴보니..." 「머니투데이」, 2017.11.27.

2 검찰제도

일제의 패망 이후에도 '조선총독부재판소령'이 미군정의 법령에 의해서 계속 효력을 유지하고 있었기 때문에 각급 재판소 및 검사국은 일제시대와 동일하게 존치되었다.[121]

1946년 12월 16일 미군정청 사법부 명령에 의하여 법원의 명칭변경과 동시에 검사국도 그 명칭이 검찰청으로 변경되었는데, 이것은 검찰조직을 법원으로부터 분리한 것이 아니라 단순한 명칭의 변경에 불과하였다.

그리고 1948년 8월 2일자 법령 제213호로 '검찰청법'을 제정·공포하여 검찰청을 법원으로부터 분리시켰으며, 검찰을 기소만을 전담하는 소추기관으로 만들려고 했지만 결국 대륙법계 방식의 검찰제도로 창설하였다.[122] 이것은 우리나라 검찰제도에 획기적인 변화를 가져온 중대한 전기를 마련하였다.

이후의 검찰은 수사권과 기소권을 함께 행사하는 기관으로 출발하게 되었다. 이러한 미군정하의 '검찰청법'은 대한민국정부수립 이후인 1949년 12월 20일 법률 제81호로 '검찰청법'이 공포되면서 폐지되어 불과 1년여의 수명을 가졌지만 검찰이 법원에서 독립하는 중요한 계기가 되었다.[123]

3 법원제도

미군정청은 1945년 10월 9일 군정법령 제11호로 일제치하에서 인권유린의 온상이 되었던 '예방검속법', '치안유지법', '정치범보호관찰령' 등 법령과 경찰의 즉결처분을 폐지하였으나, 1945년 11월 2일 군정법령 제21호로 위 차별적 법령을 제외한 나머지 법령의 효력을 지속시키도록 하였다. 이에 따라 조선총독부재판소령의 효력이 유지되어 고등법원은 대법원으로, 복심법원은 항소법원으로 각 명칭만 변경된 채 지방법원과 함께 3심제를 구성하였다.

미군정기를 거치면서 미국의 법제도와 사법제도가 민주주의적인 법제도와 사법제도의 모범이라는 생각이 한국사회에 전파되기 시작하였다. 이 시기에 미군정청은 실체법적인 개혁보다는 사법제도 운영의 조직, 즉 사법시스템의 개편에 더 큰 비중을 두고 있었다.[124]

---

121 허익환, 전게논문, p. 5.

122 상게논문, p. 5.

123 대검찰청a, 전게자료집, p. 33.

124 심희기a, "미군정기 남한의 사법제도 개편," 「법제연구」, 8, 1995, p. 80.

따라서 미군정기 사법조직 개편의 궁극적인 목적은 사법부를 행정부, 입법부와 대등한 권위를 가지는 독립된 기구로 수립하려는 것이었다. 이에 따라 미국인 법률고문과 한국인 사법관계자들의 협의를 거쳐 사법조직 개편에 관한 법령들이 제정되었다.[125]

1948년 5월 4일 남조선과도정부법령 제192호 '법원조직법'에 이어서, 같은 해 8월 2일 제213호로 '검찰청법'이 각각 제정·공포되어 대법원, 고등법원, 지방법원과 간이법원 및 이에 대응하여 각급 검찰청을 설치하는 4급 3심제의 형사사법제도가 도입되었다.

새로운 법원조직법의 특징은 사법행정권이 대법원과 각급 법원으로 이관되었고, 명령과 규칙의 위헌여부를 법원이 심사하도록 하며, 행정재판의 제1심을 서울고등법원의 전속관할로 한 것 등이었다. 1949년 9월 26일 법률 제51호로 법원조직법을 제정하였는데, 이에 따라 법원은 대법원, 고등법원, 지방법원의 3급 3심제로 되었다.[126]

4 교정제도

미군청정은 초기에 법무국 내에 형무과를 설치하였고, 그 후 형무과를 형정국으로 개칭하여 행형업무를 수행하였다. 군정말기에는 18개의 형무소와 1개의 지소 및 형무관 학교를 관할하였다.[127]

미군정청은 조선총독부의 행정기구를 그대로 인수하여 법무국 내에 민사과, 형사과, 형무과 등 3개과를 두고 형무과에서 행형업무를 관장케 하였고, 그 후 법무국이 사법부로 개편됨에 따라 형무과는 '형정국'으로 개칭되었다.

미군정청은 조선총독부로부터 북위 38도선 이남에 위치한 형무소 12개소와 형무소지소 7개소 및 형무관훈련소를 접수한 후 몇 차례의 기구개편과 통·폐합 등의 조정을 거쳐 군정말기에는 18개소의 형무소와 1개 지소 및 형무관학교를 운영하게 되었다. 형무소의 조직은 소장을 전옥으로 임명하는 등 일제시대와 비슷하였으나, 일제시대 공소원 검사장의 형무소에 대한 감독권을 폐지하고, 그 감독권을 직접 법무국장에게 속하도록 하였다.[128]

한편 미군정시대는 행형의 기본이념을 민주행형에 두었지만 실제로 '조선감옥법'을 의용하고, 총독부시대의 행형조직을 그대로 인수하여 운영하였기 때문에 일제의 잔재를 완전히

---

125 김종구, 전게서, p. 43.
126 대검찰청a, 전게자료집, p. 65.
127 법무부b, 「법무부사」, 1988, p. 34.
128 대검찰청a, 전게자료집, p. 97.

불식하지 못한 과도기적 시대라 할 수 있다. 따라서 일제법령을 보완하기 위하여 미군정법령 제172호로 '우량수형자석방령'과 '재소자석방청원제,'그리고 '형구사용의 제한과 징벌제도의 개선' 등의 조치를 단행하였다.[129]

2 ∥ 대한민국정부수립 이후 형사사법체계

1 경찰제도

1948년 8월 15일 대한민국 정부수립 후 경찰은 정부조직법에 의하여 내무부 소속 하의 '치안국'治安局으로 설치되었는데, 그 근거는 대통령령 제13호 내무부직제이다.[130] 정부수립 후 최초의 치안국 기구는 일제하의 경찰기구를 바탕으로 미군정하의 경찰조직제도를 가미하여 만들어졌다.[131]

일제경찰의 경비과, 도서과, 위생과가 폐지되고, 미군정 당시 폐지되었던 경제경찰이 복원되었으며, 미군정하의 여경과·감식과는 승격되었다.[132] 또한 1948년 12월 1일 이승만정부와 자유당은 「국가보안법」을 제정하여 반공정책을 더욱 강화하였다.

특히 이러한 국가보안법은 경찰에 의해서 국민의 인권과 사상을 탄압하는 수단으로 악용되어 많은 논란을 낳게 되었다.[133] 이후 1949년 2월 '경무대경찰서'가 설치되어 국가원수의 중앙청 경호경비를 담당하였다.

한편 1950년 6월 25일, 한국전쟁이 발발함에 따라 경찰도 전시체제로 개편하여 '비상경

---

129 이윤호a, 「교정학개론」(서울: 박영사, 2002), p. 57.

130 1948. 9. 13 내무부는 경무부를 인수하였는데, 그 근거법령은 대통령령 제3호 남조선과도정부기구의 인수에 관한건 "제 1조 1. 내무부는 과도정부 경무부, 토목부, 중앙선거위원회, 중앙소방위원회와 그 소속기관을 인수한다"에 의한다.

131 1946년 경찰은 국방사령부 등과 같이 경무부로 승격, 개편되었다. 하지만 1946년 이후 경무국에서 경무부로 승격했던 경찰이 1948년 정부조직법 상에서 내무부 산하에 있는 하나의 국으로 전락하게 된다. 이는 식민지 시대의 강력한 경찰 권력의 침해에 대한 국민적 반감과 함께 청산되지 않은 일본관료출신들이 정부조직법 제정에 참여하면서 일본정부의 과거 행정조직을 모방하였기 때문이다. 경찰이 내무부로 속하게 되면서 각 시·도의 경찰국도 이제는 시장 또는 도지사 의 보조기관이 되었다(내무부치안국b, 「한국경찰사 Ⅱ」, 1973, pp. 70-73).

132 상게서, pp. 70-73.

133 김대성, "고문폐지를 위한 소담론-고문의 실제와 사회적 기회에 대한 비판을 중심으로," 건국대학교 석사학위논문, 2001, p. 108.

비총사령부(사령관은 치안국장)'[134]를 치안국 내에 설치하면서 '부국장제'와 '보급과'를 신설하였으며, 동년 12월에 제200 및 207대대를 중심으로 '태백산지구 전투경찰대(사령부는 영주)'를, 제203 및 제205대대를 중심으로 '지리산지구 전투경찰대(사령부는 남원)'를 각각 설치하였다.[135] 또한 동년 12월 전투로 인한 경찰관 부상자를 치료하기 위한 경찰병원이 설치되었다.

또한 일제시대의 경찰작용법인 정치범처벌법, 치안유지법, 예비검속법 등을 비롯한 치안 악법이 일부 폐지되었지만, 나머지 일제시대의 법령 대부분이 군정법령 제21호(법률 제명령의 존속)에 따라 그 효력을 유지하고 있었다. 따라서 경찰관의 직무집행에 관한 일반적인 근거법령은 정부수립 이후에도 상당기간 동안 마련되지 못하면서 많은 문제점을 야기하였다.

따라서 휴전이 된 직후인 1953년 12월 14일, 일본의 경찰관직무집행법을 사실상 모방한 경찰작용의 일반법인 '경찰관직무집행법'을 제정과 동시에 시행하게 되었다.[136]

1953년 9월 철도경찰대를 폐지하는 대신 전란의 수습을 위해 제주도를 제외한 각 시도에 경비과를 설치하고 경찰항공대를 발족하여 공비토벌에 투입하는 한편, 평화선의 수호 및 북한의 해상침투에 대한 대비, 전시금제품의 수출입 등 각종 해상범죄에 대처하기 위하여 1953년 12월 해양경찰대를 신설하였다.

해양경찰대는 1955년 2월 해사행정을 관할하는 해무청이 발족되면서 내무부에서 상공부 해무청 소속으로 이관되고 명칭도 해양경비대로 개칭되었다. 또한 국립과학수사연구소를 설치하여 치안국 감식과의 업무를 관장케 하였다.[137]

이승만 정부 시기 경찰의 정치적 개입으로 인한 많은 문제가 발생하자 경찰의 정치적 중립을 위한 '경찰위원회제도' 도입 방안이 시도되었다. 1955년 9월 11일 정례국무회의에서 대통령 직속의 경찰위원회를 두는 방안이 논의되었으나 집권당인 자유당의 반대에 의하여 국회회부도 되지 못하고 사장되었다.

1956년 8월 20일 자유당 정책위원회에서 경찰위원회를 '공안위원회'로 명칭만 변경한 채 자유당 총회에 회부하였으나 역시 폐기되었다. 1960년 4·19 혁명 직후 제2공화국하의 제4대 국회에서는 경찰의 중립화를 헌법에 명문화하고, 경찰중립화법안을 마련하여 국무총리소할 하에 '중앙공안위원회'를 두는 방안을 마련하였으나, 1961년 박정희의 군사쿠데타로 인한 국

---

134 비상경비총사령부는 이미 미군정기에 설치된 바 있었다. 1948년 2월 10일 경무부에 '비상경비총사령부(非常警備總司 令部)'를 설치하고, 각 관구경찰청에도 관구사령부를 설치하여 좌익에 대한 단호한 무력을 행사하였다(「동아일보」, 1948.02.11.).

135 대한민국여경재향경우회, 「한국여자경찰60년사」, p. 63.

136 윤성의, "경찰관직무집행법상 경찰활동의 문제점 및 개선방안에 관한 연구," 호남대학교 박사학위논문, 2008, pp. 9-10.

137 대검찰청a, 전게자료집, p. 2.

회해산으로 경찰중립화 법안은 또 다시 폐기되었다.[138]

　박정희 정부 시기는 민주주의를 유보한 경제성장에의 효율성을 위한 개발독재 시대라고 할 수 있다. 특히 정권안보를 위해서 1961년 7월 3일 '반공법'反共法을 제정하였다. 반공태세의 강화를 위하여 제정한 반공법은 과거의 국가보안법과 함께 안보형사법의 2대 지주로 자리 잡게 되었으며, 실제에 있어서는 악용이 더 쉬운 반공법이 훨씬 더 자주 이용되었다.[139]

Criminology & C·J systems

🌐🔍 중앙정보부

　　박정희시대의 중앙정보부는 공작정치와 고문정치의 산실이었다. 전前 중앙정보부장이었던 김형욱은 이에 대해서 다음과 같이 회고하였다. "중정(중앙정보부)의 직업 수사관 전직은 사찰계 형사, 방첩부대 문관, 헌병 하사관, 심지어 일제치하에서 설치던 조선인 헌병과 밀정 등 형형색색이었다.[140]

　　그 중 어떤 사람은 일제치하에서는 일본 순사로 독립운동가를 때려잡다가 나중에는 공산당 간첩을 때려잡은 '천의 얼굴'을 가진 사나이도 있었다. … 그들은 어떤 이데올로기의 이름으로도 사람들을 때리고 고문할 수 있는 천부적인 재능을 가진 무정부주의자들이었다. 그들은 누구든지 증오할 수 있고, 어떤 고문술도 개발할 수 있으며, 피의자를 학대함으로써 자신을 확인하는 새디스트들이었다."

　1968년 12월 경부고속도로 개통과 더불어 고속도로 순찰대가 창설되었으며, 1969년 1월에는 경찰공무원법이 제정·공포됨으로써 경찰조직의 기틀이 마련되었다.[141] 또한 1960년대 말부터 격화된 북한의 도발에 효과적으로 대처하기 위해 1970년 12월 '전투경찰대설치법' 공포됨에 따라 1971년부터 전투경찰순경(전경)이 경찰에 충원되기 시작하였다.

　전투경찰대설치법에 따라 작전전경(1976년 9월 1일 창설)과 의무경찰(1982년 12월 31일 창설)이 도입되게 되었다.[142] 한편 1968년 김신조 일당의 1·21 청와대습격사건을 계기로 같은 해 4월 향토예비군이 창설되어 경찰에서 향토예비군을 운영하게 되었다. 이후 이와 관련하여 군

138 이강종, "한국경찰위원회제도에 관한 연구-구조기능론적 접근을 중심으로," 동국대학교 박사학위논문, 2002, pp. 24-26.

139 민주사회를위한변호사모임, 「반민주악법개폐에관한의견서」 (서울: 역사와비평사, 1989), pp. 18-19.

140 김형욱·박시월, 「김형욱 회고록」 (서울: 아침, 1985), p. 235.

141 대검찰청a, 전게자료집, p. 2.

142 김상균, "전투경찰제도의 운영실태와 개선방안에 관한 연구," 「법학연구」, 19, 2005, pp. 71-72.

이 경찰에 대한 감독권을 행사함으로써 자주 마찰이 야기됨에 따라 1971년 7월 예비군 운영권은 국방부로 이관되었다.

또한 경제성장에 의해 치안수요가 급증함에 따라 1973년 자연발생적으로 운영되던 방범대를 정비, 방범원제도로 정착시켜 준경찰력으로 활용하고, 1976년에는 교통순시원제도와 용역경비제도를 도입하였다.[143]

특히 용역경비제도는 1995년 12월 30일 '용역경비업법'의 개정으로 '경비지도사'제도가 도입됨에 따라 '민간경비'라는 용어가 사용되기 시작했으며, 1999년 3월 31일 용역경비업법이 '경비업법'으로 개정됨에 따라 용역이라는 전면 삭제되었다.[144]

1974년 8월 15일 광복절 기념식장에서 문세광에 의한 육영수 여사 저격사건을 계기로 경찰의 중요성을 재인식하고 같은 해 12월 정부조직법을 개정, 치안국을 '치안본부'로 승격시켰다.

이를 전후하여 경찰기구는 안보치안을 위해 많은 변화를 겪게 되는데, 그 주요 내용으로는 1973년의 공항 경비대 창설, 1974년 경호기동대인 22특별경비대 설치, 1975년 작전과 신설, 1976년 대공업무를 담당하는 정보2과 신설, 1977년 해경과 설치 등을 들 수 있다.[145]

1987년의 민주화운동의 영향으로 경찰의 정치적 중립이 활발히 논의되기 시작하였다. 이에 따라서 독임제 국가경찰체제는 유지하되, 내무부 소속의 심의·의결기관으로 '경찰위원회'를 설치하며, 일반지방행정과의 조정을 위한 '치안행정협의회'의 설치하는 것 등을 주요 내용으로 하는 '경찰법'이 1991년 5월 31일 제정되어 동년 7월 31일 시행을 보게 되었다. 이에 따라서 동년 8월 1일 치안본부가 '경찰청'으로, 지방경찰국이 '지방경찰청'으로, 그리고 해양경찰대가 '해양경찰청'으로 명칭이 변경되었다.[146]

1996년 8월 8일 정부조직법을 개정하여 해양수산부를 신설하고, 그 소속하에 해양경찰청을 신설함에 따라 그 동안 경찰청에 소속되어 있었던 해양경찰청이 해양수산부의 소속기관이 되었다. 1991년부터 시작된 경찰청 시대의 제도는 오늘날까지 계속 이어지고 있다. 2008년부터 2017년까지 경찰조직의 변화 추이를 살펴보면 다음과 같다.

---

143 대검찰청a, 전게자료집, p. 3.

144 박병식, "범죄예방을 위한 시큐리티 이론의 검토," 「비교법연구」, 8, 2007, p. 33.

145 대검찰청a, 전게자료집, p. 2.

146 이강종, 전게논문, pp. 30-31.

[표 3-4] 경찰조직의 변화 추이

연도	08년	09년	10년	11년	12년	13년	14년	15년	16년	17년
지방청	16	16	16	16	16	16	16	17	17	17
경찰서	241	244	248	249	249	250	250	251	252	254
지구대	816	773	423	428	428	512	515	514	516	518
파출소	580	760	1,517	1,517	1,519	1,436	1,438	1,463	1,473	1,486
경찰인력	97,732	99,554	101,108	101,239	102,386	105,357	109,364	113,077	114,658	116,584

출처: 경찰청, 「2018 경찰백서」, 2018, p. 392.

Criminology & C·J systems

🌐🔍 경찰청 정보국[147]

경찰청 정보국에서 청와대로 올리는 보고는 크게 세 종류다. 기본적으로 각 수석실과 총리실에 매일 올라가는 '정책정보'가 있다. 이는 전국 각지에 흩어진 3,200여 명의 정보 경찰이 수집한 밑바닥 정보로부터 나온다. 원래는 전국의 치안 상황을 체크하기 위한 용도이지만, 민심을 한눈에 파악하기 쉽다 보니 선거에 활용하고픈 욕망이 샘솟기 마련이다.

정책 정보엔 고위공직자 비리나 언론사 등 주요 기관 분위기도 포함된다. 정보분실 소속 40여명의 정보관[10]이 행정부처·국회·언론사 등을 출입하며 모은 정보를 압축해 정치, 경제, 사회 등 각 분야에서 5~8개 주제로 압축해 올린다.

'별보'는 특정 현안에 대해 수십장 보고서로 올리는 좀 더 구체적인 자료다. 통상 각 수석실에서 경찰에 요구하면 만들어진다. 과거 대통령 정무수석실은 총선 당시 "경찰이 도움되어야 한다"며 선거 판세를 분석한 정보를 요구했고, 이에 경찰은 '특정지역 특정 후보 세평자료', '권역별 판세분석 및 선거대책'과 같은 자료를 만들어 올렸다.

무엇보다 정보경찰이 가장 심혈을 기울였던 건 이른바 'A보고'다. 일주일에 한 번씩 청와대 부속실을 통해 VIP(대통령)에 직보되는 핵심 정보로, 경찰청장이 직접 해당 정보를 올릴지 말지를 승인한다. 과거 정보경찰이 올린 대표적인 A보고는 '좌파세력의 움직임 및 대응방안'으로, 특정 시민 단체와 언론 등을 콕 집어 동향을 파악하고 견제하는 내용이 담겼다.

---

147 박사라, "3200명 올린 VIP용 'A정보'…경찰청장은 여기에 명운 걸었다" 「중앙일보」, 2019.05.10.

이런 정보는 청와대 입맛에 맞아야 채택되고 후한 평가를 받았다. 정권의 국정 기조에 맞지 않는 정보를 올렸다가 중간에서 '킬(폐기)'되면 실적을 좋게 평가받기 어려웠다. 반대로 정치 중립 의무를 저버리고 정권과 '한 몸'이 된 정보경찰은 승진을 보장받았다.

참고로 일선 경찰서 정보과에서는 ① 동향첩보, ② 내사첩보, ③ 정책첩보 등으로 구분하여 각 지역의 정보를 수집하고 있다. 과거에는 일선 경찰관들이 첩보를 보고하면 가점을 받아서 승진에 유리했다. 하지만 최근에는 가점제도를 폐지하여 승진 혹은 전보에 반영하지 않고 있다.

2 검찰제도

1948년 4월 1일 미군정법령 제176호와 제180호가 시행되어 강제처분에 대한 영장제도가 도입되었으며, 영장의 청구권자로 검사가 규정되었다. 이로써 강제수사에 있어서 검사의 수사지휘권이 확립되었다.

또한 1949년 12월 20일 국회에서 제정한 최초의 검찰조직의 기본법인 '검찰청법' 제35조에는 "사법경찰관리는 범죄수사에 있어서 소관 검사의 직무상 명령에 복종하여야 한다"고 규정함으로써 검사와 사법경찰의 관계를 확고히 정립하기에 이르렀다.[148]

검찰청법이 제정된 후 각급 검찰청의 기구를 개편 강화하는 등 조직의 정비에 본격적으로 착수하였는데, 정부수립 당시 남한의 전국 검찰청의 조직은 대검찰청 1개, 고등검찰청 2개, 지방검찰청 9개, 지청 33개 등 전국 45개 기관으로 구성되었다.[149] 이 당시 검찰청법은 '법원조직법'과 '변호사법'을 합한 사법관계의 3대 중요법의 하나로서 검찰기관은 범죄를 수사해서 소송을 제기하고, 사법재판에 대해서 그 판결을 집행하는 기관으로 규정하였다.[150]

1954년 9월 23일 제정된 형사소송법은 미국의 중죄사건 배심재판에 사용되는 전문법칙傳聞法則 등 증거법의 원리를 대폭 도입하였다. 하지만 미군정하에서 도입이 시도되었던 간이법원과 간이검찰청을 폐지하였다.[151] 또한 경찰의 비대화에 대한 견제와 국민의 인권보

---

148 소병철, "우리나라 수사제도에 관한 법적 고찰: 수사지휘제도의 헌법상 연원과 그 개선방향 모색," 서울시립대학교 석사학위논문, 2007, p. 23.

149 대검찰청a, 전게자료집, p. 33.

150 상게자료집, p. 6.

151 김종구, 전게서, p. 46.

장 등을 고려하여 경찰수사에 검사의 수사지휘권을 인정하는 대륙법계 수사제도를 확정하였다.[152]

제1공화국에서의 경찰의 인권침해, 검사의 사법적 통제미흡 등에 대한 비판과 1961년 군사쿠데타로 집권한 박정희 정권의 대국민 인권홍보정책이 결합되어 제3공화국 헌법인 제5차 개헌시에 피의자에 대한 인권보호와 경찰의 통제 등을 위해 검사의 영장신청권을 직접 규정하였다.

이러한 검사의 영장신청권을 헌법에 규정한 것은 검사의 경찰에 대한 통제를 단순한 법률적 규정이 아닌 헌법상의 원칙으로 격상한 것을 의미하였다.[153] 이처럼 검사의 영장신청권을 헌법에 규정한 것은 오늘날의 헌법정신에는 맞지 않기 때문에 많은 논란을 야기하고 있다.[154]

검찰제도에 대한 불신문제 특히, 검찰의 중립성, 검찰권행사의 공정성 문제가 논의되면서 특별검사제도가 도입되었다. 옷로비 의혹사건과 파업유도사건(1999년 9월 30일), 이용호 주가조작, 횡령사건 및 정관계로비 의혹사건(2001년 11월 26일), 남북정상회담관련 대북송금 의혹사건(2003년 2월 19일), 대통령 측근의 권력형비리 의혹사건(2003년 12월 16일), 삼성비자금 의혹사건(2007년 11월 23일) 등에서 특별검사제도가 도입되었다.[155]

Criminology & C·J systems

검사동일체 원칙

우리 검찰의 가장 큰 특징 중 하나인 '검사동일체 원칙'은 프랑스에서 유래해 일제강점기때 전해졌다. '검찰조직은 총장을 정점으로 하는 하나의 유기체'라는 이 원칙은 범지 수사와 기소 등에 있어 검사들의 자의적 권한행사를 막기 위한 목적으로 도입되었다.

만약 검사들이 제각각 수사하고 기소하면 사회적 혼란을 피할 수 없기 때문에 1949년 검찰청법 제정 때 '검사는 검찰사무에 관하여 상사의 명령에 복종한다'는 조항으로 명문화되었다. 이후 검사동일체 원칙은 50년 넘게 검찰을 지배해왔다.

2004년 1월 20일 검찰청법 개정(법률 제7078호)을 통해 해당 조항을 '검사는 구

---

152 소병철, 전게논문, pp. 24-26.

153 상계논문, p. 26.

154 권영성b, 「헌법학원론」(서울: 법문사, 2004), pp. 96-97.

155 김원치, "검찰과 정치의 상호관계에 관한 연구," 건국대학교 박사학위논문, 2007, p. 377 재구성.

체적 사건과 관련된 지휘·감독의 적법성 또는 정당성 여부에 대하여 이견이 있는 때에는 이의를 제기할 수 있다'로 바꿔 검사의 이의제기권을 도입하였다. 하지만 검사동일체 원칙과 상명하복의 규정이 법률에서 사라져도 검찰조직에서는 여전히 살아있다는 비판을 받고 있다.[156]

검찰청법 제7조(검사동일체의 원칙)(구법. 2004년 1월 20일 시행 전)

① 검사는 검찰사무에 관하여 상사의 명령에 복종한다.

② 검찰총장, 각급 검찰청의 검사장과 지청장은 소속검사로 하여금 그 권한에 속하는 직무의 일부를 처리하게 할 수 있다.

③ 검찰총장과 각급 검찰청의 검사장 및 지청장은 소속검사의 직무를 자신이 처리하거나 다른 검사로 하여금 처리하게 할 수 있다.

검사동일체의 원칙은 검찰의 근간을 형성하는 기본적인 틀이다. 2004년 검찰청법 개정으로 '검찰총장, 고등검사장, 검사장, 검사'로 구분돼 있던 검사의 직급을 '검찰총장과 검사'로 단순화했지만 '검찰총장을 머리로 우리는 한몸이다'라는 서열 중심의 계층구조는 여전히 검찰을 움직이는 힘으로 작용하고 있다.

'검사 → 수석검사 → 부부장검사 → 부장검사 → 차장검사 → 검사장 → 고등검사장 → 검찰총장'으로 이어지는 서열구조는 (이미 사라진 법률조항임에도 불구하고) 검사동일체의 원칙과 결합하면서 폐쇄적인 관료집단을 만드는 데 일조했다.

검찰청법 제7조는 2004년 법 개정작업 이후 현재는 '검찰사무에 관한 지휘·감독' 조항으로 변경됐으며, 제7조의 제2항이 신설돼 평검사의 이의제기권을 인정하고 있다. 그러나 현실에서 '검사동일체의 원칙'은 여전히 '보이지 않는 손'이다.[157]

현재 대검찰청은 각종 사건수사 및 전국의 검찰청을 지휘·감독하는 일을 하고 있으며, 고등검찰청은 각 고등법원에 대응하여 설치되며, 서울·대전·대구·부산·광주 등에 고등검찰청이 있다. 또한 지방검찰청은 18개 지방법원에 대응하여 위치하고 있다.

2018년 기준 검사장급 이상(차관급)의 검찰간부는 검찰총장, 대검차장, 법무연수원장, 법무부차관, 서울 고검장, 대전 고검장, 대구 고검장, 부산 고검장, 광주 고검장, 서울중앙지검장,

---

156 류여해, "한국 검찰과 도쿄지검 특수부" 「시사저널」, 2016.11.15.

157 류인하, "검찰 기수문화 폐습 없어질까" 「주간경향」, 2019.09.08.

서울동부지검장, 서울남부지검장, 서울북부지검장, 서울서부지검장, 의정부지검장, 인천지검장, 대구지검장, 부산지검장, 울산지검장, 창원지검장, 광주지검장, 전주지검장, 제주지검장, 법무부 기획조정실장, 법무부 검찰국장, 법무부 범죄예방정책국장, 대검 기획조정부장, 대검 반부패부장, 대검 형사부장, 대검 강력부장, 대검 공안부장, 대검 공판송무부장, 대검 과학수사부장, 고검차장(서울), 고검차장(광주), 법무연수원 기획부장, 법무연수원 연구위원, 사법연수원 부원장 등이다.

과거 법무부 국장급 자리 10개 중 9개, 과장급 자리 64개 중 그 절반을 검사가 맡고 있었다. 검찰을 감독해야 할 상급 기관인 법무부가 사실상 검찰에 의해서 장악되었다는 평가를 받았다. 따라서 법무부에서 검찰을 감독하는 것도 어렵고, 검찰 개혁과 관련된 법안들도 번번히 무산되었다는 비판을 받았다.

특히 검찰의 '빅2'로 불리는 법무부 검찰국장은 모든 검사들의 평가를 담당하고, 매년 이뤄지는 검찰 인사를 주도하는 매우 중요한 자리임에도 불구하고 검사출신이 관행적으로 임명되었다. 2018년 기준, 검사정원법에 따라 검사의 정원은 2,292명이고, 검사 외의 기관별 공무원은 총 8,429명이다.

Criminology & C·J systems

'검찰의 꽃'으로 불리는 검사장[158]

'검찰의 꽃'으로 불리는 검사장은 3000cc급 이상 관용차와 운전기사가 제공되는 등 차관급 예우를 받는다. 차종은 3000cc급 중 기관에서 자율로 정한다. 서울중앙지검장은 2017년 고검장에서 검사장 자리로 한 단계 낮아졌다. 검찰 내 차관급 자리는 다른 부처에 비해 월등히 많다. 공무원 약 1,000명이 일하는 기획재정부의 차관은 2명(약 0.2%)이다. 그러나 법무부 외청인 검찰은 기준 검사장 이상 검사가 42명(검찰총장 제외)에 달한다. 전국 검사 2,182명(2018년 2월 기준 정원) 중 약 2%가 검사장에 오를 수 있다는 계산이 나온다.

사실 검사장은 법적 근거가 없는 자리다. 과거 검찰청법은 '검사의 직급은 검찰총장·고등검사장·검사장 및 검사로 구분한다'고 규정했지만 현재 검찰청법 6조는 '검사의 직급은 검찰총장과 검사로 구분한다'고 돼 있다. 검찰총장을 빼고는 다 똑같은 검사라는 의미다. 대신 과거 검사장으로 불린 자리를 검찰청법 28조에 명시했다. 정확한 표현은 '대검 검사급 이상의 검사'지만 검찰 내부나 외부 모두 '검사장'

---

158 이민영, "천차만별 차관급… 기재부 0.2%, 검찰은 2%가 '별'", 「서울신문」, 2018.04.08.

이라는 호칭을 쓰고 있다.

검찰은 검사장 직급이 없어진 뒤 3년 뒤에 '대검찰청 검사급 이상 검사의 보직 범위에 관한 규정'을 만들어 대검 검사급 이상 검사의 직위를 규정했다. 검찰총장, 고검 검사장, 대검 차장검사, 법무연수원장, 대검 검사, 법무부 기획조정실장·법무실장·검찰국장·범죄예방정책국장·출입국본부장, 지검 검사장, 사법연수원 부원장, 법무연수원 기획부장, 고검 차장검사, 법무연수원 연구위원 등이다.

3 법원제도

일본은 패전 후 '재판의 민주화를 위해 국민일반에게 가장 가까이 있고, 쉽게 친숙해질 수 있으며 경미한 사건을 간이·신속한 절차에 따라 처리할 수 있도록 한다'는 이념하에 1947년의 재판소법에서 종래의 구(區)재판소제도를 대신하여 간이재판소제도를 도입하였다.

하지만 우리는 과도정부하에서 도입이 시도되었던 간이법원과 간이검찰청을 폐지하고, 대법원, 고등법원, 지방법원과 그 지원 및 이에 대응하는 각급검찰청을 기본구조로 하여 오늘날까지 기본틀을 그대로 유지하고 있다.[159]

1949년 9월 26일 법률 제51호로 법원조직법을 제정하였는데, 이에 따라 법원은 대법원, 고등법원, 지방법원의 3급 3심제로 되었다. 또한 1956년 12월 26일 법원조직법의 개정으로 1949년 제정된 법원조직법하에서 도입된 주재판사제도가 폐지되고 순회심판소제도가 도입되면서 치안관제도는 자동으로 소멸되었다.[160]

1987년 10월 29일 공포된 헌법이 1988년 2월 25일부로 시행됨에 따라 대법원판사는 대법관으로 명칭이 변경되었고, 대법관은 대법원장의 제청으로 국회의 동의를 얻어 대통령이 임명하고 대법원장과 대법관이 아닌 법관은 대법관회의의 동의를 얻어 대법원장이 임명하게 되었으며, 헌법재판소가 설치되었다.[161]

1993년 11월에는 '사법제도발전위원회'를 구성하여, 특허법원과 행정법원의 신설, 시군법원 및 고등법원 지부의 설치, 구속영장실질심사제도와 기소전 보석제도의 도입, 예심판사

---

159 김종구, 전게서, p. 46.
160 상게서, p. 46.
161 대검찰청a, 전게자료집, p. 67.

제도와 법관에 대한 근무평정제도 실시 등과 같은 개혁안을 확정하여 시행하였다.[162]

1995년 1월에는 '세계화추진위원회'를 구성하여, 법률서비스 및 법학교육의 세계화 등을 추진하였다. 또한 1999년 5월 대통령자문기구로 구성된 사법개혁추진위원회를 공정하고 신속한 권리구조, 법조인 양성제도의 개선, 법조비리 근절 등과 같은 개혁방안을 마련하였지만, 제도화하는 데는 성공하지 못하였다.

2003년 10월에는 사법개혁위원회를 구성하여 법학전문대학원 도입을 2008년까지, 법조일원화를 2012년까지 신규임용법관의 50%까지, 국민참여재판을 2007년부터 1단계로 실시하고, 2012년부터 본격적으로 국민참여재판을 도입하도록 건의하였다.

마지막으로 사법개혁위원회에서 한 사법개혁추진기구 설치 건의를 대통령이 수용한 결과 2004년 12월 15일 대통령령 제18599호 '사법제도개혁추진위원회규정'이 제정되었고, 이에 근거하여 대통령자문기구인 '사법개혁추진위원회'가 구성되었다.[163]

제18대 국회의 사법개혁특별위원회는 검사나 변호사, 교수 등 다양한 경력을 지니고 사회 경험·경륜이 풍부한 법조인을 판사로 임용해 '법관 서열화' 문제를 해결하는 한편 재판의 질을 높이기 위해 법조일원화 제도를 도입했다.

기존에는 주로 사법연수원 수료생 가운데 성적이 우수한 사람들을 판사로 선발해 법조경력이 없어도 판사가 될 수 있었지만, 연수원 성적이 판사들의 서열과 보직, 임지 등을 결정하는 중요한 기준이 되다보니 '사법부 관료화'의 원인으로 지적됐기 때문이다. 게다가 사법연수원을 갓 수료한 젊은 판사들의 사회 경험이 부족하다보니 '국민의 상식이나 법 감정을 재판에 제대로 반영하지 못 한다'는 지적도 꾸준히 제기됐다.

2014년 1월 법원조직법 부칙이 개정돼 2017년까지는 3년 이상, 2018-2021년까지는 5년 이상, 2022-2025년까지는 7년 이상의 법조경력자 중에서도 판사를 뽑을 수 있게 됐고, 지금까지 이어지고 있다. 2018년부터는 판사 임용을 위한 최소 법조경력이 5년으로 높아지면서 대법원은 법조경력 5년 이상의 '일반 법조경력자'와 법조경력 20년 이상의 '전담법관' 임용절차로 나눠 판사를 임용하고 있다.[164]

'사법부의 꽃'이라 불리는 고등법원 부장판사는 차관급 예우를 받는다. 고법 부장 이상 판사는 161명(대법관 제외)이다. 2018년 법원은 사법부 관료화의 원인으로 지목된 고등법원 부장 승진 제도를 폐지했다.

162 강일원, "21세기 법원과 사법제도," 「민사법연구」, 8, 2000, p. 346.

163 김선수, 「사법개혁 리포트」 (서울: 박영사, 2008), pp. 10-18.

164 이완영, "판사 임용 최소 법조경력 '1심 5년, 2심 15년↑' 이원화 법안 발의" 「법률신문」, 2019.03.13.

헌법에 따라 법관은 대법원장, 대법관, 판사로 나뉜다. 이 가운데 판사는 경력에 따라 고등법원 부장판사, 지방법원 부장판사(고등법원 판사), 평판사로 나누기도 한다. 사법부는 대법관-법원장-고등법원 부장-지방법원 부장-단독 및 배석 판사로 이어지는 수직적 법관 서열 구조를 가지고 있다. 판사들의 인사제도는 일반적으로 법원행정처 기획조정실, 인사총괄실, 사법정책실, 사법지원실 등에서 논의한다.

2014년 기준 '판사정원법'에 따라 판사의 정원은 3,214명이고, 2019년 기준 일선 판사 숫자는 2,918명이며, 판사 외의 기관별 공무원의 정원은 총 16,022명이다. 대법원은 2019년 3월 24일 "지난 2월 정기인사 결과 여성 법관이 889명으로 법관 2018명 가운데 30.5%를 차지하는 것으로 집계됐다"며 "평판사 가운데 여성은 40.4%로 653명, 남성이 962명으로 나타났다"고 밝혔다.

평판사는 경력 15년 이하의 판사를 가리킨다. 그 위로 지방법원 부장판사는 19.7%(1150명 중 227명), 고등법원 부장판사는 4.3%(139명 중 6명), 대법관은 23.1%(13명 중 3명)였다.[165]

Criminology & C·J systems

🔍 법관의 양심[166]

세계 헌법 중 법관에게 양심을 요구한 헌법은 1947년 시행된 일본 헌법이 유일하다. 박정희 정부가 1962년 개헌 때 따라했다. 법관의 양심에 관한 이론과 설명은 모두에서 일본에서 나왔다. 법관의 양심은 도쿄대 교수 댄도 시게미쓰團藤重光 학설을 인용해 부풀린 것이다.

댄도 교수는 1948년 펴낸『신형사소송법 요강』에서 객관적 양심과 주관적 양심이 따로 있다고 처음으로 주장했다. 하지만 일본에는 댄도에 반대하는 학자가 수두룩하다. 대표적인 인물이 도쿄대 교수 히라노 유이치平野龍一이다. 그는 "양심이 둘일 수는 없다"며 '재판관의 양심'이란 개념 자체를 부정했다. 일본에서는 '재판관의 양심' 논쟁은 복잡하게 전개됐고 지금도 계속된다.

헌법과 법률을 해석하는 판사들은 재판에서 옳다고 믿는 바를 구현해야 한다. 이 과정에서 판례는 물론 법률이 그르다는 판단까지 나아가고 이 경우 위헌제청을 한다. 일본 법학계 여러 학자들은 "재판관의 양심은 재판관의 사상과도 크게 다르지 않다.

---

165 이범준g, "한국 사법역사 71년 만에 여성 법관 30% 넘었다"「경향신문」, 2019.03.25.
166 이준범b, "'다른 판결'에 '정치적' 낙인찍은 대법, 뒤로는 정치권과 거래"「경향신문」, 2018.09.09.

판결에는 재판관의 전인격과 세계관이 반영되기 때문"이라고 말한다. "재판관의 양심은 판결의 다양성으로 이어진다"고 설명한다. 이렇게 주장하는 학자들은 "(과도한) 재판의 통일성과 동질성 요구는 재판관을 사법부라는 국가기구의 일원으로 파악하는 것"이라고도 비판한다.

판사들은 헌법의 정치적인 성격이 재판에 영향을 준다는 사실은 부정하지 않는다. "모든 판사에게 위헌심사권이 있다. 그리고 헌법은 정치적 타협의 산물이다. 한국 헌법 103조에서 말하는 법관의 양심도 전인격, 세계관, 사상 등과 쉽게 구분되지 않는다. 미국에서는 연방법원 법관들 가운데 민주당이나 공화당 당원이 많고 주州법원 판사들은 당적을 가지고 판사 선거에도 출마한다. 독일에서도 재판관들이 당적을 가지고 있다. 반면 한국은 판사를 포함한 공무원의 정치활동을 금지한다."

4 교정제도

남조선 과도정부로부터 남한에 위치한 18개 형무소와 형무소지소를 인수하여 국가형벌권의 집행업무를 관장한 법무부는 정부수립을 전후하여 좌·우익의 대립심화, 공산분자의 파괴활동 증가 및 경제적 난국 등으로 범죄가 격증하여 형무소 수용인원이 급속히 증가함에 따라 1949년 10월 27일 제정·공포된 '형무소설치에 관한 건'에 의해 부천형무소와 영등포형무소를 신설하였다.[167]

1950년 3월 2일 '행형법'行刑法을 제정하였으며, 1956년 행형법시행령이 제정되었다. 또한 1950년 3월18일 '형무소직제'를 제정·공포하였다. '행형법'行刑法이 제정됨으로써 교화이념의 구현을 위한 법적·제도적 장치를 마련하였으며, 형무소직제를 제정함으로써 소속 부서 및 직급체계를 정비하였다. 행형법은 2008년 12월 22일 전부 개정되어 '형의 집행 및 수용자의 처우에 관한 법률'로 법명이 변경되었다.[168]

그 후 한국전쟁으로 영등포형무소의 시설이 모두 파괴됨에 따라 1954년 10월 7일 형무소 설치에 관한 건을 개정하여 영등포형무소를 폐지하고 대신 수원형무소를 신설하였다.

이에 따라 전국의 형무소는 총 21개(1개 지소 포함)가 되었는데, 각 수형자의 특성에 따라 분류 수용함으로써 전국의 형무소를 성년형무소, 소년형무소, 특수형무소로 구분·운영하였

---

167 대검찰청a, 전게자료집, p. 97.

168 이윤호b, 전게서, p. 57.

다. 수형자분류를 1964년 수형자분류심사방안으로 잠정 시행하다가 1969년 교정누진처우규정에 흡수, 수형자 분류와 누진계급의 관리 및 처우를 포괄적으로 규정하였으며, 1991년 수형자분류처우규칙으로 전문 개정되었다.[169]

1955년 형무관점검규칙과 형무관복장규정을 제정하였으며, 1956년 9월 25일 가석방심사규정을 제정하였고 동년 10월 29일 수형자행장심사규정受刑者行狀審査制度[170]을 제정하였다.[171]

1962년 2월 27일 종전의 형무소직제를 교도소직제로 명칭을 변경하고 형무소를 '교도소'로 개칭하여 직제를 정비하였으며, 동년 5월 21일에는 형정국이 '교정국'으로 개칭되었다.[172]

1975년 7월 15일에는 유신체제의 반대하는 민주세력들을 탄압하기 위하여 '사회안전법'을 제정하였다. 1950년대의 '국방경비법'과 '국가보안법' 위반혐의로 대량 투옥되었던 반체제 인사들이 대거 만기출소하게 되자, 이들을 다시 구금하기 위한 법률적·제도적 장치로서 사회안전법을 제정하게 되었다.[173]

유신시대의 대표적인 악법 가운데 하나인 사회안전법은 반공법(1961년 제정)에 저촉된 경력이 있는 사람들은 모두 심사를 받았으며, 이 중 재범의 위험성이 있는 사람들은 출소 후 사회생활을 하다가 다시 재구금되었으며, 2년 기한의 보안처분을 받았는데 이 기간은 무기한 갱신이 가능하였다. 이는 이 법률이 전형적인 '소급입법'임을 말해준다.[174] 이러한 사회안전법은 1989년 '보안관찰법'이 제정되면서 폐지되었다.

1981년 '사회보호법'은 1980년 군사쿠데타로 정권을 잡은 전두환 정권이 제정한 것으로 불량배 소탕과 사회정화라는 미명하게 '이중처벌'과 '사회로부터의 격리'라는 비판을 받아온 '전체주의적 악법'이었다.

사회보호법은 교도소에서의 수감생활을 마친 뒤 재범의 위험성이 현저히 높을 경우, 사회보호법상 보호감호처분을 내릴 수 있었으며, 이에 따라 보호감호자 수용처우를 위해 청송지역에 3개의 보호감호소가 신설되었다.

사회보호법은 법에서 정한 형벌이 끝난 이들에 대한 이중처벌, 재범의 우려에 대한 판단기준의 모호함 등 법률적·인권적 문제제기를 끊임없이 받아왔다. 이후 2005년 8월 4일 헌법

---

169 허주욱, "교정제도의 개선방안에 관한 연구," 강원대학교 박사학위논문, 1998, p. 27.

170 이때 행장(行狀)이란 교도소에서 죄수의 복역 태도에 대하여 매기는 성적을 말한다.

171 대검찰청a, 전게자료집, p. 97.

172 이윤호b, 전게서, p. 57.

173 민주사회를위한변호사모임, 전게서, pp. 34-36.

174 배종대, "사회안전법 및 보안관찰법에 관한 비판적 고찰,"「법과 사회」, 1(1), 1989, p. 44.

재판소의 위헌 결정에 따라 사회보호법이 폐지되었다.

하지만 2005년 8월 4일 '치료감호법'을 제정하여, 심신장애 또는 마약류·알코올 그 밖에 약물중독 상태 등에서 범죄행위를 한 자로서 재범의 위험성이 있고 특수한 교육·개선 및 치료가 필요하다고 인정되는 자에 대하여 적절한 보호와 치료를 함으로써 재범을 방지하고 사회복귀를 촉진하는 등 종전의 사회보호법에 의하여 규율되어 온 치료감호제도를 보완·개선하였다.[175]

이처럼 우리나라에서의 보안처분제도는 1975년의 사회안전법과 1981년의 사회보호법의 제정으로 형벌 이외의 형사제재로써 도입되었다.[176] 그 후 1995년 형법 개정을 통해 선고유예, 집행유예, 가석방된 자에 대한 보호관찰규정이 도입되었으며, 1996년 '보호관찰 등에 관한 법률'을 전면 개정하여 통일적인 절차를 마련하게 되었다.[177]

보안처분제도는 1989년의 사회안전법폐지와 대체입법으로써의 보안관찰법의 제정, 그리고 2005년의 사회보호법의 폐지와 치료감호법의 제정 등으로 변화하게 된다. 또한 과거 사회보호법상의 치료감호처분과 보호관찰처분은 모두 신설된 치료감호법으로 흡수되게 되었다.[178]

교정시설의 설치현황을 보면, 수원교도소는 1954년 신설된 후 1962년부터 최초의 수형자자치제를 실시한 행형시설이며, 천안개방교도소는 1988년 개방처우자 수용을 위해 최초로 개방교정시설로 신설되었다. 청주여자교도소는 1988년 최초의 여자수용자 전용교정시설로 운영되었으며, 이 시설은 1975년 신축한 청주보안감호소 기능을 전환하여 활용하였다.

수원구치소는 1996년에 신축한 시설로 최초의 도시형 고층빌딩형태의 구치시설이며, 그 후 인천구치소, 울산구치소, 대구구치소, 여주교도소 등이 고층시설로 신축되었다. 보호관찰제도는 1989년 7월1일 전국 12개 보호관찰소와 6개 지소를 설치하여 소년범에 대해 최초로 실시하였다.[179] 이후 성폭력사범(1994), 성인형사범(1997), 가정폭력사범(1998), 성매매사범(2004)까지 보호관찰 실시대상이 확대되었다.

175 법제처, "치료감호법 제정이유서," 「관보2005.8.4」.

176 하태훈, "현행 보안처분제도의 문제점과 개선방안" 「형사정책」, 1(5), 1990, p. 98.

177 권오걸, 전게논문, p. 151.

178 상계논문, p. 152.

179 권오걸, 전게논문, p. 160.

학자의 사명[180]

과거 서울지법 판사실에는 일본 법학자 와가쓰마 사카에我妻榮의 민법 교과서가 어김없이 꽂혀 있었다. 대법원이 최고재판소 판례는 물론이고 고등재판소 판결까지 베끼던 시절이다. 일선 판사들은 와가쓰마 이론에 기대 최고재판소 판례를 이해하고 분석했다. 1945년 광복 이후에도 일본 민법을 쓰던 우리는 1960년에야 민법을 만들었는데 일본이 세운 만주국 민법을 참고했다.

이 만주국 민법 제정에 관여한 사람이 도쿄제국대학 교수 와가쓰마다. 우리나라 민법 제245조 부동산 점유취득 시효도 그의 이론에서 시작됐다. 그래서 서소문 서울지법 판사실에 일본 법률서적을 복사·제본해 파는 사람들이 제집처럼 드나들었다. 한국 법조계는 일본 법학계의 식민지였다.

정신적으로 계속되던 식민지를 끝내기 위해 학자들은 안간힘을 썼다. 양창수 전 대법관이 1970년대 서울대 재학 시절 법학과에서 국사학과로 전과하려 김철준 교수를 찾아갔다가 들었다는 얘기다.

"나처럼 일제 때 공부한 사람은 일본 학자들의 관점이나 의식을 극복하는 데 한계가 있어 후학에게 기대하고 있다. 앞으로 우선 한문을 배우고, 데이트도 고궁이나 박물관 같은 데서 해서 일체를 '우리 것'의 이해에 집중하라. 일본 사람들 생각에 은연중 물들지 않도록 일본말로 된 책은 절대로 읽지 말라."

양창수는 아버지의 반대로 전과하지는 못했지만 그가 이후 일본 법학을 넘어서 자기 세계를 구축한 배경이 됐을 것이다. 일본 영향력을 벗어나기는 너무나 어려웠다. 하지만 이런 치열함도 몇몇 학자 얘기였다. 다수는 게으르고 무책임했다.

대법원 판례를 제대로 챙겨 공부하는 교수가 적었고, 이를 바탕으로 판결을 예리하게 비판하는 학자는 더 적었다. 한국인 첫 서울대 교수인 김증한이 1950년대 한 말이 여전히 유효했다. "대학교수들은 지식의 행상에 바쁘고, 법조인들은 그날그날의 사무 처리에만 골몰하고 있다. 대학교수들은 법생활의 실태와 거리가 먼 이론을 희롱하고, 법조인들은 모든 문제를 레디 메이드의 싼 이론으로 처리해 버리고 그 이상으로 깊은 이론적 검토를 할 여유를 못 가진다."

---

180 이범준f, "학자의 사명"「경향신문」, 2018.10.09.

제**2**장 **각국의 형사사법체계**

　형사사법체계는 각국의 역사와 전통에 따라서 발전과 변천을 거듭하고 있다. 하지만 범죄의 다양성과 국경 없는 범죄의 증가는 각국의 형사사법체계에 대한 비교연구의 필요성을 증가시키고 있다. 특히 범죄의 세계화와 사이버범죄의 발생 그리고 국제범죄의 증가 등은 형사사법 분야에서도 국제적인 시각과 기준의 도입을 필요로 한다. 왜냐하면 테러리즘이나 마약밀수와 같은 범죄문제는 이제 더 이상 한 국가 내에서만 존재하는 것이 아니라 국경을 초월하여 나타나기 때문이다.[181]

　이러한 국제범죄 문제의 국가간 협력과 각 국가별 형사사법 차이를 사전에 인식하는 것은 중요하며, 각 국가 간 형사사법체계의 이해를 통해서 자국의 형사사법체계에 대한 보다 많은 이해를 할 수 있다.[182]

PART 03

---

[181]　Philip L. Reichel, *Comparative Criminal Justice System: A Topical Approach(3th ed.)* (NJ: Prentice Hall, 2002), p. 3.

[182]　김정해·최유성, 전게논문, p. 65.

1 ║ 형사사법체계 개관

영국英國은 그 영역 안에서도 스코틀랜드Scotland와 아일랜드Ireland는 독자적인 사법제도를 가지고 있으며, 잉글랜드England와 웨일즈Wales에서는 형사재판은 죄의 경중과 기소유형에 따라 상급법원Superior courts인 형사법원Crown court과 하급법원Inferior courts인 치안판사법원Magistrates' court으로 관할이 나누어지게 된다.[183]

영국 법체계와 미국 법체계의 기본바탕인 잉글랜드법English Law은 판례법Case Law 또는 보통법Common Law과 성문법Statue Law의 조화를 바탕으로 발달하였다.[184] 영국의 법체계는 별도의 헌법이 존재하지 않고, 보통법과 성문법 및 각종 조약의 집합체로 이루어져 있으며, 이러한 법들은 의회의 입법활동을 통해서 제정과 개정 그리고 폐지가 된다. 또한 헌법적 조항이라고 해서 특별한 절차나 의결정족수를 요하지는 않는다.[185]

영국은 현재 유럽연합EU의 일원으로 국내 입법절차를 거쳐 유럽법의 영향을 받고 있으며, 현재 유럽사법재판소Europe an Court of Justice는 유럽의 최고법정이라고 할 수 있다.[186]

영국의 판사는 일정한 자격이 있는 젊은이를 채용하여 판사로 양성하는 대륙법계 국가와 달리 경험이 풍부하고 지도적인 위치에 있는 변호사 가운데서 선임되는 직업적 법조인Professional Lawers이다.

영국의 학자들은 영국 법원의 형사절차가 민주적으로 원만하게 진행되는 것은 능력과 학식면에서 우수하다는 것이 실증된 능숙한 판사를 가지고 있는 까닭이라고 주장한다. 또한 임명직이라는 점에서 선거직인 미국과도 다르다.[187]

영국은 경찰이 수사와 소추권을 행사하다가 1985년 국립검찰청Crown Prosecution Service을 설치하면서 현재는 우리나라와 같이 검사가 사실상 소추의 대부분을 수행하고 있다. 그러나 영국에서는 옛날부터 형사소송도 민사소송과 마찬가지로 취급하여 국왕이 소추한 사건도 사인私人이 소추한 사건과 마찬가지로 원고와 피고가 대등한 지위와 권한을 가지고 공격과 방어

---

183 김용진, 「영국의 형사재판」 (서울: 청림출판, 1995), pp. 3-19.

184 박창호 외 4인 공저, 「비교수사제도론」 (서울: 박영사, 2005), p. 385.

185 김형만 외 8인 공저, 「비교경찰제도론」 (서울: 법문사, 2003), p. 333.

186 박창호 외 4인 공저, 전게서, p. 385.

187 문인구, 「영미검찰제도개론」, 법률문화연구회, 1970, p. 40; 김종구, 전게서, p. 169.

를 하는 '사인소추제도'私人訴追制度를 가지고 있었다.

현재 영국경찰은 소추가 어려운 사건에 대한 수사종결권과 일반범죄에 대한 훈방권 그리고 영장청구권 등을 행사하고 있으며, 검찰은 수사권이나 수사지휘권을 갖고 있지 않다는 점에서 우리나라와 차이가 있다.[188] 이처럼 영국의 형사사법체계는 독특한 역사와 전통을 가지고 있으며, 주로 재판관과 대배심, 검시관과 검시배심, 치안판사, 경찰 등이 중요한 역할을 담당하고 있다.[189]

영국의 형사사법제도에 있어서 또 하나의 특이한 점은 법률에 대한 소양이 없는 일반시민인 치안판사Magistrate, Justice of Peace가 형사사건의 재판에서 중요한 역할을 수행한다는 점이다. 근대적인 경찰제도가 등장하기 전까지는 치안판사의 주 업무가 사람을 직접 체포하고, 증거수집을 하는 것이었지만, 현재는 재판기능과 예심기능 및 경찰이 필요로 하는 소환장이나 구속영장을 발부하는 권한을 가지고 있다.[190]

2 ∥ 형사사법기관의 종류 및 역할

1 수사기관

영국은 자치경찰제를 운영하고 있지만 주요업무에 있어서는 내무부장관과 스코틀랜드지역 장관이 최고 경찰책임자 역할을 하고 있다. 내무부장관은 잉글랜드와 웨일즈 그리고 북아일랜드에 있어서 경찰책임자이며, 스코틀랜드에 있어서는 스코틀랜드지역 장관이 경찰책임자이다.[191] 특히, 아일랜드지역은 아일랜드공화국군IRA의 테러행위 등으로 내무부장관이 북아일랜드 경찰청장을 직접 지휘하는 국가경찰제로 운영하고 있다.

❶ 내무부

영국 경찰조직의 특징은 자치경찰제를 원칙으로 하고 있음에도 내무부장관이 중요한 경

---

188 수사권조정자문위원회, 「검·경 수사권조정에 관한 공청회」, 2005, p. 41.

189 홍동표, "한국의 자치경찰제에 관한 공법적 연구," 숭실대학교 박사학위논문, 2008, p. 103.

190 김종구, 전게서, p. 173.

191 정진환, 「비교경찰제도」 (서울: 백산출판사, 2006), p. 69.

찰업무에 대해서 조정과 통제를 한다는 것이다. 영국은 전통적으로 자치경찰제로 발전해 왔기 때문에, 전국을 통일적으로 지휘·감독하는 중앙경찰기관은 없지만 전국통일을 요하는 경찰업무 및 경찰기관의 협조를 요하는 업무 등에 관하여는 내무부장관Home Secretary이 6명의 차관 중 하나인 '범죄감소 및 지역안전'Crime Reduction & Community Safety 차관을 통해서 치안과 법질서에 관련된 내용을 조정과 통제를 한다.

그 외에 광역범죄·조직범죄·국제범죄 수사는 내무부장관 소속의 '국립범죄정보국'NCIS: National Criminal Intelligence Service과 '국립범죄수사국'NCS: National Crime Squad Service에서 한다. 국립범죄정보국은 1992년 4월 마약, 돈세탁 등 지능범죄에 대한 범죄정보를 전문적으로 처리하기 위해서 설치되었으며, 국립범죄수사국은 광역범죄 및 국제범죄에 대응하기 위하여 1998년 4월 설치되었다.[192]

Criminology & C·J systems

🌐🔍 국립범죄청NCA의 신설[193]

경찰개혁법2002에 따라 중앙정부의 통제가 대폭 확대되었으며, 2006년에는 중앙범죄수사국NCS와 중앙범죄정보국NCIS를 통합하여 마약과 불법입국과 관련한 조직범죄에 대응하기 위한 중대조직범죄국이 있었는데 국립범죄청NCA: National Crime Agency으로 변경되었다.

국립범죄청은 2010년 내무부장관이었던 메이Teresa May가 제안하였으며 2013년 신설되었다. 지역경찰 및 다른 법집행기관에 대한 직무부과 및 조정권한을 가지고 있다. 또한 지역경찰과의 협력을 위해 내무부장관이 지방경찰청장 중 국립범죄청장을 임명한다.

현재 영국의 잉글랜드지역에는 수도경찰청과 런던시경찰청을 포함하여 39개의 지방경찰청이, 웨일즈지역에는 4개의 지방경찰청이, 스코틀랜드에는 8개의 지방경찰청이, 북아일랜드에는 1개의 지방경찰청이 있다. 각 지방경찰청은 내무부장관·지방경찰위원회·지방경찰청장 등이 상호견제 및 협력을 하는 '삼원체제'Tripartite System로 운영되었다.

하지만 과도한 중앙집권적 경찰운영으로 비판을 받게 되자, 지역주민의 경찰에 대한 권

---

192 이황우 편저, 전게서, p. 36.

193 김학경·이성기, "영국지방자치경찰의 새로운 패러다임: '2011 경찰개혁 및 사회책임법'과 '국립범죄청'을 중심으로", 「경찰학연구」, 7(3), 2012, p. 159 재구성.

한강화를 주요내용으로 하는 '경찰개혁 및 사회책임법'Police Reform and Social Responsibility Act (2011)을 2012년 1월 1일 발효시켰다. 이 법에 따라서 기존의 삼원체제하의 지방경찰 제도는 폐지되었다. 이후 지방경찰은 ① 지역치안평의회, ② 지역치안위원장, ③ 내무부장관, ④ 지방경찰청장 등으로 구성된 '4원 체제'Quadripartite System로 운영되고 있다.

Criminology & C·J systems

🌐 영국경찰의 어원과 수도경찰청의 창설

영국에서 Police라는 용어가 최초로 사용된 것은 1714년 스코틀랜드의 경찰 책임자를 '스코틀랜드 경찰청장'Commissioner of Police for Scotland이라고 기록한 것에서 유래한다.[194]

영국에서 경찰은 "경찰Police, 치안관Constable, 보안관Sheriff" 등 다양하게 불리고 있다. 경찰Police라는 말은 사회통제 기능을 하는 조직체라는 의미이며, 보안관Sheriff은 수백 가구가 있는 지역의 재판권과 행정권을 왕으로부터 부여받은 지역귀족을 의미하며, 치안관Constable은 주민선거에 의한 자치지역의 대표자를 의미하였다.

이후 경찰Police은 치안조직을, 보안관Sheriff과 치안관Constable은 지역의 치안책임자라는 의미를 가지게 되었다. 근대경찰의 아버지로 불리는 로버트 필 경Sir Robert Peel은 1829년 "앵글로·색슨의 전통인 공동체치안원칙으로 돌아가자"라는 슬로건으로 수도경찰청법을 제정하여 영국 최초의 근대경찰조직인 '수도경찰청'Metropolitan Police Service을 창설하였다.[195]

---

❷ 잉글랜드와 웨일즈 지방

● 수도경찰청

수도경찰청Metropolitan Police Service은 일명 스코틀랜드 야드Scotland Yard라고 한다. 1829년 창설부터 런던의 폭증하는 범죄문제에 대처하고, 런던의 중요시설 및 요인경호 등의 임무를 수행하기 위하여 영국경찰의 본래 전통인 자치제경찰과는 다른 내무부장관 관리하의 특수한 준국가경찰의 체제를 가지고 있었다.

2000년 7월 1일부터 타 지방경찰청과 동일한 자치경찰제로 운영되고 있다. 또한 대규모

---

194 高橋雄豹,「英國警察制度論」(東京: 令文社, 1959), p. 37.

195 홍동표, 전게논문, pp. 101-102 재구성.

시위, 소요사태에 대처하기 위하여 1972년에 수도경찰청에 설치된 국가상황실National Reporting Centre에서 각 지방경찰청 기동대Police Supporting Unit의 이동, 배치 등을 지휘한다. 국가상황실의 실장은 영국경찰청장협의회ACPO의 회장이다.[196]

● 런던시 시티 경찰청

런던에는 더시티The City라고 불리우는 특별지역이 있었으며, 이 지역은 예전부터 몇 가지 정치적 특권을 갖고 있었다. 더시티는 런던특별시의 중심부에 위치하고 면적은 크지 않지만 인구가 수백만이 넘는 역사적인 런던 심장부로 금융·산업·문화·예술 등의 중심지역이며, 이 곳은 상주인구는 불과 수천 명이지만 주간 유동인구는 60여 만 명에 이르고 있다.[197] 따라서 이곳은 수도경찰청과 독립한 독자적인 자치경찰로서 '런던 시티경찰청'City of London Police Force을 두고 있다.

런던 시티 경찰청장Police Commissioner은 더시티 의회에서 임명하고 국왕의 승인을 받는다. 청장에 해당하는 관직이름인 커미셔너Commissioner, 경찰청장는 수도경찰청과 런던 시티 경찰청장에게만 인정하며 선임에 특별한 절차를 취하는 지위이다.

따라서 수도경찰청장과 런던 시티 경찰청장은 동일한 직급이며, 인선에서도 동격의 사람을 임명한다. 런던 시티 경찰청은 수도경찰청의 관할구역 내의 주심지에 별개의 독립한 경찰

---

196 이황우 편저, 전게서, pp. 37-38.
197 정진환, 전게서, pp. 77-78.

로, 런던 시티 경찰청 소속의 경찰은 더시티^{The City} 내에서만 경찰권을 행사한다.[198]

● 지방경찰

영국의 경찰업무는 자치권에 속하는 사무이고, 북아일랜드 경찰청과 같은 특수한 경우를 제외하고는 모든 지역의 경찰행정은 지방자치단체의 권한에 속하는 이른바 자치경찰체제^{Provincial Police Force}이다. 또한 수도경찰청과 런던시경찰청을 제외한 영국의 지방경찰은 군경찰^{Count Police}, 자치구경찰^{County Borough Police}, 그리고 통합경찰^{Combined Police Force}로 나뉘지며, 이들은 모두 자치경찰이다.[199]

지방경찰은 내무부장관, 경찰위원회, 지방경찰청장의 3원체제이다. 지방경찰청장은 경찰의 지휘자로서 경찰위원회가 선임하며 내무부장관의 승인을 얻어 임명하며 독자적 경찰지휘권이 있다. 지방의회와 지방경찰청이 관계에서 지방의회는 경찰위원회 9명을 선임하고, 지방치안관련 질의·답변요구를 하지만 경찰의 지휘·운영에는 관여하지 못한다. 지방의회 질의에는 경찰위원회에서 서면 또는 출석으로 답변하고 경찰청장의 출석요구를 하지는 못한다.[200]

---

198 경찰대학b, 「비교경찰론」, 2004, p. 62.

199 정진환, 전게서, p. 79.

200 경찰대학b, 전게서, pp. 63-64.

❸ 스코틀랜드와 북아일랜드 지방

● 스코틀랜드

스코틀랜드 경찰도 잉글랜드나 웨일즈의 경찰제도와 비슷한 역사를 거쳐 왔지만, 스코틀랜드에 있어서는 보안관sheriff이 전통적인 지방판사로서 세력을 계속 갖고 있으며, 치안판사제도가 충분히 발달되지 않았다는 것이 특징이다.

현재 스코틀랜드 경찰에는 카운티county에 설치된 경찰과 특별시에 설치된 경찰, 그리고 약간의 병합경찰의 3가지 형태가 유지되고 있으며, 경찰의 관리방식, 중앙과 지방경찰과의 관계, 경찰관의 권한·활동 등은 거의 잉글랜드나 웨일즈의 경찰과 유사하다.[201]

● 북아일랜드

북아일랜드 지역은 아일랜드 독립 후에도 영국령으로 있으면서 신·구교도간의 분쟁이 계속 지속되고 있으며, 지하조직인 아일랜드공화국군IRA이 각종 테러를 계속하여 치안유지에 어려움이 많았다. 북아일랜드 경찰은 종교분쟁과 독립운동의 역사와 함께 여러 차례 변천을 하였으며, 1949년 아일랜드공화국의 독립에 따라서 내무부장관 직속의 강력한 국가경찰인 '왕립 알스타 경찰청'Royal Ulster Constabulary을 설치하여 오늘에 이르고 있다.[202]

북아일랜드 경찰청은 내무부 직속의 국가경찰로서의 전통에 따라 처음부터 일반적인 경찰업무와 무장반란과 폭동의 진압업무를 함께 하는 헌병대 조직을 가지고 있다. 또한 특수상황에 대응하기 위하여 정규 경찰조직 외에 유사시를 대비한 보조경찰조직인 왕립 알스타예비경찰Royal Ulster Constabulary Reserve이 있다.[203]

2 기소기관

영국에서는 1985년 현재의 검사제도가 나타나기 전까지 경찰기소를 통일적으로 지휘하는 일반적인 제도는 없었고, 각 지방의 관습에 따라 일정한 기준이 없이 행해지고 있었다. 1985년 '범죄기소법'Prosecution of Offences Act으로 국립검찰청Crown Prosecutions Service을 창설하였고, 전국적인 검찰조직이 생겼다.

---

201 James Cramer, *The World's Police* (London: Cassell Pub., 1994), pp. 59-60.

202 정진환, 전게서, p. 83.

203 경찰대학b, 전게서, p. 80 재구성.

검찰조직은 법무부장관^{Attorney General}이 임명을 하는 검찰총장^{Director of Public Prosecution}을 중앙에 두고 잉글랜드와 웨일즈 전역을 검찰관할로 분할하여 그 지방의 장을 검사장^{Chief Crown Prosecutor}, 그 사무를 행하는 자를 검사^{Crown Prosecutor}로 임명하였다.

검찰조직은 현재 경찰조직에 해당하는 조직에 상응하는 행정구역마다 개별적인 검찰조직을 가지고 있다. 1985년 이전에는 검찰관^{Director of Public Prosecution}이 모든 중요사건에 대하여만 제한적으로 기소를 담당하였지만 1985년 이후에는 거의 모든 범죄에 대한 기소를 담당하고 있다.[204]

또한 형사사법의 효율성 제고를 위해서 '형사사법법'^{Criminal Justice Act}을 2003년에 제정하여 경찰의 최초 기소한 사건을 인계받아 기소 여부를 재검토하고, 중요범죄에 대한 기소 여부, 훈방 여부, 죄명에 대한 결정을 하고 있다.[205]

3 재판기관

잉글랜드와 웨일즈에는 약 550개의 치안판사법원^{Magistrate's Court}이 있다. 치안판사법원은 1949년 치안판사법^{Justice of Peace Act}에 따라 오늘날과 같은 명칭이 부여되었는데 2명 이상 7명 이하의 치안판사^{Magistrates}로 구성되어 약식절차의 장점인 경제성과 신속성을 가지고 경미한 사건에 대하여 배심에 의하지 아니한 간이재판^{summary trial}을 한다.

형사법원^{Crown Court}은 1971년의 법원법^{Courts Act}에 의하여 설립되었으며, 치안판사법원의 회부절차를 거쳐 형사법원에 회부된 모든 정식 기소범죄에 대한 배타적인 관할권을 가진다. 형사법원의 정식 판사에 의한 재판을 기소에 의한 정식재판^{trial on indictment}이라고 한다.[206]

고등법원의 3개부 가운데 여왕좌부^{女王座部, the Division Court of the Queen's Division of the High Court}에서는 치안판사법원이나 형사법원에서 처리되었던 사건들에 대하여 검찰이나 피고인으로부터 제기되는 법률이나 절차상의 문제에 관한 항소사건을 처리한다.

영국에 하나뿐인 항소법원^{Court of Appeal}은 런던의 왕립법원^{Royal Courts of Justice} 청사에 있으며, 형사부와 민사부로 나누어진다. 항소법원 형사부^{the Court of Appeal, Criminal Division}는 피고인으로부터 제기된 유죄판결과 양형에 관한 항소사건을 처리한다.

---

204 상게서, pp. 46-47.

205 수사권조정자문위원회, 전게서, p. 41.

206 김종구, 전게서, pp. 180-181.

귀족원House of Lords은 스코틀랜드의 형사사건을 제외한 전 영국의 최고법원이다. 귀족원은 스스로 판결을 시행할 권한은 없고, 의견을 첨부하여 사건을 사실심 법원에 이송할 수 있을 뿐이며 사실심 판사가 이를 판결에 반영한다.[207]

4 재판집행기관

영국의 교정시설은 2000년 3월을 기준으로 총 137개가 있으며, 이 중에서 13개소의 개방 교도소를 운영하고 있다. 교정시설은 중범죄자를 수용하는 A급 중구금 시설, 도주예방에 주의를 요하는 자를 수용하는 B급 중구금 시설, 도주우려가 비교적 적은 자를 수용하는 C급 반개방 시설, 개방처우 적격자를 수용하는 D급 개방 시설이 있다.

전형적인 개방처우를 실시하고 있는 곳은 레이힐Leyhill 교도소와 팔필드Falfield 교도소가 있으며, 그 외 호스텔Hostel 제도를 들 수 있다. 레이힐 교도소와 팔필드 교도소는 전형적인 완전한 개방시설이며, 레이힐 교도소는 형기 3년 이상의 초범자를 수용하고 있으며, 팔필드 교도소는 형기 3년 미만의 초범자를 수용하는 지방훈련교도소Regional Training Prison이다.[208]

영국의 가석방제도는 1991년의 형사사법법의 개정으로 인하여 3가지 유형의 조기석방을 규정하고 있다. 1년 미만의 형을 선고받은 수형자는 형기의 1/2을 복역한 후에 필요적으로 석방되며, 보호관찰이 수반되지 않는다.

1년 이상 4년 미만의 형을 선고받은 수형자도 형기의 1/2을 복역한 후에 필요적으로 석방되나, 형기의 3/4에 이를 때까지는 보호관찰관의 감독을 받게 되어 있다. 그리고 4년 이상의 형을 선고받은 수형자는 형기의 1/2 내지 2/3 사이에서 재량에 의해 석방된다. 이때에는 가석방위원회의 추천이 있어야 하며, 석방된 후 형기의 3/4에 이를 때까지는 보호관찰관의 감독을 받는다.[209]

1972년 사회봉사명령을 최초로 도입한 영국의 보호관찰업무는 중앙의 경우에는 내무부Home Office 형사국에서, 지방의 경우에는 자치단체인 카운티에 보호관찰위원회Probation Committee가 설치되어 있으며, 이 위원회의 책임하에 보호관찰기관이 운영되고 있다.[210]

영국보호관찰의 특징은 사회봉사명령이 광범위하게 활용된다는 점이다. 유기징역을 선

---

207 상게서, p. 183.

208 김현태, "우리교정의 개방처우제도에 관한 연구," 경기대학교 석사학위논문, 2003, p. 29.

209 상게논문, p. 30.

210 김동우, "우리 지역사회교정의 활성화 방안에 관한 연구," 경기대학교 석사학위논문, 2001, p. 20.

고할 수 있는 16세 이상의 소년과 성인에게는 보호관찰관이 작성한 사회조사보고서를 토대로 사회봉사명령이 선고되고 있다.

영국은 미국과 마찬가지로 판결전조사보고서가 재판상 중요한 위치를 차지하고 있으며, 보호관찰업무별로 보호관찰소가 구분되어 있다. 판결전조사보호관찰소는 법원 내에 위치하여 보호관찰관이 작성한 판결전조사보고서가 직접 재판에 활용되기 용이하도록 하고 있다.

예를 들어, 가석방보호관찰소, 사회봉사명령보호관찰소, 보호관찰교육센터, 집단교육전담보호관찰소 등으로 구분하여 각 대상자별 전문적 처우가 가능하도록 하고 있다. 또한 판사의 반구금명령이나 가석방된 자들을 위한 일종의 중간처우시설로 호스텔이 폭넓게 활용되고 있는 것도 영국보호관찰제도의 주요특징이라고 할 수 있다.[211]

특히, 영국에서는 재범으로부터 사회를 보호하기 위해서 2002년 '범죄자평가시스템'OASys: Offenders Assessment System을 개발하여 2003년부터 실시하고 있는데 이는 기존의 '위험분석'Risk Assessment을 업그레이드 한 것이다.

제2절 미국

1 형사사법체계 개관

미국은 전통적인 권력분립사상과 지방분권주의를 채택함으로써 형사사법체계에 있어서도 이러한 원칙을 충실히 따르고 있다. 연방정부 및 주정부 등에 4만여 개의 법집행기관이 있으며, 수사권은 경찰에, 기소권은 검찰에 배분되는 것이 일반적인 현상이다.[212]

또한 연방법원의 구성 및 제한적인 관할권에 대해서만 헌법에 규정해 놓고 나머지는 모두 주법원에 위임함으로써 각 주는 법원의 조직 및 운영이나 재판제도 등에 있어서 독자적인 구조를 형성해 오고 있다. 연방법과 주법은 병존하고 주에 따라 고유한 영역을 가지고 있어서 연방법원과 주법원도 각자의 관할을 가지고 있는 이중체계로 독일과 조직구성 방식이 유사

---

211 서울보호관찰소 홈페이지(http://probation.go.kr).

212 수사권조정자문위원회, 전게서, p. 71.

하다고 할 수 있다.

일반적으로 계약, 불법행위, 가족법, 형사법 등 일반적인 법은 州법이며, 연방헌법 및 그에 근거하여 제정된 연방법률 및 연방대법원이 판례에 의해 인정되는 사항 등은 연방법원의 소관으로 하고 있다.

50개의 주와 연방정부는 서로 비슷하면서도 서로 다른 법률제도를 가지고 있으므로, 미국에는 51개의 서로 다른 독자적인 재판관할권^{jurisdiction}이 있다고 할 수 있다. 이러한 관할 구분은 미국 헌법에 의해 결정되나 때때로 연방법원의 관할과 주법원의 관할이 충돌되는 경우가 있어 중복 기소되는 경우도 있다.[213]

미국의 수사제도는 수사는 경찰이, 기소제기 및 유지는 검찰이 담당하고 상호협력관계를 유지한다는데 있다. 경찰이 독자적으로 기소, 불기소에 대한 결정을 하는 등 사건을 종결하여 송치하고 있으며, 검찰이 경찰을 통제하는 수단은 사건에 대한 기소거부, 보강수사요구, 체포에 대한 승인거부 등이 있다.[214]

미국의 기소제도는 대륙법계와는 다른 특징을 지니는데, 배심제도와 당사자주의 및 엄격한 증거법칙이 지배하는 공판중심주의로서 형사재판에서도 검사와 변호인이 민사재판의 원고와 피고처럼 상호 대립하여 주장과 입증을 하고, 판사는 마치 운동경기의 심판처럼 중립적으로 재판하는 당사자시스템$^{adversary\ system}$이 철저히 유지되고 있다.[215]

따라서 법원은 증거수집이나 사건해결에 적극적으로 관여하는 것이 원칙적으로 금지되며, 어떤 사안의 실체적 진실을 파악하기 보다는 당사자들에 의하여 제시되는 각종 자료를 기초로 당사자 간의 분쟁해결에 중점을 둔다.

대륙법계 국가에서 검사는 피의자에게 유리한 사실에 대해서도 수사할 의무를 지니지만, 미국의 제도하에서 검사는 범죄의 입증과 피고인에 대한 중형부과에만 전념하게 되는 단점이 있다.[216]

---

213 김정해·최유성, 전게논문, p. 86.

214 수사권조정자문위원회, 전게서, p. 40.

215 김종구, 전게서, p. 196.

216 김정해·최유성, 전게논문, p. 85.

1 수사기관

❶ 연방경찰

연방정부는 헌법상 명문으로 경찰권을 가지고 있지는 않으나, 헌법이 부여한 과세권, 주^州와 주^州 사이의 주간통상규제권 등의 행사로 사실상 경찰권을 행사하고 있다.[217] 1900년 전까지 미국의 연방정부는 범죄문제에 대한 책임은 주정부나 자치단체의 권한으로 인정하여 법집행에 있어서 매우 제한된 역할만을 담당하였다.

이후 주정부나 자치단체의 제한된 경찰력만으로는 연방관련 범죄사건 등을 해결하는 것이 미흡하였기 때문에 연방경찰을 창설하게 된다. 하지만 연방의 이익이 침해되는 사건이 발생하여 연방경찰을 창설해야 할 경우에도, 한정된 분야만을 수사하는 연방경찰을 창설하였다.[218]

미국에서는 주나 자치체가 치안유지를 담당하는 분권화된 법집행의 전통을 갖고 있었기 때문에 중앙집권적이고 포괄적인 수사를 담당하는 단일화된 연방경찰의 창설보다는 다양한 연방 법집행기관을 통해서 연방법을 집행하게 하고 있다.

연방정부의 여러 기관은 그 자체적인 법집행력을 확보하기 위한 필요에 의해서 설립된 것이기 때문에 많은 연방 법집행기관이 난립하게 되었고, 이에 따라 중복도 많고, 산발적이기 때문에 점차 비능률과 비경제적이라는 비판과 함께 조직 재편성의 필요성이 긴급한 과제로 제기되고 있다.[219]

최초의 연방법집행기관은 1865년 우편사기^{Mail Frauds} 등의 범죄문제를 해결하기 위해 창설된 '우편수사관'^{Post Office}이었다. 두 번째로 창설된 연방법집행기관은 1865년 위조지폐^{counterfeit} 사건을 수사하기 위한 '비밀경호국'^{SS: Secret Service}이었다. 1907년 루즈벨트^{Theodore Roosevelt} 대통령은 비밀경호국의 직원 8명을 차출하여 수사국^{Bureau of Investigation}을 창설하였으며, 이것이 1935년 연방범죄수사국^{FBI}로 발전하였다.[220]

현재 연방법집행기관 중 연방범죄수사국^{FBI: Federal Bureau of Investigation}을 제외하고 모두 특

---

217 경찰대학b, 전게서, p. 117.

218 Robert H. Langworthy, *Policing in America-A Balance of Forces* (NewYork: Macmillan Publishing Company, 1994), p. 98.

219 경찰대학b, 전게서, pp. 119-120.

220 Robert H. Langworthy, *op. cit.*, pp. 98-99.

정한 법집행영역만을 담당하고 있다. FBI는 연방의 일반법집행기관이지만 다른 기관은 연방의 특별법집행기관이라고 할 수 있다. 1994년을 기준으로 적어도 63개의 연방법집행기관이 있다.[221]

법무부 소속에는 연방범죄수사국FBI, 마약수사국Drug Enforcement Administration, 연방보안관실U.S Marshal's Service 등이, 재무부 소속에는 알콜·담배·무기국Bureau of Alcool, Tobacco, and Firearms 등이, 국토안보부[222] 소속에는 비밀경호국SS: Secret Service 등이 있다. 이러한 연방경찰은 법집행권한이 한 개의 기관에 통합되어 있지 않고, 여러 기관에 분산되어 있는 것과 순찰 등과 같은 범죄예방기능이 없는 것이 특징이다.[223]

❷ 주경찰

미국의 주경찰State Police은 실질적인 경찰권을 행사함으로써 연방경찰의 제한적인 활동에 비해 경찰권의 행사범위가 광범위하다. 연방수정헌법 제10조에 따라 경찰권은 주정부에 유보되어 있다.

주정부는 미米수정헌법 제10조에 의거하여 고유한 권한으로 경찰권을 가지고 있다. 미국경찰은 분권화의 결과로 우리의 경찰청과 같은 일원적 지휘기관이나 제도가 없고 각 기관 상호 간에는 상하관계가 아닌 지원, 협력, 응원의 관계이다.[224]

최초의 주경찰은 1835년 창설된 '텍사스레인저스'Texas Rangers이며, 최초의 현대적인 주경찰은 1905년 창설된 펜실베니아주의 '주州치안관'State Constabulary이다.[225]

일반적으로 미국의 주경찰조직은 주경찰국State Police과 고속도로순찰대Highway Patrol로 나눌 수 있다. 주경찰국은 미시간, 뉴욕, 버지니아 등 21개 주에 설치되어 있으며, 고속도로순찰대(최초는 1929년 캘리포니아주)는 19개 주에 설치되어 있다.

특히, 주州공안청Department of Public Safety(일명, 주경찰청)은 1970년대 이후 주경찰국과 고속도로순찰대 등과 같은 제복경찰이 하는 경찰업무 외에 마약단속, 조직범죄 등의 수사를 위한 필요성이 제기되어[226] 주州경찰국 및 주州고속도로순찰대와 독립된 형태 주州범죄수사기관을

---

221 *Ibid*., p. 98.

222 국토안보부(DHS: Department of Homeland Security)는 2001년 9월 11일 발생한 9.11테러를 계기로 2003년 3월 정식 창설된 연방법집행기관이다.

223 Robert H. Langworthy, *op. cit*., p. 99.

224 경찰대학b, 전게서, p. 117.

225 박창호 외 4인, 전게서, p. 485.

226 경찰대학b, 전게서, p. 153.

주州공안국이나 주州법무부Department of Justice에 두고 있다.[227] 주州범죄수사기관의 형태는 주에 따라 차이가 있는데 가령 주법무부 내에 법원, 검찰청 등과 함께 통합된 곳, 주법무부장관에게 조정·지휘권한을 주는 곳, 법집행청의 이름으로 통합하는 곳 등이 있다.

이 중에서 가장 많은 것은 주州공안청의 형태이며 조지아, 뉴저지, 텍사스 등 9개 주에 설치되어 있다.[228] 특히, 하와이는 주州경찰국이나 주州고속도로순찰대 등과 같은 주州단위의 경찰조직이 없는 것이 특징이다.[229]

❸ 지방경찰

미국의 지방행정체계는 연방federal – 주State – 군county – 시municipality 또는 city)–읍town 또는 township 순으로 되어 있다. 또한 지방자치단위는 자치단체municipal corporation와 준자치단체quasi-municipal corporation로 나누어진다.[230]

자치단체에는 자치제경찰Municipal Police 또는 시경찰City Police이 있다. 시경찰은 경찰서의 규모와 인력 면에서 뉴욕경찰(38,000명), 시카고경찰(13,000명) 등 1만 명이 넘는 대도시 경찰서에서부터 10인 미만의 경찰관으로 구성된 작은 경찰서까지 다양하다.[231]

준자치단체인 군에는 군보안관County Sheriff이 있으며, 읍에는 읍치안관Town or township Constable 등이 있다.[232] 군보안관은 하와이와 로드아일랜드주를 제외한 전지역에서 주민의 선거에 의해 선출되며, 임기는 보통 2-4년이다.[233] 또한 특별구Special District를 담당하는 특별구경찰Special District Police은 주로 교통, 주택단지, 공원, 공립학교, 대학 등 특별구에서 경찰업무를 담당하고 있으며, 대학경찰campus police이 가장 대표적이다.[234]

227 박창호 외 4인, 전게서, p. 484.

228 경찰대학b, 전게서, p. 153.

229 Robert H. Langworthy, *op. cit.*, p. 107.

230 정진환, 전게서, p. 135.

231 박창호 외 4인 공저, 전게서, p. 487.

232 정진환, 전게서, p. 134.

233 박창호 외 4인 공저, 전게서, p. 488.

234 정진환, 전게서, p. 141 재구성.

2 기소기관

미국의 연방정부에는 우리나라와 같은 법무부 밑에 검찰청이란 기관이 별도로 설치되어 있지 않다. 연방정부에서 사법행정을 맡고 있는 기구는 법무부Department of Justice이며, 법무부장관 밑에 우리의 검찰총장 계급에 해당하는 '검찰총장'Attorney General이 있으며, 그 밑에 법무차관Deputy Attorney General이 있다.

연방법무부의 업무는 연방범죄의 1차적인 수사, 연방과 관련된 민사문제, 연방대법원 사건의 공소유지와 정부재판의 대리업무 등 연방정부와 관련된 종합적인 법률서비스를 담당하고 있기 때문에 우리나라의 법무부보다 그 기능과 조직이 방대하다고 할 수 있다.[235]

미국의 검찰은 연방검찰U.S. Attorney's Office과 지방검찰District Attorney's Office이 한 지역을 2중적으로 관할하고 있는 이른바 2원적 검찰제도로 되어 있다. 각 주정부에는 기소권을 가진 검찰도 경범죄를 다루는 시검사와 중범죄를 다루는 지방검사, 항소심을 맡는 검사로 구분되어져 있으며, 각기 독자적 권한을 가지고 있다.

시검사장과 지방검사장, 검찰총장 등은 보통 4년 임기의 직선제로 선출하고 있으며, 일반검사의 경우, 변호사 자격을 가진 사람 중에 해당 검사장이 서류심사를 통해 임명하는 것이 일반적인 관례이다.[236]

미국은 우리와 달리 범죄수사의 주도권은 원칙적으로 경찰에게 있고 검찰은 주에 따라 몇 가지 특수한 범죄에 대한 수사권을 가지고 있는 외에는 주로 경찰에서 송치된 사건에 대한 기소여부결정과 공소유지를 맡고 있을 뿐 검찰과 경찰과의 관계는 상호협력의 관계라고 볼 수 있다.

Criminology & C·J systems

🌐🔍 미국의 지역사회 검찰 프로그램

미국에서 1990년대부터 논의되기 시작한 지역사회검찰 프로그램은 사건처리를 중심으로 운영되던 기존의 검찰의 한계를 벗어나, 지역사회의 마약범죄, 학교폭력문제 등 주민들이 해결을 요구하는 구체적인 문제, 즉 요구사항needs을 파악하여 그 문제를 해결problem-solving함으로써 범죄를 근본적으로 예방하는 것을 최우선 순위로 두는 프로그램이다.

---

235 박창호 외 4인 공저, 전게서, p. 503.
236 이영근, "외국의 형사사법제도," 「교정연구」, 9(1), 1999, p. 23.

이러한 근원적 문제해결 방식에 의한 범죄예방을 위해서 지역사회검찰은, 지역사회의 다양한 정부기관, 공·사단체, 지역주민들간의 파트너십을 형성하는 것이 필수적이고, 범죄자 처벌을 중심으로 한 기존의 형사법적 수단 이외에 민사소송, 행정소송 등 다양한 수단을 종합적으로 활용하고 있으며, 단기간 내에 그 목적을 달성할 수 있는 것이 아니므로 장기적 전략long-term strategy을 채택하였다.

3 재판기관

미국 법원제도의 가장 큰 특징은 연방제도하에서 연방법원과 주법원이라는 이원적인 구조를 갖고 있다는 것이다. 연방법원은 특별법원을 제외하고는 3단계의 심급구조를 가지고 있으며, 전국적으로 통일적인 조직체계를 갖추고 있다.

연방법원 조직은 현재 연방지방법원U.S District Court 94개, 연방고등법원U.S Court of Appeal 12개, 연방대법원U.S Supreme Court 1개로 3심제 구조를 가지고 있다. 그 외에 제1심 법원으로서 지방법원과 동격에 있는 특별법원이 있는데, 연방조세법원·연방배상법원·연방국제거래법원 등이 그것이다.[237]

미국 연방대법원의 200여 년 역사에 존 마셜 대법원장은 특별하다. 그의 기념주화까지 있을 정도다. 마셜은 세계에서 처음으로 헌법재판을 만들어낸 주인공이다. 국민의 대표인 의회가 만든 법률을 법원이 위헌으로 폐지할 수 있다고 선언했다. 1803년 마베리 대 매디슨 사건에서이고 존 마셜 대법원장이 직접 판결문을 작성했다.

미국은 50개의 주州법원과 1개의 연방법원 조직을 합쳐서 총 51개의 사법조직이 있다고 볼 수 있으며, 연방과 각 주의 사법기관은 각 주의 사법기관은 일반적으로 지방법원,District Court 항소법원,Appellate Court 대법원Supreme Court의 3심 구조를 갖고 있다고 볼 수 있다.[238]

주법원의 조직은 우선 심급제도에 있어서 주는 아직도 지방법원과 대법원의 2심제로 운영하고 있지만, 대부분의 주가 3심제를 채택하고 있다. 일부 주에서는 민사고등법원과 형사고등법원으로 분리된 항소심제도를 가지고 있다. 미국 법원제도에 있어서 가장 큰 특징은 배심원제도이다.

배심원제도는 선거인 명부나 운전면허소지자 명단을 통하여 무작위 선출된 시민들이

---

237 상게논문, p. 26.
238 김종구, 전게서, p. 194.

민·형사사건의 심리과정에 참여하는 제도이다. 일반적으로 12명으로 구성되는 배심원단은 기소항목에 대한 유·무죄 여부를 결정하고 판사는 형량만을 결정하게 되어 있으며, 형사재판의 평결은 전원일치가 원칙이나, 경범죄나 민사재판의 경우에는 대체적으로 과반수 평결을 채택하고 있다.[239]

Criminology & C·J systems

🌐🔍 미국의 판사제도[240]

　　외국인들이 한국 사법제도를 보고 가장 어이없어 하는 것이 판사를 국민이 뽑는 게 아니라 시험성적에 따라 선발한다는 점이다. 판사를 그런 방식으로 선발하면 사법권의 민주적 정당성이 어디서 오느냐는 것이다. 미국에선 로스쿨을 나오면 변호사가 되거나 검찰청에서 검사보(한국의 검사에 해당)로 법조경력을 시작한다. 10년 이상 경력을 쌓은 뒤에는 카운티의 검찰총장 선거에 나선다. 우리로 치면 지청장이나 검사장급이다. 거기서 어느 정도 경력을 쌓은 뒤 마지막에 도전하는 게 판사다.

　　미국 판사의 80% 가량은 선거로 뽑고, 대통령이나 주지사가 임명하는 경우도 반드시 상원이나 주의회 인증을 거쳐야 한다. 그래서 판사의 권위가 어마어마하다. 법조 인생의 마지막이 판사이다 보니 판사보다 경력 많은 변호사는 없다. 그래서 정년을 채우면 전관예우를 노리고 변호사가 되는 경우는 거의 없고 대부분 학계로 간다.

---

4 재판집행기관

　　美연방정부의 교정행정은 연방 법무부내의 연방교정국에서 총괄하고 있으며, 6개의 교정관구 및 70여 개의 연방교정시설을 운영하고 있다. 연방법 위반자 및 중요 범죄자는 연방교정시설에서, 주정부의 법률위반자 중 1년 이상의 선고를 받은 자는 주 교도소[State Prison]에, 미결구금자 및 1년 미만의 단기 수형자는 시·군 교도소[Jail]에 수용하는 것을 원칙으로 하고 있다.

---

239 이영근, 전게서, p. 26.

240 김웅, "형사처벌 만능주의에서 벗어나야 스스로 '괴물' 되는 검사 안 나온다" 「주간동아」, 2018.02.07.

미국은 기능별로 A, B, C, D, E, F 등과 같은 6단계^{Level}로 수용분류를 실시하고 있다. A Level은 초중구금시설,^{Super Maximum Security Correctional Institute} B Level은 중重 구금시설,^{Maximum Security Correctional Institute} C-D Level은 중中 구금시설,^{Medium Security Correctional Institute} E Level은 경구금시설,^{Minimum Security Correctional Institute} 그리고 F Level은 개방시설^{Open Correctional Institute}을 뜻한다.

연방정부의 교정행정과 관련된 대표적인 기구로는 연방교도작업공사^{Federal Prison Industries, Inc.}로서 UNICOR이라는 상호를 채택하여 연방교도소 내에서 작업운영을 하고 있다.

미국은 1878년 매사추세츠^{Massachusetts}주州에서 처음으로 보호관찰제도를 시행한 이래 50개의 모든 주가 성인과 소년범에 대한 법적제재의 수단으로서 보호관찰을 법제화하고 있다. 각 주마다 다소 차이는 있으나 대상자에 따라 담당기관이 달라 보호관찰을 조건으로 형의 집행유예나 선고유예를 받은 대상자^{Probationer}는 주로 법원소속의 보호관찰소^{Probation Office}가 담당하고 있고, 보호관찰을 조건으로 가석방된 대상자^{Parolee}는 주 행정부 소속의 가석방기관^{Parole Office}에서 담당하고 있다.[241]

미국보호관찰제도의 특징은 판결전조사제도가 광범위하게 활용되고 있다는 점이다. 법원의 재판단계에서 보호관찰이 필요한 경우뿐만 아니라 보호관찰처분 피고인이 아닌 경우에도 판결전조사를 광범위하게 활용하고 있다.

특히 1975년 위스콘신주에서 개발한 보호관찰 대상자에 대한 분류방식은 미국의 분류방식에 있어서 가장 이상적인 모델로 평가받고 있으며, 세계 여러 나라에서 위스콘신주의 '위험·요구평가체제는'^{Risk/Need Assessment System}는 '위스콘신분류시스템'이라는 이름하에 각국의 실정에 맞게 변형되어 사용되고 있다.[242]

미국의 표준보호관찰법안을 보면 보호관찰법에 관한 州조직으로써 보호관찰위원회와 직원에 대한 사항이 규정되어 있다. 주州보호관찰위원회는 주지사 밑에 설치되어 있으며, 3인의 상임위원이 있고, 위원의 임기는 6년이다. 보호관찰관의 임무는 범죄자에 대한 판결전 또는 가석방전에 조사를 실시하는 것 등이 있다.[243]

미국의 보호관찰프로그램은 각 주마다 차이가 있지만 성인수용시설^{Adult Residential}, 군대식 캠프^{Boot Camp}, 치환센터^{Diversion Center}, 구치센터^{Detention Center} 등과 같은 수용시설^{Residential}을

241 정우식·정소은·김회자, 「선진각국의 보호관찰제도 운영현황 연구」, 한국보호관찰학회, 2000, p. 7.

242 진수명, "보호관찰과 과학적 분류처우방법," 「보호」, 12, 2001, p. 190.

243 김동우, 전게논문, p. 18.

통한 프로그램과 집중감독Intensive Supervision 프로그램, 가택전자감시Home Electronic Monitoring 프로그램, 일상보고센터Day Reportion Center 및 향정신성 약물법정Drug Courts 등과 같은 비수용시설Non-Residential을 통한 프로그램이 있다.

제3절 독일

1 ‖ 형사사법체계 개관

독일 형사사법체계의 가장 큰 특색은 독일이 연방국가라는 점에서 찾을 수 있다. 독일은 1989년 11월 베를린 장벽을 무너지면서, 이듬해인 1990년 7월 1일 서독이 동독을 흡수하는 방식으로 통일을 이룩하였다. 독일은 미국과 같은 연방국가로서 16개의 각 주州마다 독자적인 권한을 가지고 있으며, 연방정부는 16개 주州정부와 협력적인 연방체제를 이루고 있다.

독일 연방공화국의 기본법Grundgesetz은 상당 부분이 연방과 주사이의 관계 형성에 관한 것이다. 이처럼 연방과 주는 각각 책임과 능력을 갖춘 국가라고 보는 것이 연방국가의 실질을 이해하는데 도움이 된다. 이러한 연방국가제도하에서 모든 형사사법제도 역시 연방과 주로 분리되어 있으며, 법원체계도 연방법원The Federal Courts과 주법원Land Court로 이원화되어 있다.[244]

주의 형사사법기관은 연방과 연계는 되어 있으나 비교적 독립적으로 각 주의 특성에 따라 달리 운영되고 있다. 각 주의 법원조직의 구성과 체계는 16개의 주마다 각기 다른 법률로 규정되어 매우 상이하다. 독일의 형사사법체계는 범죄자처벌을 우선시하고 있으며, 검찰과 경찰의 강력한 여과절차를 거치게 하고 있다. 또한 독일은 형사절차에서 기조법정주의를 택하고 있다는 점에서 기소편의주의인 우리와는 다르다.[245]

독일의 형사소송은 크게 3가지로 나누어지는데, 첫째 예심 혹은 수사절차, 둘째 중간단계

---

244 정진환, 전게서, p. 329.
245 김정해·최유성, 전게논문, p. 84.

의 절차를 포함한 법원의 공판절차, 마지막으로 형벌의 집행절차 등이다.[246] 독일에서는 검찰이 수사권 및 수사지휘권을 보유하고 있으며, 수사를 주재하고 경찰은 검찰의 지시를 충족할 의무가 있다고 규정하고 있다.

하지만 검사 소속하에 별도로 법무부 소속 수사관을 두지 않고 있으며, 내무부 소속의 경찰관을 검찰기능의 일부로 흡수하여 검사의 보조자로 활용하고 있다. 따라서 사법경찰은 '검사의 연장된 팔'verlangter Arm der Staatsanwaltschaft로 불리고 있으며, 검사는 인적·물적 자원이 없기 때문에 '팔없는 머리'Kopf ohne Hände라고 불리고 있다. 또한 경찰조서와 같이 검사 작성 피의자 신문조서도 증거능력이 없기 때문에 검사가 피의자신문을 하는 경우는 거의 없다.[247]239

독일은 범죄를 중죄,Felonies 경죄,offences 질서위반죄misdemeanors로 구분하여 처리하고, 경미한 위반행위의 경우는 '질서위반법'을 통해 사법경찰에 의하여 다루도록 하여, 재판이나 소송절차에 소요되는 시간과 노력을 절감하도록 하고 있다.

Criminology & C·J systems

🌐 범죄예방에 노력하는 독일 검찰

독일에서는 검사도 철저히 범죄예방을 위한 노력을 하여야 한다는 주장이 강하게 대두되었다. 전통적으로 범죄예방영역은 경찰의 독점적 영역으로 인식되어 왔으나, 예방차원의 범죄퇴치를 목표로 하는 범죄예방영역 역시 강제적인 처분 및 그에 따른 시민의 인권침해적 요소를 포함하고 있기 때문에 준사법기관인 검사의 참여가 필수적이라는 것이다.

따라서 독일에서는 예방차원의 범죄퇴치활동을 검찰의 '잃어버린 영역'의 하나로 들면서 장차 근본적으로 예방차원의 범죄퇴치프로그램을 검찰과 경찰이 함께 운영하여야 한다고 강조하고 하면서 독일 연방법무부에 범죄예방과Kriminalpraevention를 설치하였다.

---

246 박창호 외 4인 공저, 전게서, p. 216.
247 수사권조정자문위원회, 전게서, p. 72.

1 수사기관

❶ 연방경찰

독일연방경찰^{Bundes Polizei}은 전국적인 사항, 긴급사태 등을 위한 조직이므로, 주경찰에 대한 제정적 부담을 하지 않으며, 원칙적으로 주경찰에 대한 지휘·통솔의 권한도 갖고 있지 않다. 다만, 주경찰에 대한 감찰권을 가지고 있으며, 이는 정부를 대신하여 비상경찰^{Bereitschafts Polizei}의 감찰위원장^{Inspecteur General}이 그의 직무수행을 통하여 행사하게 된다. 또한 각 주경찰간의 조정통제는 연방정부의 내무부에 의해서 이루어지고 있다.[248]

독일연방공화국^{BRD}은 1949년 본^{Bonn}기본법^{Grundgesetz}을 제정되면서 경찰권은 주의 권한으로 규정하였다. 따라서 각 주별로 고유한 경찰법 및 경찰조직을 보유하게 되었다. 연방경찰은 전국적 사항이나 국가긴급사태에 대처하기 위해 설치되었으며, 주경찰에 대하여 원칙적으로 재정부담이나 지휘통솔의 권한을 갖지 않는다.[249]

독일은 경찰사무가 각 주의 사무라고 하더라도 특별한 사무에 대해서는 연방경찰의 임무로 규정하고 있다. 연방내무부 산하에 총 35개의 하위기관이 있는데, 치안관련 기관으로는 연방헌법보호청^{BFVS: Bundesamt für Verfassungsschutz}(수사권이 없는 것이 특징), 연방국경경비대^{BGS: Bundesgrenzschutz}(소속하에 GSG-9), 연방범죄수사국^{BKA: Bundeskriminalamt}, 연방철도경찰국,^{Bahnpolizei des Bundes} 연방경찰대학 등이 있다.[250]

❷ 주경찰

독일의 주^州경찰에 관한 사항은 주의 권한이므로 각 주는 고유의 경찰법을 제정하고 있다. 독일의 경찰은 크게 질서행정관청과 집행경찰로 나눌 수 있는데, 질서행정관청은 우리의 특별사법경찰관청과 비슷한 개념으로 영업경찰, 건축경찰, 환경경찰 등이 포함되며, 집행경찰은 범죄예방과 진압이라는 우리의 경찰과 같은 기능을 담당하게 된다.

---

248 정진환, 전게서, p. 342.
249 경찰대학b, 전게서, p. 215.
250 박창호 외 4인 공저, 전게서, p. 237 재구성.

독일의 경찰조직

독일의 경찰조직은 크게 질서행정관청Ordnungsbehorde과 집행경찰Vollzuhgspolizei로 나눌 수 있다. 질서행정관청과 집행경찰은 양자 모두 공공의 안녕과 질서유지를 그 임무로 하고, 공공에 대한 위험의 예방과 진압업무를 수행하는 점에서 동일하다.

하지만 질서행정경찰은 영업경찰, 위생경찰, 산림경찰, 건축경찰 등 행정경찰을 의미하는데 반해서 집행경찰은 실질적 의미의 경찰개념에서 질서행정관청을 제외한 부분, 즉 보안경찰을 의미하게 되며, 이는 형식적 의미의 경찰을 뜻하게 된다.[251]

독일의 주州경찰은 그 기능에 따라 행정경찰, 사법경찰, 기동경찰, 수상경찰로 나누어진다. 행정경찰은 보안경찰이라고도 하며, 정복을 입고 순찰, 교통, 방범, 등과 같은 전통적이고 전형적인 경찰업무를 수행하며, 사법경찰은 사복으로 근무하면서 범죄수사 업무를 담당하게 된다.

기동경찰은 폭동이나 시위 등 전국적인 긴급치안상황에 대처하는 업무를 담당하며, 수상경찰은 독일의 항만, 운하 등에서 경찰업무를 수행하는데 우리의 해양경찰과 비슷하고 할 수 있다.[252]

독일의 주경찰을 집행경찰의 영역으로 제한하여 고찰해보면 이를 기능상 사법경찰Kriminal Polizei과 보안경찰Schutz Polizei로 나누어 볼 수 있고, 후자에는 기동경찰Bereitschafts Polizei과 수상경찰Wasserschutz Polizei도 포함된다. 사법경찰은 사복을 착용하며, 보안경찰은 제복을 착용하여 근무한다.[253]

또한 각 주의 최상급 경찰행정관청은 주내무부장관이며, 각 주의 내무부에는 주경찰청이 설치되어 있다. 또한 도道 단위에는 지방경찰청이 설치되어 있다. 주경찰청 산하에는 주범죄수사국, 주기동경찰, 주경찰학교, 주경찰대학 등이 편성되어 있다.[254]

---

251 정진환, 전게서, p. 335 재구성.

252 경찰대학b, 전게서, 227.

253 정진환, 전게서, p. 336.

254 박창호 외 4인 공저, 전게서, p. 241 재구성.

2 기소기관

독일의 검찰은 소속에 따라 연방검찰과 주검찰로 나누어지고, 각각 연방법무부장관과 주법무부장관에 속하게 된다. 각 법원에는 1개의 검찰청이 있는 것이 원칙이며, 검찰청은 연방법원, 상급지방법원, 지방법원 및 구법원에 설치되어 있다. 연방법원에 대응하여 연방검사장, 연방검사가 있으며, 각 주의 법원에 대응하여 주검사와 지방검사가 있다.[255]

독일의 검사는 형사소송 절차에 있어서 영미법계 형사소송 절차상의 검사처럼 피고인 또는 피의자에게 불리한 자료만을 일방적으로 수집한다는 의미에서의 당사자Partei가 아니다. 오히려 검사는 피고인 또는 피의자에게 유리한 정황과 자료까지도 조사하여야 하며, 피고인의 이익을 위한 상소까지도 할 수 있는 것이다.

이러한 독일검사의 진실의무, 중립의무, 객관의무로 인하여 대륙법계 검사는 '지구상에서 가장 객관적인 관청die objektivste Behörde der Welt'이라고 지칭되고 있다. 우리 형사소송법상 검사의 당사자적 지위, 기소편의주의, 법원과 검찰의 상호분리 등에 비추어 보면 독일검찰은 보다 사법적 성격이 강하다고 할 수 있다.[256]

현재 독일의 검사는 조직상으로는 법관과 마찬가지로 법무부에 소속되어 있으며, 검찰을 준사법기관으로 평가하고 있다.[257] 또한 영미법계 국가와 같이 당사자주의나 배심제도를 채택하지 않으며, 국가소추를 원칙으로 하면서 일부 보충적으로 사인소추제도를 택하고 있다.[258]

3 재판기관

독일연방의 사법권은 연방헌법재판소와 연방법원, 그리고 주州의 법원에 의해 행사된다 (독일연방기본법 제92조). 연방최고법원으로는 연방대법원, 연방행정법원, 연방사회법원, 연방노동법원, 연방재정법원 등이 있다(독일연방기본법 제95조 제1항).

기타 고등법원 성격의 연방법원으로는 특허법원, 징계법원, 군형사법원이 있다(기본법 제96조). 각 주는 하급심을 담당하는 독일법원들을 관할하며, 주법원들의 최종심 또는 상고심은

---

255 경찰대학b, 전게서, p. 211.
255 경찰대학b, 전게서, p. 211.
256 김종구, 전게서, pp. 281-282.
257 박창호 외 4인 공저, 전게서, p. 279.
258 김종구, 전게서, p. 149.

법률에 의해 제3심이 보장되어 있는 경우에 한하여 연방의 5개의 최고법원들이 관할한다.[259]

독일은 일반 법원으로 46개의 구법원^AG, 8개의 지방법원^LG, 2개의 주최고법원^OLG,고등법원이 설치되어 있으며, 이러한 독일 각 주의 법원 및 검찰은 주법무부 소속으로 되어 있는 것이 우리나라와 다른 특징이다.[260]

주법원은 연방법도 적용하므로 재판은 일차적으로 주법원에서 심사하고, 불복하는 경우, 법률이 정하는 범위 내에서 연방법원에서 심사될 수 있다(헌법 제99조). 독일의 각 주는 독자적인 헌법을 가지는 국가로서의 지위를 가지므로 연방헌법재판소와는 별도로 주의 헌법재판소를 가질 수 있다. 각 주는 연방과 마찬가지로 재판권에 따라 독립된 개별 법원조직이 설치되어 있다.[261]

4 재판집행기관

독일의 행형行刑에 관한 사항은 행형법行刑法에 규정되어 있으며, 행형의 내용적 사항은 연방차원의 행형법이 규율하고 있지만, 그 집행은 각 주의 고유권한으로써 각 주가 관장하고 있다. 따라서 행형시설의 건설, 관리, 감독은 모두 각 주의 고유권한에 속하기 때문에 각 주의 법무부에서 이를 관장하고 법무부 소속하의 교정국에서 행형에 관한 사항을 집행하고 있다.

독일의 모든 행형시설에는 '자문위원회'를 두는 것이 특징이다. 자문위원회는 교정직원과 수형자, 수형자와 외부사회를 중계하는 기능을 담당한다. 자문위원은 경영자협회, 노동자협회, 교육기관, 종교단체, 스포츠단체, 시민단체 등의 대표자 등이 자문위원으로 구성되며, 교정직원은 자문위원회에 참여할 수 없다.

독일은 2008년 기준 16개의 주에 195개의 교정시설이 있으며, 이 중 일반 폐쇄교도소는 176개이며, 개방처우교도소는 19개를 운영하고 있다. 교도소의 기능별로는 성인교도소, 소년교도소, 여자교도소, 개방교도소, 의료처우교도소, 사회치료교도소 등을 두고 있다.[262]

독일의 개방교도소는 프랑크푸르트 교도소가 대표적이다. 이곳에서는 수용자의 절반 이상이 외부통근을 하며, 정상적인 임금을 받는 수형자는 숙박비, 식대, 세탁비를 지불해야 하고 가족도 부양한다. 개방처우를 하는 곳으로는 모리치 리프만^Moritz Liepmann 하우스가 유명하다.

259 김정해·최유성, 전게논문, p. 73.

260 박창호 외 4인 공저, 전게서, p. 268.

261 김정해·최유성, 전게논문, p. 73.

262 교정본부,「독일의 교정행정실무고찰」, 2010, pp. 19-20.

이 시설은 외부통근자의 숙박시설이다. 수형자는 수용에 동의하고 개방처우에 적당한 형의 집행이 2년 이상 종료하여 석방을 6-9개월 남겨 놓은 수용자가 대상이 된다. 외부통근자인 이들은 외부의 직장에 통상적인 노동계약에 의해서 일하게 되며, 월급을 받으며, 사회보험에도 가입한다.[263]

독일의 보호관찰은 1922년 소년복지법에서 소년범에 한해 필요한 경우에 보호관찰을 실시하였으며, 1953년 소년재판법Jugend Gerichtsgesetz 및 형법Strafgesetz에 보호관찰제도를 도입하였다. 이후 1962년 형법초안에서 보안감찰이라는 용어를 지도감찰이라는 용어로 변경하면서 영미형의 지도와 원호를 중점으로 하는 보호관찰제도로 바뀌었다. 1985년 제12차 형법개정을 통해서 성인까지 보호관찰 범위를 확대하여 실시하고 있다.[264]

제4절 프랑스

1 ‖ 형사사법체계 개관

근대적인 검찰제도는 프랑스 혁명을 계기로 탄생하였다. 왕정의 혹독함을 경험한 혁명가들은 신체의 자유와 재산 등 시민의 권리보호를 선언하고 검사로 하여금 사법의 영역인 사법경찰활동을 통제하도록 하였다. 수사는 본질적으로 인권침해적인 요소를 포함한다. 이에 1808년 12월 16일자 프랑스 최초의 형사소송법Code d'instruction criminelle은 형사절차의 중심에 검사를 두고 수사의 효율성과 국민의 자유권리 보장을 조화하였다.

수사기관과 재판기관을 구분한 근대 프랑스의 형사사법체계는 유럽 각국 및 일본, 그리고 우리나라의 형사사법체계를 구성하는데 많은 영향을 주었다. 규문판사에 의한 규문주의 형사절차를 타파한 프랑스의 '치죄법'Code d'instruction criminelle은 세계 각국의 형사사법체계에서 수사절차와 재판절차를 분리하는데 커다란 공헌을 하였다.

프랑스의 과거 개혁된 새 형사소송법인 치죄법은 수사절차를 검사와 그의 지휘를 받는

---

263 양미향, "개방처우에 관한 연구," 숙명여자대학교 석사학위논문, 1991, p. 44.

264 위재천, "보호관찰제도의 비교연구 및 그 발전방향," 전남대학교 석사학위논문, 1993, p. 14.

사법경찰관에게 넘기고 법원은 검사가 기소한 이후의 공판절차에서 심리와 재판을 하도록 한 것이다. 그러나 프랑스 형사소송법은 수사와 재판을 철저한 분리하는 데까지 이르지 못하고 중간 형태로써 수사판사에 의한 예심제도를 인정하였다. 공판 전의 단계에서 법관이 사건을 심리할 수 있는 여지를 남겨 둔 것이다. 이러한 의미에서 프랑스 치죄법의 소송구조를 절충주의라고 부른다.[265]

오늘날 프랑스에는 우리와 같은 형식적인 삼권분립제도는 존재하지 않는다. 재판도 법집행의 한 형태라는 사고에 따라 사법기관은 행정부에 소속되어 있다. 우리의 대법원에 해당하는 파기원破棄院을 비롯한 각급 법원은 모두 행정조직상 법무부 소속이며, 법무부장관이 검찰을 포함하여 법원에 대한 인사, 예산 등 모든 사법행정사무를 관장한다.

따라서 법원의 행정업무 전반에 관하여 관장하는 부서로서 우리의 법원행정처와 같은 조직이 없고 법무부가 이를 통괄하고 있는 점이 특징이다. 그러나 법무부장관은 어떠한 법원도 지휘하지 않으며, 어떠한 재판에도 관여할 수 없다.[266]

프랑스 형사사법체계의 가장 큰 특징은 검찰이 법원의 하부조직으로 되어 있다는 것으로 검찰은 기소권한과 일부 수사권을 행사하고, 재판과 대부분의 수사는 모두 법원의 권한에 속한다는 점이다.[267]

사법경찰이 수사를 함에 있어서 수사(예심)판사 또는 검사의 지휘 및 지시를 받도록 되어 있으며, 경찰의 독자적 수사개시권을 법적으로 인정하고 있다. 또한 검사는 10년 이상의 중죄, 소년범에 대해서는 필수적으로, 경죄에 대해서는 임의적으로 수사판사에게 수사개시를 청구하게 된다.[268]

프랑스 사법제도의 특색은 첫째, 행정법원과 사법법원이 엄격히 분리된 이원적 구조로 되어 있다는 점이다. 둘째, 각 전문분야별로 많은 특별법원이 설치되어 있고, 특별법원의 재판에 법률 문외한인 비직업 재판관이 관여함으로써 국민의 사법참여가 높은 수준에서 이루어지고 있다. 셋째, 형사사건의 판결법원과 수사법원이 분리되어 있으며, 우리와는 달리 검사가 중요한 사건의 수사에 나서지 않고 수사법원에 소속된 수사판사가 중요사건의 예심수사를 담당함으로써 수사의 독자성을 제도적으로 보장하고 있다는 점이다.[269]

현재 프랑스 형사소송법은 '검사는 직접 또는 사법경찰을 지휘하여 수사를 할 수 있고(제

265 신동운a, 전게논문, p. 1590.

266 김종구, 전게서, p. 107.

267 수사권조정자문위원회, 전게서, p. 74.

268 상게서, p. 74.

269 김종구, 전게서, p. 107.

41조 제1항), 사법경찰관은 검사의 지휘를 받아 사법경찰권을 행사한다(제12조)'고 명시하였다.

뿐만 아니라 사법경찰과 행정경찰을 기능적으로 분리하였고, 사법경찰은 고등검사장이 수사권한을 부여하여야 사법경찰권을 행사할 수 있으며(제16조 제4항), 범죄인지(제19조 제1항), 고소·고발(제40조 제1항), 보호유치(제63조 제1항) 등 수사의 각 단계마다 검사가 경찰의 상관인 것처럼 경찰수사를 통제하도록 하고 있다.[270]

2 ‖ 형사사법기관의 종류 및 역할

1 수사기관

프랑스경찰의 조직은 크게 국가경찰[Sret Nationale]과 자치체 경찰[Police Municipale]로 나뉘어 진다. 국가경찰에는 전국적으로 권한을 가지고 있는 국립경찰[Police Nationale]과 헌병경찰[Gendarmerie Nationale]의 두 개의 분리된 조직이 있다.[271]

국립경찰은 1941년 4월 23일 법률의 제정으로 강력한 중앙집권화를 실현하는 제도개혁으로 시작되었으며, 이후 1966년 7월 9일 경찰청과 파리경찰청을 통합하여 국립경찰을 창설하였다. 또한 이와는 별도로 국방부 장관 밑에 전국적인 제2의 국가경찰로써 일반경찰사무도 담당하는 헌병경찰이 있다.[272]

국립경찰은 내무부장관 소속하의 공무원으로서 전국에 걸쳐 행정경찰과 사법경찰의 임무를 수행하고 있다. 국립경찰은 그 소속하에 파리경찰청과 96개 시·도에 시·경찰국을 설치하고 있으며, 이들은 국방부 소속하의 헌병경찰과 긴밀한 협조하에 경찰업무를 수행하고 있다.[273]

경찰청은 내무부장관의 지휘를 받는 국립경찰청장[DGPN]이 담당한다. 경찰청장 밑에는 2명의 차장이 있어, 사법경찰업무와 행정경찰업무를 담당하고 있다. 사법경찰업무를 담당하는 차장 밑에는 실무부서로써 경비교통국, 방범국(지역사회경찰국), 형사국, 장비국, 정보국, 감찰

---

270 김영기, "인권보호, 검찰 그리고 수사지휘"「법률신문」, 2017.09.14.

271 경찰대학b, 전게서, p. 275.

272 박창호 외 4인 공저, 전게서, pp. 66-67.

273 정진환, 전게서, p. 373.

국의 6국이 있으며, 행정경찰업무를 담당하는 차장 밑에는 경무(행정)부서로써 법무국, 교통국, 위생안전국, 경무후생국의 4국이 있다.[274]

프랑스의 국립경찰은 정복경찰관, 사복경찰관, 일반직원을 가지고 있는데 이들 직원은 모두 내무부 소속의 국가공무원이다. 지방의 국립경찰은 내무부장관이 임명하는 도지사를 통하여 관리한다.

도지사는 정복 및 사복경찰관과 헌병경찰을 지휘하며 국민의 생명·신체·재산의 보호, 법질서 유지의 책임을 지고 있다. 경찰관은 정복경찰과 사복경찰의 둘 중 어느 하나에 속하며, 정복경찰은 외근·교통·경비 등 업무를 담당하고, 사복경찰은 수사·형사업무를 담당한다. 대도시에는 중앙조직의 지휘를 받는 지방조직도 설치되어 있다.[275]

헌병경찰Gendarmerie National은 지역헌병대Provincial Gendarmerie와 기동헌병경찰대Mobile Gendarmerie의 2개 부대로 나뉘어져 약 9만 명으로 구성되어 있다. 지역헌병대는 인구 2만 명 미만의 소도시와 농촌지역에서 사회의 안전과 경찰업무를 수행할 책임을 지고 있다. 더욱 복잡한 수사업무에 있어서는 국립경찰이 책임을 지고 있어 원조를 요청할 수 있다.

기동헌병경찰대는 공화국수비대(안전대)와 유사한 형태로써 고정된 관할구역을 가지고 있지 않으며 폭동진압, 각종집회 및 시위의 경비 등과 같이 사회공공의 안녕·질서를 유지할 필요가 있는 특수한 경우에 대비하여 신속하게 출동하도록 잘 훈련되고 기동화된 예비대의 역할을 수행한다.[276]

그런데 이들 헌병경찰은 어디까지나 국방부장관 소속이지만 경찰업무를 수행할 때에는 국가경찰의 모든 법령에 따르고 있어 내무부장관의 지휘를 받는다.[277] 국립경찰은 사법경찰관리의 권한이 엄격하게 제한되어 있는데 반하여, 헌병경찰은 장교와 하사관인 분대장은 사법경찰관리의 권한을 부여받고 있다.[278] 이것은 헌병경찰이 구역이 좁은 도시가 아닌 넓은 시골지방을 관할하고 있어 사법절차가 필요한 경우에 즉각 대응하기 위한 것이다.

---

274 경찰대학b, 전게서, p. 291.

275 André Decocq, Jean Montreuil, Jacques Buisson, *Le Droit de la Police, Litec*, 1991.

276 박창호 외 4인 공저, 전게서, pp. 70-72.

277 경찰대학b, 전게서, p. 300.

278 정진환, 전게서, p. 376.

2 기소기관

프랑스 검찰은 외관상, 형식상으로는 독립된 별도의 조직을 형성하고 있지 않으며, 각급 법원에 부치된 하나의 부部로써 구성되어 있다. 하지만 검찰과 법원이 모두 법무부 소속의 기관으로 되어 있을 뿐 아니라 판사와 검사는 같은 사법관Magistrat으로 동등한 대우를 받고 있으며, 상호교류도 비교적 원활하게 이루어지고 있다.

다만, 검사는 판사와 달리 상급자의 지시나 감독을 받도록 규정함으로써 업무상으로 상명하복 관계를 유지하고 있다.[279] 이러한 프랑스의 검찰조직은 모든 법원에 검찰부가 있는 것이 아니라 대법원, 고등법원, 지방법원에 한하여 검찰부가 소속되어 있다.[280]

프랑스에서는 검찰청이 법원의 부속기관이긴 하지만 모든 법원에 검찰청이 설치되어 있는 것은 아니다. 특히 경찰법원은 구법원소속의 형사부로서 위경죄를 관할하며, 일반적으로 경찰의 총경이 검사의 권한을 대신한다. 프랑스의 검찰은 지방법원 이상의 각급 법원에 부가하여 소속되어 있다.

검사는 주로 사법경찰관리에 대한 수사지휘, 기소여부의 결정, 공소유지 등 수사 및 재판 관여와 형집행의 임무를 담당하고 있다. 그리고 파기원에 부치된 검찰의 수장은 검찰총장이라고 할 수도 있으나 고등검찰청 검사장 이하에 대한 지휘·감독권은 없고, 고등검찰청 검사장 이하에 대한 지휘·감독권은 법무부장관이 가진다.[281]

프랑스는 법원의 직접 소추를 인정하지 않고 있기 때문에 공소의 제기는 검찰의 고유권한이다. 하지만 예심법원의 판사는 현행범의 경우, 검사의 공소권 행사와 상관없이 예심행위를 할 수 있다.

이때 범죄수사에 관한 권한은 모두 예심판사의 권한에 속한다. 검사 역시 예심에 관하여 직접 참여할 수 있으며, 예심절차에 유용할 수 있다고 판단되는 모든 종류의 예심행위에 참여할 수 있다. 예심이 종결되면 예심판사는 사건기록을 검사에게 송부하고, 검사는 이를 확인한 후 지정된 기일 이내에 예심에 관한 검사의 확정이유서를 예심기록과 함께 예심법원에 보낸다.[282]

예심판사는 예심이 개시된 사건에 대하여 수사의 주재자로서 수사권을 가짐과 동시에 판사로서 재판상의 결정권을 가진다. 프랑스의 검사와 수사판사를 합친 것이 우리의 검사에 해

---

279 김종구, 전게서, p. 259.

280 박창호 외 4인 공저, 전게서, p. 61.

281 김종구, 전게서, p. 108.

282 조상제, "프랑스 형사사법제도," 「비교형사사법연구」, 3(1), 2001, pp. 436~437.

당된다고 볼 수 있지만, 예심판사는 예심수사과정에서 재판상의 결정을 함으로써 판사의 역할을 동시에 수행하는 점이 우리의 검사와 다르다. 이와 같은 수사판사제도는 같은 대륙법계 국가인 스페인이나 이탈리아에도 있다.[283]

이처럼 검찰은 주로 소추만 담당하지만 적절한 소추권의 수행을 위하여 수사권 내지 수사지휘권을 행사할 수 있다. 그리고 사법경찰관은 각 고등법원 관할구역에서 고등검사장의 지휘를 받는다. 또한 사법경찰관은 인지한 범죄사건을 관할 검사장에게 보고하고, 현행범이 중죄를 저지른 사건은 현장으로 출동하기 이전에 검사장에게 그 사실을 보고한다.

일반 현행범 사건인 경우, 보고를 받은 검사는 현장에 나가 필요한 모든 수사지휘를 할 수 있다. 따라서 프랑스 검찰제도의 특징은 독립성과 계급적 상명하복관계 그리고 동일체성을 들 수 있다.[284]

3 재판기관

프랑스의 행정법원行政法院[285]과 사법법원司法法院[286]의 양자 간에는 그 조직, 구성원, 법관의 지위, 선발방법 등 여러 가지 면에서 차이가 있다. 프랑스는 대혁명 이래 행정소송사건에 대한 재판권은 행정법원에, 행정소송사건 이외의 소송사건에 대한 재판권은 사법법원에 각각 맡기고 있는데, 행정법원의 최고 정점에는 국사원國事院, 최고행정위원회이, 사법법원의 최고정점에는 파기원破棄院이 있다.

또한 프랑스에는 상사법원,商事法院 노사조정법원, 농사법원, 사회보장법원 등과 같은 많은 특별법원이 있다. 행정법원이나 일반법원과 성격이 다른 특수한 면을 가진 특별법원은 재판관의 구성 등에 있어서 일반법원과 다른 특징이 있다.[287]

프랑스의 형사법원은 수사법원, 판결법원, 파기원 등이 있다. 수사법원은 판결선고 이전의 단계로써 증거를 수집하고 혐의자가 유죄판결을 받기에 충분한지 여부를 평가하는 임무를 갖는 특별한 법원이다.

---

283 김종구, 전게서, p. 118.

284 조상제, 전게논문, pp. 15-18.

285 지방행정법원은 전통적으로 재판관이라고 불리는 판사로 구성되며, 원칙적으로 국립행정학교(ENA) 졸업생 중에서 선발된다(김종구, 전게서, p. 109).

286 사법법원은 민사, 상사, 형사 등의 사건을 담당하는 보통법상의 법원을 의미한다.

287 김종구, 전게서, p. 108.

이러한 수사법원에는 검찰의 수사개시청구에 의하여 사건을 접수하여 수사를 개시하는 예심판사가 있다. 판결법원은 기소된 사건에 대하여 유죄와 무죄를 판단하는 법원이다. 프랑스 형법은 법정형에 따라 위경죄, 경죄, 중죄의 3가지로 분류하고 있기 때문에 형사소송법은 그 관할법원을 각자 다르게 규정하고 있다.

판결법원에는 첫째, 위경죄와 경죄사건의 1심 법원과 2심 법원이 있으며, 여기에는 경찰법원과 경죄법원이 있다. 둘째, 중죄 위반사건을 재판하는 중죄법원이 있다. 특별재판관할 법원에는 미성년자에 대한 소년사건을 처리하는 소년부 법원이 있으며, 프랑스 국무위원들이 임기 중 국정관리와 관련한 경죄와 중죄에 대한 재판을 담당하는 공화국 최고법원이 있다.[288]

파기원이라 불리는 프랑스 대법원은 사법재판의 최고재판소로 최종판결을 통하여 하급법원들이 법률을 잘 준수하여 정확하고 일관된 법률해석을 하는가를 감독한다.[289]

이처럼 프랑스의 형사절차는 특수하게도 판결을 선고하는 법원 이외에 그 이전의 단계로서 증거를 수집하고 범인이 유죄판결을 받기에 충분한지 여부를 평가하는 임무를 갖는 특별한 법원을 가지고 있다는 점이 특징이라고 할 수 있다. 소송절차가 기소, 예심수사, 판결의 3단계로 분리되어 있고, 기소는 검찰이, 예심수사는 수사법원이, 판결은 판결법원이 각각 담당하고 있다.

Criminology & C·J systems

 🔍 **프랑스의 형집행 판사**

프랑스의 형사절차에는 우리와 달리 형의 집행을 담당하는 형집행판사 *juge de l'application des peines* 제도를 두고 있다. 이 제도는 법원이 형을 선고할 때까지만의 사정으로 정한 형의 내용을, 선고 후 사정변경을 고려하여 집행할 수 있게 한 것으로서 형집행의 적정성과 피고인의 인권보장을 동시에 실현할 수 있다는 점에서 그 의미가 있다.

형집행판사는 구금된 수형자에 대하여 구금형의 유죄판결이 확정된 이후 형기 종료일까지 수형시설 내에서의 형벌의 개별화, 인간화에 필요한 조치들을 주도적으로 시행한다.

각각의 교도소에 대하여 각 수형자에게 적용될 행형상의 대우에 관한 기본적인 원칙을 정하고, 법이 정한 조건과 한도 내에서, 외부기관에서의 활동, 반자유, 형

---

288 조상제, 전게논문, pp. 422-434 재구성.

289 상세논문, p. 434.

의 감경, 형의 분할집행, 형집행정지, 감시가 수반된 외출의 인가, 외출의 허가, 조건
부 석방, 전자감시하의 외부활동 등을 결정하고, 구금되지 않은 수형자에 대하여 통
제부 집행유예와 사회봉사부 집행유예, 체류금지형, 국외추방형 등에서 일정한 역
할을 담당한다.

4 재판집행기관

프랑스는 법무부 산하의 교정국에서 교정업무를 담당하고 있다. 중앙기구인 교정국에는
교정국장, 부국장, 교정감찰관, 기획연구관, 인력지원관 등이 있으며, 조직으로는 재활과, 인
력과, 행정과 등의 부서로 조직되어 있다.

지방에는 9개의 교정관구를 두고 있으며, 1개의 해외 식민지 담당기구, 국립교정행정전
문학교가 있다. 재소자 유형에 따라 단기형과 장기형을 구분하여 수용시설을 운영하고 있으
며, 탈주가능성이 높은 재소자들을 별도로 수용하는 중구금시설이 있다.

프랑스는 총 187개의 교정시설과 100개의 보호관찰소를 갖고 있다. 개방시설 12개소, 여
자전용시설 3개소, 교정병원 3개소, 교정병원 1개소를 포함하여 68개의 교정관련 기관, 구치
지소 23개소를 포함한 교도소는 119개가 있다. 프랑스에서 구치소는 판결을 기다리는 미결
수용자와 잔여 형기가 1년 미만인 기결수용자를 수용하고 있다. 교도소 수용정원은 32,000여
명이었는데, 1980년대에 이르러 수용인원이 44,000여 명에 이르고, 1999년에는 58,000명을
넘었다. 수용인원의 78%에 해당하는 범죄자들이 6월 미만의 자유형을 선고받은 자들이라고
한다.[290]

프랑스에서는 1875년에 수형자에 대한 독방제가 입법화되었으며, 1885년에는 가석방제
도가 도입되었다. 이후 1884년에 형벌의 개별화 사상에 입각하여 처음으로 보호관찰Probation
제도가 소개되었으며, 1891년 '형벌의 가중 및 감경에 관한 법률'이 제정되면서 대륙법계에서
는 처음으로 보호관찰제도가 도입되었다.

현재 프랑스의 법원은 중죄 또는 경죄에 대하여 5년 이하의 구금형을 선고할 경우, 보호
관찰을 받을 것을 조건으로 그 형의 집행을 유예할 수 있다. 프랑스의 보호관찰제도 중 하나
인 사회봉사명령은 1977년 폭력에 관한 위원회Committee on Violence에서 소개되어 인근 유럽에

---

[290] 정동기, "사회봉사명령제도의 연구," 한양대학교 박사학위논문, 1997, p. 94.

비해 뒤늦은 1984년 시행되었다. 프랑스의 사회봉사명령의 도입은 구금에 대한 사회적 기피현상과 사회적 배상이라는 점에서 범죄자로 하여금 시설수용 못지않게 비용적 효용성과 사회적 재활이 가능하다는 취지에서 받아들여졌다.[291]

제5절 일본

1 형사사법체계 개관

제2차 세계대전 패망 전 일본은 독일과 프랑스의 검찰과 경찰제도를 도입하였으며, 독일 법제로부터 강한 영향을 받으면서 형사소송구조도 실체적 진실의 발견을 기본목표로 삼는 독일식 직권주의적 소송구조를 기본으로 하고 있었다. 그러나 전후 일본은 연합국 점령기에 맥아더 사령부의 민주화 정책의 일환으로 1947년 경찰제도를, 1948년 7월 형사사법제도를 각각 영·미식으로 개혁하였다.[292]

1947년 재판소법을 제정하면서, 예심제도가 폐지되고, 간이재판소가 설치되었으며, 소년범에 대해서는 형사처분보다 보호가 우선시 되어야 한다는 정책목적의 전환에 따라 모든 소년사법을 가정법원에 송치하는 전건송치주의가 채택되었고, 형사소송절차에 미국법상의 당사자주의적 요소가 대폭 도입되었다. 이러한 특징을 살펴보면 다음과 같다.[293]

첫째, 전후의 형사소송법은 피고인의 지위를 단순한 심리의 객체나 증거방법으로 보지 않고 순수한 당사자로 파악하여 우리와 달리 피고인신문절차를 폐지하였다.

둘째, 공소장일본주의公訴狀一本主義를 채택함으로써 당사자주의적 요소와 공판중심주의가 강화되고, 종래 수사기관이 수집한 자료를 바탕으로 범죄혐의를 확인하는데 그쳤던 사건에 대한 법관의 예단 우려를 배제하였다.

---

291 상게논문, pp. 94-98.

292 수사권조정자문위원회, 전게서, p. 75 재구성.

293 김종구, 전게서, pp. 241-242.

Criminology & C·J systems

공소장일본주의

공소장일본주의는 검사가 공소를 제기할 때에 공소장 하나만을 법원에 제출하고 기타의 서류나 증거물은 일체 첨부·제출해서는 안 된다는 원칙이다. 공소제기 방식의 하나로서 기소장일본주의라고도 한다.

이는 당사자주의의 철저를 기하기 위하여 법원(법관)에 어떤 선입관이나 편견을 미리 가지지 않게 하고 모든 당사자의 주장과 입증은 공판정을 통해서만 하게 하여 법관으로 하여금 백지(白紙)의 상태로 공판에 임하게 함으로써 재판의 공정을 기하려는 데 그 취지가 있다.

셋째, 검사와 피고인이 공격과 방어를 함에 있어서 구체적인 쟁점을 명확하게 하기 위하여 소인訴因, count 제도를 도입하였다. '공소사실은 소인訴因을 명시하여 이를 기재하여야 한다. 소인을 명시함에 있어서는 가능한 한 일시, 장소 및 방법으로써 죄가 될 사실을 특정하여야 한다'라고 규정하였다.

오늘날 일본의 형사사법체계는 우리나라와 비슷하지만, 경찰이 독자적 수사권을 가진 1차적 수사기관이며 체포·압수·수색·검증영장 청구권을 포함한 강제처분권을 폭넓게 인정받고 있다. 검사는 2차적 수사기관으로 보충·보정적 수사권과 기소권을 가지고 있다. 일본의 형사소송법은 경찰과 검찰을 각자 독립된 수사기관으로 규정하면서 양자의 관계를 대등·협조관계로 명문화하고 있다.[294]

일본은 헌법상 행정사건을 포함한 모든 사법권은 최고재판소 및 법률이 정하는 바에 의하여 설치하는 하급재판소에 있다고 명시하고 있다. 또한 재판소는 3심제가 원칙이며, 재판소는 위헌법률심사권을 가지고, 국회는 파면의 소추를 받은 재판관을 재판하는 탄핵재판소를 설치하는 권한을 가진다.[295]

294 수사권조정자문위원회, 전게서, pp. 76-77.

295 김종구, 전게서, p. 243.

🌐🔍 너무나도 다른 한·일 형사사법 환경[296]

일본은 구속수사가 원칙이라 할 수 있다. 수사기관은 아주 경미한 죄(형량이 경미한 벌금, 과료, 구류에 해당하는 죄)가 아닌 경우는 대체로 체포장을 발부하고, 일단 체포된 피의자에게 구속영장 신청이 이루어지는 비율은 93%에 달한다. 일본의 법원은 수사기관의 구속영장 청구에 거의 99% 이상 체포장 내지 구속영장을 발부하는 것이 현실이다. 우리나라의 영장기각률과 비교하면 너무도 다른 것을 알 수 있다.

그리고 일본은 일단 기소되고 나면 사실상 구속기간의 제한이 없다고 할 수 있다. 일본형사소송법상, 기소 후 구속기간은 원칙적으로 2개월이나, 계속하여 구속할 필요성이 있는 경우는 1개월씩 갱신할 수 있도록 되어 있긴 한데, 우리나라와 같이 구속 후 6개월 이내에 1심 판결을 하여야 한다는 등의 제한이 없기에, 기소 후에는 판결이 확정될 때까지 사실상 무제한으로 구속하여 둘 수 있다.

1995년 지하철 사린가스살포 사건으로 그 해 구속된 오움 진리교의 교주 및 교단 간부 등 13명의 재판이 확정된 것은 2011년 12월이었다. 무려 16년 걸려 재판이 확정되었고, 그 동안 계속 구속상태였다.

2 ‖ 형사사법기관의 종류 및 역할

1 수사기관

일본의 근대경찰은 1888년 10월 '경찰관리배치 및 근무규칙'에 의하여 순사를 관할구역 내에 주재시키고, 그 숙소를 주재소로 하면서, 전국에 800개의 분소, 1만 개가 넘는 주재소 그리고 670여 개의 경찰서가 설치되었다.[297]

제2차 세계대전에 패망한 후, 중앙집권적인 국가경찰이 해체되면서 1947년 12월에 구舊경찰법에 의한 민주적 경찰로 재탄생하게 되었다. 이후 구舊경찰법에 의한 제반 문제점이 나타나자, 1954년 민주성과 능률성, 분권화와 집권화의 조화, 그리고 정치적 중립과 책임성의

---

296 박인동, "너무나도 다른 한·일 형사사법 환경" 「법률신문」, 2012.12.17.
297 大日方純夫, 「近代日本の警察と地域社會」(東京: 筑摩書房, 2000), p. 24.

실현 등을 모토로 신新경찰법을 제정하여 오늘에 이르고 있다.[298]

　현행 일본의 경찰조직은 국가경찰인 경찰청警察廳과 7개의 관구管區경찰, 그리고 자치경찰인 도都·도道·부府·현縣경찰로 구성되어 있다. 자치경찰 중 도都 경찰은 동경도 경시청警視廳을 의미하며, 수도경찰로써 동경도를 관할하고 있다. 이처럼 일본의 경찰제도는 국가경찰과 자치경찰의 2중 체제로 구성되어 있다.

　경찰청은 내각총리대신의 소할이며, 국가경찰기관에 소속된 경찰관은 국가공무원이고, 도·도·부·현에 소속된 경찰관은 지방공무원이다. 또한 대규모 재해 등 긴급사태 발생시에는 내각총리대신과 경찰청장장관에 의한 중앙통제를 인정하고 있다. 경찰청장관은 국가공안위원회의 관리에 따라 경찰청의 청무廳務를 통괄하며 직원을 임명하고 그 복무에 대해 통독統督하며 경찰청의 관장업무에 대해 도·도·부·현 경찰을 지휘·감독한다.[299]

　국가공안위원회와 도都·도道·부府·현県 공안위원회는 경찰의 민주적 운영과 정치적 중립성을 확보하기 위하여 경찰을 관리하는 역할을 담당하고 있다. 경찰청과 도·도·부·현 경찰은 개별적이고 구체적인 경찰사무를 집행하게 된다.[300] 동경도 경시청과 도·부·현의 경찰본부 밑에는 경찰서가, 그 밑에는 주재소가 설치되어 있다.

　일본 경찰조직의 특징은 경찰권의 집행사무를 도·도·부·현에 단체 위임하면서도 경찰청장관이 도·도·부·현 경찰을 지휘·감독할 수 있게 한 점이다. 이는 경찰사무가 국가적 성격과 지방적 성격을 동시에 갖고 있다는 점을 감안하여 국가가 일정한 범위에서 관여할 필요가 있다고 판단했기 때문이다.

Criminology & C·J systems

🔍 일본의 검사와 경찰과의 관계[301]

　　우리나라가 중앙집권적인 경찰 구조라면, 일본은 국가경찰과 도·도·부·현 경찰로 이원화된 구조라 할 수 있다. 국가경찰의 행정기관으로서 내각총리 대신 소관 하에 국가공안위원회가 있고 다시 그 산하에 경찰청이 있으며, 도·도·부·현 경찰의 행정기관도 도·도·부·현 공안위원회가 있고 그 산하에 경찰본부, 경찰서가 있다.

　　검찰과 경찰과의 관계에 있어서 일본도 이전에는 우리와 마찬가지로 상명하복

298　홍동표, 전게논문, pp. 168–169.

299　이강종, 전게논문, p. 78.

300　홍동표, 전게논문, p. 171.

301　허중혁, "일본의 형사사법적 특성"「법률신문」, 2017.11.13.

관계의 강력한 검사제도를 도입하였으나, 1946년 미군정의 영향으로 제정된 헌법 하에 바뀐 형사소송법은 검사와 사법경찰의 관계를 상호협력관계로 규정하고 있다 (제192조).

수사의 개시와 종결에 대한 모든 권한을 검사가 가지고 있는 우리와 달리, 일본의 경우 검사는 기본적으로 소추기관이기는 하지만 경찰수사를 보충하는 2차적 보정적 수사기관에 불과하다. 따라서 사법경찰이나 검사는 모두 각각 독립한 수사기관이며, 양자의 관계는 대응, 협력, 견제관계를 유지하고 있는 것이다.

일본 경찰은 1차적 수사권으로서 수사의 개시, 진행에 대한 권한을 가지며, 다만 수사의 종결권은 검사에게 있다. 그래서 극히 경미한 범죄의 미죄처분, 소년사건 중 경찰이 직접 가정재판소에 송치하는 사건 이외에 경찰에서 수사한 사건 전부는 검찰로 송치하는 '전건송치주의'가 채택되어 있다.

우리의 경우 모든 영장은 검사만이 판사에게 청구할 수 있게 되어 있지만, 일본 경찰은 법원에 직접 각종 영장을 청구할 수 있다. 다만, 일본 경찰은 체포만 할 수 있고 구류(우리의 구속)는 검찰의 전속 권한으로 되어 있는데, 이 부분은 경찰이 구속 권한까지 가지고 있는 우리와 다른 점이다(물론 우리 경찰도 구속영장을 신청하는 순간부터 검사의 통제를 받게 된다).

체포와 관계없이 구속영장 청구가 가능한 우리와 달리, 일본은 피의자를 체포하지 않고서는 구속영장을 청구하지 못 한다(체포전치주의). 다만, 체포한 후 구속영장을 청구해서 기각되는 경우는 거의 없다고 한다. 우리의 경우 구속기간에 제한이 있지만, 일본은 법원의 구속기간에 제한이 없기 때문에 재판 진행의 기간이 매우 길다.

또 우리와 달리 기소 전의 피의자를 대상으로 하는 보석제도가 없으며, 자백을 해도 보석이 되지 않는다. 결론적으로 일본에서 한국인이 체포 또는 구속이 될 경우, 한국에서 겪는 형사절차보다 매우 힘든 과정을 거쳐야 한다.

2 기소기관

일본에서는 국가소추주의에 입각해 검찰관만이 소추를 행하고, 그 이외의 사안은 고소 또는 고발에 의하여 소추를 촉구하는데 그치는 검찰제도를 운영하고 있다. 검찰관이란 범죄를 수사하고 공소를 제기하며, 형의 집행을 지휘·감독하는 국가기관이다.

검찰관은 검사총장을 정점으로 하여 차장검사·검사장·검사정·검사·부검사가 있으며, 상하의 명령·복종관계에 있다. 법무대신은 검찰관은 아니지만 검찰사무의 행정상 최고 책임자로서 검찰관을 지휘·감독할 수 있다. 다만, 선거의 단속방침이나 법령해석의 지시 등 일반적인 지휘는 할 수 있지만 대개의 사건조사나 처분에 관해서는 검찰관의 일체성을 존중하고 있다.[302]

일본의 검찰제도 중 특징 있는 제도는 검찰심사회가 있다는 것이다. 검찰관이 불기소처분한 사건이 적당한지 여부를 국민이 심사하고 감시하기 위하여 설치된 기관으로 지방재판소의 소재지에는 적어도 한 개씩 설치되어 있다. 심사원은 11명으로 중의원의 선거권을 가지는 자 중에서 추첨으로 선발되며, 임기는 6개월이다.

그러나 이 심사회에서 심사되어 기소하는 것이 결정되었다 하더라도 검찰관은 바로 공소하는 것을 강제받지 않는다. 이 제도는 일반 국민이 검찰행정의 전횡을 방지하는데 완충적인 역할을 하는 특이한 제도라고 할 수 있다.[303]

Criminology & C·J systems

🌐 도쿄지검 특수부[304]

도쿄지검 특수부는 1948년 '쇼와전기 사건', 1968년 '일본통운 사건', 1976년 '록히드 사건', 1988년 '리크루트 사건' 등 권력형 비리를 긴 세월에도 아랑곳하지 않고 철저히 수사하고 추적해서 끝까지 단죄함으로써 지금의 신뢰를 얻게 됐다.

특히 록히드 사건 당시 전직 총리였던 다나카 가쿠에이田中角榮를 기소하면서 "오직 증거를 따라 여기까지 왔을 뿐"이라는 도쿄지검 특수부장이 남긴 말은 아직도 유명하다.

그런 신뢰를 얻었던 도쿄지검 특수부도 위기가 있었다. 바로 1992년 가을부터 이듬해 봄까지는 최고 실력자 가네마루 신金丸信이 택배회사의 검은돈 5억 엔을 받은 사건에서 성역 없는 수사로 유명한 도쿄지검 특수부가 그해 9월28일 한 차례 소환 조사도 없이 그를 20만 엔 벌금형으로 약식 기소했기 때문이다. 일본 국민들은 배신감을 느꼈고 도쿄지검 정문에 페인트통이 날아들어 청사 현관이 더럽혀지고, 시민들의 투석으로 마쓰야마松山 지검 청사 창유리가 깨졌다. 검찰에서 조사받던 다른 범

---

302 이영근, 전게논문, pp. 23-24.

303 상게논문, p. 24.

304 류여해b, "한국 검찰과 도쿄지검 특수부"「시사저널」, 2019.08.03.

죄 피의자들이 "나도 가네마루처럼 벌금 내고 나가게 해 달라"고 요구하고 나섰다.

그러나 반전이 있었다. 도쿄지검 특수부는 국민들의 비난에도 묵묵히 가네마루를 추적해 그를 탈세 혐의로 구속했다. 일본 정계의 실세實勢를 제대로 잘라낸 것이다. 이 사건으로 38년 동안 계속된 자민당 일당 지배체제가 끝이 났다. 도쿄지검 특수부가 가네마루에게 처음에 벌금형을 내릴 수밖에 없었던 것은 검찰 수뇌부가 그를 비호하고 사무실과 자택에 대한 압수수색도 허용하지 않았기 때문이었다. 그러나 도쿄지검 특수부는 절대 좌절하지 않고 긴 세월 동안 계속 증거를 모으고 추적한 결과, 결국 명예를 되찾게 된 것이다.

그 결과가 일본의 정·관계는 도쿄지검 특수부라는 말을 들으면 벌벌 떤다. 실제 일본에서는 "도쿄지검 특수부에 잡히면 핏줄까지 벗겨진다"는 말이 회자된다. 일본 국민들은 도쿄지검 특수부에 대해서는 무한 신뢰를 가지며 전폭 지지를 한다.

3 재판기관

일본 헌법상 행정사건을 포함하여 모든 사법권은 최고재판소 및 법률이 정하는 바에 의하여 설치하는 하급재판소에, 입법권은 국회에, 행정권은 내각에 각각 속하는 삼권분립이 명시되어 있다.[305] 일본의 법원제도는 3심제의 원칙에 기초하여 최고재판소·고등재판소·지방재판소·가정재판소·간이재판소 등이 있는데, 각 재판소의 기능은 다음과 같다.

첫째, 간이재판소는 소액 90만 엔 이하의 사건을 취급하는 민사소송, 벌금 이하의 형에 해당하는 죄나 절도 등의 경미한 사건을 취급하는 재판소로 1인의 재판관에 의해 단독으로 재판한다.

둘째, 가정재판소는 가사심판법에서 정하는 가정에 관한 사건의 심판 및 조정이나 소년법에 의한 보조사건 등의 재판을 행한다.

셋째, 지방재판소는 간이재판소나 가정재판소가 취급하는 소송사건과 내란죄 이외의 일체의 소송사건을 취급한다. 단독재판이지만 사건에 따라서는 3명의 재판관이 합의에 의해 재판을 행하는 경우도 있다.

넷째, 고등재판소는 내란죄에 관한 1심 재판소이며, 원칙적으로 3명의 재판관이 합의에 의하여 재판을 행하며, 지방재판소가 제2심의 재판으로 행한 판결에 대한 상고심을 취

---

305 김종구, 전게서, p. 243.

급한다.

다섯째, 최고재판소는 고등재판소가 제2심의 재판소로서 행한 판결에 대한 상고심을 재판한다(내란죄의 경우는 제외). 또한 법률 등의 헌법위반 여부를 최종적으로 결정하는 중요한 임무를 가진다. 상고는 보통 5명의 재판관으로 구성된 소법정에서 행하지만 헌법위반의 주장이 있거나 그 의심이 있는 사건에 관한 심리는 전 재판관으로 구성되는 대법정에서 재판을 한다.

일본의 법원인사제도 중 특기할만한 사항은 최고재판소 장관과 재판관은 국민심사제에 부쳐져 심사를 받는다는 것이다. 재판관은 헌법 기타의 법률에서 신분보장이 잘 되어 있으며, 재판관이 파면되는 경우에는 직무불능의 판결을 받는 경우, 공적인 탄핵에 의한 경우, 국민심사에 의한 경우 등이 있다.

Criminology & C·J systems

🌐 일본 형사사법의 특징[306]

일본은 고대부터 엄격한 형벌을 유지해 온 국가라 할 수 있고, 형법 개정도 엄벌화 추세에 있어 이에 대한 우려의 목소리가 나오기도 한다. 최근 한국 형사법이 성범죄를 엄하게 처벌하는 것이 특징이라면, 최근 일본에서 엄벌화가 두드러지는 분야는 도로교통법 위반사건이라 할 수 있다. 이는 종래부터 일본의 범죄발생건수 중 높은 비율을 차지하는 범죄가 절도 다음으로 교통범죄이었기 때문이다.

또한, 검사가 피의자를 기소한 경우에 무죄율은 우리보다 현저히 낮은 0.1% 정도에 불과해서, 〈99.9 형사전문변호사〉(마쓰모토 준 주연)라는 드라마가 나올 정도이다. 그 이유는 일본 검찰은 명확하게 유죄가 될 사안이 아니면 기소를 하지 않기 때문이며, 이렇게 무죄판결이 매우 적게 나오다 보니 한국 변호사들이 형사사건의 변호를 맡아 무죄를 주장하고자 할 때에도 일본의 판결례를 참조하기 어렵다.

우리와 사법체계가 가장 유사한 일본에서는 현재 경찰이나 검찰, 재판소 등 형사사법제도의 운영주체 내부에 '민사불개입 원칙' 또는 '민·형 엄격분리 원칙'이 확고하게 자리잡고 있어, 우리처럼 채권자의 고소 남용을 유도하는 실무상의 처리관행을 찾아보기 어렵다.

일본의 경우 경찰과 검찰은 '민사사건의 형사사건화 경향'을 부추기는 고소·고발을 거부하는 이유로 '민사불개입 원칙'을 원용해 왔으며, 민사재판소도 '민사소송의 당사자주의 원칙'을 근거로 형사확정기록을 제외한 수사기록의 송부촉탁신청을

---

306 허중혁, 전게기사.

받아주지 않고 있다.

따라서 일본에서는 민사상 채무불이행을 이유로 고소를 해도 경찰이나 검찰이
이를 수리해 주지 않으므로, 채권자가 채무자로부터 변제를 받기 위해 또는 민사증
거를 확보하기 위해 형사절차를 이용하는 일은 거의 없다고 볼 수 있다.

4 재판집행기관

일본의 '교정'은 우리나라와 마찬가지로 국가행정조직상 법무성의 소관에 속하는 하나의
행정분야로, 교정조직은 법무성 내에 교정국을 두고, 그 아래에 8개의 교정관구(우리나라의 교
정본부에 해당)가 있으며, 교정관구의 지휘 아래 형무소가 59개소, 형무지소가 6개소, 소년형무
소가 8개소, 구치소가 7개소, 구치지소가 107개소가 있다(2006. 10월 기준). 또한 일본의 교정
시설은 우리나라와 달리 소년원 53개소, 소년감별소 52개소, 부인보도원 1개소까지도 교정국
소관에 포함하여 전체 293개소로 구성되어 있다.[307]

또한 우리나라와 다른 일본의 교정기관으로 ① 의료형무소(대학병원수준의 의료행위가 가능
한 의료전문형무소)가 4개소 있다. ② 여자형무소(일본은 구치(지)소를 제외하고 남녀 수형자를
수용하는 시설이 각각 따로 있는데, 여자전용형무소임)가 전국에 7개소 있다(우리는 청주여자
교도소 1곳). ③ 분류심사전담형무소(분류심사에 충실을 기하기 위하여 각 교정관구마다 분류심사전담
형무소를 지정)가 8개소 있다. ④ 부인보도원(교정국 소속으로 매춘방지법을 위반한 만20세 이상의 여
성을 수용하여 생활지도, 교양지도 등을 실시)을 1개소 운영하고 있는데 이는 재판소의 재량으로 형
의 집행을 유예하는 대신 부인보도원 수용을 명하며, 재원기간은 6개월이다.[308]

교정보호심의회는 법무대신의 자문기관으로 교정 및 갱생보호제도의 운영에 관한 중
요사항을 조사·심의하는 기구다. 이 기구는 교정행정과 일반 사회와의 유기적인 관계를
보여주고 있어서 일반 시민이 교정조직 운영에 참여하는 제도라고 할 수 있다. 그 이외에
UNAFEI(유엔 아시아 극동범죄방지연구소)라는 범죄 및 비행의 방지에 대한 지역협조를 증진시
키기 위하여 UN과 일본정부의 협의하에 설치된 기구도 있다.

또한 일본은 민간의 자금과 노하우를 활용하는 PFI Private Finance Initiative 수법으로 일본 최초
의 민영교도소인 "미네 사회복귀촉진센터"가 야마구치현縣 미네시市에 완성, 2007년부터 재

---

307 법무부교정국, 「국외시찰보고서(일본)」, 2007, pp. 2-3.

308 상게시찰보고서, pp. 3-4.

소자 수용을 시작하였다.[309]

일본의 보호관찰업무는 법무성 보호국에서 관장하는데 여기서는 참사관이라는 특수 전문직을 두어 보호관찰에 관한 정책수립, 지도감독, 제도연구 등을 담당하고 있다. 일본의 보호관찰관은 상급관료로 승진·이전하는 경우가 많아 실제 보호관찰대상자의 처우에 있어서는 비전문가인 변호사가 매우 중요한 역할을 담당하고 있다.[310]

일본의 보호관찰 대상자는 가정재판소, 보호관찰명령자, 소년원, 가퇴원자, 보호관찰부 집행유예자, 부녀보호소, 가퇴원자, 가석방자로 우리나라와 비슷하지만 대체형벌로서의 의미보다는 갱생보호개념의 원호적인 성격이 강하다.

보호관찰조직으로는 고등재판소 소재지의 지방갱생보호위원회와 지방재판소 소재지의 보호관찰소가 있다. 일본 보호관찰의 가장 큰 특징은 보호사라는 조직적이고 전문적인 민간인들을 적극 활용하고 있다는 것이다. 또한 다양한 보호관찰을 효율적으로 운영하기 위하여 처우와 난이에 의해 분류하는 '분류처우제'와 보호관찰을 문제군별로 유형화하는 '유형화처우제'가 도입되어 있다.[311]

Criminology & C·J systems

 "일본의 묻지마 살인"[312]

2008년 6월 8일 일요일 낮 12시 30분 일본의 세계적 전자상가 아키하바라에서 한 25살의 청년이 타고 온 트럭으로 행인들을 친 뒤 잇따라 다른 행인들을 칼로 찔렀다. 남자 6명과 여자 1명이 죽고 10명이 중경상을 입었다. 곧 경찰에 체포된 범인은 "사람을 죽이기 위해 아키하바라에 왔다. 세상이 싫어졌다. (죽인 상대는) 누가 되든 상관 없었다"라는 얘기를 했다. 그는 범행을 결행하기까지 휴대전화 사이트에 범행을 예고하는 많은 글을 남겼다.

그중 가장 시선을 끈 것은 '고교를 졸업한 뒤 8년간, 연전연패'라는 글 한 줄이었다. 고이즈미 정권하의 신자유주의 정책 결과 일본은 극단적인 격차(양극화)사회

---

309 구체적인 사업방식은 PFI사업자가 스스로 자금을 조달하여 시설을 건설·소유하고, 사업기간(20년간 예정)에 걸쳐 시설의 유지관리·운영하면서 매년도 국가로부터 위탁비의 지불을 받고, 사업기간 완료시점에서 시설의 소유권을 국가에 이전하는 방식이며, PFI사업자와 국가와의 20년간 계약액은 약 517억엔(약 4136억원)으로, 國營보다 약 48억 엔(384억원) 절약 가능하다고 한다(상게시찰보고서, pp. 14-15).

310 김동우, 전게논문, p. 24.

311 太田典子, "일본보호관찰제도에 있어서의 보호사의 역할과 과제,"「보호관찰」Vo. 2, 2002, p. 316.

312 서경식, "일본 문제만은 아닌 묻지마 살인"「한겨레」, 2008.06.21.

가 돼 방대한 수의 프리터(Free Arbeiter의 줄임말)를 양산해 왔다. '프리터'라는 건 안정된 취직이 불가능한 젊은이들을, 마치 그들 자신이 그렇게 살고 싶어서 비정규직을 택한 듯이 일컫는 일본 특유의 화법이다.

신자유주의 경쟁사회의 생존경쟁에서 이겨 상승하는 자는 '가치구미'^{승리조}, 몰락하는 자는 '마케구미'^{패배조}이고 '마케구미'가 된 것은 당사자의 '자기책임'이므로 동정하거나 구원의 손길을 내밀 필요가 없다는 것이다. 이 팽대한 비정규직 젊은이들은 해고 불안과 격차사회에 대한 막연한 분노를 품지만 그 불안이나 분노를 서로 나눌 또래를 만날 수도 없어 자신한테 '마케구미'의 낙인을 찍을 수밖에 없도록 길들여지고 있다.

그중에서 방향성을 잃은 폭력을 폭발시키는 자가 나타난 것이다. 이미 일본은 2008년에만 해도 1월에는 도쿄 시나카와에서 남자 고등학생이 행인 다섯 명에게 칼부림을 한 사건이 있었으며, 3월에는 이바라키현에서 24살 남자가 한 사람을 죽이고 7명에게 부상을 입혔다. 일본의 경우, 2008년부터 최근 10년간 도리마(거리의 살인마) 사건이 70건이 발생해 25명이 사망했다고 한다.

우리나라에서도 2016년 5월 17일 30대 남성이 서울 강남구 강남역 인근 남녀 공용화장실에 숨어 20대 여성을 흉기로 찔러 살해한 묻지마 사건이 발생하여 큰 충격을 주었다.

제6절 | 중국

1 ||| 형사사법체계 개관

중국의 형사사법기관은 공안기관, 국가안전기관, 인민검찰원, 인민법원 및 사법행정기관으로 되어 있다. 형사사건에 대한 수사·구류·예심은 공안기관이, 간첩사건에 대한 수사·구류·예심은 국가안전기관이, 수사권 및 체포승인·공소제기 및 유지의 공소권은 인민검찰원이 각각 담당한다. 재판은 인민법원이 담당하고 법정에서 변호를 맡는 변호사제도를 두고 있다.[313]

---

[313] 경찰대학b, 전게서, p. 445.

중국은 형사사건을 처리함에 있어 공안기관, 국가안전기관, 인민검찰원 그리고 인민법원이 서로 책임을 분담하면서 상호협조와 상호제약을 하게 된다. 1954년 중국헌법은 인민법원조직법과 인민검찰원조직법의 규정에 따라서 형사소송 중에 공안기관은 사건을 수사하며, 인민검찰원은 심사기소를, 인민법원은 심판을 책임지는 것으로 규정하였다.

이와 같은 원칙은 이후 상호협조를 강조하고, 상호제약을 소홀히 하여 형사절차상의 공정성에 중대한 영향을 미쳤다. 특히, '문화대혁명'(1966-1976)을 거치면서 중국의 사법제도를 비롯하여 모든 제도가 파괴되었고, 이때 여론재판인 '인민재판'이 이루어지게 되었다.[314]

1978년 개혁개방이 시작되면서 국가제도와 형사사법제도가 다시 부활되었다. 1979년 형사소송법을 제정하면서, "분공부책,分工負責 상호배합,相互配合 상호제약相互制弱"의 원칙을 규정하였다. 분공부책은 업무분담을 의미하는 것으로 형사소송절차상 공안, 검찰, 법원의 각 기관은 법에 따라 책임을 분담하고, 상호 그 업무를 대신 위탁할 수 없는 것을 의미한다.

구체적으로 형사사건의 수사, 구류, 체포 등은 공안기관이 책임지며, 인민검찰원은 공소를 담당하며, 인민법원은 심판을 책임진다는 것이다. 상호배합은 상호협조를 의미하는 것으로 공안, 검찰, 법원은 업무분담에 기초하여 협력하여, 형사사건을 처리한다는 것이다. 상호제약은 공안, 검찰, 법원이 서로 감독하여, 사건처리 과정 중에 발생한 편차를 시정·방지하는 것을 말한다.[315]

중국의 형사소송법상 수사절차에 관한 용어가 우리와는 다른 경우가 많다. 예를 들어, 중국에서 수사란 '정사'偵查로 전문적 조사업무 및 강제조치로, 강제소환은 '구전'拘傳으로, 증거수집상 문제점 조사는 '예심'豫審으로, 보호관찰은 '관제'管制로, 소송절차문제는 '재정'裁定 등으로 사용하고 있다.[316]

체포는 공안기관의 체포증에 의하며, 피의자에 대한 구속은 강제조치로 인민검찰원의 승인 또는 인민법원의 결정을 거친 후에 공안기관이 집행하게 된다. 공안기관은 체포 후 24시간 이내에 조사를 해야 하며, 수사 중 피의자의 구속은 원칙적으로 2개월을 넘기지 못한다.

수사 중의 구속기간은 상급 검찰원의 승인을 얻어 1개월 연장할 수 있다. 특수한 사정으로 장기간 종결되지 않은 중대하고 복잡한 사건은 최고인민검찰원에 보고하여 전국인민대표대회(전인대) 상무위원회의 허가로 심리기간을 연장할 수 있다. 구속은 반드시 인민법원의 결정 또는 검찰원의 승인을 받아야 한다. 또한 불법체포 금지에 관한 규정은 헌법에도 명시되어

314 박형균·이재호, "중국인민경찰에 대한 서설적 연구," 「한국동북아논총」, 16(1), 2000, p. 79.

315 상계논문, p. 79.

316 경찰공제회, 「경찰실무종합(상)」, 2004, pp. 320-322.

있으며, 법원은 스스로의 결정으로 체포를 결정하게 된다.[317]

중국의 행정강제조치권 중에는 노동교양이라는 것이 있는데, 이는 형사처벌을 할 수 없는 경미한 범죄에 대하여 공안기관에서 행하는 행정처벌로 사실상 징역과 동일한 효과를 가져 오며, 법원에서 형사처벌 되지 않는다고 재판한 사안에 대하여도 노동교양을 실시할 수 있다. 노동교양의 시간은 1년 이상 3년 이하이며, 성·자치구·직할시 및 대도시의 공안국이 주가 된 노동교양관리위원회에서 결정하게 된다.[318]

특히 중국공산당 중앙정법위원회는 사회주의 민주화와 법제의 건전화, 사회주의의 강화, 사회주의 현대화의 촉진으로 공안부문, 국가안전부문, 사법부문, 민생부문, 인민검찰원 등 사법관계 기관을 통괄하는 국내 치안 담당의 최고기관이다. 이 조직은 1981년 전국 5대 도시 치안좌담회를 통하여 그 존재가 알려졌고, 지방에도 정법관계 조직이 있다.[319]

이처럼 중국의 형사사법체계는 사회주의 사상에 입각해 설치되어 있지만, 경찰, 검찰, 법원 그리고 교정이라는 자본주의 사회와 비슷한 형사사법제도를 운영하고 있다. 또한 검사의 기소독점주의를 배제한 자송제도는 서구의 사인소추제도와 유사한 제도라고 할 수 있으며, 형사사법기관간의 상호제약이라는 원칙은 상호견제의 원리를 도입한 것으로 볼 수 있다.

2 ‖ 형사사법기관의 종류 및 역할

1 수사기관

사회주의 경찰은 그 기원을 구소련에 두고 있다. 1917년 볼세비키 혁명으로 제정 러시아를 타도하고 수립된 소련정권은 사회주의 무산계급통치 국가를 표방하고 소비에트정권을 전복 파괴하려는 일체의 활동을 막고 새로운 정권을 보호하기 위하여 국가보위부를 설치한 것이 사회주의 경찰의 시원이 되었다.[320]

중국에서 경찰이란 '인민경찰'을 의미하며, 이들이 근무하는 기관이 '공안기관'이다. 중국

---

317 경찰대학b, 전게서, pp. 473-474.

318 경찰공제회, 전게서, p. 312.

319 경찰대학b, 전게서, p. 467.

320 那書亭·万首聖 主編, 「公安學校程」 (北京: 警官教育出版社, 1966), p. 12.

경찰의 범위는 비교적 광범위한데 '인민경찰법' 제2조 제2항에 "인민경찰은 '공안기관', '국가안전기관', '감옥', 노동교양관리기관의 '인민경찰'과 인민법원, 인민검찰원의 '사법경찰'을 포함한다"고 하여 5가지의 경찰이 규정되어 있으며 이러한 5종의 경찰은 모두 국가경찰에 속한다.

Criminology & C·J systems

🔍 중국 공안경찰의 기원

'공안'公安이란 용어는 장개석의 국민당에서 사용한 '경찰'이란 용어와 구별하기 위해서 사용한 데에서 그 기원을 두고 있다. 이후 1949년 중국이 공산화된 이후 '인민경찰人民警察 약칭하여, 민경民警' 또는 '공안'으로 통용하고 있다.[321]

1957년 제정된 '인민경찰' 조례에 의하면 단지 공안기관의 인민경찰만을 의미했으나, 1983년 공안부와 국가안전부가 분리되고, 인민법원, 인민검찰원이 양원의 조직법에 의해 사법경찰을 두게 되면서 인민경찰의 범위가 공안부문에 관련된 부서로 확대되었다.[322]

중국의 경찰은 국무원 공안부를 정점으로 하여 지방경찰기관으로 인민경찰이 있으며, 무장경찰력으로 인민무장경찰대(인민해방군 소속)와 일반 국민의 민간조직인 주민자치방위조직이 치안유지를 담당하고 있다. 이러한 중국의 경찰체제는 크게 중앙집권과 지방분권의 결합체제[323]이며, 사법경찰과 행정경찰의 일원주의를 채택하고 있다.

2 기소기관

중국 인민검찰원은 국가의 법률감독 기관이며, ① 국무원과 지방 각급 국가기관 및 그 공작인원에 대한 감독 ② 수사기관의 수사활동에 대한 감독 ③ 인민법원의 재판활동에 대한 감독 ④ 형사판결의 집행에 대한 감독 ⑤ 노동개조기관의 활동에 대한 감독 ⑥ 공민이 법을 지키는가 여부에 대한 감독 등의 권한을 가지고 있다.[324]

인민검찰원의 조직은 최고 인민검찰원, 지방 각급 인민검찰원과 군사검찰원 등의 전문

---

321 유도현, "중국경찰제도에 관한 연구," 한서대학교 석사학위논문, 2005, p. 8.

322 상게논문, p. 16.

323 중국 공안기관의 지도체제는 중앙집권과 지방분권이 상호결합된 체제라고 할 수 있는데, 이는 서구의 중앙집권체제나 지방분권체제와는 다른 개념이다. 중앙집권과 지방분권이 결합된 체제의 실시는 중국 공안체제의 또 다른 특색 중 하나라고 할 수 있다(상게논문, p. 33).

324 이영근, 전게논문, p. 24.

인민검찰원 등으로 구성되어 있다.[325] 최고 인민검찰 검찰장은 전국인민대표대회에서 선거하고, 각급 인민검찰원 검찰장, 부검찰장 등 주요 검찰인원은 모두 상응하는 인민대표대회와 그 상무위원회가 임명하게 되어 있다.

중국의 검찰제도는 각급 인민검찰원에 검찰위원회를 두게 되어 있는데, 검찰위원회는 민주집중제를 실행하며, 검찰장의 주재하에 중대사건과 기타 중대 문제를 토론·결정하도록 되어 있다.[326]

현재 중국의 인민검찰위원회제도는 일종의 민주집중제 조직형식으로서, 자본주의 국가의 검찰관 독임제와는 원칙적으로 구별되며, 일부 사회주의 국가처럼 검찰장 1인이 책임지는 제도와도 다르다.

현행 검찰위원회제도의 장점은 검찰위원회는 실질적으로 일종의 집체감독체로서 사회주의 법제원칙을 관철하고, 엄격히 법에 따라 사건을 처리하며, 개개인이 직원을 이용하여 사적이익을 쫓아 부정부패를 행하는 것을 방지하는데 유리한 조직이다. 현재의 인민검찰원 검찰위원회제도는 인민검찰기관이 법에 따라 정확하게 검찰권을 행사하는 일종의 중요한 조직 보장제도라고 할 수 있다.[327]

중국의 인민검찰청은 공소기관이고 국가의 법률 감독기관으로 독립한 검찰권을 행사한다. 그 조직은 중화인민공화국 인민검찰원조직법과 검찰관법에서 규정한다. 인민검찰청은 형사사건에 대한 정사偵查기관의 하나이며, 국가의 유일한 공소기관이다. 또한 체포를 비준하고, 수색·입안 활동과 심판활동 및 판결과 재정의 집행이 합법적인지 여부 등을 감독한다.

중국의 검찰은 기소를 독점하고 있는 것이 아니라 피해자나 법정대리인이 법원에 대하여 범인에 대한 형사처벌을 직접 소추할 수 있는 자소自訴제도를 두고 있다. 또한 교도소, 구치소, 노동교화 기관의 활동이 적법한가를 감독할 수 있는 권한을 가지고 있다.[328]

또한 검찰은 기소독점권한이 배제되어 있는 것이 특징이다. 피해자나 그 법정대리인이 법원에 대하여 범인에 대한 형사처벌을 직접 소추할 수 있도록 서구의 사인소추와 비슷한 '자소'自訴제도를 가지고 있다는 점이 특징이다.[329]

---

325 경찰대학b, 전게서, p. 447.
326 이영근, 전게논문, p. 25.
327 那書亭·万首聖 主編, 前揭書, p. 25.
328 경찰공제회, 전게서, pp. 321-323.
329 상게서, p. 323.

3 재판기관

중국 헌법 제123조에 의하면 "중화인민공화국 인민법원은 국가의 재판기관이다"라고 규정하고 있으며, 이는 인민법원이 특정 국가기구로서의 기본성질, 즉 국가재판권을 행사하는 기관이라는 것을 의미한다.

인민법원의 헌법지위란 헌법이 확정한 인민법원이 전체 국가기관체계 중에서 차지하는 지위를 말하며, 인민법원은 국가권력기관에 의하여 생겨나고, 그에 대하여 책임지고, 그의 감독을 받으며, 동시에 국가의 행정기관인 검찰기관과 독립이라는 것으로, 중국인민법원에 대한 헌법상의 지위를 규정한 것이라고 할 수 있다.[330]

인민법원은 인민법원조직법 제3조 및 기타 법률의 관련 규정에 근거하며, 법에 따라 사건을 재판하고, 재판활동을 통하여 범죄자를 처분하고, 민사분쟁 등을 해결함으로써 인민민주독재제도를 보위하고, 국가의 사회주의 혁명과 사회주의 건설사업의 순조로운 진행을 보장하며, 그의 모든 활동을 통하여 공민의 사회주의 조국에 충실하고, 자각적으로 헌법과 법률을 준수하도록 교육하는 데 그 주요임무가 있다.[331]

인민법원이 재판하는 사건은 성질에 따라 형사, 민사, 경제와 행정 등의 사건으로 구분되며, 중국의 통일적인 재판기관체계, 즉 인민법원조직체계는 전국인민대표대회 직속기관인 최고인민법원과 각급 지방인민법원, 군사법원, 해사법원, 삼림법원, 철도운수법원, 수상운수법원 등의 전문인민법원이 있다. 원칙적으로 재판제도의 구조는 민사, 형사 모두 4급 2심 합의제를 채택하고 있다.

4급 2심 합의제가 원칙이지만 예외적으로 사형에 대해서는 3심을 허용하고 있다. 4급이란 기층, 중급, 고급, 최고의 각 인민법원을 의미하며, 2심제란 한 소송을 2단계의 인민법원 심리로 종결하는 제도이다. 또한 1심에서만 배심원제를 실시하고 있다.[332]

제1심 형사사건의 재판이 중급 인민법원이 되는 경우는 반혁명사건, 무기징역 또는 사형을 부과해야 하는 형사사건, 외국인 범죄 및 외국인의 권리를 침해한 형사사건 등이 있다.

전 성·시·구에 미치는 중대한 형사사건의 경우에는 고급 인민법원이 관할하게 된다. 또한 범죄사실이 명확하고 충분한 증거가 있는 자송사건自訟事件의 심리는 인민검찰원이 아닌 인민법원이 심리할 것을 결정할 수 있다. 중국 인민법원제도 중 특색 있는 제도는 의학·과학기술을 운용한 사건의 증거와 감정 등을 위하여 필히 법의를 두고 있는 것이다.

---

330 이영근, 전게논문, p. 27.

331 상게논문, p. 27.

332 경찰대학b, 전게서, pp. 445-446 재인용.

또한 무장경찰의 일종인 사법경찰 약간 명을 두도록 규정하고 있다. 인민법원 사법경찰의 임무는 범인의 이송·호송·법정경위·소환장·통지서·판결서송달 등의 업무와 특히 사형에 처한 범죄자의 사형집행도 담당하고 있는 것이 특징이다.[333]

4 재판집행기관

중국의 모든 교정활동은 중앙행정기관인 사법부의 관할하에 있다. 그러나 청소년 노동훈련기관은 교육부가 운영하며, 단기 행정벌에 사용되는 감옥은 공안부에서 통제하고 있다. 중국의 감옥을 관리하고 있는 사법부는 크게 감옥관리국에서 일반적인 사항 등을 관할한다.

1983년까지 교정활동은 경찰을 감독하는 공안부의 관할하에 있었지만, 부분적으로 정치적 및 이론적인 이유에서 교정체계의 변화를 모색하고 있다. 사법부 관리국은 국장 1인과 부국장 3인, 11개의 처로 구성되어 있으며, 직원의 임용은 경찰학교 졸업자, 법원, 검찰 또는 군제대자를 소장의 면접을 통하여 임명하고 있다.[334]

지방은 각 성에 감옥관리국에서 일반적인 사항을 담당하고 있다. 2005년 11월 말 674개 감옥(여자 감옥 29개, 소년범관교소 30개)에 감옥경찰 약 28만 명이 약 155만여 명이 수형자를 관리하고 있다. 사법부 감옥관리국의 부서는 형벌집행처, 옥정관리처, 교육개조처, 생활위생처, 생산지도처, 감옥계획처, 감옥재무처, 정치처 및 판공실 등으로 구성되어 있다. 14세 이상 18세 미만의 소년수형자는 소년범관교소에서 별도로 관리하고 있다. 중국 감옥경찰의 계급은 공안경찰과 동일하게 편제되어 있다.

Criminology & C · J systems

🔍 성폭력, '당했다' vs '상대방도 원했다'[335]

성경원 한국성교육연구소장은 "성폭력은 남성과 여성 간 문제가 아닌 서열에서 발생하는 권력에 의한 갑을관계다"라고 말한다. 영화 '폭로'Disclosure(1994)는 '성폭력의 피해자가 반드시 여자라는 법은 없다'는 것을 여과 없이 보여주는 작품이다.

법조계에서 회자되는 형사사건 피고인들의 행태를 풍자하는 말로 '일도이부삼

---

333 이영근, 전게논문, p. 28.

334 박형균·이재호, 전게논문, pp. 81-83.

335 성경원, 전게기사.

빽'ㅡ逃二줄三back이 있다. 제일 좋은 수는 도망가는 것이고, 재수없게(?) 잡혔다면 일단은 모른다고 시치미 떼며, 마지막은 빽back에 기대보는 것이다.

미투Me Too운동으로 성범죄가 발생하면 피해자는 당했다고 울분을 토하는데 가해자는 즐겼다고 하면 둘 중 하나가 꽃뱀이거나 늑대다. 자기를 보면서 유난히 활짝 웃었다는 등 카톡에서 이모티콘을 자주 보냈다는 등 합리적 추론도 들이댄다.

진짜로 혼자서 '사랑하는 사이'라고 착각했을 수도 있다. 단순한 친근감의 표시나 상사에게 갖추는 예의가 애정 표시로 둔갑을 한 것이다. 꽤 많은 남자들이 그 허락(?)을 곧잘 오해한다. 하지만 연인관계일지라도 상대방이 동의하지 않는 성관계는 처벌 대상이다.

권력형 성범죄에서 아랫사람이 '노'라고 말하는 것이 쉬운 일은 아니다. 남녀 문제가 아닌 서열의 문제기 때문이다. 그런데 할 것도 아니고 안 할 것도 아닌 애매한 태도는 남자들을 헷갈리게 만들고, 더 나쁜 짓이다. 곤란한 상황을 피하기 위해 단호한 거절보다는 미소를 지으며 예의바르게 에둘러한 거부 의사를 둔한 남자는 눈치채지 못할 수도 있다. 우월한 위치의 가해자는 상대방 인권은 아랑곳하지 않아 착각에 커트라인이 없다. 심지어 상대방도 '원했다'는 심각한 오해를 하기도 한다.

그런데다 우리 사회는 성폭력 피해 원인을 '여성 탓'으로 몰고 가는 수가 많다. '여자가 속옷이 다 비치는 블라우스를 입었네, 짧은 치마를 입었네, 먼저 꼬리를 쳤네, 남자 여럿 잡아먹을 상이네'하면서 여성의 외모나 행실을 꼬투리 잡는다. 아예 강간은 생각도 안 해본 점잖은 남성분들은 별 동요가 없지만 해보고 싶었는데 못해본 인간들은 성범죄자들을 남몰래 살짝 부러워하면서 피해 여성들에게 게거품을 물고 욕을 퍼댄다.

가해자는 사법적 처벌을 피하기 위해 폭력과 강제성이 없었다며 변명하고, 피해자는 확실하게 요렇게 당했다고 적나라하게 까발려야 한다. 더구나 증거가 충분하지 않을 수밖에 없는 성추행은 피해를 인정받기가 어려우니 맥이 쑥 빠진다.

Criminology &
C·J system

범|죄|학|과
형|사|사|법|체|계|론

PART

04

한국의
형사사법체계

"그날에 겪은 고통에 그 날에 겪은 것만으로도 족하다. 내일 걱정은 내일해라."
(Don't worry about tomorrow, for tomorrow will bring its own worries. Today's trouble is enough for today.)

— 마태복음(the Gospel of Matthew) 6장 34편

"과거는 이미 지나가 버렸고, 미래는 아직 오지 않았다. 오늘이 선물이다."
(Yesterday is history. Tomorrow is a mystery. Today is a gift, the present.)

— 영화 『쿵푸 팬더(KungFu Panda, 2008)』 中에서

제1장 수사기관

수사기관搜查機關에는 고위공직자범죄수사처(공수처)와 국가수사본부 및 검사와 사법경찰관리가 있다. 공수처는 고위공직자 및 그 가족이 범한 직권남용, 수뢰, 허위공문서 작성 및 정치자금 부정수수 등의 특정범죄와 공직사회의 특혜와 비리를 수사한다. 국가수사본부(국수본)은 기존 경찰청 수사기능을 확대·재편해 구성되었다. 국수본은 수사경찰, 국가경찰, 자치경찰로 나뉘게 된 경찰 업무 가운데 직접수사를 총괄한다.

2021년 검·경 수사권조정 관련 법률에 의해 검사의 직접수사 개시범위는 제한되었으며, 검사의 수사지휘 폐지 및 검·경 상호협력 규정이 도입되었다. 따라서 일반사법경찰관리인 '경찰의 1차적 수사종결권'이 보장되면서 상호협력 관계로 변화되었으며, 검사의 사법통제가 신설되었다.

검사는 경찰수사를 포함한 모든 수사의 주재자이고 '특별사법경찰관리'는 검사의 지휘를 받아 수사를 행한다. 검사는 특별사법경찰관에 대하여 일반적인 지휘는 물론 개별적인 사건에 관하여도 지휘할 수 있다.

이와 같이 검사의 범죄수사상의 지휘권을 제도화하는 이유는 국가의 독점적 소추기관이기도 한 검사로 하여금 소추권자로서 그 고유의 책임하에 소추의 목적을 원활하게 달성하도록 하기 위한 것이다.

사법경찰관리는 일반사법경찰관리와 특별사법경찰관리로 나눠져 있으며, 모든 사법경찰관리는 범죄수사에 관한 직무를 행함에 있어서 반드시 형사소송법령 및 사법경찰관리집무규칙에 정한 바에 따라야 하고 이는 일반사법경찰관리는 물론 모든 특별사법경찰관리의 직무집행에도 준용된다.

PART 04

1 ▌ 공수처의 의의

2021년 1월 1일 「고위공직자범죄 수사처 설치 및 운영에 관한 법률」이 시행되었다. 이 법에 의해 출범한 고위공직자범죄수사처(공수처)는 고위공직자 및 그 가족의 직무범죄 등에 대한 국가독립수사기구이다. 공수처는 고위공직자의 범죄를 척결하여 국가의 투명성과 공직사회의 신뢰성을 제고하는데 그 목적이 있다. 공수처는 1948년 신생공화국인 제1공화국이 출범한 이래 지난 수십 년간 검찰이 수사권과 기소권을 독점해온 체계를 허물고, 형사사법시스템의 일대 전환을 가져오는 헌정사적 의의를 가지는 기관이다.

공수처는 고위공직자 및 그 가족이 범한 직권남용, 수뢰, 허위공문서 작성 및 정치자금 부정수수 등의 특정범죄를 척결하고, 공직사회의 특혜와 비리를 근절하여 국가의 투명성과 공직사회의 신뢰성을 높임으로서, 국민 모두에게 균등한 기회가 보장되는 정의롭고 공정한 나라를 만들기 위해 설치되었다.

2 ▌ 공수처법 개관

1 공수처법의 제정 목적

우리나라에서는 과거부터 고위공직자의 직무 관련 부정부패를 엄정하게 수사하기 위한 독립된 수사기구의 신설 필요성이 꾸준히 제기되었다. 실제 이런 취지와 기조로 설치된 홍콩염정공서, 싱가포르 탐오조사국은 공직자 비위 근절과 함께 국가적 반부패 풍토 조성에 성과를 거두고 있는 것으로 나타났다.

고위공직자의 직무 관련 부정부패를 독립된 위치에서 엄정수사하고 판사, 검사, 경무관급 이상 경찰에 대해서는 기소할 수 있는 기관인 고위공직자 범죄수사처를 설치하여 고위공직자의 범죄 및 비리행위를 감시하고 이를 척결함으로써 국가의 투명성과 공직사회의 신뢰성을 높이려는 목적으로 「고위공직자범죄수사처 설치 및 운영에 관한 법률안(공수처법)」이 2019년 12월 30일 국회본회의를 통과하였으며, 2021년 1월 1일부로 시행되었다.

공수처법상에서 말하는 '고위공직자 범죄'란 고위공직자로 재직 중에 본인 또는 가족이 범한 범죄를 말한다. 다만, 가족의 경우에는 고위공직자의 직무와 관련하여 범한 죄에 한정한다.

2 다른 법률의 준용

공수처검사 및 공수처수사관의 공수처법에 따른 직무와 권한 등에 관하여는 공수처법의 규정에 반하지 않는 한 「검찰청법」 및 「형사소송법」을 준용한다.

3 공수처법의 적용 대상 및 수사처리

공수처법상의 "고위공직자"란 다음의 어느 하나의 직職에 재직 중인 사람 또는 그 직에서 퇴직한 사람을 말한다. 다만, 장성급 장교는 현역을 면한 이후도 포함된다. ① 대통령, ② 국회의장 및 국회의원, ③ 대법원장 및 대법관, ④ 헌법재판소장 및 헌법재판관, ⑤ 국무총리와 국무총리비서실 소속의 정무직공무원, ⑥ 중앙선거관리위원회의 정무직공무원, ⑦ 「공공감사에 관한 법률」 제2조제2호에 따른 중앙행정기관의 정무직공무원, ⑧ 대통령비서실·국가안보실·대통령경호처·국가정보원 소속의 3급 이상 공무원, ⑨ 국회사무처, 국회도서관, 국회예산정책처, 국회입법조사처의 정무직공무원, ⑩ 대법원장비서실, 사법정책연구원, 법원공무원교육원, 헌법재판소 사무처의 정무직공무원, ⑪ 검찰총장, ⑫ 특별시장·광역시장·특별자치시장·도지사·특별자치도지사 및 교육감, ⑬ 판사 및 검사, ⑭ 경무관 이상 경찰공무원, ⑮ 장성급 장교, ⑯ 금융감독원 원장·부원장·감사, ⑰ 감사원·국세청·공정거래위원회·금융위원회 3급 이상 공무원 등이다. 공수처법 상의 "가족"이란 배우자, 직계존비속을 말한다. 다만, 대통령의 경우에는 배우자와 4촌 이내의 친족을 말한다.

이 중 대법원장 및 대법관, 검찰총장, 판사 및 검사, 그리고 경무관 이상 경찰공무원 등과 같은 고위공직자의 경우 공수처검사가 수사와 공소제기 그리고 유지를 담당한다. 이들을 제외한 고위공직자의 경우(예를 들어 국회의원) 공수처 검사가 수사를 담당할 뿐, 이들에 대한 공소제기 및 유지는 검찰청 소속의 검사가 담당한다.

고위공직자범죄 등에 관하여 다음의 필요한 직무를 수행하기 위하여 공수처를 둔다. 그 내용은 ① 고위공직자범죄 등에 관한 수사, ② 공수처법에 해당하는 고위공직자로 재직 중에 본인 또는 본인의 가족이 범한 고위공직자범죄 및 관련범죄의 공소제기와 그 유지 등이다. 이 때 공수처는 그 권한에 속하는 직무를 독립하여 수행한다.

공수처의 직무의 내용과 특수성을 고려하여 필요한 경우에는 타 행정기관으로부터 공무원을 파견 받을 수 있다. 공수처 소속 공무원은 정치적 중립을 지켜야 하며, 그 직무를 수행함에 있어 외부로부터 어떠한 지시나 간섭을 받지 아니한다.

1 공수처의 조직

[그림 4-1] 국가수사체계

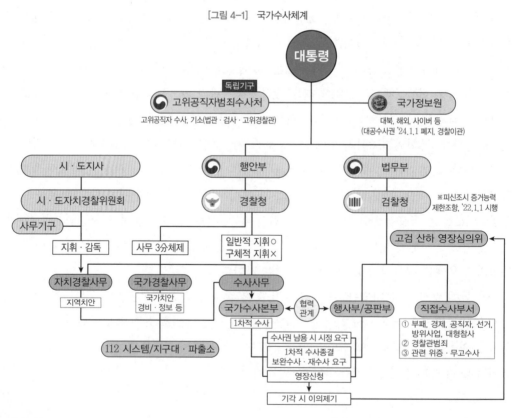

출처: 행정안전부

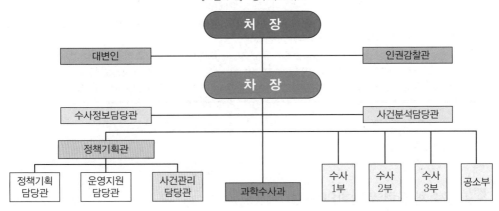

[그림 4-2] 공수처 조직도

출처: 공수처

[표 4-1] 공수처의 조직(공수처법)

형벌의 종류	내 용
구성 (제4조)	• 공수사처에 처장 1명과 차장 1명을 두고, 각각 특정직공무원으로 보한다. • 공수처에 공수처검사와 공수처수사관 및 그 밖에 필요한 직원을 둔다.
공수처장 임명 (제5조)	• 공수처장은 고위공직자 범죄수사처장 후보추천위원회가 2명을 추천하고, 대통령이 그 중 1명을 지명한 후 인사청문회를 거쳐 임명한다.
공수처장 자격 (제5조)	• 공수처장은 다음 각 호의 직에 15년 이상 있던 사람 중에서 임명한다. ① 판사, 검사 또는 변호사 ② 변호사 자격이 있는 사람으로서 국가기관, 지방자치단체, 「공공기관의 운영에 관한 법률」 제4조에 따른 공공기관 또는 그 밖의 법인에서 법률에 관한 사무에 종사한 사람 ③ 변호사 자격이 있는 사람으로서 대학의 법률학 조교수 이상으로 재직하였던 사람
공수처장 임기 (제5조)	• 공수처장의 임기는 3년으로 하고 중임할 수 없으며, 정년은 65세로 한다. • 처장이 궐위된 때에는 절차를 거쳐 60일 이내에 후임자를 임명하여야 한다. 이 경우 새로 임명된 공수처장의 임기는 새로이 개시된다.
신분보장 (제14조)	• 공수처장, 차장, 공수처검사는 탄핵이나 금고 이상의 형을 선고받은 경우를 제외하고는 파면되지 아니하며, 징계처분에 의하지 아니하고는 해임·면직·정직·감봉·견책 또는 퇴직의 처분을 받지 아니한다.
결격사유 (제13조)	• 다음 각 호의 어느 하나에 해당하는 사람은 처장, 차장, 수사처검사로 임명될 수 없다. ① 대한민국 국민이 아닌 사람 ② 「국가공무원법」 제33조 각 호에 해당하는 사람 ③ 금고 이상의 형을 선고받은 사람 ④ 탄핵결정에 의하여 파면된 후 5년이 지나지 아니한 사람 ⑤ 대통령비서실 소속의 공무원으로서 퇴직 후 2년이 지나지 아니한 사람 ⑥ 검사의 경우 퇴직한 후 3년이 지나지 아니하면 처장이 될 수 없고, 퇴직한 후 1년이 지나지 아니하면 차장이 될 수 없다.

공직임용 제한 (제16조)	• 공수처장과 차장은 퇴직 후 2년 이내에 헌법재판관(헌법 제111조 제3항에 따라 임명되는 헌법재판관 은 제외), 검찰총장, 국무총리 및 중앙행정기관 · 대통령비서실 · 국가안보실 · 대통령경호처 · 국가정 보원의 정무직공무원으로 임용될 수 없다. • 공수처장, 차장, 공수처검사는 퇴직 후 2년이 지나지 아니하면 검사로 임용될 수 없다. • 공수처검사로서 퇴직 후 1년이 지나지 아니한 사람은 대통령비서실의 직위에 임용될 수 없다. • 공수처에 근무하였던 사람은 퇴직 후 1년 동안 수사처의 사건을 변호사로서 수임할 수 없다.

출처: 법제처

2 공수처 관련 위원회의 구성

[표 4-2] 공수처 관련 위원회

구분	공수처장 추천위원회(제6조)	공수처 인사위원회(제9조)	공수처 징계위원회(제33조)
목적	공수처장 후보자 추천을 위하여 국 회에 설치	공수처장과 차장을 제외한 공수처 검사의 인사에 관한 중요 사항을 심의 · 의결하기 위하여 공수처에 설치	공수처검사의 징계사건을 심의하 기 이하여 공수처에 설치
구성	위원장 1명을 포함한 7명의 위원	위원장 1명을 포함한 7명의 위원	위원장 1명을 포함한 7명의 위원 (예비 3명)
위원	① 법무부장광 ② 법원행정처장 ③ 대한변호사협회장 ④ 여당이 추천한 2명 ⑤ 야당이 추천한 2명	① 공수처장 ② 공수처 차장 ③ 법무부 차관 ④ 법원행정처 차장 ⑤ 국회의장과 각 교섭단체대표의 원이 협의하여 추천한 3명	① 위원장이 지명한 공수처검사 2명 ② 위원장이 위촉한 4명
위원장	위원 중에서 호선	공수처장	공수처 차장
의결	위원 6인 이상의 의결	재적위원 과반수의 찬성으로 의결	재적위원 과반수의 찬성으로 의결

출처: 법제처

1 ┃┃ 대륙법계 국가의 경찰개념

1 고대

경찰^{Police, Polizei}이란 용어의 기원은 그리스어의 폴리테이아^{politeia}와 라틴어 폴리티아^{politia}에서 유래하였으며, 그리스에서는 국가의 헌법 혹은 이상적인 상태, 국가기능의 공동행사, 국가기능의 공동작용 등을 뜻하였다. 고대 로마에서도 폴리티아^{politia}라는 말은 공화국의 헌법과 그것을 수행하는 일반적인 행정활동으로 이해되었다. 이처럼 대륙법계 대부분 국가에 있어서는 그리스·로마시대부터 중세에 이르기까지 경찰이란 개념은 광범위한 뜻을 내포하고 있었다.[1] 오늘날의 경찰개념과는 상당히 다르다는 것을 알 수 있다.

폴리티아라는 말은 고대에서 중세까지는 국가·국헌·국가 활동 전체의 뜻으로 사용되었으며, 실제로 폴리스^{polis}의 책임자들은 공공질서, 안전, 도덕, 식량공급, 복지 등 시민생활과 관련된 일체의 도시업무를 총괄하였으며, 그리스의 철학자들도 이들을 국가의 안전보장에 대한 최종책임자로 이해하였다.[2]

2 중세의 경찰개념

❶ 프랑스

프랑스는 전통적으로 로마와 동일한 법률과 경찰을 갖고 있었다. 로마인들은 각 지방에 행정과 사법·경찰권을 동시에 부여 받은 치안판사^{magistat}를 파견하였는데 도시 내에서의 경찰기능은 지방관료^{curateurs}에게 다시 재위임 되었고, 시골에서는 로마군대에 의해 질서가 유지되었다. 11세기 경 법원과 경찰기능을 가지 프레보^{prévôt}가 파리에 나타나게 되었는데, 그는 왕의 지명을 받아 임명되었으며, 집행관^{sergents}의 보좌를 받았다. 이러한 프레보가 각 지방도시에까지 확대되면서 지방의 영주와 중앙권력의 대표자인 프레보와의 마찰이 끊이지 않았다.[3]

---

1   이상안, 「신경찰행정학」 (서울: 대명출판사, 1999), p. 108.

2   이황우·조병인·최응렬, 「경찰학개론」, 형사정책연구원, 2001, p. 5.

3   박창호 외 4인, 「비교수사제도론」 (서울: 박영사, 2005), pp. 62~63.

14세기 초 프랑스에서 경찰대police force가 설립됨으로써 폴리스police란 용어는 치안조직을 뜻하는 '파리경찰'la police de paris이라는 명사로 사용되었으며, 이는 파리시의 질서를 바로 잡아 시민들을 문명인으로 만드는 조직체'라는 뜻으로 사용되었다.

14세기 말의 프랑스에서의 경찰개념은 국가목적 또는 국가작용을 의미하는 la police라는 용어가 성립되어 독일·영국 등 유럽 각국으로 전파되었다.[4] 15C말 프랑스에서 독일로 도입된 경찰권이론은 국민의 공공복리를 위해 강제력을 동원할 수 있는 통치자의 권능을 인정함으로써 절대적 국가권력의 기초를 제공하였다.

❷ 독일

독일에서 경찰개념의 유래는 15세기에서 17세기까지로 거슬러 올라가는데, '경찰'polizei이라는 용어는 그리스어에서 유래된 말이며, 독일에서는 15세기 후반부터 사용하기 시작했다. 독일의 경우는 16세기인 1530년 독일의 '제국경찰법'Reichspolizeiordnung에 의해 공공복지라는 국가목적 내지 그러한 목적을 위하여 행하여지는 국가행정 중 교회가 가지고 있던 교회행정 권한을 제외한 일체의 국가행정을 의미하였다.[5]

교회행정을 제외한 일체의 국가행정을 '경찰'polizei이라고 규정하였는데 이러한 경찰개념은 세속적인 사회생활의 질서를 공권력에 의해 유지하는 작용으로 축소되었다.

3 경찰국가시대의 경찰개념

17세기에 이르자 '일반적인 복지'의 충족이야말로 국가의 목적이라고 이해되었으며, 이것은 절대국가의 중요한 이념으로 자리를 잡게 되었다. 또한 17세기 이후 사회적 환경이 점차 복잡해지고, 중상주의Mercantilism를 보다 효과적으로 시행하기 위해서, 과거의 포괄적인 경찰개념 속에서 특별한 조직과 기술을 전제로 하는 국가작용(외무행정, 군사행정, 재무행정, 사법행정)을 분리시켰다.

국가조직이 정비되고 활동범위가 점차적으로 확대됨에 따라 17세기 초엽에는 외무행정이, 17세기 말엽에서 18세기 초엽에 이르러서는 군사, 재정, 사법 등이 국가활동의 전 분야를 의미

---

4 최영규, 「경찰행정법」 (서울: 법영사, 2007), p. 5.

5 김상호 외 8인, 「경찰학개론」 (서울: 법문사, 2005), p. 4.

하였던 경찰^{Polizei}에서 독립, 분리되어 새로운 행정 또는 사법분야를 각각 개척하게 되었다.⁶

따라서 경찰개념은 중세 국가까지는 경찰작용과 행정작용이 미분화되었으나, 경찰국가 시대에 이르러 경찰작용과 행정작용이 분화되었다. 이처럼 17세기 경찰국가는 공공의 복지를 목표로, 행복주의의 입장에서 개인의 일체의 활동에 국가가 간섭하는 것을 본질로 한다. 이와 같은 성격을 갖는 학문으로서 관방학 또는 경찰학이 발생하게 되었다. 이러한 경찰학은 프로이센 절대주의적 국가체제를 뒷받침하는 관방학의 핵심영역으로 존재하던 학문이다.

절대국가 시절에는 국가와 시민과의 관계에 있어서 경찰의 위상이 두드러지기 시작했다. 당시 경찰권^{Polizeigewalt}은 법적인 근거가 없어도 행사되었으며, 경찰은 무제한의 작용을 하였다. 경찰권은 절대왕권의 집행을 위한 수단으로 활용되었으며, 경찰국가에서 경찰권은 절대군주의 최고의 권력이었다.

이 시기의 특징은 공적 영역의 복지증진을 위하여 사적 영역을 제한하였다는 점이다. 이렇게 함으로써 경찰국가^{Polizeistaat}가 탄생하였다. 경찰국가시대에는 '행복주의'라는 이름하에 많은 정책을 추진하였다. 예를 들면, 포도의 재배에 의해서 곡물의 경작을 구축하는 것을 금지하거나, 곡물을 양조용으로 소비하는 것을 금지하였다. 이와 같이 경찰국가시대에는 강력한 권력을 가진 국가의 행복촉진적 기능을 그 지도이념으로 하였다.

경찰국가 시대에 이르러 국가작용의 확대 및 분화가 이루어지면서 종래의 경찰개념에서 외무·군사·사법·재정 등이 분리되어 사회공공질서와 공공복리를 위한 내무행정의 개념으로 양적으로는 축소되면서 질적으로는 강화되었다. 경찰국가시대에는 소극적인 질서유지뿐만 아니라 적극적인 공공복리를 위해서도 경찰권을 발동할 수 있었다. 따라서 이 시기의 경찰은 만능^{萬能}의 대명사^{代名詞}처럼 생각되었다.

4 법치국가시대의 경찰개념

18세기 중엽의 계몽기를 거쳐 자연법적 자유주의 사상의 영향을 받아서 1776년 미국이 독립을 선언하였으며, 프랑스는 1789년 혁명이 발생하였다. 이 시기에는 계몽주의와 자연법론의 영향으로 자유주의적 법치국가 관념이 대두되었으며, 독일에서는 자유주의적이고 개인주의적 성향을 가진 계몽사상가들이 무제한의 권력을 행사하던 군주의 경찰권에 대해서 반론을 제기하였다.

---

6 이상안, 전게서, pp. 111~112.

18세기 후반에 이르러 경찰의 임무는 위험의 방지에 대한 배려이며, 복지의 증진은 경찰의 고유한 임무가 아니라는 주장이 나타나게 되었다. 대표적으로 퓨터J.S. Pütter 같은 학자들은 "경찰의 직무는 급박한 위험의 방지이다. 공공복리의 증진은 경찰의 본래 직무가 아니다"라고 주장하였다.[7]

이처럼 계몽주의시대를 거치면서 경찰의 개념은 위험의 방지라는 측면으로 제한되기 시작했으며, 위험방지 사무와 복지증진 사무가 명백하게 분리되어졌다. 이러한 새로운 개념은 프로이센 일반란트법상의 규정을 통해서 더욱 명백하게 나타나게 되었다. "공공의 안녕, 질서유지와 공동체 또는 개별 시민들이 직면하는 위험의 방지를 위해 필요한 공공의 조직은 경찰관청이다"라는 것을 규정함으로써 경찰작용은 "소극적인 위험방지분야에 국한된다"는 것으로 명문화되었다.[8]

이와 같은 법치국가적 경찰개념이 처음으로 법제화된 것은 1794년의 '프로이센 일반란트법'과 1795년의 프랑스 '죄와 형벌법전'(경죄처벌법전)이다. 하지만 이러한 규정에도 불구하고 경찰의 업무영역에서 복지사무가 여전히 남아있었기 때문에 프로이센 일반란트법의 규정은 실제적인 중요성은 없었다.

1882년 크로이쯔베르크판결Kreuzberg Urteil을 계기로 경찰은 적극적인 복지행정에 개입할 수 있는 권한을 상실하였다. 이 판결을 통해서 경찰의 권한은 소극적인 위험방지 분야에 국한되게 되었으며, 비로소 1794년의 프로이센 일반란트법의 규정에 맞는 경찰권을 행사하게 되었다.

특히 죄와 형벌법전은 일본 행정경찰규칙의 모범이 되었다. 또한 행정경찰이라는 용어는 프랑스의 3권분립 사상에 기초하여 구분된 것으로 죄와 형벌법전 제18조에서 "행정경찰은 공공질서유지, 범죄예방을 목적으로 하고, 사법경찰은 범죄의 수사, 체포를 목적으로 한다."고 규정한 데서 유래하는 개념이다.

1931년에 프로이센 경찰행정법이 제정되어 소극적 경찰개념을 재확인하였다. 경찰의 개념은 20세기에 이르자 다시 한 번 변화를 겪게 된다. 근대적 자유국가의 발전에 따라 자본주의의 폐해가 발생하자 국가는 적극적으로 국민의 경제적·사회적 지위를 향상시키고 실질적인 자유와 평등을 보장하여 국민의 생존권을 보장해야 한다는 사상이 대두되었다.

이와 같은 사상에 따라 보육과 각종 조장행정에 국가의 권력적 작용이 필요하게 되었고, 소위 경제경찰, 산업경찰, 위생경찰, 산림경찰 등이 등장하게 되었다.

1933년 나치시대에 와서는 위험의 유무를 불문하고 경찰은 독일민족공동체의 보호를 목

---

7 최영규, 전게서, p. 6.
8 박창호 외 4인, 전게서, p. 229 재구성.

적으로 모든 질서임무를 수행하였다. 1937년에는 독일의 나치정권이 각 주에 속해 있던 경찰권을 중앙에 집중하여 국가경찰화 하고 보안경찰, 질서경찰 및 돌격대를 합쳐 국가치안본부를 설치·운영하였다.

제2차 세계대전의 패배로 나치 독일이 붕괴되자 경찰조직에도 많은 변화가 나타났다. 지금까지 경찰관청이 가지고 있던 광범위한 위험방지 임무들이 질서관청Ordnungsbeörde이라고 불리는 다른 관청으로 넘어가게 되었다. 연합국측이 점령정책의 일환으로 영업경찰, 건축경찰, 보건경찰 등 기존 경찰사무를 다른 관청의 사무로 이관, 질서행정이라는 분야로 관장케 하였는데 이를 비경찰화 혹은 탈경찰화라고 한다.

2 ⫴ 영·미법계의 경찰개념

영미의 경찰개념은 주권자인 시민으로부터 자치권한을 위임받은 조직체로서의 경찰이 시민을 위해서 수행하는 기능을 중심으로 형성된 것이다. 따라서 경찰은 시민으로부터 자치권한을 위임받은 조직으로서의 역할을 중심으로 형성되었다.

경찰활동은 무엇인가라는 문제로 경찰개념이 논의되었으며, 경찰은 시민을 위하여 법을 집행하고 서비스하는 기능이 중심을 이루어야 하며, 국가를 보호하는 기능은 주된 기능이 아니라고 보고 있다.

따라서 경찰과 시민은 대립적인 관계가 아니며 주민을 보호하고 서비스 하는 기능과 역할을 중심으로 경찰개념이 발전되어 왔다. 예를 들어, 보안관은 주민이 선출하였는데 이때 보안관은 주민을 보호하고 서비스를 하는 업무를 수행하였을 뿐, 대륙법계 경찰처럼 국왕의 명령을 강제로 수행하는 기능을 한 것이 아니라는 것이다.

3 ⫴ 대륙법계와 영·미법계의 비교

경찰개념 발전의 특징을 살펴보면, 대륙법계의 경찰개념과 영·미법계의 경찰개념이 다르다는 것을 알 수 있다. 대륙법계의 경찰개념은 국왕의 절대적 권력으로부터 유래된 경찰권을 전제로 한다. 국왕의 권력유지와 국가발전을 위한 경찰의 제반 활동은 시민의 기본권과 자유를 위축시킬 수밖에 없었다. 따라서 자유와 권리에 대한 기본권을 국가로부터 보호하고자 하는 시민과 대립하는 구도였다.

계몽주의, 자연법주의, 법치주의 사상의 등장을 계기로 시민권은 신장되고 경찰권은 축소되었다. 시민권과 경찰권은 반비례의 관계이자 대립적인 관계에서 경찰권이 점점 축소되는 역사였다.

반면 영·미법계에서는 주민을 보호하는 조직으로 경찰이 존재하였으며, 주민의 선거로 선출된 경찰은 주민의 자치권을 보호하고 서비스하는 기능을 담당하였다. 국가의 권력유지를 위한 업무가 아니라 주민생활을 보호하는 역할을 담당하였기 때문에 경찰과 시민의 관계는 상호협력하는 관계였다.

이처럼 대륙법계 국가의 경찰개념이 국왕의 명령을 집행하는 '경찰권'이라고 하는 통치권적 개념을 전제로 그 발동범위와 성질을 기준으로 형성된 반면, 영·미의 경찰개념은 시민을 보호하고 서비스하는 기능 또는 역할을 중심으로 형성되었다.

Criminology & C·J systems

🔍 '검경檢警 수사권 조정', 그 70여 년의 역사[9]

검경수사권 조정을 둘러싼 갈등은 70여 년의 역사를 갖고 있다. 1945년 12월 미美 군정은 경찰에 수사권을, 검찰은 기소권을 갖도록 권한 분담을 추진했다. 12년 뒤인 1954년 2월 검찰에 수사권과 기소권을 모두 쥐여 준 지금의 '형사소송법'이 태동했다. 당시 경찰에 수사권을 독자적으로 부여하자는 논의가 있었으나 검사 출신인 엄상섭 의원과 한격만 검찰총장의 반대로 무산된 것으로 전해진다.

1962년 5차 개헌 당시 '검사에 의한 영장신청 조항'을 형사소송법과 헌법에 명시하면서부터 검경수사권 조정을 둘러싼 갈등이 시작됐다. 이후 경찰은 교통과 절도, 폭력 등 민생범죄를 비롯해 일부 수사권을 법으로 인정해 줄 것을 요구해 왔지만 번번이 검찰의 반대와 국민의 불신에 막혀 좌절됐다.

수사권 조정문제가 본격적으로 논의되기 시작한 시기는 20여 년 전 김대중 정부 때부터다. 검찰에 지나치게 권력이 집중돼 있다는 지적이 나오면서 이른바 '검찰개혁' 논의가 시작됐다. 당시 김대중 전 대통령은 후보 시절 민생치안 관련 일부 범죄에 한해 경찰에 수사권을 주겠다고 공약했다. 이른바 '자치경찰제'를 실시할 뜻을 내비치도 했다. 자치단체장이 지방경찰을 관할·감독한다는 게 골자였다. 이 제

---

9 조성호, "극적으로 타결된 '검경(檢警) 수사권 조정', 그 70여 년의 역사" 「월간조선」, 2018.06.21.

도가 실시되면, 국가기관인 검찰이 자치경찰을 수사 지휘하는 상황이 벌어져 앞뒤가 맞지 않는다는 지적이 일었다. 결국 이 역시 성사되지 못했다.

노무현 정부에서도 김대중 정부 때의 기류가 이어졌다. 참여정부 시절에는 어느 정도 논의가 진전되면서 한때 급물살을 타기도 했다. 노무현 전 대통령의 협조하에 2004년 '수사권 조정협의체'와 '수사권 조정 자문위원회'가 꾸려지면서 기대감이 일었지만 이 역시 검찰의 반대에 부딪혀 불발되고 말았다.

김대중·노무현 정부를 거치며 검찰과 경찰 간의 갈등이 본격화한 가운데 이명박 정부 시절인 2011년 국회 사법제도개혁특별위원회는 경찰의 독자적 수사 개시권을 명시한 형사소송법 개정안을 의결했다. 경찰이 원하던 완전한 검경수사권 조정안은 아니었지만, 이로 인해 김준규 당시 검찰총장이 사퇴하고 홍만표 대검찰청 기획조정실장 등 대검 검사장급 간부 전원이 사의를 표하며 강한 반발이 일기도 했다. 같은 해 건설현장 함바집 운영권 비리 의혹에 강희락 전 경찰청장이 연루되면서 경찰은 수사권 조정에 더 이상 적극적인 목소리를 낼 수 없게 됐다.

제3절 | 일반사법경찰기관

1 | 일반사법경찰기관의 의의

일반사법경찰기관은 담당하는 범죄수사의 대상에 제한이 없는 업무범위를 가지고 있는 기관을 의미한다. 특별한 사항에 관하여 사법경찰업무를 담당하는 특별사법경찰기관과 달리 모든 범죄수사를 담당한다.

일반사법경찰관리一般司法警察官吏는 소속에 따라 국가경찰 및 자치경찰 소속 일반사법경찰관리와 검찰청 소속 일반사법경찰관리로 구분된다. 권한의 범위에 따라 일반사법경찰관리는 일반사법경찰'관'司法警察官과 일반사법경찰'리'司法警察吏로 구분된다. 일반사법경찰'관'은 검사와 상호협력으로 수사를 행하는 수사기관이지만 일반사법경찰'리'는 일반사법경찰관의 지휘를 받아 수사를 보조하는 기관이다.

1 국가경찰 및 자치경찰 소속의 일반사법경찰관리

2021년 3월 기준「사법경찰관리의 직무를 행할 자와 그 직무범위에 관한 법률」에 의하면 경무관, 총경, 경정, 경감, 경위는 사법경찰관으로서 범죄의 혐의가 있다고 사료하는 때에는 범인, 범죄사실과 증거를 수사한다고 규정되어 있다. 경사, 경장, 순경은 사법경찰리로서 수사의 보조를 하여야 한다.

과거 검찰은 일반사법경찰관리와 특별사법경찰관리 모두를 지휘·감독할 수 있었다. 하지만 2021년 1월 1일 시행된「검찰청법」에 의해 일반사법경찰관리에 대한 지휘·감독 권한은 폐지되었고, 특별사법경찰관리에 대해서만 범죄수사에 관해서 지휘·감독할 수 있다. 특별사법경찰관리는 삼림, 해사, 전매, 세무, 군수사기관, 그 밖에 특별한 사항에 관하여 사법경찰관리의 직무를 행하는 사법경찰관리를 말한다.

경찰이 1차적인 수사책임을 지는 수사권 개혁이 2021년 1월 1일부터 시행되면서 경찰은 1차적·일반적 수사권자로서 경·검 협력관계를 토대로 모든 범죄를 책임지고 수사하게 된다. 경찰청의 국가수사본부와 시·도경찰청의 수사경찰은 담당하는 범죄수사의 대상에 제한이 없다는 점에서 한정된 분야의 수사만을 대상으로 하는 특별사법경찰관리가 아니라 일반사법경찰관리이다.

일반사법경찰관리는 범죄수사에 있어서 국가수사본부장과 시·도경찰청장의 지휘를 받으며, 조직상으로는 행정안전부 산하의 경찰청과 시·도지사의 소속으로 되어 있다. 경찰공무원법은 경찰공무원의 계급을 치안총감, 치안정감, 경무관, 총경, 경정, 경감, 경위, 경사, 경장, 순경으로 구분하고 있다.

이 가운데 구체적으로 범죄수사의 임무에 종사하는 경무관 이하 경위까지의 경찰관이 사법경찰관에 해당하며, 경사 이하인 경사, 경장, 순경 등은 사법경찰리가 된다. 이는 모든 경찰관이 사법경찰리가 되는 것이 아니라 구체적으로 범죄수사의 임무에 종사하는 경찰관만이 사법경찰관리가 된다는 뜻이다.[10] 따라서 경찰청과 시·도경찰청 그리고, 경찰서 및 지구대에서 행정경찰업무를 담당하는 경찰관은 사법경찰관리가 아니다.

또한 검사와 사법경찰관리와의 관계에 있어서 검사는 일반사법경찰관리를 지휘·감독할 수 없으며, 특별사법경찰관리에 대해서만 지휘·감독한다. 따라서 일반사법경찰관리는 범죄

10　이은모,「형사소송법(제4판)」(서울: 박영사, 2014), pp. 169-170.

수사에 관한 검사와의 관계에 있어서 과거의 상명하복 관계가 아니라 상호협력 관계로 변경되었다. 하지만 검사와 특별사법경찰관리는 여전히 지휘·감독의 상명하복 관계이다.

Criminology & C·J systems

🔍 **경찰수사의 연원**

과거 대륙법계 국가는 수사와 기소, 그리고 재판을 규문법관이 모두 담당하는 규문주의 형사소송제도를 채택하였다. 이 당시 규문법관은 소수의 집행인Büttel만 데리고 중죄에 한해 직접적인 수사를 담당하였다. 이 당시 경찰은 상해죄, 모욕죄, 벌목절도 등에 대한 수사 및 소송을 담당하였다.

또한 1794년 프로이센 제국의 일반란트법Preussische Allemeine Landrecht은 "공공의 안녕과 질서유지"를 경찰의 임무로 규정함과 동시에 경찰에게 공공의 안녕과 평온을 방해하는 모든 범죄에 대한 '초동수사권'과 '임시조사권(일반란트법 제12조)' 및 독자적인 '증거수집권'Die preussische Kiminalordnung을 부여하여 실질적인 범죄수사권을 행사하도록 하였다.[11]

2 검찰청 소속의 일반사법경찰관리

경찰공무원으로서 사법경찰관리는 규정된 자 이외에 법률로써 일반사법경찰관리를 정할 수 있다. 이에 해당하는 예로는 검찰청법이 규정한 일반사법경찰관리를 들 수 있다. 경찰공무원외의 사법경찰관리는 별도의 법률로써 규정하고 있다.

검찰청에 소속된 검찰수사서기관, 수사사무관 및 마약수사사무관은 검사를 보좌하며 그 지휘를 받아 범죄수사를 행한다. 검찰서기·마약수사서기·검찰서기보 및 마약수사서기보는 검찰수사서기관·검찰사무관·수사사무관·마약수사사무관·검찰주사·마약수사주사·검찰주사보 또는 마약수사보를 보좌한다.

또한 검찰총장 및 각급 검사장의 지명을 받은 검찰주사·마약수사주사·검찰주사보·마약수사주사보는 사법경찰관의 직무를, 검찰서기·마약수사서기·검찰서기보 및 마약수사서기보는 사법경찰리의 직무를 각각 행한다. 이러한 검찰청 소속 사법경찰관리는 조직상 경찰청이 아니라 검찰청에 소속되어 있다는 점에서 경찰청 소속 사법경찰관리와 구별되며, 범죄수사

11 수사권조정자문위원회, 「검·경 수사권조정에 관한 공청회」, 2005, p. 46.

의 대상에 제한이 없다는 점에서 특별사법경찰관리와 구별된다.[12]

3 | 국가경찰과 자치경찰의 조직

1 국가경찰

❶ 국가경찰위원회

1991년 경찰법 제정으로 도입된 경찰위원회제도는 경찰의 정치적 중립과 민주적 정당성을 확보하기 위한 제도이다. 2021년 1월 기준 국가경찰위원회는 심의·의결기관으로 행정안전부 소속으로 설치되어 있다. 국가경찰위원회는 위원장 1명을 포함한 7명의 위원으로 구성하되, 위원장 및 5명의 위원은 비상임非常任으로 하고, 1명의 위원은 상임常任으로 한다. 위원은 행정안전부장관의 제청으로 국무총리를 거쳐 대통령이 임명한다.

❷ 경찰청

치안에 관한 사무를 관장하게 하기 위하여 행정안전부장관 소속하에 경찰청을 둔다. 경찰청장을 두되, 경찰청장은 치안총감으로 보하며, 경찰청장은 국가경찰위원회의 동의를 받아 행정안전부장관의 제청으로 국무총리를 거쳐 대통령이 임명한다.

2021년 1월 기준 경찰청은 경찰청장을 중심으로 1차장, 1본부장, 9국, 10관, 31과, 23담당관으로 구성되어 있다. 구체적으로 생활안전국·교통국이 민생치안을, 수사기획조정관·과학수사관리관·수사국·형사국·사이버수사국·안보수사국이 소속된 국가수사본부가 수사를 담당한다. 경비국·공공안녕정보국·외사국이 사회질서 유지를, 대변인·감사관·기획조정관·경무인사기획관·정보화장비정책관이 행정지원을 각각 담당한다.

부속기관으로는 경찰대학·경찰인재개발원·중앙경찰학교·경찰수사연수원 등 4개의 교육기관과 책임운영기관인 경찰병원이 있다. 또한 치안사무를 지역적으로 분담 수행하기 위하여 전국 특별시·광역시·도에 18개 시·도경찰청을 두고 있다. 시·도경찰청장 소속하에 경찰서 257개, 지구대 585개, 파출소 1,437개를 운영 하고 있다.

---

12   신동운, 전게서, p. 49.

[그림 4-3] 경찰청 조직도(2021년 1월 기준)

회색글씨: 신설 조직
파란글씨: 개편 조직

경찰청장

감사관	대변인
감사담당관 감찰담당관 인권보호담당관	홍보담당관

차 장

국가수사본부

기획조정관	정보화장비정책관
혁신기획조정담당관 재정담당관 규제개혁법무담당관 자치경찰담당관	정보화장비기획담당관 정보통신담당관 장비운영담당관

치안빅데이터정책담당관

수사인권담당관

경무인사기획관	치안상황관리관
경무담당관 인사담당관 교육정책담당관 복지정책담당관 양성평등정책담당관	

수사기획조정관	과학수사관리관
수사운영지원담당관 수사심사정책담당관	과학수사담당관 범죄분석담당관

생활 안전국	교통국	경비국	공공안녕 정보국	외사국	수사국	형사국	사이버 수사국	안보 수사국
범죄예방정책과 생활질서과 아동청소년과 여성안전기획과	교통기획과 교통안전과 교통운영과	경비과 위기관리센터 경호과 항공과	정보관리과 정보분석과 정보상황과 정보입력과	외사기획정보과 인터폴국제공조과 국제협력과	경제범죄수사과 반부패공공범죄수사과 범죄정보과 중대범죄수사과	강력범죄수사과 (교통수사계) 마약조직범죄수사과 여성·청소년범죄수사과	사이버수사기획과 사이버범죄수사과 디지털포렌식센터	안보기획관리과 안보수사지휘과 안보범죄분석과 안보수사과
여성·청소년 안전기획관			공공안녕 정보심의관					

출처: 행정안전부

또한 경찰청에 차장을 두되, 차장은 치안정감으로 보하며, 차장은 경찰청장을 보좌하며, 경찰청장이 부득이한 사유로 직무를 수행할 수 없을 때에는 그 직무를 대행하게 된다. 그리고 경찰청장·차장·국장 또는 부장 밑에 정책의 기획이나 계획의 입안 및 연구조사를 통하여 그를 직접 보좌하는 담당관을 둘 수 있다.

2021년 기준 경찰청장의 계급은 치안총감이며, 계급장도 태극무궁화 4개이다. 군의 참모

총장에 해당하는 대장급이다. 정부의 17개 청廳급 행정기관 중에 검찰청을 제외한 경찰청·국세청 등 16개 청은 모두 기관장이 차관급이거나 차관급 예우를 받고 있다.

경찰청장은 '공무원보수규정' 등을 통해 차관급 대우를 받는다. 다만 검찰총장은 수사·기소를 총괄하는 준準사법적 기능을 수행하는 만큼, 독립성 보장 차원에서 예외적으로 장관급 예우를 받고 있다.

경찰청장은 경찰의 수사에 관한 사무의 경우에는 개별 사건의 수사에 대하여 구체적으로 지휘·감독할 수 없다. 다만, 국가수사본부장을 통하여 개별 사건의 수사에 대하여 구체적으로 지휘·감독할 수 있다.

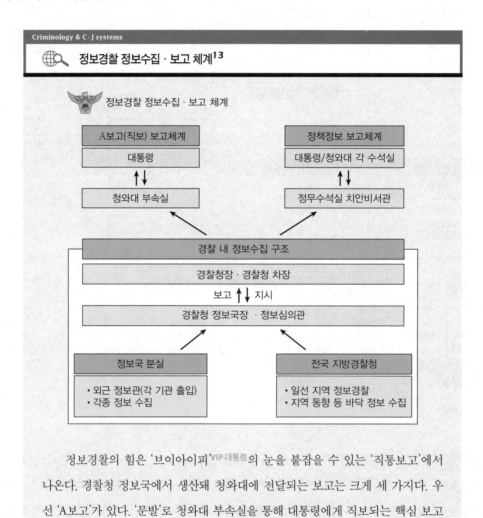

Criminology & C·J systems

정보경찰 정보수집 · 보고 체계[13]

정보경찰 정보수집 · 보고 체계

A보고(직보) 보고체계	정책정보 보고체계
대통령	대통령/청와대 각 수석실
↑↓	↑↓
청와대 부속실	정무수석실 치안비서관

경찰 내 정보수집 구조

경찰청장 · 경찰청 차장

보고 ↑↓ 지시

경찰청 정보국장 · 정보심의관

| 정보국 분실 | 전국 지방경찰청 |
| • 외근 정보관(각 기관 출입)
• 각종 정보 수집 | • 일선 지역 정보경찰
• 지역 동향 등 바닥 정보 수집 |

정보경찰의 힘은 '브이아이피'VIP·대통령의 눈을 붙잡을 수 있는 '직통보고'에서 나온다. 경찰청 정보국에서 생산돼 청와대에 전달되는 보고는 크게 세 가지다. 우선 'A보고'가 있다. '문발'로 청와대 부속실을 통해 대통령에게 직보되는 핵심 보고

13 임재우·서영지, "정보 올리면 '승진' 내려와…청와대-정보경찰 그들만의 공생" 「한겨레」, 2019.06.10.

서다. '문발'은 '문서를 발 달린 사람 편에 보낸다'는 경찰 은어다. 그만큼 중요하다
는 얘기다. A보고는 일주일에 한차례 정도 이뤄지는데, 주로 '민심 동향' 제목이 달
린다. 특히 선거철에 '호남 분위기', '경북 분위기'에 대한 상세한 분석이 보고됐다고
한다.

　　청와대 지시로 만들어지는 '대통령 별보'도 있다. 대통령이 읽는 A보고는 몇 쪽
에 그치지만, 청와대 치안비서관실을 거쳐 정무수석실에 보고되는 별보는 양이 많
고 훨씬 구체적이다.

　　마지막으로 청와대 각 수석실로 전달되는 '정책정보'가 있다. '정책정보'는 전
국 각지의 정보경찰과 국회·행정부처·언론사 등을 출입하는 정보분실 소속 정보
관[10]이 수집한 밑바닥 정보가 압축돼 있다.

❸ 국가수사본부

● 국가수사본부 관련법의 제정 목적

국가수사본부의 전신은 경찰청 수사국, 형사국, 보안국, 과학수사대 등이며 2021년 1월 1
일 「국가경찰과 자치경찰의 조직 및 운영에 관한 법률」 시행에 따라 설립되었다. 국수본 조직
은 기존 경찰청 수사기능을 확대·재편해 구성되었다. 경찰청 기획조정관에 비견되는 수사기
획조정관이 신설돼 조직·예산 등 지원 업무는 물론 수사 관련 이의·진정 등에 대한 조사를 담
당한다. 과 단위에서 담당하던 형사 분야는 형사국으로 확대되고, 보안국은 안보수사국으로
재편돼 대공수사권 이관을 준비한다.

또 국수본부장 직할로 수사인권담당관을 두고 수사 과정의 인권보호 업무를 전담한다.
기존 경찰청 내 조직이었던 수사국, 사이버수사국(사이버안전국), 과학수사관리관 등도 국수본
에 편제된다.

국가수사본부는 수사경찰, 국가경찰, 자치경찰로 나뉘게 된 경찰 업무 가운데 직접수사
를 총괄하는데 미국 연방수사국, FBI와 비슷한 구조이다. 수사권 조정에 따라 공직자범죄와
선거범죄, 방위사업범죄, 대형참사 등 6대 중대범죄를 제외한 대다수 사건의 수사권과 종결
권을 국가수사본부가 갖는다. 따라서 그동안은 고발장을 경찰에 직접 낼 수도, 검찰에 접수해
경찰로 내려 보낼 수도 있었지만 앞으로는 이 6대 범죄가 아니면 경찰에서만 접수를 받는다.

● 국가수사본부의 조직

　국가수사본부장 산하로 경찰청의 수사부서가 통합되고, 경찰 수사에 관해 시·도경찰청
장·경찰서장과 수사부서 소속 공무원을 지휘·감독하는 전문적인 수사지휘체계를 갖추었다.
경찰청에 국가수사본부(본부장: 치안정감)를 설치하고, 산하에 2관(수사기획조정관, 과학수사관리
관), 4국(수사국·형사국·사이버수사국·안보수사국·1담당관(수사인권담당관)을 둔다. '수사기획조정관
(치안감)'은 수사경찰에 대한 행정지원 및 심사·정책을 총괄하고, 4개 국(수사국, 형사국, 사이버수
사국, 안보수사국)은 범죄유형별 중요사건에 대한 수사 지휘를 담당한다.

　특히, 기존 보안국을 '안보수사국'으로 개편하여 기존 보안업무와 함께 대공수사업무, 산
업기술유출·테러·방첩수사 등 신안보사범 수사업무까지 확대하고, 향후 국정원으로부터 대
공수사권을 이관받을 수 있는 준비체제를 총괄한다. 경찰 수사과정에서의 인권침해를 방지
하기 위해 국가수사본부장 직속 보좌기관으로 '수사인권담당관'도 설치한다.

[그림 4-4]　신설 국가수사본부 조직도

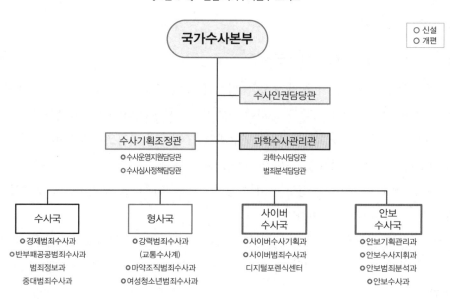

출처: 경찰청

[표 4-3] 국가수사본부의 조직

형벌의 종류	내용
구성 (제16조)	• 경찰청에 국가수사본부를 두며, 국가수사본부장은 치안정감으로 보한다. • 국수본부장은 3만여 명이 넘는 전국 수사경찰과 함께 경찰 수사에 관해 18개 시·도경찰청장 및 경찰서장과 수사부서 소속 공무원을 총괄 지휘·감독하는 등 책임성과 전문성이 중요한 자격 요건이다. ※ 경찰청장의 개별 사건에 대한 구체적인 수사지휘권은 원칙적으로 폐지
임명	국수본부장 선발절차는 외부전문가를 위원장으로 하고 반 이상을 외부위원으로 구성한 임용후보자 종합심사위원회의 심사(서류심사 → 신체검사 → 종합심사) → 경찰청장 추천→ 행정안전부장관 제청 → 국무총리 경유 → 대통령 임용 순이다.
자격 (제16조)	국가수사본부장은 다음 각 호의 자격을 갖춘 사람 중에서 임용한다. ① 10년 이상 수사업무에 종사한 사람 중에서 고위공무원단에 속하는 공무원, 3급 이상 공무원 또는 총경 이상 경찰공무원으로 재직한 경력이 있는 사람 ② 판사·검사 또는 변호사의 직에 10년 이상 있었던 사람 ③ 변호사 자격이 있는 사람으로서 국가기관, 지방자치단체, 「공공기관의 운영에 관한 법률」 제4조에 따른 공공기관에서 법률에 관한 사무에 10년 이상 종사한 경력이 있는 사람 ④ 대학이나 공인된 연구기관에서 법률학·경찰학 분야에서 조교수 이상의 직이나 이에 상당하는 직에 10년 이상 있었던 사람
임기 (제16조)	• 국가수사본부장의 임기는 2년으로 하며, 중임할 수 없다(2년 단임제). • 국가수사본부장은 임기가 끝나면 당연히 퇴직한다. • 국가수사본부장이 직무를 집행하면서 헌법이나 법률을 위배하였을 때에는 국회는 탄핵 소추를 의결할 수 있다.
결격사유 (제16조)	국가수사본부장을 경찰청 외부를 대상으로 모집하여 임용하는 경우 다음 각 호의 어느 하나에 해당하는 사람은 국가수사본부장이 될 수 없다. ① 복수국적자 결격사유에 해당하는 사람 ② 정당의 당원이거나 당적을 이탈한 날부터 3년이 지나지 아니한 사람 ③ 선거에 의하여 취임하는 공직에 있거나 그 공직에서 퇴직한 날부터 3년이 지나지 아니한 사람 ④ 판사·검사의 직에서 퇴직한 날로부터 1년이 지나지 아니한 사람 ⑤ 변호사 자격이 있는 사람으로서 국가기관, 지방자치단체, 「공공기관의 운영에 관한 법률」 제4조에 따른 공공기관에서 법률에 관한 사무에 10년 이상 종사한 경력이 있는 사람 중에서 국가기관 등에서 퇴직한 날로부터 1년이 지나지 아니한 사람
하부조직 (제17조)	• 경찰청의 하부조직은 본부·국·부 또는 과로 한다. • 경찰청장·차장·국가수사본부장·국장 또는 부장 밑에 정책의 기획이나 계획의 입안 및 연구·조사를 통하여 그를 직접 보좌하는 담당관을 둘 수 있다.

출차: 법제처

2 자치경찰

❶ 시·도경찰위원회

시·도자치경찰위원회는 자치경찰사무를 관장하게 하기 위하여 특별시장·광역시장·특별자치시장·도지사·특별자치도지사 소속으로 시·도자치경찰위원회를 둔다. 시·도자치경찰위원회는 합의제 행정기관으로서 그 권한에 속하는 업무를 독립적으로 수행한다.

시·도자치경찰위원회는 위원장 1명을 포함한 7명의 위원으로 구성하되, 위원장과 1명의 위원은 상임으로 하고, 5명의 위원은 비상임으로 한다. 위원은 특정 성性이 10분의 6을 초과하지 아니하도록 노력하여야 한다. 위원 중 1명은 인권문제에 관하여 전문적인 지식과 경험이 있는 사람이 임명될 수 있도록 노력하여야 한다.

시·도자치경찰위원회 위원은 다음의 사람을 시·도지사가 임명한다. ① 시·도의회가 추천하는 2명, ② 국가경찰위원회가 추천하는 1명, ③ 해당 시·도 교육감이 추천하는 1명, ④ 시·도자치경찰위원회 위원추천위원회가 추천하는 2명, ⑤ 시·도지사가 지명하는 1명 등이다.

❷ 시·도경찰청

2021년 1월 1일 「국가경찰과 자치경찰의 조직 및 운영에 관한 법률」을 제정하여 자치경찰제를 도입하였으며, 7월 1일부로 시행하였다. 이에 따라 시·도경찰청에 시·도경찰청장을 두며, 시·도경찰청장은 치안정감治安正監·치안감治安監 또는 경무관警務官으로 보한다.

시·도경찰청장은 경찰청장이 시·도자치경찰위원회와 협의하여 추천한 사람 중에서 행정안전부장관의 제청으로 국무총리를 거쳐 대통령이 임용한다. 시·도경찰청장은 국가경찰사무에 대해서는 경찰청장의 지휘·감독을 받는다.

자치경찰사무에 대해서는 시·도자치경찰위원회의 지휘·감독을 받아 관할구역의 소관 사무를 관장하고 소속 공무원 및 소속 경찰기관의 장을 지휘·감독한다. 다만, 수사에 관한 사무에 대해서는 국가수사본부장의 지휘·감독을 받아 관할구역의 소관 사무를 관장하고 소속 공무원 및 소속 경찰기관의 장을 지휘·감독한다.

시·도자치경찰위원회는 자치경찰사무에 대해 심의·의결을 통하여 시·도경찰청장을 지휘·감독한다. 다만, 시·도자치경찰위원회가 심의·의결할 시간적 여유가 없거나 심의·의결이 곤란한 경우 대통령령으로 정하는 바에 따라 시·도자치경찰위원회의 지휘·감독권을 시·도경찰청장에게 위임한 것으로 본다.

또한, 시·도경찰청은 기존 차장·부장을 3부체제로 전환하면서 3부에 '자치경찰 차장 또는 부部'(제주·세종청 제외)를 신설하여 국가-수사-자치 사무로 구분된 지휘·감독 체계에 적합한 조직으로 개편되었다. 서울청은 치안감인 3차장제로 전환하고, 14개 시도경찰청[14]은 경무관인 3부 체제로 개편하여 국가사무, 수사사무, 자치사무를 분담하여 수행한다.

또한 서울 등 12개 시·도경찰청(서울, 부산, 대구, 인천, 광주, 대전, 경기남, 경기북, 충남, 전남, 경북, 경남)에 3부 체제 중 수사를 총괄하는 2부장(수사차장·부장)을 보좌하는 '수사심사담당관'을 신설하여 사건 종결에 대한 적정성, 추가 수사 필요성, 체포·구속영장 신청 적절성 등에 대한 업무를 수행한다.

한편, 법 시행에 따라 기존 '지방경찰청' 명칭은 '21년 1월 1일부터 '○○시경찰청' 또는 '○○도경찰청'으로 변경되었다. 예를 들면, 서울특별시지방경찰청 → 서울특별시경찰청으로, 부산지방경찰청 → 부산광역시경찰청으로, 경남지방경찰청 → 경남도경찰청으로 변경되었다.

시·도경찰청의 조직을 서울특별시경찰청, 경기남부경찰청, 부산광역시경찰청 그리고 대구광역시경찰청을 중심으로 살펴보면 다음과 같다.

[그림 4-5] 서울특별시경찰청 조직도(2021년 1월 기준)

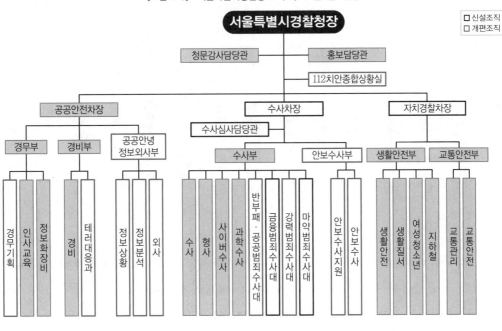

출처: 서울경찰청

---

14 12개 시도경찰청(대구, 광주, 대전, 울산, 경기북, 강원, 충북, 충남, 전북, 전남, 경북, 경남)은 3부 신설, 부산(3부)·인천(3부)·경기남부(4부)는 기존체제를 재편하고, 제주청은 1차장 체제를 유지한다.

[그림 4-5]에서 보는 것처럼 수도서울의 치안을 책임지는 서울특별시경찰청(청장 치안정감)은 1차장제에서 3차장제로 변경되었다. 공공안전차장(치안감) 밑에는 경무부, 경비부, 공공안녕정보외사부가 있다. 수사차장(치안감) 밑에는 수사부와 안보수사부가 있다. 자치경찰차장(치안감) 밑에는 생활안전부와 교통안전부가 있다.

또한 서울특별시경찰청 소속으로 국회경비를 담당하는 국회경비대, 청와대 경비를 담당하는 101경비단 및 202경비대, 정부청사 경비를 담당하는 정부중앙청사경비대, 수도공항인 김포공항을 경비하는 김포공항경찰대, 테러진압작전 등의 임무를 수행하는 경찰특공대 등이 소속되어 있다.

[그림 4-6] 경기남부경찰청(치안정감) 조직도(2021년 1월 기준)

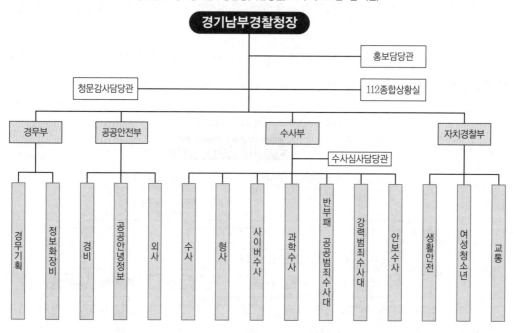

출처: 경기남부경찰청

[그림 4-6]에서 보는 것처럼 경기남부경찰청(청장 치안정감)은 1차장제에서 4부장제로 변경되었다. 공공안전부, 수사부, 자치경찰부의 4부 체제로 편제되어 있다. 경찰서 31개, 지구대 91, 파출소 152, 기동순찰대 3, 기동단(기동부대: 경찰관기동대 8, 의경중대 8) 등으로 구성되어 있다.

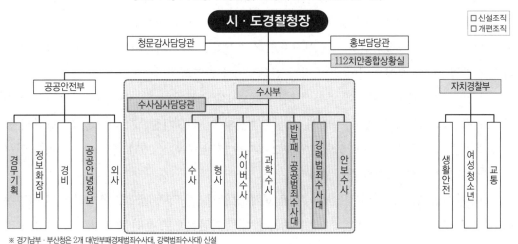

[그림 4-7]   부산광역시경찰청(치안정감) 조직도(2021년 1월 기준)

※ 경기남부 · 부산청은 2개 대(반부패경제범죄수사대, 강력범죄수사대) 신설

출처: 행정안전부

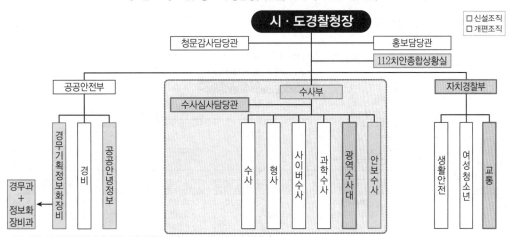

[그림 4-8]   대구 등 12개 경찰청(치안감) 조직도(2021년 1월 기준)

※ 대구 · 인천 · 경남청은 광역수사대(과단위 기구) 설치(여타 청은 수사과 · 형사과 내 계단위 유지)

출처: 행정안전부

④ 경찰서

경찰서에 경찰서장을 두며, 경찰서장은 경무관, 총경 또는 경정으로 보한다. 경찰서장은 시·도경찰청장의 지휘·감독을 받아 관할구역의 소관 사무를 관장하고 소속 공무원을 지휘·감독한다.

또한, 1급지 경찰서(74개)에 심사전담 기구로 '수사심사관'을 설치하고, 전국 경찰서에 수사 심사인력을 배치하여 수사의 전문성·공정성을 강화할 예정이다.

경찰서장 소속으로 지구대 또는 파출소를 두고, 그 설치기준은 치안수요·교통·지리 등 관할구역의 특성을 고려하여 행정안전부령으로 정한다. 다만, 필요한 경우에는 출장소를 둘 수 있다. 시·도자치경찰위원회는 정기적으로 경찰서장의 자치경찰사무 수행에 관한 평가결과를 경찰청장에게 통보하여야 하며 경찰청장은 이를 반영하여야 한다.

전국의 경찰서는 그 규모에 따라서 1급지(대도시형), 2급지(중소도시형), 3급지(농어촌형) 경찰서로 나뉘게 되는데 특별시, 광역시, 도청소재시와 인구를 기준으로 하고 있다. 경찰서 등급 결정기준 중 1급지는 인구 25만 명이상, 2급지는 15만 명 이상 25만 명 미만, 3급지는 인구 15만 명 미만의 군에 소재한 경찰서이다.

경무관서장제는 2012년 경찰법 개정을 통해 경찰서장을 경무관으로 보임하여 '중심경찰서 제도'를 도입할 수 있는 법적 근거가 마련된 이후 연차적으로 추진 중이다. 치안수요가 많은 광역단위 소재 1급지 경찰서 중 행정안전부와 기획재정부가 심사를 통해 선정한다.

2021년 1월 기준 경무관서장제가 도입된 곳은 ① 서울송파, ② 서울강서, ③ 부산해운대, ④ 대구성서, ⑤ 인천남동, ⑥ 광주광산, ⑦ 수원남부, ⑧ 분당, ⑨ 부천원미, ⑩ 청주흥덕, ⑪ 전주완산, ⑫ 창원중부 등 12곳이다.

[그림 4-9] 서초경찰서(총경 경찰서) 조직도(2021년 1월 기준)

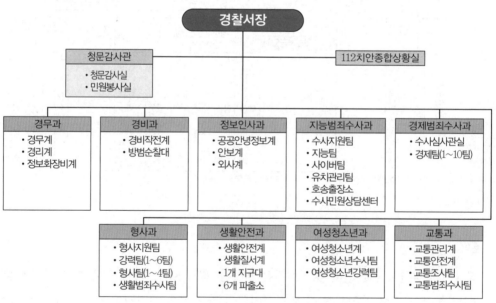

출처: 서초경찰서

[그림 4-9]에서 보는 것처럼 서초경찰서장 소속하에 112치안종합상황실과 청문감사관이 있으며 경무과, 경비과, 정보안보외사과, 지능범죄수사과, 경제범죄수사과, 형사과, 생활안

전과, 여성청소년과, 교통과 등이 있다.

[그림 4-10] 창원중부경찰서(경무관 경찰서장) 조직도(2021년 1월 기준)

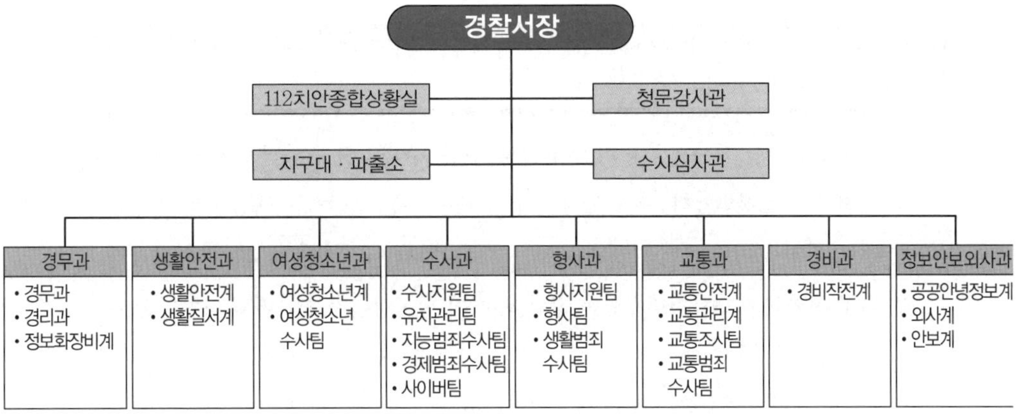

출처: 창원중부경찰서

❹ 순찰지구대

2013년 개정되고, 2018년 시행되고 있는 경찰법 제17조에 의하면 "경찰서장 소속하에 지구대 또는 파출소를 두고, 그 설치기준은 치안수요·교통·지리 등 관할구역의 특성을 고려하여 행정안전부령으로 정한다. 다만, 필요한 경우에는 출장소를 둘 수 있다"고 되어 있다.

2009년에 제정되고, 2013년 10월에 개정된 경찰청 훈령 '지역경찰의 조직 및 운영에 관한 규칙'에 따라서 지역경찰관서(지구대 및 파출소)가 운영되고 있다. 순찰지구대는 2003년 9월 경찰청 훈령에 의해 과거 파출소를 통·폐합하여 지구대 체제로 정비하였다.

[그림 4-11] 순찰지구대 일반 조직도

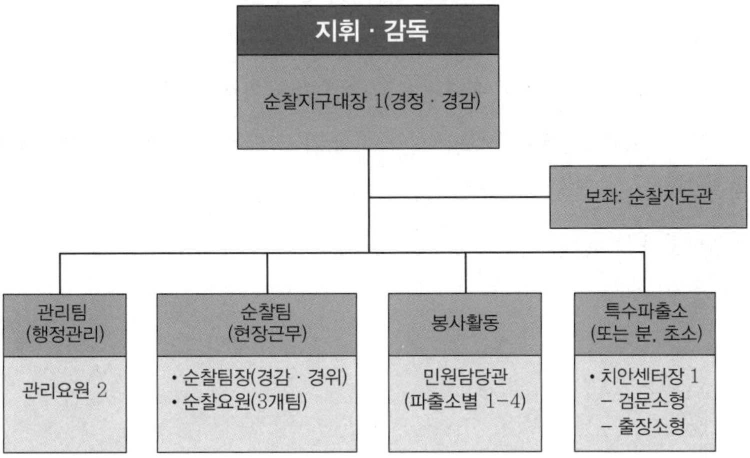

제1장 수사기관

위 그림에서 보는 것처럼 순찰지구대는 지구대장, 관리팀, 순찰팀 그리고 치안센터 등으로 구성되어 있다. 지구대장은 경정 혹은 경감이, 순찰팀장은 경감 혹은 경위가 맡는다.

Criminology & C·J systems

정보 리바이어던Leviathan 15

정치적 중립 의무를 저버리며 정권과 '한몸'이 되었던 고위직 정보경찰은 '요직 승진'으로 보상받았다. 과거 정치 관련 정보를 수집·생산하는 핵심 보직인 경찰청 정보2과장을 지낸 어떤 경찰관은 청와대 치안비서관실 행정관, 경찰청 정보국장을 거쳐 청와대 사회안전비서관을 맡았다. 이어 서울경찰청장을 거쳐 경찰청장 자리에 올랐다.

또한 경찰청 정보국장과 청와대 치안비서관실 선임행정관도 과거 정부 시절 2년도 안 되는 기간에 총경(경찰청 정보2과장) → 정보국장(경무관) → 치안감(청와대 치안비서관)으로 고속 승진했다. 이들이 '영전'을 거듭하던 시기는 정보경찰이 총선과 지방선거 등에서 선거개입 문건 등을 작성했던 시기와 비슷하게 겹친다.

정보경찰의 대부분을 이루며 '수족' 구실을 하는 것은 하위직 정보관이다. 전국에 3천 명가량 있다. 정부 기조에 맞는 정보를 생산해야만 인정받을 수 있는 인사평가 시스템 속에서 위험한 정보수집 활동도 마다하지 않았다.

대통령 또는 비서실장이 주재하는 청와대 수석비서관 회의에서 나온 '강조사항 말씀'이 정무수석을 통해 치안비서관실에 전달되면, 이는 다시 경찰청 정보국을 통해 전국의 정보경찰에 전파된다. '대통령 국정철학'이 정보수집 가이드라인이 된다. 경찰은 "평소 (대통령의) 말씀, 강조사항, 행동 등을 유심히 살펴 국정기조에 맞는 보고서를 작성해야만 국민의 불편·불만을 전달할 수 있다"(정보경찰 대상 자체 교육자료)고 강조해왔다.

'기조'에 맞는 정보는 '채택'되지만 그렇지 않은 정보는 '킬'(폐기)됐다. '정책정보'로 채택된 보고서가 많은 정보관은 '가점 평가'를 받는다. 실적은 순위가 매겨져 '공지'됐다. 경쟁을 부추긴 것이다. 검찰은 "일부 정보경찰은 스스로를 '점수의 노예'라며 한탄했다"고 전했다.

---

15 상게기사, 재구성.

제4절 | 특별사법경찰기관

1 | 특별사법경찰기관의 의의

1 특별사법경찰관리의 개념

우리는 조직상으로 행정경찰과 사법경찰로 구분하지 않고 일반경찰기관인 경찰이 양자를 아울러 관장하고 있기 때문에 이론상으로만 구별을 하고 있다. 행정경찰은 일반경찰작용이기 때문에 행정법규의 적용을 받지만 사법경찰은 형벌권에 대한 작용이기 때문에 형사소송법의 적용을 받고 검사의 지휘를 업무를 수행하게 된다.

Criminology & C·J systems

🌐 행정경찰과 사법경찰의 구별

사법경찰司法警察과 함께 논의되는 용어가 행정경찰行政警察이라는 용어이다. 행정경찰은 경찰행정법의 집행과 단속을 주된 업무로 하는 경찰의 활동을 의미하는데 반해서 사법경찰은 범죄의 수사업무를 담당하는 경찰의 활동을 말한다.

사법경찰은 형사사법작용의 일부이므로 실질적 의미의 경찰작용에 속하지 않으며, 형식적 의미의 경찰작용에 속한다. 실정법은 검사의 지휘하에 사법경찰관리로 하여금 각종 영장을 집행하고, 수사를 하고 있으므로 형식적 의미의 경찰작용이다.

이 중 특수 분야의 수사를 담당하는 사법경찰관리를 특별사법경찰관리特別司法警察官吏라고 한다. 일반사법경찰관리로 규정한 이외의 자는 법률로써 사법경찰관리를 정할 수 있다.

삼림·해사·전매·세무·군수사기관 기타 특별한 사항에 관하여 사법경찰관리의 직무를 행할 자와 그 직무의 범위는 법률로써 정한다. 예를 들어, 교도소장, 구치소장, 소년원장, 근로감독관 등의 경우가 여기에 속한다.[16]

특별사법경찰관리는 특수분야의 수사를 담당하는 사법경찰관리를 말하며, 그 직무담당자와 직무범위는 '사법경찰관리의 직무를 행할 자와 그 직무범위에 관한 법률' 및 특별법규에

---

16 배종대·이상돈, 「형사소송법」 (서울: 홍문사, 2006), p. 178.

규정되어 있다.

오늘날의 현대사회는 인구의 증가와 경제규모의 확대 그리고 사회구조의 다양화 및 전문화가 이루어지고 있다. 특히 범죄적인 측면에서 고도로 지능화되고, 전문화된 범죄양상은 이에 대한 전문수사기관의 대응을 요구하고 있다.

전문화된 범죄와 특정한 지역이나 시설에 대한 범죄 등은 경찰을 중심으로 한 일반사법경찰관리의 활동으로는 범죄양상을 파악하기도 어렵고, 설사 파악한다고 하더라도 이에 대한 수사를 위해서는 많은 시간과 노력을 투자해야 하기 때문에 범죄단속과 수사효율성을 유지하기가 어려운 실정이다.[17]

따라서 고도의 전문성을 요구하거나 특수한 분야의 수사를 위해서 전문적 직무를 담당하는 공무원에게 수사를 맡기는 것이 수사의 효율성을 제고할 수 있으며, 이러한 필요성에 의해서 특별사법수사기관을 설치하게 된 것이다.

2 특별사법경찰관리의 법적 근거

사법경찰관리로서 직무를 행할 수 있는 법적 근거는 형사소송법 제245조 10에 두고 있다. 형사소송법 제245조 10에서는 삼림·해사·전매·세무·군수사기관 기타 특별한 사항에 관하여 사법경찰관리의 직무를 행할 자와 그 직무의 범위는 법률로 정하도록 하고 있는데, 이는 같은 법 제245조 10에 의거한 예시규정이며, 같은 법 제245조 10의 근거에 의하여 제정된 법률이 '사법경찰관리의 직무를 행할 자와 그 직무범위에 관한 법률'인 것이다.

따라서 특별사법경찰관으로서 그 직무를 행사하기 위해서는 위 법률에 의하여 사법경찰관리로서 직무를 행사할 수 있도록 제한적으로 규정된 자와 기타 법률에 의하여 직무가 부여된 자에 한하며, 그 권한의 범위가 사항적·지역적으로 제한되어 있는 점에 특징이 있으며, 사법경찰관리로서의 권한과 지위에 있어서는 일반사법경찰관리와 같다.[18]

---

17 김희옥, "특별사법경찰관리,"「고시연구」, 17(8), 1990, p. 131.

18 대검찰청d,「수사실무」, 1983, pp. 9-10.

2 ‖ 특별사법경찰기관의 종류

1 특별경찰행정관청

경찰행정관청이란 위험방지임무에 관한 국가의사를 결정하고 이를 외부에 표시할 수 있는 권한을 가진 기관을 의미한다. 경찰행정관청은 다시 일반경찰행정관청과 특별경찰행정관청으로 구분된다. 일반경찰행정관청이란 '경찰법'과 '경찰관직무집행법'의 임무와 직무를 행하는 행정관청을 말하며, 일반경찰행정관청은 보통경찰관청이라고도 한다.

특별경찰행정관청이란 특정의 전문영역에서 경찰상의 권한을 가진 행정기관으로서 조직상 일반경찰행정청에 속하지 않는 행정청을 말하며, 특별경찰행정관청을 협의의 행정관청이라고도 한다. 특별경찰행정청의 조직과 임무는 관련 특별법에서 규정되고 있으며, 특별경찰행정청은 일반적으로 각 주무부서의 장관, 외청의 장, 지방자치단체의 장, 특별행정기관의 장으로 이루어져 있다.[19]

특별행정관청의 종류를 예시해 보면, ① 삼림경찰의 경우, 삼림청장, ② 보건위생경찰의 경우, 보건복지가족부장관, ② 영업경찰의 경우, 행정안전부장관·지식경제부장관, ③ 출입국경찰의 경우, 법무부장관, ④ 경제경찰의 경우, 지식경제부장관, ⑤ 가축경찰의 경우, 보건복지가족부장관, ⑥ 관세경찰의 경우, 관세청장, ⑦ 철도경찰의 경우, 국토해양부장관, ⑧ 군경찰의 경우, 국방부장관, ⑨ 위생경찰의 경우, 지방자치단체의 장 등이 있다.[20]

2 특별경찰행정집행기관

특별경찰행정청의 집행기관은 해당 관청의 소속 공무원(예를 들면, 삼림공무원, 철도공안공무원 등)이 된다. 특별경찰행정청의 업무와 관련하여 발생하는 범죄를 수사하고 범인을 체포하는 업무를 특별경찰행정집행기관인 당해 소속 공무원이 하게 된다.[21]

일반경찰행정집행기관과 특별경찰행정집행기관의 관계는 특별경찰행정집행기관의 권한영역 내에서는 기본적으로 일반경찰행정집행기관이 활동할 수 없다. 특별경찰행정집행기관이 우선한다. 특별경찰행정집행기관에 권한이 없는 경우에 비로소 일반경찰행정집행기관

---

19 김정욱, "특별사법경찰관제도의 관련법제 고찰과 발전방안에 관한 연구," 한양대학교 석사학위논문, 2002, p. 13.

20 홍정선, 「행정법원론(下)」 (서울: 박영사, 2002), pp. 282-283 재구성.

21 김정욱, 전게논문, p. 14.

이 관련법령에 따라 활동하게 된다. 예를 들어, 철도 내에서 절도사건이 발생한 경우, 경찰과 철도공안 모두 수사를 할 수 있다. 하지만 철도는 특별경찰행정집행기관인 철도공안의 권한에 속하기 때문에 일반경찰행정집행기관인 경찰보다 우선적으로 수사를 하게 된다는 것이다.

특별사법경찰관리는 직무의 특수성으로 인하여 법률로 권한행사를 할 자와 그 직무범위가 정해지므로 그 자격요건과 지명요건은 엄격히 제한되어 있다.[22] 현행법상 특별사법경찰관리로서 직무가 부여되어 이를 행할 수 있는 자는 '사법경찰관리의직무를행할자와그직무범위에관한법률'에 의하여 다음과 같은 유형으로 분류된다.[23]

❶ 자동적으로 직무를 행할 수 있는 자로서 지명을 요하지 않는 자

● 교도소장 · 구치소장 · 소년원장 등

교도소·소년교도소·구치소 또는 그 지소의 장, 소년원 또는 그 분원의 소년분류심사원 또는 그 지원의 장, 보호감호소·치료감호소 또는 그 지소의 장은 관할구역 내에서 발생하는 범죄에 관하여 사법경찰관의 직무를 행한다.

● 교정시설 순회점검업무에 종사하는 국가공무원

'형의 집행 및 수용자의 처우에 관한 법률' 제8조에 따른 교정시설 순회점검업무에 종사하는 4급 내지 7급의 국가공무원은 교정시설 안에서 발생하는 범죄에 관하여 사법경찰관의 직무를 행하고, 8급·9급 국가공무원은 당해 범죄에 관하여 사법경찰리의 직무를 행한다.

● 출입국관리업무에 종사하는 국가공무원

출입국관리업무에 종사하는 4급부터 7급까지의 국가공무원은 출입국관리에 관한 범죄에 관하여 사법경찰관의 직무를 행하고, 8급·9급의 국가공무원은 당해 범죄에 관하여 사법경찰리의 직무를 수행한다.

❷ 관할 지검장의 지명을 요하지 않으나 반드시 명단을 보고하는 국가공무원

산림보호에 종사하는 공무원으로 산림청과 그 소속 기관(산림항공관리소는 제외한다), 특별시·광역시·도(특별자치도를 포함) 및 시·군·구에서 산림 보호를 위한 단속 사무를 전담할 자로서 그 소속 기관의 장이 관할 지방검찰청검사장에게 보고한 임업주사 및 임업주사보는 사법

---

22   김희옥, 전게논문, p. 131.
23   김정욱, 전게논문, pp. 13-16.

경찰관의 직무를, 임업서기 및 임업서기보는 사법경찰리의 직무를 수행한다.

❸ 소속 관서의 장 제청에 의하여 검사장이 지명한 자

소속 관서의 장의 제청에 의하여 그 근무지를 관할하는 지방검찰청검사장이 지명한 자 중 7급 이상의 국가공무원 또는 지방공무원 및 소방위 또는 지방소방위 이상의 소방공무원은 사법경찰관의 직무를, 8급·9급의 국가공무원 또는 지방공무원 및 소방장 또는 지방소방장 이하의 소방공무원은 사법경찰리의 직무를 수행한다.

❹ 국가정보원 직원

국가정보원 직원으로서 국가정보원장이 지명하는 자는 국가정보원법에 규정된 범죄에 관하여 사법경찰관리의 직무를 행할 자와 그 직무범위에 관한 법률 및 군사법원법이 정하는 바에 의하여 사법경찰관리와 군사법경찰관리의 직무를 행한다.

❺ 군사법경찰관리

군사법원법에는 ① 헌병과의 장교·준사관 및 부사관과 법령에 의하여 범죄수사업무를 관장하는 부대에 소속하는 군무원으로서 범죄수사업무에 종사하는 자, ② 법령에 의한 기무부대에 소속하는 장교·준사관 및 부사관 및 군무원으로서 보안업무에 종사하는 자, ③ 국가정보원직원으로서 국가정보원장이 군사법경찰관으로 지명하는 자, ④ 검찰수사관 등은 군사법경찰관으로서 범죄를 수사한다고 규정하고 있다.

❻ 기타 법률에 규정하여 사법경찰관리로 지명된 자

대통령 등의 경호에 관한 법률은 경호처장의 제청에 의하여 서울중앙지방검찰청 검사장이 지명한 경호공무원은 직무수행 중 인지하는 그 소관에 속하는 범죄에 관하여 직무상 또는 수사상 긴급을 요하는 한도 내에서 사법경찰관리의 직무를 행할 수 있다. 이때 7급 이상 경호공무원은 사법경찰관, 8급 이하 경호공무원은 사법경찰리의 직무를 행한다.

이상과 같은 특별사법경찰기관 공무원들이 사법경찰관리로서 직무를 수행할 때에는 반드시 검사의 지휘를 받아야 하며, 검사의 지휘를 받아야 하는 지위에는 아무런 구별이 없다. 또한 특별사법경찰관리는 그 직무범위를 넘는 범죄는 일반사법경찰관리에게 이첩하여야 한다.

다만, 세무공무원은 조세법상 범칙사건을 조사하기 위하여 압수수색을 할 수 있는 권한과 관계인을 신문할 수 있는 권한이 주어져 있으나, 이는 특수한 업무수행을 위해 주어진 권한에 불과하고 사법경찰관리로서의 업무는 아니다. 따라서 세무공무원은 인신구속권이 없고, 비록 범칙혐의가 있어 조사받는 자라고 하더라도 고발되기 전까지는 '피의자'가 아니다.[24]

또한 세무공무원이 조세범처벌절차법에 의한 범칙사건을 조사하기 위하여 압수·수색할 때에는 반드시 법원이 발한 수색영장이 있어야 하며, 이 경우 형사소송법상 압수·수색에 관한 규정에 따라야 하고, 조세범처벌법에 의하여 위 권한을 행사하기 위해서는 실질적으로 검사의 지휘를 받아야 한다.[25]

> "수사관이 자신의 직무를 정확하게 수행하기 위해 필요한 덕목 가운데 하나는 인간에 대한 심오한 지식이다."
>
> – 한스 그로스(1847-1915), 『범죄수사(System der Kriminalisik)』(1893) 중에서

---

24 상계논문, p. 16.
25 홍정선, 전게서, p. 16.

기소기관인 검찰은 법무부에 소속된 행정기관인 반면에 법원은 사법부에 속하는 사법기관이기 때문에 서로 독립되어 있다. 검사는 헌법상의 신분보장과 검찰권의 독립보장을 받지 못하고 있는 반면, 법관은 헌법상의 신분보장과 사법권의 독립보장을 받고 있다.

검사는 조직의 측면에서 본다면 행정기관에 해당한다. 그런데 검사는 조직상으로는 행정부에 속하지만, 그 역할과 기능의 측면에서는 사법기관으로서의 특성을 지니고 있다. 한편 검사는 조직상 법무부 산하의 검찰청에 소속된 공무원이기 때문에 당연히 법무부장관의 지휘·감독을 받는다. 그러나 검사가 정치적으로 영향을 받는 것을 배제하고 검찰권을 공정하게 행사하기 위해서 검사에 대한 법무부장관의 지휘감독권을 제한하고 있다.

범죄수사와 관련하여 검사는 경찰을 지휘·감독하며 법률상으로는 검사가 수사의 주재자이지만 실제로는 대부분의 수사가 경찰에 의해 이루어지고 있는 실정이다. 그리고 검사는 공익의 대표자로서 진실과 정의의 원칙에 따라 검찰권을 행사해야 하기 때문에 피고인에게 불리한 사실 뿐만 아니라 유리한 사실도 조사하여 제출하고 피고인의 이익을 위해 상소와 비상상고 및 재심을 청구해아 할 객관적 관청이라고 할 수 있다. 또한 우리의 검사는 독일의 검사와 달리 검찰사무를 각자의 이름으로 처리하는 단독관청이다.[26]

이처럼 형사사법절차에 있어서 검사는 수사절차, 공판절차, 재판집행절차 등 형사절차 전반에 걸쳐 검찰권을 행사하는 국가기관으로서 형사사법의 중추적 기능을 수행한다.

PART 04

---

26 대검찰청b, 「각국의 검찰제도」, 1998.

1 ‖ 검찰제도의 연혁

검찰제도는 프랑스의 특이한 상황에서 만들어진 독창적인 제도로써 그 명칭은 13세기경에 국왕이 이익을 옹호하기 위하여 국왕의 대리인으로 재판소에 출정하였던 '왕의 대관'代官 · Procureur du roi에서 비롯된 것이다. 그 후 프랑스 혁명 이후에 개정된 형사소송법에서 종래의 규문주의를 폐지하고 대관을 공익의 대표자로 삼아 형사절차에서 수사와 공소제기 및 공소유지를 담당하게 함으로써 오늘날의 검찰제도로 새로 탄생한 것이다.[27]

중세시대 프랑스에서는 민사사건과 마찬가지로 형사사건에서도 개인이 소추를 하는 제도를 가지고 있었다. 이때 소추를 한 개인은 이에 수반되는 물적·재정적 책임을 져야 했으며, 고소자는 피고소인이 석방되는 경우에 역으로 피고소인에게 적용된 범죄로 처벌되기까지 했다.[28]

이처럼 프랑스에서는 '사인소추'私人訴追제도가 채택되어 사인私人, 개인은 직접 소추행위를 하도록 되어 있었으나 그 유일한 예외는 국왕이었다. 왕은 법원에서 자신의 이익을 보호하려할 때, 이를 보통의 변호사에게 의뢰하였는데 이를 '왕의 대관'代官 · 대리인이라고 하였으며, 왕의 대리인이 된 변호사들은 왕을 자신의 고객의 하나로 취급하였다.

이렇게 대관은 처음에는 왕의 개인적 이익, 특히 재정적 이익을 보호하는 당사자의 지위만을 가졌으나, 14세기경에 이르러 왕권의 강화와 함께 왕의 주된 수입원이었던 벌금징수 및 재산몰수를 집행하는 한편, 범죄적발도 담당하는 공소관公訴官의 성격을 가지게 되었다.[29]

16세기경에 절대군주제가 확립되자, 왕의 개인적 이익 외에도 국가와 사회의 이익, 즉 공익을 보호하는 새로운 임무가 추가되었고, 점차 공익을 보호한다는 측면이 왕의 이익을 보호한다는 측면을 앞서게 되었다. 한편, 사인소추제도도 범인의 보복에 대한 두려움, 범인과의 불대등한 제소전 화해 및 증거제출의 어려움 때문에 訴의 유지가 어려워 점차 사회의 변호사격인 대관에게 소추권을 일임하게 됨으로써 피해자의 권익을 보호하고 사회질서를 바로잡자는 '국가소추주의'國家訴追主義로 발전하였다.

1879년 프랑스 혁명 전의 구체제에서는 판사가 스스로 형사소추권을 행사하여 형사재판

---

27 김종구, 「형사사법개혁론」 (서울: 법문사, 2002), p. 257.

28 박창호 외 4인, 전게서, p. 16.

29 김종구, 전게서, p. 257.

절차를 개시할 수 있는 소위 규문주의^{糾問主義} 소송제도를 취하고 있었기 때문에 검찰이 소송상 필수적인 존재는 아니었다. 종래의 규문절차는 규문법관^{糾問法官}에 의한 규문의 결과를 토대로 법원이 스스로 심리를 함으로써, 즉 수사와 재판을 동일한 기관에서 담당함으로써 인권침해와 예단의 폐단이 있었고, 절대왕권이 강화되면서 규문절차에 있어서 가혹한 고문이 많이 나타나게 되었다.[30]

Criminology & C·J systems

규문주의와 규문절차

규문주의란 형사소송절차의 개시와 심리가 일정한 소추권자의 소추에 의하지 않고 법원의 직권에 의하여 행해지는 주의를 말한다. 원고의 소추를 기다려서 소송절차를 개시하는 탄핵주의^{彈劾主義}에 대응하는 말이다.

그러나 프랑스 혁명 후, 프랑스 형사법전이 나온 후에는 탄핵주의로 갈음하게 되었다. 규문절차에 있어서는 비공개의 비밀심리로써, 서면심리주의로 이루어지며, 법정증거주의^{法定證據主義}가 채택되고 있다.

프랑크시대에 만들어진 규문방법^{inquisitio}에 의한 규문절차는, 우선 규문관에 의하여 죄체^{罪體}에 대한 일반규문, 범인에 대한 특별규문이 이루어지고, 그 결과를 서면으로 녹취하고, 이를 기초로 간접주의, 서면주의의 재판이 이루어지며, 증거법정주의에 따라 유죄인정을 위해서는 자백이나 2인 이상의 목격증인이 필요하였다. 증인 2명이 없는 경우가 많았으므로 '자백은 증거의 왕'이 될 수밖에 없었고, 이로 인하여 자백을 받아내기 위해 특별절차에서의 고문이 허용되었다.[31]

과거 대륙법계 국가는 수사와 기소, 그리고 재판을 규문법관이 모두 담당하는 규문주의 형사소송제도를 채택하고 있었다. 1795년 프랑스의 '죄와 형벌법전'^{Code des délits et peines}은 범죄피해자가 행하는 사소권^{私訴權}과 공소관^{公訴官}이 사회질서에 대한 침해를 처벌하는 공소권^{公訴權}으로 구분되었다.

1808년의 '치죄법'^{Code d'instruction criminelle} 제정과 함께 국가소추주의와 직권주의^{職權主義}를 근간으로 하는 재판제도가 확립되었으며, 공소관제도가 공화국의 대관^{代官}으로 변모하여 사

법장관하에서 엄격한 관료조직을 형성하여 오늘날과 비슷한 모습을 갖추게 되었다.[32]

직권주의란 재판에서 법원에 주도적 지위를 부여하는 주의를 말하며, 당사자주의當事者主義에 대비된다. 원고와 피고가 서로 대립하여 공격과 방어를 하게 되는 소송형식 즉, 당사자주의의 형식을 받아들인 일은 그것에 의하여 사안의 진상을 명백히 하기 위하여 편의한 한도에서만 시인되는 것이다. 당사자주의가 진실발견을 위하여 부적당하다고 한다면 형사소송의 성질상 사안의 심리를 법원의 전권專權에 속하게 하는 직권주의가 부상浮上된다.

근대 형사소송과 검찰제도를 정립한 '치죄법'을 제정하여 오늘날까지 유지되고 있는 프랑스 형사절차의 핵심원칙인 "수사, 소추, 재판의 분리"라는 원칙이 정립되었으며, 과거에 각 기관에 산재해있던 기능들을 각각 검찰, 예심법원, 판결법원으로 이전하였다.

또한 독일에서도 19세기 자유주의개혁운동으로 '개혁된 형사절차'를 정립하게 되었다. 절대군주제에 맞서 투쟁하고 있던 자유주의세력들은 구시대적인 '규문절차'를 폐지할 것을 요구하였다. 그들은 새로운 대안으로 소추기능과 재판기능을 분리하고, 공판단계에서 공개주의, 구두주의를 채택할 것을 요구하였다.

나폴레옹 전쟁을 통해 남독일에서 수입된 프랑스검찰제도는 가장 유력한 모델이었다. 경찰국가체제를 유지하기 위한 규문절차의 효용성을 긍정하면서, 다른 한편으로는 검사의 상소권을 지렛대삼아 법원에 대한 감시와 통제의 수단을 확보하기 위한 방안으로 소추기능과 재판기능을 분리하여 검찰제도를 창설하게 되었다.[33]

이는 독일에서도 드디어 재판절차에서 기소절차가 분리됨을 의미하였다. 검찰제도는 이러한 프랑스의 특수한 역사적 상황 속에서 탄생한 프랑스 고유의 독창적인 사법제도로서 그 후 독일을 비롯한 대륙법계 국가들에 전파되었다.

---

32 김종구, 전게서, pp. 258-259.

33 문준영, "검찰제도의 연혁과 현대적 의미: 프랑스와 독일에서의 검찰제도와 검찰개념의 형성을 중심으로," 「비교형사법연구」, 8(1), 2006, p. 683.

2 ‖ 검찰제도의 의의

검사檢査. Prosecutor는 검찰권을 행사하는 국가기관이다. 검사는 공익의 대표자로서 ① 범죄수사·공소제기와 그 유지에 필요한 사항, ② 범죄수사에 관한 사법경찰관리의 지휘·감독, ③ 법원에 대한 법령의 정당한 적용의 청구, ④ 재판집행의 지휘·감독, ⑤ 국가를 당사자 또는 참가인으로 하는 소송과 행정소송의 수행 또는 그 수행에 관한 지휘·감독, ⑥ 다른 법령에 의하여 그 권한에 속하는 사항 등을 그 직무와 권한으로 하고 있는 국가기관이다.

형사절차에 국한하여 검사의 직무와 권한을 살펴보면, 검사는 수사절차, 공판절차, 재판집행절차 등 형사절차 전반에 걸쳐 검찰권을 행사하는 국가기관으로서 형사사법의 중추적 기능을 수행한다.[34]

검찰의 사명으로는 ① 범죄로부터 국민의 생명과 건강을 보호하고 국민이 마음 놓고 다닐 수 있는 안전한 사회를 만듦으로써 국민의 안전을 보장, ② 국가기강을 확립하고, 사회적 자본을 확충하며 자유민주주의 체제를 수호함으로써 사회질서를 확립, ③ 사회의 불법과 부정을 발본색원하고, 거악을 척결하여 맑고 투명한 사회를 만들기 위하여 부패를 척결, ④ 범죄로 인한 사회적 약자의 재산적, 정신적 피해를 회복하는 등 약자를 보호, ⑤ 수사과정에 대한 사법적 통제, 적법절차 준수, 승복하는 수사를 통해 국민의 인권을 보장 등이 있다.

> "검찰은 오물이 고여 있는 도랑을 청소할 뿐이지 그 곳에 맑은 물이 흐르게 할 수는 없다."
>
> – 前 일본검사총장 유시나가 유스케(吉永祐介)

3 ‖ 검찰제도의 특징

우리나라의 검찰은 수사권과 수사지휘권을 가지고 공소제기의 여부를 독점적으로 결정하며, 공소유지를 담당하면서 소송절차의 정당성을 감시할 뿐만 아니라 판결이 확정된 때에는 형을 집행하는 기관이기도 하다. 이러한 권한은 프랑스 검찰권한에서 유래하여 독일과 일

---

34 신동운e, 「형사소송법(제5판)」 (서울: 법문사, 2014), p. 56.

본을 거쳐 도입되는 과정에서 이들 나라와는 다른 많은 권한을 가지고 있다.

영국과 미국은 경찰이 수사의 주체이고, 검찰은 기소기관으로써 양 기관은 서로 대등한 협력관계이다. 독일은 검사가 수사의 주재자이지만, 경찰도 수사개시 및 진행권을 갖고 있으며, 프랑스는 법원 소속의 수사판사가 수사를 주재하고, 검사는 주로 기소를 담당하며, 경찰도 수사개시 및 진행권을 갖고 있다.

일본은 경찰이 1차적 수사기관으로써 수사를 주도하고, 검찰은 보완적인 2차 수사기관이자 기소기관으로써 양 기관이 대등한 협력관계를 갖고 있다.[35] 따라서 우리의 검사는 프랑스와 독일의 검사와 유사한 지위를 가지고 있다고 할 수 있다.

우리나라의 검찰은 경찰이 적발한 사건에 대하여, 첫째 우선 처벌하는 법률은 있는가(구성요건 해당성)를 살펴보고, 둘째 수사절차, 체포절차는 적법한가(적법절차의 준수 여부)를 살펴보고, 셋째 혐의가 인정된다 하더라도 피치 못할 사정이 있는 것은 아닌가(위법성 조각사유, 정상관계 등)를 살펴보고, 넷째 유죄판결을 할 만한 증거는 충분한가 등을 살펴보고, 다섯째 유죄판결을 받을 증거가 충분하다면 재판을 신청하게 되고(기소), 마지막으로 재판의 결과에 대한 재판집행 업무를 수행하면서 형사절차상에 있어서 중추적인 역할을 수행하는 특징이 있다.

이재상

1943년생. 서울대 법대 학사학위. 검사출신. 형법 및 형사소송법 분야 최고 권위자로 통함. 민법학계의 거목 곽윤직 교수와 함께 형법학계 거목. 형법학 수험서의 대표작인 「형법총론」과 「형법각론」 등을 집필. 2013년 70세로 별세.

제2절 | 검찰의 성격

1 || 검찰과 법원과의 관계

법원은 사법부에 속하는 사법기관이며 사법권司法權을 행사하는 반면에 검찰은 법무부에

---

35 수사권조정자문위원회, 전게서, p. 9.

소속된 행정기관이기 때문에 행정권行政權을 행사하면서 서로 독립되어 있다. 또한 검사는 헌법상의 신분보장과 검찰권의 독립보장을 받지 못하고 있는 반면, 법관은 헌법상의 신분보장과 독립을 보장받고 있다.

범죄수사와 공소제기, 유지 및 재판의 집행을 내용으로 하는 검찰권은 사법권과 밀접한 관계를 맺고 있으며, 특히 형사사건의 대부분이 검사의 불기소처분에 의해 종결된다는 점에 비추어볼 때 검찰권의 행사는 형사사법의 운용에 중대한 영향을 미친다. 다만, 검사가 법관과 다른 것은 원칙적으로 심판권의 주체가 아니고 공소권의 주체라는 점이다.

검사는 조직의 측면에서 본다면 행정기관에 해당한다. 그런데 검사는 조직상으로는 행정부에 속하지만, 사법권독립의 정신이 검사에게도 요구되고, 그 역할과 기능의 측면에서는 준사법기관 혹은 법조기관[36]이라는 것이다.[37] 혹은 검찰은 검찰사무의 집행을 통하여 독자적으로 법 그 자체를 실현하고 구체화한다는 점에서 정의실현을 목적으로 삼는 사법기관의 하나라는 것이다.[38] 따라서 검찰은 판사와 같은 '사법기관'이라는 설과 사법기관은 아니지만 '준사법기관'이라는 설이 대두되고 있다.

2 ║ 검사와 법무부장관과의 관계

검사는 조직상 법무부 산하의 검찰청에 소속된 공무원이다. 그러므로 검사는 당연히 법무부 장관의 지휘·감독을 받는다.[39] 그러나 검사가 정치적 영향력을 배제하고 검찰권을 공정하게 행사하기 위해서는 검사에 대한 법무부장관의 지휘·감독권을 제한할 필요가 있다. 법치국가의 원칙에 충실한 대리인으로서 검찰이 제 기능을 다하기 위해서는 검찰권의 독립 내지 정치적 중립이 반드시 전제되어야 한다.[40]

따라서 행정부의 부당한 간섭으로부터 검찰권을 보호하기 위하여 검찰청법 제8조에는 "법무부장관은 검찰사무의 최고 감독자로서 일반적으로 검사를 지휘·감독하고, 구체적 사건

---

36 일반적으로 법조기관은 판사, 검사, 변호사를 의미하며, 이를 법조삼륜(法曹三輪), 즉 법의 3가지 수레바퀴라고 한다.

37 배종대·이상돈, 전게서, p. 77.

38 김일수, "검찰제도의 개선방향," 「법조춘추」, 136, 1988, p. 39.

39 검찰총장이 검사를 지휘·감독하는 것을 내부 지휘·감독권이라고 하는 반면, 검사가 아닌 법무부장관이 검사를 지휘·감독하는 것을 외부 지휘·감독권이라 할 수 있다.

40 신동운b, "법조선진화와 검찰인구," 「법학」, 29(1), 1988, p. 46.

에 대하여는 검찰총장만을 지휘·감독한다"고 규정하고 있다. 이 규정의 취지는 검찰권행사가 부당할 경우, 이를 시정하기 위한 기능과 검찰총장을 완충지대로 하여 법무부장관을 통하여 들어오는 정치권력의 외압을 차단하려는 기능을 가지고 있다.

> "법무성과 검찰과의 관계는 '칼집과 칼'의 관계와 같다. 칼은 언제나 칼집에 의해서 보호되어야 하며, 칼집에서 빼낸 칼은 갖기에는 너무 위험하다"
>
> – 根來泰周 著,『政治と檢察』中에서

3 ‖ 검찰과 사법경찰과의 관계

우리나라에서의 수사기관으로는 검사와 사법경찰관리가 있다. 그러나 검사는 수사의 주재자이고 사법경찰관리는 검사의 보조기관에 불과하다. 따라서 검사는 모든 범죄수사에 관하여 사법경찰관리를 지휘·감독한다. 검찰은 수사에 있어서 수사개시·진행권, 수사지휘권, 수사종결권 등을 모두 보유하면서 경찰을 지휘·감독하고 있다.

현행법은 사법경찰관리에 대한 검사의 지휘·감독권을 보장하기 위하여 여러 가지 제도를 두고 있다. 우선 사법경찰관리가 관할구역 밖에서 범죄수사를 할 경우에는 관할 지방검찰청 검사장 또는 지청장에게 이를 보고해야 하며, 영장청구권은 검사에게만 인정되고 사법경찰관에게는 인정되지 않는다. 더 나아가 사법경찰관이 긴급체포할 때에는 즉시 검사의 승인을 받아야 하며, 검사 작성조서와 경찰 작성조서는 증거능력에 차이가 있다.[41]

검찰청법 제54조에는 경찰서장이 아닌 경정 이하의 사법경찰관리가 직무집행에 관하여 부당한 행위를 하는 경우에는 지방검찰청검사장은 당해 사건의 수사중지를 명하고, 임용권자에게 그 교체임용을 요구할 수 있으며, 이와 같은 요구가 있는 때에 임용권자는 정당한 이유를 제시하지 아니하는 한 교체임용의 요구에 응하여야 한다고 규정하고 있다.

그 밖에도 사법경찰관은 소관 검사에게 수사사무를 보고해야 할 의무와 정보를 보고해야 할 의무 및 범죄통계를 보고해야 할 의무가 있다.

현재 검사의 수사지휘를 받는 특별사법경찰관은 사법경찰권을 갖고 있는 다양한 행정관청과 관서에 배치되어 있다. 경찰의 경우, 1차적인 수사책임을 지는 수사권 개혁이 2021년

---

41 배종대·이상돈, 전게서, p. 179.

1월 1일부터 시행되었다. 검사의 수사지휘가 폐지되는 대신 검사의 ① 보완수사요구, ② 시정조치요구, ③ 재수사요청에 의해 통제를 받게 되었다. 따라서 검사와 일반사법경찰관리와의 관계는 상호협력 관계로 변경되었다.

Criminology & C·J systems

🔍 검사에 대한 사법경찰관리의 '복종의무' 폐지

과거 검찰청법에는 "사법경찰관리는 범죄수사에서 소관 검사가 직무상 발한 명령에 복종하여야 한다"(검찰청법 제53조)는 검사에 대한 '복종의무' 조항이 있었다.

하지만 2009년 5월 23일 노무현 전 대통령 서거를 기점으로 검찰수사에 대한 문제가 제기됐고, PD수첩 사건과 강기갑 의원 사건 등에 대한 무죄판결로 검·경간 갈등이 심화되자 2010년 국회 사법제도개혁특별위원회가 구성돼 2011년 3월 검찰개혁의 일환으로 ① 경찰수사개시권 명문화, ② 사법경찰관의 검사에 대한 복종규정 삭제를 전격 발표했다.

이후 2011년 6월 30일 형사소송법을 개정해 경찰의 수사개시, 진행권을 명시하고, 2011년 7월 18일 검찰청법상 사법경찰관리의 검사에 대한 명령·복종의무 규정을 삭제했다.

---

4 ‖ 객관적 관청으로서의 검사

검사는 공익의 대표자로서 진실과 정의의 원칙에 따라 검찰권을 행사해야 하기 때문에 피고인에게 불리한 사실 뿐만 아니라 유리한 사실도 조사하여 제출하고 피고인의 이익을 위해 상소와 비상상고 및 재심을 청구해야 할 객관적 관청이라고 할 수 있다.[42] 이와 같이 공익의 대표자로서 진실과 정의의 원칙에 따라 검찰권을 행사해야 할 검사의 의무를 '객관의무'라고 한다.[43]

따라서 검사는 피의자 내지 피고인에게 불리한 사실 뿐만 아니라 유리한 사실도 주장하

---

[42] 이재상a, 「형사소송법(제2판)」 서울: 박영사, 2008, p. 97.

[43] 배종대·이상돈, 전게서, p. 89.

고 그것을 뒷받침하는 증거도 수집해야 한다. 또한 검사는 피고인의 이익을 위하여 상소할 수 있고 재심도 청구할 수 있다.[44] 더 나아가 검찰총장은 판결이 확정된 후, 그 사건의 심판이 피고인에게 불리하게 법령에 위반하여 이루어진 경우에는 비상상고를 할 수 있다.

5 ‖ 단독관청으로서의 검사

우리나라의 검사는 독일의 검사와 달리 검찰사무를 처리하는 단독관청이다. 단독관청이라는 말은 검사가 검찰총장이나 검사장의 대리인이나 보조인으로서 검찰사무를 처리하는 것이 아니라 모든 검사가 각자의 이름으로 단독으로 처리한다는 것을 말한다.[45]

검사는 상급자의 대리인이나 보조기관으로서 각종 처분이나 결정 등 공권적 의사표시를 하는 것이 아니라 검사 각자가 자기 책임하에 검찰권을 행사하는 독립된 하나의 관청이다. 또한 검찰의 직무가 사법권과 밀접한 관련을 맺으면서 검사는 형사절차에서 형사사법의 중추적 기능을 담당하기 때문에 준사법기관準司法機關으로서의 지위를 갖는다.

이것은 법원이 합의체를 구성할 경우 다수의 법관이 연명으로 재판을 하는 것과 대비된다. 따라서 검찰 내부방침이나 결재를 거치지 않은 검사 개인의 대외적 의사표시도 단독관청의 처분으로 대외적 효력을 갖게 된다.

이러한 단독관청이라는 개념은 검찰총장을 정점으로 하나의 동일체를 추구하는 검사동일체의 원칙과 모순이 발생할 수 있다. 하지만 2004년 12월 31일 형사소송법을 개정하여 과거 '검사동일체의 원칙'을 '검찰사무에 관한 지휘·감독관계'로 바꾸되, 구체적 사건과 관련된 상급자의 지휘·감독의 적법성 또는 정당성에 대하여 검사가 이견이 있을 때는 이의를 제기할 수 있도록 개선하였다.

Criminology & C·J systems

 검찰, 죽은 짐승을 사냥하는 하이에나

과거 김일수 교수는 "시민의 눈에 비치는 검찰상은 정의와 공익의 대변자인 검찰이 아니라 현실의 강자에게는 약하고 약자에게만 강한 동물적 본능밖에 가진 것

---

44 백형구a, 전게서, p. 437.

45 이재상, 전게서, p. 92.

이 없는 검찰이다. 그것은 마치 죽은 짐승을 사냥하는 하이에나의 속성과도 같다." 라고 했다.[46] 지금의 검찰은 어떠한지를 스스로에게 자문해야 할 것이다.

Criminology & C·J systems

🔍 검찰 공안부의 최근 개편내용[47]

공안부는 검찰 안에서 대공, 선거, 집회·시위, 노동 관련 사건을 다루는 부서다. 대검 공안부를 비롯해 일선 검찰청 12개 공안부(서울중앙지검 3개부, 서울 남부·수원·인천·부산·대구·창원·울산·광주·대전지검 각각 1개부) 등에 100명이 훨씬 넘는 검사들이 포진해 있다.

서울지검에 1963년, 대검에 1973년에 처음 설치돼 특별수사부(특수부)와 함께 검찰 내 '양대 산맥', 에이스 집단으로 불리워 왔다. 법무부와 대검은 최근 검찰 공안부를 '공익부'로 바꾸고 노동 사건을 공안부에서 형사부로 이관시키는 방안을 추진하고 있다.

대검은 2018년 7월 전국 공안검사들에게 공문을 보내 "선거, 노동 사건을 공안적 시각에서 편향되게 처리한다는 오해와 비판을 불식하겠다"며 '공안부'라는 이름을 '공익부'로 바꾸는 방안을 공식화했다.

2019년 7월 16일 행정안전부가 입법예고한 검찰청 사무기구에 관한 규정 개정안에 따르면, 대검찰청 공안부는 '공공수사부'로, 대검 공안 1~3과는 각각 담당 업무에 따라 공안수사지원과·선거수사지원과·노동수사지원과로 이름이 바뀐다. 각 지방검찰청 공안부도 공공수사부로, 서울중앙지검에 있는 공안 1·2부와 공공형사수사부 역시 각각 공공수사 1~3부가 된다.

---

46 김일수, 「법은 강물처럼」 (서울: 고시계사, 2002), p. 232.

47 김양진, "공안검사들은 왜 '공익'을 싫어하나 " 「한겨레」, 2018.09.29.

PART 04

1 ||| 검찰의 구조

정부조직법에 따르면 검사에 관한 사무를 관장하기 위하여 법무부장관 소속으로 검찰청이 설치되어 있다. 검찰청은 사법부가 아닌 행정부에 소속되어 있는 것이 특징이다. 검찰청은 검사의 사무를 통할하며, 검찰청은 대검찰청·고등검찰청 및 지방검찰청으로 구성되어 있다(검찰청법 제2조). 대외적인 의사표시는 관청인 검사만이 가능하며 검찰청은 그 자체로는 아무런 공적의사표시를 할 수 없는 행정조직상의 관서에 불과하다.[48]

Criminology & C·J systems

🌐🔍 검찰청

검찰청檢察廳, Prosecution Service은 법무부 소속기관으로 대검찰청과 각 고등검찰청, 지방검찰청과 지청을 합쳐 이르는 말이다. 검찰청은 검사의 사무를 총괄하는 기관이며, 그 설치 근거는 정부조직법(제32조 제2항)과 검찰청법(제2·3조)에 두고 있다. 검찰은 형사소송법 제246조 공소는 검사가 제기하여 수행한다(국가소추주의)와 제247조 검사는 형법 제51조의 사항을 참작하여 공소를 제기하지 아니할 수 있다(기소편의주의)에 의해 기소독점권起訴獨占主義을 갖는다.

검찰청은 공소권, 수사권, 수사지휘권, 기소재량권, 공소취소권 등 세계적으로 유례가 없는 막강한 권한을 독점적으로 보유하고 있어 사법처리의 대상과 범위, 기소 여부 등을 독자적·자의적으로 결정할 수 있다. 그래서 권력형 비리사건, 기업 비리사건, 부정선거·노동 등 공안사건, 마약사건, 강력사건 등을 처리하는 과정에서 막대한 영향력을 행사할 수 있다.[49]

거의 모든 사건을 검찰의 자율적 판단에 따라 독립적으로 처리할 수 있기 때문에 경우에 따라서는 정치권과 사회의 흐름까지 바꿀 수 있을 정도의 영향력을 갖고 있다. 이로 인해 대한민국은 민주공화국이 아니라 '검찰공화국'이라는 비판도 제기

---

48 이재상a, 전게서, p. 93.

49 서보학, "검찰·경찰 간의 합리적 수사권 조정 방안," 「수사권 조정 공청회 자료집」. 2004.

되어 왔다.[50]

본질적으로 검찰의 기능은 수사, 수사지휘, 기소, 공소유지 등에 있다. 검찰제도는 근대 형사소송의 탄핵주의 원칙과 국가소추주의가 결합하여 탄생한 제도로 기소와 공소유지 기능을 핵심으로 한다.

그런데 대한민국 검찰은 공소유지보다는 수사에 더 힘을 쏟는 경향이 있다. 검찰은 경찰 수사 인력의 3분의 1에 달하는 4,500여 명의 독자 수사 인력을 보유한 채 소추·수사지휘기관을 넘어 수사기관 기능을 겸하고 있다.

검찰의 기소독점권에 대한 견제장치가 사실상 존재하지 않고 자의적·차별적으로 공소를 제기하거나 부당한 불기소 처분을 내리더라도 사후적 구제책이 구비되어 있지 않은 것이 문제다. 항고·재항고, 재정신청, 헌법소원 등이 있긴 하지만, 대상 범죄의 제한성, 기소 강제효과의 결여 등으로 인해 그 실효성이 떨어진다.[51]

또한 검사의 직급은 검찰총장과 검사로 구분된다. 과거에는 검사의 직급이 검찰총장, 고등검사장, 검사장 및 검사로 구분되었지만, 2004년 1월 20일 검찰청법의 개정으로 검사의 직급제도 및 직급정년제가 폐지되었다.

검사의 직무상 독립성 및 중립성을 보장하기 위하여 검찰총장을 제외한 모든 검사의 직급을 검사로 일원화하였다. 한편 검사 직급의 일원화로 인하여 초래될 수 있는 검찰조직의 노령화나 일부 검사들의 무사안일 등을 방지하기 위하여 검사 임명 후 7년 단위로 실시하는 검사적격심사제도가 도입되었다.[52]

검사는 모두 단독관청이기 때문에 검찰청의 조직 내에 다수의 단독관청이 존재하는 결과가 된다. 경찰의 경우, 관청은 경찰청장, 지방청장, 경찰서장만이 관청이고 나머지는 법집행기관에 불과하다.

따라서 경찰은 경찰권을 운영함에 있어서 통일적인 집행이 가능하지만 검찰의 경우에는 검찰권을 행사함에 있어서 혼선과 불일치 상황이 발생할 수 있다. 이와 같은 상황에서 '검찰권 행사의 공정성'과 '검찰권 행사의 통일성'을 보장하기 위한 피라미드형 계층구조의 원리를

50 오재록·윤향미, "관료제 권력과 민주적 거버넌스(중앙정부 4대 권력기관을 중심으로), 「한국자치행정학보」, 28(1), 2014, p. 139.

51 김학배, "검찰·경찰 간의 합리적 수사권 조정 방안," 「수사권 조정 공청회 자료집」, 2004.

52 신동운, 전게서, p. 42.

'검사동일체의 원칙'이라고 한다.[53]

검사동일체원칙이 적용되면 검찰사무의 취급 도중에 전보나 퇴직 등의 사유로 검사가 교체되어도 그가 행한 행위의 소송법상 효과에는 영향이 없다. 이전에 검사가 행한 행위는 새로이 사무를 맡은 검사가 행한 것과 동일한 효과가 인정된다.

따라서 수사나 공판절차가 진행되는 도중에 검사가 교체되더라고 새로운 검사가 수사절차를 갱신하거나 법원이 공판절차를 갱신할 필요는 없다. 이 점은 판사가 경질되면 반드시 공판절차의 갱신이 요구되는 법관의 경우와 대비된다.[54]

또한 검사의 자의와 독선을 방지하기 위하여 검사에 대한 법무부장관의 지휘·감독권을 두고 있다. 하지만 검찰청법에 "법무부장관은 검찰사무의 최고 감독자로서 일반적으로 검사를 지휘·감독하고, 구체적 사건에 대하여는 검찰총장만을 지휘·감독한다"라고 규정하여 구체적 사건의 처리가 정치적 영향에 좌우되는 것을 방지하고 있다.[55]

2 ‖ 검찰의 조직

2014년 12월 31일 기준, '검사정원법'에 따라 검사의 정원은 2,292명이다. 2018년 검찰의 국민참여재판의 확대, 공판중심주의 강화 등에 따라 형사재판일수가 날로 증가하는 등 공판업무가 증가하고 있다. 사건의 다양화·지능화·복잡화에 따른 사건난이도 증가 및 경찰 증원에 따른 사건 수 증가 등 수사 환경이 변화하고 있으며, 여성 검사 증가에 따라 검사의 육아휴직이 급증하고 있다.

또한 수원고등법원·수원가정법원 등 신설되는 법원에 대응하여 각급 검찰청이 신설될 예정으로 있으며, 변화된 환경에 효과적으로 대응하고 검사 정원 동결 이후 늘어난 사건처리 기간을 단축하여 국민들에게 보다 나은 형사사법서비스를 제공하기 위하여 검사정원을 1,942명에서 2,292명으로 증원하였다. 2015년부터 2019년까지 5년에 걸쳐 2015년에는 90명, 2016년에는 80명, 2017년에는 70명, 2018년에는 70명, 2019년에는 40명을 각각 증원하였다.

2018년 3월 30일 기준, 검사외의 검찰청 직원은 ① '검사외의 대검찰청 공무원 정원표'에

---

53 이재상, 전게서, p. 9).

54 신동운, 전게서, p. 46.

55 이재상a, 전게서, p. 98.

의한 검사 외의 공무원 495명, ② '검사 외의 고등검찰청 및 지방검찰청 공무원 정원표'에 의한 검사 외의 공무원 7,934명 등 총 8,429명이 있다.

검찰청은 검사의 사무를 통할하며, 대검찰청·고등검찰청 및 지방검찰청으로 구성된다. 대검찰청은 대법원에, 고등검찰청은 고등법원에, 지방검찰청은 지방법원 및 가정법원에 대응하여 각각 이를 설치한다. 지방법원지원 설치지역에는 이에 대응하여 지방검찰청지청을 둘 수 있다. 각급검찰청 및 지청의 관할구역은 각급 법원과 지방법원지원의 관할구역에 의한다(검찰청법 제3조). 검찰청은 각급 법원에 대응하여 설치된다.

2021년 1월 기준 「검찰청 사무기구에 관한 규정」에 의하면 대검찰청에는 ① 사무국, ② 기획조정부, ③ 반부패·강력부, ④ 형사부, ⑤ 공공수사부, ⑥ 공판송무부, ⑦ 과학수사부, ⑧ 감찰부 등이 설치되어 있다.

첫 번째, 사무국에는 운영지원과 및 복지후생과를 두고, 사무국장 밑에 비상안전담당관 1인을 둔다.

두 번째, 기획조정부에는 정책기획과 및 정보통신과를 둔다.

세 번째, 반부패·강력부에 수사지휘·지원과, 범죄수익환수과 및 마약·조직범죄과를 둔다.

네 번째, 형사부에 형사1과, 형사2과, 형사3과 및 형사4과를 둔다.

다섯 번째, 공공수사부에 공안수사지원과·선거수사지원과 및 노동수사지원과를 둔다.

여섯 번째, 공판송무부에 공판1과·공판2과 및 집행과를 둔다.

일곱 번째, 과학수사부에 법과학분석과, 디엔에이·화학분석과, 디지털수사과 및 사이버수사과를 둔다.

여덟 번째, 감찰부에 감찰1과, 감찰2과 및 감찰3과를 둔다.

이밖에 검찰총장을 보좌하기 위해서 ① 대변인, ② 검찰연구관이 있다. 대변인은 검찰총장 밑에서 대검찰청 내 업무의 대외공표 및 홍보에 관한 사항을 보좌한다. 검찰연구관은 검찰총장을 보좌하고 검찰총장이 명하는 검찰사무에 관한 기획·조사·연구업무에 종사한다.

또한 대검찰청 차장을 보좌하기 위해서 ① 인권정책관, ② 형사정책담당관, ③ 수사정보담당관, ④ 국제협력담당관 등이 있다. 인권정책관은 검찰사무와 관련된 인권정책의 총괄, 인권침해 감독·예방, 검찰청 소관 분야 양성평등 관련 정책 및 성희롱·성폭력 예방 등에 관하여 차장검사를 보좌한다. 인권정책관 밑에 인권기획담당관, 인권감독담당관 및 양성평등정책담당관이 있다.

대검찰청 차장검사 밑에 있는 형사정책담당관은 형사정책을 담당한다. 수사정보담당관은 수사정보와 자료의 수집, 분석 및 관리에 관하여 차장검사를 보좌한다. 국제협력담당관은 국제협력업무에 있어서 차장검사를 보좌한다.

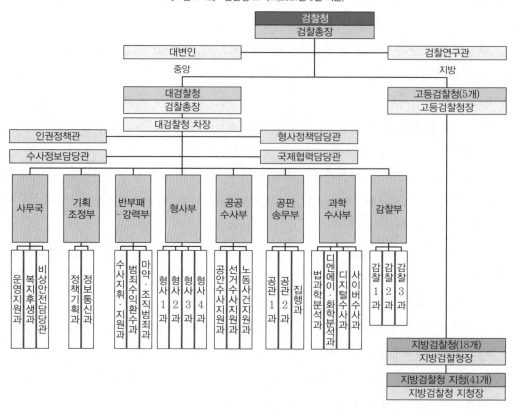

[그림 4-12] 검찰청 조직도(2021년 3월 기준)

Criminology & C·J systems

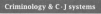

공판검사의 역할

　　수사검사가 공소를 제기하면 법원은 피고 사건의 심리와 재판을 행하게 되고 검찰에서는 공판검사가 공판에 관한 사항을 담당하게 된다. 수사를 하는 검사와 재판에서 공소유지를 하는 공판검사가 따로 있다.

　　수사검사가 공소제기를 하면 법원은 공소장 부본을 피고인 또는 변호인에게 송달(1회 공판기일 전 5일까지)한다. 피고인 또는 변호인은 공소장 부본을 송달받은 날로부터 7일 이내에 의견서를 제출하는 것이 가능하다.

　　공소제기 이후부터는 공판검사가 공소유지를 담당한다. 재판에서 증거조사와 피고인 신문이 종료되면, 공판검사는 사실과 법률적용에 관하여 의견을 진술한다. 특히 양형에 관한 공판검사의 의견을 '구형'求刑이라고 한다. 이때 판사는 공판검사의 의견을 참고만 하여 판결을 선고한다.

검·경 수사권 조정에 따른 검찰청법 개정[56]

2021년 1월 1일 개정 「검찰청법」이 시행되었다. 2018년 6월 21일 법무부장관과 행정안전부장관이 발표한 「검·경 수사권 조정 합의문」의 취지에 따라 검찰과 경찰로 하여금 국민의 안전과 인권 수호를 위하여 서로 협력하게 하도록 하였다. 수사권이 국민을 위해 민주적이고 효율적으로 행사되도록 하였다.

검사가 수사를 개시할 수 있는 범죄의 범위를 구체적으로 규정하였으며, 검사의 범죄수사에 관한 지휘·감독 대상을 '특별사법경찰관리'로 한정하였다.

검·경 수사권 조정에 따른 새로운 형사사법시스템은 '국민의 검찰'을 위한 검찰개혁 시도이다. 검찰권 비대화와 수사권 남용을 견제하기 위한 검찰개혁은 ① 국민의 검찰, ② 공정한 검찰, ③ 인권 검찰 등을 모토로 한다.

검경수사권 조정에 따라 검찰이 손대는 직접 수사는 6대 범죄에 한정된다. 검찰이 담당하는 6대 범죄는 ① 부패범죄, ② 경제범죄, ③ 공직자범죄, ④ 선거범죄, ⑤ 방위사업범죄, ⑥ 대형참사 등이다. 여기에 경찰공무원 범죄, 이들 범죄 및 경찰이 송치한 범죄와 직접 관련성 있는 인지 범죄로 제한된다.

하지만 모든 경제·부패 범죄를 검찰이 수사하는 건 아니다. 부패범죄 중 ▶뇌물수수죄의 경우 받은 뇌물 합계액이 3,000만 원 이상일 때 ▶특정범죄가중처벌법상 알선수재죄나 변호사법 위반죄, 정치자금법 위반죄의 경우 수수액 합계가 5,000만 원 이상일 때만 검사가 직접 수사한다.

경제범죄는 ▶사기·횡령·배임 등은 특정경제범죄가중처벌법이 적용되는 이득액 5억 원 이상의 범죄만 검사가 수사할 수 있고 ▶조세 포탈의 경우도 특가법이 적용되는 포탈세액 등이 연간 5억 원 이상인 경우에만 검사의 직접 수사가 가능하다. 나머지 경제·부패 범죄는 경찰 몫이다.

고위 공직자와 직간접적으로 연루된 정황이나 구체적 단서가 나오면 검·경은 각각 고위공직자범죄수사처로 사건을 통보하고 공수처 요구에 따라 사건 전체를 넘기게 된다. 따라서 중대한 부패 사건 등은 공수처, 검찰, 경찰 상호 간의 유기적 협조와 소통이 중요하다.

PART 04

---

56 고성표, "검찰과 권한 다툼에만 치중, 경찰 책임수사 역량 의문" 「중앙SUNDAY」, 2021.01.16.; 국가법령정보센터, 「검찰청법」 제정·개정이유.

1 대검찰청

대검찰청은 각종 사건수사 및 전국의 검찰청을 지휘·감독하는 일을 한다. 대검찰청에는 검찰총장을 두고, 검찰총장은 대검찰청의 사무를 맡아 처리하고 검찰사무를 통할하며, 검찰청의 공무원을 지휘·감독한다.(검찰청법 제12조) 검찰총장의 임기는 2년으로 하며, 중임할 수 없다. 대검찰청에는 차장검사를 두고, 차장검사는 검찰총장을 보좌하며, 검찰총장이 사고가 있을 때에는 그 직무를 대리한다.(동법 제13조)

또한 대검찰청에는 검찰총장을 보좌하고 검찰사무에 관한 기획·조사 및 연구에 종사하기 위한 검찰연구관을 두며, 검찰연구관은 검사로 보하고, 고등검찰청 또는 지방검찰청의 검사를 겸임할 수 있다.(동법 제15조)

그 밖에 대검찰청에는 부와 사무국 및 과에는 각각 부장, 사무국장 및 과장을 두며, 부장은 검사로, 사무국장은 고위공무원단에 속하는 일반직공무원으로, 과장은 검찰부이사관·정보통신부이사관·검찰수사서기관·정보통신서기관 또는 공업서기관으로 보한다. 다만, 부의 과장은 검사로 보할 수 있다.

검찰총장은 대검찰청의 사무를 맡아 처리하고 검찰사무를 통할하며 검찰청의 공무원을 지휘·감독한다.(검찰청법 제12조) 검찰총장은 15년 이상 판사·검사 또는 변호사, 변호사의 자격이 있는 자로서 국가기관, 지방자치단체, 국·공영기업체, 공공기관의 운영에 관한 법률 제4조의 따른 공공기관 그 밖의 법인에서 법률에 관한 사무에 종사한 자, 변호사의 자격이 있는 자로서 대학의 법률학 조교수 이상의 직에 있던 자 중에서 임명하고 임기는 2년으로 하며 중임할 수 없다.(검찰청법 제12조 제3항, 제27조)

2021년 1월 기준 대검찰청에는 ① 사무국, ② 기획조정부, ③ 반부패•강력부, ④ 형사부, ⑤ 공공수사부, ⑥ 공판송무부, ⑦ 과학수사부, ⑧ 감찰부 등 8개 부가 설치되어 있다.

부장, 사무국장 및 과장은 상사의 명을 받아 소관 부·국 또는 과의 사무를 처리하며 소속 공무원을 지휘·감독하고, 검찰연구관은 검찰총장을 보좌하고 검찰사무에 관한 기획·조사 및 연구에 종사한다.(검찰청법 제15조 제3항, 제16조 제3항)

부장 및 검찰연구관은 검사로, 사무국장은 고위공무원단에 속하는 일반직공무원으로, 과장은 검찰부이사관·정보통신부이사관·검찰수사서기관·정보통신서기관 또는 공업서기관으로 보한다. 다만, 부의 과장은 검사로 보할 수 있다. 담당관은 3급 상당 또는 4급 상당 별정직 국가공무원으로 보하되, 특히 필요하다고 인정될 때에는 검사로 보할 수 있다.(검찰청법 제15조 제2항, 제16조 제2항, 제4항)

대검찰청 공안부의 역사

"체제 수호를 정권 수호로 착각하는 검사가 있다. 그러나 '정통 공안'은 체제 수호를 위해 노력한다." 2010년 대표적 공안통인 어떤 고검장은 법조기자들과 만난 자리에서 이렇게 말했다.[57]

공안부라는 명칭은 1963년 12월 서울지검(현 서울중앙지검)에 정보·감찰·중앙정보부를 담당하는 '공안부'가 생기면서 한국 현대사에 처음 등장한다. 대검 공안부(초대부장 설동훈)가 탄생한 것은 1973년 1월 25일. 그러나 그보다 12년 전인 1961년 4월 발족한 중앙수사국이 공안분야 업무까지 처리했던 만큼 법조계에선 이를 사실상 공안부의 전신으로 보고 있다.

법조계에선 '공안검사'의 시초로 고故 오제도 변호사를 꼽는다. 오 변호사는 한국전쟁 직전인 1950년 4월 '한국판 마타하리'로 불리는 여간첩 김수임을 사건을 처리한 것으로 유명하다. 해방 이후 간첩 색출에 명성을 떨쳐온 오 변호사는 당시 북한의 저격대상 1호였던 것으로 전해진다. 1998년엔 북에서 망명한 황장엽 전 노동당 비서와 의형제를 맺어 화제가 되기도 했다.

박정희 정권까지 주로 대공(對共)사건을 처리하던 검찰 공안은 전두환 정권이 들어선 1980년대 이후엔 시국사건이 급증하면서 선거·노동·학원·집회·시위 사건까지 모두 맡게 됐다.[58]

당시 노동법 관계 사건은 '특수부' 소관이었지만, 5공 이후 공안부는 대공 사건은 물론 노동·학원·선거·집회·시위 사건 등을 자신의 업무로 쓸어 담으며 덩치와 영향력을 키웠다. 공안부는 1963년 서울지검에 설치된 이래 검찰 내 최고 '노른자위'였다. 특히 서울지검 공안부 검사를 시작으로 법무부 검찰3과장(현 공안기획과장), 대검 공안과장, 서울지검 공안부장 등을 거치면 검사장 이상 검찰 고위직으로의 승진은 물론 검찰총장, 법무부 장관까지 넘볼 수 있는 '출세 코스'로 인식됐다.[59]

57 김남일·김양진, "'공안' 검사→'공익' 검사로…공안부, 55년만에 '간판' 바꾼다"「한겨레」, 2018.07.12.

58 김기정, "영욕의 검찰 공안, 46년 만에 간판 뗀다."「중앙일보」, 2019.01.20.

59 김양진, 전게기사.

PART 04

2 고등검찰청

고등검찰청은 각 고등법원에 대응하여 설치되며, 서울·대전·대구·부산·광주 등에 고등검찰청이 있다. 고등검찰청은 항소사건 소송유지, 항고사건의 처리, 행정소송 대행 및 지휘·감독, 국가를 당사자로 하는 항소심 소송대행 및 지휘·감독 등의 업무를 한다.

고등검찰청에는 고등검사장을 두며, 고등검찰청의 검사장은 그 검찰청의 사무를 맡아 처리하고 소속공무원을 지휘·감독한다. 고등검찰청에는 차장검사를 두고, 차장검사는 소속검사장을 보좌하며, 소속검사장이 사고가 있을 때에는 그 직무를 대리한다. 고등검찰청의 부에는 부장검사를 두며, 부장검사는 상사의 명을 받아 그 부의 사무를 처리한다.

법무부장관은 고등검찰청의 검사로 하여금 그 관할구역 안의 지방검찰청 소재지에서 사무를 처리하게 할 수 있다. 고등검찰청에는 사무국을 두고 사무국장은 고위공무원단에 속하는 일반직공무원으로, 과장은 검찰부이사관·검찰수사서기관·정보통신서기관·검찰사무관·수사사무관·마약수사사무관·전기사무관 또는 통신사무관으로 보한다.

3 지방검찰청

지방검찰청은 18개 지방법원 및 가정법원에 대응하여 위치하며, 서울의 경우 중앙·동부·남부·북부·서부가 있으며, 지방에 경우 의정부, 인천, 수원, 춘천, 대전, 청주, 대구, 부산, 울산, 창원, 광주, 전주, 제주 등에 지방검찰청이 있다.

지방검찰청에는 지방검찰청 검사장을 두며, 지방검찰청의 검사장은 그 검찰청의 사무를 맡아 처리하고 소속 공무원을 지휘·감독한다. 지방검찰청에는 차장검사를 두고 차장검사는 소속장을 보좌하며, 소속장이 사고가 있을 때에는 그 직무를 대리한다.

지방검찰청의 사무를 분장하기 위하여 부를 두며, 부에는 부장검사를 둔다. 지방검찰청에도 사무국을 두고 사무국장은 고위공무원단에 속하는 일반직공무원·검찰부이사관 또는 검찰수사서기관으로, 과장은 검찰부이사관·검찰수사서기관·정보통신서기관·검찰사무관·수사사무관·마약수사사무관·전기사무관 또는 통신사무관으로 보한다.

4 지방검찰청 지청

지방검찰청지청은 41개 지방법원지원에 대응하여 위치하며, 41개 지청이 있다. 지방검찰청지청에는 지청장을 두고, 지청장은 지방검찰청 검사장의 명을 받아 소관사무를 처리하고 소속공무원을 지휘·감독한다. 대통령령이 정하는 지청에는 차장검사를 두고, 차장검사는 소속장을 보좌하며, 소속장이 사고가 있을 때에는 그 직무를 대리한다.

제4절	검찰의 역할과 기능

검사는 범죄수사로부터 재판의 집행에 이르기까지 형사절차의 모든 단계에 관여하여 형사사법의 정의를 실현하는 국가기관이다. 또한 국가를 당사자 또는 참가인으로 하는 소송과 행정소송의 수행 또는 그 수행에 관한 지휘·감독도 검사의 직무와 권한에 속한다. 따라서 민사사건과 행정사건에 관하여 당사자인 국가의 법률대리인으로 활약하는 우리 검사의 역할과 기능은 미국 등의 경우와 유사하고 독일검사의 경우보다 크다고 볼 수 있다.[60]

우리나라의 검사는 형사사법과 관련하여 공익의 대표자로서 범죄수사, 공소제기 및 유지, 법원에 대한 법령의 정당한 적용의 청구, 재판집행의 지휘·감독 등을 그 주요임무로 하고 있다. 그런데 검사는 본질적으로 형사절차와 관련하여 법의 실현에 이바지하는 사법기관의 하나라고 할 수 있다.

왜냐하면 수사권, 공소권, 상소권, 형벌집행권 등은 법을 실현하는 형사절차의 각 단계에서 주어지는 권한들이기 때문이다. 이처럼 검사는 수사의 주재자, 공소권의 주체, 소송참여자 및 재판의 집행기관으로서 형사절차의 모든 단계에서 다양한 권리를 갖는 반면, 사법기관 내지 공익의 대표자로서 객관의무와 인권옹호의무를 진다.

전자를 소송주체로서 검사의 적극적 지위라고 하고 후자를 소송주체로서 검사의 소극적 지위라고 한다.[61] 이러한 형사절차와 관련된 검사의 역할과 기능에 대해서 자세히 살펴보면 다음과 같다.

60 이재상a, 전게서, p. 99 재구성.

61 배종대·이상돈, 전게서, pp. 85-86.

PART 04

1 수사의 주재자

검사는 수사관의 지위에서 범죄혐의가 있을 때에는 반드시 수사권을 발동해야 하며, 이 것은 법률감시자로서 검사의 객관의무에 속한다.[62] 일단 수사를 하고 난 다음에 공소제기를 할 것인지의 여부는 기소법정주와 기소편의주의에 따라 그 한계의 차이가 있을 수 있다.

어느 경우에서든 법질서 파괴의 혐의가 있으면 반드시 수사권을 발동해야 한다는 점에서는 다를 바가 없다. 따라서 형사소송법도 "검사는 범죄의 혐의가 있다고 사료하는 때에는 범인, 범죄사실과 증거를 수사하여야 한다"고 규정하고 있다.

수사개시는 검사의 권리이자 의무이며 검사는 형사소송법에 따라 피의자출석요구, 제3자의 출석요구 등의 임의수사는 물론 영장에 의한 체포, 긴급체포, 구속, 압수·수색·검증 등의 강제수사를 할 수 있다.

어떤 수사를 먼저할 것인가를 결정하는 것은 검사의 재량사항인데, 이를 수사에서 검사의 '형성의 자유'라고 한다. 그리고 영장청구권, 증거보전청구권, 증인신문청구권은 검사에게만 인정된다.[63]

한편 검사는 공익의 대표자로서 수사에서 객관성과 공평성을 유지해야 하며, 피해자에게 불리한 사정 뿐만 아니라 유리한 사정도 수사해야 한다. 이것은 바로 공익의 대표자로서 실체적 진실발견과 사법적 정의의 실현에 대하여 의무를 지는 검사의 객관적 지위에 기한다는 것이다.[64]

2 수사지휘권과 수사종결권

수사권은 검사에게 있지만 검사가 모든 사건에 대해 수사활동을 직접 전개해야 하는 것은 아니며, 그럴 수도 없다. 실무에서 검사의 수사는 원칙적으로 중요사건에 제한되고, 대부분의 수사는 사법경찰관에 의해 이루어지고 있는 실정이다. 그러나 사법경찰관리는 독립된 수사기관이 아니고 검사의 수사보조기관에 지나지 않는다.

---

62 심재우, "검사의 소송법상의 지위," 「고시계」, 10, 1977, p. 13.

63 배종대·이상돈, 전게서, p. 86.

64 심재우, 전게논문, p. 13.

사실상 대부분의 수사가 경찰에 의해 이루어지고 있음에도 불구하고 검사의 수사지휘권으로 인하여 검사는 수사에 대한 모든 책임을 지게 된다. 그리고 검사는 법치국가적 요청에 의해 수사종결권을 독점하고 있다.

따라서 사법경찰관은 조사한 사건의 관계서류나 증거물을 신속하게 검사에게 송부해야 할 의무가 있다. 특히 불기소 처분에 해당하는 사건까지도 반드시 검사에게 송치해야 한다.[65] 수사종결권을 검사만 가지는 것은 법치국가원리의 본질적 요청이며, 검사의 수사종결권에 의해 사법경찰관이 수사한 사건에 대해서도 검사는 수사주체의 지위를 유지하게 된다.[66]

2 ||| 공소제기에서 검사의 기능

1 공소제기의 독점자

검사는 공소관으로서의 지위에서 수사결과에 따라 공소권을 독점하고 있다. 이와 같이 공소권이 검찰에 주어짐으로써 재판권은 소추권과 심판권으로 분할되고 양자의 상호견제를 통하여 형벌권의 남용을 막을 수 있는 제도적 장치로서 기능하고 있다. 형사소송법은 사인소추를 인정하지 않고 기소독점주의를 채택하고 있다.[67]

더 나아가 형사소송법은 공소제기에 관하여 검사의 재량을 인정하는 기소편의주의와 검사가 제1심 판결선고 전까지 공소를 취소할 수 있는 기소변경주의를 채택하여 준기소절차와 즉결심판의 경우를 제외하고는 공소제기의 권한을 검사에게 독점시키고 있다.[68]

2 검사의 기소재량에 대한 통제

우리나라는 공소권이 검사에게 독점되어 있으며, 사인소추가 금지되어 있기 때문에 이로 인한 부작용이 발생할 수 있다. 특히 검사의 정치적 판단에 의한 불기소를 방지할 수 있는 제

65 신동권·신이철, 「새로운 형사소송법」 (서울: 세창출판사, 2013), p. 61.

66 신동운, 전게서, p. 100.

67 이재상a, 전게서. p. 102.

68 배종대·이상돈, 전게서, p. 87.

도적 수단을 현행법은 가지고 있다. 검사의 독점적 공소권에 대한 견제수단으로 '고소인 등에의 처분고지', '고소인 등에의 공소불제기 이유고지'와 '검찰항고 및 재항고제도' 및 '재정신청제도' 그리고 '헌법소원제도'가 있다.

3 ‖ 공판절차에서 검사의 역할과 기능

검사는 공판절차에서 공익의 대표자로서 공소사실을 입증하고 공소를 유지하는 공소수행의 담당자가 된다. 이때 공소수행의 담당자인 검사는 피고인에 대립하는 당사자의 지위에 서게 된다. 피고인과 대등한 지위에서 형사소송을 형성하고 법령의 정당한 적용을 청구한다.[69]

검사는 피고인에 대립되는 당사자이면서도 공익의 대표자로서 '이익사실의 진술'과 '재심청구'를 수행하는 등 피고인의 정당한 이익도 보호해야 하는 의무도 수행해야 한다.[70]

법원은 판결을 통해서 법령의 해석과 적용을 하게 된다. 하지만 법령의 해석·적용위반은 그 판결을 내린 법원 자신이 정정할 수 없기 때문에 언제나 정정청구가 필요하며, 그 방법에는 재판에 대한 불복신청인 '상소', 유죄판결이 확정된 사건을 다시 심판하는 '재심'및 확정판결의 시정제도인 '비상상고'가 있다.[71]

그런데 상소와 재심의 경우에는 피고인과 검사에게 청구권이 인정되는 반면, 비상상고의 경우에는 검찰총장인 검사에게만 청구권이 인정된다. 검사는 법률감시자로서 법을 지킬 책임과 법의 실현에 관련된 업무를 수행하게 된다.

4 ‖ 재판집행절차에서 검사의 기능

재판의 집행은 검사가 지휘한다. 법관과 검사는 다 같이 법실현의 담당자로서 사법에 종사하는 기관이지만, 법관은 법을 판결하고 검사는 법을 집행함으로써 그 기능을 다르게 분담

---

69 이재상a, 전게서, p. 102.

70 상게서, p. 103.

71 배종대·이상돈, 전게서, p. 88.

하고 있다. 따라서 원칙적으로 검사가 재판의 집행을 지휘한다. 다만, 재판장·수명법관·수탁판사는 예외적으로 구속영장의 집행이나 압수·수색영장의 집행을 지휘할 수 있다.

재판의 집행에 관하여는 법원이 집행지휘를 하는 '법원주의'와 검사가 하는 '검사주의'가 있다. 영미에서는 법원주의를 채택하고 있지만, 우리 형사소송법은 검사주의를 채택하고 있는데, 이는 형집행의 신속성과 기동성을 보장하기 위한 것이다.[72]

검사는 사형 또는 자유형의 집행을 위하여 '형집행장'을 발부하여, 구인하도록 하고 있으며, 검사가 발부한 형집행장은 구속영장과 같은 효력이 있다.[73] 이러한 형집행에 있어서 법원주의와 검사주의 중에서 정의로운 법의 실현과 인권보장을 위해서는 검사주의보다 법원주의가 더 타당하다는 주장도 있다.[74]

Criminology & C·J systems

🌐🔍 사건발생에서 형집행까지 모든 형사절차 맡는 검찰[75]

한국 검찰의 권한은 전 세계 어느 나라와도 비교할 수 없을 만큼 막강하다. 그나마 비슷한 수준을 찾자면 제국주의 시절 '검찰 파쇼'로 비판받았던 일본 검찰이다. 이 말은 1935년 도쿄대의 미노베 다쓰키치 교수가 처음 만들었다. 하지만 일제가 망한 뒤 일본 검찰의 권한이 줄어들면서 지금은 한국 검찰과 비교할 만한 권한을 가진 검찰은 어디에도 없다는 게 법조계의 평가다.

한국 검찰은 명칭부터 권위적이다. 검찰은 행정부 내 17개 부처의 하나인 법무부의 외청에 불과하다. 행정부의 외청은 모두 18개인데 수장의 직책은 모두 청장이다. 기상청장, 경찰청장, 특허청장, 산림청장, 통계청장 등이다. 검찰만 수장의 직책을 검찰총장이라고 쓴다. 일본의 검사총장을 흉내 냈다는 게 정설이다.

명칭의 인플레는 인사로 이어진다. 다른 부처의 외청에는 1명뿐인 차관급 이상의 자리가 검찰에는 55개나 있다. 검찰청법 제6조는 검사의 직급을 검찰총장과 검사, 두 가지로 나누고 있다.

한국 검찰의 핵심 권한은 독점적인 기소권이다. 기소를 하든, 안 하든 검찰이 결정한다. 한국에서 사람을 형사재판에 붙이는 사람은 검사뿐인데, 검사에게는 죄

72　상게서, p. 88.

73　이재상a, 전게서, pp. 104-105.

74　김일수, 전게논문, p. 42.

75　이범준a, "무소불위 권한"「경향신문」, 2012.12.02.

가 있어도 기소 안 할 권한까지 있다. 마음대로 사건을 묻어버릴 수가 있다는 얘기다. 다른 나라는 안 그렇다. 프랑스는 개인도 형사재판을 걸 수 있도록 하고 있고, 독일은 죄가 발견되면 무조건 기소해야 하는 기소법정주의 국가다.

한국 검찰은 또 전국을 관할하는 검찰총장을 중심으로, 사건의 발생부터 형의 집행까지 모든 형사절차에 관여하는 세계 유일의 국가다. 미국에서 주 검사장은 선출직이고, 연방검찰과 직접 관련도 없다. 독일도 지방검찰로 나뉘어 있다. 반면 한국은 대통령이 임명하는 검찰총장이 전국을 장악하고, 여기에 수사권, 기소권, 재판 진행권을 모두 가지고 있다. 일본 검찰도 전국 조직이지만 권한이 작다. 일본 검찰은 예외적으로 수사가 가능한 2차수사권이 있을 뿐이다.

제5절 검찰의 사건 처리현황

검찰은 형사사건에 관하여 범죄혐의의 유무를 명백히 하기 위해 범인을 발견·확보하고 증거를 수집·보전하는 수사단계에서부터 공소제기 여부 및 공소유지 여부의 결정과 공판활동, 그리고 확정된 재판의 집행 등 형사소송절차의 대부분을 관여하고 있을 뿐 아니라 송무업무 등 다양한 업무를 처리하고 있기 때문에 형사절차에 있어서 어떤 국가기관보다도 그 업무소관이 광범위하다고 할 수 있다.

1 ‖ 검찰의 형사사건처리

2014년 국회는 검사정원법을 개정해 2천 292명을 검사정원으로 규정하였다. 2019년 검사 정원이 40명 늘면서 2,292명에 따른 검사 정원을 모두 채웠다. 전국에서 형사사건을 처리하는 평검사는 약 800명으로 전체 검사 중 34.9%를 차지한다.[76]

2013년부터 2017년까지 5년간 전체 형사사건은 1,269만 7,503건 접수 중 433만 7,292건

---

[76] 이지현, "특수수사 몰린 서울중앙지검 검사 정원 15명 늘린다" 「연합뉴스」, 2019.01.15.

을 기소해 34.2%의 기소율을 보였다. 5년간 전체 형사사건 기소율은 평균 34% 정도이며, 10건 수사하면 3건은 기소로 이어졌다는 의미다.

하지만 2013년부터 2017년까지 5년간 판사와 검사가 피의자인 사건에 대한 검사의 공소제기는 각각 0.3%(2,032건 중 6건), 0.2%(6,590건 중 14건)에 불과했다. 기소권을 독점하고 있는 검찰이 자신들의 수사에 대해 보다 엄격해질 필요가 있다는 비판을 받았다.[77]

Criminology & C·J systems

🌐🔍 검사의 경찰 수사지휘 순기능[78]

형사사건처리에 있어서 '빨간펜'과도 같은 검사의 수사지휘가 법률적 근거가 있고 공익을 위한 것이라지만, 받아들이는 경찰관의 입장에서는 서운하거나 불만이 많았다. 특히 일선 경찰관들은 검사의 수사지휘권이 수사 외적인 일에까지 확대되거나, 수사지휘 과정에서 경찰이 검찰의 하부조직으로 치부되는 것에 대해 날선 반응을 보였다.

과거 경찰관이 검사에게 보내는 수사지휘건의서는 '품신서'稟申書라고 불렸다. 품신은 아랫사람이 어른께 여쭤 아뢰는 것을 일컫는 말이다. 실제 관계도 그랬다. 만 20세에 사법시험에 '소년급제' 했던 한 23세 검사가 경찰 간부에게 '가방셔틀'을 시켰다는 일화는 과거 검경 관계가 어떠했는지를 잘 보여주는 예다.

그 시절을 경험한 경찰들은 담당 검사에게 찍혀 고생한 경험을 한 두 개쯤은 가지고 있었다. 큰 마음 먹고 검사에게 대든 다음날이면 "등청登廳하라"는 메모가 책상에 붙었다. 검사에게 찍힌 다음 영장을 신청하면 기각되는 경우가 허다했다.

시대가 바뀌면서 검사가 경찰관을 하대하는 경우는 찾아보기 힘들지만, 여전히 처리가 곤란한 고소·고발 사건을 경찰에 떠넘기는 관행은 수직적 관계를 반영하는 것으로 경찰은 받아들인다.

하지만 최근 일선 경찰관들은 검사의 보완수사 지휘나 법리검토 역할 자체를 문제 삼는 경우는 거의 없다. 경찰관들이 시작한 사건을 재판에서 유죄로 이끌어 주는 것은 결국 검사이고, 재판의 전문가로서 유의미한 증거를 찾아내는 등 수사에 도움을 주는 경우가 많다는 평도 나오고 있다.

10년 넘게 형사과에서만 근무한 베테랑 형사는 "특히 강력 사건이 거의 없는

지방 소도시나 농촌의 경우 '초짜 형사'들이 많고 유착 가능성도 있어 검사의 역할
이 상당히 필요하다"고 말했다.

다른 형사는 "형사 업무를 거의 거치지 않은 행정경찰이 경찰 조직 고위직 대
다수를 차지한 상황에선, 그런 행정경찰 출신 간부의 지휘보다 오히려 검사의 수사
지휘가 실무적으로 도움이 되는 경우도 꽤 된다"고 털어놓았다.

2 ‖ 검찰의 송무업무 처리

1 행정소송사건

행정소송이란 행정청의 위법한 처분 기타 그 밖에 공권력의 행사·불행사 등으로 인한 권
리 또는 이익의 침해를 받은 사람이 원고가 되어 당해 행정청을 상대로 공법상의 법률관계에
관한 분쟁을 법원에 제기한 소송이다. 행정법상의 법률관계에 관한 분쟁에 대하여 당사자의
소송제기에 의하여 법원이 이를 심리·판단하는 정색재판절차를 말한다.[79]

법률적인 측면에서 부당하게 패소당하는 것을 방지하기 위해, '국가를 당사자로 하는 소
송에 관한 법률'에 따라 행정소송의 수행에 있어 행정청의 장은 소속 직원을 소송수행자로 지
정하여 소송을 수행하되, 소송수행에 있어 법무부장관의 지휘를 받아야 하며, 법무부장관은
행정소송의 수행에 관한 지휘권의 일부를 검찰총장, 고등검찰청검사장, 지방검찰청검사장에
게 위임하여 소송이 제기된 법원에 대응하는 각급 검찰청의 검사장이 행정소송을 담당하고
있다.[80]

2 국가소송사건

국가소송이란 국가가 당사자 또는 참가인으로 관여하는 소송으로, 소訴가 5,000만 원 이

---

79 유상현·조인성,「행정법총론」(서울: 형설출판사, 2007), p. 726.

80 유상진, "경죄사건 신속처리를 위한 부검사제도 도입방안에 관한 연구," 연세대학교 석사학위논문, 연세대학교, 2007,
       p. 74.

상의 사건은 검사 또는 공익법무관과 행정청 직원을 공동수행자로 지정하고, 소訴가 5,000만 원 미만의 사건은 행정청 직원 단독으로 소송을 수행케 하고, 검찰청이 그 지휘를 담당하고 있다.[81]

3 국가배상신청사건

검찰은 국가 또는 지방자치단체 공무원의 직무상 불법행위나 영조물 설치·관리의 하자로 인하여 피해를 입은 국민이 국가 또는 지방자치단체에 대해 배상을 신청한 사건을 심의·의결하기 위해 서울지구배상심의회 등 14개 지구배상심의회의 국가배상신청사건을 처리할 뿐만 아니라, 법원에 국가배상소송이 제기된 사건을 처리하고 있다.[82]

> "권력, 즉 인간을 굴복시키는 무한한 능력을 경험한 자는 누구든지 부지불식간에 자신의 감각을 제어하는 능력을 상실한다. 독재는 습관이다. 독재는 고유한 생명을 가지고 있다. 그것은 마침내 질병으로 변한다. 피와 권력은 도취를 낳고 사람과 시민은 독재로 인해 영원히 죽는다."
>
> – 도스토예프스키, 『죽음의 집』 中에서

81   상계논문, p. 75.
82   상계논문, p. 75.

사법부는 행정부, 입법부와 구분되는 개념으로서 사법권을 행사하는 국가기관을 의미한다. 사법권은 법률상의 쟁송에 관하여 심리·재판하는 권한과 이에 부수하는 권한을 의미하며, 법원은 이러한 사법권을 행사하는 기관이라고 할 수 있다. 행정 수반인 대통령, 입법부의 국회의원과 달리 사법부를 구성하는 판사는 선출되지 않는다. 다수결을 넘어서 올바름을 추구하고, 소수자를 보호하라고 헌법이 그렇게 정했다.[83]

헌법 제101조는 "사법권은 법관으로 구성된 법원에 속한다"라고 규정함으로써 법원에 사법권을 부여하여 있으며, 헌법 제27조는 "모든 국민은 헌법과 법률이 정한 법관에 의하여 법률에 의한 재판을 받을 권리를 가진다. 모든 국민은 신속한 재판을 받을 권리를 가진다"라고 규정함으로써 일정한 자격을 갖춘 법관에 의하여 법원으로부터 정당한 재판을 받을 권리가 국민의 기본권임을 분명히 하고 있다.

또한 헌법 제103조는 "법관은 헌법과 법률에 의하여 그 양심에 따라 독립하여 심판한다"고 규정하여 사법권의 독립을 선언하고 있으며, 헌법 제109조는 재판의 심리와 판결을 일반인에게 공개할 것을 규정하고 있다. 특히 헌법 제29조는 "형사피고인은 상당한 이유가 없는 한 지체 없이 공개재판을 받을 권리를 가진다"라고 규정하여 형사재판에 있어 신속한 재판과 공개재판을 받을 권리는 헌법상 국민의 기본권으로 보장되어 있다.[84]

민주주의 국가에서 사법부는 국민의, 국민에 의한, 국민을 위한 사법부가 되어야 하며, 이

---

83   이재상, 전게서, p. 62.

84   다만, 재판의 심리에 있어 국가의 안전보장 또는 안녕질서를 방해하거나 선량한 풍속을 해할 염려가 있는 때에는 예외적으로 법원의 결정으로 공개하지 않을 수 있다.

를 위해서는 국민주권의 원리 실현, 사법권의 독립, 공정한 재판을 받을 권리 보장, 민주적 통제 등이 이루어져야 한다. 특히, 사법부는 국가권력의 침해로부터 국민의 권리를, 사회적 강자로부터 사회적 약자의 권익을 보호해 줄 것을 요청받고 있다.

Criminology & C·J systems

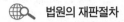 법원의 재판절차

현재 우리나라의 형사재판제도는 3심제를 원칙으로 하고 있다. 형사 사건 중 단독사건은 지방법원(지원) 단독판사 → 지방법원 본원 합의부(항소부) → 대법원의 순서로, 합의사건은 지방법원(지원) 합의부 → 고등법원 → 대법원의 순서로 각 심급제를 이루고 있다.

또한 1심에서 사형·무기 또는 단기 1년 이상의 징역 또는 금고에 해당하는 사건의 경우엔 사안의 중대성 때문에 합의부에서 재판을 하게 되며, 나머지 사건, 즉 일반적인 폭행사건, 교통사고 관련사건 등은 단독판사가 1심을 맡게 된다.

군사재판은 보통군사법원 → 고등군사법원 → 대법원의 차례로 이루어진다. 행정소송은 과거에는 고등법원 → 대법원의 2심급으로, 그리고 행정소송 중 행정처분 취소소송에 대하여는 소송제기에 앞서 행정심판을 거쳐야 했었으나, 1998. 3. 1. 부터는 1심법원으로 행정법원이 설치되어 3심제가 되고, 행정처분 취소소송도 다른 법률에 특별한 규정이 없는 한 행정심판을 거치지 아니하고, 행정소송을 제기할 수 있게 되었다.

한편 1998. 3. 1. 특허법원이 신설됨에 따라 특허심판원의 심결 또는 결정에 대한 불복의 소를 특허법원의 전속관할로 하고 특허법원의 판결에 대하여 대법원에 상고할 수 있도록 함으로써 특허소송에 관하여는 특허법원 → 대법원의 2심제가 채택되었다.

재판은 단독판사나 3인의 법관으로 구성된 합의체에서 진행된다. 재판의 심리와 판결은 원칙적으로 공개한다. 국가의 안전보장·안녕질서 또는 선량한 풍속을 해할 우려가 있는 때에는 심리를 공개하지 않을 수 있으나, 이 경우에도 판결은 공개하여야 한다. 법정 안에서 녹화·촬영·중계방송 등을 하기 위해서는 재판장의 허가를 받아야 한다.

법원은 폭언·소란 등의 행위로 심리를 방해한 자 등에게 20일 이내의 감치 또는 100만 원 이하의 과태료에 처하거나 이를 병과할 수 있다. 법정에서는 국어國語로 재판을 진행한다. 소송관계인이 국어를 이해하지 못하는 경우에는 통역을 사용한다. 군사법원을 제외한 재판의 심리와 판결은 그 동안 전적으로 법관이 담당하였다. 그러나 2008. 1. 1.부터 국민참여재판이 시행되면서 일반 국민도 형사재판에 참여하는 길이 열리게 되었다.

제1절 | 법원제도 개관

1 | 법원제도의 연혁

법원제도인 사법제도는 크게 영미법계와 대륙법계로 나눌 수 있다. 영미법계는 주로 당사자주의를 통해서 사법제도가 발전하였지만, 대륙법계는 직권주의를 통해서 발전하게 된다. 법원제도의 연혁을 영미법계와 대륙법계로 나누어서 살펴보면 다음과 같다.

1 영 · 미법계

영국의 중세 사법제도로 형사재판을 하는 마을 법정Communal Court이 있었다. 이 마을 법정은 먼저 고소나 고발을 당하지 않으면 누구도 범죄에 대하여 재판을 받지 않았다. 따라서 각 백 가구one hundred family로부터 12명, 각 마을vills로부터 4명의 사람들이 자발적으로 마을 법정에 나와서 어느 누가 어떤 범죄를 범하였다는 것을 고발하여야 했다.

교회법에서의 '규문재판'糾問裁判, the accused speaks trial을 형사재판에 도입한 것은 헨리 2세(1154-1189)이다. 12세기 중엽의 영국에 있어 대부분의 형사소추는 개인소추인 사소私訴, appeal[85]에 의해 이뤄졌다. 헨리 2세는 1166년 클레런던 조례Assize of Clarendon와 1176년 노샘프턴 조례Assize of Northampton를 제정하여 순회재판eyre과 고발배심jury of presentment에 입법상의 근거

---

[85] 고발배심의 의한 소추는 공소(公訴, Presentment)라고 하였다.

를 부여하였다. 이후 자발적인 기소 절차가 강제적인 법적 절차로 되었다. 이때 소환된 자들을 기소배심원이라 부르게 되었고 이것이 오늘날의 대배심의 전신이 되었다.[86]

Criminology & C·J systems

🔍 배심원제도의 기원[87]

역사적으로 거의 모든 나라에서 판사의 지위는 귀족들이 보유하였다. 분쟁 당사자는 주로 무식한 일반 서민이어서 유식할 뿐만 아니라 군림하는 권력자인 귀족이 내린 결정에 무조건적으로 따라야 했다. 영국의 경우는 백마를 탄 귀족이 영국 전 지역을 돌면서 순회재판을 하였다.

귀족인 순회판사는 해당 지역의 실정과 그 관습 등을 모르기 때문에 해당 행위가 죄가 되는지 여부 등에 대한 판단을 지역주민의 도움을 받아서 하였다. 이것이 배심원제도로 발전하게 되었다. 이와 같은 일반시민인 배심원의 평결에 기초하여 귀족인 순회판사가 판결을 내리게 되었다. 이러한 역사적인 이유에서 판결문은 여전히 귀족 편의적, 즉 법원행정 편의적인 특성을 가지고 있다.

이 당시 재판에서는 피고인이 자신의 무죄를 주장하고, 주변인이 선서보조자pathhelper로 참여하여 '피고인이 진실을 말하는 사람임'을 맹세하는 면책선서免責宣誓, wager of law와 성직자에 의한 '시죄법'試罪法, Trial by Ordeal(신의 계시라는 뜻)[88]에 의해서 유무죄를 입증하였다.

1215년의 제4차 '라테란공의회'The Fourth Lateran Council[89]에서 교회의 성직자priest가 재판에 참여하여 신판神判하는 것을 금지함에 따라 사법제도에서는 '신의 계시'라고 하는 가장 중요한 증거방법이 배제되었다.[90]

대륙에 있어서는 이러한 공백을 메우기 위해서 규문법관에 의한 규문절차가 발달하였지만 영국의 재판관들은 심리배심에 의한 평결을 그 대체방법으로 선택하였다. 게다가 영국의 국왕재판관에게 있어서는 배심에 의할 수밖에 없는 현실적 사정이 있었다.

대륙에 있어서와 같이 규문절차를 발전시키기 위해서는 규문관으로의 상당수의 재판관

---

86 이재석, "영국의 사법에서의 시민참여," 「사회과학연구」, 9(1), 2001, p. 3.

87 김승열a, "법원칙과 사법소비자의 눈으로 바라본 판결문" 「조선일보」, 2019.01.24.

88 이를 시죄법(試罪法)이라고도 하며, 재판의 결과는 오직 신만이 알 수 있으므로 신판(神判)이라고도 한다.

89 교황 에노센트 3세가 발한 칙령에서 법원이 진실발견의 권한과 의무를 가지고 조사하는 체제인 직권적 절차에 관한 내용이 도입되었고, 이후 점차로 세속의 법원에서도 인정되게 되었다.

90 김희균, "형사사법제도의 변천과 인권," 「헌정 60년과 인권」, 2005, p. 243.

이 필요하였지만 영국의 국왕재판관의 수는 지극히 소수였다.[91] 따라서 피고인의 자백이라는 손쉬운 증거방법에 대한 의존도가 높아졌고, 고문이라는 반인권적인 형태가 보편화되었다.

고문의 반인권성에 대한 인식을 계기로, 영미법계에서 사법제도에서 찾아낸 해결책이 바로 '피고인의 입을 막는 것'silence the accused이었다. 피고인은 말을 하지 못하게 하고, 피고인 대신 공격과 방어를 해 줄 사람을 찾게 되는데 그것이 바로 변호사Defense counsel제도였다.

변호사가 피고인을 대신해서 검사와 다투게 하는 제도, 즉 피고인을 변호하는 변호사와 국가를 대표하는 변호사(검사)가 대립당사자로 대결하는 제도, 그것이 바로 당사자주의[92]의 핵심이다.[93]

영국에서의 배심제도는 '프랑크의 규문'과 마찬가지로 국왕이 필요한 정보의 수집수단으로 창설하였지만, 15세기 중엽, 외관상으로는 오늘날의 배심제도와 거의 같은 절차가 형성되었다. 그러나 사소私訴는 예외적으로 남아 있게 되었다.

많은 소추는 대배심을 통하여 행하여져 대배심은 관할구역의 치안판사 서기나 교구순사敎區巡査 등의 관리나 사인私人에 의해서 제출된 정식기소장안(bill of indictment)을 심리해서 사건을 공판에 회부하기에 족한 증거가 존재하는 경우에는 정식기소장 안에 '원안적정'原案適正, villa vera이라고 이서裏書하여 사건을 소배심의 심리에 회부하였다.

또한 공판에 회부하기에 충분한 증거가 존재하지 아니한 경우에는 '부지不知(알지 못함ignoramus)'라고 이서하여 피고인을 석방하였다. 소배심은 원고·피고인 쌍방이 제출한 증거에 근거하여 사실의 판단자로서 유죄·무죄를 결정하였다.[94]

17세기 후반에서 18세기까지 영국의 역사는 의회주권의 확립과정임과 동시에 법원의 독립과정이었다. 개인의 자유와 권리를 법에 의해서 보장하면서 통치권력에 대한 법원의 독립이 이루어지게 되었다.[95] 이와 같이 배심제를 특징으로 하는 영국의 사법제도가 미국으로 이식되어 영미법계 사법제도의 특징을 이어가게 되었다.

---

91 이재석, 전게논문, p. 5.

92 당사자주의의 핵심요소는 ① 피의자 또는 피고인의 진술거부권(right to silence), ② 변호사제도(right to counsel), ③ 증거개시(criminal discovery), ④ 공판중심의 재판제도(right to public trial) 등이라고 할 수 있다.

93 김희균, 전게논문, p. 13.

94 이재석, 전게논문, p. 7.

95 오동석, "사법부 독립의 민주주의적 방향," 「민주법학」, 16(1), 1999, p. 276.

2 대륙법계

대륙법계인 프랑스의 사법제도는 중앙집권적 군주국가의 구축이라는 정치적 과제와 밀접하게 연관을 맺으면서 발전하였다. 분권화된 중세의 봉건적 정치질서를 해체하고 국가의 최고 수장인 국왕을 정점으로 하는 중앙집권적 국가체제를 구축할 수 있었던 것은 '국왕사법'la justice royale의 강화와 확장을 통해서였다.

"모든 정의는 국왕으로부터 나온다"는 모토하에, 국왕은 자신의 최고통치권 중 일부인 사법권을 전문적인 사법관들에게 위임하여 각지에 고등법원Parlement을 비롯한 국왕의 법원을 설치하고, 봉건세계에서 사법권을 점유하고 있던 영주, 도시, 교회를 압도하고 국왕사법의 피라미드 속으로 종속시켜 나간다.[96]

중세초기의 재판절차는 게르만적 전통에 입각하여, 범죄에 대한 소추권은 오로지 피해자와 그 친족에게 있었으며, 절차는 공개적·구두적·형식주의적이었다. 그러나 범죄에 대한 보복이 개인의 응보적 관념에서 국가적 관념으로 대체되고, 범죄소추권이 피해자와 그 친족에서 국가로 옮겨가는 변화 속에서 과거의 결함 있는 사인소추를 대체할 방안이 교회법 영역에서 모색되었다.

1215년의 제4차 '라테란공의회'에서 교황이 직권적 절차에 관한 칙령을 통해서 교회재판에서 '규문주의'糾問主義가 도입되자 세속의 법원에서도 규문주의를 인정하게 되었다. 규문주의는 사실판단을 하는 법원이 진실발견의 권한과 의무를 가지고 스스로 조사를 진행하는 체제를 말한다. 이에 따라 법원은 스스로 증거와 판단자료를 수집하고 조사하여야 한다.[97]

법원이 스스로 사실판단에 관한 조사를 진행하는 규문주의를 취하면, 이러한 조사를 공판정에서 모두 다 하는 것은 현실적으로 불가능하다. 이에 따라 먼저 공판을 개시할 만한 혐의가 있는지를 판단하고, 공판을 여는 경우 공판정에서 법원이 스스로 조사를 진행할 수 있는 기초자료를 준비하여 주는 절차가 필요하게 된다.

처음에는 사실심 법원의 구성원인 판사에게 이러한 공판전 조사를 맡겨서 행하다가 점차로 사실심 법원과 구별되는 조사기관에 의해 공판전 조사가 행해지는데 처음에는 이 공판전 조사도 판사가 맡게 된다. 이러한 직권적 절차는 중세 및 근대초기에 '규문절차'inquisitorial procedure로 발전하는데 규문절차는 ① 공판 전에 조사시작을 위한 기초자료를 수집하는 일반규문절차, ② 일반규문절차에 의하여 혐의자로 특정된 사람을 상대로 하는 공판전 조사절차

---

96 문준영, 전게논문, p. 671.

97 이완규, "개정형사소송법상 조서와 영상녹화물," 「비교형사법연구」, 9(2), 2007, p. 147.

인 특별규문절차,[98] ③ 공판기일 등으로 구성되었다.[99]

일반규문절차에서는 고소인이나 증인들을 소환하여 진술을 듣는데 판사가 직접 하거나 판사로부터 위임을 받은 조사자가 행하고, 위임을 받은 조사자는 이러한 일반적 조사가 끝나면 증인 등의 진술이 담긴 기록을 판사에게 송부하였다.[100]

한편, 특별규문절차에서 판사는 피고인을 소환하여 신문을 하고, 그 결과를 서면에 기재하였다. 또한 판사는 특별규문에 의한 조사결과를 담은 기록전체를 왕의 대관에게 보내어 검토하게 하였는데, 왕의 대관은 기록을 검토한 후에 의견을 제시하고 필요한 경우 추가조사 등의 청구를 하였다.

이와 같이 특별규문절차를 거쳐 공판을 할 만한 혐의가 있다고 판단되면 공판개시청구가 되었고, 법원은 1회의 공판기일로서 최종기일을 열어 심리와 판결선고를 하였다. 이때 피고인이나 증인 등이 직접진술을 하였지만 공판전의 규문절차에서 규문판사가 서면에 조사내용을 요약한 조서[101]에 의존하게 되었고, 그것이 판결의 기초가 되었다.[102]

이처럼 규문판사가 형사소추권을 행사하여 형사재판절차를 개시하고 규문판사 자신이 재판을 하는 규문주의糾問主義 소송제도하에서, 수사와 기소 그리고 재판을 한 기관에서 담당함으로써 인권침해와 예단의 폐단이 매우 많았다.

절대왕권이 강화되면서 규문절차에 있어서 가혹한 고문이 많이 나타나게 되었으며, '자백은 증거의 왕'이 될 수밖에 없었고, 이로 인하여 자백을 받아내기 위해 특별절차에서의 고문이 허용되었다[103] 앞서 살펴본 것처럼 프랑스는 근대 형사소송과 검찰제도를 정립한 '치죄법'Code d'instruction criminelle(1808)을 제정하여 '소추, 수사, 재판의 분리'라는 원칙을 정립하면서, 검찰, 예심법원, 판결법원으로 그 기능을 구분하였다.

또한 독일에서도 19세기 자유주의개혁운동으로 소추기능과 재판기능을 분리하고, 공판단계에서 공개주의, 구두주의를 채택하면서 검찰제도를 창설하게 되었다.[104] 대륙법계에서는 기소와 재판이 분리되지 않은 전근대적인 규문주의가 폐지되고, 기소와 재판이 분리되어

---

98 이 절차에서는 피고인 신문, 증인진술의 재점검, 대질신문 등이 행해지고, 필요한 때에는 고문도 행해졌다.

99 이완규, 전게논문, p. 147.

100 상게논문, p. 147.

101 이처럼 대륙법계에서는 공판전 조서의 담당자가 판사였던 점, 법원의 서기관 등이 기록관으로 세부적인 절차에 따라 조서를 작성하는 등으로 조서에 대한 신뢰성을 갖출 장치를 마련하게 되고, 규문시대에 서면심리가 광범위하게 행해짐에 따라 조서의 증거능력도 강력하게 되었다(상게논문, p. 147).

102 이완규, 전게논문, p. 148.

103 平野龍一, 前揭書, p. 13.

104 문준영, 전게논문, p. 683.

'불고불리不告不理의 원칙'이 적용되는 탄핵주의가 등장하게 되면서 오늘날까지 이어지는 형사사법제도를 정비하였다.

이처럼 영미법계와 대륙법계는 배심제와 직권주의를 통해서 발전하면서 서로 다른 사법체계를 가지게 되었다. 또한 이외에도 대부분 국가들의 사법제도는 대륙법계의 영향을 받았는데, 이것의 예로 공개재판주의, 증거재판주의 등을 들 수 있다.

2 ‖ 법원제도의 의의

법원法院이란 사법권을 행사하는 국가기관이다. 국가의 사법작용은 과거에 발생한 구체적 분쟁사건에 대하여 신분이 보장되고, 직무활동이 독립된 법관이 헌법과 법률에 규정된 절차를 통하여 공권적 판단을 내리는 것을 핵심적 내용으로 하며, 그와 관련된 부수적 작용을 포함한다. 헌법은 사법권은 법관으로 구성된 법원에 속한다고 규정하고 있다.[105]

법원이라는 말은 두 가지 의미로 사용되고 있다. 국법상 의미의 법원과 소송법적 의미의 법원이 그것이다.[106] 국법國法상 의미의 법원이라 함은 대법원을 정점으로 하여 피라미드 조직으로 배치·구성되어 있는 사법행정상의 단위로서의 법원을 의미한다.

이에 대하여 소송법적 의미의 법원이란 구체적 사건에 대하여 재판권을 행사하는 주체로서의 재판기관을 의미한다. 국법상 의미의 법원 내에는 하나 또는 수개의 소송법적 의미의 법원이 설치되어 있다.[107]

법원은 헌법에 따라 원칙적으로 모든 법적 분쟁을 심판한다. 예외적으로 헌법재판소가 헌법 분쟁 중 일부를, 국회가 국회의원에 대한 자격심사와 징계처분을 담당한다. 법원은 분쟁에 대한 심판권한 이외에 부동산 및 동산·채권 담보등기, 가족관계등록, 공탁, 집행관 및 법무사에 관한 사무를 관장 또는 감독할 권한이 있다.

105 배종대·이상돈·정승환·이주원, 「형사소송법」(서울: 홍문사, 2015), p. 286.

106 이재상a, 전게서, p. 62.

107 신동운, 전게서, p. 438.

🌐🔍 서양의 정의의 여신

(출처: Creative Commons)

제우스의 아내 테미스에겐 세 딸이 있었다. 복수의 여신 네미시스Nemesis, 불의의 여신 아디키아Adikia 그리고 아름다운 정의의 여신 디케Dike였다. 디케에게는 아디키아를 압도할 힘도, 네미시스의 불타오르는 복수심도 없다. 디케의 정의는 약자의 진실, 약자의 침묵이 토해내는 향기에 가깝다.[108]

디케는 그리스어로 '법'과 '정의'를 뜻한다. 디케는 유스티치아Justitia → 저스티스Justice로 변했다. 오늘날 저스티스는 정의 뿐만 아니라 재판 혹은 사법司法으로도 번역된다. 디케의 이미지는 눈을 가린 안대Blindfold, 죄를 형량하는 저울Scales, 한 손에 든 칼Sword로 구성되어 있다.

두 눈을 가린 것은 정의가 갖는 불편부당不偏不黨, 공평무사, 즉 공정성impartiality을 나타내기 위함이다. 천칭은 하나의 주장과 그 반대되는 주장에 대한 옳고 그름에 대한 무게를 달기 위해서다. 또 칼을 들고 있는 것은 치우친 주장을 하는 자를 벌주기 위해서다. 정의를 실현하기 위해 힘의 원천과 단호함을 나타내는 칼을 들고 있는 것이다.

그러나 원래의 디케는 눈을 가리지 않았다고 한다. 1494년 스위스 바젤에서 출간된 르네상스 최대의 베스트셀러 제바스티안 브란트의 『바보 배』에서 정의의 여신은 눈가리개가 씌워진다. 사소한 소송이 끊이지 않던 시기, 소송에서 이기길 바라던 사람들이 원했던 것은 디케가 진실을 보지 못하는 것이었다.[109]

공평무사를 위해서 디케의 눈을 가렸다는 말과 진실을 보지 못하게 하기 위해서 디케의 눈을 가렸다는 말 중에서 어떤 것이 진실인지는 아무도 모른다.

---

[108] 김일수, 전게서, p. 118.

[109] 우은희, "정의와 진실" 「매일신문」, 2018.09.20.

🔍 우리나라 정의의 여신[110]

서양의 정의의 여신과 같은 정의의 여신이 서울 서초동 대법원 중앙 현관에도 있다. 우리나라의 정의의 여신은 오른손에 천칭을 높이 들고, 왼손으로 법전을 감싸 쥐고 있다. 원래 정의의 여신이 선 자세로 눈을 가리고 있지만 이 한복 입은 여신은 앉아서 눈을 뜨고 있다.

이 눈뜬 정의의 여신에 대해 논란이 끊이질 않는다. 어떤 사람은 이 상을 "눈을 떴으니 완벽한 공평을 기대할 수 없고, 법률만 읊조리는 책상물림 법관의 모습으로 철학적 빈곤에서 나온 상"이라고 한다.

이 같은 지적에 대해 다른 쪽에서는 "눈을 떠서 당사자의 사정을 잘 살피고, 저울을 달아 형평성을 판단해 보다가 그래도 부족하면 법전을 펼쳐 정확한 판결을 내린다"는 탁월한(?) 해석을 하고 있다.

이 탁월한 해석은 "당사자의 신분과 지위를 확인해서 봐줄 사람인가 아닌가를 식별한 후 형식적으로 저울에 올려보는 척하다가 손에 든 장부를 보고 내게 무슨 이득인가를 따져 심판한다"는 것으로 다르게 풀이하기도 한다.

우리나라 재판부가 후자의 해석에 더 가까운 행태를 보여서 대법원 앞의 여신상을 바꿔야 한다는 주장이 나온다. 오늘날 사법부는 디케를 상징으로 삼고 있다. 사법부는 정의를 지시해주는 '사회의 나침반'이며, 진실을 밝혀주는 '사회의 등불'이 될 것으로 국민은 바라고 있다.

---

110 이동욱, "눈뜬 정의의 여신" 「경북일보」, 2019.02.20.

3 ‖ 법원의 특징

우리의 법원은 단일국가 체제하에서 법원이 일원화된 체계로 구성되어 있다. 재판권의 경우, 프랑스와 독일의 경우는 민·형사를 담당하는 일반법원 외에 노동법원, 행정법원, 재정법원, 사회법원 등 여러 개의 특별법원으로 재판권이 분리되어 있다. 하지만 우리의 법원은 대부분 동일법원에서 형사, 민사, 행정소송을 담당하는 일원체계를 가지고 있다.[111]

우리의 법원은 법원의 업무량을 줄여서 '소송절차의 신속성'을 도모할 수 있는 여러 제도가 미흡하다. 미국의 경우에는 공판 초기 단계에서 유·무죄 답변을 하도록 하는 '기소인부절차'arraignment나 '유죄답변협상'Plea Bargaining 절차를 가지고 있다.

독일의 경우에는 사건을 '질서위반죄, 경죄, 중죄' 등 3가지로 구분하여 사건처리절차를 다양화하여 처리하고 있으며, 일본의 경우에는 '간이재판소제도'를, 프랑스의 경우에는 '경찰법원제도'를, 독일의 경우에는 '구법원제도' 등을 도입하여 신속한 사법처리가 가능하도록 하고 있다.

우리의 법원은 '사법체계의 민주성 제고'를 위한 제반 제도가 부족하다. 반면에 미국에서는 대배심, 법관선거제 등이 있으며, 일본에서는 최고재판소 판사에 대한 국민심사제, 검찰심사회, 사법위원 제도 등을 통해서 국민을 사법절차에 다양하게 참여시키고 있다.[112]

이러한 제반 사법제도의 미흡에도 불구하고 사법의 민주적 정당성을 강화하고 투명성을 제고함으로써 국민으로부터 신뢰받는 사법제도의 확립을 위하여 2007년 4월 '국민의 형사재판참여에 관한 법률'이 제정 되었다.[113] 또한 로스쿨법안이 법조계의 강한 반대와 여야 간의 의견대립에도 불구하고 2008년 2월 29일 '법학전문대학원 설치·운영에 관한 법률'로서 통과되어 로스쿨이 2009년부터 시행되게 되었다.

법조일원화는 일정 경력의 변호사 자격자 중 법관을 선발하는 제도다. 20대에서 30대 초반 나이로 사법시험을 합격한 젊은 판사들이 폐쇄적인 사법부 조직을 만들고 현실과 맞지 않는 판결을 내린다는 비판이 일자 2006년부터 실시됐다.

이에 따라 2021년까지는 법조경력이 5년을 넘어야 판사로 신규 임용될 수 있다. 2022-2025년 임용자는 법조경력 7년 이상, 법조일원화가 완성되는 2026년부터는 10년 이상의 법조경력이 있어야 한다.

---

111 우리는 예외적으로 전문법원인 행정법원, 가정법원, 특허법원을 운영하고 있다.

112 강일원, "21세기 법원과 사법제도," 「민사법연구」, 8, 2000, pp. 345-356.

113 정만희, "한국의 사법제도개혁의 동향과 과제," 「동아법학」, (40), 동아대학교 법학연구소, 2007, p. 15.

하지만 법조일원화 정책의 역효과가 우려된다는 지적도 나온다. 아무리 연륜 있는 판사라도 수만 쪽의 기록을 읽고 법률 문서를 찾는 실무 역량은 나이가 들수록 떨어질 수밖에 없어서다. 이 때문에 대법원 산하 법원행정처는 일선 판사를 도와 재판 실무를 보조하는 재판연구원(로클러크) 증원에 몰두해왔지만 정치권의 반대로 속도를 내지 못하고 있다.

반대하는 의원들과 힘든 협상 끝에 2018년 2월 개정된 법률은 200명인 재판연구원 정원을 300명으로 늘어났다. 법원행정처의 목표는 재판연구원 정원 제한을 아예 없애는 것이다. 법원의 한 관계자는 "약 3,000명인 전국 법관 1명당 재판 연구원 1명씩은 돼야 재판을 원활하게 처리할 수 있다"고 말했다.

2014년 12월 31일 개정된 「각급 법원 판사정원법(판사정원법)」에 따른 국내 각급 법원 판사 정원은 2014년 기준 3,214명으로 정해져 있다. 2018년 기준 국내 일선 판사 숫자는 2,970여 명으로 판사 1인당 인구가 약 1만7,000명(총인구 5,000만 명 기준)이다. 2017년 12월 27일 기준, 「법원공무원 정원에 관한 규칙」에 따라 판사를 제외한 법원에 두는 공무원의 정원은 총 16,022명이다.

Criminology & C·J systems

 판사의 탄생[114]

21세기 대한민국의 법관 3,000여 명은 어떤 사람들인가. 판사들은 한 명, 한 명이 독립된 헌법기관이며 관청이다. 수재 1,000여 명이 모인 사법연수원에서 못해도 100등 안팎의 성적을 거둔다. 이들에게 공부를 잘한다는 의미는 사법연수원 1-10등 정도의 성적을 말한다.

수석이 대법원장상, 차석 법무부장관상, 삼석이 대한변호사협회장상, 그 외 10등까지 사법연수원장상을 받는다. 공부로는 타의 추종을 불허하는 사람들이 모여서 종종 성적 얘기를 한다. 40~50대 어른이 동료의 성적을 기억하고, 그걸로 상대를 판단하는 곳은 판사 집단이 대한민국에서 거의 유일할 것이다.

판사에게 성적은 물신物神이다. 똑같이 법조계 비주류인 노무현 전 대통령과 문재인 대통령에 대한 법조계의 반응이 판이한 이유도 성적이다. 문 대통령은 사법연수원 12기 수료생 가운데 차석이다. 법조인 누구도 문 대통령이 서울대 출신이 아니라거나 판사를 거치지 않았다고 시비하지 않는다.

사법연수원은 판사가 되기 위한 경쟁장이다. 어느 변호사 얘기다. "판사 임용

---

114 이범준c, "대한민국 판사, 당신은 누구인가" 「경향신문」, 2018.07.12.

제3 장 재판기관   **415**

성적이 되면 반드시 판사에 지원한다. 150등까지 검사 지원자가 단 한 명도 없는 것은 오래된 얘기다. 오히려 김앤장 같은 대형 로펌 지원자는 있다. 성적대로 차례로 판사를 채우고, 그 다음 성적부터 검사와 대형 로펌 변호사가 된다. 연수원은 판사에게 우월감을, 변호사에게 좌절감을 주는 곳이다." 대한민국 판사를 이해하는 키워드는 좌절을 모르는 사람의 자부심이다.

4 ▎ **법원의 성격**

법원의 조직·직무범위 및 인사 기타 필요한 사항이 '법원조직법'에 규정되어 있다. 그에 따르면 법원의 종류에는 대법원, 고등법원, 특허법원, 지방법원, 가정법원, 행정법원, 회생법원 등 7종류가 있다. 지방법원 및 가정법원의 사무의 일부를 처리하게 하기 위하여 그 관할구역에 지원支院과 가정지원, 시법원 또는 군법원 및 등기소를 둘 수 있다. 다만, 지방법원 및 가정법원의 지원은 2개를 합하여 1개의 지원으로 할 수 있다.

법원 중 일반법원인 대법원, 고등법원, 지방법원이 기본적인 3심 구조를 이룬다. 전문법원 중 특허법원은 고등법원과, 가정법원·행정법원·회생법원은 지방법원과 동급의 법원이다.

그리고 고등법원·특허법원·지방법원·가정법원·행정법원·회생법원과 지방법원 및 가정법원의 지원, 가정지원, 시·군법원의 설치·폐지 및 관할구역은 따로 법률로 정하고, 등기소의 설치·폐지 및 관할구역은 대법원규칙으로 정한다.

법원은 헌법상 사법권의 독립과 법관의 신분보장을 받고 있다. 사법권은 법관으로 구성된 법원에 속한다. 법관은 탄핵 또는 금고 이상의 형의 선고에 의하지 아니하고는 파면되지 아니하며, 징계처분에 의하지 아니하고는 정직·감봉 기타 불리한 처분을 받지 아니한다.

배심제와 참심제[115]

배심제가 처음 도입된 것은 1166년 영국에서였다. 국왕에게 예속된 재판관들이 시민들과 함께 피의자를 고발·기소하는 '대배심(기소배심)' 제도가 배심제의 첫 모습이었다. 그 뒤 일반인이 재판에 사실문제를 인정하고 심판하는 '소배심(심리배심 혹은 공판배심)'으로 분화됐다.

재판 과정에서 배심제의 형태를 취하고 있는 대표적인 나라는 미국이다. 미국에서는 형사소송뿐만 아니라 민사소송에 있어서도 배심제가 이뤄지고 있다. 식민지 시절 배심제를 통해 영국으로부터 자신들의 권리를 지켰던 미국인들은, 재판에 참여하는 것이 기본권으로 인식한다. 주마다 약간씩 다르지만 보통 12명의 배심원이 피고인의 유·무죄를 판단한다.

배심제에서 유·무죄를 판단하는 것은 전적으로 배심원에게 권한이 있다. 판사는 배심원들의 평결을 바탕으로 형량을 정할 뿐이다. 박노섭(경찰대 경찰학과) 교수는 "배심제는 일반인들의 의견을 적극적으로 반영해 합리적인 의사결정을 할 수 있다는 장점이 있지만, 배심원들의 법적 전문성이 떨어진다는 점과, 배심원단 유지 및 관리에 시간과 비용이 많이 든다"고 설명했다.

미국 외에도 영국, 호주, 캐나다 등에서 배심제를 채택하고 있다. 참심제를 채택하고 있는 독일에서는 민·형사 사건 뿐만 아니라 노동, 사회, 행정 등 모든 종류의 법원에서 시민법관을 재판에 참여시키고 있는데, 이들을 '참심원'이라 부른다. 법관과 행정 공무원 등으로 구성된 참심원선임위원회가 임기 4년의 참심원을 선출한다. 재판관은 보통 3명의 직업법관과 2명의 참심원으로 구성된다. 참심원은 재판과정에 있어 직업법관과 법률적으로 같은 권한을 갖게 된다.

참심제는 중세 게르만 시대의 역사에 뿌리를 두고 있다. 일반인으로 이뤄진 민중법관이 재판을 맡았던 전통이 일반 시민을 재판에 참여시키는 시민법관 제도로 이어진 것이다. 독일도 처음에는 직업법관 제도를 갖추었다. 프랑스혁명 이후 배심제가 도입된 프랑스의 영향을 받게 되면서 시민법관을 부활해야 한다는 목소리가 높아져, 1887년 시민법관 제도가 시행돼 오늘에 이르고 있다. 프랑스, 이탈리아 등 주로 유럽 대륙 국가들에서 참심제를 채택하고 있다.

---

115 김장원, "미국의 배심제, 독일의 참심제" 「고대신문」, 2005.05.23.

제2절 　 법관의 양형

일반사회인이나 피고인들은 어떤 죄명으로 처벌받게 될 것인가보다 어떤 형태로 어느 정도 처벌받게 될 것인가에 관심이 집중되어 있다. 특히 형사재판에서 유죄판결이 선고되는 비율이 압도적인 우리의 현실상 피고인뿐만 아니라 일반인들의 주된 관심은 자신들에게 선고될 형량이 될 것이므로 양형이 형사사법에서 가지는 중요성은 매우 크다고 할 수 있다.[116]

대법원 판례에 의하면 "양형은 법관들의 재량사항이고, 또 10년 이상의 징역이나 금고와 같은 중형이 선고되는 예외적인 경우가 아니라면, 그 재량판단이 현저하게 잘못되었다고 하더라도 사람들은 그 판단을 그냥 수인해야 한다"고 보고 있다.[117]

하지만 종래 법관의 자유재량으로 보았던 양형은 예측가능성과 통제가능성 아래에서 적정성과 형평성을 보장할 수 있어야 한다는 시대적 요구가 제기되고 있다.

1 ｜｜ 양형의 개념

일반적으로 형법은 범죄행위를 확정하고, 이에 대한 법적 효과로써 형벌을 부과하는 것에 관한 법이라고 정의된다. 따라서 형사소송절차도 크게 범죄사실의 유무를 확정하는 과정과 그 사실에 기초해서 피고인에게 형벌 및 보안처분을 선고하는 과정으로 구분된다.

이 중 형벌론의 영역 가운데 책임을 전제로 하는 형사제재의 확정행위에 대한 총괄개념을 '양형'量刑이라고 한다. 양형은 책임에 적합한 형사제재를 확정하는 행위를 총칭하는 개념이며, 따라서 위험성에만 관련되고 응보와는 무관한 보안처분은 양형에서 문제되지 않는다.[118]

일반적으로 양형은 광의의 양형과 협의의 양형으로 나눌 수 있다. 협의의 양형은 구체적인 사건에 적용될 형벌의 종류와 양을 정하는 것인 반면, 광의의 양형은 그 형벌의 선고와 집행여부를 결정하는 것을 포함한다고 정의한다. 이와 같은 정의를 양형과정으로 나누어 보면, 법정형의 확정에 이어 형벌의 종류선택, 법률상의 가중·감경 및 구체적인 형량과 벌금액

116 문희태, "우리나라 양형의 실태와 합리화 방안," 충남대학교 박사학위논문, 2006, p. 1.
117 대법원 2003.2.20, 선고2001도6138 전원합의체판결.
118 이기헌·최석윤 역, 「양형론-피해자를 중심으로」, 형사정책연구원, 1997, p. 1.

의 결정까지를 협의의 양형이라고 할 수 있을 것이고, 이 과정을 포함하여 이 이후에 진행되는 선고유예, 집행유예, 미결구금일수의 산입, 환형유치, 몰수, 추징 등은 광의의 양형에 포함된다.[119]

따라서 가장 넓은 의미로 보면 양형은 형량의 결정뿐만 아니라 형종의 선택, 가중, 감경, 형의 선고유예와 집행유예, 벌금, 과료의 환형유치까지도 포함하는 개념으로 이해된다.[120]

이러한 양형은 단계적 과정으로써 법정형·처단형·선고형으로 분류할 수 있다. 여기서 '법정형'이란 개개의 구성요건에 규정되어 있는 형벌로서, 입법자가 각 구성요건의 전형적인 불법을 일반적으로 평가한 형의 범주를 의미하고, '처단형'이란 법정형이 처단의 범위로 구체화된 형을 의미하는데, 이것은 법정형에 법률상 및 재판상의 가중·감경을 한 형을 의미한다. 마지막으로 '선고형'이란 법관이 처단형의 범위 내에서 구체적으로 형을 양정하여 당해 피고인에게 선고하는 형을 의미한다.[121]

2 ‖ 양형의 기준

법관이 '법정형'(각 범죄에 대응하여 법률에 규정되어 있는 형벌) 중에서 선고할 형의 종류(예컨대, 징역 또는 벌금형)를 선택하고, 법률에 규정된 바에 따라 형의 가중·감경을 함으로써 주로 일정한 범위의 형태로 '처단형'이 정하여 지는데, 처단형의 범위 내에서 특정한 선고형을 정하고 형의 집행유예 여부를 결정함에 있어 참조되는 기준이 바로 양형기준이다.

양형기준은 원칙적으로 구속력이 없으나, 법관이 양형기준을 이탈하는 경우 판결문에 양형이유를 기재해야 하므로, 합리적 사유 없이 양형기준을 위반할 수는 없다.

양형의 편차를 줄여 '고무줄 형량' 논란을 없애기 위해 출범한 대법원 '양형위원회'는 2008년 살인, 뇌물, 성범죄횡령, 배임, 강도, 위증, 무고 등 8개 범죄에 대한 양형기준안을 발표했다. 살인죄는 생활고 등 참작 사유가 있는 살인, 청부살인 등 비난 사유가 충분한 살인 등 살인의 동기나 경위에 따라 3가지 유형으로 나뉘어, 최소 징역 3년에서 최고 무기징역 이상의 양형이 제시됐다.

---

119 최석윤, "양형의 합리화 방안," 「형사정책연구소식」, 한국형사정책연구원, 1995, pp. 37-38.

120 법원행정처a, 「양형실무」, 1999, pp. 11-12.

121 이진록, "양형에 관한 일반적 고찰," 「법학논총」, 2, 1985, p. 229.

배임죄의 양형기준에 따라 기본 형량을 살펴보면 1억 원 미만(4월~1년 4월), 1억 원 이상 ~4억 원 미만(1~3년), 5억 원 이상~50억 원 미만(2~5년), 50억 원 이상~300억 원 미만(4~7년), 300억 원 이상(5~8년) 등이다.

Criminology & C·J systems

배임죄의 양형기준 비판[122]

형법 제355조 제2항의 배임죄의 법정형은 일반 배임 징역 5년 이하, 업무상 배임 징역 10년 이하다. 독일에서 법리가 시작되어 일본을 거쳐 1953년 형법 제정 때 도입됐다. 기업의 이사 등의 경영 행위에 배임죄가 본격 적용되기 시작한 것은 97년 외환위기부터다. 부도 기업에서 경제계 전반으로 확대됐다.

"경제위기의 주된 원인이 기업 경영자의 부도덕성에 있는 것으로 인식되고, 경영자의 경영 실패를 형사상 처벌이 필요한 범죄의 하나로 인식되기 시작했다"는 게 강동욱 동국대 교수의 분석이다. 하지만 적용범위가 광범위하다는 비판을 끊임없이 받았다.

검찰은 기업 수사를 하다 별다른 혐의가 나오지 않을 때 배임죄를 활용하여 압수수색과 출국금지, 참고인 소환, 피의자 소환을 하곤 했다.

과거엔 '징역 3년에 집행유예 5년' 정찰제였다. 2009년부터는 형량을 정하는 가이드라인인 양형기준표가 있어 배임액을 넣으면 반*자동으로 처벌 수위가 정해진다. 이를테면 배임액이 1억 원 이상~5억 원 미만이면 기본 형량이 징역 1~3년이다.

법원 판례는 실제 손해는 물론 '손해 발생의 위험'까지 배임액에 포함시킨다. 예를 들어 10억 원의 담보제공이나 지급보증, 외상거래, 대출을 했을 때 실제 손해가 1억 원이라 해도 10억 원 전액을 배임으로 본다. 류전철 전남대 교수는 "법원은 배임으로 얻은 이익과 손해를 구체적으로 산정하는 수고를 덜 수 있는 장점이 있다"며 "죄형법정주의의 경계를 넘는 것"이라고 지적한다. 한 중견 판사는 이렇게 설명한다.

"그간 대법원 판례가 문제 되지 않았던 이유는 재판부가 피해 상황을 참작해 형량을 낮출 수도 있고, 집행유예를 선고할 수도 있었기 때문이다. 지금처럼 양형기준이 엄격하게 시행되는 상황에선 지나치게 가혹한 결과를 낳을 수 있다."

122 권석천, "배임죄 사용설명서" 「중앙일보」, 2014.02.05. 재구성.

현재의 배임죄 적용에 대한 시민들의 반응은 엇갈린다. "오·남용엔 반대하지만 배임죄라도 있어야 오너의 전횡을 막을 수 있는 게 아니냐. 몇몇 재벌의 일탈로 서민들이 고통 받았던 경험을 잊어선 안 된다."(검사 출신 변호사) "배임죄 앞에선 모든 기업인이 잠재적 피의자란 말까지 나온다. 개인적 이익 추구가 아닌 경영 판단에 대해선 형사처벌의 잣대를 대지 말아야 한다."(판사 출신 변호사)

법원의 구조와 조직

1 ‖ 법원의 구조

법원의 조직은 대법원을 정점으로 하는 수직적 피라미드 형태를 띠고 있으며, 법원행정 체계의 최정점에 대법원장이 있다. 이와 같은 거대한 피라미드식 행정조직의 사무를 관장하기 위하여 대법원에 법원행정처를 두고 있다. 법원행정처를 두어 사법부 전체를 관장하는 구조를 가지고 있다.[123]

현행 법원조직법상으로는 대법원장·대법관·판사의 직급만 인정되고, 법원장과 부장판사 등은 법률상의 직급개념이 아니라 보직개념에 불과하다. 그러나 심급제도의 존재에 따른 심급별 법관임용기준의 차이나 경력 등에 따른 보수의 차이 등이 넓은 의미에서는 직급으로 인식될 여지가 있다.

현실적으로도 지방법원 배석판사, 지방법원 단독판사, 고등법원 배석판사, 재판연구관, 지방법원 부장판사, 고등법원 부장판사, 지방법원장, 고등법원장, 대법관, 대법원장의 직급단계가 사실상 존재하는 것으로 인식되고 있다. 현재 법관들은 임용된 순서에 따라 상위직급으로 순차적으로 승진하고 있으나, 고등법원 부장판사로의 승진에 있어서만 선별승진방식이 취해지고 있다.[124]

---

123 정종섭, "한국의 법원제도: 그 변천과 과제," 「헌법연구 4」 (서울: 박영사, 2003), p. 312.

124 강일원, 전게논문, pp. 360-361.

법에 의한 지배, 즉 법치주의는 민주주의의 본질적인 요소이다. 특히 법적용 및 법발전의 책임을 지고 있는 것은 사법부이며, 법적용이 불편부당不偏不黨한 법의 원리에 따라 법의 원리에 따라 독자적으로 이루어지는 것을 담보하기 위하여, 우리 헌법은 국민의 선거에 의해 선출되지 않아서 민주적 정당성이 상대적으로 미약한 법원에 대하여 다른 어떤 헌법기관보다 강력한 독립성을 부여하고 있다.[125]

법관의 임기는 헌법제정과정에서 종신제의 주장도 있었지만, 결국 10년 임기제와 연임제를 채택하였다.[126] 또한 "법관은 탄핵 또는 금고 이상의 형의 선고에 의하지 아니하고는 파면되지 아니하며, 징계처분에 의하지 아니하고는 정직·감봉 기타 불리한 처분을 받지 아니한다"고 하여 징계처분에 의해서는 법관을 파면할 수 없도록 하고 있다. 이는 법관의 징계처분에 의한 파면을 배제함으로써 법관의 신분보장을 강화한 것이다.

1987년 현행 헌법은 대법원장 뿐만 아니라 대법관의 임명에 국회의 동의를 얻어 대통령이 임명하도록 하였다. 이는 대법원의 구성에 있어 종래 대통령의 권한이 강한 영향을 미친점을 고려하여, 국회에 의한 통제장치를 마련한 것이다. 대법원장과 대법관이 아닌 법관은 대법관회의의 동의를 얻어 대법원장이 임명하도록 하였다(헌법 제104조). 또한 현행 헌법은 헌법재판소를 도입하여 사법부가 법원과 헌법재판소의 2원적 구조를 취하도록 한 것이 특징이다.[127]

현대사회가 급격히 변화하고 분쟁이 점차 다양화·전문화됨에 따라 법관의 전문화에 대한 필요성과 요구가 대두되었다. 현재, 이러한 전문적 사법서비스 수요를 충족하기 위하여, 특허법원, 행정법원, 가정법원과 같은 전문법원이 설치되어 있으며, 규모가 큰 고등법원이나 지방법원에는 국제거래부·지적재산권부·의료부·노동산재부 등의 전문재판부가 설치되어 각각 해당 전문사건을 전담하여 처리하고 있다.

대법원에는 전문재판부가 없지만, 재판연구관 중 근로조·행정조·조세조·지적재산권조 등을 두고 해당 사건을 집중적으로 연구하게 하고 있다.[128] 현행 헌법하에서는 새로운 정부가 들어설 때마다 사법개혁의 문제가 제기되었으며, 그러한 논의과정에서 1994년에는 예비판사제도가 채택되었고, 1995년부터 시·군법원이 설치되었으며, 재판의 전문성 확보를 위해 1998년부터 특허법원과 행정법원이 설치되었다.

---

125 법원행정처, "법조인력 양성에 관한 각국의 제도비교," 1995, p. 3.

126 대법원장의 임기는 6년으로 하며, 중임할 수 없으며, 대법관의 임기는 6년으로 하되, 법률이 정하는 바에 의하여 연임할 수 있다고 규정하고 있다.

127 정만희, 전게논문, p. 6.

128 강일원, 전게논문, p. 362.

🌐🔍 판사들의 고통[129]

'벙커'라는 법원 은어가 있다. 골프장 모래구덩이를 뜻하는 이 영어단어는 배석판사를 힘들게 하는 부장판사를 가리킨다. 자세히는 업무형 벙커와 생활형 벙커가 있다. 특히 벙커는 검찰이나 로펌에는 없는 은어다. 이 단어를 통해 법조인 전체가 아닌 판사만의 특징을 찾아낼 수 있다. 판사들은 개개인이 독립된 기관이기 때문에 통제받는 것을 부당하게 여긴다는 것이고, 그러면서도 부당한 통제에 대응하지 못하면서 은어를 만들었다는 것이다.

판사들의 인간관계가 다소 특이하게 분화하는 지점에 승진 포기가 있다. 판사들이 인정 욕망의 핵심인 승진을 포기하면, 인정받아야 할 상대가 법원 외부인 지역사회나 로펌이 된다고 한다.

"역설적이지만 출세하겠다는 서울의 엘리트 판사들이 악착같이 유무죄를 따지고 든다. 과감하게 무죄도 쓰고, 눈 딱 감고 유죄도 때린다."

하지만 판사들이 재판의 불공정성을 우려해 사람들 만나는 것을 어려워하고 교류 자체를 잘 하지 않는 것은 심각한 문제다.

"재판의 핵심은 어쨌든 결론이다. 현실적인 타당성이 있어야 한다. 이론은 만들어서 돌파하면 된다. 타당성을 갖추려면 사회와 사람들과 소통해야 한다. 커뮤니케이션은 사회적 타당성, 사회적 공감을 확인하는 일이다. 그런데 요새 판사들은 그렇게 하지 못하니까 이론에만 골몰한다. 힘은 힘대로 들고 욕은 욕대로 먹는다. 지금처럼 판사들이 사람을 법정에서만 보는 것은 옳지 않은 일이다."

하지만 법관이 외부와 소통할 여유가 도저히 없다는 반론도 만만치 않다. 평생에 걸쳐 엄청난 업무량을 견디며 사는데 사건은 더욱 어려워지고 있기 때문이다.

"검사는 부장만 돼도 도장 찍는 게 일이고, 변호사도 중견이 되면 영업만 한다. 하지만 법관은 대법관이 되어도 연간 3,500건을 처리한다. 기록을 읽고 판결을 써야 한다. 그런데 이제는 사람 안 만나고 물정 모른다고 욕까지 먹어야 한다."

---

129 이범준c, 전게기사, 재구성.

PART 04

2 ‖ 법원의 조직

현행 헌법은 제101조 제2항에서 "법원은 최고법원인 대법원과 각급 법원으로 조직된다"고 규정하는 한편, 제102조 제3항에서 "대법원과 각급 법원의 조직은 법률로 정한다"고 규정함으로써 대법원과 각급법원의 조직에 관하여 상세한 것은 법률에 위임하고 있다. 이에 따라 제정된 법원조직법은 대법원 외에 각급 법원을 고등법원, 특허법원, 지방법원, 가정법원, 행정법원의 5종으로 나누고 지방법원과 가정법원 사무의 일부를 처리하기 위하여 그 관할구역 내에 지원과 시·군법원 및 등기소를 둘 수 있도록 하고 있다.

[그림 4-13] 법원 조직도(2018년 12월 기준)

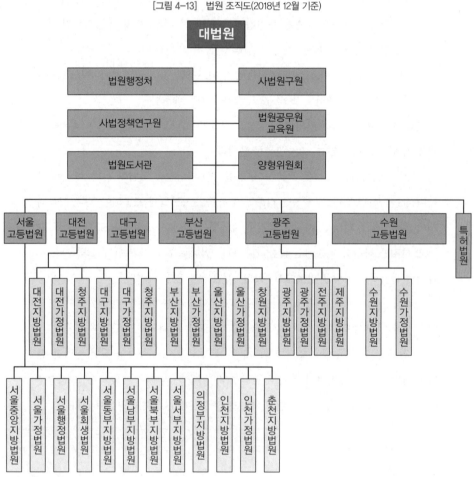

1 대법원

❶ 대법원의 구성

대법원은 대법원장과 대법원장을 포함한 대법관 14인으로 구성된다. 대법원의 심판권은 대법관 전원의 3분의 2이상으로 구성되고 대법원장이 재판장이 되는 합의체에서 이를 행사하나, 일정한 경우에는 대법관 3인 이상으로 구성되는 부에서도 재판할 수 있다. 다만, 대법관 중 법원행정처장으로 임명된 1인은 재판에 관여하지 않는다. 따라서 현재 심판에 관여하는 대법관은 13명이 된다.[130]

대법원에는 사법행정상의 최고의결기관으로 대법관회의가 있다. 이 회의에서는 판사의 임명에 대한 동의, 대법원규칙의 제정과 개정 등에 관한 사항, 판례의 수집·간행에 관한 사항, 예산요구, 예비금지출과 결산에 관한 사항 등을 의결한다.

❷ 대법원의 심판권

대법원은 민사·형사·행정·특허 및 가사사건의 판결에 대한 상고사건, 결정·명령에 대한 재항고사건과 중앙해난심판원의 재결에 대한 소 등을 재판하며, 선거소송에 대하여는 1심 겸 종심, 또는 최종심으로써 재판한다.

❸ 규칙제정권

대법원은 소송에 관한 절차, 법원의 내부 규율과 사무처리에 관한 규칙을 제정할 수 있으며, 이를 사법 입법권이라고 한다. 이 규칙제정권은 법원조직법 제17조의 규정에 의하여 대법관회의의 권한에 속하게 된다.

❹ 재판연구관

대법원에는 대법원장의 명을 받아 사건의 심리와 재판에 관한 자료를 조사·연구하는 재판연구관이 있다. 재판연구관은 판사로 보하도록 되어 있는데, 주로 고등법원판사 중에서 지명된다. 재판연구관 중에는 특정의 대법관에게 전속되어 그의 업무만을 보좌하는 연구관과 대법관 전원의 업무를 공동으로 보좌하는 연구관이 있다.

---

130 신동운, 전게서, p. 440.

❺ 산하기관

대법원은 그 산하기관으로서, 법원행정처, 사법연수원, 법원공무원교육원, 법원도서관을 두고 있다. 또한 대법원장의 자문기관으로 사법정책자문위원회와 법관인사위원회가 있다. 대법원의 조직, 인사, 예산, 회계, 시설 등의 관리와 같이 사법부를 운영해 가는데 있어서 필요한 행정작용을 사법행정이라고 하며, 사법행정의 최고기관은 대법원장이다.

대법원장은 대법원의 일반사무를 관장하며, 대법원의 직원과 각급 법원 및 그 소속 기관의 사법 행정사무에 관하여 직원을 지휘·감독한다. 대법원장을 보좌하여 사법행정사무를 관장하는 기관으로서 대법원에 법원행정처가 설치되어 있다. 법원행정처에는 처장과 차장을 있으며, 처장은 대법관 중에서, 차장은 판사 중에서 대법원장이 임명한다.

2 고등법원

❶ 고등법원의 조직

고등법원은 2019년 기준 서울, 대전, 대구, 부산, 광주 등 다섯 군데에 설치되어 있으며, 고등법원장과 대법원규칙이 정한 수의 판사로 구성되고, 그 심판권은 판사 3인으로 구성된 합의부에 의하여 행해진다. 고등법원에는 법원 내부의 행정 및 일반직원의 지휘·감독을 위하여 사무국을 두고 있다. 한편, 제주에는 광주고등법원 제주지방법원이 설치되어 있다.

❷ 고등법원의 심판권

고등법원은 1심 판결에 대한 항소사건, 1심 결정·명령에 대한 항고사건, 선거소송 등을 심판한다.

3 지방법원 및 지원

❶ 지방법원 및 지원의 조직

전국의 지방법원 수는 18개이며, 지방법원은 지방법원장과 대법원규칙으로 정한 수의 판사로 구성된다. 지방법원에는 행정사무를 관장하는 사무국을 둔다. 지방법원의 사무 일부를 처리하기 위하여 그 관할구역 내에 지원과 소년부지원, 시·군법원 및 등기소를 둘 수 있다.

2019년 기준 지원은 모두 판사 3인 이상으로 구성되는 합의지원으로서, 사무국 또는 사무과를 두고 있다.

❷ 지방법원 및 지원의 심판권

지방법원은 민사 및 형사사건을 1심으로 재판한다. 1심의 재판은 원칙으로 단독판사의 관할로 하고, 특히 중요하다고 법률이 정하고 있는 사건은 합의부의 관할로 한다. 합의부에는 민사부와 형사부가 있는데 합의부가 주로 다루는 사건은 아래 표와 같다.

민사사건	⇒	소송물가액이 1억 원을 초과하는 사건 (단, 교통사고·산업재해사고로 인한 손해배상청구사건, 수표금·약속어음청구사건 등은 단독판사가 재판)
형사사건	⇒	사형·무기 또는 단기 1년 이상의 징역 또는 금고에 해당하는 사건 (단, 상습폭력, 도주차량, 상습절도사건, 병역법 위반사건 등은 단독판사가 재판)

다만, 합의부의 심판권에 속하는 사건이라도 사안의 내용이 단순하거나 유형이 정형적인 사건은 재정합의부의 결정을 받아 단독판사가 이를 심판할 수 있다. 지방법원 본원의 합의부 및 일부지원의 합의부는 또한 5,000만 원 초과의 민사사건을 제외한 단독사건의 판결에 대한 항소사건과 단독판사의 결정·명령에 대한 항고사건을 2심으로 재판하는데, 이러한 합의부를 항소부라고 한다.

❸ 시·군법원

시·군지역 주민들에게 보다 편리한 사법서비스를 제공하기 위하여 종래의 순회심판소를 개편하여 1995년 9월 1일 부터 시·군법원이 설치되었다. 2018년 기준 101개 시·군법원이 개원하였으며, 소액사건, 즉결사건, 화해·독촉 및 조정사건 등의 심판을 담당하고 있다. 시·군법원은 크게 원칙적으로 판사가 상주하는 광의의 상주법원과 그렇지 않은 비상주법원으로 나누어진다.

4 특수법원

❶ 특허법원

종전에는 특허권의 발생, 소멸, 정정 등을 둘러싼 분쟁에 관하여 특허청에서 심판과 항고심판을 거친 후, 이에 불복이 있는 경우에는 바로 대법원에 상고하도록 되어 있어서 법원에서의 사실심이 생략된 구조로 운영되어 왔다. 그러나 사법제도개혁의 일환으로 1998년 3월 1일 고등법원급인 특허법원이 창설됨에 따라, 특허심판원의 심결에 대한 불복의 소를 특허법원이 1심으로 관할하고, 그 판결에 불복이 있는 경우에는 대법원에 상고할 수 있도록 하여 법원에서의 사실심리를 강화한 2심제로 운영하고 있다.

특허법원은 특허심판원의 심결과 품종보호위원회의 심결에 대한 취소소송을 관할하는데, 전자의 심결 취소소송이 주를 이루고 있으며, 그 관할범위는 전국에 미치고 있다. 특허법원에는 분야별로 기술심리관을 두어 특허, 실용신안 사건의 기술적인 사항에 대한 재판부의 이해와 판단을 보조하도록 함으로써 전문법원으로서의 내실을 도모하고 있다.

❷ 가정법원

가사에 관한 사건과 소년에 관한 사건 등을 전문적으로 처리하기 위하여 1963. 10. 1.에 설치된 가정법원은 지방법원과 동격의 법원으로서 2019년 기준 서울에만 가정법원이 설치되어 있다.

가사사건은 법률이 정하는 바에 따라 법관 3인으로 구성된 합의부 또는 단독판사가 처리하고, 소년사건과 가정보호사건은 단독판사가 처리한다. 가정법원에는 가사조정사건을 다루기 위한 조정위원회와 가사, 소년, 가정보호사건을 조사하는 조사관이 있다. 가정법원에도 일반 법원행정사무를 처리하는 사무국이 있다.

가정법원 및 그 지원이 설치되지 아니한 지역에 있어서는 가정법원의 권한에 속하는 사항은 가정법원 및 그 지원이 설치될 때까지 해당 지방법원 및 지원이 이를 관할한다. 이 경우 지방법원 산하에 가정지원을 두어 가사 및 소년사건을 처리할 수도 있다.

❸ 행정법원

1998년 3월 1일 부터 행정소송법에서 정한 행정사건을 심판하기 위하여 지방법원급의 행정법원이 서울에 설치·운영되고 있다. 서울행정법원은 서울특별시를 관할하며, 조세, 토지수용, 근로, 일반행정 등의 사건을 심판한다.

행정법원이 설치되지 아니한 지역에 있어서는 행정법원의 관할에 속하는 사건은 행정법원이 설치될 때까지 해당 지방법원 본원이 이를 관할한다.

Criminology & C·J systems

🔍 부장판사는 재판장? 부장판사는 '승진코스'[131]

헌법에 의하면 법관은 셋으로 나뉜다. 대법원장, 대법관, 판사다. 임명 과정과 임기가 다르다. 판사는 대법관회의의 동의를 얻어 대법원장이 임명한다. 대법관은 대법원장의 제청으로 국회의 동의를 얻어 대통령이 임명한다.

대법원장은 국회의 동의를 얻어 대통령이 임명한다. 임기는 판사가 10년, 대법관과 대법원장이 6년이다. 판사와 대법관은 연임이 가능하며 대법원장은 연임도 중임도 불가능하다.

부장판사라는 직함이 법원조직법에 있다. 판사 셋으로 이뤄진 재판부의 장은 재판장이라고 하는데, 재판장과 부장판사는 다른 개념이다. 부장판사는 기본적으로 재판부의 사무를 감독하는 판사를 가리킨다. 고등법원 부장판사는 차관급으로 사실상 승진코스다. 이들은 자신의 소속도 아닌 지방법원의 수석부장이 되기도 하는데 식민지 총독과 비슷하다는 비판이 있다.

지방법원에는 부장판사이지만 단독판사인 경우도 있다. 결국 재판장과 부장판사는 다른 셈이다. 헌법에도 없는 부장판사라는 승진 코스를 만들어 낸 것이다.

---

131 이범준d, "이제는 전설이 됐다고 하지만 들어보면 현실인 '전관예우'" 「경향신문」, 2018.07.12.

1 | 수사절차에서 역할과 기능

현행 형소법은 필요적 심문제도를 도입해 구속영장을 받은 피의자가 법관의 심문^{審問}을 받을 권리를 보장하고 있다. 법관은 구속영장청구를 받은 즉시 피의자를 심문해야 하며, 피의자에 대한 변호인이 없으면, 판사가 직권으로 변호인을 선임하도록 하였다.

Criminology & C·J systems

🔍 '신문'訊問과 '심문'審問132

법률용어로서 '신문'訊問과 '심문'審問은 엄연히 구분된다. 대체로 법원이나 수사기관이 어떤 사건의 진실을 알기 위해 캐묻는 절차를 '신문'이라고 한다. 검찰이나 경찰이 범죄를 밝히기 위해 '피의자 신문'이나 '참고인 신문'을 하고, 법원이 재판에서 진실을 가리기 위해 '피고인 신문'이나 '증인 신문' 등을 하게 된다.

그러나 '심문'은 법원이 어떤 결정을 하기 전 직권으로 궁금한 것을 물어보는 절차를 말한다. 예를 들어, 뇌물 수수 및 국고 횡령 혐의로 구속된 A 청와대 총무비서관은 구속되기 전 '영장실질심사'를 받았다. 이는 판사가 구속이 타당한지 판단하기 위해 궁금한 것을 묻는 절차로, 이를 '구속 전 피의자 심문'이라고도 한다.

구속된 자가 구속이 타당한지 한번 더 판단해 달라며 신청하는 '구속적부심'^拘^{束適否審}에서도 판사가 '심문'을 통해 결정하게 된다. 또한 민사재판에서 가압류·가처분·파산 등을 결정하기 전 변론기일을 열지 않고, '심문 기일'을 열어 약식으로 궁금한 것을 묻기도 한다. 한자 '신(訊)'이 '물을 신'이고, '심審'이 '살필 심'인 것을 보면, 이해하기 좀 더 쉬울 것이다.

'신문'은 대등한 관계에서 이뤄지고, '문답' 형식으로 서류가 작성된다. 반면, '심문'은 법원이 당사자에게 진술할 기회를 주고 '심사'를 한다는 의미가 강하게 된다.

구속영장청구를 받은 판사는 모든 피의자를 심문하도록 하되, 구속영장이 청구된 날의 다음날까지 피의자를 심문하도록 하는 한편, 수사기관의 조사·신문에 대한 피의자의 진술거

---

132 류정, "신문(訊問)과 심문(審問)의 차이는?"「조선일보」, 2009.05.06.

부권을 구체적으로 규정함과 아울러 당해 조사·신문에 대한 변호인의 참여를 허용하고 있다. 또한 수사기관의 조사·신문 시에 변호인참여를 허용하고, 피의자의 진술거부권을 명문으로 규정하고 있다.

긴급체포의 경우, 지체 없이 구속영장을 청구하고, 영장청구시간은 48시간을 초과할 수 없게 되어 있으며, 수사기관이 구속영장을 청구하지 않고 긴급체포한 피의자를 석방했을 때는 석방사유 등을 법원에 사후 통지하도록 함으로써 법원의 통제를 강화하였다.[133]

2 ▐▌ 재정신청절차에서 역할과 기능

재정신청의 대상범죄가 기존의 3개 범죄에 한정되었던 것이 모든 고소범죄로 확대되었다.[134] 재정신청은 검찰항고를 거치도록 하여 항고 이후 공소를 제기하지 않는다는 통지가 있거나 항고신청 후 처분 없이 3개월이 지난 후 검사가 공소시효만료일 30일 전까지 공소를 제기하지 않는 경우에 바로 재정신청을 하도록 하였다.[135]

재정신청의 남용을 방지하고 피고소인이 장기간 법적 불안정상태에 빠지는 것을 방지하기 위하여 신청권자는 고소권자로 하고, 재정신청 법원인 고등법원의 재정결정에 대한 불복금지를 규정하여 단심제로 운영하고 있다.

법원은 재정신청이 이유 있다고 판단할 경우에는 공소제기를 결정하고 공소제기는 검사가 수행하도록 하였으며, 이에 대하여는 공소취소를 할 수 없도록 하고 있다.[136] 이는 검사의 불기소처분에 대한 법원의 통제를 강화한 것으로 볼 수 있다.

PART 04

---

133 또한 현행 형소법은 영장 없는 긴급압수수색이 허용되는 시간을 24시간으로 한정하고 긴급성의 요건을 강화하여 그 남용을 줄이도록 하고 있다.

134 2007년 4월 30일 형사소송법 개정 이전의 형소법은 형법상 직권남용, 불법체포·감금 및 폭력·가혹행위와 특별법에서 재정신청대상으로 규정한 죄의 고발사건에 대해서만 재정신청을 허용하였으나, 개정법에 의해 여기의 고발사건 뿐만 아니라 모든 고소사건을 포함하게 되었다(형소법 제260조).

135 정만희, 전게논문, p. 13.

136 상게서, p. 13.

Criminology & C·J systems

🔍 공소시효[137]

공소시효 제도란 일정 기간이 지나면 범죄 사실에 대한 국가의 형벌권을 완전히 소멸시키는 것을 말한다. 따라서 공소시효가 완성되면 설령 범죄를 저질렀어도 수사 및 기소 대상이 되지 않는다. 다만, 2015년 7월 개정된 형사소송법(일명 '태완이법')에 따라 살인죄의 공소시효는 폐지됐다.

아울러 13세 미만 미성년자나 장애인을 상대로 성범죄를 저지른 경우에도 공소시효를 적용하지 않는다. 이처럼 공소시효는 점진적으로 늘어나는 방향으로 변화하고 있다.

---

3 ║ 공판절차에서 역할과 기능

검사의 공소제기에 의한 소송계속訴訟係屬[138]이 발생하면 수소법원受訴法院은 피고사건의 심리와 재판을 행하게 된다. 이때 법원이 피고사건을 심리하고 재판하는 절차를 공판절차公判節次라고 한다. 특히 형사소송법은 예심제도를 폐지하였을 뿐만 아니라 공소장일본주의公訴狀一本主義를 채택하여 법원의 심리를 공판절차에 집중함으로써 '공판중심주의'를 확립하고 있다.[139]

공판절차는 넓은 의미와 좁은 의미의 두 가지 뜻으로 사용될 수 있다. 넓은 의미의 공판절차는 공판준비절차, 법정 외의 증인신문 및 검증절차 등을 포함하여 공소제기 후 소송계속이 종료할 때까지 법원이 행하는 심리와 재판의 전과정을 가리킨다. 이에 대하여 좁은 의미의 공판절차는 공판기일에 공판정에서 행하는 심리와 재판만을 의미한다.[140]

2007년 개정 형소법은 종래의 공판준비절차 이외에 공판기일의 효율적이고 집중적인 심리를 준비하기 위하여 공판전 준비절차를 도입하였다. 공판전 준비절차란 법원의 효율적이고 집중적인 심리를 위하여 수소법원이 주도하여 검사, 피고인 또는 변호인의 의견을 들어 제

---

137 배민영, "손질 vs 법 안정성…'김학의'로 불붙은 공소시효 논란"「세계일보」, 2019.03.28.
138 소송계속이란 어떤 소송사건이 판결절차의 대상으로 되어 있는 상태를 말한다.
139 이재상a, 전게서, P. 399.
140 신동운e, 전게서, p. 820.

1회 공판기일 이전에 사건의 쟁점과 증거를 정리하는 절차를 말한다.

미국에서는 사전심리절차Pretrial Proceedings의 하나로 공판전 회합절차Pretrial Conference를 열고 있는데 이를 참고한 것이다.[141] 공판기일의 법원은 공판기일에서의 심리를 준비하기 위한 일련의 절차인 공판준비절차를 행한다.

이때 수소법원은 공소장부본을 송달하며, 국선변호인의 선정 또는 선정청구권을 고지하고, 제1회 공판기일의 지정과 피고인의 소환 등을 행하게 된다.

공판절차단계에서 재판장은 피고인을 심문審問할 수 있으며, 증거조사를 하게 된다. 증거조사는 수소법원이 피고사건에 관한 사실을 인정함에 있어서 필요한 심증을 얻기 위해 각종 증거방법을 조사하여 그 내용을 감득感得하는 것과 증거신청, 증거결정, 이의신청 등을 말한다.[142] 또한 공판기일의 소송지휘도 재판장이 하게 된다.

공판절차의 최종단계에서 재판장은 판결을 선고하게 된다. 피고사건에 대한 심리가 종료되면, 법원은 판결을 위한 심의에 들어가게 된다. 이때 단독판사의 경우는 별다른 절차 없이 판결의 내용을 정할 수 있지만 수소법원이 합의부를 구성하고 있는 경우에는 판결의 내용을 위한 합의가 필요하게 된다.

이후 법관이 작성한 재판서에 의하여 공판정에서 판결의 선고를 하게 된다. 판결의 선고는 재판장이 하며, 주문主文을 낭독하고 이유의 요지를 설명하여야 한다.[143]

4 ‖ 재판집행절차에서 역할과 기능

형사절차에 있어서 재판의 집행으로 가장 중요한 것이 형의 집행이다. 형의 집행에 의하여 형사절차의 최종결론인 국가형벌권이 구체적으로 실현되기 때문이다. 형사절차를 통하여 얻어진 재판이라 할지라도 그 의사표시만으로 충분하고 그 내용을 국가의 강제력에 의하여 굳이 실현할 필요가 없는 무죄, 공소기각판결, 공소기각결정, 관할위반의 판결 등에 있어서는 재판의 집행이 문제되지 않는다.[144]

---

141 이재상, 전게서, p. 430.

142 신동운, 전게서, p. 576.

143 이재상, 전게서, p. 457.

144 신동운, 전게서, p. 1251.

재판은 형사소송법에 특별한 규정이 없으면, 확정된 후에 집행한다. 재판의 집행은 그 재판을 한 법원에 대응한 검찰청 검사가 지휘하는 것이 원칙이다. 검사의 집행지휘를 요하는 재판의 경우, 법원은 재판서 또는 재판을 기재한 조서의 등본 또는 초본을 재판의 선고 또는 고지한 때로부터 10일 이내에 검사에게 송부하여 한다.[145]

 Criminology & C·J systems

🌐🔍 현직 판사가 말하는 변호사 활용방법[146]

법정에서 "자살을 거꾸로 하면 살자가 된다"고 피고인을 격려한 판사가 있었다. 부산지법의 문형배 부장판사이다. 그는 재판 당사자들에게 책을 선물하기로도 유명하다. 문 판사는 보통사람들도 법을 제대로 알아서 이용해야 한다고 강조해 왔다. 문 판사의 도움을 얻어 변호사를 100% 활용하는 법을 소개한다.

① 전문변호사를 찾는다. 변호사라고 모든 법을 알 수는 없다. 조세, 교통사고, 의료 등의 분야는 전문변호사가 낫다. 법률전문 사이트에서 검색해 보거나 주변에 법을 잘 아는 사람들에게 도움을 얻는다.

② 증거를 모두 챙겨간다. 재판의 승패는 증거에 있다. 기준 확보 가능한 증거들은 전부 다 가지고 가서 상담을 받는다. 아무래도 변호사와 상담을 해야 승소가능성, 증거 확보 요령, 소요 시간 등에 관해 믿음직한 설명을 들을 수 있다.

③ 보수와 비용을 명확히 한다. 특히 변호사 선임료 중에서 성공보수의 의미를 명확히 해야 한다. 또한 변호사는 1심, 2심 등 심급마다 비용을 따로 지불해야 한다는 점에도 유의한다.

④ 변호사를 선임한 이후에도 계속 관심을 갖는다. 사건을 가장 잘 알고 있는 사람은 당사자이다. 사건을 변호사에게만 맡길 것이 아니라 꾸준히 관심을 가져야 한다. 변호사가 사실확인, 증거확보를 요청할 때는 적극 협조한다. 법원이 조정을 권유한다면 법정에 직접 출석하여 판사로부터 충분한 설명을 들은 다음 변호사에게 조언을 구한다.

---

145 배종대·이상돈, 전게서, p. 908.

146 김용국, "묻지도 따지지도 않는 변호사 피하라,"「오마이뉴스」, 2009.04.01.

재판집행기관

　　법관의 판결에 대해서 검사는 재판을 집행하는 재판집행기관의 역할을 하게 된다. 이러한 검사의 지휘를 받아서 교정기관은 징역, 금고, 구류 등 자유형의 선고를 받은 자를 수용하거나 보안처분을 집행하게 된다. 보호관찰기관은 범죄인을 교도소 등에 보내지 않고 일정기간 준수사항을 지킬 것을 조건으로 사회 내에서 자유로운 생활을 허용하면서, ① 보호관찰관이 지도, 감독, 원호(협의의 보호관찰)를 하거나, ② 일정시간 무보수로 사회에 유익한 근로봉사(사회봉사명령)를 하게 하거나, ③ 범죄성 개선을 위한 교육(수강명령)을 받도록 함으로써 범죄자(보호관찰대상자라고 함)의 성행을 교정하여 재범을 방지하게 한다.

　　현행 재판집행기관에는 검사가 있으며, 교정본부, 범죄예방정책국 등은 검사의 재판집행 지휘에 따르게 된다.

PART 04

1 교정제도의 개관

1 교정제도의 연혁

❶ 응보적 단계

응보적 단계는 원시시대부터 고대국가 형성시기까지를 말하며, 복수적 악행은 개인 상호 간, 부족 혹은 민족 간에 행해졌던 것으로 복수는 잘못한 사람이나 그 가족이 맡아야 할 의무였다.

이 시대의 복수관념을 나타내는 '탈리오^{Talio} 법칙'이란 범죄행위에 대한 처벌로써 '눈에는 눈, 이에는 이'로 보복을 가한다는 것이다. 따라서 이는 다른 용어로 '동해보복^{同害報復} 사상'이라고도 한다. 한편 이 시기는 개인적인 형벌에 입각한 복수관(사형벌위주의 시기)과 더불어 종교적·미신적 사회규범^{Taboo}에 의한 속죄형제도를 그 내용으로 한다.[147] 이 시기에는 범죄인을 수용하는 시설자체에 대해서는 별다른 관심을 가지지 않았으며, 성탑^{Turm}, 동굴^{Kerker} 등이 구금시설로 이용되었다.[148]

❷ 위하적 단계

위하적 단계는 고대로부터 18세기까지를 말하며, 14-15세기의 이단자 탄압의 시기에는 특히 교회법의 위반자를 처벌하면서도 동시에 일반 사회의 범죄인들의 피난처로써 교회가 이용되기도 하였다.

16세기 경에는 왕권강화와 강력한 공형벌(일반예방에 입각한 심리강제와 위하)개념에 따른 준엄하고 잔인한 공개적인 처벌을 포함한 형벌제도와 순회판사제도가 있었던 시기로 '카롤리나 형법전'이 대표적인 법전이라 할 수 있다. 이러한 위하적 단계의 수형자에 대한 행형이란 야만성을 탈피하지 못했고, 교육적 목적이 전혀 고려되지 않은 음침한 지하의 혈창, 성벽의 폐허 등의 행형건축이 주로 이용되었다.[149]

---

147 이윤호a, 전게서, p. 46.

148 허성관, "우리나라 교정시설의 문제점과 개선방안에 관한 연구," 중앙대학교 석사학위논문, 2003, p. 9.

149 이윤호b, 전게서, pp. 46-47.

유럽에서 교도소 시설의 기원은 교회법상 시행된 '수도원 구금장'이나 '노역장'Work House에서 찾고 있다. 특히 벨기에의 '간드'Gand 교도소는 팔각형의 교도소를 건축한 것으로 분류수용을 보다 과학적으로 시행하고, 독거수용을 인정하였으며, 교도작업은 생산적인 노동으로 시행하고, 개선된 의료시설을 구비하는 등 근대 교도소의 효시가 되었다.

또한 영국의 존 하워드John Haward는 비위생적인 감옥개량 운동을 전개하여 영국 최초의 독거교도소를 1774에서 1782년 사이에 설치하였다. 당시 이들 교도소는 엄격한 주야독거 교도소로써 교도작업의 부과는 물론 외부와 일체의 소통이 금지되었다.**150**

❸ 교육적 개선단계

교육적 개선단계는 18세기 말엽부터 중반까지를 말하며, 유럽의 문예부흥기와 산업혁명으로 인한 잉여노동의 성장 그리고 공리주의의 영향을 받으면서 인간의 '자아발견'에 이르러 국가형벌권도 박애주의사상에 입각하여 위하적 혹형酷刑에서 박애적 관형寬刑으로, 죄형천단주의罪刑擅斷主義(형벌을 제마음대로 처단함)에서 죄형법정주의罪刑法定主義(형벌의 법률화)로, 형벌도 생명형과 신체형으로부터 자유형으로 변화되어 가는 시기라 할 수 있다. 따라서 자유의 박탈은 응보적·위하적·배해적排害的 목적에서 교정적·개선적·교화적 목적으로 바뀌게 된다.**151**

국가는 수형자의 개선을 위하여 질서생활, 근로에 의한 교화개선에 중점을 두었는데, 특히 네델란드의 암스테르담노역장에서는 교육적 개선형을 처음 실시하여 부랑인·불량소년·유해자에 대한 노동혐오심을 교정하는데 주력한 바 있다.

이 당시 영국의 철학자 벤담Jeremy Bentham은 '판옵티콘Panopticon(모든 것을 바라본다)'이라는 교도소 건축양식을 제안하였는데, 이는 부분적으로 펜실베니아제도에 영향을 주게 되었다.

Criminology & C·J systems

🌐🔍 근대 감옥의 효시, 판옵티콘 Panopticon

공리주의자인 벤담Jeremy Bentham은 프랑스 의회에 가장 비사회적인 사람들을 모아 '사회화' 시키는 공공기관인 '감옥'을 건설하기 위해서 「판옵티콘」이라는 책을 저술한다.

판옵티콘은 원형감옥으로 근대 감옥의 효시로 여겨진다. 판옵티콘의 개념은 일종의 이중 원형건물이다. 감옥 둘레에는 원형의 6층(또는 4층) 건물이 있고 수용자

---

150 허성관, 전게논문, pp. 8-9.
151 이윤호b, 전게서, p. 47.

들의 수용시설(감방)은 이 건물에 배치된다. 수용실의 문은 내부가 들여다 보이도록 만들어지고 그 앞에는 좁은 복도가 설치된다. 중앙에는 역시 원형의 감시탑이 있는 데 이곳에 감시자들이 머물게 된다.

(출처: Creativecommons)

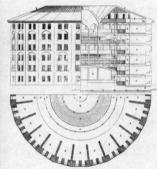
(출처: Wikimedia)

감시탑에서는 각 구석구석 수용실을 훤히 볼 수 있지만 수용자들은 감시자가 있는지 없는지, 감시하는지 하지 않는지 알 수가 없다. 그 결과 수용자들은 감시자가 없어도 수용자가 감시자의 부재를 인식하지 못하기 때문에 실제로 감시자가 있는 것과 같은 효과를 내게 된다.

18세기 미국에서는 기독교 정신에 입각하여 영국처럼 필라델피아 감옥을 건설(1790)하였는데, 수용자에게 노동을 부과하지 않고 엄정한 독거를 유지하였으며, 특히 퀘이크교에 입각하여 수용자의 참회를 요구하였다. 그러나 이 제도는 지나친 고독의 강요로 인간성이 파괴된다는 폐해가 나타났다.

펜실베니아에서는 독거구금의 폐해를 줄이기 위하여 제한된 작업과 교도관의 독거실 방문을 인정하는 '펜실베니아제도'Pennsylvania system를 1818년에서 1821년 사이에 걸쳐 도입하였다. 뉴욕주에서는 1819년부터 주간에는 침묵조건하에 작업을 하고, 야간에는 엄정한 독거를 시키는 '오번제'Auburn system를 실시하였다.[152]

1870년 제1회 미국감옥회의에서 '신시내티 행형원칙' 채택하였는데, 수형자 분류제, 누진제, 부정기형에 기초한 가석방, 종교활동, 학과교육, 직업교육 및 레크레이션 프로그램 등의 필요성을 강조하였다.[153]

---

152 김진영, "교정제도의 개선과 민간참여에 관한 연구," 동의대학교 박사학위논문, 2006, pp. 15-16.
153 상게논문, p. 16.

❹ 과학적 처우단계

과학적 처우단계는 19세기 말부터 20세기 초를 거치면서 형벌의 개별화가 주장된 때라 할 수 있는데, 이때는 진취적이고 실증적인 범죄의 분석과 범죄자에 대한 처우로써 사회를 범죄로부터 구제 내지 방어하려는 방향을 제시하였고, 훈련된 교도관으로 하여금 수용자의 구금분류와 처우를 담당하게 할 것과 수용자의 적성발견과 개별적 처우로써 건전한 사회인으로 재사회화를 도모하는 것에 초점을 두었다.

따라서 행형건축도 수용자의 교육과 사회복귀를 위한 직업훈련시설을 갖추고 질병의 감염방지와 건강을 고려한 의료적 배려하에 현대식 건축이 세워졌으며, 행형의 집행기구는 보다 집약적인 교정업무를 강력히 수행할 수 있도록 개편되었다.[154]

❺ 사회적 권리보장 단계

사회적 권리보장단계는 제2차 세계대전 이후 개선·치료모델의 실패로 범죄자가 다시 복귀해야 할 사회와의 재통합을 전제로 한 사회 내의 처우가 주목을 받으면서 보호관찰·가석방·중간처우 등의 사회내 처우프로그램들이 인기를 얻게 된 시기라 할 수 있다.

또한 1960년대 후반 세계 각국에서 인권운동이 전개되면서 소수민족차별대우철폐, 여성인권운동, 학생들의 교육제도 개선요구 등 종래의 질서에 대한 저항을 불러 일으켰고, 수형자들도 자신들의 권리를 주장하고 나서면서, 그 동안 수형자를 처우의 객체로 보고, 무조건의 처우에 강제적으로 참여시켜 왔던 것에 대한 새로운 비판에 봉착하게 되었다.

그 후 1971년 9월에 발생한 뉴욕주의 아티카Atica주립교도소의 폭동사건을 계기로 수형자의 권리구제를 위한 자유로운 소송제기가 인정되었으며, 헌법상 보장된 권리들이 수형자들에게도 폭넓게 받아들여져 미국의 교정제도는 다각적인 측면에서 수형자의 사회적 권리보장을 위한 교정제도개선에 박차를 가하게 되었다.[155]

❻ 응보형 교정이념의 재등장 단계

1970년에는 수형자들에 대한 권리보장의 반작용으로 응보형 교정이념이 재등장하게 되었다. 그 결과 상당수의 교정·교화프로그램이 축소·폐지되었고, 응보형주의의 재현을 위한 각종 양형관련 법률이 채택되었으며, 가석방위원회도 가석방의 허가를 회피하거나 아예 중단하는 단계에 이르렀다.

---

154 이윤호b, 전게서, pp. 47-48.
155 상게서, p. 48.

이로 인해서 미국의 교정시설은 과잉수용을 피할 수 없게 되었고, 이러한 상황은 응보형 교정이념을 대체할 새로운 방향의 모색을 요구하게 되었다. 그 결과 오늘날 일부 학자들에 의하여 '선별적 무력화' 방안 등이 논의되고 있고 있다.[156]

2 교정의 개념

사전적 의미의 '교정'矯正, Correction이란 "범죄피의자나 수형자를 관리할 책임이 있는 조직, 시설, 서비스 그리고 프로그램의 집합"이라고 할 수 있다.[157] '교정'은 범죄를 저지른 자를 구금시설에 수용하여 교화·개선시키는 행위를 의미한다. 교정은 분류에 따라 최협의·협의·광의·최광의의 4가지로 나누어 볼 수 있다.[158]

첫째, 최협의의 교정은 행형行刑, 즉 형을 집행한다는 의미이다.[159] 형사절차에서 징역형·금고형·노역장유치와 구류형을 받은 자에 대하여 형사재판 결과대로 교도소 내에서 형을 집행하는 절차를 말한다. 이는 시설 내 처우 중 자유형의 집행과정에서 행해지는 처우만을 말한다.[160]

둘째, 협의의 교정은 최협의의 교정에다가 형사피의자 또는 형사피고인에 대한 구속영장의 집행절차를 추가한 것을, 시설 측면에서 보면 교도소에서의 수형자에 대한 교정과 구치소와 경찰서 유치장에서의 미결수용자에 대한 교정을 말한다.[161]

이 개념이 '형의 집행 및 수용자의 처우에 관한 법률(구舊행형법)' 제1조에서 말하는 '수형자의 교정교화와 건전한 사회복귀 도모'라는 개념이며, 통상적인 시설내 처우가 여기에 해당한다고 볼 수 있다.

셋째, 광의의 교정은 협의의 교정에다가 구금성 보안처분의 집행을 포함한 것을 말한다. 구금성 보안처분은 범죄에 대한 형벌 이외에 형벌을 보충하는 의미에서 범죄자 또는 범죄위험자에 대하여 국가가 시행하는 수용처분적 성격의 범죄예방처분을 말한다.[162]

마지막으로 최광의의 교정은 광의의 교정에다가 보호관찰, 갱생보호 등 사회내 처우를

---

156 김진영, 전게논문, p. 18.

157 Tod R. Clear & George F. Cole, *American Correction(2nd ed.)* (Pacific Grove, CA: Brooks/Cole Publishing Company, 1990), p. 5.

158 김진영, 전게논문, pp. 7-8.

159 이윤호b, 전게서, p. 9.

160 김진영, 전게논문, pp. 7-8.

161 이윤호b, 전게서, p. 9.

162 김진영, 전게논문, pp. 7-8.

포함한 것을 말한다. 이는 사법절차, 즉 수사와 재판절차 이후에 행해지는 시설내 혹은 사회 내의 모든 처우를 뜻하는 것이다.

이 경우에는 교도소, 소년원, 보호감호소 등에서의 시설 내 처우는 물론 보호관찰, 사회봉사명령, 수강명령, 가석방, 갱생보호 등 사회 내 처우까지 포함한다.[163] 이는 '형의집행및수용자의처우에관한법률', '보안관찰법', '보호관찰법등에관한법률', '치료감호법' 등과 같은 관련 법률에 근거하여 운영되고 있다.

Criminology & C·J systems

🔍 백범 김구 선생이 주장한 한국적 교정[164]

감옥에서 죄수에게 가혹한 대우를 하기 때문에 죄수들은 더욱 반항심과 자포자기심이 생긴다. 그래서 사기나 횡령으로 들어온 자는 절도나 강도질을 하게 된다. 그래서 만기로 출옥하였던 자들도 다시 들어오는 것을 가끔 보았다.

민족적 반감이 충만한 우리를 왜놈의 그 속좁은 소갈머리로는 도저히 감화할 수 없겠지마는 내 민족끼리의 나라에서 감옥을 다스린다 하면 단지 남의 나라를 모방만 하지 말고 우리의 독특한 제도를 만들 필요가 있다.

감옥의 간수부터 대학 교수의 자격이 있는 자를 쓰고 죄인을 죄인으로 보는 것보다는 국민의 불행한 일원으로 보아서 선善으로 지도하기에만 힘쓸 것이요, 일반 사회에서도 전과자를 멸시하는 감정을 버리고 대학생의 자격으로 대우한다면 반드시 좋은 효과가 있으리라고 믿는다.

왜의 감옥 제도로는 사람을 작은 죄인으로부터 큰 죄인으로 만들뿐더러, 사람의 자존심과 도덕심을 마비시키게 한다. 예를 들면, 죄수들은 어디서 무엇을 도둑질하던 이야기, 누구를 어떻게 죽이던 이야기를 부끄러워함도 없이 도리어 자랑삼아서 하고 있다.

그도 친한 친구들에게면 몰라도 초면인 사람에게도 꺼림이 없고, 또 세상에 드러나 죄도 아니요, 저 혼자만 아는 죄를 뻔뻔스럽게 말하는 것을 보아도 그들이 감옥에 들어와서 부끄러워하는 감정을 잃어버린 표시이다. 사람이 부끄러움을 잃을진대 무슨 짓을 못하랴, 짐승과 다름이 없을 것이니 감옥이란 이런 곳이어서는 안 되겠다고 생각하였다.

－백범 김구, 「백범일지」 중에서

---

163 이윤호b, 전게서, p. 10.

164 김구, 「백범일지」(서울: 문학창조사, 2003), p. 164.

3 교정의 역할과 기능

본서에서 말하는 '교정'의 역할 혹은 '교정기관'의 역할이란 이론적·학문적 개념이 아니라 법무부 교정본부(구. 교정국)에서 다루는 사무분장을 중심으로 파악한 개념이다. 따라서 범죄예방정책국(구. 보호국)이 다루고 있는 보호관찰 업무 등을 제외한 교정본부의 업무를 수행하는 기관을 중심으로 교정의 역할과 기능을 논하게 된다.

교정의 역할과 기능은 범죄자를 사회로부터 격리하여 이들 수형자에게 형기 동안 교육, 교화활동 및 직업훈련 등을 실시함으로써, 이들이 출소 후 사회에 복귀하여 다시는 범죄를 저지르지 않고 성공적으로 사회에 정착하도록 하는 것이다. 교정은 범죄자에 대한 공정한 처벌과 지역사회의 보호를 동시에 강조하게 된다. 또한 교정의 역할과 기능은 재소자관리이며, 위험성의 통제 그리고 범죄자에 대한 처벌이 교정의 역할이라고 주장하기도 한다.

[그림 4-14] 수용절차

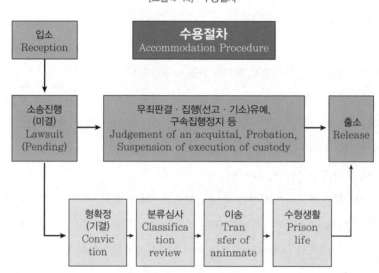

Criminology & C·J systems

🔍 **입소 · 분류처우** Reception-Classification Treatment **165**

수용자의 형이 확정되면 과학적인 분류심사를 거쳐 처우등급을 결정하고, 개별처우 계획에 따라 적합한 교정기관으로 이송합니다. 수형자는 수형생활 동안 다양한 교정·교화 프로그램을 통해 사회복귀를 준비하며, 가석방 또는 형기종료로 출

---

165 법무부 교정본부a, 「더 나은 내일, 희망의 교정」, 2019, p. 28.

소하게 된다.

① 분류심사 Classification Review

수형자의 개인 신상을 조사하는 분류조사와 인성·지능·적성검사 등을 실시하는 분류검사로 구성된다. 이러한 분류심사를 통해 처우등급을 산정하며 시설 및 계호 정도, 작업 종류 등을 구분한다. 또한 수형기간 중 정기·부정기 재심사를 통해 재심사를 통해 수형자의 개선 정도에 따라 처우등급을 조정한다.

② 교정재범예측지표 Correctional Recidivism Prediction Index

수형자의 재범위험성 감소와 효율적인 수용관리를 위해 교정모델 중 하나인 '경비등급별 분류수용제도'를 운영하고 있다. 재범위험성을 예측하여 사회 안전성을 높이기 위해 예측력이 뛰어난 재범위험성 평가도구인 교정재범예측지표 CO-REPI: Correctional Recidivism Prediction Index를 자체 개발하여 23개 항목의 평가 결과에 따라 수형자를 1-5단계의 재수용 위험등급으로 분류하고 있다.

2 ‖ 교정기관의 조직

1 교정기관

교정기관은 교정시설을 통해서 제반 업무를 담당하게 된다. 교정시설이란 징역, 금고, 구류 등 자유형에 처한 자를 구금하여 수용하거나 형사피의자나 피고인 등 미결수용자를 수용하거나 보안처분을 집행하기 위한 시설을 말한다. 교정시설은 자유형에 처한 자를 구금하거나 수용하는 '교도소'와 미결수용자를 구금하거나 수용하는 '구치소'로 구분된다.

교도소는 범죄인을 사회로부터 격리·구금하여 교화·개선시키는 시설인데 반하여, 구치소는 미결수용자의 수용으로 형사소송 진행을 원활하게 하기 위한 시설이다. 여기에서 수용자란 징역형·금고형 또는 구류형을 선고받아 그 형이 확정된 자와 벌금을 완납하지 아니하여 노역장 유치명령을 받은 자를 말한다. 미결수용자란 형사피의자 또는 형사피고인으로서 구속영장이 집행을 받은 자를 말한다. 수용자란 수형자와 미결수용자를 포함한다.

범죄자를 수용하여 교정·교화하는 시설로써 교도소·소년교도소·구치소·치료감호소 등이 있는데, 교도소·소년교도소 및 구치소는 징역형, 금고형, 노역장유치 및 구류형을 받은 자와 미결수용자를 수용하고 치료감호소는 치료감호처분을 받은 자를 수용하고 있다. 교정기관의 역할은 법무부 산하의 교정본부에서 담당하고 있는데, 이를 자세히 살펴보면 다음과 같다.

2 교정기관의 세부내용

교정조직에 있어서 중앙조직은 '교정본부'이며 전국에 53개 교정기관이 있다. 지방교정청은 각 권역 교정시설의 업무를 지휘·감독하는 중간 감독기관으로서 서울, 대전, 대구, 광주 등 4개 지역에 설치되어 있다. 기구로 총무과, 보안과, 사회복귀과가 있으며, 서울지방교정청은 전산관리과와 분류센터를 별도로 운영하고 있다.[166]

❶ 중앙조직

교정조직의 중앙행정기관장은 법무부장관으로서 검찰, 교정, 보호관찰, 출입국관리 등 법무행정 전반에 관한 통할권을 갖는다. 법무부에는 장차관 밑에 보조기관으로 기획조정실, 법무실, 검찰국, 범죄예방정책국, 인권국, 교정본부, 출입국·외국인정책본부를 두도록 하고 있다.

교정본부는 범죄자를 사회로부터 격리하여 이들 수형자에게 형기 동안 교육, 교화활동 및 직업훈련 등을 실시함으로써, 이들이 출소 후 사회에 복귀하여 다시는 범죄를 저지르지 않고 성공적으로 사회에 정착하도록 하는 기능을 담당하는 교정시설을 관리한다.

교정행정을 총괄하는 법무부 교정본부는 교정본부장을 중심으로 교정정책단Correctional Policy Bureau과 보안정책단Security Policy Bureau으로 구분된다. 2개 정책단 아래 8개 과가 각 업무를 담당하며 관련 정책을 입안한다. 교정행정을 총괄하는 중앙기구로 법무부장관The Minister of Justice과 차관The Vice-Minister of Justice 밑에 교정본부장Commissioner of Korea Correctional Service이 있고, 교정본부장을 보좌하는 교정정책단장, 보안정책단장이 있다. 교정정책단장 밑에는 교정기획과General Affairs & Planning Division, 직업훈련과Vocational Training Division, 사회복귀과Social Reintegration Division, 복지과Welfare Division가 있다. 보안정책단장 밑에는 보안과Security Division, 분류심사과Classification & Examination Division, 의료과Health Division, 심리치료과Psychological Treatment Division가 있다.

교정정책단의 교정기획과는 교정행정 ① 교정행정 종합기획, 홍보, 국제협력, ② 교정공무원 인사관리·복무감독, 법령정비를 담당한다. 직업훈련과는 ① 수형자 직업능력개발 및 취업·창업 지원, ② 교도작업 제품생산·판매 등 운영관리를 담당한다.

---

166 상계서p. 18.

사회복귀과는 ① 수형자 교육·교화 프로그램 운영, ② 교화방송센터 등을 담당한다. 복지과는 ① 예산 편성, 시설조성, ② 직원제복, 수용자 피복, 급양 등 복지지원을 담당한다.

보안정책단의 보안과는 ① 시설보안, 수용기획, 이송, 방호, ② 비상훈련, 전자경비를 담당한다. 분류심사과는 ① 수형자 분류처우, 수형자 청원 및 인권처우, ② 가석방, 민영교도소 관리를 담당한다. 의료과는 ① 수용자 의료처우, 건강검진, 원격의료, ② 성폭력·아동학대·중독사범 교육, 자살우려자 상담을 담당한다.

국가공무원법의 적용을 받는 교정공무원은 일반직 공무원으로 구성되어 있으며, 2017. 12. 31. 기준으로 교정공무원 정원은 15,871명이다. 현재 인원은 남성 교정공무원 14,503명(91.3%), 여성 교정공무원은 1,368명(8.62%)으로 총 현원은 15,819명이다.[167]

[그림 4-15] 교정본부 중앙조직도(2019년 1월 기준)

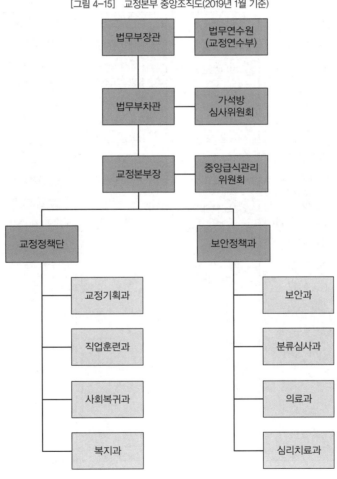

---

[167] 법무부 교정본부b, 「2018 교정통계연보」, 2018, p. 25.

❷ 지방조직

● 지방교정청 조직

교정본부장을 보좌하며 일선기관 업무집행의 지휘감독을 관장하는 중간감독기관으로 서울지방교정청, 대구지방교정청, 대전지방교정청, 광주지방교정청 등 4개 지방교정청이 있다.

[그림 4-16] 교정본부 지방조직도(2018년 12월 기준)

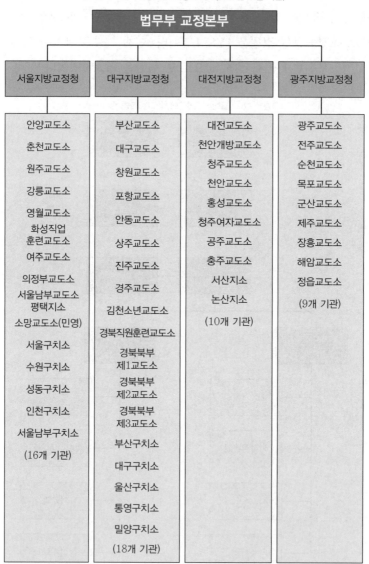

2018년 기준 서울지방교정청에는 9개의 교도소, 5개의 구치소, 1개의 지소, 1개의 민영 교도소를 포함하여 총 16개의 기관이, 대구지방교정청에는 13개의 교도소, 5개의 구치소를

포함하여 총 18개 기관이 있다. 대전지방교정청에는 7개의 교도소, 1개의 구치소, 2개의 지소를 포함하여 총 10개의 기관이, 광주지방교정청에는 9개의 교도소가 있다.

[표 4-4] 특수기능별 교정시설 현황(2017)

수용구분	개수	기관명
여성수형자	1	청주여자교도소
소년수형자	1	김천소년교도소
치료중점	2	진주교도소(정신질환, 폐결핵) · 순천교도소(한센병)
피보호감호자	3	경북북부제3 · 천안 · 청주여자교도소
장애인	9	안양 · 여주 · 포항 · 청주 · 광주 · 순천 · 군산교도소, 충주 · 통영구치소(지체장애인), 여주 · 청주교도소(시각장애인), 안양 · 여주교도소(언어 · 청각장애인)
수형자 자치제	1	영월교도소
집체직업훈련	17	화성직업훈련 · 서울남부 · 경북직업훈련 · 청주 · 순천 · 청주여자 · 대구 · 대전 · 여주 · 군산 · 부산 · 포항 · 원주 · 장흥 · 광주 · 진주 · 목포교도소
중경비시설 수용대상자	1	경북북부제2교도소
개방처우	2	천안개방 · 청주여자교도소
특수지역	1	제주교도소
외국인 수용자	3	대전 · 천안 · 청주여자교도소
중간처우의 집	5	안양 · 춘천 · 창원 · 순천 · 청주여자교도소
지역사회 내 중간처우	2	천안개방교도소, 밀양구치소
심리치료센터	8	서울남부 · 의정부 · 포항 · 진주 · 청주 · 천안 · 군산교도소, 밀양구치소
성폭력사범 집중교육	11	안양 · 의정부 · 창원 · 안동 · 순천 · 목포 · 전주 · 공주 · 대구 · 여주교도소, 충주구치소
마약류사범 집중교육	8	의정부 · 서울남부 · 진주 · 경주 · 홍성 · 군산 · 장흥교도소, 충주구치소
집중인성교육 전담	4	여주 · 부산 · 대전 · 청주여자교도소
분류센터 전담	4	서울남부구치소, 대구 · 대전 · 정읍교도소
노인수형자 전담	4	서울남부 · 대구 · 대전 · 광주교도소

출처: 법무부 교정본부, 「2018 교정통계연보」, 2018, p. 51.

판결확정 전인 미결수용자의 구금확보를 목적으로 운영되는 교정시설인 구치소는 1967년 7월 서울구치소가 신설된 이래 2018년 기준 11개의 구치소가 운영되고 있으며, 형이 확정된 수형자를 수용하는 교정시설인 교도소는 전국에 38개 시설이 설치되어 운영되고 있다. 그 외 지소 3개와 2010년 12월에 개청한 민영교도소인 소망교도소를 포함하여 2018년 기준 전국에 53개의 교정시설이 설치·운영되고 있다.[168]

● 일선조직

○ **교도소**(소년, 여자교도소 포함)

교도소는 형의 집행 등 행형에 관한 사무 및 기결수용자의 수용에 관한 업무를 관장하며, 소장(그 밑에 부소장)을 정점으로 총무과, 보안관리과(그 밑에 경비교도중대), 분류심사과, 작업훈련과, 교육교화과, 복지지원과, 보건의료과 등을 두고 있다. 단, 청송교도소에는 경비교도대대가 있다. 또한 소장 직속기관으로 분류처우회의, 급식관리위원회, 귀휴심사위원회, 징벌위원회 등이 있다.

Criminology & C·J systems

교도소 Correctional Institutions

교도소는 형이 확정된 수형자를 수용하는 교정시설로 수형자의 교육·교화, 교도작업, 직업훈련 등 사회복귀 지원업무와 미결수용자의 수용에 관한 업무를 관장한다. 개방교도소 1개, 여자교도소 1개, 소년교도소 1개, 직업훈련교도소 2개 기관을 포함하여 전국 38개 기관을 운영하고 있다.[169]

○ **구치소**

구치소는 미결수용 업무를 관장하고 있으며, 그 성격상 교도소 조직과는 약간 차이가 있다. 소장(그 밑에 부소장)을 정점으로 총무과, 보안관리과(그 밑에 경비교도중대), 분류심사과, 출정사무과, 수용기록과, 민원사무과, 교육교화과, 복지지원과, 보건의료과 등을 두고 있다. 단, 서울구치소에는 경비교도대대가 있다. 또한 교도소와 마찬가지로 소장 직속기관으로 분류처우회의, 급식관리위원회, 귀휴심사위원회, 징벌위원회 등이 있다.

---

168 상계통계연보, p. 50.

169 법무부 교정본부a, 전게서, p. 18.

구치소Detention Center

구치소는 재판 중인 미결수용자의 구금확보를 목적으로 설치되어 주로 미결수용 업무를 관장한다. 1967년 7월 서울구치소가 국내 최초로 미결수용 업무를 전담한 것을 시작으로 2018년 기준 전국 11개 구치소가 운영되고 있다.

◯ 개방교도소

천안 개방교도소는 전국의 교도소에서 선발된 모범수형자를 집결하여 수용자자치제를 허용하고 아울러 외부기업체 취업 등 외부통근제도를 실시하여 출소전 사회적응능력을 배양하고 있다. 개방교도소도 그 성격상 교도소 조직과 약간 차이가 있다.

소장(그 밑에 부소장)을 정점으로 총무과, 보안관리과, 작업훈련과, 교육교화과, 복지지원과, 보건의료과 등을 두고 있다. 단, 개방교도소에는 경비교도중대와 분류심사과가 없다. 또한 소장 직속기관으로 분류처우회의, 급식관리위원회, 귀휴심사위원회, 징벌위원회 등이 있다.

 최초의 민영교도소인 '소망교도소'

소망교도소는 2010년 문을 연 우리나라 최초의 민영교도소이다. 한국교회가 연합해 만든 (재)아가페가 운영하고 있다. 수용자 정원은 400명이다. 2017년 교정통계연보에 따르면 소망교도소의 성폭력 재복역률은 1.76%로 나타났다

전국 52개 국영교도소의 최근 5년간 성폭력 재복역률 18.8%에 비해 크게 낮은 수치다. 재복역률은 출소 후 3년 이내 다시 교도소에 수용되는 비율을 말한다.

 사회방위 최후의 보루, 교정공무원[170]

광주지방교정청 김옹분 총무과장은 교정공무원의 긍지와 애환에 대해서 다음과 같이 고대신문과 인터뷰했다. 교정공무원은 수형자의 형 집행을 담당한다. 흔히

---

[170] 구보민, "교정공무원, 사회방위 최후의 보루를 지키는 교정공무원" 「고대신문」, 2017.11.27.

'교정공무원'하면 연상되는 범죄자 구금 업무뿐만 아니라, 수형자가 사회로 '잘' 돌아가도록 돕는 업무까지 맡고 있다.

전국에는 규모와 경비 등급이 각기 다른 52개의 교정기관이 있다. 경비등급은 S1에서 S4까지 있는데, S3나 S4급에서 근무할 경우 죄질이 잔인하거나 비인간적이었던 범죄자를 상대해야 하므로 업무강도가 높다. 반면 죄가 가볍거나 곧 출소할 사람들을 대상으로 개방교도소가 운영된다.

교정공무원들은 7급만 돼도 여러 지역의 교도소를 순환한다. 총무과, 사회복귀과 등은 일반적인 사무직의 근무시간을 따르지만, 보안과의 경우 야간에도 수용관리를 계속해야 하다보니 4부제를 사용해 24시간 근무를 한다.

교도소에는 정신 질환자들도 있다. 이들은 징역의 의미를 몰라서 밤에도 끊임없이 소리를 지른다. 그러면 다른 수형자들이 수면을 취하기 힘든데 이럴 경우 어떻게 관리를 하고 대해야 하는지 속수무책인 경우가 많다.

전국에 교정공무원이 1만 6,000명 정도 되는데 그 중 여성은 7.5%뿐이다. 범죄자는 남성이 더 많다. 약 5만 8,000명 정도 되는 범죄자들 중 여성은 5.8%뿐이다. 이런 상황에서 여성 수용자는 여성이 관리하고 남성 수용자는 남성이 관리해야 한다는 생각이 고착화되다보니 여성 교정공무원에 대한 수요가 적다.

우리나라 교정이 시설 등 하드웨어는 많이 발전했지만, 심리치료 프로그램 등 소프트웨어적인 측면에서는 아직도 발전할 여지가 많다. 청년들이 이 분야에 많은 관심을 갖고 적극적으로 도전한다면 범죄로 인한 사회적 비용을 크게 줄일 수 있다. 수형자 한 명을 관리하는데 드는 비용은 1년에 약 2,000만 원이다. 교정·교화를 통해 재범을 막는 것만으로도 많은 세금을 아낄 수 있다.

3 ‖ 교정시설 수용자 현황

교정시설의 1일 평균 수용인원은 1989년에는 50,864명에서 2000년에는 63,472명으로 증가하였으며, 2003년에는 58,945명, 2005년에는 52,403명, 2007년 46,313명 그리고 2008년에는 43,100명으로 점차 감소하였다.

최근 10년간의 1일 평균 수용인원의 변화를 살펴보면 2008년에는 30,280명에서 2009년에는 30,749명으로 증가하였으며, 2010에는 30,607명, 2011년에는 29,820명 그리고 2012년에는 29,448명으로 점차 감소하였다. 2013년에는 30,181명, 2014년에는 30,727명, 2015년에는 32,649명, 2016년에는 33,791명, 2017년에는 35,382명으로 계속 증가하였다.

이처럼 2010년부터 2013년까지는 4만 5천 명 선을 유지하다가 2014년에는 46,000명으로, 2017년에는 47,000명 선으로 계속 증가하는 추세이다.

[표 4-5] 교정시설 통계 현황(2008~2018)

연도	교정 공무원 총계			수용정원	수형자	인구 (천 명)	1일 평균 수용인원	교정1인당 1일평균 수용인원
	계	남성	여성					
2008	14,108	12,984	1,124	43,100	30,280 (62.2%)	48,606	46,684	3.2
2009	14,171	13,044	1,127	44,430	30,749 (62.2%)	48,746	49,467	3.4
2010	14,889	13,732	1,157	45,930	30,607 (64.5%)	48,876	48,876	3.1
2011	15,178	14,001	1,177	45,690	29,820 (65.0%)	49,779	49,779	3.0
2012	15,383	14,204	1,179	45,690	29,448 (64.7%)	50,004	50,004	2.9
2013	15,476	14,275	1,201	45,690	30,181 (62.9%)	51,141	51,141	3.1
2014	15,472	14,224	1,248	46,430	30,727 (61.3%)	51,327	51,327	3.1
2015	15,638	14,335	1,303	46,600	32,649 (60.6%)	51,529	51,529	3.4
2016	15,727	14,387	1,340)	46,600	33,791 (59.8%)	51,696	51,696	3.6
2017	15,819	14,503	1,368	47,820	35,382 (61.8%)	51,778	51,778	3.6

출처: 법무부 교정본부, 「2018 교정통계연보」, 2018, p. 25-54 재구성.

Criminology & C·J systems

🔍 불구속 재판의 활성화[171]

형벌은 범죄자의 죗값을 고통으로 치르게 하는 거다. 가장 확실한 고통은 감옥에 가두는 것이다. 감옥은 자유를 제한하여 고통을 주도록 설계된 제도이니 갇힌 사람들은 일상적으로 고통을 받는다. 신체의 자유 제한에는 가족 관계의 단절, 생계 박탈, 사회적 평판의 추락 등 따라붙는 고통 또한 만만치 않다.

2018년 기준으로 하루 평균 5만 4,774명이 감옥에 갇히는데, 재판을 받고 있는 미결구금자는 1만 8,867명으로 전체 수용자의 34.5%다. '불구속 재판'이라는 원칙을 엄격히 적용하면 상당한 숫자를 줄일 수 있다. 예산도 줄이고, 피고인의 방어권도 보장하며 진짜 범죄자인지를 가리기 전에 형벌을 주는 왜곡도 막을 수 있다.

구속은 증거를 없애거나 도망칠 것 같은 사람을 잡아두기 위한 이례적 절차이지만, 현실에서는 유무죄 판단보다 더 중요한 표지가 되었다. 구속영장이 발부되면 나쁜 범죄자, 기각되면 죄가 없거나 가벼운 범죄를 저지른 사람이 된다. 간편한 도식이다.

수사기관들은 구속에만 매달린다. 자기들의 수사성과를 과시하고 싶은 욕구 때문이다. 이런 욕구를 통제해야 하는 법원에는 거센 여론과 맞설 배짱 같은 것이 부족해 보인다. 구속영장을 발부하지만, 억울하면 나중에 재판받을 때 얼마든지 소명할 수 있을 거라며 스스로 부담감을 덜어내는 식이다.

형사사건의 핵심은 감옥에 가느냐 아니냐로 갈리지만, 이게 꼭 공정한지는 늘 의문이다. 재벌들에게 적용된다는 징역 3년에 집행유예 5년 '법칙'이 보여주듯, 감옥행이 죄질에 따라 갈리는 것도 아니다. 재벌 사건 등 여러 낯 뜨거운 사건들만 해도, 결국은 누구는 힘이 있어서 다른 누구는 어떤 배경이 있어서 감옥에 가지 않았고, 기본적인 수사조차 피해갔다는 사실이 확인되고 있다. 특권층과의 유착에는 경찰과 검찰 그리고 법원이 다르지 않았다.

---

171 오창익, "교정교화 위해 가석방 활성화해야" 「경향신문」, 2019.03.21.

1 보호관찰제도의 개관

1 보호관찰제도의 연혁

영미법상 보호관찰保護觀察, Probation이라고 하는 단어는 라틴어의 Probare에서 온 것이다. 이 어원의 의미는 '시험하는 것'혹은 '시험 받는 기간'A Period of Proving or Trial이라고 한다.[172] 이후 '보증'이 있을 때 범죄인을 해금한 제정 로마법의 '시큐러터스'securitus로 이어지게 된다.

오늘날 형벌이라고 하는 징역이나 금고와 같은 근대적 의미의 자유형은 16세기에 설립된 영국의 '브라이드웰스Bridewells감옥'이 그 효시이다. 과거에는 범죄에 대해서 동해보복Talio의 원칙이 적용되었지만, 형벌의 목적은 감각적 존재인 인간을 괴롭히고 고문하는데 있지 않고, 이미 범해진 범죄를 원상태로 회복하려는 것도 아니다.

이는 범죄인에 대한 가혹한 처벌이 범죄의 예방이나 범죄인의 개선에 전혀 도움이 되지 않을 뿐만 아니라 인도주의적 관점에서도 용납될 수 없는 것이라는 반성에서 비롯된 것이라고 한다.[173]

오늘날과 같은 형태의 보호관찰제도를 처음 실시한 나라는 미국이다. 미국의 보호관찰제도의 기원은 12-13세기 영국 보통법Common Law에서 나타난 재판관행으로 거슬러 올라간다.

영국의 보통법에서는 가혹한 형벌로부터 범죄인을 보호하기 위하여 고문이나 신체절단형multilation 또는 사형 등을 집행하는 대신 범죄인들에게 자비clemency를 베풀 수 있는 권한이 법관들에게 부여되어 있었다. 법관들은 범죄인들에게 개과천선할 수 있는 기회를 제공하기 위하여 보통법에 따라 '형의 집행연기'judical reprieve를 할 수 있었다.

선행을 조건으로 하는 '형의 집행정지'the practice of recognizance를 위해서 일정기간 범죄인을 석방하는 관습도 있었다. 그리고 일정한 경우에는 범죄인의 선행에 대하여 보증인surety을 요구하기도 하였는데, 이들 보증인들에게는 범죄인이 선행을 조건으로 석방된 후 범하는 범죄행위에 대하여 책임을 부담하였다.[174]

13세기 영국에서는 범죄로 기소된 성직자들에 대해 일반법원이 아닌 교회법원에서 사건

---

172 菊田辛一,「保護觀察理論」(東京: 有信堂. 1969), p. 49.

173 박강우, "현대 행형의 위기와 기회,"「Juris Forum」, 3, 충북대 법학연구소, 2003, p. 422.

174 이동명·윤재복, "보호관찰제도의 기초이론,"「법학연구」, 22, 한국법학회, 2006, pp. 289-290.

PART 04

의 심리를 맡아 선행서약을 조건으로 석방하는 관행이 있었다. 이와 같은 '성직자에 대한 특혜'Benefit of Clergy와 '선행서약제도'Recognizance[175]가 일반인에게까지 확대·적용되어 죄질이 가벼운 자를 석방하여 보호하였다.

이러한 관행은 14세기 '보증부 유예제도'로 이어졌는데, 이는 보호관찰제도의 기초적 단계로 보고 있다. 그리고 1842년 콕스Cox 판사는 조건부석방과 결합한 보호관찰을 실시하였고, 1879년 '약식재판법'을 거쳐 1887년 '초범자보호관찰법'이 제정되면서 보호관찰제도가 확립되었다.

이와 같은 영국 보통법의 영향으로 건국 초기 미국법원은 범죄인에게 새로운 기회를 부여할 가치가 있다고 판단되는 때에는 불확정적인 '형의 집행유예제도'the practice of indefinitely suspending sentence를 실시하였다.[176]

오늘날과 같은 보호관찰은 미국의 어거스터스John Augustus와 영국의 힐M.D.Hill 판사 등으로부터 시작되었고, 스피어J.M.Spear·태처P.O.Tacher·쿠크와 버어햄R.R.Cook & L.P.Burham 등의 선구적 활동을 거쳐, 1878년 메사츠세츠주가 현대적 의미인 보호관찰법을 제정하면서 공식적으로 Probation이란 용어를 처음으로 사용하였다.

1962년 미국의 '모범형법전'Model Penal Code도 제7조·제10조에 일정 요건에 따른 보호관찰Probation을 규정하였고, 1863년에는 모든 주가 성년에 대한 보호관찰을 실시하였다. 미국은 형의 선고유예·집행유예와 더불어 국가가 임명한 보호관찰관에 의한 보호관찰을 실시한 최초의 국가가 되었다.[177]

대륙법계에서는 1888년 벨기에와 1891년 프랑스가 집행유예제도와 결합한 보호관찰제도를 도입하였다. 프랑스는 제2차 세계대전 이후 앙셀Marc Ancel에 의한 신사회방위주의의 영향을 받아 다수의 법원에서 시험적으로 실시한 보호관찰을 거쳐, 1959년 형사소송법에 보호관찰부 집행유예제도를 도입하여 입법화하였다.[178]

독일에서는 집행유예제도를 '조건부특사'bedingte Begnadigung 형식으로 시행하였다. 또한 1903년 도입된 집행유예제도는 유예기간 중 효과적인 관찰과 지도가 결합되지 않으면 집행유예제도가 비효율적으로 흐를 것으로 판단하여, 1953년 형법개정을 통하여 집행유예와 가석방에 보호관찰을 적용하여 영미법계의 보호관찰Probation에 접근하게 되었다. 독일에서는 집

---

175 이는 법원이 성직자를 보호하기 위해 교회의 요구에 따라 구금 중인 성직자를 재판 없이 석방시키는 것으로 보호관찰의 선례가 되었다.

176 이동명·윤재복, 전게논문, p. 290.

177 이무웅, 「보호관찰제도론」 (서울: 풍남, 1991), p. 19.

178 박상기, 「독일형법상의 집행유예제도」 (서울: 법문사, 1991), p. 13.

행유예를 중심으로 보호관찰제도로 발전시켜 나간 것이다.[179]

이와 같이 대륙법계의 보호관찰제도는 선고유예나 가석방과 결합한 제도가 아닌 자유제한적 보안처분으로 상습범이나 기타 법률이 정한 특수한 범죄자, 장기간 형집행이 종료되어 석방된 자 등에게도 적용된다는 점에서 미국의 보호관찰제도와는 다른 특징을 가지고 있다.

대륙법계 국가들의 보호관찰제도는 독특한 사회구조와 인간존중 사상에 입각한 것이라기보다는 범죄로부터 사회를 방위한다는 측면이 더 강한 것이었다.[180]

Criminology & C·J systems

🌐🔍 보호관찰제도의 발전

1841년 미국 보스턴의 독지가 어거스터스[John Augustus]가 알코올 중독자를 법원으로부터 인수하여 개선시킨 것을 시작으로, 1869년 미국 메사추세츠주에서 최초 입법화되어 각 국에 전파되었다.

영국(1878), 스웨덴(1918), 일본(1949), 독일(1953) 등 대부분의 선진국에서 실시되어 효과가 입증되었는데, 우리나라는 1989년 7월 1일 소년범에 대해 최초로 실시하였다. 이후 성폭력사범(1994), 성인형사범(1997), 가정폭력사범(1998), 성매매사범(2004)까지 보호관찰 실시대상이 확대되고 있다.

2 보호관찰의 개념

보호관찰제도는 이론적으로 정립되어 발달한 것이 아니라 형사정책적 의미가 강한 제도이기 때문에 그 개념을 한 마디로 정의하기는 어렵다.[181] 특별한 언급 없이 '보호관찰' 혹은 '보호관찰제도'라고 표기하였을 때는 '보호관찰부 형의 집행유예'[Probation]와 '보호관찰부 가석방'[Parol] 모두를 포함하는 개념이라고 할 수 있다.[182]

보호관찰은 미국에서 '보호관찰부 형의 집행유예'를 뜻하는 Probation과 '보호관찰부 가석방'에 해당하는 Parole과 같은 사회 내 처우제도를 말하는데, 우리나라에서도 가장 일반화

---

179 이동명·윤재복, 전계논문, 2006, p. 291.

180 송광섭, 「범죄학과 형사정책」 (서울: 유스티니아누스, 1999), p. 587.

181 상게서, p. 586.

182 박상기·송동권·이순래, 「형사정책」, 형사정책연구원, 1999, p. 295.

PART 04

제4장 재판집행기관   455

되어 있는 사회 내 처우의 하나이다.

보호관찰제도는 범죄인을 일정한 시설에 수용하여 자유를 제한하는 상태에서 처우하는 시설 내 처우제도와 국가의 사후관찰이 수반되지 않는 단순한 유예제도에 대응하는 개념이다.

이 제도는 범죄인에게 사회생활의 자유를 부여하는 사회내 처우의 수단이며, 전문기관의 사후관찰이 따른다는 점을 본질적인 요소로 하고 있다. 그리고 '보호관찰부 형의 집행유예'Probation와 '보호관찰부 가석방'Parole 모두 범죄인을 교화·개선하여 건전한 사회인으로 복귀시키기 위한 제도라는 공통점을 갖는다.

그러나 '보호관찰부 형의 집행유예'Probation는 형의 유예제도와 결부된 법원의 사법적 처분인데 반해, '보호관찰부 가석방'Parole은 가석방제도와 결부된 행정기관의 행정처분이라는 점에서 다르다.[183]

3 보호관찰의 역할과 기능

보호관찰기관은 궁극적으로 보호관찰대상자의 원활한 사회복귀를 지원하면서, 사회적으로 위험하다고 평가되는 범죄자에 대한 지도감독을 강화하여 공공의 안전을 확보하는 역할을 하게 된다. 보호관찰기관은 처벌Punishment, 공공안전Public Safety, 재활Offender Rehabilitation, 제지Deterrence 등의 상충되는 역할을 포괄적으로 수행하고 있다.[184]

보호관찰Probation, Parole은 유죄가 인정된 범죄인을 교도소 등 교정시설에 수용하여 처벌하는 대신 일정 기간 동안 범죄를 저지르지 않을 것을 조건으로 형의 선고나 집행을 유예하거나 형의 집행을 중지하여 사회에서 자유롭게 활동할 수 있도록 하고, 보호관찰관의 개별적인 지시와 감독 그리고 원호를 통하여 사회복귀가 용이하도록 도와주는 제도를 말한다.

또한 보호관찰의 역할은 보호관찰의 '진단'diagnosis과 '치료'treatment의 측면을 담당하는 것이다.[185] 보호관찰기관은 지역사회 범죄예방활동, 가석방 및 가퇴원 보호관찰활동, 각종 조사활동 등 경찰, 검찰, 형사법원, 교정기관 등 형사사법절차마다 범죄자 및 유관기관과 접촉하는 독특한 위치에 있게 된다. 따라서 보호관찰기관은 충돌하는 임무를 수행하면서 다양한 문

---

183 이동명·윤재복, 전게논문, pp. 288-289.
184 이창한, "보호관찰공무원의 폭력피해 경험이 직무스트레스에 미치는 영향," 「한국공안행정학회보」, (30), 2008, p. 174.
185 이동명·윤재복, 전게논문, p. 289.

제수준을 가진 범죄자를 처리하고, 전체 형사사법절차에 관여하는 독특한 역할과 기능을 수행하고 있다.[186]

2 ‖ 보호관찰기관의 조직

1 보호관찰기관

보호관찰기관의 업무는 2019년 기준 법무부 산하의 범죄예방정책국에서 담당하고 있다. 범죄예방정책국은 전국의 보호관찰소, 소년원 등을 관리하는 부서로 전두환 정부 시절인 지난 1981년 1월 '보호국'이란 이름으로 신설됐다. 이명박 정부 시절인 2008년 2월 지금의 '범죄예방정책국'으로 명칭이 변경됐다.

법무부는 참여정부 시대에 특정 성폭력 범죄자에 대한 전자팔찌제도 실시 등 보호관찰 업무영역 확대와 수용인원 감소에 따른 소년보호기관 기능조정 및 사회내 처우 중심의 형사정책 패러다임 변화, 참여민주주의 시대에 법적 소양을 갖춘 민주시민 양성을 위한 법교육 사업의 확대 등 대내외 환경변화에 부응하기 위하여 2007. 1. 1. 보호관찰·소년보호 직렬통합에 이어 2007. 7. 23.부터 보호국 조직을 기존 4과(보호과, 관찰과, 소년1과, 소년2과) 체제에서 소년 1·2과를 통합한 소년보호과, 범죄예방정책과 및 법문화진흥팀 신설, 보호기획과, 보호관찰과 등 4과 1팀 체제로 개편하였다.

보호기획과는 인사·예산·기획 업무를, 범죄예방정책과는 보호관찰 정책·기획 기능 및 각 과에 산재해 있는 범죄예방업무를, 소년보호과는 보호소년의 교정교육·분류심사를, 보호관찰과는 보호관찰·사회봉사·수강명령 등 집행관련 업무를, 법문화진흥팀은 법적 소양을 갖춘 민주시민 양성 법교육 사업을 전담하도록 하였다.

이명박 정부가 2008년 2월 출범하면서 3월 3일 조직개편을 단행하여 보호국을 '범죄예방정책국'으로 변경하였다. '범죄예방정책국'으로 변경되면서, 그 밑에 범죄예방기획과, 사회보호정책과, 소년보호과, 보호관찰과, 법문화진흥팀 등 4과 1팀으로 개편되었다. 법무부 조직개편으로 보호국 → 범죄예방정책국, 보호기획과 → 범죄예방기획과, 범죄예방정책과 → 사회보호정책과로 변경되었다.

---

186 이창한, 전게논문, p. 174 재구성.

[표 4-6] 범죄예방정책국 연혁

구분	범죄예방정책국 과조직 개편내용	정원
1981. 1. 9.	• '사회보호법' 제정으로 보호과, 조정과, 심사과 등 3과 체제보호국 출범	43명
1984. 12. 31.	• 보호과, 조사과, 관찰과, 소년과 등 4과 체제 개편 • 교정국 소속의 소년과를 보호국으로 이관, 기존의 조정과는 조사과로, 심사과는 관찰과로 각각 개편됨.	53명
1996.6.29.	• 보호과, 조사과, 관찰과, 소년1과, 소년2과 등 5과 체제로 확대 • 소년원 학교과정 장학지도 및 분류심사업무의 전문성 신장을 위해 소년2과 신설	59명
2000.3.7.	• 보호과, 관찰과, 소년1과, 소년2과 등 4과 체제로 전환 • '조사과'폐지, 그 업무를 '보호과'로 통합	54명
2007.7.23.	• 보호기획과, 범죄예방정책과, 소년보호과, 보호관찰과, 법문화진흥팀 등 4과 1팀 체제로 개편 • 보호관찰 업무영역 확대에 따른 업무량 증가, 보호소년 감소 등 형사정책 패러다임 전환에 부응하여 기존의 소년1,2과를 소년보호과로 통합하고, 관찰과를 범죄예방정책과 및 보호관찰과로, 통합 보호직 인사/예산업무 등을 총괄하기 위해 기존의 보호과를 보호기획과로 개편하고, 법교육업무의 효율적 수행을 위해 법문화진흥팀 신설.	51명
2008.3.3.	• 정부조직개편에 따른 법무부 직제 및 규칙 개정으로 '보호국'을 '범죄예방정책국'으로 명칭 변경하고 '보호기획과'를 '범죄예방기획과'로, '범죄예방정책과'를 '사회보호정책과'로 변경	51명
2009.5.25.	• '사회보호정책과/소년보호과/법문화진흥팀'을 '보호법제과/소년과/법교육팀'으로 변경	51명
2011.9.1.	• 기획조정실 법질서담당관실과 법교육팀을 '법질서선진화과'로 통합	59명
2015.5.28.	• 특정범죄자관리과 신설	75명
2017.1.24.	• 소년범죄예방팀(T/F) 신설	72명
2018.3.30.	• '법질서선진화과'를 '보호정책과'로 명칭 변경	74명
2018.6.24.	• '보호법제과'를 '치료처우과'로, '소년과'를 '소년보호과'로 명칭 변경	74명

출처: 법무부 범죄예방정책국 소개 홈페이지 참조(2019년 4월 16일 기준)

범죄예방정책국은 보호관찰소와 소년원, 치료감호소 등을 지휘감독하며 전자감독 등 사회내처우를 집행하고, 청소년비행 관련 소년사법제도를 운영하고 있다. 또 정신질환 범죄자 치료 등을 통해 재범을 방지하는 업무도 담당하고 있다.

문재인 정부가 출범한 이후, 2019년 3월 '법무부와 그 소속기관 직제(대통령령)'를 개정하여 처벌과 통제에 중점을 뒀던 관련 범죄예방정책을 치료와 교화 중심으로 전환하였다. 개정령은 우선 범죄예방정책국 산하 '보호법제과'의 명칭을 '치료처우과'로 바꾸고 이른바 묻지마 범죄로 불리는 동기가 불분명한 범죄를 전담해 대응 정책을 마련하도록 했다.

신설된 치료처우과는 범죄예방정책국 각 부서에 산재됐던 정신질환 범죄자 관리와 의료 처우 정책을 하나로 모아 통합 관리한다. 불특정 다수를 상대로 하는 묻지마 범죄에 효과적으로 대응하기 위해 정신질환 범죄자나 알코올·약물중독 범죄자의 치료감호·치료명령 정책을 총괄할 전담부서가 필요하다는 판단에서 신설되었다.

특히 범죄예방정책국장에 강호성 전 서울보호관찰소장을 일반직 고위공무원 '나'등급으로 임용해 임명했다. 그동안 검사장급 검사가 임명돼 온 범죄예방정책국장에 검사가 아닌 공무원이 임명된 것은 1981년 국局 창설 이래 37년 만에 처음이었다.

2018년 부산 여중생 집단폭행 사건을 계기로 불거진 청소년 강력범죄예방과 재범 억제를 위해 법무부장관 직속으로 '소년비행예방협의회'(소년범죄예방팀)를 신설하였다. 소년비행예방협의회에서는 행정안전부와 교육부 등 관계부처가 합동해 소년비행예방정책을 수립하고 시행한다.

또한 범죄예방분야의 민간 참여 활성화를 위해 일선 검찰청 중심으로 운영됐던 범죄예방자원봉사위원제도를 검찰의 청소년 선도, 보호관찰소의 보호관찰, 한국법무보호복지공단의 갱생보호 등 활동 분야별로 독립 운영하도록 했다.

2019년 7월 기준, 전국 57개 보호관찰소에서 직원 1,522명이 근무하고 있으며, 소년원·분류심사원 10개, 청소년비행예방센터 6개, 치료감호소 1개가 운영되고 있다. 직원 1인당 128명의 대상자를 관리하고 있는데, 이는 OECD 평균인 27.3명보다 4배나 많은 것이다.

[그림 4-17] 범죄예방정책국 조직도(2019년 3월 기준)

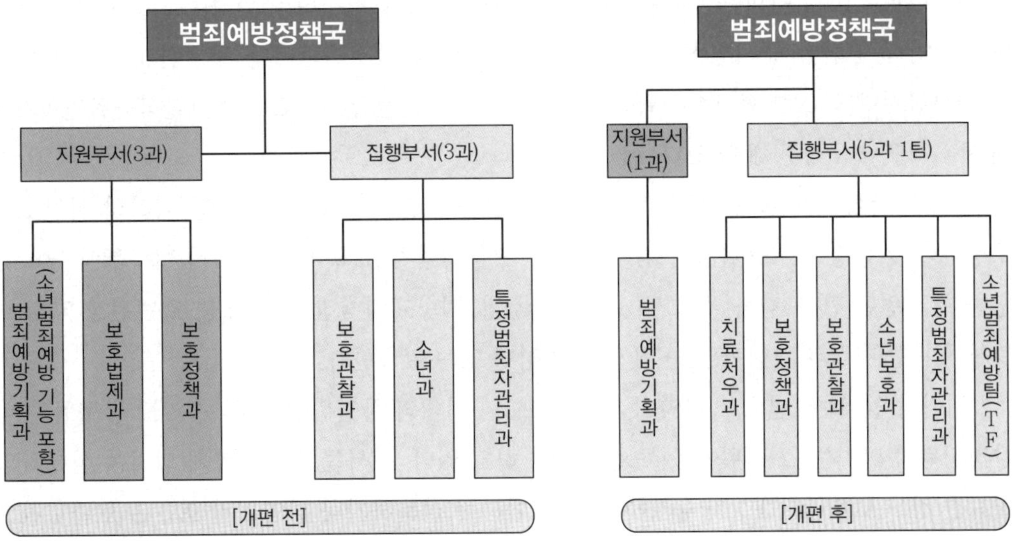

[개편 전]

범죄예방정책국 — 지원부서(3과) / 집행부서(3과)
지원부서(3과): (소년범죄예방기능 포함)범죄예방기획과, 보호법제과, 보호정책과
집행부서(3과): 보호관찰과, 소년과, 특정범죄자관리과

[개편 후]

범죄예방정책국 — 지원부서(1과) / 집행부서(5과 1팀)
지원부서(1과): 범죄예방기획과
집행부서(5과 1팀): 치료처우과, 보호정책과, 보호관찰과, 소년보호과, 특정범죄자관리과, 소년범죄예방팀(TF)

2 보호관찰기관의 세부내용

보호관찰 조직에 있어서 중앙조직은 '범죄예방정책국'이며 지방조직으로는 전국고등검찰청 소재지인 서울, 부산, 대구, 광주, 대전의 5개소에 보호관찰심사위원회가 설치되어 있고, 지방검찰청 소재지 등에 44개소의 보호관찰소가 설치되어 있다.

❶ 중앙조직

보호관찰조직의 중앙행정기관의 장은 법무부장관으로서 검찰, 보호, 교정, 출입국관리 등 법무행정 전반에 관한 통할권을 갖는다. 법무부에는 장차관 밑에 보조기관으로 기획조정실, 법무실, 검찰국, 범죄예방정책국, 인권국, 교정본부, 출입국·외국인정책본부를 두도록 하고 있다.

이 중 보호관찰기간의 지휘, 감독은 범죄예방정책국 소관이고 범죄예방정책국에는 범죄예방기획과, 보호정책과, 치료처우과, 보호관찰과, 소년보호과, 특정범죄자 관리과, 소년범죄예방팀이 속해 있으며, 보호관찰업무는 보호관찰과가 담당하고 있다.

❷ 보호관찰심사위원회

보호관찰심사위원회는 보호관찰에 관한 사항을 심사·결정하기 위하여 법무부장관 소속하에 설치·운영되며, 준사법적 기능을 수행하는 합의제 행정기관이다. 보호관찰에 관한 사항을 심사하기 위해 보호관찰심사위원를 설치하고 있고, 전국적으로 보호관찰심사위원회가 5개(서울, 대구, 부산, 광주, 대전) 있다.

보호관찰심사위원회는 보호관찰심사위원장을 포함하여 5인 이상 9인 이하의 위원으로 구성한다. 위원장은 고등검찰청 검사장 또는 고등검찰청 소속 검사 중에서 법무부장관이 임명한다. 위원은 판사, 검사, 변호사, 보호관찰소장, 지방교정청장, 교도소장, 소년원장 및 보호관찰에 관한 지식과 경험이 있는 자 중에서 임명 또는 위촉한다.

위원의 임기는 2년으로 연임이 가능하고 3인 이내의 상임위원을 둘 수 있고 공무원인 비상임위원의 임기는 그 직위에 있는 동안으로 하고 있다. 심사는 심사자료에 의하여 심사하되 필요한 경우 보호관찰대상자 등 관계인을 소환하여 신문하거나 상임위원 또는 보호관찰관으로 하여금 필요한 사항을 조사하게 할 수 있다.

보호관찰심사위원회는 ① 가석방과 그 취소에 관한 사항, ② 임시퇴원, 임시퇴원의 취소 및 퇴원에 관한 사항, ③ 보호관찰의 임시해제와 그 취소에 관한 사항, ④ 보호관찰의 정지와 그 취소에 관한 사항, ⑤ 가석방 중인 자의 부정기형의 종료에 관한 사항, ⑥ 성인수형자에 대한 보호관찰 필요여부에 관한 사항, ⑦ 전자장치 부착명령, 성충동 약물치료명령의 가해제와 그 취소에 관한 사항, ⑧ 성인수형자에 대한 보호관찰 사안조사 등과 이에 관련된 사항을 심사하여 위원 과반수의 출석과 출석위원 과반수의 찬성으로 결정한다.

❸ 보호관찰소(준법지원센터)

보호관찰소는 보호관찰의 실시 및 사회봉사명령, 수강명령의 집행, 갱생보호의 실시, 보호관찰소 선도예방활동, 기타 보호관찰법 및 다른 법률에 의하여 보호관찰소의 권한에 속하는 사무, 예컨대 사회봉사법상 가출소에 대한 보호관찰 업무 등을 관장한다.

❹ 치료감호소

치료감호소는 정신질환·약물중독·성폭력범죄자의 재범 방지를 통한 안전한 사회를 구현하기 위하여 설치된 법무부 소속 전문치료기관으로 정신질환자의 효과적인 치료와 성공적인 사회복귀를 위한 기관이다.

특히, 최근 증가하고 있는 아동성폭력 범죄에 효과적으로 대응하기 위해 인성치료병동을 운영하고 있으며 인지행동치료 등 체계적인 치료활동을 통해 성폭력범죄 재발 방지 프로그램을 운영하고 있다.

아울러, 치료감호소는 정신질환 및 물질남용 범죄연구를 위한 법정신의학 연구센터를 운영 중이며, 정신과 전공의와 정신보건전문요원(정신보건간호사, 정신보건임상심리사, 정신보건사회복지사)의 전문수련기관 역할도 수행하고 있다.

특히 공주 치료감호소는 '치료감호법'에 의거 치료감호처분을 받은 자에 대한 수용·보호 및 사회복귀 처우를 하기 위하여 설치되었다. 치료감호대상자는 치료감호시설에서 치료를 받을 필요가 있고 재범의 위험성이 있는 자를 말한다.

❺ 위치추적관제센터

사회내교정community correction으로서 최첨단 보호관찰 지도감독 기법의 하나가 보호관찰 위치추적전자감독제도이다. 보호관찰 위치추적전자감독제도electronic monitoring supervision system with gps tracking는 특정 범죄자에게 구금, 격리 등 시설내 교정처우 대신에 사회내교정처우community based treatment로써 제한적인 사회생활을 허용하면서, 보호관찰기간 중 일정기간 동안 위치추적 전자감독장치 부착명령을 부과한다.

특정시간대 외출제한, 특정장소 출입금지, 범죄피해자 등에 대한 접근금지, 치료프로그램 이수 등의 준수사항 이행을 통해 범죄피해자와 지역사회를 보호하고, 부착보호관찰대상자의 재범방지와 범죄성향 등의 교정으로 건전한 사회복귀를 촉진하여 안전한 지역사회통합community restoration을 추구하는 선진 보호관찰제도이다.

❻ 청소년비행예방센터(청소년 꿈키움센터)

청소년비행예방센터는 법무부 소속 청소년비행예방 기능을 담당하는 국가기관으로 법원소년부 및 검사가 의뢰한 비행청소년에 대한 처분자료와 지도지침을 제공한다.

또한 일반학교 적응학생 및 우범소년 등 위기청소년의 대안교육과 적성검사, 심성순화·인성교육프로그램 참가를 희망하는 청소년들을 대상으로 일일체험과정을 운영하고 있다.

❼ 소년원 · 분류심사원

소년원·분류심사원은 법원 소년부로부터 위탁된 소년을 소년분류심사원 또는 소년원(위탁 대행)에 수용·보호하면서 소년의 비행성을 진단한 분류심사 결과를 법원 심리자료로 제공하는 기관이다. 서울은 서울소년분류심사원에서 담당하며, 소년분류심사원이 없는 부산·대구·광주·대전·춘천·제주 지역은 소년원에서 업무를 대행한다.

[그림 4-18] 소년분류심사원 조직도

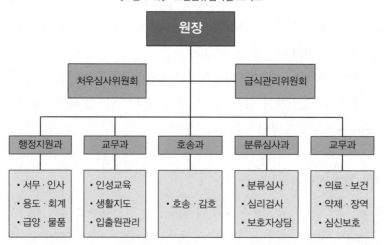

[그림 4-19] 분류심사절차

01 신상조사·환경조사

• 인적사항, 가족관계, 교우관계, 비행력 등 조사

• 가정·학교·사회 환경등 개인적·환경적 측면 면접조사

02 심리검사

• 지능검사: 종합능력 진단검사, K-WAIS, K-WISC Ⅲ등

• 적성검사: 진로작성 탐색검사, 기구작성 검사 등

• 성격검사: 특수인성 검사 (SPI-Ⅲ), TAT, Rorschach, MMPI, HTP 등

03 행동관찰

• 입원 후 일상적인 생활, 심리검사, 면담 시 행동 특징 관찰

• 분류심사관 면담 시 특이행동 등 관찰

04 신체검사

• 질병유무, 신체적 건강상태 등 전문의 진단

05 정신의학진단

• 정신질환자 등에 뇌파 검사, 신경 생리검사 등 정신과적 검사

06 상담

• 성격, 진로 및 가정환경 등 상담

07 보호자 상담

• 가족 간의 심리 관계 확인 보호자 훈육태도 파악

08 자료분석

• 각종 분류심사 기초자료 및 심리검사 결과, 면담 등 종합진단

분류심사회의 및 분류심사서 작성
처우지침서 및 보호처분 의견제시

법원소년부 통보
보호처분 결정

3 ‖ 보호관찰 현황

[그림 4-20]에서 보는 것처럼 1997년에 보호관찰대상을 성인범으로까지 확대하면서 보호관찰사건이 급증하였으며, 2000년에는 재범위험성이 높은 대상자에 대한 집중보호관찰제도를 도입하였다. 또한 2003년에는 외출제한명령 음성감독시스템을, 2005년에는 사회봉사명령 집행 관련 화상전화감독시스템을 구축하였으며, 2007년에는 보호관찰 지소 7개 신설 및 재범 고위험군 전담팀제도를 도입하였다.

PART 04

[그림 4-20]에서 보는 것처럼 보호관찰, 사회봉사·수강명령 사건은 1989년에는 8,389건에서 2000년에는 146,090건으로 증가하였으며, 2003년에는 148,818건, 2005년에는 146,895건 그리고 2007년에는 165,818건으로 나타나고 있다.

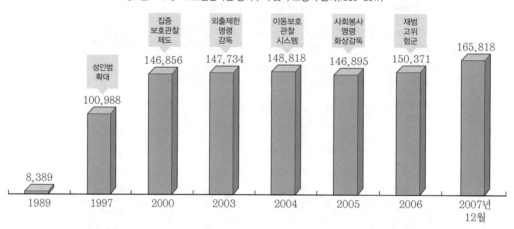

[그림 4-20] 보호관찰사건 증가추이 및 주요정책 변화(1989-2017)

[표 4-7] 보호관찰 통계(2009-2017)

	2009	2010	2011	2012	2013	2014	2015	2016	2017
실시사건	218,049	196,233	179,767	178,199	175,318	184,362	194,548	215,722	229,741
보호관찰	98,961	101,924	98,063	97,886	96,574	95,198	96,419	100,995	105,705
사회봉사 명령	53,569	54,427	47,658	45,842	46,179	51,058	55,581	58,287	63,050
수강명령	25,888	24,306	25,110	28,517	28,568	34,883	39,084	43,930	51,749
성구매자 교육	39,631	15,576	8,936	5,954	3,997	3,223	3,464	12,510	9,237

2017년 보호관찰은 105,705건으로 전년대비 4,710건 증가하여 2009년 이후 2013년까지 지속적으로 감소하다 2014년 이후 신규 제도 도입 등으로 증가추세로 전환되었다.

1997년 형법 개정에 따른 성인에 대한 보호관찰 실시로 사건수가 대폭 증가한 이후 1998년 '가정폭력 범죄의 처벌등에 관한 특례법', 2004년 '성매매알선등행위의 처벌에 관한 법률'의 제정 등 보호관찰의 영역확대에 따른 실시사건이 지속적으로 증가하다, 2005년에는 사회봉사명령대상자의 일시적인 감소로 인해 소폭 감소하였으나 2014년 이후 2017년까지 다시 증가추세로 돌아섰다.

2005년 8월부터 시행된 검찰 기소유예 처분된 성구매자에 대한 '성구매 방지교육'(일명 존스쿨), 2008년 특정범죄자 위치추적제도 시행, 2009년 벌금미납자에 대한 사회봉사제도 도입에 따라, 보호관찰 실시사건이 2008년 대비 18.0% 증가하였다. 그러나 2010년부터 성구매자교육과 벌금 대체 사회봉사가 큰 폭으로 감소하여 전체 실시사건이 감소 추세였으나, 아동학대사범 및 성폭력사범에 대한 기소유예 선도교육 확대, 2016. 12. 치료명령제도 시행으로 보호관찰 사건 증가에 영향을 주었다.

사회봉사명령 실시사건은 2009년 벌금대체 사회봉사제도가 새로 도입되어 큰 폭으로 증가하였으나, 강한 노동 강도와 신청자들의 기대 수준에 못 미치는 환산기준(1일 8시간 기준 50,000원) 등으로 '11년부터 급감하였다. 그러나 2014년 상반기 대기업 총수의 황제노역 문제가 언론에 보도되며 법원에서 각 지역 법원에서 1일 환산금액을 10만 원으로 상향하며 벌금 대체 사회봉사 사건 증가 등 사회봉사명령 제도의 실효성이 높다고 확인되어 사건수가 지속적으로 증가하는 추세이다(전년대비 8.2% 증가).

2005년부터 시행된 검찰 기소유예 처분된 성구매자에 대한 '성구매 방지교육'(일명 존스쿨)은 2005년 3,210건에서 2009년 39,631건으로 크게 증가하였다. 2010년부터 성매매 수법의 다양화 및 성매매 업소에 대한 단속 저조 등으로 인해 큰 폭으로 감소하다가 단속강화로 2016년에는 전년대비 261% 증가하였으나, 단속 약화로 인해 2017년에는 전년 대비 26%가 감소하였다. 특히, 2017년 기준 사회 내 처우를 집행 받고 있는 범죄자는 약 21만 명(제도시행 원년인 1989년 대비 25배 증가)으로, 교도소 재소자 약 5만 5천 명의 약 3.8배에 육박하고 있다.

> "괴물과 싸우는 사람이라면 누구나 괴물과 싸우는 동안 자신 역시 괴물이 되지 않도록 조심해야 한다. 네가 깊은 구렁을 바라보면, 그 구렁 역시 너를 바라본다."
>
> – 프리드리히 니체, 『선악의 피안(Jenseits von Gut und Böse)』중에서

Criminology & C·J system

범|죄|학|과
형|사|사|법|체|계|론

PART

05

형사사법절차

"20대는 신이 준 자연 그대로의 얼굴이다. 자신이 추구하는 삶이 30대의 얼굴을 만든다."

(Nature gives you the face you have at 20. Life shapes the face you have at 30.)

– 가브리엘 코코 샤넬(Gabrielle Chanel Coco Chanel)의 인터뷰 中에서

"40대의 당신 얼굴은 당신이 처한 현재의 모습이다."(At 40, you become the person you always were.)

"나이 50이 되면 누구나 자신의 얼굴에 책임을 져야 한다."(At 50, everyone has the face he deserves.)

– 조지 오웰(George Orwell), 『개인일기(personal diary)』 中에서

제1장 수사단계

허버트 패커Herbert Packer,1969는 전체 형사사법체계를 논리적으로 설명하며 형사사법절차 과정을 당사자들 간의 어떠한 '투쟁'battle이 아닌 '적법절차'due process와 '범죄통제'crime control라는 두 경쟁적 가치체계의 갈등conflict과 균형balancing상태로 보았다.

범죄통제모델은 범죄통제를 형사사법체계의 제1차적 존재이유로 제시하고 있다. 범죄통제모델은 공식적 형사사법의 가장 중요한 목적이 형사절차를 통한 범죄통제 자체에 있다는 점이다. 이는 적법절차모델이 적법절차를 통한 인권보장을 제1차적 목적으로 두고, 범죄통제를 수단으로 보는 점에서 차이가 있다.

범죄통제모델에서는 형사피의자 및 피고인의 권리보다는 일반시민 및 피해자의 권리가 강조된다. 아울러 개인의 자유보다는 사회의 권리가 강조되는 측면이 강하다.[1] 이러한 패커의 모델은 분석을 위한 순수모델이므로 현실에서는 양자의 모습을 조금씩 모두 갖고 있는 것이 보통이다.

패커의 주장은 우리의 형사사법절차를 이해하는 데도 많은 시사점을 준다. 형사절차에 있어서 '무죄추정의 원칙'에 대한 문제라든지 혹은 '임의수사의 원칙'에 대한 문제 등이 현실과는 괴리된 채 적용되는 현실을 잘 설명해 준다고 할 수 있다.

---

1   최선우, "형사사법모델과 형사사법의 특성에 관한 연구,"「공안행정학회보」, 24, 2006, p. 230.

Criminology & C·J systems

🌐🔍 무죄추정의 원칙

헌법에는 '형사피고인은 유죄의 판결이 확정될 때까지는 무죄로 추정된다'고 명시하고 있다. 대법원 판결이 확정되었을 때 비로소 무죄추정의 원칙이 깨지게 된다. 다만, 피고인이 1심, 2심 판결에서 유죄를 받고 상소하지 않는 경우에는 선고를 받은 날로부터 일정기일이 경과됨으로써 판결이 확정되어 무죄추정이 깨지는 것이다.

따라서 아직 기소조차 되지 않아 피의자의 신분에 불과한 사람들은 당연히 무죄추정을 받는 것은 물론이다. 하지만 우리의 형사사법 현실은 조직폭력배 또는 강·절도 등 형사피의자가 검거되면 기소도 되기 전에 이미 범죄자취급을 받는 것이 사실이다.

이하에서는 형사사법절차를 수사단계, 기소단계, 재판단계, 재판집행단계, 경죄사건 처리절차 등으로 구분하여 살펴보고자 한다. 수사단계에서는 임의수사와 강제수사, 그리고 피의자의 권리를 중심으로, 기소단계에서는 검찰의 기소·불기소, 그리고 구속된 피고인의 권리를 중심으로 언급하고자 한다.

재판단계에서는 공판전 절차와 공판절차, 판결의 선고, 불복절차, 그리고 공판단계에서의 피고인의 권리를, 재판집행단계에서는 재판집행의 일반원칙, 재판집행의 순서, 가석방과 형집행정지, 형의 실효, 그리고 형사보상을 다루고자 하며, 마지막으로 경죄사건 처리절차에서는 간이공판절차, 약식명령절차, 즉결심판절차 등을 중심으로 살펴보고자 한다.

1 ║ 수사의 개념

수사搜査, Investigation란 범죄의 혐의가 있다고 사료되는 때에 그 혐의의 진위를 확인하고, 범죄가 발생하였다고 인정되는 경우, 범인을 발견·확보하며 증거를 수집·보전하는 수사기관의 활동을 가리킨다. 그리고 수사활동이 연속적으로 진행되는 일련의 과정을 수사절차라고 부른다.[2] 수사의 기본 이념은 실체적 진실의 발견과 기본적 인권의 보장이다.

> '수사하다'란 영어로 'Investigate'인데 이는 라틴어 'Vestigare'에서 유래한 것이다. 이는 '어떤 것이 존재한 증거가 되는 흔적(유물)을 찾는 것'을 의미한다. 수사는 증거를 찾기 위해 범인이 남긴 자취를 더듬거나[trace], 범인의 도주로를 찾아 그 발자국을 따라가는[track] 일련의 활동이다. 따라서 수사는 본래 의미는 범인을 추적하는 활동이라고 규정할 수 있다.[3]

수사란 일반적으로 형사사건에 대하여 공소를 제기하고 이를 유지하기 위한 준비로써 범인을 발견, 보전하고 증거를 수집, 보전하는 수사기관의 활동을 의미한다. 수사는 항상 공소제기로 이어지는 것이 아니라 불기소처분으로 종료되는 경우도 있고, 공소제기 후에도 공소유지를 위해 보강수사를 하거나, 진범이 발견되어 공소취소 여부를 결정하기 위해 수사활동이 필요한 경우도 있다.[4]

수사는 범죄의 혐의가 있다고 사료되는 때에 개시되는 수사기관의 활동이므로 아직 범죄의 혐의가 '있다'고 판단되지 아니한 단계에서 행해지는 조사활동은 수사라고 말할 수 없다.

따라서 범죄에 관한 신문 기타 출판물의 기사, 익명의 신고 또는 풍설이 있을 때에 검사나 사법경찰관리가 그 진상을 조사하는 소위 '내사'內査범죄가 행해지지는 아니하였으나 앞으로 범죄가 범해지려고 하는 경우에 행하는 '불심검문'不審檢問검사가 범죄의 혐의 유무를 알아보기 위하여 행하는 '변사체검시'變死體檢屍 등은 엄밀한 의미에서 수사에 해당하지 않는다.[5] 특히

2　신동운, 「형사소송법」서울: 박영사, 2005, p. 35.

3　Wayne W. Bennett & Karen M. Hess, *Criminal Investigation(7th ed.)* (Belmont, CA: Wadsworth/Thomson Learning, 2004), p. 4.

4　임동규b, 「형사소송법(제11판)」(서울: 법문사, 2015), p. 121.

5　신동운, 전게서, p. 35.

내사는 단순한 혐의자에 불과하여 원칙적으로 피의자가 가지는 권리를 주장할 수 없다.[6] 예를 들어, 증거보전청구권, 헌법소원 심판 청구권 등을 가질 수 없다.

Criminology & C·J systems

내사[7]

'내사'內査란 범죄의 혐의 유무를 확인하기 위하여 수행하는 수사기관의 활동을 말하며, 수사의 전前 단계 또는 입건 전의 단계라고 한다. 내사는 사건의 범죄 혐의점 유무를 판별하기 위해 첩보를 수집하고 법률 검토 등을 하는 단계로 피의자 입건이나 압수수색 등 정식 수사와는 구별된다.

내사의 종류에는 범죄첩보에 대한 내사인 첩보내사, 진정·탄원 등에 의한 진정·탄원내사 그리고 일반 내사가 있다. 범죄첩보, 진정·탄원, 언론, 익명의 신고 등과 같은 각 단서들의 내용이 범죄혐의 유무를 먼저 밝혀야 할 필요가 있을 때에는 '내사의 단서'가 된다. 하지만 이미 혐의가 있다고 판단되어 수사를 할 필요가 있을 때에는 '수사의 단서'가 된다.

내사도 수사의 일종이므로 임의수사를 원칙으로 한다. 하지만 검사의 지휘를 받아 압수·수색·검증, 통신제한조치, 통신사실 확인자료 제공 등을 할 수 있다. 피내사자는 변호인접견 교통권과 진술거부권 등의 피의자와 동일한 방어권이 인정된다.

수사기관이 행하는 범죄수사 방법은 크게 임의수사任意搜査와 강제수사強制搜査가 있다. 임의수사란 임의적인 조사에 의한 수사 즉, 강제력을 행사하지 아니하고 상대방의 동의나 승낙을 받아서 행하는 수사를 말하며, 강제수사란 강제처분에 의한 수사를 말한다.[8]

수사단계에서 문제가 되는 것은 임의수사나 강제수사를 함에 있어서 수사기관의 적법절차 준수여부이다. 특히 임의수사를 하면서 행하는 관행적인 수사 예를 들어, 임의동행에 의한 사실상의 체포 및 상대방의 동의를 빙자한 사실상의 압수·수색 등은 많은 비판을 받고 있다.

형사사건에 대한 수사는 사법경찰관 및 검사가 수행한다. 수사기관은 피의자를 체포·구속하지 않고 수사하는 것이 원칙이며, 필요한 경우에는 판사로부터 영장을 발부받아 체포·구속할 수 있는데, 현행범인이거나 긴급한 사유가 있는 경우에는 사후에 영장을 발부받을 수

---

6 임동규a, 「형사소송법(제4판)」 (서울: 법문사, 2006), p. 119.

7 전대양, 「범죄수사」 (서울: 21세기사, 2009), pp. 97-99.

8 이재상a, 「형사소송법(제2판)」 (서울: 박영사, 2008), p. 212.

있다. 판사는 피의자의 주거가 없거나 도망 또는 증거인멸의 염려가 있는 경우에 영장을 발부한다.

Criminology & C·J systems

🔍 피의자의 개념

수사기관에 의하여 범죄의 혐의를 받고, 수사의 대상이 되어 있는 사람을 '피의자'被疑者라고 한다. 실무상으로는 범죄사건기록부에 기재된 때를 '입건'立件이라고 하며, 이때부터 피내사자, 용의자, 혐의자, 참고인에서 피의자로 된다. 이에 대해서 수사종결 후 검사가 법원에 공소제기한 사람을 '피고인'被告人이라고 부른다.

피의자와 피내사자 혹은 용의자의 구별은 중요한 의미를 갖는다. 일단 피의자에 대해서는 그의 방어권을 보장하기 위하여 진술거부권, 변호인선임권, 영장제도, 무죄추정의 권리 등 각종의 기본권이 보장되며, 증거보전청구권 등 소송법적 권리가 인정된다.

따라서 피의자는 수사기관에 의하여 자신의 기본권이 침해되었음을 주장하여 헌법재판소에 헌법소원의 심판을 청구할 수 있게 된다.[9]

---

2 ‖ 범죄수사의 2과정

범죄수사는 2가지의 서로 성질이 다른 단계의 과정을 통하여 이루어진다. 그 제1단계는 하강과정이라고 하는데, 수사관 자신이 사건의 진상을 확인하는 과정이다. 제2단계는 상승과정이라고 하는데, 수사관의 수사결과 얻은 판단이 정당하다는 것을 입증하여 재판관의 심증형성을 달성하기에 필요한 증거를 수집·정리하는 과정이다.[10]

이는 수사를 마치 '우물을 파는 공사'에 비유할 수 있다. 땅을 파고 내려가서 지하수를 발견(사건의 진상파악)하는 것과 그 지하수가 음료수로서 적합한가 여부를 권위 있는 수질감정기관(재판관)에게 감정을 받는 것과 같다고 보는 것이다.

---

9 신동운, 전게서, pp. 53-54.
10 윤경익 편저, 「수사실무총람」(서울: 육법사, 1990), pp. 54.

PART 05

그래서 지하수(범인과 범죄사실)를 발견하고 확인하는 과정을 우물파는 공사에서 지하로 파내려가는 공사에 비유하여 '하강과정'이라고 하고, 우물의 지하수 발견이 끝나면 축대를 쌓아올려 우물을 만드는 작업에 비유하여 발견·수집된 자료와 증거를 정리하는 과정을 '상승과정'이라고 한다.

이론상으로는 이와 같은 구별이 가능하지만, 수사에 있어서 반드시 하강과정과 상승과정을 거쳐서 수사를 해야 하는 것은 아니다. 예를 들어, 현행범 체포에서 보는 것처럼, 범죄사실의 입증자료가 처음부터 충분하여 그 진상이 명백한 경우에는 수사관 자신의 진상파악을 위한 별도의 수사활동은 필요 없이 상승과정의 활동만이 전개되는 것이다.

또 하강과정에서 수사는 수사관이 자유자재로 진전시킬 수 있으나, 상승과정의 수사에서는 모든 자료와 증거를 정비하여 완전히 수사를 성공시키지 않으면 안 된다. 하강과정에서의 진상파악이 상승과정에서 배척된다면 범인을 처벌할 수 없게 된다.[11]

이러한 범죄수사는 기소 후 법원이 진행하는 공판절차와 달리 법률에 정해진 순서대로 진행되는 것이 아니라 검사의 합목적적 판단에 따라서 상황에 따라서 다른 순서로 진행된다. 예를 들어, 참고인조사를 먼저 할 수도 있고, 피의자신문을 먼저 할 수도 있다.[12]

이처럼 수사를 상승과정과 하강과정으로 구별하는 것은 일본 학자가 주장한 것으로써 현재의 상황에는 맞지 않다는 비판을 받고 있지만 오늘날에도 여전히 유용한 설명틀 역할을 하고 있다.

Criminology & C·J systems

🌐🔍 수사지휘의 범위[13]

2011년 개정 형소법은 "수사관, 경무관, 총경, 경정, 경감, 경위는 사법경찰관으로서 모든 수사에 관하여 검사의 지휘를 받는다."고 규정하였다. 수사지휘의 대상을 '모든 수사'로 정한 것이다.

모든 수사의 의미는 첫째는 경찰관이 내사라는 이름을 붙여 실질적 수사를 진행할 때 검사가 이 부분에 대해서까지 수사지휘를 할 수 있도록 한 것이다.

둘째는 검찰에 직접 접수되는 고소·고발사건에 대해 검사가 이를 사법경찰관리에게 이첩하여 수사를 하도록 지휘하는 것이 가능하게 하기 위함이다. 검사는 자

---

11 상게서, pp. 54-55.

12 배종대·이상돈, 「형사소송법」 (서울: 홍문사, 2006), p. 211.

13 신동운e, 「신형사소송법(제5판)」 (서울: 법문사, 2014), p. 71.

체적으로 검찰수사관 등 수사인력을 확보하고 있으므로 검찰청에 직접 접수되는 사건의 수사에 대해서는 사법경찰관리를 지휘할 수 없다는 주장이 제기될 소지가 있다.

'모든 수사'라는 표현은 이러한 모든 의문점을 제거하면서 경찰 접수사건인가 검찰 접수사건인가를 묻지 않고 모든 사건에 대해 검사가 사법경찰관리를 지휘할 수 있음을 나타낸다.

3 ‖ 수사구조론

범죄혐의가 인정되어 수사가 개시된 후 수사가 종결될 때까지의 수사절차에는 검사, 사법경찰관리, 피의자, 그리고 법관 등의 4자가 상호 관련하여 활동하게 된다. 수사구조론은 피의자를 단순한 수사객체로만 파악해서는 안 되고 그의 인권 및 방어권을 보장할 수 있는 구조를 갖추어야 한다는 논의에서 시작되었다.[14] 이는 일본의 평야平野 교수가 주장한 것으로 그는 수사구조를 규문적 수사관과 탄핵적 수사관으로 구분하였다.

규문적 수사관은 수사절차가 검사를 주재자로 하고, 피의자는 조사의 객체에 불과하며, 법원이 발부하는 영장은 허가장의 성격을 갖는다고 한다. 이에 반하여 탄핵적 수사관은 제3의 기관인 법관이 개입하는 것인데, 피의자는 독자적인 방어활동이 가능하며, 법원이 발부하는 영장은 명령장의 성격을 갖는다고 보고 있다.

또 하나의 수사구조론은 소송적 수사관이다. 이는 검사를 정점으로 하여 사법경찰관리와 피의자가 서로 대립하는 구조인데, 피의자는 수사의 객체가 아니라 수사의 주체로 된다.

Criminology & C·J systems

🌐🔍 홍길동 사건의 수사절차

경찰의 출석요구서를 받은 홍길동은 관할 마산 중부경찰서에 가게 된다. 경찰서 옆 민원안내실로 가면 안내경찰관이 방문목적을 묻게 된다. 홍길동은 우편으로 받은 출석요구서를 제시한다. 홍길동은 경찰서 안으로 들어가 출석요구서에 기재

14 손동권·신이철, 「새로운 형사소송법」 (서울: 세창출판사, 2013), p. 161.

PART 05

된 담당 경찰관을 찾아가 자리에 앉게 된다.

조사경찰관: 성명, 주민등록번호, 직업, 본적, 주소를 말해 주세요.

홍길동: 홍길동, 020128-1521004, 대학생, 본적과 주소는 똑같이 서울시 강남구 활빈당아파트 1동 1001호입니다.

조사경찰관: 홍길동 씨는 무슨 이유로 조사를 받게 되는지를 아시나요? (소환이유질문)

홍길동: 예, 제가 황진이의 돈 100만 원을 뺏았다는 이유로 고소를 당해서 조사받는 것으로 알고 있습니다.

조사경찰관: 홍길동 씨는 진술을 거부할 권리와 변호사를 선임할 권리가 있습니다. 홍길동 씨는 진술을 거부할 것인가요, 아니면 모든 사실을 진술할 것인가요? (미란다 원칙의 고지)

홍길동: 예, 사실대로 모두 말하겠습니다.

조사경찰관: 홍길동 씨는 형벌을 받은 적이 있나요? (전과유무 확인)

홍길동: 아니요, 없습니다.

조사경찰관: 홍길동 씨의 학력, 경력, 재산상태, 가족관계에 대해서 말해 주십시오. (형량이나 정상판단의 자료)

홍길동: 한강대학교에 재학 중이고, 재산은 없으며, 2남 중 막내입니다.

조사경찰관: 홍길동 씨는 황진이를 때려서 돈을 뺏은 적이 있나요? (6하원칙에 따른 범행경위조사)

홍길동: 때린 적은 없지만, 큰소리를 내면서 돈을 빌린 적은 있습니다.

조사경찰관: 홍길동 씨에게 유리한 증거나 더 할 말은 없나요?(유리한 진술기회 부여)

홍길동: 술을 한 잔 먹고 실수를 한 것 같습니다.

조사경찰관: 이상 모든 진술이 사실이면, 조서를 읽어보고 진술한 내용과 다른 부분이 있거나 변경할 내용이 있으면 말씀해 주십시오!

홍길동: 예, 없습니다 (조서는 증거자료가 되므로 자세히 읽어본 후, 다른 부분이 있으면 정정을 요구해야 한다)

조사경찰관: 그러면 조서에 서명하고 날인(도장)이나 무인(손도장)을 하세요.

　　홍길동은 조서에 간인을 하고, 조서 마지막장에 서명날인(손도장)을 한다. 이러한 경찰에서의 조사를 마치게 되면, 바로 집으로 귀가한 후 검찰에서의 소환을 기다리게 된다.

임의수사 절차

1 ‖ **임의수사의 개념**

수사기관은 수사에 관한 목적을 달성하기 위하여 필요한 조사를 할 수 있다. 다만, 강제처분은 형사소송법에 특별한 규정이 있는 경우에 한하며, 필요한 최소한도의 범위 안에서만 하여야 한다. 강제처분은 형사소송법에 특별한 규정이 없으면 하지 못한다.

여기에서 강제처분에 의한 수사를 '강제수사'强制捜査라 하고, 강제수사 이외의 수사를 '임의수사'任意捜査라 한다. 또한 수사는 원칙적으로 임의수사에 의하고, 강제수사는 법률에 규정된 경우에 한하여 예외적으로 허용된다는 원칙을 임의수사의 원칙이라고 한다. 임의수사란 강제력을 행사하지 않고, 상대방의 동의나 승낙을 받아서 행하는 수사를 말한다.[15]

Criminology & C·J systems

🌐🔍 임의수사

임의수사의 가장 대표적인 예는 피의자신문, 참고인 조사 등을 들 수 있다. 이에 대한 언론의 보도관행을 보면, 마치 강제수사를 받는 식으로 표현하고 있으며, 피의자, 참고인 등도 자신들의 권리를 행사하지 못하는 경우가 많다.

그리고 구속 또는 체포된 피의자를 임의수사를 통해서 조사하기보다는 자백을 통해서 쉽게 사건을 해결하려는 경향이 강하다. 이로 인해 강압적인 수사 등 인권침해가 발생하는 경우가 여전히 남아 있다.

2 ‖ **임의동행**

임의동행任意同行이란 경찰관 등이 범죄용의자나 피의자의 동의 또는 승낙을 얻어 이들과 함께 경찰서, 지구대, 치안센터 등과 같은 수사기관까지 함께 가는 수사방법을 말한다.[16] 임

---

15 이재상a, 전게서, p. 212.

16 김충남, 「경찰수사론」 (서울: 박영사, 2008), p. 86 재구성.

의동행은 형사소송법에 근거한 임의수사로서의 임의동행과 경찰관직무집행법에 근거한 불심검문의 일종으로서의 임의동행, 그리고 주민등록법상 신원확인과 동행요구 등으로 구분할 수 있다.

1 형사소송법상 임의동행

일반적으로 임의동행은 보호실유치와 함께 그 동안 구속수사의 전 단계로써 사실상 중요한 기능을 해왔다. 수사기관은 구속대상자를 임의동행 형식으로 수사관서에 연행한 후 48시간 범위 내에서 구속영장의 신청과 발부의 절차를 밟는 경우가 많았다. 수사기관은 영장발부에 필요한 대기시간을 확보하기 위하여 임의동행의 상대방을 내사사건의 대상자로 지목한 다음 이를 내사사건기록철 또는 내사사건부 등에 기재하고, 대상자를 보호실에 유치하는 방법을 사용해 왔다.[17] 오늘날에는 임의동행의 형식을 취한 경우에도 강제의 실질을 갖춘 때에는 강제수사에 해당한다고 보고 있다.[18]

2 경찰관직무집행법상 임의동행

경찰관직무집행법 제3조(불심검문)에는 "경찰관은 수상한 거동 기타 주위의 사정을 합리적으로 판단하여 어떠한 죄를 범하였거나 범하려 하고 있다고 의심할 만한 상당한 이유가 있는 자 또는 이미 행하여진 범죄나 행하여지려고 하는 범죄행위에 관하여 그 사실을 안다고 인정되는 자를 정지시켜 질문할 수 있다"고 규정되어 있다.

또 동법 제2항에서는 "그 장소에서 질문을 하는 것이 당해인에게 불리하거나 교통에 방해가 된다고 인정되는 때에는 질문하기 위하여 부근의 경찰서·지구대·파출소 또는 출장소에 동행할 것을 요구할 수 있다. 이 경우 당해인은 경찰관의 동행요구를 거절할 수 있다"고 규정되어 있다.

이처럼 경직법상에는 동행요구가 규정되어 있지만, 임의동행요구이기 때문에 당해인은 거절할 수 있으며, 경직법상의 동행한 피의자를 조사 후 귀가시키지 않고,[19] 그의 의사에 반

---

17 신동운, 전게서, p. 112.

18 임동규b, 전게서, p. 164.

19 동행을 한 경우 경찰관은 당해인을 6시간을 초과하여 경찰관서에 머물게 할 수 없다.

하여 경찰조사실 또는 보호실에 유치함으로써 신체의 자유를 속박하였다면, 이는 형법 제124조의 불법감금죄에 해당하며,[20] 국가는 손해배상책임을 지게 된다.[21]

3 주민등록법상의 신원확인과 동행요구

임의동행의 문제와 관련해서 주민등록법상의 신원확인조치가 있다. 주민등록법 제26조(주민등록증의 제시요구) 제1항에 의하면, "사법경찰관리(사법경찰관리)가 범인을 체포하는 등 그 직무를 수행할 때에 17세 이상인 주민의 신원이나 거주 관계를 확인할 필요가 있으면 주민등록증의 제시를 요구할 수 있다.

여기서 특히 주목되는 것은 주민등록법상의 신원확인 등을 위한 동행요구이다. 이 경우는 범죄혐의가 있음을 전제로 하여 신원확인을 위한 동행요구를 하는 것이므로 수사처분에 속한다고 볼 수 있다. 따라서 경찰관직무집행법상의 동행요구와 주민등록법상의 동행요구는 일종의 불심검문으로 보고 있으며, 경직법에 규정된 동행요구의 요건과 절차, 그리고 시간제한 규정 등이 주민등록법상의 신원확인조치에도 그대로 준용된다고 볼 수 있다.[22]

3 ||| 임의수사의 방법

형사소송법은 임의수사의 방법 가운데 공무소 등에 대한 조회(사실조회), 피의자신문, 피의자 이외의 제3자에 대한 조사, 감정, 통역, 번역의 위촉 등에 관해서는 구체적인 규정을 두고 있다.

1 공무소 등에의 조회(사실조회)

수사기관은 수사에 관하여 공무소 기타 공사단체에 조회하여 필요한 사항의 보고를 요구

---

20 대법원 1994.3.16 94모2, 공1994, 1236.

21 신동운, 전게서, p. 116.

22 상게서, p. 117.

할 수 있다. 전과조회, 신원조회 등 조회할 수 있는 사항에는 제한이 없다. 이를 공무소^{公務所} 등에의 조회라고 한다.

그러나 공무소 등에 대하여 의무의 이행을 강제할 방법이 없고, 또 영장에 의하지 않고도 조회요청을 할 수 있다는 점에서 공무소 등에의 조회는 임의수사로 보고 있다.[23] 다만, 예외적으로 금융기관의 거래정보 등의 제공요구와 통신사실 확인자료 제공요청은 임의수사가 아니다.

2 피의자신문

검사 또는 사법경찰관은 수사에 필요한 때에는 피의자의 출석을 요구하여 진술을 들을 수 있다. 그러나 피의자는 수사기관의 출석요구에 응할 의무가 없으며, 일단 출석한 경우에도 언제든지 퇴거할 수 있으며, 진술거부권이 보장되기 때문에 피의자신문은 원칙적으로 임의수사에 해당한다.[24]

하지만 출석불응을 사유로 하는 체포영장제도가 있기 때문에 수사기관의 출석요구에는 강제적 측면이 있다고 볼 수 있다. 일반인이 출석에 불응하면, 경찰은 출석불응을 이유로 체포영장을 신청할 수 있기 때문이다. 만약 체포에 의한 출석을 하게 되면 그것은 강제수사에 해당한다.[25]

3 참고인조사

검사 또는 사법경찰관은 수사에 필요한 때에는 피의자 아닌 자의 출석을 요구하여 진술을 들을 수 있다. 수사절차상 피의자 아닌 제3자를 참고인^{參考人}이라고 한다. 참고인은 피의자 이외의 제3자로서 수사기관에게 일정한 체험사실을 진술하는 자라는 점에서 법원에 대하여 체험사실을 진술하는 제3자인 증인과 비슷하다.

그러나 참고인은 수사기관에 일정한 체험사실을 진술하고, 증인은 법원 또는 법관에 대

---

23 손동권·신이철, 「새로운 형사소송법」 (서울: 세창출판사, 2013), pp. 237-238.
24 임동규a, 전게서, p. 167 재구성.
25 신동운, 전게서, p. 126.

해 진술한다는 점에서 양자는 구별된다.[26] 그러나 참고인은 과태료의 부과나 구인의 제재가 가해지지 않는다는 점에서 차이가 있으며, 이 때문에 참고인조사는 임의수사에 해당한다.[27]

4 수사상의 감정 · 통역 · 번역

검사 또는 사법경찰관은 수사에 필요한 때에는 감정鑑定, 통역通譯 또는 번역(飜譯)을 위촉할 수 있다. 수사기관의 위촉을 받은 자는 이를 수락할 의무가 없으며, 감정, 통역, 번역을 위하여 출석하였다가 퇴거하는 것도 자유이다. 임의수사이므로 이를 강제할 수 있는 방법은 없다.[28]

또한 감정인, 통역인, 번역인은 다른 사람으로 갈음할 수 있는 대체성이 있으므로 특정인에 대하여 감정, 통역, 번역을 강제할 필요도 없다. 따라서 수사상의 감정, 통역, 번역은 임의수사에 속한다.[29]

Criminology & C·J systems

🌐🔍 조사받는 법[30]

우리나라에서 실제 진술거부권을 행사하는 피의자는 거의 없다. 더욱이 조사받을 때 변호인을 동반하는 경우도 거의 없다. 또, 실제 수사를 받으며 겪는 심리적 압박 속에서 수사관의 질문에 답변하지 않기란 쉽지 않다. 죄를 숨긴다는 오해를 받을 현실적인 위험도 있다.

이런 상황에서는 조서에 도장을 찍지 않는 것이 하나의 효율적인 방어책이다. 피의자가 조서에 도장을 찍는다고 해서 내용이 달라지거나 임의성이 보장되는 것도 아닌데도 그 동안 우리나라 법원은 도장이 찍힌 조서만 증거로 쓸 수 있다고 해왔고, 수사기관은 별다른 설명 없이 당연한 것처럼 도장을 받아왔다. 하지만 피의자는 조서에 도장을 찍을 아무런 의무도 없다.

조사받는 사람이 조서에 도장을 찍어서 얻을 수 있는 것은 아무 것도 없다. 오

26 　배종대·이상돈, 전게서, p. 235.

27 　신동운, 전게서, p. 131.

28 　배종대·이상돈, 전게서, p. 236.

29 　신동운, 전게서, p. 132.

30 　금태섭b, "조사받을 때 대처방안(초고내용)," 「한겨레」, 2006. 9.18.

제1 장 수사단계　481

PART 05

히려 현재 형사절차에서 가장 중요하게 취급되면서 동시에 자신에게 가장 불리한 증거를 만들어내는데 도움을 주게 될 뿐이다. 조사 도중에 자신에게 유리한 사실이 생각나면 적극적으로 말하고 조서에 적어달라고 요구하라. 조사가 끝나면 꼼꼼히 읽어보고 말한 그대로 적혀있는지 확인하라. 그러나 도장을 찍을 필요는 없다.

제3절 강제수사 절차

1 ‖ 강제수사의 개념

강제수사란 상대방의 의사여하를 불문하고 강제로 수사하는 방법으로 필연적으로 인권 제한적인 처분을 수반하게 되므로 해당 법령에서 정한 절차와 요건에 대한 철저한 준수가 필요하다. 현행법상 강제수사의 방법으로는 체포, 구속, 압수, 수색, 검증, 증거보전, 증인신문의 청구, 수사상의 감정유치, 기타 감정에 필요한 처분을 들 수 있다.[31]

2 ‖ 체포

수사기관에 있어서 체포란 상당한 범죄혐의가 있고, 일정한 체포사유가 존재할 경우, 영장 혹은 기타의 방법에 의하여 일정한 시간 동안 피의자에게 인신의 자유를 빼앗는 처분을 말한다. 초동수사 단계에서 피의자에게 행해지는 단기간의 신체구속을 의미한다.[32]

우리나라에서는 헌법(제12조)에 체포에 관한 규정이 있고, 구체적인 내용은 형사소송법에서 규정하고 있다. 형소법에는 체포를 크게 체포영장에 의한 체포, 긴급체포, 현행범체포로

---

31 경찰대학a, 「경찰수사론」, 2001, pp. 100-101.
32 장규원, 「체포제도에 관한 연구」, 형사정책연구원, 1998, pp. 118-119.

나누어서 각각 규정하고 있다.[33]

1 영장에 의한 체포

피의자가 죄를 범하였다고 의심할 만한 상당한 이유가 있고, 정당한 이유 없이 피의자의 출석요구에 응하지 아니하거나 응하지 아니할 우려가 있는 때에는, 검사는 관할 지방법원판사에게 청구하여 체포영장을 발부받아 피의자를 체포할 수 있고, 사법경찰관은 검사에게 신청하여 검사의 청구로 관할 지방법원판사의 체포영장을 발부받아 피의자를 체포할 수 있다.

이러한 체포영장제도는 임의동행과 보호실유치 등의 탈법적 수사관행을 근절하고 적법한 수사절차를 확보하기 위하여 1995년 형소법을 개정하면서 도입하였다. 체포영장은 주로 기소중지 되어 지명수배 중인 피의자를 체포하기 위한 수단으로 이용되었다.

또한 사법경찰관은 검사에게 영장을 신청하여 검사의 청구로 관할 지방법원판사로부터 체포영장을 발부받아 피의자를 체포하고, 체포한 피의자를 구속하고자 할 때에는 체포한 때부터 48시간 이내에 구속영장을 청구하여야 하고, 그 기간 내에 구속영장을 청구하지 아니하는 때에는 피의자를 즉시 석방하여야 한다.

2 긴급체포

긴급체포는 과거의 긴급구속제도를 대체하여 신설된 제도이다. 긴급체포를 인정하는 이유는 중대한 범죄자가 긴급한 상황에서 증거를 인멸하거나 도망할 위험을 방지하는데 있다.[34]

검사 또는 사법경찰관은 ① 피의자가 사형·무기 또는 장기 3년 이상의 징역이나 금고에 해당하는 죄를 범하였다고 의심할 만한 상당한 이유가 있고, ② 피의자가 증거를 인멸할 염려가 있는 때, ③ 피의자가 도망하거나 도망할 우려가 있는 때 등에 해당하는 사유가 있는 경우에 긴급을 요하여 지방법원판사의 체포영장을 받을 수 없는 때에는 그 사유를 알리고 영장 없이 피의자를 체포할 수 있다.

---

33 정세종, "경찰의 강제수사절차에 관한 비교법적 연구" 「한국경찰학회보」, 7, 2003, p. 315.

34 임동규a, 전게서, p. 176.

PART 05

이 경우 긴급을 요한다 함은 피의자를 우연히 발견한 경우 등과 같이 체포영장을 받을 시간적 여유가 없는 때를 말한다. 사법경찰관은 피의자를 긴급체포한 경우에 즉시 긴급체포서를 작성하고, 검사의 승인을 얻어야 한다.[35]

체포영장에 의한 체포와는 다르게 검사 또는 사법경찰관이 긴급체포의 규정에 의하여 피의자를 체포하여 피의자를 구속하고자 할 때에는 지체 없이 검사는 관할지방법원판사에게 구속영장을 청구하여야 하고, 사법경찰관은 검사에게 신청하여 검사의 청구로 관할지방법원판사에게 구속영장을 청구하여야 한다. 이 경우 구속영장은 피의자를 체포한 때부터 48시간 이내에 청구하여야 하며, 긴급체포서를 첨부하여야 한다.

긴급체포의 경우 지체 없이 구속영장을 청구하고 영장청구시간도 48시간을 초과할 수 없도록 되어 있으며, 수사기관이 구속영장을 청구하지 않고, 긴급체포한 피의자를 석방했을 때는 석방사유 등을 법원에 사후통지 하도록 하고 있다. 또한 영장 없는 긴급압수수색이 허용되는 시간을 24시간으로 한정하고 긴급성의 요건을 강화하여 그 남용을 줄이도록 하고 있다.[36]

3 현행범 체포

현행범인은 범죄의 실행 중이거나 실행의 즉후인 자를 말하며, 준현행범인은 ① 범인으로 호창되어 추적되고 있는 자, ② 장물이나 범죄에 사용되었다고 인정함에 충분한 흉기 기타의 물건을 소지하고 있는 자, ③ 신체 또는 의복류에 현저한 증적이 있는 자, ④ 누구임을 물음에 대하여 도망하려 하는 자 등을 말한다.

이러한 현행범인 또는 준현행범인은 누구든지 영장 없이 체포할 수 있다. 다만, 다액 50만원 이하의 벌금, 구류 또는 과료에 해당하는 죄의 현행범인에 대하여는 범인의 주거가 분명하지 아니한 때에 한하여 체포할 수 있다.

이와 같은 현행범인에 대한 특례는 '현행범인에 대한 즉결처분'을 인정한 로마법에서 유래하였다.[37] 또한 체포한 현행범인을 구속하고자 할 때에는 체포한 때부터 48시간 이내에 구속영장을 청구하여야 하고, 그 기간 내에 구속영장을 청구하지 아니하는 때에는 피의자를 즉시 석방하여야 한다.

35　배종대·이상돈·정승환·이주원, 「형사소송법」 (서울: 홍문사, 2015), p. 134.

36　임동규a, 전게서, p. 176.

37　배종대·이상돈, 전게서, p. 264.

이때 48시간 내에 구속영장을 검사에게 신청하면 족하다. 그러나 검사에게 구속영장을 신청한다고 해서 반드시 구속영장이 발부된다는 것을 의미하는 것은 아니다.[38] 이러한 현행 범인체포는 긴급체포와 함께 영장주의의 예외에 속한다.

Criminology & C·J systems

🔍 체포 · 압수 · 수색에 관한 미국 판례[39]

미국의 형사절차법에서 범죄혐의자를 체포·압수·수색하기 위해서는 '상당한 이유'probable cause가 있어야 한다. 이때 '상당한 이유'의 요건은 단순한 혐의 이상의 것으로 '합리적 인간'reasonable person의 기준으로 체포·압수·수색이 정당화되기에 충분한 증거가 있을 때 충족된다(Bringer v. United States, 338 U.S. 160(1949)).

통상 영장있는 체포·압수·수색의 경우는 경찰관이, 영장없는 체포·압수·수색의 경우는 치안판사magistrate가 '상당한 이유'의 판단자가 된다.

상당한 이유는 경찰관의 직무질문을 위한 '정지'를 위해서는 필요하지 않다(Terry v. Ohio, 392 U.S 1(1968)). 그러나 '정지'도 막연한 혐의vague suspicion로는 부족하고, '객관적 사실에 기초한 합리적 의심'reasonable suspicion based on objective facts이 필요하다(Brown v. Texas, 443 U.S. 47, 48(1979); U.S. v. Sokolow, 490 U.S. 1, passim(1989)).

---

3 ‖ 구속

구속拘束은 피고인 또는 피의자의 신체 자유를 제한하는 대인적 강제처분을 말한다. 피의자의 구속이란 수사기관이 판사가 발부한 구속영장에 의하여 피의자를 구인 또는 구금하는 것이며, 반드시 체포된 피의자임을 요하지 않는다. 체포된 피의자의 구속 뿐만 아니라 체포되지 아니한 피의자를 직접 구속하는 경우도 인정하고 있기 때문이다.[40]

---

38 임동규a, 전게서, p. 183.

39 장호성,「미국 헌법과 인권의 역사」(서울: 개마고원, 2000), pp. 239-274.

40 이재상a, 전게서, p. 244.

PART 05

1 구속의 요건

구속의 요건은 피의자가 죄를 범하였다고 의심할 만한 상당한 이유가 있고 ① 피고인이 일정한 주거가 없는 때, ② 피고인이 증거를 인멸할 염려가 있는 때, ③ 피고인이 도망하거나 도망할 염려가 있는 때 등에 해당하는 사유가 있을 때에는 검사는 관할지방법원판사에게 청구하여 구속영장을 받아 피의자를 구속할 수 있고 사법경찰관은 검사에게 신청하여 검사의 청구로 관할지방법원판사의 구속영장을 받아 피의자를 구속할 수 있다. 다만, 다액 50만원 이하의 벌금, 구류 또는 과료에 해당하는 범죄에 관하여는 피의자가 일정한 주거가 없는 경우에 한한다.

법원은 구속사유를 심사함에 있어서 '범죄의 중대성, 재범의 위험성, 피해자 및 중요 참고인 등에 대한 위해 우려 등을 고려하도록 하였다. 또한 구속기간은 2개월로 한정하고 계속 구속해야 할 경우, 심급마다 2개월 단위로 2차에 한해 결정으로 갱신할 수 있도록 하여 충실한 심리와 피고인 방어권행사를 보장하였다. 다만, 상소심에서는 추가 심리가 필요한 경우에 한해 3차 갱신이 가능하도록 하였다.[41]

Criminology & C·J systems

🌐🔍 피의자의 방어권 보장

현행 형소법은 필요적 심문제도를 도입해 구속영장을 받은 피의자가 법관의 심문을 받을 권리를 보장하고 있다. 법관은 구속영장청구를 받은 즉시 피의자를 심문해야 하며, 피의자에게 변호인이 없으면 판사가 직권으로 변호인을 선임하도록 하였다. 또한 수사기관의 조사·신문 시에 변호인참여를 허용하고 피의자의 진술거부권을 명분으로 규정하고 있다.

구속영장청구를 받은 판사는 원칙적으로 모든 피의자를 심문하도록 하되, 구속영장이 청구된 날의 다음날까지 피의자를 심문하도록 하는 한편, 수사기관의 조사·신문에 대한 피의자의 진술거부권을 구체적으로 규정함과 아울러 당해 조사·신문에 대한 변호인의 참여를 허용하고 있다(형소법 제201조의 2(구속영장 청구와 피의자 심문), 제243조의2 (변호인의 참여 등), 244조의 3(진술거부권 등의 고지) 신설).

---

41 정만희, "한국의 사법제도개혁의 동향과 과제"「동아법학」, 40, 2007, pp. 12-13.

2 구속의 절차

❶ 체포된 피의자에 대한 구속

체포영장에 의한 체포, 긴급체포, 현행범으로 체포된 피의자가 죄를 범하였다고 의심할 만한 상당한 이유가 있고 ① 피고인이 일정한 주거가 없는 때, ② 피고인이 증거를 인멸할 염려가 있는 때, ③ 피고인이 도망하거나 도망할 염려가 있는 때 등에 해당하는 사유가 있을 때에는 사법경찰관은 검사에게 신청하여 검사의 청구로 관할지방법원판사의 구속영장을 받아 피의자를 구속할 수 있다.

다만, 다액 50만 원 이하의 벌금, 구류 또는 과료에 해당하는 범죄에 관하여는 피의자가 일정한 주거가 없는 경우에 한한다. 헌법재판소에서는 구속영장을 법관의 명령장으로 보고 있으므로 법관은 필요한 경우 사실조사를 할 수 있다.[42]

❷ 미체포된 피의자에 대한 구속

미체포된 피의자에 대해서 사법경찰관은 검사를 통해서 구인을 위한 구속영장을 신청하고, 이에 대해서 구속영장을 청구받은 판사는 피의자가 죄를 범하였다고 의심할 만한 이유가 있는 경우에 구인을 위한 구속영장을 발부하여 피의자를 구인한 후 심문하여야 한다.

다만, 피의자가 도망하는 등의 사유로 심문할 수 없는 경우에는 그러하지 아니하다. 판사는 미체포된 피의자를 인치한 후 즉시 검사, 피의자 및 변호인에게 심문기일과 장소를 통지하여야 한다.

❸ 구속의 기간 및 재구속의 제한

사법경찰관이 피의자를 구속한 때에는 10일 이내에 피의자를 검사에게 인치하지 아니하면 석방하여야 한다. 따라서 경찰에서 피의자를 구속할 수 있는 기간은 10일이다. 검사가 피의자를 구속한 때 또는 사법경찰관으로부터 피의자의 인치를 받은 때에는 10일 이내에 공소를 제기하지 아니하면 석방하여야 한다.

지방법원판사는 검사의 신청에 의하여 수사를 계속함에 상당한 이유가 있다고 인정한 때에는 10일을 초과하지 아니하는 한도에서 구속기간의 연장을 1차에 한하여 허가할 수 있다.

따라서 검찰에서 피의자를 최대한 구속할 수 있는 기간은 20일이다. 검찰의 구속기간과

---

42 신동운, 전게서, p. 174.

경찰의 구속기간을 합치면 수사단계의 피의자 구속기간은 최대한 30일이다. 다만, 국가보안법 제3조-제10조의 죄에 대해 지방법원판사는 사법경찰관에게 1회, 검사에게 2회에 한하여 구속기간의 연장을 허가할 수 있다.

따라서 국가보안법사건은 구속기간이 합계 20일이 더 연장가능 하므로 최대기간은 50일이 된다.[43] 또한 검사 또는 사법경찰관에 의하여 구속되었다가 석방된 자는 다른 중요한 증거를 발견한 경우를 제외하고는 동일한 범죄사실에 관하여 재차 구속하지 못한다.

4 ‖ 압수 · 수색 · 검증

압수押收[44]는 증거방법으로 의미가 있는 물건이나 몰수가 예상되는 물건의 점유를 취득하는 강제처분이고, 수색搜索은 압수할 물건이나 피의자를 발견하기 위한 목적으로 사람의 신체나 물건 또는 일정한 장소를 뒤져 찾는 강제처분을 말한다.

검증檢證은 신체5관의 작용으로 사물의 형상 등을 인지하는 것이다. 수색은 주로 압수와 함께 행해지고, 실무상으로도 압수·수색영장이라는 단일영장을 사용하고 있다.[45]

압수·수색도 강제처분이므로 영장주의의 원칙이 적용되기 때문에 사법경찰관이 범죄수사에 필요한 때에는 검사에게 신청하여 검사의 청구로 지방법원판사가 발부한 영장에 의하여 압수, 수색 또는 검증을 할 수 있다.

다만, 대물적 강제수사에 있어서는 압수·수색의 긴급성에 대처하기 위하여 영장을 받을 수 없는 긴급성이 있는 때에는 영장에 의하지 않는 압수·수색을 허용하고 있다.[46] 수사상 신체구속은 대인적 강제처분임에 반해서, 수사상 압수·수색·검증은 대물적 강제처분과 대인적 강제처분을 모두 포함한다.[47]

---

43 배종대·이상돈, 전게서, p. 255.
44 압수에는 압류, 영치 및 제출명령의 3가지가 있다.
45 배종대·이상돈, 전게서, pp. 297-298.
46 이재상a, 전게서, p. 298.
47 신동운, 전게서, P. 205.

위법수집증거배제에 관한 미국의 판결[48]

1957년 5월 23일, 클리블랜드시 교외에 위치한 돌리 맵의 집에 수배중인 범죄 자를 은신시켜다는 제보를 받고 경찰관들이 찾아왔다. 경찰은 수색영장도 없이 그 녀를 침실에 감금시키고, 그녀의 옷장, 서랍, 가방을 수색했고, 범인은닉이 아닌 수 색 중에 발견한 음란물을 소지하고 있었다는 이유로 구속시켰다.

맵의 재판이 열린 오하이오 주지방법원은 비록 불법으로 수색하고 압수된 증 거라 하더라도 그 입수과정에서 경찰이 강압적으로 행동하거나 과도한 폭력을 사 용하지만 않았다면, 그 증거능력을 인정받을 수 있다고 판결했다.

하지만 연방대법원은 위법수집증거배제의 법칙이 없이는 불법적인 압수수색 을 금지한 수정헌법 제4조가 무용지물이 될 것이고, 권력으로부터 개인의 안전과 자유를 보장하는 것이 매우 어려워질 것이라고 하면서 맵에게 승소판결로 '맵판결 (Mapp v. Ohio, 367 U.S. 643(1961)'을 내렸다.

비록 경찰의 실수로 범죄자들이 처벌을 피하는 경우도 있을 수 있지만, 법을 집행하는 정부가 이를 준수하지 않는 것, 특히 국가의 기초인 헌법을 준수하지 않는 것보다 빠르게 국가를 붕괴시키는 것은 없다고 하였다.

맵사건의 판결결과가 발표되자 경찰과 정치인들은 범죄자가 아니라 경찰에게 수갑을 채우는 판결이라고 연방대법원을 맹비난했다. 맵판결 이후 위법수집증거배 제의 법칙은 경찰의 불법적인 압수수색으로부터 국민을 보호하는 주된 법적 수단 으로 인식되었다.

한편 맵은 연방대법원의 판결로 1961년 풀려났으나, 1970년 12월 뉴욕경찰 마 약반에 의해 다시 체포되었으며, 20년의 징역형을 선고받았다.

위법수집증거배제에 관한 한국 최초의 판결

2007년 현직 제주도지사인 K가 다가오는 선거를 위해 공무원을 동원해 지역 별로 선거운동 네트워크를 조직한 사실 등이 알려졌다. 제주지검은 법원의 압수수

---

48 장호성, 전게서, pp. 239-274.

색영장을 발부받아 제주도청에 대한 압수수색을 하였다. 2007년 1월 제주지법과 2007년 4월 광주고법은 현직 도지사인 K에게 당선무효형인 벌금 600만 원을 선고했는데 여기에는 압수물이 가장 큰 근거가 됐다. 그러나 대법원은 압수수색 과정의 위법 사항을 조목조목 짚었다.

대법원은 영장을 보지 못한 채 서류 뭉치를 뺏긴 비서관 H 씨의 상황은 명백한 위법이란 점을 지적했다. 대법원은 "현장에서 압수수색을 당하는 사람이 여러 명일 경우 모두에게 개별적으로 영장을 제시해야 한다"고 밝혔다.

대법원에서 현직 도지사안 K의 공직선거법 위반 행위를 입증할 유력한 증거들인 제주도 업무일지, 15개 지역·29개 직능별로 선거운동 책임자를 지정한 '지역별·직능별 특별관리 조직책임자 현황' 등이 모두 증거능력을 잃었다. 대법원은 공개 변론까지 열어가며 위법하게 수집된 압수물의 증거능력 문제를 정면으로 다룬 끝에 도지사 K에게 무죄판결을 내렸다.[49]

대법원 전원합의체는 2007년 11월 "헌법과 형사소송법이 정한 절차에 따르지 않고 수집된 증거는 유죄 인정의 증거로 삼을 수 없다"며 무죄판결을 내렸다. 이는 압수수색 과정에서 위법하게 수집된 증거의 증거능력을 인정하지 않은 국내 첫 판결이다. "절차상 잘못이 있어도 압수물 자체에 변경을 가져 오지 않는다"며 40년 넘게 증거능력을 인정해 온 기존 판례를 뒤집은 것이다.[50]

사건은 고등법원으로 파기환송 됐고 광주고법은 2008년 1월 대법원 판결의 취지에 따라 현직 도지사에게 무죄를 선고했다. 이에 검찰은 재상고를 했지만, 2009년 3월 대법원은 무죄를 선고한 원심을 확정했다.

이처럼 인권Human Rights과 형사사법의 정의Justice를 발전시키는 중요한 판결은 반드시 '착한' 피고인이 연루된 재판에서 나오는 건 아니다. 미란다 판결의 주인공인 미란다처럼 진범임이 확실한 피고인이나 공직선거법을 위반한 현직 도지사 K처럼 '악한' 피고인이 역사적인 판결의 주인공이 되면서, 이후 수많은 억울한 시민들에게 도움을 주는 '결과적 선행'을 베푸는 아이러니가 나타나기도 한다.

49   임지선, "검찰 수사 관행에 획기적인 일침"「한겨레21」, 2009.12.22.

50   이인, "김태환 지사 무죄 확정, 위법수집증거배제 확립"「노컷뉴스」, 2009.03.12.

1 영장에 의한 압수 및 수색

압수·수색도 수사인 이상 범죄혐의가 있어야 한다. 범죄혐의는 충분한 '구체적 사실'에 의해 인정될 수 있어야 한다. 그리고 이 경우의 범죄혐의는 구속보다 낮은 '단순한 범죄혐의'로 충분하다.[51]

사법경찰관이 범죄수사에 필요한 때에는 검사에게 신청하여 검사의 청구로 지방법원판사가 발부한 영장에 의하여 압수, 수색 또는 검증을 할 수 있다. 이때 압수·수색영장은 처분을 받는 자에게 반드시 제시하여야 한다. 이러한 압수영장의 발부재판에 대해서는 항고나 준항고가 허용되지 않는다.[52]

압수·수색영장의 집행 중에는 타인의 출입을 금지할 수 있으며, 이 금지를 위배한 자에게는 퇴거하게 하거나 집행 종료 시까지 간수자를 붙일 수 있다. 압수·수색영장의 집행에 있어서는 자물쇠를 열거나 개봉 기타 필요한 처분을 할 수 있으며, 이는 압수물에 대하여도 할 수 있다.

압수·수색영장의 집행에 있어서는 타인의 비밀을 지켜야 하며, 처분 받은 자의 명예를 해치지 않도록 주의하고, 여자의 신체에 대하여 수색할 때에는 성년의 여자를 참여시켜 수색하여야 한다.

또한 수색한 경우에 증거물 또는 몰수할 물건이 없는 때에는 그 취지의 증명서를 교부하여야 하고, 압수한 경우에는 목록을 작성하여 소유자, 소지자, 보관자 기타 이에 준할 자에게 교부하여야 한다.

2 영장 없이 행하는 압수 및 수색

사법경찰관은 체포영장에 의한 체포, 긴급체포, 현행범 체포, 구속영장에 의하여 피의자를 구속하는 경우에 필요한 때에는 영장 없이 ① 타인의 주거나 타인이 간수하는 가옥, 건조물, 항공기, 선거 내에서의 피의자 수사, ② 체포현장에서의 압수, 수색, 검증을 할 수 있다. 범행 중 또는 범행직후의 범죄 장소에서 긴급을 요하여 법원판사의 영장을 받을 수 없는 때에는 영장 없이 압수, 수색 또는 검증을 할 수 있다. 이 경우에는 사후에 지체 없이 영장을 받아야 한다.

---

51 배종대·이상돈, 전게서, p. 298.

52 이재상a, 전게서, p. 302.

또한 사법경찰관은 긴급체포된 자가 소유·소지 또는 보관하는 물건에 대하여 긴급히 압수할 필요가 있는 경우에는 체포한 때부터 24시간 이내에 한하여 영장 없이 압수·수색 또는 검증을 할 수 있다. 압수한 물건을 계속 압수할 필요가 있는 경우에는 지체 없이 압수수색영장을 청구하여야 한다.

이 경우 압수수색영장의 청구는 체포한 때부터 48시간 이내에 하여야 한다. 사법경찰관은 청구한 압수수색영장을 발부받지 못한 때에는 압수한 물건을 즉시 반환하여야 한다. 이처럼 압수·수색에도 다른 강제처분과 마찬가지로 사안의 긴급성으로 인하여 영장주의의 예외를 인정하고 있다.[53]

5 ║ 송치

형사사건화된 모든 사건은 사건의 크고 작음에 구별이 없이 검사만이 수사를 종결할 수 있다.(형소법 제246조) 그러므로 사법경찰관은 그가 수사한 모든 형사사건에 대하여 기록과 증거물을, 그리고 구속한 경우에는 기록과 함께 피의자를 검찰청에 보내야 하는데 이를 송치送致한다고 한다.

일반인 중에는 간혹 경찰서에서 조사를 받고 다 끝났는데 검찰청에서 또 부르는 것은 무슨 까닭인가라고 묻는 경우가 있다. 그것은 검사만이 수사를 종결할 수 있는 권한이 있기 때문이며, 경찰수사와 상관없이 검사는 피의자를 불러서 미흡한 점을 수사하거나 수사종결 그리고 기소를 위해서 부르게 된다.

사법경찰관은 피의자를 송치할 때 그동안 수사한 결과를 종합하여 사법경찰관으로서의 의견(예컨대 기소, 불기소 또는 기소중지, 혐의 없음 등)을 붙여서 송치하는데, 이를 송치의견이라고 한다. 이 의견은 검사가 수사를 종결하는데 참고가 되지만 그 의견에 기속되는 것은 아니며, 검사는 자신의 책임하에 사건에 대하여 종국결정을 하게 된다.

---

[53] 배종대·이상돈, 전게서, p. 312.

1 무죄추정권

헌법 제27조 제4항은 "형사피고인은 유죄의 판결이 확정될 때까지는 무죄로 추정된다"고 규정하여 무죄추정권無罪推定權을 선언하고 있다. 무죄추정 원칙presumption of innocence이란 형사절차와 관련하여 아직 공소의 제기가 없는 피의자는 물론 공소가 제기된 피고인까지도 유죄의 판결이 확정될 때까지는 원칙적으로 죄가 없는 자에 준하여 다루어져야 하고, 그 불이익은 필요최소한에 그쳐야 한다는 원칙이다.[54]

이는 인권의 존중과 존엄성을 인식하여 수사과정에서의 신체보호는 물론 보도 등에서 형사피의자와 피고인의 명예훼손을 막기 위한 것이다.[55]

또한 이는 형사절차의 운영에 있어 기본지침으로서 판결 그 자체는 물론 판결의 형성과정에서도 준수되어야 할 헌법상 원칙이라고 할 수 있다. 무죄추정의 원칙은 형사절차에 있어 피의자·피고인에 대한 부당한 대우를 배제할 것을 요구하고 있다. 이러한 의미에서 고문의 절대적 금지, 피의자 및 피고인에 대한 위압적이고 모욕적인 신문의 금지는 무죄추정의 법리에 의해서도 요청된다.[56]

범죄사실의 입증책임은 검사에게 있고, "의심스러울 때는 피고의 이익으로"In dubio pro reo 판단하여야 한다. 또한 불구속수사·불구속재판을 원칙으로 하고, 예외적으로 도피우려 내지 증거인멸의 우려가 있는 때에 한하여 구속수사·구속재판이 인정되어야 한다.[57] 이러한 무죄추정의 원칙은 피의자 및 피고인의 인권보장을 위한 지도원리이므로 형사사법의 민주화를 위한 기초적 원리에 해당한다고 할 수 있다.

---

54 권영성a, 「헌법학원론」 (서울: 법문사, 2002), p. 413.

55 이철호, "형사사법과 인권보장" 「한국경찰학회보」, 13, 2007, p. 231-232.

56 백형구b, 「형사소송법강의」 (서울: 박영사, 2001), p. 39-41.

57 이철호, 전게논문, p. 231.

2 | 진술거부권(묵비권)

진술거부권陳述拒否權 또는 묵비권黙秘權이란 피고인·피의자가 공판절차 또는 수사절차에서 법원 또는 수사기관의 신문에 대하여 진술을 거부할 수 있는 권리를 말한다.[58] 이러한 진술거부권은 피의자나 피고인으로서 수사 또는 공판절차에 계속 중인 자 뿐만 아니라 장차 피의자나 피고인이 될 자에게도 보장된다.

또한 형사절차뿐만 아니라 행정절차나 국회에서의 조사절차 등에서도 보장된다. 진술거부권은 고문 등 폭행에 의한 강요는 물론 법률로써도 진술을 강요당하지 아니함을 의미한다. 이때, 진술이라 함은 언어적 표출, 즉 생각이나 지식, 경험사실을 정식작용의 일환인 언어를 통하여 표출하는 것을 의미한다.[59]

Criminology & C·J systems

 미란다 판결[60]

1963년 3월 어느날 애리조나주의 피닉스 시경찰은 어네스트 미란다라는 멕시코계 미국인을 체포했다. 18세 소녀를 납치해 강간했다는 혐의로 경찰에 연행된 미란다는 자신의 자백진술서가 결정적인 증거가 되어 최저 20년 최고 30년의 중형을 선고받았다.

1966년 6월 13일 연방대법원은 '미란다 판결'(Miranda v. Arizona, 377 U.S. 201(1966)을 통해서 다시 재판하라는 결정을 내렸고, 1967년 2월, 미란다는 애리조나 주법원에서 다시 재판을 받았으나 여자친구의 결정적인 증언으로 유죄판결을 받았다.

1972년 가석방된 미란다는 수차례 교도소를 드나들다가 1976년 피닉스의 어느 술집에서 카드노름을 하다가 싸움이 붙어 살해되었다. 애리조나 경찰이 미란다의 살해용의자를 체포하면서, '미란다 원칙'을 낭독해 주었음은 물론이다.

미란다 판결이 있은 후 소수 대법관들은 이번 판결이 경찰의 수사기능을 크게 위축시키는 것이라고 신랄하게 비판하였다 또한 미국 전역의 경찰들도 강력히 반발하였다. 그들은 연방대법원이 미국사회를 범죄자들로부터 보호하려는 경찰을 오

---

58 배종대·이상돈, 전게서, p. 103.

59 헌재 1997.3.27 96헌가11.

60 장호성, 전게서, pp. 239-274.

히려 범죄자로 취급했다며 흥분했다. 경찰이 위기의식을 느낀 것은, 강력범 중에서 4분의 3 이상의 유죄판결이 피의자의 자백에 의존한다는 통계가 나와 있었기 때문이었다.

비록 거세게 반발하긴 했지만 대부분의 주정부 경찰서들은 미란다 판결이후 연방대법원의 판결취지에 따라 '미란다 원칙'을 만들어 수사관들로 하여금 체포를 당하거나 신문을 받는 피의자들에게 읽어주도록 했다.

이러한 진술거부권은 1966년 6월 13일 미^美연방대법원은 '미란다 판결'^{Miranda v. Arizona, 377 U.S.201}(1966)을 통해서 정착되었다. 이 당시 미^美미연방대법원은 미란다를 비롯한 상고인들의 권리, 즉 자신에게 불리한 증언을 하지 않아도 될 권리와 변호사를 접견할 권리가 침해되었기 때문에 상고인들의 유죄를 인정할 수 없다고 결정하였다.

미란다 판결의 초점은 변호인접견권보다는 강요된 자백을 하지 않을 권리에 맞추어졌다. "신문을 시작하기 전 피의자는 묵비권을 행사할 수 있다는 것, 언급한 어떠한 말도 자신에게 불리한 증거로 사용될 수 있다는 것, 그리고 변호사를 접견하고 도움을 받을 수 있다는 것을 고지받아야 한다"는 것이었다.[61]

이처럼 미란다원칙에서 유래한 진술거부권은 피의자 또는 피고인이 수사절차나 공판절차에서 수사기관의 신문이나 법원의 심문에 대하여 진술을 거부할 수 있는 권리를 의미하게 되었으며, 행정절차나 국회에서의 조사절차 등에서도 보장되게 되었다.[62]

Criminology & C·J systems

 Miranda Rule

You have the right to remain silent. Anything you say can and will be used against you in a court of law. You have the right to have an attorney present during questioning. If you cannot afford an attorney, one will be appointed for you. Do you understand these rights?

---

61 상게서, pp. 239-274.
62 이철호, 전게논문, p. 234.

수사단계에서 체포영장 또는 구속영장에 의해 체포 또는 구속된 피의자, 변호인, 법정대리인, 배우자, 직계친족, 형제자매나 동거인, 또는 고용주 등은 판사에게 피의자를 심문해 줄 것을 청구할 수 있다. 이는 피의자에 국한되므로 공소제기 후의 피고인은 체포·구속적부심사 청구권이 없다.[63]

검사 또는 사법경찰관은 심문신청권이 있음을 고지하여야 하며 피의자신문조서에 피의자가 이를 신청하는지 여부를 기재해야 한다. 이러한 체포·구속적부심사제도逮捕·拘束適否審查制度는 그 영장을 발부한 법원에 대해 다시 적법 여부의 심사를 요구하는 것이므로 재심절차 내지 항고적 성격을 갖는다.[64]

체포·구속적부심사제도의 전신은 구속적부심사제도로써, 영미법상의 '인신보호영장'writ of habeas corpus에서 유래하는 제도이며, 수사기관에 의하여 불법하게 체포 또는 구속되어 있는 피의자를 구제하기 위한 '자유의 대영장'Great Writ of Freedom으로써 피의자를 석방하기 위한 가장 중요한 제도라고 할 수 있다.[65]

체포·구속적부심사의 청구를 받은 법원은 지체 없이 이를 심리하여, 체포 또는 구속된 피의자에 대한 심문이 종료된 때로부터 24시간 이내에 이를 하여야 한다. 법원의 결정에는 기각결정, 석방결정, 보증금납입조건부 석방결정의 3가지가 있는데, 이 절차에서 체포 또는 구속이 부당하다고 하여 법원이 석방을 명하면 피의자는 즉시 석방되며, 이에 대하여 검사는 항고를 하지 못한다.[66] 특히 보증금납입조건부 피의자석방을 체포·구속적부심사와 결합시킴으로써 체포 또는 구속된 피의자를 구제하기 위한 제도로써의 가치는 더욱 증가하였다.[67]

체포·구속적부심사제도는 수사단계에서 체포 또는 구속된 피의자를 석방시키기 위한 제도라는 점에서 공소제기 후 수소법원이 구속된 피고인의 구속집행을 정지시키는 피고인보석제도와 차이가 있다. 또한 체포·구속적부심사제도는 법원의 결정으로 체포 또는 구속된 피의자의 석방을 명하는 장치라는 점에서 지방법원판사 또는 검사가 행하는 체포·구속의 취소와 구별된다.[68]

---

63   이재상a, 전게서, p. 273.

64   배종대·이상돈, 전게서, p. 276.

65   이재상a, 전게서, pp. 269~270.

66   신동운, 전게서, pp. 194~195.

67   이재상a, 전게서, p. 270.

68   신동운, 전게서, p. 186.

4 || 보석 청구권

보석保釋, Bail이란 일정한 보증금의 납부 등을 조건으로 하여 구속의 집행을 정지함으로써 구속된 피고인을 석방하는 제도를 말한다. 보석은 보증금의 납부를 석방의 조건으로 한다는 점에서 구속의 집행정지와 다르다.[69]

보석은 구속의 집행을 정지하는데 불과하므로 구속영장의 효력에는 영향을 미치지 않는다.[70] 법원은 구속된 피고인 등의 청구에 의하여 또는 직권으로 일정한 보증금을 납부하게 하고 피고인의 석방을 허가할 수 있는데, 이를 보석이라 한다.

보석의 조건에는 보증금의 납부, 출석서약서의 제출과 출석보증서의 제출, 피해금액의 공탁, 기타 부가적 보석조건(예를 들어, 피고인의 주거를 제한하는 것) 등이 있다.[71] 최근의 형소법 개정으로 보석조건을 다양화하여 불구속 원칙을 확대했다. 법원이 지정하는 장소에의 출석과 증거를 인멸하지 않겠다는 서약서제출, 보증금 상당금액납입의 약정서, 주거제한, 출석보증서 제출, 출국금지, 피해공탁 및 담보제공, 보증금 납입 등 다양한 보석조건을 도입하여 개별 사안의 특성과 피고인의 처지에 적합한 조건을 정할 수 있도록 하였다.[72]

또한 현재 형사소송법은 구속의 적부심사를 청구 받은 피의자에 대하여도 피의자의 출석을 보증할 만한 보증금의 납입을 조건으로 석방을 명하는 '피의자보석제도'를 채택하고 있는데, 석방의 요건·집행절차 등은 구속기소된 피고인에 대한 보석의 경우와 거의 동일하다.

5 || 변호인의 도움을 받을 권리

변호인辯護人이란 피의자 또는 피고인의 방어력을 보충함을 임무로 하는 보조자를 말한다. 현행 형사소송법은 ① 피의자에 대하여도 변호인 선임권을 인정하고, ② 피고인에게는 광범위한 국선변호인 선임청구권을 보장하며, ③ 신체를 구속당하고 있는 피고인 또는 피의자에 대한 변호인의 접견교통권을 인정하여 변호권의 범위를 매우 확대·강화하고 있다.[73] 피고인

---

69 백형구a, 「알기쉬운 형사소송법」 (서울: 박영사, 2007), p. 206.

70 신동권·신이철, 「새로운 형사소송법」 (서울: 세창출판사, 2013), p. 285.

71 백형구a, 전게서, pp. 207-208.

72 정만희, 전게논문, p. 13.

73 이재상a, 전게서, pp. 127-128.

은 공판단계에서는 물론 수사단계에서도 변호인의 도움을 받을 권리가 형소법에 명시된 것이다.

Criminology & C·J systems

미국의 변호인 도움을 받을 권리에 대한 판결[74]

　　미美수정헌법 제6조에 보장된 변호사의 도움을 받을 권리가 연방법정에서 뿐만 아니라 주법정에서도 보장되어야 한다고 최초로 판결한 것은 1932년 소위 '스카츠보로 사건'Scottsboro Case이었다.((Powell v. Alabama: 스카츠보로 판결) 이후 기드온 판결(Gideon v. Wainwright, 372 U.S. 335(1963)) 덕분에 대부분의 도시와 주에서는 정부가 변호사를 고용하여 가난한 형사피고인을 도와주는 공공변호사Public Defender를 두게 되었다.

　　연방대법원은 1964년 '에스코베도 판결'Escobedo v. Illinois에서 경찰이 피의자를 조사하는 과정에서 변호사의 도움을 받을 수 있는 권리가 보장되어야 한다고 선언하였고, 변호사접근권이 보장되지 않은 상태에서 얻어 낸 자백은 증거능력이 없다고 결정했다.

　　헌법재판소는 체포·구속된 피의자·피고인의 '변호인과의 접견교통권'은 "절대적으로" 그리고 "충분히" 보장된다고 반복하여 밝히고 있다.[75] 그리고 2004년 헌법재판소는 이러한 변호인의 도움을 받을 권리의 절대적 보장은 불구속피의자·피고인도 동일하게 누리는 것이라고 확인하였다.[76]

　　대법원도 사례의 판결에서 변호인의 구속된 피의자·피고인과의 접견교통권은 매우 강력히 보장되어야 하는 권리임을 밝혔다.[77]

　　이처럼 우리나라의 헌법재판소와 대법원에서도 변호인의 접견교통권은 수사기관의 처분은 물론 법원의 결정으로도 이를 제한할 수 없다는 점을 분명히 하고 있다. 특히 피고인이 사형·무기 또는 단기 3년 이상의 형에 해당하는 죄로 기소된 경우에는 변호인 없이 재판을 할 수 없다고 규정하고 있다.

74　장호성, 전게서, pp. 239-274.

75　헌법재판소 1992.1.28. 선고91헌마111 결정; 헌법재판소 1995.7.21. 선고92헌마144 결정.

76　헌법재판소 2004.9.23. 선고 2000헌마138 결정.

77　한국형사정책연구원, 「21세기 형사사법개혁의 방향과 대국민 법률서비스 개선방안(Ⅵ)」, 2004, p. 130.

또한 피고인이 ① 미성년자인 때, ② 70세 이상 고령자인 때, ③ 농아자인 때, ④ 심신장애의 의심이 있는 자인 때, ⑤ 빈곤 기타 사유로 변호임을 선임할 수 없어, 그 선임을 청구한 때 등의 경우에는 법원에서 피고인을 위하여 직권으로 변호인을 선임하는데 이를 국선변호인이라 한다.[78]

특히, 변호인의 도움을 받을 권리를 실질적으로 보장하기 위해서는 변호인접견교통권이 인정되어야 한다. 이는 신체의 구속을 당한 피의자나 피고인의 인권보장과 방어준비를 위하여 필요불가결한 권리로써, 수사기관의 처분이나 법원의 결정으로도 이를 제한할 수 없다.

만일 수사기관이 구속수사중인 피의자의 변호인 접견을 방해하고, 변호인의 조력을 받을 권리를 침해한다면, 이것은 형법상 직권남용에 의한 타인의 권리행사방해죄에 해당된다.[79]

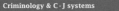

Criminology & C·J systems

🌐🔍 수사 받는 법[80]

수사란 다른 사람이 과거에 저지른 행동을 밝혀내는 것이다. 신이 아닌 수사기관이 피의자의 협조 없이 범죄를 완벽하게 재구성하는 것은 불가능하기 때문에 검사나 경찰관은 피의자로부터 어떤 반응이라도 끌어내기 위해서 온갖 시도를 한다.

어떤 선진국에서도 수사에 협조할 의무를 부여하지 않고 때문에 수사기관의 행동에 섣불리 대응하지 않고, 변호인에게 모든 것을 맡기는 것이 가장 중요한 피의자의 권리이며 현명하게 수사를 받는 제1의 원칙이다.

수사기관에 입건되어 피의자가 된 때의 불안감은 경험자가 아니면 짐작조차 하기 어려우며, 아무런 죄가 없는 사람도 최종적으로 무혐의 처분을 받기까지 엄청난 스트레스를 받게 된다. 심지어 형사사법기관에 있었던 판사, 검사, 경찰관, 그리고 변호사도 피의자가 되면 불안에 떨게 되며, 이들조차도 터무니없는 실수를 저지르게 된다.

따라서 약자인 피의자가 반드시 지켜야 할 행동지침이 두 가지 있다. 첫째는 아무 것도 하지 말라는 것이다. 둘째는 변호인에게 모든 것을 맡기라는 것이다.

아무 것도 하지 말라는 말은 쉽게 받아들이기 어렵다. 하지만 자신의 유리함과 억울함을 밝히기 위해서 수사에 대응하는 순간 이미 파멸의 길로 나아가게 된다. 수

78   신동운, 전게서, p. 504.

79   권영성c, 「헌법학원론」 (서울: 법문사, 2006), p. 418.

80   금태섭a, "피의자가 됐을 때 차라리 아무 것도 하지 말라" 「한겨레」, 2006. 9.11.

사에는 밀행성의 원칙이 있어서 진행 상황을 비밀로 하게 되어 있다.

공개가 원칙인 재판과는 달리 수사를 받는 피의자는 충분한 정보도 없이 어둠 속에서 헤매야 하는 것이다. 따라서 기다리고 또 기다리다가 상황을 파악한 이후에 대응을 해도 충분한 시간과 기회가 있다.

또 하나의 중요한 원칙은 변호인에게 모든 것을 맡기라는 것이다. 검사나 경찰관은 수사에 있어서 프로라고 할 수 있다. 아마추어가 프로와 싸워서 이기려는 것은 요행을 바라는 것에 불과하다. 사람들은 병에 걸렸을 때는 의사를 찾아가면서도 수사를 받을 때는 스스로 무언가 해보려고 한다. 완전히 잘못된 판단이다.

의사도 아플 때면 다른 의사를 찾아간다. 자신의 운명이 걸린 승부에서 냉정을 유지하는 것은 지극히 어렵기 때문이다. 물론 변호인에게 사건을 의뢰하는 데는 금전적인 부담이 따른다. 그러나 직업적인 범죄인이 아닌 평범한 사람이 수사를 받는 것은 일생에 몇 번 없는 일이다. 중병에 걸렸다는 진단을 받은 것과 마찬가지라고 생각해야 한다.

동원할 수 있는 모든 자원을 아낌없이 투자하여 훌륭한 변호인을 구해야 한다. 도저히 그럴 수 없는 경우에도 국선 변호인 제도를 이용하는 등 다른 방법이 있다.

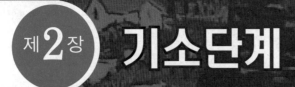

Criminology &
C▪J system

범|죄|학|과
형사사법체계론

제2장 기소단계

우리나라의 형사재판은 원칙적으로 검사의 공소제기가 있어야 시작되고, 미국이나 영국에서와 같이 배심 또는 피해자 등이 사적으로 공소를 제기할 수는 없다. 검사는 결정으로 공소제기, 불기소, 기타 등을 하게 된다. 공소제기에는 구공판과 구약식이 있으며, 불기소에는 기소중지, 참고인중지, 공소보류 등이 있다. 그리고 기타에는 이송, 가정법원 등 송치가 있다.

특히 검사는 벌금형에 처할 사안이라고 생각하는 경우, 경죄처리절차로 법원에 약식명령을 청구할 수 있다. 이 경우 판사는 공판절차 없이 약식명령을 발하는데, 약식명령을 발하는 것이 부적절하다고 인정되는 경우에는 통상재판에 회부할 수 있다. 피고인은 약식명령을 고지 받은 날로부터 7일 이내에 정식재판을 청구할 수 있다.

Criminology & C·J systems

 소인訴因제도

직권주의를 택한 일본의 구舊형사소송법에서는 우리의 현행 형사소송법과 마찬가지로 공소장에 소인이 아닌 범죄사실을 공소사실로 기재하도록 규정하고 있었고, 법원은 공소사실의 동일성이 유지되는 범위 내에서 공소장에 기재된 범죄사실과 다른 범죄사실을 직권으로 인정할 수 있었다.

이에 반해 신법에서는 영미법의 소인訴因, count개념을 공소장제도에 도입하였고, 이 점이 신법에 있어서 당사자주의적 요소의 핵심이라고 보고 있다.[81]

---

81 김종구, 전게서, p. 242.

> 공소사실은 소인의 배후에 있는 단순한 범죄사실의 나열이고, 소인은 공소사
> 실을 범죄구성요건에 맞추어 구성한 구체적 사실이다. 따라서 재판의 대상은 소인
> 이고 공소사실은 그 껍데기로써 소인변경의 한계가 된다고 보는 것이다.[82]

제1절   기소절차

1 | 기소의 개념

검사는 사법경찰관으로부터 송치 받은 사건이나 직접 인지 등으로 수사한 사건에 대하여 피의자가 재판을 받는 것이 마땅하다고 판단되는 경우에는 이를 법원에 회부하게 되는데 이를 공소제기公訴提起, 즉 기소起訴한다고 하며, 검사에 의하여 기소된 사람을 피고인被告人이라고 한다.

2 | 기소의 종류

1 구공판

구공판求公判(재판에 넘긴다는 뜻)이란 검사가 특정사건을 수사하여 피의자의 죄가 인정될 때 법원에 유죄의 선고로 처벌해 달라고 정식재판을 청구하는 처분을 말한다. 구공판이 있게 되면 검사가 기소한 사건에 대하여 법원은 공판을 열어 재판을 하게 된다. 이때 검사는 예외적으로 재심과 같이 피고인의 이익을 위한 무죄선고를 해달라는 재판청구를 할 수도 있다.

---

82   신용석, 「일본 형사재판의 실제」 (서울: 세종출판사, 2001), pp. 84-85.

2 구약식

구약식求略式(약식명령청구의 줄임말)이란 검사가 특정사건을 수사하여 피의자의 죄가 인정되어 벌금형의 선고로 처벌해 달라고 하는 약식명령(검사의 청구에 의하여 공판절차를 거치지 않고, 검사가 제출한 자료만을 토대로 벌금, 과료 또는 몰수의 형을 과하는 절차)을 청구하는 처분을 말한다. 검사가 약식기소한 사건에 대하여는 공판을 열지 않고 기록만으로 재판을 하게 된다. 하지만 판사가 정식재판을 할 필요가 있다고 생각하면 사건을 정식재판에 회부할 수도 있다.

검사가 피의자에 대하여 징역형이나 금고형에 처하는 것보다 벌금형에 처함이 상당하다고 생각되는 경우에는 기소와 동시에 법원에 대하여 벌금형에 처해 달라는 뜻의 약식명령을 청구할 수 있는데 이를 약식기소라고 한다. 따라서 구속된 사람에 대하여 검사가 약식기소를 하는 경우에는 석방을 하여야 한다.

이 경우 판사는 공판절차를 거치지 않고 수사기록만으로 재판을 하게 된다. 그러나 판사는 약식절차에 의하는 것이 불가능 또는 부적당하다고 생각하는 경우에는 정식재판에 회부하여 공판을 열어 재판을 할 수도 있다. 피고인이나 검사는 판사의 약식명령에 대하여 불복이 있으면 7일 내에 정식재판을 청구할 수 있다.

Criminology & C·J systems

🌐🔍 홍길동 사건의 기소절차

검찰의 출석요구서를 받은 홍길동은 관할 서울지방검찰청 민원안내실로 가게 된다. 출입관리원은 방문목적을 묻게 되며, 홍길동은 우편으로 받은 출석요구서를 제시한다. 홍길동은 담당 검사실의 위치를 확인한 후 담당 검사를 찾아가 자리에 앉게 된다.

검사: 성명, 주민등록번호, 직업, 본적, 주소를 말해 주세요.

홍길동: 홍길동, 2020128-1521004, 대학생, 본적과 주소는 똑같이 서울시 강남구 활빈당아파트 1동 1001호입니다.

검사: 홍길동 씨는 무슨 이유로 조사를 받게 되는지를 아시나요? (소환이유 질문)

홍길동: 예, 제가 황진이의 돈 100만 원을 뺏았다는 이유로 고소를 당해서 조사받는 것으로 알고 있습니다.

검사: 홍길동 씨는 진술을 거부할 권리와 변호사를 선임할 권리가 있습니다. 홍길동씨는 진술을 거부할 것인가요, 아니면 모든 사실을 진술할 것인가요?(미란다 원칙의 고지).

홍길동: 예, 사실대로 모두 말하겠습니다.

검사: 홍길동씨는 형벌을 받은 적이 있나요? (전과유무 확인)

홍길동: 아니요, 없습니다.

검사: 홍길동 씨의 학력, 경력, 재산상태, 가족관계에 대해서 말해 주십시오. (형량이나 정상판단의 자료)

홍길동: 한강대학교에 재학 중이고, 재산은 없으며, 2남 중 막내입니다.

검사: 홍길동 씨는 황진이를 때려서 돈을 뺏은 적이 있나요? (6하원칙에 따른 범행경위조사)

홍길동: 때린 적은 없지만, 큰소리를 내면서 돈을 빌린 적은 있습니다.

(홍길동이 강도사실을 부인하므로 사실 여부를 확인하기 위해 피해자인 황진이를 입실케 한다.)

검사: 황진이를 아시나요? (대질신문)

홍길동: 예, 알고 있습니다.

검사: 이 사람이 당신을 발로 때린 사람이 맞나요?(홍길동의 범행여부 확인)

황진이: 예, 홍길동이가 저를 발로 때리고 돈을 빼앗았습니다.

검사: 이래도 범행을 부인하겠습니까? 범행경위를 구체적으로 진술하세요!

홍길동: 저는 때린 적은 없지만, 큰소리를 내면서 돈을 빌린 적은 있습니다.

검사: 홍길동씨에게 유리한 증거나 더 할 말은 없나요?(유리한 진술기회 부여)

홍길동: 술을 한 잔 먹고 실수를 한 것 같습니다.

검사: 이상 모든 진술이 사실이면, 조서를 읽어보고 진술한 내용과 다른 부분이 있거나 변경할 내용이 있으면 말씀해 주세요.

홍길동: 예, 없습니다. (검찰에서의 조서는 경찰에서의 조서와 달리 증거능력이 있으므로 더욱 자세히 읽어본 후, 다른 부분이 있으면 정정을 요구해야 한다)

검사: 그러면 조서에 서명하고 날인(도장)이나 무인(손도장)을 하세요.

　　홍길동은 조서에 간인을 하고, 조서 마지막장에 서명날인(자필사인과 손도장)을 한다. 이러한 검찰에서의 조사를 마치게 되면, 바로 집으로 귀가한 후 법원의 재판기일을 기다리게 된다.

　　검사는 홍길동 사건의 경우, 범행을 부인하고 있기 때문에, 불기소처분 대신에 재판에 회부하기로 하고, 관련 증거자료를 수집하고, 기소장을 작성한 후 법원에 재판을 신청하게 된다(구공판).

1 ▎ 불기소의 개념

검사가 피의사건에 대하여 공소를 제기하지 않기로 하여 내리는 최종적 판단을 '불기소처분'이라 한다.[83] 불기소처분은 현행법이 기소와 관련하여 재량주의(기소편의주의)를 채택하고 있기 때문에 나타나는 필연적인 결과라고 할 수 있다.[84]

불기소의 이유로는 사건이 죄가 되지 않고, 범죄의 증명이 없을 때나 그 밖의 소송조건을 결한 경우(좁은 뜻의 불기소처분) 등과, 처벌이 객관적으로 타당하지 않다고 생각되는 경미한 죄, 경미한 죄는 아니지만 형사정책적 견지에서 기소하지 않는 기소유예 등을 들 수 있다.

불기소처분이 있으면 피의자는 소추를 면할 수 있으므로 구속된 피의자는 석방하여야 하고, 영치된 물건은 반환하여야 한다. 그러나 불기소처분은 확정력이 없으므로 한번 불기소처분을 한 사건이라도 언제든지 수사를 다시 할 수 있고, 공소를 제기할 수도 있다.[85]

고소 또는 고발이 있는 사건에 대하여 불기소처분을 한 때에는 검사는 처분을 한 날로부터 7일 이내에 그 취지를 고소인 또는 고발인에게 통지하여야 한다. 고소인 또는 고발인의 청구가 있는 때에는 7일 이내에 그들에게 불기소처분의 이유를 서면으로 설명하여야 하며, 고소인 또는 고발인이 이 처분에 불복이 있는 때에는 항고 또는 재정신청을 할 수 있다.

2 ▎ 불기소처분의 유형

1 기소유예

우리나라 현행법은 기소편의주의를 채택하고 있다. 따라서 검사는 형법 제51조의 사항을 참작하여 공소를 제기하지 아니할 수 있다. 이때 기소편의주의를 근거로 하여 행해지는 불기소처분을 기소유예라 한다.

형법 제51조에서 규정하고 있는 기소유예 판단사유에는 ① 범인의 연령, 성별, 지능과 환

---

83 신동운, 전게서, p. 254.

84 김용덕, "검찰권 통제제도의 효율적 운영방안에 대한 연구," 고려대학교 석사학위논문, 2008, p. 8.

85 상게논문, p. 8.

경, ② 피해자에 대한 관계, ③ 범행의 동기, 수단과 결과, ④ 범행 후의 정황 등이 있으며, 헌법재판소는 검사가 기소편의주의에 따라 소추권을 행사함에 있어서 참작하여야 할 형법 제51조에 규정된 사항들은 단지 예시적인 것에 불과하고 피의자의 전과 및 전력, 법정형의 경중, 범행이 미치는 사회적 영향, 사회정세 및 가벌성에 대한 평가의 변화, 법령의 개폐, 공범의 사면, 범행시간의 경과 등과 같이 위 법조에 예시되지 아니한 사항도 참작의 요소가 될 수 있다[86]는 입장을 보여 검사는 형법 제51조에 규정된 사유에 얽매이지 않고 기소유예 여부를 판단할 수 있다고 하였다.

Criminology & C·J systems

기소유예

기소유예란 범죄혐의가 충분하고 소추조건이 구비돼 있어도 피의자가 전과나 피해자의 피해 정도, 피해자와의 합의 내용, 피의자의 반성 정도 등을 검사가 판단해 기소를 하지 않는 것이다. 기소유예 처분을 받은 경우 수사경력 자료는 5년 경과 후 삭제 또는 폐기한다. 하지만 검사는 기소유예 처분을 내린 사건일지라도 언제든 다시 공소를 제기할 수 있다.[87]

검사의 기소유예 처분에 대해서도 헌법소원 이외의 불복방법을 마련해야 한다. 치열하게 무죄를 다투는 피의자가 기소유예 처분을 받으면 헌법소원 이외에 달리 불복 방법이 없다. 헌법소원은 헌법재판 특성이나 입증 한계 등으로 무죄를 다투며 기소유예 취소를 구하기가 매우 어렵다. 폭행 범죄 등 상당수는 기소유예 처분에 만족할 것이다.

그러나 의사, 약사, 유치원 교사 등이 사소한 위반행위로 위법 여부를 다투는 데 기소유예를 받으면 상당기간 영업정지 처분을 받는 등 심한 불이익을 입는다. 약식명령에 대해 정식재판 청구가 가능한 것처럼 기소유예 처분도 재판으로 무죄를 다툴 수 있는 기회를 부여해야 한다는 비판을 받고 있다.[88]

---

86 헌법재판소 1995.1.20. 선고 94헌마246결정 "불기소처분 취소."

87 김지혜, "'남양유업 외손녀' 황하나, 마약 의혹에도 조사 안 받아"「중앙일보」, 2019.04.01.

88 민경한, "법무·검찰의 법과 제도 개선을 위한 몇 가지 제언"「법률신문」, 2018.09.13.

2 혐의없음

혐의없음은 가장 전형적인 불기소처분이라 할 수 있다. 종전에는 '혐의없음'은 일반적으로 ① 피의사실이 인정되지 아니하는 경우, ② 범죄사실을 인정할 만한 충분한 증거가 없는 경우, ③ 피의사실이 범죄를 구성하지 아니하는 경우 등으로 설명되었다.

그러나 2003년 7월 개정된 검찰사건사무규칙은 혐의없음을 "범죄인정 안 됨"의 혐의없음과 "증거불충분" 혐의없음의 2종류로 나누어서 규정하고 있다. 검사의 혐의없음 결정은 법원의 무죄판결에 대응한다 할 수 있으며, 검사가 고소·고발사건에 관하여 혐의없음의 결정을 하는 경우에는 고소인 또는 고발인의 무고혐의 유·무에 대하여 판단하여야 한다.

이러한 혐의없음 처분은 애초부터 고소·고발이 없었다면 조사를 받지 않을 사건이 고소·고발의 남용으로 피고소인이 조사를 받은 것이다.

3 죄가 안 됨

죄가 안 됨은 피의사실이 범죄구성요건에 해당하나 법률상 범죄의 성립을 조각하는 사유가 있어 범죄를 구성하지 아니하는 경우에 내리는 불기소처분이다. 위법성조각사유나 책임조각사유가 있는 경우가 여기에 해당하며, 피의자가 형사미성년자 또는 심신상실자인 때가 대표적인 예이다.[89]

4 공소권 없음

공소권 없음은 피의사건에 대하여 소송조건이 결여되었거나 형이 필요적으로 면제되는 경우에 행하는 처분이다. 법원이 내리는 공소기각판결이나 결정에 대응하는 검사의 처분이라 할 수 있다. 구체적인 사유로는 다음의 내용이 있다.

① 확정판결이 있는 경우, ② 통고처분이 이행된 경우, ③ '소년법', '가정폭력범죄의 처벌 등에 관한 특례법' 또는 '성매매알선 등 행위의 처벌에 관한 법률'에 의한 보호처분이 확정된 경우(보호처분이 취소되어 검찰에 송치된 경우를 제외한다), ④ 사면이 있는 경우, ⑤ 공소의 시효가 완성된 경우, ⑥ 범죄 후 법령의 개폐로 형이 폐지된 경우, ⑦ 법률의 규정에 의하여 형이 면제

---

89 배종대·이상돈·정승환·이주원, 전게서, p. 220.

된 경우, ⑧ 피의자에 관하여 재판권이 없는 경우, ⑨ 동일사건에 관하여 이미 공소의 제기가된 경우(공소를 취소한 경우를 포함한다. 다만, 다른 중요한 증거를 발견한 경우에는 그러하지 아니하다),⑩ 친고죄 및 공무원의 고발이 있어야 논하는 죄의 경우에 고소 또는 고발이 없거나 그 고소또는 고발이 무효 또는 취소된 때, ⑪ 반의사불벌죄의 경우 처벌을 희망하지 아니하는 의사표시가 있거나 처벌을 희망하는 의사표시가 철회된 경우, ⑫ 피의자가 사망하거나 피의자인 법인이 존속하지 아니하게 된 경우 등이 있다.

5 각하

고소나 고발사건에서 고소나 고발이 잘못되었음이 명백하거나 다시 불기소처분을 할 것이 명백한 경우 등에 있어 불필요한 수사를 개시하지 않고 수사를 종결하는 경우에 내리는 처분을 말한다.[90] 이러한 각하처분은 혐의없음 처분처럼 애초부터 고소·고발이 없었다면 조사를 받지 않을 사건이 고소·고발의 남용으로 피고소인이 조사를 받은 것이다. 이때 검사는 피고소인에 대한 소환 없이 종결할 수 있다.

---

3 ‖ 기타 처분

1 기소중지

기소중지는 피의자의 소재불명 등의 사유로 인하여 수사를 종결할 수 없는 경우에 그 사유가 해소될 때까지 행하는 처분이다(검찰사건사무규칙 제73조). 기소중지의 특징은 장래에 그 사유가 해소되면 반드시 다시 수사하여 처분을 할 것을 예정하고 있다는 것이다.

피의자의 소재불명을 사유로 하여 기소중지결정이 있는 경우 원칙적으로 지명수배를 하게 된다. 이러한 기소중지처분은 피의자가 소환에 불응하는 경우에 주로 내려진다. 기소중지는 처벌의 두려움으로 출석을 기피하거나 도피하는 것이 대부분이다.

---

90 김용덕, 전게논문, p. 10.

2 참고인중지

참고인중지란 검사가 사건을 수사한 후 참고인·고소인·고발인 또는 같은 사건의 다른 피의자의 소재불명으로 수사를 종결할 수 없는 경우에 그 사유가 해소될 때까지 행하는 처분이다.

참고인중지처분은 고소인이나 참고인들이 출석하지 않아 수사지연으로 부득이하게 사건을 일시적으로 중지하는 처분이다. 잠정적인 수사종결이라는 점에서 참고인중지는 기소중지와 같다.[91] 이러한 참고인중지는 불출석에 따른 제재의 불비와 자신의 진술로 아는 사람들이 처벌 받는 것을 두려워하는 마음에서 주로 나타나는 현상이다.

3 공소보류

공소보류란 국가보안법에 규정된 죄를 저지른 사람에 대하여, 소송 조건을 갖추었고 범죄의 객관적 혐의가 있음에도 불구하고 검사가 범죄자의 나이, 성격, 지능과 환경, 피해자에 대한 관계, 범행의 동기 및 수단과 결과, 범행 후의 상황을 참작하여 공소 제기를 보류하는 것이다. 공소보류는 기소유예의 특별한 형식에 속한다.[92]

공소보류가 있게 되면 피의자는 바로 풀려나게 되고, 검사는 관할 경찰서장과 수사기관의 장에게 통지를 하게 된다. 공소보류된 자가 공소의 제기 없이 2년이 경과하게 되면 다시 기소할 수 없다.

하지만 공소보류결정을 받은 자가 법무부장관이 정한 감시 및 보도에 관한 규칙을 위반한 때에는 공소보류를 취소할 수 있으며, 이때에는 형사소송법 제208조의 '재구속의 제한' 규정에도 불구하고 동일한 범죄사실로 재구속 및 재기소를 할 수 있다.[93]

4 타관송치

검사는 사건이 그 소속 검찰청에 대응하는 법원의 관할에 속하지 않는 경우에는 사건을

---

91 신동운, 전게서, p. 256.

92 배종대·이상돈, 전게서, p. 337.

93 배철효 외 4인, 「경찰학개론」 (서울: 대영문화사, 2007), p. 995.

서류, 증거물과 함께 관할법원에 대응하는 검찰청 검사에게 송치해야 한다(형소법 제256조). 이것을 타관송치他官送致라고 한다. 이 경우 송치 전에 행한 소송행위의 효력은 송치 후에도 변함이 없다.

검사는 '가정폭력범죄의 처벌 등에 관한 특례법'이 규정한 가정폭력범죄로써 사건의 성질·동기 및 결과, 행위자의 성행 등을 고려하여 동법에 의한 보호처분에 처함이 상당하다고 인정할 때에는 가정보호사건으로 처리할 수 있다. 이 경우 검사는 피해자의 의사를 존중하여야 한다. 검사는 가정폭력사건을 보호사건으로 처리하는 경우에는 그 사건을 관할 가정법원 또는 지방법원에 송치하여야 한다(가정폭력범죄의 처벌 등에 관한 특례법 제11조 제1항).[94]

또한 검사는 소년에 대한 피의사건을 수사한 결과, 벌금 이하의 형에 해당하는 범죄이거나 보호처분에 해당하는 사유가 있다고 인정되는 경우에는 사건을 가정법원 소년부 또는 지방법원 소년부 등 관할 소년부에 송치해야 한다(소년법 제49조 제1항).[95]

4 ‖ 검사의 불기소처분에 대한 통제제도

1 검찰항고제도

검찰항고檢察抗告란 고소인 또는 고발인이 검사의 불기소처분에 대하여 불복이 있는 경우, 검찰조직의 상급기관에 그 시정을 구하는 제도이다. 고소인 등이 검사로부터 불기소처분의 통지를 받은 때에 그 결정에 불복이 있으면, 받은 날로부터 30일 이내에 그 검사가 속한 지방검찰청 또는 지청을 거쳐 관할 고등검찰청에 항고할 수 있고, 고등검찰청의 항고기각결정에 대하여도 같은 방법으로 대검찰청에 재항고할 수 있다.

이는 검찰 내부에서 사건을 재검토하여 혹시 수사미진 등의 오류가 있으면 이를 번복할 수 있게 하는 제도이며,[96] 실질적으로는 인용률이 매우 낮아 형식적인 제도로 인식되고 있다.

---

94 신동운, 전게서, p. 257.

95 배종대·이상돈, 전게서, p. 338.

96 이재상a, 전게서, p. 331.

2 재정신청제도

재정신청^{裁定申請}이란 고소권자로서 고소를 한 자가 검사로부터 공소를 제기하지 아니한 다는 통지를 받은 때에 그 검사소속의 지방검찰청 소재지를 관할하는 고등법원에 그 당부에 관한 재정을 신청하는 것을 말한다.

이에 따라 일정한 경우, 법원이 검사에게 공소제기를 명할 수 있다는 점에서 독일 형사소 송법상 '기소강제절차'에서 그 유래를 찾을 수 있다. 재정신청제도는 기소편의주의를 채택하 는 우리 법제에서 검사의 자의적 불기소를 규제하는 강력한 수단이라고 할 수 있다. 하지만 부당하게 제기된 기소에 대해서는 제재할 수 없는 한계가 있다.[97]

검찰항고는 불법·부당한 불기소처분에 대하여 검찰자체의 직접적 통제를 가능케 한다는 장점을 가지지만 동시에 검찰조직 내부의 통제라는 본질적 한계를 가지고 있다. 따라서 제3 의 독립기관인 법원으로 하여금 검사의 불기소처분에 대한 불법·부당 여부를 판단해 줄 것을 이해관계인이 법원에 청구하는 제도를 가리켜서 재정신청제도^{裁定申請制度} 혹은 기소강제절차^{起 訴強制節次}라고 한다.[98]

재정신청제도는 1988년 대법원이 부천경찰서 성고문사건에 대한 재정신청을 받아들이 기 전에는 그 효용성을 거의 발휘하지 못하였다. 그러나 1988년 헌법재판소가 설립되고 1989 년 검사의 불기소처분에 대한 헌법소원을 인정하는 결정이 내려진 다음부터 헌법소원이 검 찰권에 대한 새로운 통제수단으로 널리 활용되었다. 1994년, 1995년에는 특별법이 제정되어 선거범죄와 헌정질서파괴범죄에 대한 재정신청을 허용하는 방향으로 완화하였다.[99]

현행 형사소송법은 구^舊형사소송법과 달리 재정신청의 대상을 모든 범죄로 확대하였다. 다만, 남용의 방지를 위하여 신청권자를 고소권자로 제한하되, 형법 제123조 내지 125조 및 특별법에서 재정신청대상으로 규정한 죄의 경우에는 과거대로 고발권자도 재정신청권자로 하였다.

재정신청의 요건으로 형사소송법은 원칙적으로 항고전치주의를 규정한다. 재정신청을 받은 지방검찰청 검사장 등은 재정신청서를 제출받은 날로부터 7일 이내에 재정신청서·의 견서·수사관계서류 및 증거물을 관할 고등검찰청을 경유하여 관할 고등법원에 송부하여야 한다.

재정신청의 관할법원은 고등법원이며, 관할 고등법원은 재정신청서를 송부받은 그날부

---

97 김용덕, 전게논문, p. 19.

98 신동운c, 전게서, p. 506.

99 김용덕, 전게논문, p. 20.

터 10일 이내에 피의자에게 그 사실을 통지하고, 3개월 이내에 항소의 절차에 준하는 재정결정을 한다. 재정신청의 이유가 있는 때에는 사건에 대한 공소제기를 결정한다. 이러한 재정결정에 대하여는 불복할 수 없다.

법원이 공소제기를 결정한 경우에 재정결정서를 송부 받은 관할 지방검찰청 검사장 등은 지체 없이 담당검사를 지정하고, 지정받은 검사는 공소를 제기하여야 한다. 이 공소제기에 대하여 검사는 이를 취소할 수 없다. 그러므로 법원의 재정신청 인용은 검사로 하여금 반드시 공소를 제기하도록 함으로써 이 범위 내에서 검사의 기소독점주의가 배제되는 효과가 있다.

3 특별검사제도

최근에 우리 국회에서는 정치적 중립성이 의심될 여지가 있는 사건에 대하여 개별적·구체적인 의혹사건을 중심으로 개별입법을 통하여 특별검사제도^{特別檢事制度}를 실시함으로써 형사소추권의 정치적 중립성을 담보하려는 시도를 하고 있다.[100] 특별검사제도는 우리나라에서 2가지 의미로 사용되고 있다.

우선 광의의 특별검사는 "검찰청법 제34조, 군사법원법 제41조에 의하여 임명된 검사, 군검찰관이 아닌 자로서 검사, 군검찰관의 직무와 권한을 행사하는 자"라고 할 수 있다. 그에 반하여 협의의 특별검사는 "정치권력과 연관되는 고위 공직자에 대한 범죄수사와 공소제기에서 특별히 이해관계의 충돌로 인한 불공정성의 외양을 방지하고 그 수사권과 소추권의 공정성을 담보하기 위하여 임명되는 독립적 지위를 가진 검사"를 말한다.[101]

일찍이 영국에서는 "자기사건은 어느 누구도 판단하지 못한다"라는 말이 있는데, 이는 자기와 관련된 사건을 자기가 수사하고 처벌한다면, 어느 누구도 그 신뢰성을 의심하게 될 것이며, 형사소송법의 대원칙인 실체적 진실주의를 실현할 수 없게 된다는 것을 의미한다.

이러한 이유로 1987년 박종철 군 고문치사사건과 1995년 부천경찰서 성고문사건을 계기로 학계, 대한변협, 시민단체 및 야당에서 특별검사제의 도입을 지속적으로 주장하여, 1999년 9월 30일 특별검사법인 '한국조폐공사노동조합 파업유도 및 전검찰총장부인에 대한 옷로비의혹사건 진상규명을 위한 특별검사의 임명 등에 관한 법률'이 우리 역사상 최초로 제정되어 특별검사제가 시행되었다.

---

100 신동운, 전게서, p. 292.
101 김용덕, 전게논문, pp. 21-22.

제3절 구속 기소된 피고인의 권리

검사에 의하여 구속 기소된 경우에는 피고인은 재판을 담당하고 있는 법원에 보증금을 납부할 것을 조건으로 석방하여 줄 것을 청구할 수 있는데 이를 보석保釋이라고 한다. 이와 같은 보석은 기소 후에 청구한다는 점에서 기소 전에 청구하는 체포·구속적부심과 다르나 보증금의 납부를 조건으로 석방한다는 점에서는 피의자보석제도와 유사하다.

보석은 피고인의 석방을 위한 제도라는 점에서 피의자를 석방하기 위한 체포·구속적부심사와 구별된다. 그러나 형사소송법은 보증금납입조건부 피의자석방제도를 신설함으로써 피의자에 대해서까지 보석을 확대하였다.[102]

현행 형소법은 보석조건을 다양화하여 불구속 원칙을 확대했다. 법원이 지정하는 장소에의 출석과 증거를 인멸하지 않겠다는 서약서제출, 보증금 상당금액 납입의 약정서, 주거제한, 출석보증서 제출, 출국금지, 피해 공탁 및 담보제공, 보증금납입 등 다양한 보석조건을 도입하여 개별 사안의 특성과 피고인의 처지에 적합한 조건을 정할 수 있도록 하고 있다.[103]

보석은 피고인은 물론 변호인과 피고인의 법정대리인, 배우자, 직계친족, 형제자매, 호주도 청구할 수 있으며 법원은 보석을 결정함에 있어서 미리 검사의 의견을 물어야 하지만 그 의견에 구애받지 않고 자유로이 결정할 수 있다.

다만, 피고인이 사형, 무기 또는 장기 10년 이상의 징역이나 금고에 해당하는 죄를 범하였거나, 피해자나 당해 사건의 재판에 필요한 사실을 알고 있다고 인정되는 자 또는 그 친족의 생명·신체나 재산에 해를 가하거나 가할 염려가 있다고 믿을만한 충분한 이유가 있는 때에는 보석을 허가하지 않는다.[104]

보석을 허가할 때는 피고인의 자력정도와 범죄의 성질, 증거 등을 고려하여 상당한 보증금을 납부할 것과 주거를 제한하는 등의 조건을 붙이는 것이 보통이다. 또 보석은 피고인 등의 청구가 없더라도 법원이 직권으로 허가하는 경우도 있다.

---

102 이재상a, 전게서, p. 282.

103 정만희, 전게논문, p. 13.

104 이재상a, 전게서, p. 284.

🔍 영장심사제도[105]

법조인들은 우리나라 법원의 구속영장 문제점 개선 방안에 대해 '영장판사에게 더 넓은 선택권 보장 필요,구속이 유죄가 아니라는 인식 전환 필요,기소 후에는 필요적으로 보석 허가 등을 일제히 꼽았다.

한 고위법관은 "영장전담 판사에게 구속과 기각이라는 두 가지 선택지만 주는 현행 체계를 개선할 필요가 있다"고 지적했다. 영미식 체계에서 수사기관은 일단 피의자를 영장 없이 체포할 수 있다. 대신 그 즉시 치안판사에게 데려가야 하고, 대부분의 경우 보석금 등을 걸고 풀려난다.

법원이 수사단계에서부터 피의자의 신병에 대해 주도권을 갖는다. 이창현 한국외대 법학전문대학원 교수는 "구속영장 발부와 기각이라는 양 극단의 차이를 극복하기 위해서라도 피의자에 대해 영장 발부와 함께 보석허가를 하는 등 제3의 방법을 강구해야 한다"고 강조했다.

설령 수사상 필요에 의해 구속되더라도 그게 곧 유죄라는 인식도 개선돼야 한다. 영장심사가 사실상 본안판단처럼 받아들여져서는 안 된다는 얘기다. 한 검찰 관계자는 "검찰 내부에서는 극단적으로 본안에서 무죄 선고가 나오는 것보다, 수사상 구속에 실패하는 것을 더 예민하게 받아들이기도 한다"고 털어놨다.

기소 후에는 '필요적으로' 보석 허가를 내줘야 한다는 의견이 많다. 한 형사전문 변호사는 "우리나라 형사소송법은 필요적 보석 허가를 규정하고 있는데, 그동안 법원이 예외적으로 보석을 허가해주는 바람에 규정 자체가 유명무실해진 측면이 있다"고 지적했다.

한 부장판사는 "최근 전前 법원행정처 차장 등의 경우처럼 트럭기소라고 불릴 정도로 검찰 수사기록이 방대한 사건들에서 피고인의 방어권을 제대로 보장하기 위해서는 보석을 허가해줄 필요가 있다"고 강조했다.

대부분 법조인은 수사단계 구속보다 법정 구속이 바람직한 현상이라고 강조한다. 한 고위법관은 "1심이든 2심이든 실형을 선고할 때는 법정 구속을 하는 것이 타당한 방식"이라면서 "피고인의 방어권은 재판과정에서 충분히 행사됐고 모든 심급에서의 판결은 최종적으로 내려지는 결론이기 때문"이라고 설명했다.

---

105 김리안, "구속 or 기각 양자택일 강요… 현행 영장심사제도 개선 절실"「문화일보」, 2019.04.03.

재판단계는 구공판과 구약식의 단계로 구분할 수 있다. 구공판이 있게 되면 검사가 기소한 사건에 대하여 법원은 공판을 열어 재판을 하게 된다. 구약식이 있게 되면 검사가 약식기소한 사건에 대하여는 공판을 열지 않고 기록만으로 재판을 하게 된다.

형사재판은 공판기일에 공판정에서 공개하여 진행되며, 그 절차는 재판장이 피고인의 성명과 연령 등을 묻는 인정신문으로부터 시작된다. 그 후 검사의 기소요지의 진술, 검사의 피고인에 대한 직접신문, 변호인의 반대신문, 증거조사, 검사의 의견진술(구형), 변호인의 변론, 피고인의 최후진술 순으로 진행된다. 판사는 이러한 절차가 끝나면 심리를 종결하고 보통 2주일 후에 판결을 선고한다.

Criminology & C·J systems

🔍 형벌공화국[106]

벌금, 징역 및 사형 등의 '형벌 내리는 특권'은 헌법을 통해 오직 국가에게만 주어졌다. 국가는 국민의 생명과 재산을 보호하기 위해서만 이 힘을 행사해야 한다. 남을 불편케 하는 행위를 막는 제재방식은 다양하다. 살면서 만나는 불편의 대부분은 시장에서 법 없이 해결한다. 가령 상품 질이 열악하면 거래를 끊는 것으로 페널티를 준다.

법의 테두리로 들어가도 민사와 행정적 제재수단들이 매우 많다. 그런데 이들로써도 억지하기 힘든 이른바 범죄의 고의와 범죄에 대한 책임이 현저한 해악들이

---

106 김일중, "과잉범죄화와 형벌공화국에서의 탈출"「고대신문」, 2018.11.19.

있다. 오직 그들만을 '범죄'로 규정하고 국가질서 유지의 최후보루로서 형벌을 쓰는 게 원칙이다.

불행히도 한국은 이미 형벌만능주의로 접어들었다. 첫째, (형법전에 적시된 '일반범죄'들이 아닌) 온갖 경제·사회적 행정규제를 위반할 때 쓰는 페널티들 중 형벌비중이 44%에 이른다고 이미 10년 전에 국가경쟁력강화위원회는 경고했다.

둘째, 규제위반에 대한 형벌조항을 담은 법률이 700여 개이고, 개별 벌칙조항들은 5,000개가 넘는다. 이것도 5년 전에 집계된 게 이 정도다. 1개 벌칙조항당 연관 규제위반조항이 평균 2개씩만 있더라도 소위 '행정범죄' 종류는 1만 개가 넘는다.

셋째, 김두얼 명지대 경제학과 교수는 형벌조항을 지닌 법률의 비율이 1960~70년대 50%에서 2017년 65%까지 치솟았다고 밝힌 바 있다.[107] 그 결과 여러 부끄러운 기록들이 쌓였다.

벌금 이상 형벌을 받은 국민이 2000년대 들어 단 10년 동안 1.5배나 증가해서, 성인 4명당 1명이 최소 전과 1범이 되었다. 한국의 이 전과자수 증가율은 OECD 회원국 중 최상위권에 속한다. 이렇게 되면 조기출옥 역시 늘어날 것이다. 과도한 조기출옥이 재범확률을 높인다는 사실은 오래전에 검증된 명제이다.

제1절 **공판 전 절차**

1 ｜｜｜ 구공판

1 공판준비절차

검사가 법원에 공소를 제기하는 구공판求公判을 청구하면 법원은 기소한 사건에 대하여 재판을 준비하게 된다. 그러나 공판을 열기 전에 재판장이 효율적이고 집중적인 심리가 필요

---

107 이순규, "교통·건설·산업분야 형량, 다른 분야보다 2배 이상 높다"「법률신문」, 2018.11.15.

하다고 판단되는 경우에 한하여 법원의 주도하에 검사, 피고인 또는 변호인의 의견을 들어서 사전에 사건의 쟁점과 증거를 정리하는 공판준비절차를 준비하게 된다.

공판준비절차에서는 검사와 변호인이 반드시 출석하여야 한다. 그러나 피고인의 출석은 필수적인 것이 아니다.[108] 그러나 피고인은 법원의 소환이 없어도 공판준비기일에 출석할 수 있다. 공판준비절차에서는 공소내용에 대해 내용이나 법적용의 변경이나 주장을 보다 명확하게 하는 쟁점정리, 양측이 사용할 증거를 신청하고 각각의 증거와 관련한 취지와 내용을 명확하게 하는 등의 증거조사, 관련 서류 등의 열람·등사를 하는 증거개시와 공판일정을 조정하는 심리계획의 책정 등이 이루어진다.[109]

2 공판기일절차

공판준비절차 등이 완료되면 재판장은 공판기일을 정하여 이를 검사와 피고인측에게 알려주게 된다. 법원은 공판기일에 피고인에게 출석할 것을 명하게 되는데 이는 의무이며, 위반 시 구속영장이 발부되는 등의 불이익을 받게 된다.

제1심의 제1회 공판기일이 통지되면, 공판담당검사는 공판관여를 위한 사전준비를 하게 된다. 수사검사가 작성한 공소장 및 공판카드, 증거목록에 의거하여 죄명, 적용법조, 공소사실, 자백여부 등을 검토하게 된다. 또한 '공판검사는 공판기일통지를 받으면, 공판관여 전에 수사기록을 검토하여 미리 사건요지, 쟁점을 파악하는 등 공판준비를 철저히 할 것'등과 같은 지시를 받게 된다.

대부분의 검찰청에서는 제1회 공판기일 전에 수사기록 전체를 법원에 송부하고 있으며, 증거신청은 증거목록을 제출하는 것으로 대신하고 있다. 또한 대법원은 2000년 2월 18일 '구속사건의 신속한 기일 지정에 관한 예규'를 제정하여 제1심 형사공판사건 중 기소 당시 피고인이 구속된 상태에 있는 사건의 경우, 제1회 공판기일은 배당이 완료된 사건기록이 담당 재판부에 배부된 후 지체 없이 지정하되, 원칙적으로 기일을 지정하는 날로부터 14일 이내의 날로 정하도록 하고 있다.[110]

---

108 이때 변호인이 없는 경우에는 법원이 국선변호인을 선정한다.

109 법무부c, 「한국인의 법과 생활」, 2008, p. 392.

110 강일원, "21세기 법원과 사법제도," 「민사법연구」, 8, 2000, p. 357.

2 │ 구약식

검사가 구약식求略式을 청구하면, 공판을 열지 않고 기록만으로 재판을 하게 된다. 공판절차를 거치지 아니하고 서면심리만으로 피고인에게 벌금, 과료 또는 몰수를 과하는 간소한 형사절차이다. 하지만 판사가 정식재판을 할 필요가 있다고 생각하면 사건을 정식재판에 회부할 수도 있다.[111]

법원 담당재판부는 검사가 약식명령을 구하였기에 14일 이내에 결정을 하게 되며, 이때 양 당사자는 출석을 하지 않으며, 단지 수사기록으로 결정을 하게 된다. 결정 후 약 15일 이내에 피의자는 약식명령에 따른 결정문을 법원으로 송달받으며, 이후 38일 이내에 관할 검찰청 징수계(벌금계)에 결정문에 명시된 벌금을 납부하면 사건은 종결된다.

제2절 │ 공판절차

공판公判 또는 공판절차公判節次란 광의로는 공소가 제기되어 사건이 법원에 계속된 이후 그 소송절차가 종결될 때까지의 모든 절차, 즉 법원이 피고사건에 대하여 심리·재판하고 또 당사자가 변론을 행하는 절차단계를 의미하고, 협의로는 이러한 공판절차 중에서도 특히 공판기일의 절차를 의미한다. 공소유지公訴維持란 검사가 공소를 제기한 목적을 실현하기 위한 공판절차상의 활동을 의미한다.

공판준비절차公判準備節次란 공판기일의 심리준비를 위해 수소법원이 행하는 일련의 절차를 말한다.[112] 공판절차는 모든 형사사법절차에서 가장 핵심적인 절차로써, 다른 형사절차는 공판절차를 위한 준비과정이거나 또는 그 결과의 집행이라고 할 수 있을 정도로 중요한 위치를 점하고 있다.

공판절차에 있어서는 검사가 피고인의 유죄를 입증할 책임이 있고, 판사는 검사가 제출한 증거에 의하여 헌법과 법률에 따라 유죄·무죄를 판단한다. 그러나 피고인의 자백만으로는

---

[111] 이재상a, 전게서, p. 797.
[112] 배종대·이상돈, 전게서, p. 453.

유죄를 인정할 수 없고, 그 자백이 진실한 것임을 인정할 만한 보강증거가 있어야 한다. 또 피고인의 자백이 고문·폭행·협박·신체구속의 부당한 장기화로 인한 것이거나, 임의로 진술한 것이 아니라고 의심할 만한 이유가 있는 때에는 이를 유죄의 증거로 하지 못한다.

한편, 피고인은 각각의 신문에 대하여 진술을 거부할 수 있는 권리가 있다. 공판은 일반적으로 법원에 마련된 공판정에서 공개적으로 진행된다. 이 재판에서 피고인은 자기의 억울함이나 정당함을 주장할 수 있고 또 변호인의 도움을 받을 수 있다.

[그림 5–1] 공판절차

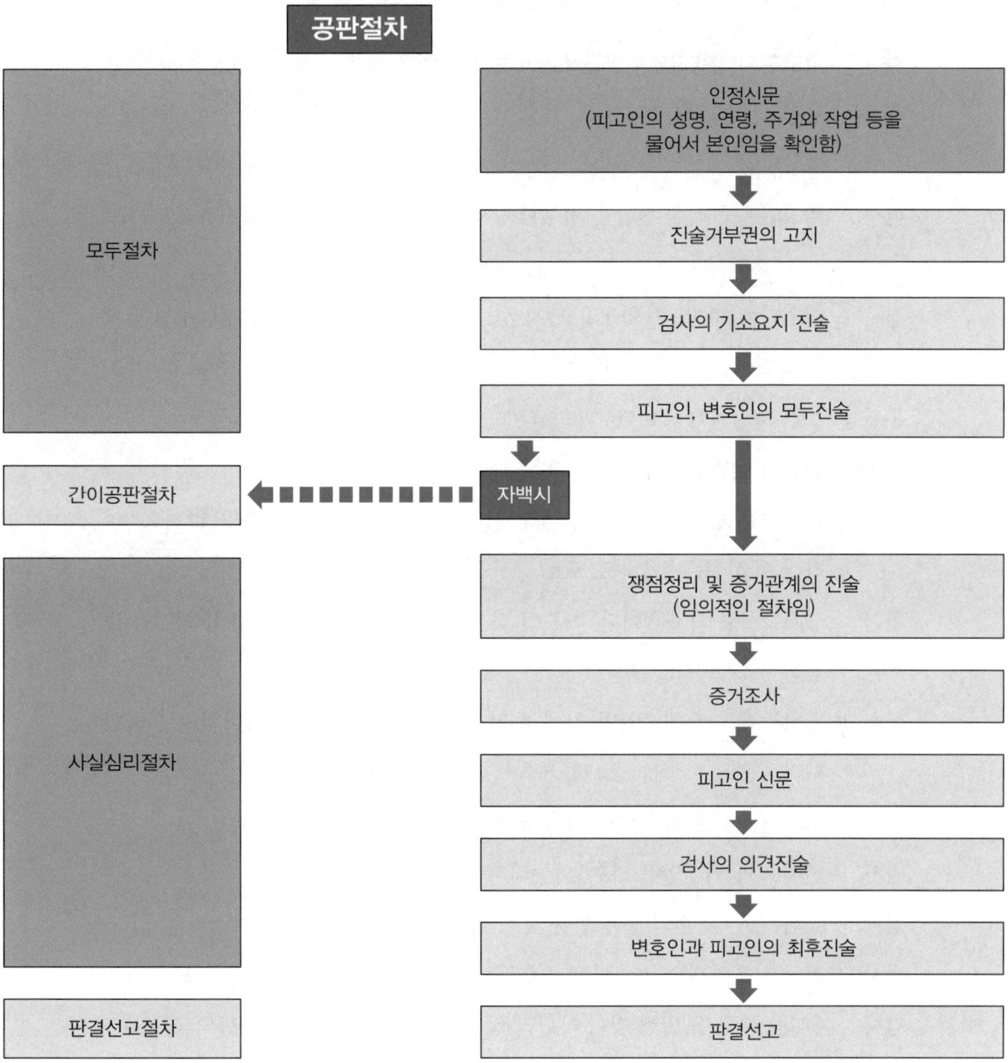

공판절차

모두절차	인정신문 (피고인의 성명, 연령, 주거와 작업 등을 물어서 본인임을 확인함)
	진술거부권의 고지
	검사의 기소요지 진술
	피고인, 변호인의 모두진술
간이공판절차	◀┈┈┈ 자백시
사실심리절차	쟁점정리 및 증거관계의 진술 (임의적인 절차임)
	증거조사
	피고인 신문
	검사의 의견진술
	변호인과 피고인의 최후진술
판결선고절차	판결선고

출처: 법무부c, 「한국인의 법과 생활」, 2008, p. 395 재구성.

PART 05

🔍 홍길동 사건의 재판절차

홍길동의 변호사는 대기석에서 있다가 자기 차례가 되자 사건번호를 부르고, 변호인석으로 나간다. 입회서기가 사건기록을 재판장에게 올려주고 재판장이 그 사건기록을 보고 사건번호와 피고인인 홍길동을 호명한다.

판사: 2020 단독 0404 사건, 피고인 홍길동!

(홍길동은 피고인석으로 나가 재판장을 보고 서게 된다)

판사 : 피고인의 성명은? 주민등록번호는? 직업은? 주거는? (인정신문)

홍길동: 홍길동, 020128-1521004, 대학생, 서울시 강남구 활빈당아파트 1동 1001호입니다.

판사: 피고인은 불리한 진술을 거부할 수 있습니다. 검찰측 신문하시죠. (진술거부권의 고지)

검사: 피고인은 2020년 1월 1일 23시 경, 신사동 가로수길에 있는 경남주점 앞에서 황진이를 폭행하여 100만 원을 뺏은 사실이 있지요? (검사의 기소요지 진술)

홍길동: 그런 사실이 없습니다. (피고인의 모두진술).

판사: 변호인 반대신문하시죠?

변호사: 피고인은 황진이에게 돈을 빌려달라고 했지, 강제로 뺏은 적은 없지요? 따라서 이 사건은 강도사건으로 볼 수가 없습니다. (변호사의 모두진술)

판사: 증거조사를 하겠습니다. 변호인 검찰측에서 제출한 증거에 대한 의견을 말씀하시죠? (증거조사)

변호사: 경남주점의 가계주인인 월매의 진술서에는 부동의하고, 나머지는 동의합니다.

검사: 그러면 증인으로 월매를 신청합니다.

판사: 선서 후에 거짓말을 하면, 위증죄로 처벌받습니다. 선서하세요.

월매: 선서! …… 위증의 벌을 받을 것을 맹세합니다. 증인 월매.

판사: 검사 신문하세요!

검사: 홍길동이 돈을 빌린 것이 아니라 강제로 빼앗는 것을 분명히 봤지요?

월매: 발로 때리는 것을 분명히 봤습니다.

변호사: 어두운 밤이었고, 당신이 본 것은 때리는 것이 아니라 큰 소리를 내는 것 아

니었나요?

월매: 월매 : ·········.

판사: 그러면 심리를 마치고, 검사측 구형하시죠?

검사: 피고인을 징역 1년에 처해주시기 바랍니다.(검사의 의견진술)

판사: 변호인 변론하시죠!

변호사: 피고인이 약간의 위압은 했지만, 강제성은 없었기 때문에 학생인 점을 참
작하여 관대한 처분을 내려주시기 바랍니다. (변호인의 최후진술)

판사: 피고인 마지막으로 하고 싶은 말 있으면 하세요!

홍길동: 잘못했습니다. 선처를 바랍니다. (피고인의 최후진술)

판사: 종결하고 이 사건은 2020년 2월 20일 오후 2시에 이 법정에서 하겠습니다
(선고기일 고지).

(2020년 2월 20일 오후 2시 선고공판정)

판사: 피고 홍길동은 강도죄로 징역 6개월을 선고하지만, 죄를 뉘우치는 관계로
집행유예 1년, 사회봉사명령 100시간을 선고합니다. 이의 있으시면, 7일 이
내에 항소할 수 있습니다.

---

1 ‖ 인정신문

인정신문認定訊問이란 재판장이 피고인의 동일성을 확인하는 절차를 말한다. 홍길동이 피
고인이 맞는지를 확인하는 절차이다. 재판장은 피고인의 성명, 연령, 본적, 주거와 직업을 물
어서 피고인임이 틀림없음을 확인하여야 한다.

이는 자연인을 전제로 한 규정이고, 법인인 때에는 출석한 대표자, 특별대리인 또는 대리
인을 상대로 법인의 명칭, 사무소, 대표자의 성명, 주소, 대리인과 법인의 관계 등을 물어서 확
인한다.[113]

---

113 임동규a, 전게서, p. 374.

PART 05

2 ‖ 검사의 기소요지의 진술

재판장은 검사로 하여금 공소장에 의하여 기소의 요지를 진술하게 할 수 있다. 재판장은 피고사건의 심리에 들어가기 전에 사건개요와 쟁점을 정리할 필요가 있다고 인정하는 경우에 검사로 하여금 기소의 요지를 진술하도록 명할 수 있다. 검사의 기소요지는 죄명, 적용법조, 공소사실의 3가지를 말한다.[114]

검사의 기소요지진술은 임의적인 절차로 재판장의 재량결정사항이다. 피고인의 방어권 행사에 불이익이 없다고 인정되는 경우에는 검사의 기소요지 진술절차를 생략할 수 있다. 검사가 기소의 요지를 진술하는 경우에는 죄명·적용법조·공소사실의 요지를 피고인이 알아들을 수 있도록 간략하고 평이한 용어로 설명하여야 한다.[115]

3 ‖ 진술거부권의 고지

재판장은 피고인에 대한 인정신문이 끝난 후 또는 검사에게 기소요지의 진술을 하게 한 경우에는 그 진술이 끝난 후 피고인에게 각개의 신문에 대하여 진술을 거부할 수 있다는 취지를 고지하여야 한다. 진술거부권의 고지는 공판기일마다 할 필요는 없으나 공판절차를 갱신하는 경우에는 다시 고지하여야 한다.

검사의 모두진술이 끝나면 피고인은 진술거부권을 행사하지 않는 한 공소사실의 인정여부를 진술하게 된다. 이를 피고인의 모두진술이라고 한다. 이때 피고인이 법정에서 공소사실에 대하여 자백하는 경우에는 일반적인 재판에서의 증거조사절차보다 간단하게 하여 재판을 신속하게 처리하는 간이공판절차로 회부된다.[116]

---

114 배종대·이상돈, 전게서, p. 473.
115 임동규a, 전게서, p. 374.
116 배종대·이상돈, 전게서, p. 475.

검사, 피고인 또는 변호인은 서류나 물건을 증거로 제출할 수 있고, 증인신문·검증·감정 등 증거조사를 신청할 수 있다. 법원은 당사자의 증거신청에 대하여 결정을 하여야 한다. 증거조사證據調査의 방식은 증거조사의 대상, 즉 증거방법의 종류에 따라 다르다.

현행 형소법은 피고인 또는 변호인이 공소제기된 사건에 대한 서류 또는 물건의 열람·등사를 신청할 수 있도록 하는 증거개시제도證據開示制度를 도입하였다. 검사도 피고인 또는 변호인에게 증거개시를 요구할 수 있으며, 검사가 증거개시를 거부할 경우, 법원의 판단으로 허용할 것을 명할 수 있다.[117]

Criminology & C·J systems

🔍 증거조사와 피고인 신문

과거에는 피고인에 대한 신문을 하고나서 증거조사를 하는 것이 원칙이었다. 그러나 피고인신문을 먼저 하게 되면서 증거조사가 피고인의 진술내용을 확인하는 의미만 가지게 되는 문제점이 나타나게 되었다.

피고인이 헌법상 무죄로 추정되고 있음에도 불구하고, 피고인에 대한 신문이 유·무죄 판단의 핵심이 되어 자신의 무죄를 적극적으로 변명하게 되는 불합리한 점이 있었다. 따라서 피의자의 인권을 보다 철저하게 보장하면서 실체적 진실을 발견하는데 보다 충실하게 하기 위하여 증거조사를 먼저하고 나서 피고인 신문을 하도록 하였다.

또한 구두변론주의를 천명하여 서면이 아닌 공판정에서의 구두변론에 의해 공판절차를 진행하게 하였다. 불출석 증인에 대해서는 1차적으로 과태료(500만 원 이하), 2차적으로 감치처분(7일 이내)을 부과하여 증인출석을 담보하게 하였다.

범죄사실의 인정은 합리적인 의심이 없는 정도의 증명에 의한다는 '증거재판주의證據裁判主義' 원칙을 선언하고, 적법한 절차에 의하지 않고 수집한 증거의 사용·배제원칙을 명문화하고 있다.

그리고 공판정의 검사와 피고인·변호인의 좌석은 서로 마주보게 위치하고, 증인좌석은

---

117 정만희, 전게논문, p. 14.

법대 정면에 위치하며, 피고인신문조서의 증거능력 인정조건을 개선하여 피고인의 법정진술 이외에 영상녹화물 기타 객관적인 방법으로 증명하도록 하는 증명체제로 전환하고 '특히 신 빙할 수 있는 상태'를 증거능력 부여요건으로 추가하였다.[118]

5 ‖ 검사와 변호인의 피고인에 대한 직접 신문

피고인신문^{被告人訊問}이란 피고인에 대하여 공소사실과 그 정상에 관해 필요한 사항을 신 문하는 절차이다. 피고인은 당사자의 지위를 가질 뿐만 아니라 증거방법으로서의 지위를 가 지고 있기 때문이다. 피고인신문은 피고인에게 공소사실과 양형에 필요한 사항을 신문하는 절차를 말한다. 이 제도는 피고인이 소송당사자일 뿐만 아니라 사건을 직접 겪은 증거방법^{證據} ^{方法}이라는 점에 바탕을 두고 있다.[119]

Criminology & C·J systems

🌐🔍 증거

소송에서 사실을 인정하는 수단으로 사용되는 자료를 증거라고 한다. 가장 기 본적인 분류방법은 증거방법과 증거자료의 구분이다. 증거방법이란 사실인정의 재 료가 되는 유형물로서 증인, 증거물, 서증이 이에 해당한다.

증거자료란 증거방법을 '조사'하여 얻은 내용으로서 증인신문결과 얻은 증언, 증거물을 조사하여 얻은 물건의 모습과 성질 등이 이에 해당한다. 예를 들어 법실 무에서는 사법경찰관 작성의 피의자신문조서나 참고인 진술조서, 피해자가 작성한 피해신고서 등은 모두 증거서류가 된다.[120]

검사와 변호인은 순차로 피고인에 대하여 공소사실과 정상에 관한 필요사항을 직접 신문 할 수 있다. 재판장은 주신문이 끝난 후에 신문할 수 있다. 피고인 신문의 범위는 공소사실과

정상情狀[121]에 관한 필요한 사항이다. 피고인 신문에 있어서는 진술의 강요나 유도신문이 금지된다.

독수독과 이론

독이 있는 나무는 열매에도 독이 있다는 '독수독과'毒樹毒果, Fruit of the poisonous tree 이론은 수사기관이 위법하게 수집한 1차 증거(독수, 毒樹)는 물론 그 증거로 발견된 파생증거인 2차 증거(독과, 毒果)까지 증거능력을 잃는다는 원칙이다. 미국 연방대법원이 판례를 통해 확립했으며, 영미법계 국가는 물론 우리나라를 비롯한 다수의 대륙법계 국가도 직간접적으로 이 법리를 수용하고 있다.

6 ‖ 검사의 의견진술(구형)

피고인 신문과 증거조사가 종료한 때에 검사는 사실과 법률적용에 관하여 의견을 진술하여야 한다. 이때 검사의 의견진술을 논고論告라고 하며, 특히 양형에 관한 검사의 의견을 구형求刑이라고 한다.[122]

검사의 논고는 공판심리의 최종 단계에서 그 동안 나타난 쟁점 및 증거관계, 정상자료情狀資料를 정리, 진술함으로써 법원의 심증心證을 공소제기한 의도에 가깝도록 이끌기 위한 마지막 설득활동으로써 국가형벌권 행사기관인 검사가 국가형벌권의 범위와 그 정도를 법원에 개진하는 중요한 의미를 가지고 있다.

실무상으로는 공안사건이나 대형사건, 사회적 이목을 끄는 사건, 사형이나 무기징역형 등 중형을 구형하는 사건 등에서만 비교적 충실한 논고가 이루어지고 또 논고문도 제출되고 있을 뿐 그 외의 사건에 있어서는 특별한 경우를 제외하고는 대부분 법정에서 구두로 구형량求刑量만을 간단히 진술하고 있다.[123]

검사의 논고는 권고적 의미만을 가질 뿐이므로 경우에 따라 법원은 검사의 구형량보다

---

121 구체적 범죄에서 구체적 책임의 경중에 영향을 미치는 일체의 사정을 말한다.

122 신동운, 전게서, p. 593.

123 김종구, 전게서, p. 487.

더 높은 형을 선고할 수도 있다. 공판절차의 주재자는 법원이기 때문이다. 한편 검사는 그의 객관의무에 기초하여 피고인의 무죄를 구하는 의견진술을 할 수도 있다.

7 ‖ 변호인과 피고인의 최종의견진술

재판장은 검사의 의견을 들은 후 피고인과 변호인에게 최종의 의견을 진술할 기회를 주어야 한다. 최종 의견진술의 기회는 변호인과 피고인에게 순차로 모두 주어져야 한다. 따라서 변호인과 피고인에게 최종 의견진술의 기회를 주지 않은 채 심리를 마치고, 판결을 선고하는 것은 위법하다.

피고인과 변호인의 최종진술권은 피고인 측이 보유하는 중요한 방어권의 하나이다. 처음부터 이들에게 최종의견진술의 기회를 주지 않은 상태에서 법원이 심리를 종결하고, 판결을 선고하는 것은 위법이며, 상소이유에 해당한다.[124]

1 변호인의 최후변론

필요적 변호사건에 있어서 변호인의 최후변론은 피고인의 보호를 위하여 필수적으로 요구되는 절차이다. 만일 필요적 변호사건에서 변호인에게 최후변론의 기회가 제공되지 않은 채 판결이 선고되었다면 그 판결은 소송절차가 법령에 위반하여 판결에 영향을 미친 위법한 것으로써 파기를 면할 수 없다.[125]

그러나 필요적 변호사건이라 하여도 피고인이 재판거부의 의사를 표시하고, 변호인도 이에 동조하여 퇴정하는 것은 피고인측의 방어권의 남용 내지 변호권의 포기이며, 이러한 경우에는 변호인의 재정在廷 및 최후진술 없이 심리판결할 수 있다는 것이 판례의 입장이다.[126]

---

124 임동규a, 전게서, p. 380.

125 신동운, 전게서, p. 594.

126 대법원 1991.6.28 91도865, 공 1991, 2077.

2 피고인의 최후진술

변호인의 최후변론이 끝나면 피고인에게 마지막으로 의견을 진술할 기회가 부여된다. 이 경우 행해지는 진술을 최후진술^{最後陳述}이라고 한다. 피고인은 최후진술을 통하여 사실관계의 다툼이나 유리한 양형사유 등을 주장할 수 있다. 피고인의 최후진술은 피고인이 자신의 방어를 위하여 활용할 수 있는 마지막 기회이므로 생략할 수 없는 절차이다. 이를 생략하면 판결에 영향을 미친 소송법령위반이 된다.[127]

다만, 피고인이 진술하지 않거나 재판장의 허가 없이 퇴정하거나 재판장으로부터 질서유지를 위한 퇴정명령을 받은 경우에는 법원은 피고인의 최후진술 없이 판결할 수 있다.

8 ∥ 판결의 선고

'판결'은 법원이 하는 종국재판의 원칙적 형식으로 가장 중요한 재판형식에 속하며, 유죄·무죄의 판결과 관할위반 판결, 공기기각판결, 면소판결이 있다. '결정'은 법원이 하는 종국전 재판의 원칙적 형식이다.

판결은 구두변론에 의하지만, 결정은 구두변론을 요하지 않는다. 피고인의 혐의사실이 범죄를 구성하고 증거가 충분한 경우에 판사는 유죄판결을 한다.[128] 유죄판결을 하는 경우에는 사형, 징역, 금고, 자격상실, 자격정지, 벌금, 구류, 과료, 몰수의 형을 선고한다.

유기징역이나 금고는 1월 이상 15년 이하로 하며, 특별히 형을 가중할 경우에는 25년까지 선고할 수 있다. 심리결과 피고인의 죄가 인정되면 판사는 유죄의 판결을 하는데 정상에 따라 실형을 선고하는 수도 있고 집행유예를 붙여주는 경우도 있으며 정상이 특히 참작될 때는 선고유예를 하는 수도 있다.

집행유예는 형(예컨대 징역 1년)을 선고하면서 일정 기간 그 형의 집행을 미루어 두었다가 그 기간 동안 재범을 하지 않고 착실히 살면 형의 선고를 실효시켜 아예 집행을 하지 않는 것이며, 선고유예는 형의 선고자체를 미루어 두었다가 일정기간 무사히 경과하면 면소^{免訴}된 것으로 간주하는 것이다.[129]

---

127 신동운, 전게서, p. 594.

128 배종대·이상돈, 전게서, p. 715.

129 이재상b, 「형법총론(제5판)」(서울: 박영사, 2005), pp. 590-598.

기소한 사건에 대하여 유죄로 인정할 증거가 없으면 판사는 무죄를 선고한다. 판사가 유죄의 심증을 얻지 못한 경우에는 무죄를 선고하는데, 이 경우 구속되었던 피고인은 법률이 정하는 바에 의하여 형사보상금을 청구할 수 있다.

재판의 관할 재판은 사건에 따라 판사 한사람이 단독으로 하기도 하고 판사 3인으로 구성된 합의부에서 하기도 하는데 원칙으로 사형·무기 또는 단기 1년 이상의 징역 또는 금고에 해당하는 사건은 합의부의 관할이다. 단독판사가 한 재판에 대하여는 지방법원의 항소부, 합의부에서 한 재판에 대하여는 고등법원에 각 항소를 할 수 있고, 이에 대하여는 다시 대법원에 각 상고할 수 있다.

1 판결선고의 절차

❶ 심판의 합의

피고인의 최후진술을 끝으로 변론을 종결하면 판결의 선고만을 기다리는 상태가 된다. 이를 실무상 '결심'이라고 한다.[130] 피고사건에 대한 심리가 종료되면 법원은 판결을 위한 심의에 들어가게 된다. 이때 단독판사의 경우는 별다른 절차 없이 판결의 내용을 정할 수 있지만, 수소법원이 합의부를 구성하고 있는 경우에는 판결의 내용결정을 위한 합의가 필요하게 된다.

피고사건에 대한 심판의 합의는 공개하지 아니한다. 합의심판은 헌법 및 법률에 다른 규정이 없으면 과반수로 결정한다. 피고사건의 합의에 관한 의견이 3설 이상 분립하여 각각 과반수에 달하지 못하는 때에는 과반수에 달하기까지 피고인에게 가장 불리한 의견의 수에 유리한 의견의 수를 더하여 그 중 가장 유리한 의견에 동의한다.

❷ 판결선고의 방법

피고사건이 결심되면 변론재개가 행해지지 않는 한 법원은 판결을 선고하여야 한다. 판결의 선고는 변론종결일로부터 14일 이내에 하여야 한다. 번잡한 사건이나 기타 특별한 사정이 있는 때에도 판결의 선고는 변론종결일로부터 21일을 초과하지 못한다. 그러나 이들 기간은 판례에 의하여 훈시시간으로 해석되고 있다.

판결의 선고는 법관이 작성한 재판서에 의하여 공판정에서 하여야 하며, 판결의 선고는

---

130 임동규a, 전게서, p. 381.

재판장이 하며 주문主文을 낭독하고, 이유의 요지를 설명하여야 한다. 형을 선고하는 경우 재판장은 피고인에게 상소할 기간과 상소할 법원을 고지하여야 하며, 이 경우 재판장은 상소장을 제출하여야 할 원심법원도 함께 고지하여야 한다. 판결을 선고한 사실은 공판조서에 기재하여야 한다.[131]

2 판결선고 후의 조치

법원은 피고인에 대하여 판결을 선고한 때에는 선고일로부터 14일 이내에 피고인에게 그 판결서등본을 송부하여야 한다. 다만, 불구속 피고인과 무죄, 면소, 형의 면제, 형의 선고유예, 형의 집행유예, 공소기각 또는 벌금이나 과료를 과하는 판결이 선고되어 구속영장의 효력이 상실된 구속피고인에 대하여는 피고인이 송달을 신청하는 경우에 한하여 판결서등본을 송달한다.[132]

한편 피고인은 비용을 납입하고, 판결문등본의 교부를 청구할 수 있다. 또한 피고인의 법정대리인, 특별대리인, 피고인의 배우자, 직계친족, 형제자매와 호주로서 피고인의 위임장 및 신분관계를 증명하는 문서를 제출한 자는 판결문을 열람 또는 등사할 수 있다.

판결의 선고가 있으면 그 때로부터 7일의 상소기간이 진행된다. 이 경우 판결이 선고된 날은 상소기간의 계산에 산입되지 않는다. 판결선고 법원에서의 소송계속은 상소의 제기가 있거나 상소포기 또는 상소기간의 도과에 의하여 종결된다.[133]

상소기간 중 또는 상소 중의 사건에 관한 피고인의 구속, 구속기간 갱신, 구속취소, 보석, 보석의 취소, 구속집행정지와 그 정지의 취소에 대한 결정은 소송기록이 상소법원에 도달하기까지 원심법원이 이를 행하여야 한다.

Criminology & C·J systems

🌐🔍 국민참여재판[134]

우리나라 사법제도의 가장 큰 특징 중 하나는 헌법상 신분과 독립이 보장되는 직업법관에 의하여 소송이 심리, 종결되는 것이라고 할 수 있다. 그러나 사법부에

131 배종대·이상돈, 전게서, pp. 715-718.

132 임동규a, 전게서, p. 382.

133 신동운, 전게서, p. 596.

134 법원행정처b, 「국민참여재판의 이해」, 2007.

대한 국민의 신뢰가 점차 떨어짐에 따라 학계 및 시민단체 등을 중심으로 사법제도 개혁의 하나로 국민의 사법참여를 보장하기 위한 배심제 또는 참심제를 도입하여야 한다는 주장이 꾸준히 이어져 왔다.

대법원은 2000년 2월경 21세기에 대비한 종합적 사법발전계획인 '21세기 사법발전계획'을 수립하면서 국민의 사법참여 방안에 관한 연구·검토를 주요 계획에 포함시켜 연구를 진행하여 왔고, 나아가 2003. 10. 28. 그 산하에 사법개혁위원회를 설치하여 국민의 사법참여를 포함한 사법제도 개혁 방안을 연구하도록 하였다.

사법개혁위원회에서는 배심제과 참심제 중 어느 제도를 도입할 것인지에 관하여 논의하였으나, 어느 제도가 우리의 현실에 적합한지를 단정하기 어려우므로 향후 지속적인 연구를 통하여 기본 모델을 정한 후 이를 우리의 현실에 맞게 변용하는 것이 필요하다고 결론지었다.

사법제도개혁추진위원회에서는 국민이 배심원으로서 형사재판에 참여하는 국민참여재판의 도입을 골자로 한 「국민의 형사재판참여에 관한 법률안」을 마련하였고, 위 법률안은 2005. 11. 29. 국무회의에서 의결되어 2005. 12. 6. 국회에 제출되었다.

국민참여재판은 배심제와 참심제의 양 요소를 우리나라 실정에 맞게 적절히 수정·보완한 독자적인 제도이다.

국민참여재판은 배심원이 법관과 독립하여 평결하지만, ① 유·무죄에 관한 의견이 일치하지 않은 경우 증거관계 등에 관하여 법관의 의견을 들은 후 다시 평결하고 그래도 전원의 의견이 일치하지 않은 경우 다수결로 평결하는 점, ② 배심원들은 유·무죄에 관한 평결 외에 양형에 관해서도 의견을 개진하는 점, ③ 법관은 배심원의 평결이나 양형 의견에 구속되지 않는 점 등에 특징이 있다. 국민참여재판은 형사합의부 사건에 관하여 피고인의 신청이 있는 때에 한하여 진행된다.

불복절차

제1심 판결에 불복하는 당사자는 항소할 수 있다. 항소심은 고등법원에서 심리하는 것이 원칙적이지만, 단독판사가 심리하는 사건은 지방법원에 설치된 항소부에서 심리한다. 항소심 판결에 대하여 불복하는 당사자는 최종심인 대법원에 상고할 수 있다. 대법원은 법률심이므로, 민사소송법 및 형사소송법 등에서 정한 상고이유가 있는 경우에만 상고를 제기할 수 있다. 다만, 행정단독사건에 관한 항소심은 고등법원에서 심리한다.

피고인이나 검사는 제1심 판결에 대하여 불복이 있으면 판결 선고일로부터 7일 이내에 항소할 수 있다.[135] 제2심 재판절차도 제1심 재판절차와 별다른 차이가 없으며, 한편 피고인만이 항소한 사건에 대하여는 원심판결의 형보다 중한 형을 선고하지 못한다(불이익변경금지의 원칙).[136]

제2심 판결에 대하여 불복할 경우에는 판결 선고일부터 7일 이내에 상고할 수 있는데, 상고는 형사소송법이 정하는 일정한 사유가 있어야 한다. 또한 제1심 판결에 대해 항소제기 없이 곧바로 상고가 허용되는 경우가 있는데 이를 비약적 상고飛躍的 上告라고 한다.[137]

일반적으로 대법원은 민사·형사·행정·특허 및 가사사건의 판결에 대한 상고사건, 결정·명령에 대한 재항고사건과 중앙해난심판원의 재결에 대한 소訴 등을 재판하며, 선거소송에 대하여는 1심 겸 종심, 또는 최종심으로서 재판한다. 또한 고등법원은 1심 판결에 대한 항소사건, 1심 결정·명령에 대한 항고사건, 선거소송 등을 심판하게 된다.

[그림 5-2] 재판 불복절차

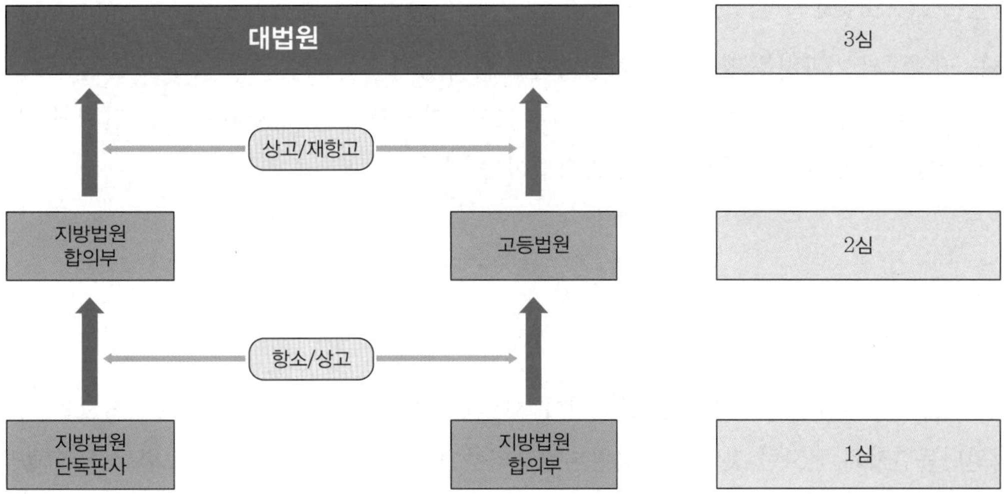

출차: 법무부c, 「한국인의 법과 생활」, 2008, p. 396 재구성.

---

135 배종대·이상돈, 전게서, p. 771.

136 임동규a, 전게서, p. 670.

137 배종대·이상돈, 전게서, pp. 828-829.

1 ║ 상소제도 개관

상소^{上訴}란 미확정의 재판에 대하여 상급법원에 그 구제를 구하는 불복신청제도를 말한다. 형사소송법은 상소의 형태로 항소^{抗訴}, 상고^{上告}, 항고^{抗告}를 규정하고 있다.[138]

상소는 법원의 재판에 대한 불복방법이라는 점에서 검사의 불기소처분에 대한 검찰항고나 재정신청, 검사 또는 사법경찰관의 구금·압수 또는 압수물의 환부에 관한 처분에 대한 준항고와 구별된다. 또한 상소는 미확정의 재판에 대한 불복방법이라는 점에서 확정판결에 대한 비상구제절차인 재심이나 비상상고와 구별된다.

2 ║ 상소의 종류

상소는 재판에 대한 다른 불복방법들과는 달리 이심^{移審}의 효력과 정지의 효력을 발생시킨다는 점에서 중요한 의미를 가지고 있다. 상소는 피고사건에 대한 소송계속을 원심법원으로부터 상소법원으로 이전시키는 효력이 있고, 또 원칙적으로 재판의 확정으로 인하여 발생하는 집행력과 기판력을 정지 내지 차단하는 효력이 있다.

상소의 종류에는 ① 항소, ② 상고, ③ 항고의 3가지가 있다. 항소와 상고는 판결에 대한 상소방법 이나 항고는 결정에 대한 상소방법이다.[139]

1 항소

항소^{抗訴}는 제1심 판결에 대한 상소이다. 제1심 법원의 판결에 대하여 불복이 있으면 지방법원단독판사가 선고한 것은 지방법원본원합의부에, 지방법원합의부가 선고한 것은 고등법원에 항소할 수 있다.

---

138 임동규a, 전게서, p. 670.
139 신동운, 전게서, p. 1041.

2 상고

상고上告는 제2심 판결에 대한 상소이다. 제2심 판결에 대하여 불복이 있으면 대법원에 상고할 수 있다(형소법 제371조). 상고심은 대법원으로 한정되어 있다. 상고는 제2심 판결에 대한 불복방법이지만 예외적으로 제1심 판결에 대하여도 상고가 허용되는 경우가 있다.

① 원심판결이 인정한 사실에 대하여 법령을 적용하지 아니하였거나, 법령의 적용에 착오가 있는 때, ② 원심판결이 있은 후 형의 폐지나 변경 또는 사면이 있는 때의 2가지 경우에는 제1심 판결에 대하여 항소를 제기하지 않고 곧바로 상고를 할 수 있다. 이를 비약적 상고飛躍的 上告라고 한다. 비약적 상고의 경우에도 상고심 법원은 대법원이 된다.

3 항고

항고抗告는 법원의 결정에 대한 상소이다.[140] 법원의 결정에 대하여 불복이 있으면, 형사소송법에 특별한 규정이 있는 경우를 제외하고는 항고를 할 수 있다. 항고는 보통항고普通抗告와 즉시항고卽時抗告로 나뉜다. 보통항고와 즉시항고는 항고의 대상, 항고기간, 항고의 효력 등에 있어서 차이가 있다. 항고법원 또는 고등법원의 결정에 대하여는 재판에 영향을 미친 헌법, 법률, 명령 또는 규칙의 위반이 있음을 이유로 하는 때에 한하여 대법원에 즉시항고를 할 수 있다. 대법원에 제기하는 즉시항고를 가리켜서 재항고再抗告라고 한다.[141]

지방법원단독판사의 결정에 대한 항고사건은 지방법원 본원합의부 또는 지방법원 지원 합의부가 제2심으로 심판하며, 지방법원합의부의 제1심 결정에 대한 항고사건은 고등법원이 심판한다. 항고법원, 고등법원 또는 항소법원의 결정에 대한 재항고사건은 대법원이 종심으로 심판한다.

항고와 유사한 것으로써 준항고가 있다. 준항고準抗告는 재판장 또는 수명법관의 재판에 대하여 불복이 있는 경우에 인정되는 구제방법이다. 준항고는 상급법원에 대한 불복방법이 아니므로 엄밀한 의미에서 상소에 속하지 않는다. 그러나 형사소송법은 입법의 편의상 준항고에 대하여 항고에 관한 규정들을 준용하고 있다.[142]

---

140 배종대·이상돈, 전게서, p. 838.

141 신동운, 전게서, p. 1042.

142 신동운e,전게서, pp. 1665-1666.

제4절 | 공판단계에서 피고인의 권리

이재상 교수는 "당사자주의를 대폭 도입하여 검사와 피고인의 공격과 방어에 의하여 공판절차를 진행하도록 규정하고 있는 형사소송법에서 피고인이 형사소송의 주도권을 가지고 있는 당사자로서의 지위를 가진다는 것은 당연하다고 하지 않을 수 없다"고 전제한다.

이후 "피고인이 당사자로서 검사와 대등한 지위에서 공격·방어를 할 수 있도록 하기 위하여 피고인에게 보장된 권리"를 나열하는데, 진술거부권, 국선변호인제도, 증거개시제도, 반대신문권(증인신문권) 등을 제시하였다.[143] 이하에서는 앞서 살펴본 진술거부권을 제외한, 국선변호인제도, 증거개시제도, 반대신문권에 대해서 살펴보고자 한다.

1 ‖ 국선변호인제도

국선변호인國選辯護人이란 법원에 의하여 선정된 변호인을 말한다.[144] 피의자·피고인의 소송법적 지위가 강화되고, 그의 권리를 현실화하기 위하여 변호인의 권한이 확충된다고 하더라도 그로 인한 혜택이 변호인선임의 능력이 있는 소수의 사람에게만 돌아가고 그 밖의 피의자·피고인에 대해서는 추상적 기회의 제공을 의미할 뿐 아무런 현실적 도움이 되지 못한다면, 형사소송법은 사회적 불평등의 상징이요, 사회적·경제적 약자에게는 하나의 장식물에 지나지 않을 것이다.

미국에서는 기드온 판결(Gideon v. Wainwright, 372 U.S. 335(1963)) 이후 대부분의 도시와 주에서 정부가 변호사를 고용하여 가난한 형사피고인을 도와주는 공공변호사Public Defender, 즉 국선변호인을 두게 되었다.[145]

우리 헌법도 형사절차에 있어서 평등의 원칙과 사회국가의 이념을 실현하기 위하여 국선변호인의 조력을 받을 권리를 헌법상의 기본권으로 격상시키고 있다. 또한 형사소송규칙은 국선변호인제도의 실효성을 도모하기 위하여 국선변호인선정을 위한 고지를 법원의 의무로 규정하고 있다.

---

143 이재상a, 전게서, p. 42.

144 배종대·이상돈, 전게서, p. 115.

145 장호성, 전게서, pp. 239-274.

국선변호인의 선정사유는 법률로 규정되어 있다. 다음과 같은 경우에 해당하여 변호인이 없는 때에는 법원은 직권으로 변호인을 선정하여야 한다. ① 구속된 때, ② 미성년자인 때, ③ 70세 이상인 때, ④ 농아자인 때, ⑤ 심신장애의 의심이 있는 자인 때, ⑥ 빈곤 기타 사유로 변호임을 선임할 수 없어, 그 선임을 청구한 때 등의 경우에는 법원에서 피고인을 위하여 직권으로 변호인을 선임하는데 이를 국선변호인이라 한다.[146]

2 ‖ 증거개시제도

현행 형소법은 증거개시제도證據開示制度를 도입하여 피고인 또는 변호인이 공소제기된 사건에 대한 서류 또는 물건의 열람·등사를 신청할 수 있도록 하면서 공판중심주의적 법정심리절차를 확립하였다.

피고인 또는 변호인은 검사에게 공소제기된 사건에 관한 서류 또는 물건의 목록과 공소사실의 인정 또는 양형에 영향을 미칠 수 있는 서류 등의 열람·등사 또는 서면의 교부를 신청할 수 있다. 다만, 피고인에게 변호인이 있는 경우에는 피고인은 열람만을 신청할 수 있다.

또한 피고인 또는 변호인은 검사가 서류 등의 열람·등사 또는 서면의 교부를 거부하거나 그 범위를 제한한 때에는 법원에 그 서류 등의 열람·등사 또는 서면의 교부를 허용하도록 할 것을 신청할 수 있다. 검사도 피고인 또는 변호인에게 증거개시를 요구할 수 있으며, 검사가 증거개시를 거부할 경우, 법원의 판단으로 허용할 것을 명할 수 있다.[147]

3 ‖ 반대신문권(증인신문권)

반대신문反對訊問, cross examination은 영미식 형사절차의 특징을 이루는 것으로서 피고인 측의 소송주체성을 강조하고, 구두변론주의를 강화한 것이다. 이것은 재판의 공개와 공정한 재판의 진행에 이바지 한다. 영미에 있어서 반대신문은 철저하게 검사와 변호인에 의하여 행해지

---

146 배종대·이상돈·정승환·이주원, 전게서, p. 347.
147 정만희, 전게논문, p. 14.

며, 법원이 직권으로 증인신문을 하거나 또는 당사자의 증인신문에 개입하는 일은 거의 없다.

그러나 우리 형사소송법은 국가형벌권의 실현이라는 목적하에 실체적 진실을 밝히려는 형사절차의 기본적 특성을 고려하여, 법원의 직권이나 범죄피해자의 신청에 의하여 행하는 증인신문을 인정하고, 나아가 검사 및 피고인 측이 신청한 증인을 반대신문하는 경우에도 재판장 및 합의부원에 의한 증인신문을 인정하고 있다.[148]

이러한 반대신문은 주신문主訊問을 한 후에 반대편 당사자가 하는 신문을 의미하며, 이때는 유도신문이 허용된다. 왜냐하면 반대신문은 주신문의 모순을 드러내고 증언의 의미를 반전시키는 새로운 증언을 얻어내기 위한 신문이기 때문이다.[149]

Criminology & C · J systems

🌐🔍 '전관 타이틀에 속지 말라' 판 · 검사가 말하는 진짜 전관은?[150]

전관 변호사를 써야 하는 장점은 무엇일까. 판검사들은 실력이라고 입을 모아 얘기한다. 전관 변호사를 선임할 때 얻을 수 있는 가장 큰 장점은 검찰이나 법원 출신의 경우 '처리 스타일에 익숙하다'는 점이다. 앞선 차장검사는 "우리가 어떤 식으로 사건에 접근할지, 어떤 자료를 어떻게 활용해 어떤 혐의를 적용하려 할지를 미리 예측해서 방어할 수 있는 증거를 만들어내는 게 전관 출신 변호사들의 진짜 능력"이라며 "진짜 전관을 쓰려면 수사에 실력이 탁월한, 우리가 공격하려는 논리를 잘 반박할 수 있는 사람을 쓰는 게 좋다"고 강조했다.

판사들 역시 설명은 비슷했다. "해당 재판부가 평소 어떤 스타일로 재판을 진행하는지, 증거 종류 별로 어떻게 가중치를 부여하고 해당 법에 대해 어떤 판단 기준을 가지고 있는지 등에 대해서 잘 알아야 재판을 유리하게 이끌 수 있다"며 "전관 변호사가 갖춰야 할 가장 큰 능력은 재판부 성향과 처리 과정을 잘 안다는 것이지 이들과 양형 등을 거래를 할 수 있다는 게 아니라는 점을 의뢰인들이 알아야 한다"고 조언했다.

특히 예민한 정보에 대한 내부 네트워크를 활용해야 한다면, 검찰이나 법원 내 평판을 잘 확인하라고 설명한다. 한 검사는 "최근 사직한 검사장들 가운데 어떤 검사장은 '안타깝다, 함께 일해보고 싶다'는 댓글이 500개가 넘게 달렸고, 어떤 검사

---

148 신동운, 전게서, pp. 636-637.

149 배종대 · 이상돈, 전게서, p. 502.

150 서환한, "'전관 타이틀에 속지 말라' 판 · 검사가 말하는 진짜 전관은?" 「일요신문」, 2018.07.20.

장은 댓글이 200개 수준에 불과했다"며 "어떤 전관들이 내부에서 실력적으로나 인품으로 존경받았는지를 확인하는 것도 의뢰인들이 선임 전 확인해야 할 대목"이라고 덧붙였다.

재판의 집행이란 재판의 의사표시내용을 국가의 강제력에 의하여 실현하는 것을 말한다. 국가의 강제력에 의한 재판집행 가운데 가장 강력한 것은 사형을 비롯한 형刑의 집행執行인 형집행刑執行이다. 형집행 가운데 징역형이나 금고형 등과 같은 자유형의 집행을 가리켜 특히 행형行刑이라고 한다.[151]

형의 집행 이외에 추징·소송비용과 같은 부수처분, 과태료, 보증금의 몰수, 비용배상 등 형刑 이외의 제재의 집행, 강제처분을 위한 영장의 집행도 재판의 집행에 포함된다.[152]

형사절차에 있어서 재판의 집행으로 가장 중요한 것은 형의 집행이다. 형집행에 의하여 형사절차의 최종결론인 국가형벌권이 구체적으로 실현되기 때문이다. 형사절차를 통하여 얻어진 재판이라 할지라도 그 의사표시만으로 충분하고, 그 내용을 국가의 강제력에 의하여 굳이 실현할 필요가 없는 무죄, 공소기각판결, 공소기각결정, 관할위반의 판결 등에 있어서는 재판의 집행이 문제되지 않는다.[153]

법원의 판결에 의하여 선고된 형은 검사의 지휘에 의하여 집행하는데, 징역이나 금고형은 교도소에서 집행한다. 그리고 벌금이나 과료는 판결 확정일로부터 30일 이내에 납부하여야 한다. 벌금을 납부하지 않는 경우에는 인 재산에 대하여 강제집행을 하거나, 1일 이상 3년 이하의 범위에서 노역장에 유치하게 된다. 과료를 납입하지 않는 경우는 1일 이상 30일 미만

---

151 신동운, 전게서, p. 1251.

152 이재상a, 전게서, p. 778.

153 신동운, 전게서, p. 1251.

의 노역장에 유치하여 작업에 복무하게 한다.[154]

재판집행의 일반원칙

1 ║ 즉시집행의 원칙

재판은 형사소송법에 특별한 규정이 없으면 확정된 후에 집행한다. 재판은 확정된 후, 즉시 집행하는 것이 원칙이며, 이와 같은 형집행은 그 재판을 한 법원에 대응하는 검사가 지휘하는 것이 원칙이다.

검사가 재판의 집행기관이 되는 것은 대륙법계의 일반적인 특징이다. 상소의 재판 또는 상소의 취소로 인하여 하급법원이 재판을 집행할 경우에는 상소법원에 대응한 검찰청 검사가 지휘한다. 단, 소송기록이 하급법원에 있는 때에는 그 법원에 대응한 검찰청 검사가 지휘한다.

2 ║ 재판집행지휘의 방식

재판집행지휘에는 신중을 기하기 위하여 서면의 방식이 요구된다. 형집행지휘는 재판서 또는 재판을 기재한 조서의 등본 또는 초본을 첨부한 서면으로 하여야 한다. 이 서면을 재판집행지휘서라고 한다.[155] 다만, 형집행을 지휘하는 경우 외에는 반드시 재판집행지휘서를 요하지 않는다. 재판의 집행은 그 재판을 한 법원에 대응한 검찰청 검사가 지휘하는 것이 원칙이다.[156]

---

154 신동운e, 전게서, p. 1803.

155 배종대·이상돈, 전게서, p. 910.

156 신동운, 전게서, p. 1251.

사형, 징역, 금고 또는 구류의 선고를 받은 자가 구금되지 아니한 때에는 검사는 형을 집행하기 위하여 이를 소환하여야 한다. 소환에 응하지 아니한 때에는 검사는 형집행장^{刑執行狀}을 발부하여 구인하여야 한다.

형집행은 검사의 직무에 속하기 때문에 형집행을 위한 검사의 소환에 대해 선고를 받은 자가 도망하거나 도망할 염려가 있는 때 또는 현재지를 알 수 없는 때에는 소환 없이 형집행장을 발부하여 구인할 수 있다.

Criminology & C·J systems

🔍 형의 선고[157]

형의 선고의 판결은, 형의 면제의 판결, 형의 선고유예의 판결과 아울러 유죄판결의 일종이다. 이러한 형의 선고의 판결이 확정되면 형벌권의 존재 및 범위가 확정되어(실체적 확정력), 형의 집행권이 발생하게 된다.

그리고, 판결로서의 형의 선고란, 실형의 선고일 수도 있고 집행유예의 선고일 수도 있다. 집행유예가 선고된 경우에는 집행유예가 실효되거나 집행유예취소결정이 확정되어야 비로소 형을 집행할 수 있게 된다.

한편, 형의 선고가 유예된 때에는, 선고유예실효결정에서 형이 선고되고 그것이 확정됨으로써 역시 형의 집행권이 발생한다. 위와 같이 선고에 의한 형의 집행권은, 형집행의 종료(가석방기간의 경과를 포함), 면제, 형의 시효 완성, 특별사면, 그리고 범인의 사망이나 일반사면으로써 소멸된다.

제2절 ‖ 재판집행의 순서

2개 이상의 형이 선고된 경우에는 그 집행의 순서를 정할 필요가 있다. 2개 이상의 형의

---

157 임대윤, "형의 선고의 효력과 형의 실효" 「법률신문」, 2011.11.10.

집행은 자격상실, 자격정지, 벌금, 과료와 몰수 외에는 그 중한 형을 먼저 집행하는 것이 원칙이다. 형의 경중은 형법 제41조 및 제50조에 의하여 결정한다. 따라서 사형, 징역, 금고, 구류의 순서로 집행된다.[158]

1 ‖ 사형의 집행

사형은 법무부장관의 명령에 의하여 집행한다. 사형을 선고한 판결이 확정된 때에는 검사는 지체 없이 소송기록을 법무부장관에게 제출하여야 한다. 사형집행의 명령은 판결이 확정된 날로부터 6개월 이내에 하여야 한다. 사형의 선고를 받은 자는 구치소 또는 미결수용실에 수용한다. 법무부장관이 사형의 집행을 명한 때에는 5일 이내에 집행하여야 한다.[159]

2 ‖ 자유형의 집행

자유형은 일반원칙에 따라서 검사의 형집행지휘서에 의하여 집행한다. 징역은 교도소 내에 구치하여 징역에 복무하게 하여 집행한다. 금고와 구류는 교도소에 구치하여 집행한다. 자유형의 집행을 위하여 검사가 형집행장을 발부할 수 있다.[160]

3 ‖ 자격형의 집행

자격형에는 자격상실과 자격정지가 있다. 자격상실에는 공무원이 되는 자격, 공법상의 선거권과 피선거권 등을 상실케 하는 형벌로서, 사형, 무기징역 또는 무기금고의 판결을 받은 자에 대하여 부과된다.

---

158 배종대·이상돈, 전게서, p. 911.
159 신동운, 전게서, p. 1255.
160 이재상a, 전게서, p. 782.

반면에 자격정지는 공무원이 되는 자격, 공법상의 선거권과 피선거권 등을 일정기간 정지시키는 형벌로써, 유기징역 또는 유기금고의 판결을 받은 자에게 그 형의 집행이 종료하거나 면제될 때까지 부과되는 것이 원칙이지만 일정한 기간을 정하여 병과형 또는 선택형으로 부과되는 경우도 있다.[161]

4 ║ 재산형의 집행

벌금과 과료는 판결확정일로부터 30일 이내에 납입하여야 한다. 벌금, 과료, 몰수, 추징 등 재산형을 선고한 재판, 과태료·소송비용·비용배상 등 재산형에 준하는 기타 제재의 재판, 그리고 이들 재판에 대한 가납假納의 재판은 검사의 명령에 의하여 집행한다.[162]

5 ║ 몰수형의 집행과 압수물의 처분

몰수의 재판이 확정되면 몰수물의 소유권은 국고에 귀속된다. 재판확정 시 몰수물이 이미 압수되어 있는 경우에는 점유가 국가에 있으므로 검사의 집행지휘만으로 몰수재판의 집행은 종료된다. 이에 대하여 몰수물이 아직 압수되어 있지 않다면, 검사가 몰수선고를 받은 자에게 그 제출을 명하고 이에 불응할 경우, 몰수집행명령서를 작성하여 집행관에게 집행을 명하는 방법으로 몰수재판을 집행해야 한다.[163]

압수한 서류나 물품에 대하여 몰수선고가 없으면 그 서류나 물품에 대한 압수가 해제된 것으로 간주한다. 그러므로 압수한 서류나 물품을 정당한 권리자에게 환부하여야 한다.[164]

---

161 신동운, 전게서, p. 1259.
162 배종대·이상돈, 전게서, p. 916.
163 신동운, 전게서, p. 1262.
164 배종대·이상돈, 전게서, p. 918.

제3절 | 형의 집행정지와 집행면제

확정판결에 의한 형의 집행은 이를 종료해야 하는 것이 원칙이다. 그러나 형집행의 종료에 이르기 전에 형의 집행이 정지되거나 형의 집행이 면제되는 경우가 있다. 형사소송법에는 집행정지나 집행면제에 대한 일반적인 규정을 두지는 않고 있다.[165] 형의 집행정지와 형의 집행면제에 대해서 살펴보면 다음과 같다.

1 ‖ 형의 집행정지

형刑의 집행정지執行停止란 확정판결에 의한 형의 집행과정에 있어서 수형자에게 특정한 이유가 발생한 경우에 잠시 그 집행을 정지하는 것을 말한다. 예를 들어, 형의 집행으로 생명을 보전할 수가 없거나 잉태 후 6개월 이상인 때 또는 연령이 70세 이상인 때, 직계 존속이 유년으로 보호할 다른 친족이 없는 때, 기타 중대한 사유가 있을 때 등의 경우에, 검사는 형집행을 정지시키고 석방할 수도 있다.[166]

형의 집행정지는 형의 집행유예執行猶豫와 구별된다. 집행정지는 교도소 등에서 복역하다가 일시적으로 그 집행을 정지하여 석방하는 것임에 반해서, 형의 집행유예는 형의 선고는 받았지만, 교도소 등에서 복역하지 않고, 사회에서 생활하다가 집행유예 기간이 경과하면 형선고의 효력을 상실하게 하는 제도이다.

> **Criminology & C·J systems**
>
> ### 🔍 집행유예
>
> 집행유예란 형을 선고하되 일정기간 형의 집행을 미루어 두었다가 무사히 그 기간이 경과하면 형선고의 효력을 상실하게 하여 형의 집행을 하지 않는 제도이다. 피고인에게 형의 집행을 받지 않으면서 스스로 사회에 복귀할 수 있는 길을 열어주는 제도라고 할 수 있다.

---

165 신동운, 전게서, p. 1264.

166 신동운e, p. 1800.

집행유예의 선고를 받은 후 그 선고가 실효 또는 취소되지 않고 유예기간을 경과한 때에는 형의 선고는 효력을 잃게 된다. 이에 따라 다른 법률에 의하여 그 유예기간 중에 정지되었던 자격이나 권리가 되살아나기도 하고(예: 경남도지사 선거에 출마할 수 있는 권리), 반면 유예기간 경과 후에도 일정기간 동안은 자격이나 권리를 얻을 수 없는 경우도 있다(예: 유예기간 경과 후 2년 동안은 경찰공무원 등에 임용될 수 없는 경우).

형의 집행정지는 형의 선고유예^{宣告猶豫}와 구별된다. 집행정지는 교도소 등에서 복역하다가 일시적으로 그 집행을 정지하여 석방하는 것임에 반해서, 형의 선고유예는 받은 날로부터 2년을 경과한 때에는 면소^{免訴}된 것으로 본다.[167] 선고유예는 유죄판결의 선고가 없었던 것과 똑같은 효력이 있다는 점에서 형의 집행정지와 구별된다.

2 ‖ 형의 집행면제

형의 집행면제^{執行免除}란 형이 집행되는 도중에 이를 중지하고 더 이상 형의 집행을 면제하여 집행이 종료된 것과 같은 효과를 가져 오는 것을 의미한다. 형의 면제는 형의 집행면제와 구별되는데, 형의 집행면제는 확정판결의 효력에 의해서 형을 집행하는 과정에서 교도소 등에서 집행하는 것을 면제하는 것을 말하고, 형의 면제는 피고사건이 유죄임은 분명하지만 형의 선고자체를 면제하는 것이기 때문에 차이가 있다.[168]

형의 집행면제는 가석방과도 구별된다. 가석방은 징역 또는 금고의 집행으로 교도소에 있는 수형자가 모범적으로 수형생활을 할 때, 그 수형자를 일시적으로 석방하는 행정처분임에 반해서, 형의 집행면제는 최종적으로 형의 집행종료와 동일한 효과를 가져 온다는 점에서 다르다.

---

167 이재상a, 전게서, p. 718.
168 신동운, 전게서, p. 1265.

Criminology & C·J systems

🔍 가석방

가석방假釋放이란 징역 또는 금고의 형의 집행 중에 있는 자 가운데 복역성적이 양호하고 뉘우침이 있는 때에, 무기에 있어서는 10년, 유기에 있어서는 형기의 3분의 1을 경과한 후에 법무부장관이 하는 것이다.

가석방의 기간은 무기형에 있어서는 10년으로 하고, 유기형에 있어서는 남은 형기로 하되, 그 기간은 10년을 초과할 수 없다. 가석방된 자는 가석방 기간 중 보호관찰을 받게 된다. 그러나 가석방 중에 행실이 나쁘거나 다시 죄를 저지르면, 가석방이 취소 또는 실효되어 남은 형기를 마저 복역하여야 한다.

제4절 | 형의 실효(전과말소)

형刑의 실효失效는 형을 선고한 재판이 효력을 잃게 되는 것을 말한다. 형이 실효되면 전과가 말소된다. 따라서 형의 실효는 형집행권의 소멸과 구별된다. 예를 들어, 형의 집행을 종료하거나 형의 시효가 완성된 경우는 형의 집행권은 소멸하지만 형의 선고는 실효되지 않는다.[169]

징역 또는 금고의 집행을 종료하거나 집행이 면제된 자가 피해자의 손해를 보상하고 자격정지 이상의 형을 받음이 없이 7년을 경과한 때에는 본인이 신청을 하면 재판의 실효를 선고받을 수 있다. 그러나 일반인들은 이 신청절차 등을 모르고 있기 때문에 정부는 '형의 실효 등에 관한 법률'을 제정하여 형의 집행을 종료 또는 면제받은 후 일정기간 동안 자격정지 이상의 죄를 저지르지 않은 경우에는 자동적으로 형을 실효시키도록 하고 있다.[170]

그 기간은 3년을 초과하는 징역 또는 금고는 10년, 3년 이하의 징역 또는 금고는 5년, 벌금은 2년이다. 다만, 구류나 과료는 형의 집행을 종료하거나 그 집행이 면제된 때에 그 즉시 실효된다.

---

169 백형구a, 전게서, p. 490.

170 신동운, 전게서, p. 1269.

🌐🔍 전과

전과前科란 어떤 사람에 대해 확정판결로써 '유죄의 선고' 또는 '형의 선고'가 내려졌다는 사실을 의미한다. 따라서 전과는 어떤 사람이 가지고 있는 범죄의 경력을 의미하는 것이다.

이러한 전과를 확인하기 위하여 작성된 기록을 전과기록이라 하고 '형의 실효 등에 관한 법률'을 통하여 관리되고 있다. 전과기록은 수형인명부, 수형인명표, 수사자료표(범죄경력자료)로 구별하고 있다.

수형인명부: 수형인명부는 자격정지 이상의 형을 받은 수형인을 기재한 명부로 검찰청 및 군검찰부에서 관리하고 있다.

수형인명표: 자격정지 이상의 형을 받은 수형인을 기재한 명표로써 수형인의 시·군·읍·면사무소에서 관리하고 있다.

수사자료표: 경찰청이 관리하는 서류 중에서 수사기관이 피의자의 지문을 채취하고 피의자의 인적사항과 죄명 등을 기재한 표를 말한다. 이러한 수사자료표에는 법원의 판단을 받은 사건 뿐 아니라 수사절차에서 종결된 사건도 기록되어 있다.

벌금·구류·과료·몰수의 형을 선고받은 경우에는 '수형인명부'나 '수형인명표'에 기재되지 않으므로 신원조회나 신원증명시에 그런 형을 받은 사실이 나타나지 않게 된다. 비록 '수사자료표'에는 이런 형을 받은 사실도 기재되어 있지만 수사나 재판과 같이 제한된 경우에만 허용되기 때문에 사회생활을 하는데 별다른 불이익을 받지 않게 된다. 그러나 자격정지 이상의 전과는 '수형인명부'와 '수형인명표'에 기록되기 때문에 사회생활에 지장을 초래하게 된다.

제5절 　형사보상

형사보상刑事補償이란 국가의 잘못된 형사사법권 행사로 인하여 부당하게 미결구금이나 형집행을 받은 사람에 대하여 국가가 그 손해를 보상하여 주는 제도를 말한다.[171] 형사피의자 또는 형사피고인으로서 구금되었던 자가 불기소 처분 또는 무죄판결을 받은 때에 국가에 대하여 보상을 청구할 수 있는 제도이다. 이때 형사보상청구권자는 무죄, 면소 또는 공소기각의 재판을 받은 본인 또는 기소유예 이외의 불기소처분을 받은 피의자이다.

형사보상의 청구는 무죄, 면소 또는 공소기각의 재판이 확정되거나 검사로부터 불기소처분의 고지 또는 통지를 받은 날로부터 1년 이내에 서면으로 해야 한다.[172] 보상금 지급에 대한 청구를 받은 '법원'이나 '피의자보상심의회'는 그 청구가 타당할 때에는 보상금 지급결정을 하게 된다. 법원이나 피의자보상심의회는 일정한 사유가 있을 때에는 그 청구의 전부 또는 일부를 기각할 수 있다.[173]

1 ║ 구금과 사형에 대한 보상

구금에 대한 보상금의 상한은 보상청구의 원인이 발생한 연도의 일급 최저임금액의 5배에 구금일수를 곱한 금액이다. 사형집행에 대한 보상금은 집행 전 구금에 대한 보상금뿐만 아니라 3천만 원 이내에서 모든 사정을 고려하여 법원이 상당하다고 인정하는 금액을 더하여 보상한다.

2 ║ 벌금과 과료에 대한 보상

벌금과 과료의 집행에 대한 보상에 있어서는 이미 징수한 벌금 또는 과료의 금액에 징수일의 다음날부터 보상 결정일까지의 일수에 따라 연5%의 비율에 의한 금액을 더하여 보상한다.

171　배종대·이상돈, 전게서, p. 922.
172　백형구a, 전게서, p. 489.
173　법무부c, 전게서, pp. 441-443.

몰수집행에 대해서는 몰수물을 반환하고, 몰수물이 이미 처분되었을 때에는 보상결정시의 시가로 보상한다. 추징금에 대해서는 그 액수에 징수한 다음날부터 보상결정일까지의 일수에 따라 연 5%의 비율에 의한 금액을 더하여 보상한다.

Criminology & C·J systems

🌐🔍 사법 위기의 원인과 극복 방안[174]

사법부의 제반 문제에 대해서 이찬희 대한변호사협회장은 다음과 같이 말했다.

1. 사법부 위기의 원인은 무엇인가?

"일제 잔재의 청산을 제대로 못 해 여기까지 왔다고 본다. 일제 강점기에 소수 엘리트주의가 고착화됐고 특권층이 생겼다. 수많은 사람 중에서 인재를 골라 쓸 때 제일 좋은 방법은 성적순으로 줄을 세우는 것이다. 소수를 장악해서 전체를 지배하는 전체주의, 군국주의의 통치술이다. 어마어마하게 어려운 관문을 통과한 소수에게는 그 순간부터 '인사' 등에서 엄청난 혜택을 준다."

2. 사법의 문제점은 무엇인가?

첫째는 판결에 대한 불신이다. "판결의 불신은 결과의 공정성에 대한 의구심에서 비롯된다. 판결이 재판부마다 다르니까 전관前官을 선임하려고 기를 쓴다. 서울구치소에 가보면 수감자의 사건 배당이 어느 재판부로 됐느냐에 따라 '넌 죽었다', '넌 살았다'로 예측이 갈린다. 어떤 잘못을 하면 어떤 처벌을 받는다는 게 예측 가능해야 한다. 법적 안정성이 무너졌다."

둘째는 판결에 대한 신뢰상실이다. "판결을 못 믿겠다는 사회 분위기가 형성돼 있다. 국회의원들이 1, 2심 판결이 나올 때마다 사법부를 공격하는 건 잘못이다."

셋째는 수사기관의 인권침해이다. 검찰 수사 도중 '변호사 비밀유지권의 침해'에 대해서 그는 이렇게 말했다. "기업 법무팀·대형 로펌·개업 변호사의 사무실, 컴퓨터, 핸드폰을 압수수색해서 범죄 자료들을 다 가져가는 건 시대에 맞지 않는 별건수사다. 변론권 침해이기도 하다.

중세 시대에 정적 제거하는 방법이 뭔지 아나. 성당 고해소의 신부님 자리에

---

174 조강수, "재판부·전관 변호사에 따라 죽살이 치는 판결 누가 믿겠나"「중앙일보」, 2019.04.05.

앉아 있는 것이었다고 한다. 변호사에게 모든 행위를 털어놓고 보호받겠다는 의뢰인의 자료를 통째로 가져가 혐의 입증에 사용한다면 고해성사 내용으로 정적을 치는 것과 다를 게 뭔가.

3. 사법불신을 해결하기 위한 방안은 무엇인가?

　　"이런 걸 시정하려는 게 '법관 평가'다. 상층부의 시각이 아닌 국민의 시각에서 법관을 평가하는 시스템을 도입해야 한다. 그러려면 1심 판결문을 전부 공개해 투명성을 검증받는 게 필요하다. 진짜로 선진화된 법관평가는 '판결의 일관성', '예외 인정의 합리성'을 제대로 평가하는 데서부터 시작된다."

제**5**장

간이절차 및
경죄사건 처리절차

　　중죄·경죄 구별과 관련하여, 2005년도 사법제도개혁추진위원회에서 연구·검토되어 2006년 1월 6일 법무부가 국회에 제출한 형사소송법개정안에 경죄사건의 신속처리절차규정이 별도로 마련되었다. 새로운 형소법 개정안은 경죄의 분류기준을 종전 약식명령 대상사건 및 지방법원 합의부 관할사건이 아니면서 사실관계가 단순하거나 증거가 명백한 사건으로 정하고 있다.[175]

　　법정형에 벌금 이하의 형이 선택형으로 규정된 죄는 상대적으로 가벼운 범죄로 판단하여 특별한 조건 없이 신속처리절차의 대상사건으로 하고, 법정형으로 징역이나 금고의 형만이 규정된 죄는 비교적 가볍지 아니한 범죄로 보아 사실관계가 단순하거나 명백하여 심리가 조기에 끝날 것으로 예상되는 경우에 한하여 신속처리절차의 대상사건으로 규정하고 있다.[176] 현행 우리의 간이절차 및 경죄사건 처리절차인 약식절차, 즉결심판절차를 간략하게 소개하면 다음과 같다.

175　유상진, "경죄사건 신속처리를 위한 부검사제도 도입방안에 관한 연구," 연세대학교 석사학위논문, 2007, p. 54.

176　강남일, "이원적 사건처리 시스템 도입방안,"「연구자료집 II」, 대검찰청 검찰미래기획단, 2006, p. 22.

간이공판절차

간이공판절차簡易公判節次란 미국의 '기소인부절차'起訴認否節次, arraignment[177]에서 유래한 제도로,[178] 피고인이 공판정에서 자백하는 때에는 형사소송법이 규정하는 증거조사절차를 간소화하고 증거능력의 제한을 완화하여 심리를 신속하게 하기 위하여 마련된 공판절차이다.[179]

Criminology & C·J systems

🔍 미국의 기소인부절차

미국의 경우, 기소인부절차는 기소가 된 후, 판사trial judge 앞에서 가지는 절차이다. 이 단계에서는 피고인에게 무죄innocent인지 유죄guilty인지의 여부를 답변plea하도록 한다. 보통 이 단계에서 피고인은 자신에 대한 공소내용에 대해서 정확히 인식을 하게 되며, 60% 정도가 이 단계에서 처음 변호인을 선임하게 된다. 이후 검사와 변호인 사이에 증거개시와 답변거래가 이루어지게 된다.[180]

간이공판절차에서는 직접심리주의 및 전문법칙에 따른 형사소송법상 증거능력제한에 관한 규정들이 당사자의 증거동의라는 형식을 통해 배제되고,[181] 증거조사도 공개주의의 원칙에 따른 엄격한 방식에 의하지 않고, 법원이 '상당하다고 인정하는 방식'에 의하도록 되어 있다. 이는 당사자 및 방청인에게 증거내용을 알게 할 수 있을 정도로 행할 것을 요한다는 의미이다.[182]

또한 제1심 형사공판사건 중 변론종결 당시 피고인이 구속된 상태에 있고, 간이공판절차에 회부된 사건의 경우, 판결선고기일은 사안의 복잡, 피고인의 요청 등 특별한 사정이 없는 한 변론종결일로부터 7일 이내의 날로 정하도록 하였다.

---

177 미국의 경우, 기소인부절차는 기소가 된 후, 판사(trial judge) 앞에서 가지는 절차이다. 이 단계에서는 피고인에게 무죄 (innocent)인지 유죄(guilty)인지의 여부를 답변(plea) 하도록 한다. 보통 이 단계에서 피고인은 자신에 대한 공소내용에 대해서 정확히 인식을 하게 되며, 60% 정도가 이 단계에서 처음 변호인을 선임하게 된다. 이후 검사와 변호인 사이에 증거개시와 답변거래가 이루어지게 된다(정완 역, 「미국의 형사절차」, 한국형사정책연구원, 2000, p. 195-196).

178 신동운d, "경미사건의 효율적 처리방안-경미사건 처리절차의 재정비를 촉구하면서," 2003년도 한국형사정책학회 하계학술대회, 2003, p. 29.

179 배종대·이상돈, 전게서, p. 515.

180 정완 역, 전게서, pp. 195-196.

181 신동운, 전게서, p. 703.

182 이재상a, 전게서, p. 485.

[그림 5-3] 간이공판절차

인정신문
(피고인의 성명, 주민등록번호, 직업, 주거 등)

진술거부권의 고지
(피고인은 불리한 진술을 거부할 수 있음)

검사의 기소요지 진술
(검사의 주신문으로 범죄사실 신문)

피고인의 모두진술
(검사의 범죄사실 신문에 '예'라고 유죄인정)

변호인의 모두진술(반대신문)
(일부 보완사항 등을 알림)

간이공판절차로의 회부결정
(변호인이 검찰측 증거에 전부 동의한 것으로 간주)
(증거조사를 생략함)

검사의 구형
(피고인을 징역 ○○년에 처해 주시기 바랍니다)

변호인 변론
(정상참작 사유 등을 알림)

피고인의 최후진술
(피고인은 "선처를 바랍니다" 등 최후진술)

판결

간이공판절차로의 회부

간이공판절차는 피고인이 법정에서 공소사실에 대하여 자백하는 경우에 일반적인 재판에서의 증거조사절차보다 간단하게 하여 재판을 신속하게 끝낼 수 있도록 하는 제도를 말한다.

판사의 인정신문, 진술거부권의 고지 등이 끝나고, 검사의 공소사실, 죄명 및 적용되는 법조의 낭독과 같은 검사의 모두진술이 끝난 후 피고인이 공소사실의 인정여부를 진술하게 된다. 이때 피고인이 자신의 죄를 자백하는 경우에 판사는 간이공판절차로 회부하여 신속한 재판을 하게 된다.

홍길동 사건의 간이공판절차

홍길동의 변호사는 대기석에서 있다가 자기 차례가 되자 사건번호를 부르고, 변호인석으로 나간다. 입회서기가 사건기록을 재판장에게 올려주고 재판장이 그 사건기록을 보고 사건번호와 피고인인 홍길동을 호명한다.

판사: 2020 단독 0404 사건, 피고인 홍길동!

(홍길동은 피고인석으로 나가 재판장을 보고 서게 된다)

판사: 피고인의 성명은? 주민등록번호는? 직업은? 주거는? (인정신문)

홍길동: 홍길동, 020128-1521004, 대학생, 서울시 강남구 활빈당아파트 1동 1001호입니다.

판사: 판사 : 피고인은 불리한 진술을 거부할 수 있습니다. 검찰측 신문하시죠.

    (진술거부권의 고지)

검사: 피고인은 2020년 1월 1일 23시 경, 신사동 가로수길에 있는 경남주점 앞에서 황진이를 폭행하여 100만 원을 뺏은 사실이 있지요? (검사의 기소요지 진술)

홍길동: 예 (피고인의 모두진술에서 자백을 함).

판사: 변호인 반대신문하시죠?

변호사: 피고인은 황진이에게 돈을 빌리는 과정에서 술에 취한 관계로 상대방에게 다가가다가 잘못해서 발로 찬 것이지, 일부러 때린 것은 아닙니다. 따라서

PART 05

이 점을 참작해 주셨으면 합니다. 이상입니다(변호사의 모두진술).

판사: 피고인이 자백하므로 간이공판절차에 회부하겠습니다. 변호인 검찰측 증거 전부 동의하시죠? 그러면 심리를 마치고, 검찰측 구형하시죠!(간이공판절차로의 회부, 이때는 증거조사가 생략됨)

검사: 피고인을 징역 6개월에 처해주시기 바랍니다(검사의 의견진술).

판사: 변호인 변론하시죠!

변호사: 피고인이 약간의 위압은 했지만, 고의성은 없었기 때문에 학생인 점을 참작하여 관대한 처분을 내려주시기 바랍니다(변호인의 최후진술).

판사: 피고인 마지막으로 하고 싶은 말 있으면 하세요!

홍길동: 잘못했습니다. 선처를 바랍니다(피고인의 최후진술).

판사: 종결하고 이 사건은 2020년 2월 20일 오후 2시에 이 법정에서 선고하겠습니다. (선고기일 고지)

(2020년 2월 20일 오후 2시 선고공판정)

판사: 피고 홍길동은 강도죄로 징역 3개월을 선고하지만, 죄를 뉘우치는 관계로 집행유예 1년, 사회봉사명령 50시간을 선고합니다. 이의 있으시면, 7일 이내에 항소할 수 있습니다.

제2절 **약식절차**

약식절차略式節次는 공판절차 없이 서면심리書面審理만으로 지방법원에서 벌금·과료 또는 몰수형을 과하는 제도로써, 독일의 민사소송법상 독촉절차인 '과형명령절차'Strafbefehlsverfahren에서 유래한 제도이다.[183]

이 제도는 일반적으로 검사가 피의자에 대해 징역 또는 금고형보다 벌금형이 타당하다고 생각해 기소와 동시에 벌금형에 처해 달라는 약식명령을 법원에 청구하는 것이다. 따라서 약

---

183 상게서, p. 794.

식절차는 벌금, 과료 또는 몰수에 해당하는 경미한 사건에 대해서 검사의 청구에 따른 법원의 서면심리에 의해서 심판이 이루어지게 된다.[184]

약식명령은 검찰실무에서 경미사건의 신속한 처리를 위한 장치로써 그 활용도가 매우 높다.[185]

약식절차에서는 서면심리라는 절차의 특성상 직접심리주의나 전문법칙 등은 적용될 여지가 없으나, 자백배제법칙이나 자백의 보강법칙은 공판정이나 공판기일의 심리와 무관하고 위법수사를 배제하기 위한 법적 장치이므로 그대로 적용된다고 할 것이다.[186]

약식명령의 청구는 공소의 제기와 동시에 서면으로 하여야 한다. 약식명령에는 범죄사실, 적용법령, 주형, 부수처분과 약식명령의 고지를 받은 날로부터 7일 이내에 정식재판의 청구를 할 수 있음을 명시하여야 한다.

또한 검사 또는 피고인은 약식명령의 고지를 받은 날로부터 7일 이내에 정식재판을 청구할 수 있으며, 정식재판의 청구는 약식명령을 한 법원에 서면으로 제출하여야 한다. 또한 약식절차에는 공소장일본주의가 적용되지 않는다.[187]

정식재판의 청구는 제1심판결 선고 전까지 취하할 수 있으며, 약식명령은 정식재판의 청구에 의한 판결이 있는 때에는 당연히 그 효력을 잃는다.[188] 또한 약식명령은 정식재판의 청구기간이 경과하거나 그 청구의 취하 또는 청구기각의 결정이 확정한 때에는 확정판결과 동일한 효력이 있으며(약식명령의 효력), 피고인이 정식재판을 청구한 사건에 대하여는 약식명령의 형보다 중한 형을 선고하지 못한다(불이익변경의 금지).

184 배종대·이상돈, 전게서, p. 876.

185 신동운, 전게서, p. 1199.

186 이재상a, 전게서, p. 736.

187 신동운, 전게서, p. 1201.

188 배종대·이상돈, 전게서, p. 887.

1 ‖ 즉결심판의 의의

즉결심판절차란 20만 원 이하의 벌금, 구류, 과료에 처할 경미한 사건에 대하여 경찰서장의 소추로, 법관이 심리한 후 즉시 선고함으로써 사건을 신속하게 처리할 수 있도록 하는 형사소송절차 중 특별절차로 일제시대의 범죄즉결례에서 유래한 제도이다.[189]

Criminology & C·J systems

🌐🔍 즉결심판의 유래[190]

조선총독부의 범죄즉결례犯罪卽決例는 일본 본토의 위경즉결례違警卽決例에서, 위경즉결례는 독일(프로이센)의 위경즉결례Strafverfügungsverfahren에서 각각 유래한 제도이다. 일본에서는 제2차 대전 후 위경즉결례가 폐지되어 경찰관의 사법권이 폐지되었고, 독일에서도 1970년 초에 경미범죄의 비범죄화 정책에 따라 위경죄가 폐지되고, 경찰서장의 즉결심판청구권도 자연 소멸되었다.

사안이 경미하고 죄가 있음이 명백한 사건임에도 불구하고, 경찰의 사건송치, 검사에 의한 공소제기를 거쳐 법원의 정식 공판절차에 의해 심판한다는 것은 사건처리의 신속성을 침해하면서도 소송경제에 반할 뿐 아니라 피의자 입장에서도 사건처리절차의 장기화로 인한 시간적 부담 및 정신적 고통을 동시에 받게 되기 때문에 형사절차로부터 신속히 해방되고자 하는데, 이런 이해관계를 만족시켜 주는 것이 즉결심판의 존재 의의라 할 것이다.

그러나 즉결심판 사건의 대부분은 경범죄처벌법위반 사건과 도로교통법위반 등 교통사건이 차지하고 있고, 경범죄사건과 교통사건은 대부분 범칙금 통고처분 불이행으로 즉결심판에 회부된 사건이기 때문에 사실상 즉결심판제도는 범칙금 통고처분 불이행자를 대상으로 운영되어 왔다고 볼 수 있다.[191]

그런데 2002년 경범죄처벌법(제8조 제2항) 및 도로교통법(제120조 제2항)의 개정으로 범칙

---

189 박미숙, 「형사사건의 신속한 처리방안에 관한 연구-경미한 죄를 중심으로」, 한국형사정책연구원, 1999, p. 119.

190 상게논문, p. 119.

191 곽규홍, "경미사건의 효율적 처리방안," 2003년도 한국형사정책학회 하계학술대회, 2003, p. 55.

금 미납자에 대하여 즉결심판이 청구된 이후에도 즉결심판 선고 전까지 가산금[192]을 납부하면 즉결심판청구를 취소할 수 있도록 변경함에 따라 위와 같이 범칙금 통고처분 불이행자를 중심으로 운영되어 왔던 즉결심판 사건자체가 감소하고 있다.[193]

2 ‖ 즉결심판의 절차

범칙금을 납부할 것을 통고받은 사람은 10일 이내에 경찰청장이 지정하는 장소에 납부하여야 한다. 납부기간 내에 납부하지 않은 사람은 범칙금 납부기간이 끝나는 날의 다음 날부터 20일 이내에 통고받은 범칙금의 120%에 해당하는 금액을 납부해야 한다.

범칙금을 납부하지 않은 경우에는 관할 경찰서장이 즉결심판에 회부하고, 법원은 도로교통법상의 벌금, 구류, 과료에 처하게 된다. 다만, 즉결심판이 청구되기 전까지 통고받은 범칙금의 150%에 해당하는 금액을 납부한 사람에 대해서는 즉결심판청구를 하지 않고, 즉결심판이 청구된 피고인이 즉결심판의 선고 전까지 통고받은 범칙금액의 150%에 해당하는 금액을 납부하고 증빙서류를 제출한 때에는 경찰서장은 그 피고인에 대한 즉결심판청구를 취소하게 된다.[194]

즉결심판은 판사의 주재하에 경찰서가 아닌 공개된 법정에서 열리는데, 피고인이 출석하는 것이 원칙이지만, 불출석하는 경우도 있다. 판사는 피고인에게 사건내용을 알려주고 변명의 기회를 주어야 하며, 변호인을 선임할 수 있는 기회도 주어야 하나, 신속하고 간편한 심리를 위하여 경찰조서만을 증거로 해서 유죄를 선고할 수도 있다.

즉결심판에서는 대개 구류, 벌금 또는 과료형이 선고된다. 판사는 즉결심판을 할 수 없거나 즉결심판으로 하는 것이 타당하지 않은 경우에는 결정으로 청구를 기각하며, 이 경우 경찰서장은 기각한 사건을 지체 없이 검찰에 송치해야 한다.[195]

---

192 통보받은 범칙금액에 그 100분의 50을 더한 금액.

193 유상진, 전게논문, p. 57.

194 법무부c, 전게서, p. 415.

195 이재상a, 전게서, pp. 804-805.

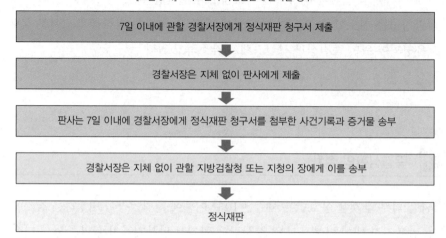

[그림 5-4] 피고인이 즉결심판에 불복할 경우

7일 이내에 관할 경찰서장에게 정식재판 청구서 제출

경찰서장은 지체 없이 판사에게 제출

판사는 7일 이내에 경찰서장에게 정식재판 청구서를 첨부한 사건기록과 증거물 송부

경찰서장은 지체 없이 관할 지방검찰청 또는 지청의 장에게 이를 송부

정식재판

즉결심판이 확정되면 확정판결과 동일한 효력이 생긴다. 형의 집행은 경찰서장이 하고 추후에 검사에게 보고한다.[196] 판사는 피고인이 주거가 없거나 또는 도망의 우려가 있을 때에는 5일 미만으로 경찰서 유치장에 유치할 것을 명할 수 있다.[197] 벌금과 과료는 경찰서장에게 납입하도록 하고, 구류는 1일 이상 30일 미만으로 보통 경찰서 유치장에서 집행하지만 검사의 지휘로 교도소에서 집행할 수도 있다.

피고인은 즉결심판에 불복하여 정식재판을 청구할 수 있는데, 정식재판을 청구한 사건에 대해서는 즉결심판의 형보다 무거운 형을 선고하지 못하게 하는 '불이익변경금지'의 원칙이 적용된다.[198]

---

196 배종대·이상돈, 전게서, p. 895.

197 이재상c, 「형사소송법(제9판)」(서울: 박영사, 2012), p. 841.

198 이재상a, 전게서, p. 809.

제1절 | 청소년범죄 개관

1 || 청소년범죄의 의의

청소년비행의 개념을 규정하는 것은 쉽지 않지만 일반적으로 사회에서 요구하는 규범을 벗어난 일탈행동이라고 볼 수 있다.[199] 이러한 청소년비행이 일탈을 넘어서 사회의 제반 법규정을 위반했을 때, 이를 청소년범죄라고 한다.

청소년은 성인과 달리 아직 신체적인 측면과 정신적인 측면이 성숙되지 않았으므로 범죄를 범했을 경우에, 엄격한 처벌보다는 선도와 보호를 중심으로 처리되고 있다.

2019년 기준 우리나라는 청소년범죄에 대해서 '소년법'을 제정하여 특별한 선도와 보호를 하고 있다. 우리나라 소년법은 '국친사상'을 기본이념으로 하고 있다. '국친사상'國親思想, parent patriot이란 국가가 모든 국민의 보호자이고 특히 청소년은 국가가 부모를 대신해 보호해 줘야 한다는 사상이다. 이 같은 소년보호주의에 입각하여 우리나라는 소년사건 처리에서 보호의 원칙을 두고 있다.

소년법 제2조 및 제4조에서는 청소년범죄자인 소년(여자 포함)을 10세 이상 19세 미만의 자로 규정하고 있지만, 형법 제9조는 14세 미만의 자를 처벌하지 않는 형사책임연령[200]으로 보고 있다. 따라서 소년범죄자는 원칙적으로 일반 형사사건을 저지른 14세 이상 19세 미만의

---

199 김준호 외 5인, 「청소년비행론」 (서울: 청목출판사, 2003), p. 25.

200 이때 14세 미만인지 여부는 호적을 기준으로 하지 않고 실제 연령을 기준으로 한다.

PART 05

소년을 의미한다.

2 ‖ 소년의 분류

1 우범소년

우범소년은 집단적으로 몰려다니며, 주위 사람들에게 불안감을 조성하는 성벽^{性癖}이 있거나, 정당한 이유 없이 가출하거나, 술을 마시고 소란을 피우거나 유해환경에 접하는 성벽이 있는 사유가 있고 그의 성격이나 환경에 비추어 앞으로 형벌 법령에 저촉되는 행위를 할 우려가 있는 10세 이상 19세미만의 소년을 말한다(소년법 제4조 제1항).

따라서 우범소년에는 촉법소년과 범죄소년이 포함된다고 할 수 있다. 이러한 우범소년은 현재 형법 관련 법령을 위반한 것은 아니지만 앞으로 범죄를 저지를 가능성이 있는 소년을 통칭한다고 할 수 있다. 우범소년은 아직 반사회적 행위를 하지 않은 단순한 불량성이 있는 소년을 의미한다고 할 수 있다.[201]

2 촉법소년

촉법소년은 형법에 저촉되는 행위를 하였지만 형사책임 연령이 되지 않았기 때문에 형벌을 부과할 수 없는 10세 이상 14세 미만의 소년을 말한다. 따라서 촉법소년은 형법상 14세 미만에 해당하기 때문에 형사처벌을 할 수는 없지만 소년법상 보호처분의 대상이 된다. 촉법소년은 형사책임이 없는 형사미성년자로 볼 수 있다.

3 범죄소년

범죄소년은 범죄행위를 한 14세 이상 19세 미만의 소년을 말한다. 이들은 형법상 14세 이상에 해당하기 때문에 죄의 경중에 따라서 형사처벌을 받을 수도 있다.

---

201 이윤호b, 「교정학」 (서울: 박영사, 2007), p. 340.

🌐 비행소년의 분류[202]

　　우리나라 소년법 제4조에 의하면 소년은 범죄소년, 촉법소년, 우범소년의 3가지로 분류되고 있다. 이러한 분류는 비행행위보다는 비행자로서 분류되었다는 것이다. 그러나 범죄소년과 촉법소년의 경우를 보면, 연령에 있어서 구분이 있을 뿐 '형법법령에 위배되는 행위를 한자'로 규정되어 있는 것을 보면 비행행위를 기준하였다고 볼 수 있다.

　　그러나 우범소년의 경우를 보면 현재적인 행위보다는 잠재적 행위를 포함하고 있다. 특히 '범죄성이 있는 부도덕한 자와 교제하거나'라는 규정을 보면, 비행행위보다는 비행자가 중심개념인 것을 엿볼 수 있다. 비행소년, 즉 '범죄성이 있는 부도덕한 자'와 교제를 하게 되면 역시 비행소년이 될 가능성이 있으며, 비행소년이 되면 비행을 저지를 가능성이 증가된다라는 논리가 내포되어 있다.

　　이러한 논리의 근저에는 우범소년 중 일정한 연령을 지나서, 즉 14세 이상이 되어 형벌법령에 위배된 자는 범죄소년이 되며, 14세 미만은 촉법소년이 된다는 명제가 있다.

제2절　소년사건의 처리절차

　　범죄소년, 촉법소년 또는 우범소년을 발견한 보호자 또는 학교와 사회복지시설의 장은 관할 경찰 또는 검찰에 신고를 하거나, 소년법원에 직접 통보를 할 수 있다. 일반 형사사건과 마찬가지로 소년사건도 경찰과 검찰에 의한 처리절차를 먼저 거치게 된다. 그러나 소년의 특수성을 고려하고 있기 때문에 일반 형사사건의 처리절차와는 다른 몇 가지 특징을 가지고 있다.

202　김준호, "청소년비행의 개념과 측정" 「법률신문」, 1986.08.25.

1 ⫶ 경찰에서의 소년사건 처리

경찰은 촉법소년·우범소년의 경우에는 검사를 거치지 않고 직접 소년법원에 보내야 한다. 경찰이 조사 또는 심리한 결과 사건이 경미한 경우에는 훈방조치를 하게 되지만, 그 처벌의 필요성이 있는 경우에는 관할 검찰청으로 사건을 보내게 된다. 범죄소년의 경우에는 원칙적으로 검찰청으로 사건을 송치하게 된다. 하지만 촉법소년과 우범소년의 경우에는 사건이 경미하여 처벌의 필요성이 적은 경우, 훈방조치를 하거나 검사에게 사건을 송치하지 않고 곧바로 소년법원에 송치한다.[203]

2 ⫶ 검찰에서의 소년사건 처리

검사는 범죄소년 이외의 비행소년은 경찰서장이 직접 관할 소년부에 송치하도록 하고 있으나, 범죄소년은 일단 검사에게 송치되어 검사의 판단을 받도록 하고 있다. 이를 '검사선의주의'檢事先議主義라고 한다.[204]

검찰에서는 벌금 이하의 형에 해당하는 범죄이거나 보호처분에 해당하는 사유가 있다고 인정될 경우에는 소년법원에 사건을 송치하여 보호사건으로 처리한다. 그렇지 않은 경우에는 일반 법원에 기소하여 일반 성인범죄자와 동일하게 처리한다. 특히 검사는 재범가능성이 적고 선도보호의 필요성이 있다고 판단되는 경우에는 선도조건부 기소유예처분을 하기도 한다.

Criminology & C·J systems

🔍 선도조건부 기소유예처분

선도조건부 기소유예처분이란 검사가 범죄소년에 대하여 일정한 기간 동안 준수사항을 이행하고 민간인인 범죄예방위원의 선도를 받을 것을 조건으로 기소유예처분을 하고, 그 소년이 준수사항을 위반하거나 재범을 하지 않고, 선도기간이 경과한 경우에는 공소를 제기하지 않는 제도이다.

---

203 김준호 외 5인, 전게서, p. 417.
204 이은모, 「형사소송법(제4판)」(서울: 박영사, 2014), p. 961.

검사는 소년범이 저지른 사건이 벌금 이상의 형에 해당하고 처벌의 필요성이 있다고 인정되거나 보호처분에 해당하는 사유가 없는 경우에는 일반 재판을 통해 처벌을 받게 한다. 하지만, 벌금 이하의 형에 해당하거나 보호처분에 해당할 사유가 있다고 판단되는 경우에는 소년법원으로 송치하여 소년보호사건으로 처리하게 된다.

제3절 ‖ 소년보호사건의 처리

1 ‖ 보호처분

경찰, 검찰이나 형사법원에서 사건을 송치받은 소년법원은 사건을 조사, 심리하여 소년에게 보호처분을 부과하게 된다. 2007년 말 소년법 개정으로 도입된 ②호, ③호, ⑧호 처분은 2008년 6월 말부터 적용되고 있으며, 보호처분에는 ① 보호자 또는 보호자를 대신하여 소년을 보호할 수 있는 자에게 감호 위탁(6개월 이내), ② 수강명령(100시간 미만), ③ 사회봉사명령(14세 이상의 경우만 부과할 수 있음, 200시간 미만), ④ 보호관찰관의 단기 보호관찰(1년 이내), ⑤ 보호관찰관의 장기 보호관찰(2년 이내, 단 1년의 범위 내 1차 연장 가능), ⑥ 「아동복지법」에 따른 아동복지시설이나 그 밖의 소년보호시설에 감호 위탁(6월 이내), ⑦ 병원, 요양소 또는「보호소년 등의 처우에 관한 법률」에 따른 소년의료 보호시설에 위탁(6월 이내), ⑧ 1개월 이내의 소년원 송치, ⑨ 단기 소년원 송치(6월 미만), ⑩ 장기 소년원 송치(2년 미만) 등이 있다.

이 중 '수강명령'이란 유죄가 인정된 범죄인이나 비행소년을 교화·개선하기 위하여 일정한 강의나 교육을 받도록 명하는 것을 말한다. 또한 '사회봉사명령'이란 유죄가 인정된 범죄인이나 비행소년을 교도소나 소년원에 구금하는 대신에 정상적인 사회생활을 영위하게 하면서 일정한 기간 내에 지정된 시간 동안 무보수로 근로에 종사하도록 명하는 것을 말한다. 근로의 예로는 자연보호활동, 복지시설 및 단체봉사, 행정기관지원, 공공시설봉사, 병원지원, 공익사업보조, 농촌봉사, 문화재 보호봉사 등이 있다.

소년원이란 법원 소년부로부터 소년원 송치처분을 받은 청소년을 수용하여 교육하는 법무부 산하 국가기관이다. 최근의 소년원은 정규 학교체제를 갖추고 있을 뿐만 아니라 컴퓨터 실습, 어학교육, 직업훈련 등 다양한 특성화 교육을 실시하고 있다. 또 청소년이 소년원에서 교육을 받았다고 하더라도, 교도소나 구치소에 수용되는 성인 수형자와는 달리 전과기록이 남지 않는다.

Criminology & C·J systems

🌐🔍 14세 소녀의 성폭행 사건

과거 가출 중학생 K양(14세)을 자신의 자취방에서 성폭행한 H군(19세)에 대한 재판이 서울고등법원에서 진행되었다. 이때 피해자 K양이 "처벌을 원하느냐"는 변호사의 질문에 "아는 오빠인데 용서하고 싶다. 처벌을 원하지 않는다"고 말했기 때문에 K양에 대한 성폭행혐의는 공소기각 되었다.

피해자 의사와 관계없이 무조건 처벌할 수 있는 만12세 이하 아동성범죄와 달리 13세 이상은 피해당사자의 처벌의사를 중시한다. 피해자가 K양처럼 13-18세의 청소년일때 '피해자의 의사에 반反해' 처벌할 수 없는 '반의사불벌죄'가 적용된다.

청소년 성범죄는 과거 성인 강간죄처럼 고소 없이는 수사하지 못하는 '친고죄' 였다. 그러나 고소 취하 등의 합의만 받고 형사처벌을 피하는 사례가 발생하자 2009년 2월 국회는 청소년(13-18세) 성범죄는 고소 없이도 수사할 수 있어 '처벌효과'가 큰 '반의사불벌죄'로 법을 개정하였다.

Criminology & C·J system

범|죄|학|과
형|사|사|법|체|계|론

PART

06

형사사법의 미래

"오늘의 당신을 변화시켜라. 미래를 운명에 맡기지 마라. 미루지 말고, 지금 당장 움직여라."

(Change your life today. Don't gamble on the future, act now, without delay.)

– 실존주의 여성 사상가, 시몬 드 보부아르(Simone de Beauvoir)

"매시간 당신의 삶을 즐기는 방법을 배워라. 지금 행복해라.

누군가가 행복하게 만들어주기를 기다리지 마라."

(Learn to enjoy every minute of your life. Be happy now.

Don't wait for something outside of yourself to make you happy in the future.)

– 얼 나이팅게일(Earl Nightingale)의 명언 中에서

"운(運)이란 '준비'가 '기회'를 만난 것이다."

(Luck is what happens when preparation meets opportunity.)

– 로마의 철학자, 세네카(Lucius Annaeus Seneca)

제 1 장

미래사회의 범죄양상

오늘날의 범죄양상

1 개관

오늘날 우리사회는 산업화로 인한 물질만능주의 사고의 확산으로 인해 각종 범죄가 발생하고 있다. 특히 사회 양극화와 빈곤 등에 따른 범죄문제는 오랜 시간 우리사회의 큰 문제점이었다.

1987년 이후 전개된 민주화의 물결은 군부독재의 정통성을 부정하여 사회적 무질서가 야기되면서 범죄문제가 심각한 사회문제로 대두되었으며, 정부는 1990년 '범죄와의 전쟁'을 선포하기도 하였다.

우리사회는 1997년 IMF사태, 2008년에는 세계 금융위기를 겪었다. 이와 같은 어려운 시기에도 불구하고 경찰관이 지속적으로 증원되면서 인구 10명당 범죄 범죄발생 건수는 지속적으로 감소하고 있다. 대여성범죄와 사이버범죄 등과 같은 신종범죄가 증가하였지만, 전체적인 총 범죄는 안정적으로 관리되었다.

[표 6-1] 경찰관 및 1인당 담당인구 등 변화

구분	2008	2009	2010	2011	2012	2013	2014	2015	2016	2017	2018
경찰관	97,732	99,554	101,108	101,239	102,386	105,357	109,364	113,077	114,658	116,584	118,651
1인당 담당인구	504	498	492	501	498	485	469	456	451	444	437
총범죄	2,063,737	2,020,209	1,784,953	1,752,598	1,793,400	1,857,276	1,778,966	1,861,657	1,849,450	1,662,341	1,580,751
인구10명당 범죄	3,790	4,246	4,144	3,652	3,578	3,698	3,528	3,678	3,577	3,210	3,050

※ 인구수는 2018년 말 기준 통계청 추계인구임.
※※ 경찰관수는 2018년 말 기준 정원임.
출처: 경찰청, 「경찰통계연보」 2019.; 통계청, 「통계연보」 각 년도 재구성.

지난 10년간 경찰력은 지속적으로 증가하였으며, 경찰관 1인당 담당인구는 꾸준히 감소하였다. 이에 따라 인구 10명 당 범죄발생 건수는 선진화 정부(이명박 정부) 시기인 2008년 3,790건에서 2012년 3,578건으로 5.6%가 감소하였다. 창조정부(박근혜 정부)에서는 2013년 3,698건에서 2017년 3,210건으로 －13.2%가 감소하였다.

오늘날의 범죄현상을 '범죄시계'Crime Clock를 통해서 살펴보면 다음과 같다. 범죄시계에 나타난 범죄형태는 총범죄와 살인, 강도, 강간 및 강제추행, 방화, 절도, 폭력 등 강력사건이다. 범죄시계를 통해서 알 수 있듯이 2018년 우리 사회는 하루에 폭력사건 787.9건, 절도사건 484.4건, 강간 및 강제추행사건 62.1건 등이 발생하여 이들 사건이 우리사회의 큰 문제로 대두되고 있음을 알 수 있다.

[그림 6-1] 2018년의 대한민국 범죄시계

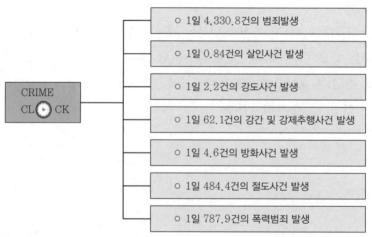

○ 1일 4,330.8건의 범죄발생

○ 1일 0.84건의 살인사건 발생

○ 1일 2.2건의 강도사건 발생

○ 1일 62.1건의 강간 및 강제추행사건 발생

○ 1일 4.6건의 방화사건 발생

○ 1일 484.4건의 절도사건 발생

○ 1일 787.9건의 폭력범죄 발생

출처: 경찰청, 「2018경찰통계연보」 2019, 재구성

1 김영삼 정부

김영삼 정부의 평균 인구증가율은 1.02%, 경제성장률은 평균 6.9%, 실업률은 2.4%, 인구10만 명당 범죄발생건수는 평균 3,980건이었다. 총 범죄발생률은 평균 5.0%, 검거율은 91.9%, 경찰관수 증감률은 평균 −0.8%였다.[1]

김영삼 정부의 총 범죄발생건수는 1,443,440건이었으며, 검거건수는 1,320,129건, 그리고 검거율은 91.9%였다.[2] 인구10만 명당 범죄발생 건수는 1993년 2,951건에서 1997년 3,118건으로 5.7%가 증가하였다. 경찰관수는 1993년 90,108명에서 1997년 87,419명으로 −2.98%가 감소하였다.

[표 6–2] 문민정부의 범죄발생 추세

구 분		총범죄		경제 성장률 (%)	1인당 GNI 단위 $	인구 단위 1,000명	인구10만 명당 범죄발생건수	경찰관수
정부	연도	발생건수	검거건수					
문 민 정 부	1993	1,304,349	1,248,010	6.8	8,720	44,194	2,951	90,108
	1994	1,309,326	1,184,208	9.2	10,168	44,194	2,951	90,108
	1995	1,329,694	1,202,059	9.6	12,282	44,642	2,932	90,558
	1996	1,419,811	1,287,260	7.6	13,077	45,093	2,948	90,639
	1997	1,536,652	1,398,384	5.9	12,059	45,525	3,118	87,419

※ 인구수는 2014년 말 기준 통계청 추계인구임.
※※ 경찰관수는 2014년 말 기준 정원임.
출처: 경찰청, 「경찰통계연보」, 2000; 통계청, 「통계연보」, 각 년도 재구성.

---

1 본 자료에서는 범죄발생건수를 인구구조를 고려하여 표준화하였는데, 이것이 범죄발생률(crime rate) 즉, 특정 기간 동안 인구 10만 명당 범죄발생건수이다. 범죄발생률을 구하는 공식은 다음과 같다. $CRij = (Cij / Pj) * 100,000$ (i= 범죄유형, j=특정년도). Cij는 특정연도의 특정 범죄유형의 발생건수, Pj는 특정년도의 인구수이다.

2 김창윤b, "한국의 범죄발생 추세분석에 관한 연구"「한국공안행정학회보」, 37, 2009, pp. 137-138.

2 김대중 정부

김대중 정부의 평균 인구증가율은 0.71%, 경제성장률은 평균 4.5%, 실업률은 5.0%, 인구 10만 명당 범죄발생건수는 평균 3,644건이었다. 총 범죄발생률은 평균 4.6%, 검거율은 91.6%, 경찰관수 증감률은 0.38%였다.

김대중 정부의 총 범죄발생건수는1,865,987건이었으며, 검거건수는 1,707,843건, 그리고 검거율은 91.6%였다.[3] 인구10만 명당 범죄발생건수는 1998년 3,343건에서 2002년 3,930건으로 17.5%가 증가하였다. 경찰관수는 1998년 89,629명에서 2002년 90,819명으로 1.33%가 증가하였다.

[표 6-3] 국민의 정부 범죄발생 추세

구 분		총범죄		경제 성장률 (%)	1인당 GNI 단위 $	인구 단위 1,000명	인구10만 명당 범죄발생건수	경찰관수
정부	연도	발생건수	검거건수					
국 민 정 부	1998	1,712,233	1,579,728	−5.5	7,989	45,954	3,343	89,629
	1999	1,654,064	1,574,902	11.3	10,282	46,287	3,699	90,515
	2000	1,739,558	1,543,219	8.9	11,865	46,617	3,548	90,623
	2001	1,860,687	1,642,118	4.5	11,177	47,008	3,700	90,670
	2002	1,833,271	1,694,342	7.4	12,729	47,343	3,930	90,819

※ 인구수는 2014년 말 기준 통계청 추계인구임.
※※ 경찰관수는 2014년 말 기준 정원임.
출처: 치안정책연구소, 「치안전망」 2013: 경찰청, 「경찰통계연보」 2015: 통계청, 「통계연보」 각 년도 재구성.

3 노무현 정부

노무현 정부의 평균 인구증가율은 0.36%, 경제성장률은 평균 4.34%, 실업률은 3.54%, 인구 10만 명당 평균 범죄발생건수는 3,804건이었다. 총 범죄발생률은 평균 0.04%, 검거율은 87.4%, 경찰관수 증감률은 0.98%였다.

노무현정부의 총 범죄발생건수는 1,954,862건이었으며, 검거건수는 1,710,470건, 그리고 검거율은 87.4%였다.[4] 인구10만 명당 범죄발생 건수는 2003년 3,848건에서 2007년 3,545건으로 −7.9%가 감소하였다. 경찰관수는 2003년 91,592명에서 2007년 95,890명으로 4.69%

---

3 상계논문, pp. 137-138.

4 상계논문, pp. 137-138.

가 증가하였다.

[표 6-4] 참여정부의 정부 범죄발생 추세

구 분		총범죄		경제 성장률 (%)	1인당 GNI 단위 $	실업률 (%)	인구 단위 1,000명	인구10만명당 범죄발생건수	경찰관수
정부	연도	발생건수	검거건수						
참여정부	2003	1,894,762	1,679,249	2.9	14,151	3.6	47,639	3,848	91,592
	2004	1,968,183	1,761,590	4.9	15,884	3.7	47,925	3,954	92,165
	2005	1,733,122	1,512,247	3.9	18,490	3.7	48,199	4,083	93,271
	2006	1,719,075	1,483,011	5.2	20,794	3.5	48,294	3,589	95,658
	2007	1,836,496	1,615,093	5.5	22,992	3.2	48,497	3,545	95,890

※ 인구수는 2014년 말 기준 통계청 추계인구임.
※※ 경찰관수는 2014년 말 기준 정원임.
자료: 치안정책연구소, 「치안전망」, 2013; 경찰청, 「경찰통계연보」, 2015; 통계청, 「통계연보」 각 년도 재구성.

4 이명박 정부

이명박 정부의 평균 인구증가율은 1.10%, 경제성장률은 평균 3.2%, 실업률은 3.4%, 인구10만명당 범죄발생건수는 평균 3.882건이었다. 총 범죄발생률은 평균 –0.18%, 검거율은 83.5%, 경찰관수 증감률은 평균 1.09%였다.

이명박 정부의 평균 총 범죄발생건수는 1,882,979건이었으며, 검거건수는 1,578,195건, 그리고 검거율은 83.5%였다. 인구10만 명당 범죄발생 건수는 2008년 3,790건에서 2012년 3,578건으로 –5.6%가 감소하였다. 경찰관수는 2008년 96,469명에서 2012년 101,239명으로 4.94%가 증가하였다.

[표 6-5] 선진화 정부의 정부 범죄발생 추세

| 구 분 | | 총범죄 | | | 경제 성장률 (%) | 1인당 GNI 단위 $ | 실업률 (%) | 인구 단위 1,000명 | 인구10만 명당 범죄발생건수 | 경찰관수 |
정부	연도	발생건수	검거건수	검거률 (%)						
선진화정부	2008	2,063,737	1,812,379	87.8	2.8	20,419	3.2	48,456	3,790	96,469
	2009	2,020,209	1,811,917	89.7	0.7	18,256	3.6	48,607	4,246	97,732
	2010	1,784,953	1,514,098	84.9	6.5	22,105	3.7	48,747	4,144	99,553
	2011	1,752,598	1,382,463	78.9	3.7	24,225	3.4	48,875	3,652	101,108
	2012	1,793,400	1,370,121	76.4	2.3	24,599	3.2	48,989	3,578	101,239

※ 인구수는 2014년 말 기준 통계청 추계인구임.
※※ 경찰관수는 2014년 말 기준 정원임.
출처: 치안정책연구소, 「치안전망 2013」 2013; 경찰청, 「2014 경찰통계연보」 2015; 통계청, 「통계연보」 각 년도 재구성.

5 박근혜 정부

박근혜 정부의 인구증가율은 0.31%, 경제성장률은 평균 3.0%, 실업률은 평균 3.5%, 인구10만명당 범죄발생건수는 평균 3,538건이었다. 총 범죄발생률은 평균 −6.98%, 검거율은 81.0%, 경찰관수 증감률은 평균 2.26%였다.

박근혜 정부의 총범죄는 2013년 1,857,276건에서 2016년 1,849,450건으로 0.42% 감소하였다. 1인당GNI는 2013년 26,070달러에서 2016년 27,681달러로 14.1%가 증가하였다. 평균 총 범죄발생건수는 1,801,938건이었으며, 검거건수는 1,455,835건, 그리고 검거율은 81.0%였다. 인구10만 명당 범죄발생 건수는 2013년 3,698건에서 2017년 3,210건으로 −13.2%가 감소하였다. 이는 역대정부 중 최고의 감소폭이다. 경찰관수는 2013년 105,357명에서 2017년 116,584명으로 10.7%가 증가하였다. 경찰관수 역시 역대정부 중 최고의 증가율을 보였다.

[표 6-6] 창조 정부의 총 범죄발생 추세

| 구분 | | 총범죄 | | | 경제
성장률
(%) | 1인당 GNI
단위 $ | 실업률
(%) | 인구 단위
1,000명 | 인구10만 명당
범죄발생건수 | 경찰관수 |
정부	연도	발생건수	검거건수	검거률 (%)						
창 조 정 부	2013	1,857,276	1,420658	76.5	2.9	26,070	3.1	50,220	3,698	105,357
	2014	1,778,966	1,392112	78.3	3.3	27,892	3.5	50,424	3,528	109,364
	2015	1,861,657	1,500,234	80.6	2.8	27,171	3.6	50,801	3,678	113,077
	2016	1,849,450	1,552,455	84.9	2.9	27,681	3.7	51,696	3,577	114,658
	2017	1,662,341	1,413,717	85.0	3.1	29,745	3.7	51,778	3,210	116,584

※ 인구수는 2017년 말 기준 통계청 추계인구임.
※※ 경찰관수는 2017년 말 기준 정원임.
출처: 경찰청, 「경찰통계연보」, 2018.; 통계청, 「통계연보」 각 년도 재구성.

3 ‖ 민주화 이후 주요 강력사건

민주화 이후 심각한 사회양극화로 살인·강도·강간·방화 등과 같은 강력범죄가 빈발하였다. 이러한 강력범죄는 사회무질서 상황에서 발생할 수 있는 가장 극단적인 범죄이며, 국민들에게 가장 많은 '범죄의 두려움'fear of crime을 야기하였다.

강력범죄 중 가장 심각한 살인사건은 우리 사회에 큰 사회적 문제로 대두되었다. 특히 연쇄살인사건과 토막사건과 같은 끔찍한 살인사건은 형사사법기관의 발전에도 불구하고 지속적으로 발생하였다.

지난 10년간 우리 국민들에게 충격을 준 주요 치안사건은 다음과 같다. 안양 초등생 2명 납치 살해 사건 시신 발견(정성현 사건)(2008. 3. 11.), 대구 어린이 납치 살해 사건 (2008. 5. 30.), 안산 초등생 나영이 성폭행 사건(조두순 사건)(2008. 12. 11.), 경기도 서남부 일대 여성 7명 연쇄살인 사건 범인 체포(강호순 사건)(2009. 1. 27.), 장자연 사건(2009. 3. 7.), 부산 여중생 살인 사건 (김길태 사건)(2010. 2. 24.), 수원 여성 토막 살인 사건(오원춘 사건)(2012. 4. 1.) 등이 발생하였다.

2013년도에는 대구 여대생 살인 사건(2013. 5. 25.), 여자청소년 강간, 살해·사체훼손사건 (2013. 7. 8.), 용산토막 살인사건(2013. 7. 10.), 칠곡 계모 아동학대 살인사건 (2013. 8. 14.), 모자

납치 인질강도 사건(2013. 7. 15.), 여고생 흉기살해사건(2013. 9. 15.)이 있었다.

2014년에는 고성 군부대 총기 난사 사건(2014년) , 울산 삼산동 묻지마 살인 사건(2014년), 포천 빌라 고무통 변사 사건(2014년), 김해 여고생 살인 사건 (2014년), 울산 입양아동 학대 사망사건(2014년), 수원 팔달산 토막 살인 사건(2014년), 인천 가방 속 시신 사건 (2014년), 포천 농약 음독 사건(2011-2014년)이 발생하였다.

2015년에는 청주 크림빵 뺑소니 사건 (2015년), 시화호 토막살인 사건(2015년), 서울 내곡동 예비군 훈련장 총기 난사 사건 (2015년), 상주 농약 음료수 음독 사건(2015년), 트렁크 살인 사건(2015년), 용인 벽돌 살인 사건(2015년), 부천 초등학생 토막 살인 사건(2012-2015년)이 있었다.

2016-2017년에는 부천 여중생 백골 살인 사건(2015-2016년), 평택 아동 살해 암매장 사건(2013-2016년), 원영이 사건(2016. 1. 7.), 청송 농약 소주 음독 사건 (2016년), 청주 아동학대 암매장 사건(2011-2016년), 대부도 토막시신 살인사건(2016년), 강남역 화장실 살인사건(2016년), 시흥 악귀 살인사건(2016년), 김학봉 수락산 살인 사건(2016년), 오패산터널 총격 사건(2016년), 인천 초등학생 살인사건(2017. 3. 29.) 등이 발생하였다.

제2절 | 미래사회의 범죄양상

독일의 사회학자 울리히 벡Ulrich Beck은 1986년에 출간한 『위험사회』Risk Society라는 저서에서 현대 서구사회를 문명의 화산 위에서 살아가는 '위험사회'risk society로 규정했다. 우리사회 또한 벡이 말한 위험사회의 특징을 가지고 있으며, 서구사회와 유사한 각종 범죄현상이 발생할 것이다.

미래사회는 과학기술의 발전과 경제성장으로 인하여 인간의 '삶의 질'이 높아지고 수명이 크게 늘어날 것으로 예상된다. 하지만 이러한 발전과정 속에서 물질만능주의로 인한 인간소외, 자원 고갈, 인구과잉, 환경오염, 가치관의 갈등과 변화, 정보화시대로 인한 피드백의 즉시성, 국가간의 이념적 장벽의 붕괴, 그리고 사회적 편견 등은 21세기에도 계속될 위험요소들일 것이다. 이러한 위험요소들은 사회질서를 혼란스럽게 하고 범죄를 발생케 할 개연성을 증

대시키는 원인이 될 것이다.[5]

또한 우리사회는 고령화, 저출산에 따른 노동력 감소와 세계적인 경제위기로 인한 경제성장 동력의 약화 그리고 사회양극화에 의한 빈부간의 격차가 더욱 심화되고 있다. 이러한 사회양극화의 심화에 따른 위험사회의 도래는 전통적인 범죄 증가로 이어질 가능성이 많으며, 경제위기에 따른 화이트칼라 범죄, 그리고 강·절도범죄도 더욱 심화될 것이다.

또한 첨단기술을 활용한 사이버범죄가 새롭게 심화되고, 세계화와 국제화의 진전으로 범죄양상도 세계화·국제화의 양상을 띨 것으로 전망된다. 정보통신망의 발전과 항공교통의 발달 등으로 인해 마피아, 야쿠자, 삼합회 등과 같은 국제조직범죄가 더욱 기승을 부릴 것이다.

우리나라의 사회경제적 구조가 점차 선진국과 같은 모습을 갖게 되면서 범죄의 양상도 화이트칼라 범죄, 지능형 범죄, 성범죄, 증오범죄, 사이코패스 범죄 등과 같은 선진국형 범죄로 변화될 것으로 전망된다. 특히 경제발전에 따른 물질적인 풍요과 정신적인 빈곤과의 괴리에 의한 사회병리현상이 점차 심각해지면서 반사회적이고 반인륜적인 범죄가 끊임없이 발생하여 우리사회에 충격을 줄 것이다.

21세기 우리사회는 살인, 강도, 강간, 폭력 등과 같은 전통적인 범죄뿐만 아니라 사이코패스, 정신질환자들에 의한 범죄 그리고 연쇄살인, 다중살인, 납치강간살인 등과 같은 반인륜적인 각종 사건이 발생할 것이다.

21세기 사건들은 전통적인 범죄와는 다른 특징을 갖고 있는데, 첫째는 풍요로운 중산층 이상의 계층에 있는 사람들이 범죄를 저지른다는 것, 둘째는 사회양극화에 따른 증오범죄의 양상을 가지고 있다는 것, 셋째는 기존의 범죄수법과 첨단 정보통신 수단과 결합된 범죄양상을 가지고 있다는 것, 마지막으로 사이코패스 및 정신분열증 환자에 의한 예측불가능의 범죄가 발생한다는 것 등을 들 수 있을 것이다.

Criminology & C·J systems

🌐 스토킹범죄

2021년 3월 24일 「스토킹범죄의 처벌 등에 관한 법률」(스토킹 처벌법)이 국회 본회의를 통과함에 따라 정부 공포 후 9월 25일부터 시행된다. 스토킹 처벌법에 의한 스토킹행위 판단기준은 ① 상대방의 의사에 반한 것인지의 여부, ② 정당한 이유의 존재 여부, ③ 불안감이나 공포심을 일으켰는지의 여부 등이다.

스토킹 처벌법에 따른 스토킹행위는 상대방의 의사에 반해 정당한 이유 없이

5　대검찰청, "각국검찰의 변화 및 미래전략," 「연구보고서」, 16, 2007, p. 2.

상대방 또는 그의 동거인, 가족에 대해 다음과 같은 어느 하나에 해당하는 행위를 하여 상대방에게 불안감 또는 공포심을 일으키는 것을 말한다.

그 내용은 다음과 같다. ① 접근하거나 따라다니거나 진로를 막아서는 행위, ② 주거 등 또는 그 부근에서 기다리거나 지켜보는 행위, ③ 우편·전화·팩스 또는 정보통신망을 이용하여 물건이나 글·말·부호·음향·그림·영상·화상 등을 도달하게 하는 행위, ④ 직접 또는 제3자를 통하여 물건 등을 도달하게 하거나 주거 등 또는 그 부근에 물건 등을 두는 행위, ⑤ 주거 등 또는 그 부근에 놓여져 있는 물건 등을 훼손하는 행위 등이다.

스토킹 처벌법은 스토킹행위자에 대해서 다음과 같은 잠정조치를 취할 수 있다. 그 내용은 ① 피해자에 대한 스토킹범죄 중단에 관한 서면 경고, ② 스토킹행위의 상대방이나 그 주거로부터 100m 이내 접근금지, ③ 스토킹행위의 상대방에 대한 전기통신을 이용한 접근금지, ④ 국가경찰관서의 유치장 또는 구치소에의 유치 등이다.

스토킹행위를 지속적·반복적으로 행한 스토킹범죄자(스토커)는 3년 이하의 징역 또는 3,000만 원 이하의 벌금에 처해질 수 있다. 흉기 또는 그 밖의 위험한 물건을 휴대하거나 이용하여 스토킹범죄를 저지른 스토커는 5년 이하의 징역 또는 5,000만 원 이하의 벌금에 처해질 수 있다.

지금까지 「경범죄 처벌법」상 '지속적 괴롭힘'을 적용해 10만 원 이하의 벌금이나 구류·과료에만 처할 수 있던 스토킹행위가 무거운 처벌을 받는 정식 범죄로 규정되었으며, 이에 대한 예방대책과 처벌 등이 신설된 것이다. 경찰은 신고를 받은 직후, 즉각적으로 긴급조치와 잠정조치를 통한 신속한 개입을 할 수 있게 되었다.

이제 "열 번 찍어 안 넘어가는 나무 없다."라면서 상대방의 집 앞에서 매일 기다리는 짝사랑 행동, 좋아하는 연예인에 대한 사생팬의 과도한 행동, 그리고 무차별적 전화공세와 폭탄 같은 문자발송 행위 등을 지속적·반복적으로 하여 상대방에게 불안감이나 공포심을 일으킨다면 범죄자가 될 수도 있다.

결국 사랑은 상대방에 대한 애정표현과 관심도 중요하지만 "사랑은 상대방이 좋아하는 것을 해 주는 것이 아니라, 상대방이 싫어하는 것을 하지 않는 것이다."라는 오래된 명제를 법이 확인해준 것이다.

과거의 사랑은 싫다고 해도 승낙일 수 있다는 '싫다고 해도 좋을 수 있다No means yes'의 시대였다. 하지만 21세기 사랑은 싫은 것을 싫다고 얘기하는 '아닌 것은 아니다$^{No\ means\ no}$'의 시대를 맞이했다. 이 이후의 다음 세대는 내가 인정한 것만 승낙하는 '인정한 것만 맞다$^{Yes\ means\ yes}$'의 시대를 맞이할 것이다.

제 2 장

형사사법체계의 미래 대응

　　2018년 IMF와 한국은행 통계에 따르면 대한민국은 인구 5,000만 명 이상, 국민소득 3만 1,349달러를 기록하면서 경제강국 '30-50클럽'에 가입했다. 인구 5천만 명 이상 규모를 가진 국가 중 1인당 국민소득이 3만 달러를 넘는 국가는 미국, 독일, 일본, 프랑스, 영국, 이탈리아, 우리나라까지 7개 나라뿐이다. 사실상 세계 7위의 경제강국으로 부상했다.

　　1인당 국민소득이 3만 불이라면 지금 환율로 하면 한 3,000만 원 정도다. 3인 가족 기준으로 계산한다면 1년에 9,000만 원, 4인 가족이면 1억 2,000만 원이다. 국민들이 3만 불 시대를 환호하지 않고, 피부에 와 닿지 않는 이유는 3인 가족인 우리집은 가장인 아빠가 버는 연봉 3,000만 원, 월 250만 원이 전부이기 때문이다. '국가는 부유하지만 국민은 가난한 나라'인 일본과 같은 선진국이 처한 상황과 똑같은 상태에 놓인 것이다.

　　우리는 위기에 직면했다. 비정규직 1천만 시대, 비정규직 평균임금은 정규직의 43%인 137만원 수준이다. 청년실업, 자영업 문제, 신성장 동력 발굴 그리고 소득 양극화를 '백마를 타고 온 초인'이 해결해 주기를 기다리고 있지만 불가능한 이상에 가깝다. 암울한 현실은 개선될 기미가 보이지 않는다.

　　이러한 현실에서 오늘날 우리 시민들은 형사사법기관이 담당하고 있는 범죄예방, 범죄소추, 재판, 형집행 등의 제반 형사사법절차에 있어서 "무전유죄無錢有罪, 유전무죄有錢無罪"라는 인식을 더욱 각인하고 있다. 특히 약자에 대한 가혹하고 엄격한 법집행과 처벌은 형사사법의 정

의를 더욱 왜곡하고 있는 실정이다.[6]

특히 중앙집권적인 전통에 따라서 우리의 형사사법체계는 지역실정을 무시하고 중앙을 바라보는 형사사법체계를 운영하였다. 따라서 새로운 형사사법의 패러다임은 첫째, '지역사회 형사사법'COCJ, Community Oriented Criminal Justice 패러다임을 도입해야 한다. 오늘날 세계 각국은 형사사법에서 지역사회 형사사법 활동을 강조하고 있다. 예를 들어, 경찰활동에 있어서 '지역사회경찰 프로그램'을 운영하고 있으며, 검찰활동에 있어서도 '지역사회검찰 프로그램'을 운영하면서 지역사회를 경찰과 검찰의 고객으로 생각하고, 고객인 지역사회의 의견을 경찰권과 검찰권 행사에 반영하고 있다.

또한 형사사건의 재판에 있어서도 배심제와 참심제를 운영하면서 지역사회 시민들을 재판에 참여시킴으로써 재판의 공정성과 민주성을 강화하고 있다. 교정제도에 있어서도 '지역사회교정 프로그램'을 운영하면서 각종 사회내 처우를 확대하고 재소자에 대한 인권보장과 재사회화에 노력하고 있다.

둘째, 범죄에 대한 강경한 응보와 범죄억제를 중심으로 하는 '응보적 형사사법'에서 피해자와 가해자 그리고 지역사회의 회복을 도모하는 '회복적 형사사법'Restorative Criminal Justice 으로 패러다임을 전환해야 한다.

이를 위해서는 사법부에서 부분적으로 도입하고 있는 회복적 사법을 경찰, 검찰, 법원, 교정 그리고 보호관찰에 이르는 전 형사사법체계에 체계적으로 도입되어야 한다. 예를 들어, 범죄자에 대한 사회통합과 재사회화 프로그램의 확대, 그리고 피해자와 가해자간의 화해Victim-Offender Reconciliation 프로그램 도입 등을 형사사법의 중심개념으로 하는 형사사법체제를 구축해야 한다.

이처럼 21세기 우리의 형사사법기관은 특정 계급의 이익이 아닌 지역사회와 그 구성원들, 즉 시민들의 요구사항이 무엇인지를 파악한 후, 이것을 수용하기 위해 적극적으로 노력해야 할 것이다.

---

6   김한균, "법질서와 형사사법의 왜곡" 「민주법학」, 37, 2008, pp. 3134-314.

4차 산업혁명 시대를 위한 형사정책 도입

미래학^{futurology}에서는 하나의 미래가 도래하기보다는, 인간의 준비와 노력에 따라 여러 가지 대안미래^{alternative future}를 창조할 수 있다고 본다. 4차 산업혁명의 미래상은 단일하지 않을뿐더러 단일하지도 아니하다.[7] 형사정책적 성찰에 따른 4차 산업혁명의 전망과 과제 실행노력이 다른 정책분야의 노력과 결합해 4차 산업혁명의 국가정책이 수립되고 시행되어야 한다.

특히 '4차 산업혁명'를 맞이하여 형사정책은 새로운 미래대응을 준비해야 한다. 4차 산업혁명의 핵심 기술은 'ICBM+AI'라고 불리는 사물인터넷^{IoT}, 클라우드 컴퓨팅^{Cloud Computing}, 빅데이터^{Big Data}, 모바일^{Mobile}과 인공지능^{AI}이다. 이 중 4차 산업혁명의 성패를 좌우하는 핵심 기술은 AI이다. 손정의 일본 소프트뱅크 회장은 지난 2017년 "30년 안에 AI가 인류의 지능과 능력을 뛰어넘고, 모든 산업을 바꾸게 될 것"이라고 전망했다.[8]

4차 산업혁명시대에 대응하기 위한 형사정책은 ① 사이버 범죄와 관련한 제반 법체제의 정비, ② 개인정보보호 강화와 인권보호를 위한 형사사법체계 정비, ③ ICBM^{Internet, Cloud, Big Data, Mobile}+AI에 대응하기 위한 통합 형사사법보안 연구기반 체제의 구축 등이다.

'4차 산업혁명 시대를 위한 형사정책'의 중요한 3대 과제는 다음과 같다.[9] 첫째 사이버 보안 법제와 정책 정비, 둘째 사생활 보호강화와 지능정보기술산업 발전의 균형을 추구하는 형사법제 정비, 셋째 인공지능과 사이버보안 연구기반 구축 등이다.

첫째, 사회기반시설의 네트워크와 네트워크에 연결된 기기들이 해킹 등 사이버 공격의 대상이 될 위험은 더욱 높아진다. 사이버보안 정책과 법제정비에 있어서 법과 기술정책전문가, 정부와 민간기업의 협업뿐만 아니라 시민사회의 의견을 수렴한 단단한 사회적 기반이 필요하다.

둘째, 초연결성을 현실 극대화하는 지능정보기술의 발전이 국가경쟁력 차원의 목표라는 현실을 부인할 수는 없다. 동시에 변화하는 사회환경에 따라 시민개인의 자유와 사생활 보호 또한 국가형사사법체계의 중요한 목표가 아닐 수 없다. 따라서 변화하는 사회현실에 대응한 사생활 보장법제와 지능정보산업 발전의 법적 기반 정비개선은 균형 있게 이루어져야 한다.

특히 지능정보기술 활용에 있어서 형사사법기관의 개인정보 수집 및 남용 가능성이 가장 우려되므로, 법적 근거와 한계, 사전적 예방과 사후적 관리조치 제도가 정비되어야 할 것이다.

---

7 미래준비위원회, 「미래전략보고서: 4차 산업혁명 시대의 생산과 소비」미래창조과학부, 2017, p. 10.

8 진중언, "4차 산업혁명 핵심기술은 'ICBM'과 AI… 성패는 AI가 좌우" 「조선일보」, 2019.06.27.

9 김한균, "4차 산업혁명의 형사정책" 「형사법의 신동향」, 55, 2017, p. 308.

셋째, 4차 산업혁명에서 정부역할의 중요성은 여전히 강조된다. 인공지능과 사이버보안 연구체계의 민관협력적 구축과 강화에 대한 정부지원의 역할 역시 중요하다. 형사정책담당자와 전문연구자들은 지능정보기술의 위험성을 최소화 하고 사회경제적 혜택을 증진하는 방향으로 현실진단과 정책개발에 노력해야 한다.

4차 산업혁명 시대를 대비하기 위해서 형사사법 분야의 공무원들에게는 다음과 같은 자세가 요청된다. ① 4차 산업혁명에 대한 과학적 지식 습득(코딩 교육 등), ② 방대한 형사사법 데이터의 유용한 활용 사례 발굴 및 지원, ③ 개인정보와 인권보호를 위한 지속적인 노력, ③ 시민과의 동반자적 관계 형성을 통한 형사사법 업무처리, ④ 경찰, 검찰, 법원, 교정, 보호관찰 등과의 상호 협력적 네트워크 형성, ⑤ 개방된 사고 및 규제절차의 지속적 개선 등이다.

제3절 사회적 약자를 배려하는 형사사법체계의 구축

변화된 미래 환경에서 우리 시민들의 형사사법체계에 대한 요구사항은, 엄격한 법집행만을 강조하는 형사사법이 아니라 사회적 약자를 배려하는 경찰권의 행사, 사회의 거대한 부패세력을 단죄하는 검찰권의 행사, 정의가 실현되는 재판권의 행사, 그리고 재사회화 및 사회통합을 위한 교정권 등이 될 것이다.

유엔의 지속가능발전종합목표SDGs는 2016-2030년 모든 나라가 공동으로 추진해 나갈 목표로 새천년개발목표Millenium Development Goals, MDGs의 후속사업으로서 새천년개발목표MDGs가 추구하던 빈곤퇴치의 완료를 최우선 목표로 하되 나아가 글로벌하게 전개되고 있는 경제·사회의 양극화, 각종 사회적 불평등의 심화, 지구환경의 파괴 등 각국 공통의 지속가능발전 위협요인들을 동시적으로 완화해 나가기 위한 국가별 종합적 행동 및 글로벌 협력 아젠다로 구성되어 있다.

우리의 형사정책도 UN의 '지속가능발전목표'SDGs에 부합하는 이행전략Strategies for Implementing the UN Sustainable Development Goals to Build Safer Societies이 필요하다.

최근의 범죄는 초국가적·조직적 경향을 보이고 있고, 여성·아동 등 사회 취약계층을 대상으로 하는 경우가 빈번하다. 따라서 전세계 법집행기관과 범죄·형사정책 연구자들이 머리를 맞대 보다 효율적으로 범죄를 예방하고 사회적 약자를 보호하는 방안을 모색해야 할 것이다.

제4절 인권을 최우선 가치로 삼는 형사사법기관으로 변화

과거 형사사법기관과 시민과의 관계는 형사사법기관이 시민들의 위에 군림하면서 시민들을 상대로 권력을 행사하는 관계였다고 할 수 있다. 따라서 시민들은 경찰을 두려워하고, 검찰의 정치성을 혐오하고, 법원의 불공정성을 원망하고, 교정의 반인권적 수용을 비판 하였다. 하지만 미래의 형사사법기관과 시민과의 관계는 시민들을 위한 봉사자로서 시민들에게 서비스를 제공하는 '동반자적 관계'Partnership로 변모해야 할 것이다.

따라서 형사사법기관의 제반 권한행사는 국민을 '통제하고 지시'control and order하는 것이 아니라 국민을 '보호하고 서비스'care and service를 제공하는 방향으로 변모하여야 하며, 그 서비스의 내용에는 시민의 목소리가 반영되어야 한다는 인식을 널리 공유하여야 할 것이다.

또한 형사사법체계의 문제점을 인식했다면, 시민들의 참여를 유도하여 민주적 정당성을 확보함과 동시에 시민들의 다양한 의견을 제반 형사사법절차에 반영하여 시민들과 함께 하는 형사사법체계로 나아가야 할 것이다. 이러한 과정이 정착될 때 우리의 형사사법체계는 21세기 제반 범죄문제를 보다 효율적이며 민주적으로 해결하면서 발전할 수 있을 것이다.

오늘날 국제사회는 각종 국가간의 문제를 해결하기 위한 국제협력을 강조하고 있다. 사이버범죄, 테러리즘, 마약, 조직범죄, 기업범죄 등과 같은 범죄문제에 있어서도 다른 영역의 국제문제와 마찬가지로 국제협력의 중요성이 강조되고 있다. 특히 인터폴을 통한 국제협력은 더욱 강화되어 가고 있으며, 검찰에서도 형사사법공조를 위한 '아시아검찰'의 창설 등이 추진되고 있다.

현재로서는 범죄인인도 사례가 비교적 많지 않지만, 중범죄자들의 해외도피사례가 증가됨에 따라 범죄인인도에 대한 사회적, 국민적 요구가 증대될 것이다. 따라서 범죄인인도가 원활히 이루어질 수 있도록 현행 형사사법공조 시스템을 재정비하고 활성화할 필요가 있다.

특히 범죄인인도 등 형사사법공조의 전통적 방식 이외에, 해외로 도피한 범죄자가 해외국가에 은닉한 범죄수익에 대한 몰수·추징의 문제가 형사사법공조의 새로운 영역으로 부각되고 있다.

따라서 해외은닉 범죄수익에 대한 몰수 및 추징이 원활하게 이루어질 수 있도록 관련 외국 국가들과의 형사사법에서의 국제공조활동을 더욱 강화하고, 국제공조의 상호주의원칙상 이와 관련된 국내법규를 지속적으로 정비해 나가야 할 것이다. 특히 외국인 수감자들의 사회복귀와 재사회화 및 사회통합 문제는 새로운 교정철학을 요구하고 있다.

형사사법기관도 이러한 국제환경의 변화에 맞는 새로운 패러다임이 요구되고 있다. 경찰에게는 '인터폴을 통한 국제협력'이라는 패러다임이, 검찰에게는 '아시아검찰'의 창설이라는 패러다임이, 법원에는 '범죄인인도를 통한 국제공조활동의 강화'라는 패러다임이, 교정에게는 '외국인수감자의 사회재통합'이라는 패러다임이 각각 요구된다고 할 것이다.

현재 경찰은 경찰서에 '외국인범죄수사전담반'을 설치·운영하여 국내에 체류하는 외국인에 대한 동향 파악 및 범죄수사활동을 하고 있다. 그러나 외국인 범죄가 날로 증가하고 있으며, 국제조직범죄 등도 국내 범죄조직과 연계하여 국내침투를 기도하고 있는 실정이기 때문에 이에 대한 체계적인 대비책이 강구되어야 할 것이다. 전체 형사사법체계에서 세계화 및 국제화에 대비한 예방 및 관리체제를 구축하여야 할 것이다

Criminology &
C·J system

범|죄|학|과
형|사|사|법|체|계|론

부록

제1절 │ 국가경찰과 자치경찰의 조직 및 운영에 관한 법률(자치경찰제)

1 ‖ 자치경찰제의 도입

1 자치경찰제 도입 배경

최근 우리나라에서는 진정한 지방자치를 위해 경찰권한의 분권화와 함께 지역특성에 적합한 치안서비스의 제공이 필요하다는 점에서 자치경찰제 전면 시행의 필요성이 꾸준히 제기되고 있었다. 또한 수사권 조정 시행과 함께 자치경찰제의 도입을 통해 비대해진 경찰권을 효율적으로 분산하여야 한다는 의견이 제기되었다.

이에 따라 2021년 1월 1일 국가경찰과 자치경찰의 조직 및 운영에 관한 법률을 제정하여 자치경찰제를 도입하였다. 경찰행정에 지방분권과 민주성에 대한 요구를 반영하는 동시에, 국민 안전에 공백이 없도록 국가 전체의 치안 총량과 현재의 안정적 경찰활동 체계가 흔들리지 않도록 하였다.

지방행정과 치안행정의 연계성을 확보하여 지역주민의 치안수요에 적합한 다양한 치안서비스를 제공하고 지역실정에 맞는 주민밀착형 경찰서비스가 실현되도록 하였다. 또한 현행 조직체계의 변화와 추가 소요비용 최소화를 통해 국민부담을 경감하도록 하였다.

2 자치경찰제의 특징

2021년 1월 1일부로 시행되고, 7월 1일부로 전면 도입되는 자치경찰제의 특징은 다음과 같다. 첫째, 「구. 경찰법」을 폐지하고 「국가경찰과 자치경찰의 조직 및 운영에 관한 법률」을 제정하여 경찰사무를 국가경찰사무와 자치경찰사무로 나누었다.

둘째, 각 사무별 지휘·감독권자를 분산하며, 시·도 자치경찰위원회가 자치경찰사무를 지휘·감독하도록 하는 등 자치경찰제 도입의 법적 근거를 마련하였다.

셋째, 경찰권 비대화의 우려를 해소하면서 지방행정과 치안행정의 연계성을 확보하여 주민 수요에 적합한 다양한 양질의 치안서비스를 제공하는 한편 국가전체의 치안역량을 효율적으로 강화하였다.

2 ‖ 자치경찰제 시행

2021년 7월 1일부터 자치경찰제가 도입되어, 지역주민 요구를 신속하게 반영할 수 있는 주민 밀착형·지역특성을 반영한 경찰서비스 기반이 확대된다. 이번에 도입되는 자치경찰제는 경찰업무를 국가·수사·자치경찰사무로 나누고 이 중 자치경찰사무를 시·도지사 소속으로 설치되는 시·도 자치경찰위원회에서 지휘·감독하게 된다.

자치경찰제가 시행되면 시·도별로 자치경찰사무가 수행되기 때문에 지역 특색에 맞는 선제적·예방적 경찰활동과 함께 보다 주민 친화적인 경찰서비스가 이루어질 것이다. 특히, 부처별로 집행되던 주민안전 관련 예산을 지자체에서 통합·운영하여 예산 편성·집행절차가 간소화되고, 지역치안에 관한 주민의 다양한 요구를 더 신속히 반영할 수 있게 된다.

112 신고나 민원업무 등은 현재와 같이 처리되기 때문에 자치경찰제 도입으로 인한 현장과 국민의 혼선·혼란은 거의 없을 것으로 예상된다. 경찰청은 경찰청 및 시·도 경찰청에 준비단을 운영하고 시·도별 준비단과 협력하여 제도 시행을 차질 없이 준비하였다.

각 시·도에서는 자치경찰제의 근간이 되는 시·도 자치경찰위원회 출범, 자치경찰 관련 조례 제정 등 준비에 착수하였다. 2021년 7월 1일, 전국 17개 시·도에서 일제히 본격 시행할 예정이다. 한편, 법 시행에 따라 기존 '지방경찰청' 명칭은 '21년 1월 1일부터 '○○시경찰청' 또는 '○○도경찰청'으로 변경되었다.

(예시) 서울특별시지방경찰청 → 서울특별시경찰청, 강원지방경찰청 → 강원도경찰청

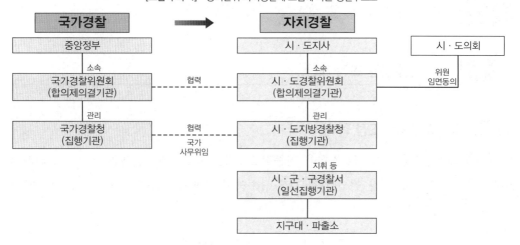

[그림 부록-1] 광역단위 자치경찰제 도입에 따른 경찰구조도

출처: 서울시

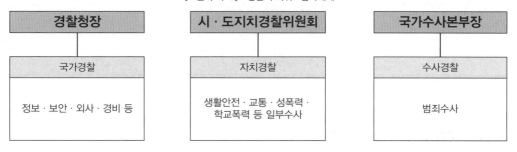

[그림 부록-2] 경찰의 지휘 · 감독체계

출처: 행정안전부

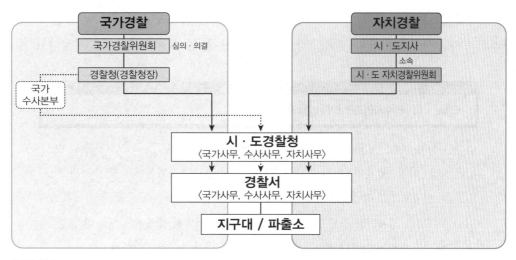

출처: 행정안전부

1 ┃ 검 · 경수사권 조정 개관

1 검 · 경수사권조정 목적

검·경수사권조정은 검찰의 권한을 민주적으로 분산하고 상호 견제와 균형의 원리가 작동하는 것을 목적으로 한다. 이를 위해서 검·경수사권 개혁법령 입법을 완료하고, 2021년1월 1일부터 시행하였다.

[표 부록-1] 검 · 경수사권 조정 권리별 쟁점

구 분	수사개시권	수사지휘권	수사종결권	영장청구권
경찰	○	×	△ (제한적)	×
검찰	○	△ (예외적)	○	○

2 검찰의 수사권 개혁 법령 시행

검찰은 수사권 개혁을 위해서 「형사소송법」·「검찰청법」 개정('20.1.), 「수사준칙」·「검사 수사개시 범죄 범위 규정」 및 동 시행규칙 개정('20.10.) 등을 이뤘다. 또한 수사권 개혁법령에 따른 「영장심의위원회 규칙」, 「특별사법경찰관리에 대한 검사의 수사지휘 및 특별사법경찰 관리의 수사준칙에 관한 규칙」 제정, 「검찰사건사무규칙」 등 검찰 내부규정도 개정되었다.

> **Criminology & CJ systems**
>
> 🔍 **검 · 경수사권조정 관련 입법의 주요내용**
>
> • 검사의 직접수사 개시범위 제한, 검사의 수사지휘 폐지 및 검·경 상호협력 규정 도입, 사법경찰관의 1차적 수사종결권 인정 및 검사의 사법통제 신설, 수사과정 의 인권보호 및 적법절차 보장 확대 등
> • 부패범죄·경제범죄·공직자범죄·선거범죄·방위산업범죄·대형참사 등 6대 범죄 와 경찰관 범죄 그리고 경찰 송치범죄로 검사의 직접수사 범위를 한정

2 경찰의 수사권 개혁 법령 시행

경찰이 1차적인 수사책임을 지는 수사권 개혁이 2021년 1월 1일부터 시행되었다. 개정 법령에 따라 경찰은 1차적·일반적 수사권자로서 경·검 협력관계를 토대로 모든 범죄를 책임지고 수사하게 된다.

경찰은 범죄 혐의가 있을 때만 검찰에 사건을 송치하고 혐의가 인정되지 않는 사건은 1차 종결할 수 있으며, 그동안 검찰에서 사건종결을 위해 의례적으로 실시해오던 이중조사가 크게 줄어들게 된다.

또한, 경미범죄에 대해 기계적인 처벌이 아닌 '회복적 경찰활동' 등 균형감 있는 피해회복 정책을 활성화할 수 있게 된다. 회복적 경찰활동은 가정폭력·학교폭력 등 당사자 간 대화와 소통을 통해 단순 형사처벌만이 아닌 사과와 화해 및 피해 회복을 도모하는 제도를 말한다.

경찰의 1차적 수사에 대한 엄격한 심사·통제장치 및 이의제도가 시행된다. 검사의 수사지휘가 폐지되는 대신 검사의 ① 보완수사요구, ② 시정조치요구, ③ 재수사요청에 의해 통제를 받게 된다. 시민·전문가가 참여하는 사건심사 등 경찰 내·외부에 강제수사절차와 수사 전반에 대한 엄격한 심사제도가 시행된다.

[표 부록-2] 경찰 내·외부 심사제도

경찰 사건심사 시민위원회	• 외부위원 참여를 확대 • 수사이의사건, 내사·미제사건, 풍속사건 점검결과, 지방청장이 부의하는 중요사건 심의
책임수사지도관 제도	관할 경찰서 현장점검·지도 및 사건 정기점검 등
심사관 제도	체포·구속·압수 영장신청서 사전 검토·심사 및 사건 종결 전 기록 심사 등 사건 전반의 완결성 제고, 중요사건 지도·조정 등

경찰의 수사종결(불송치결정)에 이의가 있으면, 고소인·고발인·피해자가 경찰서장 등에게 이의신청할 수 있으며, 이의신청 시 검찰로 즉시 송치되어 계속 수사할 수 있게 된다. 사건관계인이 투명하게 수사 진행상황을 알고 대처할 수 있도록 사건접수 → 진행 → 종결 전 과정에 통지제도도 확대된다.

이러한 통지제도에는 ① 내사 진행상황 통지, ② 피혐의자·진정인 등 불입건 결정 통지, ③ 수사진행상황 통지, ④ 체포·구속 시 통지, ⑤ 송치·불송치·수사중지 통지, ⑥ 이의신청 접수·결과 통지 등이 있다.

2 ┃┃ 형사소송법의 개정

1 형사소송법 개정 이유

2018년 6월 21일 법무부장관과 행정안전부장관이 발표한 「검·경 수사권 조정 합의문」의 취지에 따라 검찰과 경찰로 하여금 국민의 안전과 인권 수호를 위하여 서로 협력하게 하고, 수사권이 국민을 위해 민주적이고 효율적으로 행사되도록 하기 위해서 개정 형사소송법을 2021년 1월 1일부터 시행하였다.

2 주요내용

[표 부록-3] 개정 형사소송법 주요내용(2021년 1월 1일 시행)

검사와 사법경찰관의 관계 등 (제195조 신설)	• 검사와 사법경찰관은 수사, 공소제기 및 공소유지에 관하여 서로 협력하도록 함
검사의 수사 (제196조)	• 경무관, 총경, 경정, 경감, 경위가 하는 모든 수사에 관하여 검사의 지휘를 받도록 하는 규정 등을 삭제함 • 경무관, 총경 등은 범죄의 혐의가 있다고 사료하는 때에 범인, 범인사실과 증거를 수사하도록 함
보완수사요구 (제197조의 2 신설)	• 검사는 송치사건의 공소제기 여부 결정 또는 공소의 유지에 관하여 필요한 경우 등에 해당하면 사법경찰관에게 보완수사를 요구할 수 있음 • 사법경찰관은 정당한 이유가 없는 한 지체 없이 이를 이행하도록 함
시정조치요구 등 (제197조의 3 신설)	• 검사는 사법경찰관리의 수사과정에서 법령위반, 인권침해 또는 현저한 수사권 남용이 의심되는 사실의 신고가 있거나 그러한 사실을 인식하게 된 경우에는 사법경찰관에게 사건기록 등본의 송부를 요구할 수 있음 • 송부를 받은 검사는 필요한 경우 사법경찰관에게 시정조치를 요구할 수 있음 • 검사는 시정조치 요구가 정당한 이유 없이 이행되지 않은 경우에 사법경찰관에게 사건을 송치할 것을 요구할 수 있도록 함
수사의 경합 (제197조의 4 신설)	• 검사는 사법경찰관과 동일한 범죄사실을 수사하게 된 때에는 사법경찰관에게 사건을 송치할 것을 요구할 수 있음 • 요구를 받은 사법경찰관은 지체 없이 검사에게 사건을 송치하도록 하되, 검사가 영장을 청구하기 전에 동일한 범죄사실에 관하여 사법경찰관이 영장을 신청한 경우에는 해당 영장에 기재된 범죄사실을 계속 수사할 수 있도록 함
사법경찰관이 신청한 영장의 청구 여부에 대한 심의 (제221조의 5 신설)	• 검사가 사법경찰관이 신청한 영장을 정당한 이유 없이 판사에게 청구하지 아니한 경우 사법경찰관은 관할 고등검찰청에 영장 청구 여부에 대한 심의를 신청할 수 있음 • 이를 심의하기 위하여 각 고등검찰청에 외부 위원으로 구성된 영장심의위원회를 둠

사법경찰관의 사건송치 등 (제245조의 5 신설)	사법경찰관은 범죄를 수사한 때에는 범죄의 혐의가 인정되면 검사에게 사건을 송치하고, 그 밖의 경우에는 그 이유를 명시한 서면과 함께 관계 서류와 증거물을 검사에게 송부하도록 함
고소인 등에 대한 송부통지 (제245조의 6 신설)	사법경찰관은 사건을 검사에게 송치하지 아니한 경우에는 서면으로 고소인 · 고발인 · 피해자 또는 그 법정대리인에게 사건을 검사에게 송치하지 아니하는 취지와 그 이유를 통지하도록 함
고소인 등의 이의신청 (제245조의 7 신설)	• 사법경찰관으로부터 사건을 검사에게 송치하지 아니하는 취지와 그 이유를 통지받은 사람은 해당 사법경찰관의 소속 관서의 장에게 이의를 신청할 수 있음 • 사법경찰관은 이의신청이 있는 때에는 지체 없이 검사에게 사건을 송치하도록 함
재수사요청 등 (제245조의 8 신설)	검사는 사법경찰관이 사건을 송치하지 아니한 것이 위법 또는 부당한 때에는 그 이유를 문서로 명시하여 사법경찰관에게 재수사를 요청할 수 있도록 하고, 사법경찰관은 요청이 있으면 사건을 재수사하도록 함
특별사법경찰관리 (제245조의 10 신설)	특별사법경찰관은 모든 수사에 관하여 검사의 지휘를 받음
검사 또는 사법경찰관의 조서 등 (제312조)	검사가 작성한 피의자신문조서는 공판준비 또는 공판기일에 그 피의자였던 피고인 또는 변호인이 그 내용을 인정할 때에 한하여 증거로 할 수 있음

1. 국내문헌

1) 저서

권석만, 「현대 이상심리학」 서울: 학지사, 2007.

권영성a, 「헌법학원론」 서울: 법문사, 2002.

권영성b, 「헌법학원론」 서울: 법문사, 2004.

권영성c, 「헌법학원론」 서울: 법문사, 2006.

김 구, 「백범일지」 서울: 문학창조사, 2003.

김미숙 외 6인 역, 「현대사회학」 서울: 을유문화사, 2003.

김보환, 「범죄생물학」 서울: 동국대출판부, 2004.

김상호 외 8인, 「경찰학개론」 서울: 법문사, 2005.

김선수, 「사법개혁 리포트」 서울: 박영사, 2008.

김아영, 「관찰연구법」 서울: 교육과학사, 2007.

김용우·최재천, 「형사정책」 서울: 박영사, 1998.

김용진, 「영국의 형사재판」 서울: 청림출판, 1995.

김윤성 역, 「고문의 역사」 서울: 들녘, 2004.

김일수, 「법은 강물처럼 」 서울: 고시계사, 2002.

김재엽, 「한국의 가정폭력」 서울: 학지사, 2007.

김종구, 「형사사법개혁론」 서울: 법문사, 2002.

김준호 외 5인, 「청소년비행론」 서울: 청목출판사, 2003.

김충남, 「경찰수사론」 서울: 박영사, 2008.

김해동, 「조사방법론」 서울: 법문사, 1996.

김형만 외 8인 공저, 「비교경찰제도론」 서울: 법문사, 2003.

김형만·이동원 공역, 「범죄학개론」 서울: 청목출판사, 2001.

김형욱·박시월, 「김형욱 회고록」 서울: 아침, 1985.

김형중a, 「한국고대경찰제도사」 서울: 수서원, 1990.

김형중b, 「경찰중세사」 서울: 수서원, 1998.

문인구, 「영미검찰제도개론」, 법률문화연구회, 1970.

민수홍 외 5인 공역, 「범죄학 이론」 서울: 나남, 2004.

민주사회를위한변호사모임, 「반민주악법개폐에관한의견서」 서울: 역사와비평사, 1989.

박미숙,「형사사건의 신속한 처리방안에 관한 연구-경미한 죄를 중심으로」, 한국형사정책연구원, 1999.

박상기,「독일형법상의 집행유예제도」서울: 법문사, 1991.

박상기·손동권·이순래,「형사정책」, 한국형사정책연구원, 2001.

박승희 역,「사회문제론」서울: 민영사, 1994.

박창호 외 4인 공저,「비교수사제도론」서울: 박영사, 2004.

박현호,「CPTED와 범죄과학」서울: 박영사, 2014.

배종대,「형사정책」서울: 홍문사, 2017.

배종대·이상돈,「형사소송법」서울: 홍문사, 2006.

배종대·이상돈·정승환·이주원,「형사소송법」서울: 홍문사, 2015.

배철효 외 4인,「경찰학개론」서울: 대영문화사, 2007.

백형구a,「알기쉬운 형사소송법」서울: 박영사, 2007.

백형구b,「형사소송법강의」서울: 박영사, 2001.

변태섭,「고대사론」서울: 일조각, 1995.

변태섭b,「한국사통론」서울: 삼영사, 2002.

서일교,「조선왕조의 형사제도 연구」서울: 박영사, 1974.

성황용,「근대동양외교사」서울: 명지사, 1992.

손진 역,「회복적 정의란 무엇인가?」, KAP, 2011.

송광섭,「범죄학과 형사정책」서울: 유스티니아누스, 1999.

신동권·신이철,「새로운 형사소송법」서울: 세창출판사, 2013.

신동운,「형사소송법」서울: 박영사, 2005.

신동운e,「형사소송법(제5판)」서울: 법문사, 2014.

신용석,「일본 형사재판의 실제」서울: 세종출판사, 2001.

신의기 외 5인,「범죄예방을 위한 환경설계의 제도화 방안(Ⅰ)」, 형사정책연구원, 2008.

신현호 역,「빅데이터를 지배하는 통계의 힘」서울: 비전코리아, 2015.

심영희,「국가권력과 범죄통제」서울: 한울아카데미, 1988.

심희기c,「형사소송법의 쟁점」서울: 삼영사, 2004.

심희기 외,「현대 한국의 범죄와 형벌」서울: 박영사, 2017.

연정열,「한국법제사」서울: 학문사, 1996.

유상현·조인성,「행정법총론」서울: 형설출판사, 2007.

유완빈, 「한국행정사 연구」, 정신문화연구원, 1997.

유종해·유영옥, 「한국행정사」 서울: 대영문화사, 1988.

유훈, 「행정학원론」 서울: 법문사, 1982.

윤경익 편저, 「수사실무총람」 서울: 육법사, 1990.

이건종·전영실, 「각국의 범죄예방정책에 관한 연구」, 한국형사정책연구원, 1993.

이경식 역, 「프로파일링」 서울: Human & Books, 2005.

이기백, 「한국사신론」 서울: 일조각, 1990.

이기헌·최석윤 역, 「양형론-피해자를 중심으로」, 형사정책연구원, 1997.

이대희 외 7인, 「한국행정사」 서울: 대영문화사, 2001.

이무웅, 「보호관찰제도론」 서울: 풍남, 1991.

이민식 외 6인 역, 「범죄학」 서울: 센게이지러닝코리아(주), 2008.

이상안, 「신경찰행정학」 서울: 대명출판사, 1999.

이상현, 「범죄심리학」 서울: 박영사, 2004.

이순래 외 2인 역, 「범죄예방론」 서울: 그린, 2011.

이윤근, 「비교경찰제도론」 서울: 법문사, 2002.

이윤호a, 「교정학개론」 서울: 박영사, 2002.

이윤호b, 「교정학」 서울: 박영사, 2007.

이윤호c, 「범죄학」 서울: 박영사, 2007.

이윤호d, 「피해자학」 서울: 박영사, 2007.

이윤호e, 「청소년비행론」 서울: 박영사, 2019.

이윤호f, 「범죄학개론」 서울: 박영사, 2005.

이은모, 「형사소송법(제4판)」, 서울: 박영사, 2014.

이재상a, 「형사소송법(제2판)」 서울: 박영사, 2008.

이재상b, 「형법총론(제5판)」 서울: 박영사, 2005.

이재상c, 「형법총론(제9판)」 서울: 박영사, 2012.

이창신 옮김, 「생각에 관한 생각 프로젝트」 서울: 김영사, 2018.

이황우, 「경찰행정학」 서울: 법문사, 2002.

이황우 편저, 「비교경찰제도(Ⅰ)」 서울: 법문사, 2005.

이황우 외 7인, 「형사정책」 서울: 법문사, 1999.

이황우·조병인·최응렬, 「경찰학개론」, 형사정책연구원, 2001.

임동규a, 「형사소송법(제4판)」 서울: 법문사, 2006.

임동규b, 「형사소송법(제11판)」 서울: 법문사, 2015.

임준태, 「범죄예방론」 서울: 좋은세상, 2001.

임충희, 「법과 현대생활」 서울: 삼조사, 2015.

장규원,「체포제도에 관한 연구」, 형사정책연구원, 1998.

장상희·이상문 역,「사회통계학」서울: THOMSON, 2007.

장영민 역,「미국형사사법사」, 한국형사정책연구원, 2007.

장호성,「미국 헌법과 인권의 역사」서울: 개마고원, 2000.

전대양,「범죄수사」서울: 21세기사, 2009.

정수영,「어카운터빌리티, 새로운 미디어 규범」서울: 커뮤니케이션북스, 2015.

정완 역,「미국의 형사절차」, 한국형사정책연구원, 2000.

정우식·정소은·김회자,「선진각국의 보호관찰제도 운영현황 연구」, 한국보호관찰학회, 2000.

정정길,「정책학원론」서울: 대명, 1991.

정진환,「비교경찰제도」서울: 백산출판사, 2006.

천정환,「신범죄학」서울: 백산, 2006.

최영규,「경찰행정법」서울: 법영사, 2007.

최영신 외 16명,「형사정책연구 30년의 성과와 과제(Ⅰ)」, 형사정책연구원연구총서, 2018.

허경미a,「현대사회와 범죄」서울: 박영사, 2010.

허경미b,「피해자학」서울: 박영사, 2011.

허남오a,「한국경찰제도사」서울: 동도원, 2001.

허남오b,「너희가 포도청을 어찌 아느냐」서울: 가람기획, 2001.

홍성열,「범죄심리학」서울: 학지사, 2000.

홍정선,「행정법원론(下)」서울: 박영사, 2002.

히가시타니 사토시(신현호 역),「경제학자의 영광과 패배」서울: 부키, 2014.

경찰대학a,「경찰수사론」, 2001.

경찰대학b,「비교경찰론」, 2004.

경찰대학c,「경찰수사론」, 2004.

경찰청,「경찰50년사」, 1995.

경찰청,「경찰백서」, 2006-2018.

교정본부,「독일의 교정행정실무고찰」, 2010.

국사편찬위원회a,「한국사4」, 1996.

국사편찬위원회b,「한국사 제10권 발해」, 1996.

내무부치안국,「한국경찰사」1972.

내무부치안국b,「한국경찰사Ⅱ」, 1973.

대검찰청a,「검찰청법 연혁」검찰사자료. 1, 1999.

대검찰청b,「각국의 검찰제도」, 1998.

대검찰청c,「검찰지식리뷰(창간호)」, 2005. 4. 15.

대검찰청d,「수사실무」, 1983.

대한민국여경재향경우회, 「한국여자경찰60년사」, 2007.

동북아역사재단, 「발해의 역사와 문화」, 2007.

미래준비위원회, 「미래전략보고서: 4차 산업혁명 시대의 생산과 소비」미래창조과학부, 2017.

법무부a, 「한국교정사」, 1987.

법무부b, 「법무부사」, 1988.

법무부c, 「한국인의 법과 생활」, 2008.

법무부교정국, 「국외시찰보고서(일본)」, 2007.

법무부 교정본부a, 「더 나은 내일, 희망의 교정」, 2019.

법무부 교정본부b, 「2018 교정통계연보」, 2018.

법원행정처a, 「양형실무」, 1999.

법원행정처b, 「국민참여재판의 이해」, 2007.

수사권조정자문위원회, 「검·경 수사권조정에 관한 공청회」, 2005.

치안정책연구소, 「치안전망 2021」, 2020.

한국형사정책연구원, 「21세기 형사사법개혁의 방향과 대국민 법률서비스 개선방안(Ⅵ)」, 2004.

행정자치부, 「대한민국 정부조직변천사」, 1998.

2) 논문

강남일, "이원적 사건처리 시스템 도입방안," 「연구자료집Ⅱ」, 대검찰청 검찰미래기획단, 2006.

강일원, "21세기 법원과 사법제도," 「민사법연구」, 8, 2000.

곽규홍, "경미사건의 효율적 처리방안," 2003년도 한국형사정책학회 하계학술대회, 2003.

곽대경, "경찰수사를 위한 범죄심리연구의 활용방안" 「한국경찰학회보」, 3(1), 2001.

권오걸, "현행 보안처분제도 개관," 「법학논고」, 22, 2005.

권창국, "범죄자프로파일링 증거의 활용과 문제점에 관한 검토" 「형사정책연구」, 13(4), 2002.

김대성, "고문폐지를 위한 소담론-고문의 실제와 사회적 기회에 대한 비판을 중심으로," 건국대학교 석사학위논문,
        2001.

김두얼·김원종a, "죄형법정주의: 우리나라 법에 규정된 범죄의 범위, 형벌 수준 및 형벌 간 균등성에 대한 실증분석"
        「저스티스」, 2019.

김두얼·김원종b, "우리나라 법률의 제정, 개정, 폐지와 법률 수의 변화, 1945-2017", 2018.

김상걸, "국제법상 '범죄의 집단성'과 '처벌의 개인성'의 포섭과 통합: 개인형사책임 개념의 도입과 범죄참가형태의 정
        교화" 「국제법학회논총」, 64(1), 2019.

김동우, "우리 지역사회교정의 활성화 방안에 관한 연구," 경기대학교 석사학위논문, 2001.

김민철, "일제 식민지배하 조선경찰사 연구", 경희대학교 석사학위논문, 1994.

김보환, "효율적 범죄통제를 위한 방범체계의 개선(도시경찰을 중심으로)" 「치안논총」, 1989.

김상균, "전투경찰제도의 운영실태와 개선방안에 관한 연구," 「법학연구」, 19, 2005.

김성언, "상황적 범죄예방론에 대한 비판적 검토" 「형사정책연구」, 20(1), 2009.

김용덕, "검찰권 통제제도의 효율적 운영방안에 대한 연구," 고려대학교 석사학위논문, 2008.

김일수, "검찰제도의 개선방향," 「법조춘추」, 136, 1988.

김원치, "검찰과 정치의 상호관계에 관한 연구," 건국대학교 박사학위논문, 2007.

김원태, "한독검찰제도의 비교연구−우리 검찰제도의 입법론적 과제를 위하여," 「해외파견검사연구논문집」, 4, 법무부, 1983.

김원치, "검찰과 정치의 상호관계에 관한 연구," 건국대학교 박사학위논문, 2007.

김재경, "지역사회 공동체의 이해와 현황분석" 「사회복지경영연구」, 2(2), 2015.

김재민, "피해자학," 「피해자서포터」, 경찰수사보안연수소, 2005.

김정욱, "특별사법경찰관제도의 관련법제 고찰과 발전방안에 관한 연구," 한양대학교 석사학위논문, 2002.

김정해·최유성, "형사사법기관의 조직구성과 운영에 대한 비교연구: 독일과 미국의 법원조직을 중심으로," 「행정논총」, 43(2), 2005.

김진영, "교정제도의 개선과 민간참여에 관한 연구," 동의대학교 박사학위논문, 2006.

김창윤a, "GIS를 활용한 경찰의 범죄통제에 관한 연구", 동국대학교 박사학위논문, 2004.

김창윤b, "한국의 범죄발생 추세분석에 관한 연구" 「한국공안행정학회보」, 37, 2009.

김한균, "4차 산업혁명의 형사정책" 「형사법의 신동향」, 55, 2017.

김학경·이성기, "영국지방자치경찰의 새로운 패러다임: '2011 경찰개혁 및 사회책임법'과 '국립범죄청'을 중심으로", 「경찰학연구」, 7(3), 2012.

김학배, "검찰·경찰 간의 합리적 수사권 조정 방안," 「수사권 조정 공청회 자료집」, 2004.

김한균, "법질서와 형사사법의 왜곡," 「민주법학」, 37, 2008.

김혁, "회복적 사법의 이념 구현을 위한 경찰의 경미소년사건처리" 「경찰학연구」, 11(1), 2011.

김현태, "우리교정의 개방처우제도에 관한 연구," 경기대학교 석사학위논문, 2003.

김형청, "한국의 형사정책에 관한 역사적 고찰," 「21세기 질서행정」 서울: 청계출판사, 2002.

김희균, "형사사법제도의 변천과 인권," 「헌정 60년과 인권」, 2005.

김희옥, "특별사법경찰관리," 「고시연구」, 17(8), 1990.

류상영, "초창기 한국경찰의 성장과정과 그 성격에 관한 연구(1945-1950)", 연세대학교 석사학위논문, 1987.

문준영, "검찰제도의 연혁과 현대적 의미: 프랑스와 독일에서의 검찰제도와 검찰개념의 형성을 중심으로," 「비교형사법연구」, 8(1), 2006.

문희태, "우리나라 양형의 실태와 합리화 방안," 충남대학교 박사학위논문, 2006.

박강우, "현대 행형의 위기와 기회," 「Juris Forum」, 3, 2003.

박대식, "비교정책 접근법 모색," 「사회과학연구」, 12, 2001.

박병식, "범죄예방을 위한 시큐리티 이론의 검토," 「비교법연구」, 8, 2007.

박순진a, "범죄현상에 관한 새로운 분석틀: 발전범죄학의 대두와 전개" 「한국사회학회 사회학대회 논문집」, 1999.

박순진b, "1980년대 이후의 범죄학 이론 동향"「사회과학여구」, 9(2), 2001.

박주상, "신경범죄학에 대한 탐색적 연구"「한국정부학회 2014년도 추계학술발표논문집」, 2014.

박형균·이재호, "중국인민경찰에 대한 서설적 연구,"「한국동북아논총」, 16(1), 2000.

배종대, "사회안전법 및 보안관찰법에 관한 비판적 고찰,"「법과 사회」, 1(1), 1989.

소병철, "우리나라 수사제도에 관한 법적 고찰: 수사지휘제도의 헌법상 연원과 그 개선방향 모색," 서울시립대학교 석
        사학위논문, 2007.

서보학, "검찰·경찰 간의 합리적 수사권 조정 방안,"「수사권 조정 공청회 자료집」, 2004.

손영상, "갑오개혁 이후 근대적 경찰제도의 정립과 운영", 서울대학교 석사학위논문, 2005.

신동운a, "일제하의 예심제도에 관하여,"「법학」, 27(1), 1986.

신동운b, "법조선진화와 검찰인구"「법학」, 29(1), 1988.

신동운c, "일제하의 형사절차에 관한 연구,"「한국법사학논총」 서울: 박영사, 1991.

신동운d, "경미사건의 효율적 처리방안-경미사건 처리절차의 재정비를 촉구하면서," 2003년도 한국형사정책학회 하
        계학술대회, 2003.

신동준, "범죄학 이론 통합의 이론적 가치"「한국사회학회 사회학대회 논문집」, 2014.

심재우, "검사의 소송법상의 지위,"「고시계」, 10, 1977.

심희기a, "미군정기 남한의 사법제도 개편,"「법제연구」, 8, 1995.

심희기b, "문화와 형사사법제도-신유학적 형사사법제도의 공과와 그 장래에 대한 전망,"「형사정책연구」, 7(4), 1996.

안진, "후기자본주의 사회에서의 범죄통제,"「역사와 사회 2: 현대 자본주의의 이론적 인식」 서울: 한울아카데미, 1984.

양미향, "개방처우에 관한 연구," 숙명여자대학교 석사학위논문, 1991.

오동석, "사법부 독립의 민주주의적 방향,"「민주법학」, 16(1), 1999.

오재록·윤향미, "관료제 권력과 민주적 거버넌스(중앙정부 4대 권력기관을 중심으로),「한국자치행정학보」, 28(1), 2014.

위재천, "보호관찰제도의 비교연구 및 그 발전방향," 전남대학교 석사학위논문, 1993.

유도현, "중국경찰제도에 관한 연구," 한서대학교 석사학위논문, 2005.

유상진, "경죄사건 신속처리를 위한 부검사제도 도입방안에 관한 연구," 연세대학교 석사학위논문, 2007.

윤성의, "경찰관직무집행법상 경찰활동의 문제점과 개선방안에 관한 연구," 호남대학교 박사학위논문, 2008.

이강종, "한국경찰위원회제도에 관한 연구-구조기능론적 접근을 중심으로," 동국대학교 박사학위논문, 2002.

이당재, "조선시대 포도청 연구」, 연세대학교 석사학위논문, 1982.

이동명·윤재복, "보호관찰제도의 기초이론,"「법학연구」, 22, 2006.

이수현, "우리나라 행형사의 근본이념과 현행 교정제도의 발전방안," 경북대학교 박사학위논문, 2004.

이영근, "외국의 형사사법제도,"「교정연구」, 9(1), 1999.

이완규, "개정형사소송법상 조서와 영상녹화물,"「비교형사법연구」, 9(2), 2007.

이용식, "회복적 정의와 형사사법 정의: 두 정의의 '절충'은 가능한 것인가?"「동아법학」, 54, 2012.

이재석, "영국의 사법에서의 시민참여,"「사회과학연구」, 9(1), 2001.

이종일, "근대 이전의 법제 변천",「법제연구」, 14, 2001.

이진록, "양형에 관한 일반적 고찰,"「법학논총」, 2, 1985.

이찬규·이나미, "클로드 베르나르의 실험 의학, 19세기 유럽 문학에 나타난 자연주의와 근대성의 기원에 관한 연구", 「의사학」, 22(1), 2013.

이창한, "보호관찰공무원의 폭력피해 경험이 직무스트레스에 미치는 영향,"「한국공안행정학회호」, 30, 한국공안행정 학회, 2008.

이철호, 형사사법과 인권보장,"「한국경찰학회보」, 13, 2007.

이황우, "경찰정신사와 경찰상 정립,"「경찰창설 50주년과 경찰의 좌표」, 치안연구소, 1995.

이현희, "범죄발생율의 지역별 차이에 관한 연구", 이화여자대학교 박사학위논문, 1994.

임승재, "조선시대 경찰의 사적고찰,"「법정논총」, 동국대학교 법정연구소, 1970.

임준태, "강력범죄에서의 범인상 추정기법 도입에 관한 연구," 치안연구소, 2004.

장규원·윤현석, "회복적 사법의 한계에 대한 고찰"「동아법학」, 57, 2012.

장석헌, "깨어진 창이론(Broken Window Theory)을 통한 경찰의 대응방안,"「한국 공안행정학회보」, 16, 2003.

정동기, "사회봉사명령제도의 연구," 한양대학교 박사학위논문, 1997.

정동욱, "조선시대 형사사법기관,"「고시연구」, 17(12), 1990.

정만희, "한국의 사법제도개혁의 동향과 과제,"「동아법학」, (40), 동아대학교 법학연구소, 2007.

정세종, "경찰의 강제수사절차에 관한 비교법적 연구,"「한국경찰학회보」, 7, 2003.

정종섭, "한국의 법원제도: 그 변천과 과제,"「헌법연구 4」서울: 박영사, 2003.

조준현, "범죄의 사회적 요인에 대한 미시적 접근과 거시적 접근"「저스티스」, 2004.

조상제, "프랑스 형사사법제도,"「비교형사사법연구」, 3(1), 2001.

진수명, "보호관찰과 과학적 분류처우방법,"「보호」, 12, 2001.

차인배, "조선전기 성종-중종대 '포도장'제 고찰,"「사학연구」, 72, 2003.

차혜선, "대한제국기 경찰제도의 변화와 성격,"「역사와 현실」, 19, 1996.

최석윤, "양형의 합리화 방안,"「형사정책연구소식」, 한국형사정책연구원, 1995.

최선우, "형사사법모델과 형사사법의 특성에 관한 연구,"「공안행정학회보」, 24, 2006.

최응렬, "환경설계를 통한 범죄예방에 관한 연구", 동국대학교 박사학위논문, 1994.

최준혁, "사전예방 중심의 형사정책(예방의 의미, 방법, 한계에 관하여)"「형사정책연구」, 25(2), 2014.

太田典子, "일본보호관찰제도에 있어서의 보호사의 역할과 과제,"「보호관찰」, 2, 2002,

하태훈, "현행 보안처분제도의 문제점과 개선방안,"「형사정책」, 1(5), 1990.

허익환, "검찰조직의 환경변화와 개선방안," 경북대학교 석사학위논문, 2006.

허성관, "우리나라 교정시설의 문제점과 개선방안에 관한 연구," 중앙대학교 석사학위논문, 2003.

허익환, "검찰조직의 환경변화와 개선방안," 경북대학교 석사학위논문, 2006.

허주욱, "교정제도의 개선방안에 관한 연구," 강원대학교 박사학위논문, 1998.

홍동표, "한국의 자치경찰제에 관한 공법적 연구," 숭실대학교 박사학위논문, 2008.

대검찰청,「검찰지식리뷰(창간호)」, 2005. 4. 15.

대검찰청, "각국검찰의 변화 및 미래전략," 「연구보고서」, 16, 2007.

대검찰청, "New-Pros," 2008년 9월호.

법원행정처, "법조인력 양성에 관한 각국의 제도비교," 1995.

3) 기타

강양구, "내 안에 석기 시대의 마음이 들어 있다" 「프레시안」, 2010.01.23.

강지남, "우리가 지켜보는 우리 동네, 범죄 꼼짝 마!" 「주간동아」, 2009.03.04.

계동혁, "가브리엘 Mk.1 함대함 미사일" 「중앙일보」, 2008.11.23.

구경모·우원태, ""흉악범죄자 사회서 영구 격리" "무고한 희생 사법살인 막아야" 「영남일보」, 2015.08.06.

구보민, "교정공무원, 사회방위 최후의 보루를 지키는 교정공무원" 「고대신문」, 2017.11.27.

권석천, "배임죄 사용설명서" 「중앙일보」, 2014.02.05.

권순정, "균형 있는 형사사법제도 설계" 「법률신문」, 2017.07.03.

금태섭a, "피의자가 됐을 때 차라리 아무 것도 하지 말라" 「한겨레」, 2006.9.11.

금태섭b, "조사받을 때 대처방안(초고내용)," 「한겨레」, 2006.9.18.

김기정, "영욕의 검찰 공안, 46년 만에 간판 뗀다." 「중앙일보」, 2019.01.20.

김남일·김양진, ""공안' 검사→'공익' 검사로…공안부, 55년만에 '간판' 바꾼다" 「한겨레」, 2018.07.12.

김기봉, "디지털시대 시공간 인식지평 넓혀 인구문제 풀어야" 「교수신문」, 2019.04.26.

김리안, "구속 or 기각 양자택일 강요… 현행 영장심사제도 개선 절실" 「문화일보」, 2019.04.03.

김지혜, "'남양유업 외손녀' 황하나, 마약 의혹에도 조사 안 받아" 「중앙일보」, 2019.04.01.

김덕영, "김덕영 교수의 사회학이론 시리즈 첫 책…'에밀 뒤르케임'" 「연합뉴스」, 2019.04.27.

김상욱, "뜨거운 주제 '진화론' 냉정히 평가" 「경향신문」, 2016.05.27.

김성현, "독립운동의 聖地… 수감자 절반이 20대 청년이었다" 「조선일보」, 2019.04.13.

김송수, "인생의 나침반, 멘토" 「경남일보」, 2018.09.11.

김승열a, "법원칙과 사법소비자의 눈으로 바라본 판결문" 「조선일보」, 2019.01.24.

김승열b, "불록체인형 사법절차를 기대하며" 「조선일보」, 2019.04.08.

김영기, "인권보호, 검찰 그리고 수사지휘" 「법률신문」, 2017.09.14.

김영민, "자기 마음을 들여다보기, 누가 강제하는가" 「한겨레」, 2019.05.11.

김예지, "과태료 내고 그 여자 죽이겠다, 법은 피해자를 보호하지 못했다" 「오마이뉴스」, 2018.10.29.

김용국, "묻지도 따지지도 않는 변호사 피하라," 「오마이뉴스」, 2009.04.01.

김웅, "형사처벌 만능주의에서 벗어나야 스스로 '괴물' 되는 검사 안 나온다" 「주간동아」, 2018.02.07.

김유겸, "가혹한 처벌 vs 확실한 처벌" 「동아일보」, 2019.05.13.

김인구, "돈 많다고 다 上流 아냐 … 美선 '내면의 계급'이 중요" 「문화일보」, 2016.06.03.

김인구a, "유전자에 性差가 새겨졌다고?… 더 이상 못 참겠다" 「문화일보」, 2017.03.17.

김일중, "과잉범죄화와 형벌공화국에서의 탈출"「고대신문」, 2018.11.19.

김장원, "미국의 배심제, 독일의 참심제"「고대신문」, 2005.05.23.

김재민, "피해자학"「피해자서포터」, 경찰수사보안연수소, 2005.

김준호, "청소년비행의 개념과 측정"「법률신문」, 1986.08.25.

김태영, "6일에 한 번씩 연인에게 살해되는데… '데이트 폭력' 법적 정의조차 없다"「서울경제」, 2021.02.20.

김태현, "미투가 점입가경? 인본 향한 존엄한 투쟁"「스트레이트뉴스」, 2018.03.28.

김태철, "자유주의의 역사와 본질은 진보"「한국경제」, 2019.07.10.

김창호, "21세기 여성 역할은…"「중앙일보」, 1999.01.09.

김철중, "공포 모르는 사이코패스…성인 1%가 성향"「조선일보」, 2009.02.03.

김희윤, "죽음과 삶의 경계에서 쓴 투쟁의 기록"「아시아경제」, 2019.05.24.

류여해, "한국 검찰과 도쿄지검 특수부"「시사저널」, 2016.11.15.

류여해b, "한국 검찰과 도쿄지검 특수부"「시사저널」, 2019.08.03.

류인하, "검찰 기수문화 폐습 없어질까"「주간경향」, 2019.09.08.

류정, "신문(訊問)과 심문(審問)의 차이는?"「조선일보」, 2009.05.06.

민경한, "법무·검찰의 법과 제도 개선을 위한 몇 가지 제언"「법률신문」, 2018.09.13.

박금옥, "올해 출간된 여성관계 서적들"「중앙일보」, 1983.12.19.

박나영, "청소년기 법정경험은 충격…정체성 발달에 악영향"「아시아경제」, 2019.07.10.

박사라, "3200명 올린 VIP용 'A정보'…경찰청장은 여기에 명운 걸었다"「중앙일보」, 2019.05.10.

박승규, "법과 정의를 상징하는 해치와 사자견(10)"「내외뉴스통신」, 2018.10.08.

박옥주, "영화〈돈〉: 돈에 지배되는 삶, 돈을 지배하는 신앙"「크리스천투데이」, 2019.03.24.

박용기, "구미형 일자리 모델, 노사입장 듣다"「경북일보」, 2019.03.31.

박인동, "너무나도 다른 한·일 형사사법 환경"「법률신문」, 2012.12.17.

박재승, "최고의 형사정책은 사회정책"「고대신문」, 2012.09.23.

박정호, "여성의 역사 한국어판 출간"「중앙일보」, 1998.07.02.

박종선, "마이클 샌델, 정의란 무엇인가 (Justice; What is the right thing to do)"「주간조선」, 2019.01.21.

배민영, "손질 vs 법 안정성…'김학의'로 불붙은 공소시효 논란"「세계일보」, 2019.03.28.

배용진, "사이코패스는 타고나나 만들어지나?"「조선일보」, 2017.07.23.

백인성, "검경수사권 논의, 60년간 혈투 살펴보니…"「머니투데이」, 2017.11.27.

분수대, "전업주부"「중앙일보」, 2007.05.22.

사설, "시카고 시장"「파이내셜뉴스」, 2019.04.07.

서경식, "일본 문제만은 아닌 묻지마 살인'"「한겨레」, 2008.06.21.

서유헌, "치매의 대가 서유헌 교수의 재미있는 腦 이야기,"「신동아」. 2009.01.

서환한, "전관 타이틀에 속지 말라' 판·검사가 말하는 진짜 전관은?"「일요신문」, 2018.07.20.

성경원, "남자도 당하면 아프다"「매경이코노미」, 2018.04.01.

손봉호, "의사와 구주"「문화저널21」, 2019.06.17.

손정희, "모든 인간은 효용을 극대화 한다…미시경제학 지평 확대… '행동경제학의 대가' 게리 베커 잠들다"「한국경제」, 2014.05.16.

신형철, "가십의 나라에서"「광주일보」, 2016.07.29.

오창익, "교정교화 위해 가석방 활성화해야"「경향신문」, 2019.03.21.

우은희, "정의와 진실"「매일신문」, 2018.09.20.

윤희영a, "학교 폭력 가해자의 심리학"「조선일보」, 2021.02.18.

윤희영b, "학교 폭력 피해자가 되지 않는 방법"「조선일보」, 2021.02.23.

이가영, "살면서 무조건 만난다, 내 주변의 소시오패스 감별법"「중앙일보」, 2018.04.26.

이가혁, "범죄예방용 환경설계(CPTED)"「중앙일보」, 2012.06.22.

이근우, "대처 전 총리는 왜 말론 브란도를 흉내냈을까"「매일경제」, 2013.05.20.

이나영, "그는 왜 국회 대신 화장실로 갔을까"「신동아」, 2016.06.23.

이덕일, "부러진 화살"「중앙일보」, 2016.12.20.

이동욱, "눈뜬 정의의 여신"「경북일보」, 2019.02.20.

이민영, "천차만별 차관급… 기재부 0.2%, 검찰은 2%가 '별'",「서울신문」, 2018.04.08.

이범준a, "무소불위 권한"「경향신문」, 2012.12.02.

이범준b, "헌법 11.0 다시 쓰는 시민 계약, 그들만의 '사법 왕국', 불행은 시민의 몫으로"「경향신문」, 2018.02.02.

이범준c, "대한민국 판사, 당신은 누구인가"「경향신문」, 2018.07.12.

이범준d, "이제는 전설이 됐다고 하지만 들어보면 현실인 '전관예우'"「경향신문」, 2018.07.12.

이준범e, "'다른 판결'에 '정치적' 낙인찍은 대법, 뒤로는 정치권과 거래"「경향신문」, 2018.09.09.

이범준f, "학자의 사명"「경향신문」, 2018.10.09.

이범준g, "한국 사법역사 71년 만에 여성 법관 30% 넘었다"「경향신문」, 2019.03.25.

이세현, "형사절차 전과정에서 '회복적 사법' 최우선 고려돼야"「법률신문」, 2018.07.17.

이소연, "미투 촉발' 안태근 2심서도 실형 선고… 법원의 '성인지 감수성' 얼마나 달라졌나"「쿠키뉴스」, 2019.07.19.

이순규, "교통·건설·산업분야 형량, 다른 분야보다 2배 이상 높다"「법률신문」, 2018.11.15.

이승현, "또 다른 살인"「세계일보」, 2009.02.18.

이완영, "판사 임용 최소 법조경력 '1심 5년, 2심 15년↑' 이원화 법안 발의"「법률신문」, 2019.03.13.

이윤미, "무엇이 한 인간을 '자살'로 이끄는가"「헤럴드경제」, 2017. 12.22.

이인, "김태환 지사 무죄 확정, 위법수집증거배제 확립"「노컷뉴스」, 2009.03.12.

이재영, "진화심리학, 불교의 무명·무아가 진실임을 입증"「법보신문」, 2019.01.18.

이지현, "특수수사 몰린 서울중앙지검 검사 정원 15명 늘린다"「연합뉴스」, 2019.01.15.

이화정, "관악 제2대학(학술교육운동단체) '여성의 눈으로 세상보기' 제3강 강의안 여성사 서술의 의미에 대하여"「네이버 블로거」.

임대윤, "형의 선고의 효력과 형의 실효"「법률신문」, 2011.11.10.

임재우·서영지, "정보 올리면 '승진' 내려와…청와대-정보경찰 그들만의 공생" 「한겨레」, 2019.06.10.

임종명, "판·검사는 죄를 지어도 봐준다? 기소율 0%대" 「뉴시스」, 2018.10.19.

임지선, "검찰 수사 관행에 획기적인 일침" 「한겨레21」, 2009.12.22.

임현경, "박소연의 기자회견에서 '악(惡)의 평범성'을 목도하다" 「더팩트」, 2019.01.21.

전우영, "나쁜 남자에게만 끌리는 여성들" 「동아일보」, 2012.11.03.

정원철, "내가 자살한다면 누구의 책임일까?" 「정신의학신문」, 2018.09.22.

정준영, "형사재판과 화해중재" 「매일경제」, 2006.12.18.

정희주, "어째서 지구상에 살인이 끊이지 않는가" 「정신의학신문」, 2016.10.10.

조가을, "성범죄 판단의 새로운 기준 '성인지 감수성'" 「시민일보」, 2019.07.10.

조강수, "재판부·전관 변호사에 따라 죽살이 치는 판결 누가 믿겠나" 「중앙일보」, 2019.04.05.

조성호, "극적으로 타결된 '검경(檢警) 수사권 조정', 그 70여 년의 역사" 「월간조선」, 2018.06.21.

조숙현, "가정폭력이 발생하고 있다면 이렇게 대처하세요!" 「조선일보」, 2017.02.13.

조장옥, "예술로서의 경제정책…낙서도 작품일까?" 「ifsPost」, 2019.07.07.

진중언, "4차 산업혁명 핵심기술은 'ICBM'과 AI… 성패는 AI가 좌우" 「조선일보」, 2019.06.27.

천자칼럼, "촉탁살인" 「한국경제」, 2000.12.17.

최동순, "경찰 하대하는 검사 사라졌지만…" 「한국일보」, 2019.04.01.

최범, "디자인, 배치는 권력이다" 「중앙일보」, 2019.02.28.

최재경, "록히드 스캔들 해결한 일본의 '형사면책'" 「중앙일보」, 2008.10.19.

특별취재팀, "선진국에선 어떻게" 「서울신문」, 2011.10.14.

한채윤, "권리 위에 잠든 자는 누구인가(성적 자기결정권'을 엉터리로 해석하는 사람들에게), 「한겨레」, 2019.03.21.

한희준, "조현병, 모두 범죄 일으키지 않아… 반사회적 성격장애 동반 시 문제" 「조선일보」, 2018.07.09.

허겸, "부모 청소년기 비행, 자녀 범죄의 길로" 「중앙일보」, 2018.11.19.

허연, "석학이 말하는 불편한 진실들" 「매일경제」, 2007.09.01.

허중혁, "일본의 형사사법적 특성" 「법률신문」, 2017.11.13.

2. 외국문헌

1) 서양문헌

André Decocq, Jean Montreuil, Jacques Buisson, *Le Droit de la Police*, Litec, 1991.

Association for Psychohistory, "Sex Roles: Biological, Psychological and Social Foundations," *The Journal of Psychological Anthropology*, 1979.

Bennett, Wayne W. & Hess Karen M., *Criminal Investigation(7th ed.)*, Belmont, CA: Wadsworth/Thomson Learning, 2004.

Block, C., "STAC Hot Spot Areas: A Statistical Tool for Law Enforcement Decisions in Crime Analysis through Computer Mapping," *Police Executive Research Forum*, 1995.

Bonger, Willem Adriaan, *Criminality and Economic Conditions*, London: Heinemann, 1916.

Brantingham, Paul J. and Brantingham, Patricia L., *A Theoretical Model of Crime Site Selection*, CA: Sage, 1978.

Brantingham, Paul J. and Brantingham, Patricia L., *Environmental Criminology*, California: Sage Publications, Inc., 1981.

Brown, D., "The Regional Crime Analysis Program(RECAP): A Framework for Mining Data to Catch Criminals," *Proceedings for the 1998 International Conference on Systems*, 1998.

Brown, G. W., "Experiences of discharged chronic schizophrenic mental hospital patients in various types of living group" *Milvank Memorial Fund Quarterley*, Vol. 37, No. 105, 1959.

Brown, M. A., "Modelling the Spatial Distribution of Suburban Crime," *Economy Geography*, Vol. 1982.

Burgess, R. and Akers, R. L., "A Differential Association Reinforcement Theory of Criminal Behavior," *Social Problems*, Vol. 14, 1968.

Clarke, Keith C., *Getting Started with Geographic Information Systems*, NJ: Prentice Hall, 1997.

Clarke, Ronard V., "Situational Crime Prevention: Its Theoretical Basis and Practical Scope", *Crime and Justice*: An Annual Review of Research, 4, 1983.

Clarke, Ronald and Homel, Ross, "A Revised Classification of Situational Crime Prevention Techniques." *In Crime Prevention at a Crossroad*, Cincinnati,: Anderson, 1997.

Clear, Tod R. & Cole, George F., *American Correction(2nd ed.)*, Pacific Grove, CA: Brooks/Cole Publishing Company, 1990.

Cole, George F. & Smith, Christopher E., *The American System of Criminal Justice*, Wadsworth: Thompson Learning Inc. 2007.

Cramer, James, *The World's Police*, London: Cassell Pub., 1994.

Daly, K. & Chesney-Lind, Meda, "Feminism and Criminology," *Justice Quarterly* 5, 1988, p. 501.

Dugdale, R., *The Jukes*, NewYork: Putnam, 1910.

Fabricius, Ehrengabe für Anne-Eva Brauneck, S. 420.

Gressy Faul. F., "Population succession in Chicago: 1898-1930," America Journal of Sociology 44, 1938.

Elliott, Delbert S. & Ageton, Suzanne S. & Canter Rachelle J., "An Integrated Theoretica Perspective on Delinquent Behavior." *Journal of Research in Crime and Delinquency* 16(1), 1979, pp. 3-27.

Freud, Sigmund, "Criminal from a Sense of Guilt," in James Strachey, ed, *The Standard Edition of the Complete Psychological Works of Sigmund Freud*, London: Hogarth Press, 1975.

Friedlander, Kate, *The Psychoanalytic Approach to Juvenile Delinquency*, London: Kegan Paul, Trench and Trubner, 1947.

Glueck, Sheldon and Glueck, Eleanor T., *Physique and Delinquency*, NewYork: Harper and Row, 1976.

Gressy, Faul F., "Population succession in Chicago: 1898-1930," *America Journal of Sociology*, No. 44, 1938.

Hathaway, Starke R. & Monaches, Elio D., *Analyzing and Predicting Juvenile Delinquency with the M.M.P.I.*, Minneapolis, MN: University of Minnesota Press, 1953.

Healy, William & Bronner, Augusta, *New Light on Delinquency and It's Treatment, New Haven*, CT: Yale University Press, 1936.

Hillery, G. A., "Definitions of Community: Area of Agreement," *Rural Sociology*, 20, 1955.

Hirschi, Travis, *Causes of Delinquency*, University of California Press, 1969.

Jackson, Janet L. & Bekerian, Debra A., *Offender Profiling-Theory, Research and Practice*, England,: West Sussex, 1997.

Kamber, T., Mollenkopt, H. and Ross, A., "Crime, Space, and Place: An Analysis of Crime Patterns in Brooklyn," *Analyzing Crime Patterns: Frontiers of Practice*, London: Sage, 2000.

King, Michael, "A Status Passage Analysis of the Defendant's Progress through the Magistrate's Court," *Law and Human Behavior*, Vol. 2, No. 3, 1978.

King, Michael(a), *The Framework of Criminal Justice*, London: Croom Helm, 1981.

King, Michael (b), "A Status Passage Analysis of the Defendant's Progress through the Magistrate's Court," *Law and Human Behavior*, Vol. 2, No. 3, 1978, p. 187.

Langworthy, Robert H., *Policing in America-A Balance of Forces*, New York: Macmillan Publishing Company, 1994.

Lasswell, Halold D. & Kaplan, Abraham, *Power and Society*, New Haven: Yale University Press, 1970.

Liska, Allen E., *Perspectives on Deviance 109*, Englewood Cliffs, NJ: Prentice-Hall, Inc., 1981.

Lemert, Edwin McCarthy, *Human Deviance*, Social Problems and Socail Control, NewYork: Prentice-Hall, 1972.

Maguire, Brendan & Radosh, Polly F., *Introduction to Criminology*, CA, Belmont, Wadsworth Publishing co., 1999.

McCold, P., "Toward a holistic vision of restorative juvenile justice: a reply to the maximalist model," *Contemporary Justice Review*, Vol.3 No.4, 2000.

McShane, MD & William, FP, "Radical Victimology: A Critique of Victim in Traditional Victimology," *Crime and Delinquency*, Vol. 38 No. 2, 2001.

Mendelsohn, B., "The Victimology, Etudes Internationale de Psycho-sociologie Criminelle," *American Journal of Obstetrics Gynecology*, 1956, July.

Merton, Robert K., *Social Theory and Social Structure*, Glencoe, IL: Free Press, 1968.

Newman, Oscar, *Defensible Space*, NewYork: Coller Books, 1978.

Parsons, Talcott, "Age and Sex in the Social Structure of the United States," *American Sociological Review* 7, 1942, p. 605

Qunney, Richard, Class, *State & Crime*, NewYork: Longman Inc., 1977.

Reckless, Walter, *The Crime: Problem(5th ed.)*, NewYork: Appleton Century Crofts, 1973.

Reckless, Walter and Dinitz, Simon, "Pioneering with Self-Concept as a Vulnerability Factor in Delinquency," *Journal of Criminal Law*, Criminology and Police Science, Vol. 58, 1967.

Reichel, Philip L., *Comparative Criminal Justice System: A Topical Approach(3th ed.)*, NJ: Prentice Hall, 2002.

Sanderson, J., *Criminology Text Book*, London: HLT Publication, 1995.

Schafe, S., *The Victim and His Criminal: A Study in Functional Responsibility*, NewYork: Random House, 1968.

Schmalleger, Frank, *Criminal Justice Today(3rd. ed.)* Englewood Cliffs, NewJersey: Prentice-Hall Inc., 1995.

Shaw, Clifford, *The Natural History of a Delinquent Career*, University of Chicago Press, 1931, p.15.

Sheldon, William H., Hartl, Emil M., and McDermott, Eugene, *Varieties of Delinquent Youth*, NewYork: Harper, 1949.

Shoemaker, Donald J., *The Theories of Delinquency*, NewYork: Oxford University Press, 1984.

Siegel, Larry J., *Criminology*(7th ed.), Belmont, CA: Wadsworth, 2001.

Silver, Allan, "The Demand for Order in Civil Society: A Review of Some Themes in the History of Urban Crime, Police, and Riot," in David J. Bordua, ed., *The Police: Six Sociological Essays*, New York: Wiley, 1967.

Smith, Alexander T., *The Comparative Policy Process*, Santa Babara: Clio Books Co., 1975.

Sutherland, Edwin, *Principles of Criminology(4th ed.)*, Chicago: J. B. Lippincott, 1947.

Taylor, Ian, *Criminology*, London: Routledge and Kegan Paul, 1975,

Sutherland, E. H. and Cressey, D. R., *Principles of Criminology(9th ed.)*, Philadelphia: J. B. Lippincott Company, 1974.

Swaaningen, van, *Critical Criminology*: Visions From Europe, 1997.

Sykes, Gresham and Matza, David, "Techniques of Neutralization: A Theory of Delinquency," *American Sociological Review*, Vol. 22, 1957.

Taylor, Ian, *Criminology*, London: Routledge and Kegan Paul, 1975.

Van Ness, Daniel W., "The shape of things to come: a framework for thinking about a restorative justice system" *the Fourth International Conference on Restorative Justice for Juveniles*, 2000.

Vold, George B., Bernard, Thomas J., and Snipes, Jeffrey B., *Theoretical Criminology(4th ed.)*, NewYork: Oxford University Press, 1998.

Weber, Max, *Economy and Society: An Outline of Interpretive Sociology*, edited by Guenther Roth & Claus Wittich, University of California Press 1968.

Weisburd, David and McEwen, Tom, *Crime Mapping and Crime Prevention*, NewYork: Criminal Justice Press, 1998.

Welsh, Wayne N. & Harris, Philip W., *Criminal Justice Policy & Planning*, MA: Anderson Publishing, 2013.

Yochelson, Samuel & Samenow, Stanton E., *The Criminal Personality*, NewYork: Jason Aronson, 1976.

Zehr, H. & Umbreit, M., "Victim Offender Reconciliation: An Incareration Substitute," *Federal Probation*, Vol. 46 No. 1, 1982.

Title, Charles R. & Paternoster Raymond, *Social Deviance and Crime*, L.A: Roxbury Publishing Co., 2000.

John, Conklin E., & Robbery, *The Criminal Justice System*, Philadelphia: Lippincott Co., 1972.

Goodwin, C. J., *Research in psychology: Methods and design*, New York: John Wiley & Sons, Inc, 1995.

Gay,, L. R., *Educational Research: Competencies for analysis and application(2nd ed.)*, Charles E. New Jersey: Merrill Publishing Co., 1981.

Meyers, L. S. & Grossen, N. E., *Designing qualitative research*, Newberry Park, Cal: Sage Publishing Inc., 1974.

Thomas, Charles W. & John, Hepburn, *Crime, Criminal Law, and Criminology*, Dubuque, IW: WM. C. Brown Company Publishers, 1983.

Henry, Mannle W. & David, J. Hirschel, *Fundamentals of Criminology(2nd ed.)*, Englewood Cliffs, NJ: Prentice Hall, 1988.

U.S. Department of Justice, Criminal Victimization in the United State-1980, U.S. Government Printing Office, 1982.

Doerner, William G. & Lab, Steven P., *Victimization(5th ed.)*, Newark, NJ: Anderson Publishing, 2008).

Brown, Stephen E.·Esbensen, Finn Aage·Geis, Gilbert, *Criminology: Explaining Crime and Its Context(7th ed.)*, NewYokr: Elsevier Inc, 2010.

Jame, Gilbert N., *Criminal Investigation(5th ed.)*, N.J: Prentice Hall, 2001.

2) 동양문헌

高橋雄豺,「英國警察制度論」東京: 令文社, 1959.

高村茂·桐生正幸,「プロファイリングとは何か」東京: 立花書房, 2002.

菊田幸一,「保護觀察理論」東京: 有信堂. 1969.

那書亭·万首聖 主編,「公安學校程」北京: 警官教育出版社, 1966.

島田正郎,「新出土史料 による 渤海國史の新事實」東京: 創文社, 1979.

大日方純夫,「近代日本の警察と地域社會」東京: 筈摩書房, 2000.

平野龍一,「刑事訴訟法」東京: 有斐閣, 1996.

那書亭·万首聖 主編,「公安學校程」北京: 警官教育出版社, 1966.

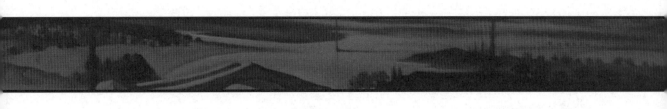

ㅅ

김창윤(金昌潤, Kim, Chang-Yun)

학   력
- 동국대학교 경찰행정학과(학사)
- 동국대학교 경찰행정학과(석사)
- 동국대학교 경찰행정학과(박사)

상   훈
- 경찰청장 감사장 수상
- 해양경찰교육원장 표창장 수상

주요 경력
- 英Portsmouth University 방문교수
- 한국행정학회 형사사법연구회 회장
- 한국경찰연구학회 부회장
- 한국공안행정학회 영남지회장
- 한국범죄심리학회 연구위원장
- 한국경찰학회 영남지회장
- 경찰청 치안정책평가단 위원
- 경남지방경찰청 수사전문자문위원회 위원
- 경남지방경찰청 징계위원회 위원
- 경남지방경찰청 시민감찰위원회 위원
- 마산중부경찰서 경찰발전위원회 위원
- 창원지방검찰청 마산지청 형사조정위원회 위원
- 경상남도 자치경찰추진위원회 위원
- 경찰간부시험 출제위원
- 경비지도사 출제위원
- 경남대학교 경찰학과 학과장
- 경남대학교 범죄안전연구센터 센터장

연구 실적
1) 저서
- 2009 • 「형사사법체계론」(다혜)
- 2014 • 「경찰학(초판)」(박영사)
- 2015 • 「경찰학(2판)」(박영사)
- 2015 • 「학교폭력의 예방 및 대책」(박영사)
- 2018 • 「경찰학(3판)」(박영사)
- 2020 • 「경찰학(4판)」(박영사)

2) 논문
- 2001 • 경찰정보관리체제의 실태분석과 발전방안(치안연구소 치안논총)
- 2003 • 일본경찰의 조직에 관한 고찰(한국민간경비학회보)
  - • 뉴테러리즘의 특징과 예방대책에 관한 연구(한국민간경비학회보)

2004	• GIS분석을 통한 효율적인 범죄예방활동에 관한 연구(한국민간경비학회보)
2005	• GIS를 활용한 경찰의 범죄통제에 관한 연구(동국대학교 박사학위논문)
2006	• 적극적 테러리즘을 위한 경찰과 민간경비의 협력구축방안(한국민간경비학회보)
	• 경찰안보기관의 역할과 인권(한국경찰학회보)
2007	• APEC이후 한국테러리즘의 현황과 전망(한국지방정부학회 발표논문)
2008	• 미군정기 치안정책 연구(한국공안행정학회보)
2009	• 일본의 연합국총사령부 점령기 치안정책 연구(한국경찰학회보)
	• 한국과 일본의 미군정기 치안정책 연구(경찰대학 경찰학연구)
	• 한국의 범죄발생 추세분석에 관한 연구(한국공안행정학회보)
	• 한국의 지역적 범죄특성에 관한 연구(울산광역시를 중심으로)(순천향대 사회과학연구)
	• 강력범죄의 발발과 사회불안: 민주화 시기(1987-2007)를 중심으로(2009 한국행정학회 목요국정포럼 발표논문집)
	• 대한제국시대의 치안체제에 관한 연구(경남대 인문사회논총)
2010	• 신임경찰 역량기반 교육훈련에 관한 연구(한국경찰학회보)
	• 민주화시기의 범죄추세 분석에 관한 연구(1987-2007년을 중심으로)(원광대 경찰학논총)
	• 자살의 심리학적 분석에 관한 연구(공식통계자료를 중심으로)(한국범죄심리연구)
2011	• 한국의 범죄특성에 관한 연구-지난 10년간 5대 범죄발생 분석을 중심으로(원광대 경찰학논총)
	• 미군정기 형사사법정책 연구(한국공안행정학회보)
	• 군중심리와 경찰의 군중통제에 관한 연구(한국범죄심리연구)
2012	• 한국 경찰학의 성립과 기원에 관한 연구(한국공안행정학회보)
	• 한국 근대경찰의 창설배경과 조직에 관한 연구(한국경찰연구학회)
2013	• 일제 통감부 시기 경찰조직에 관한 연구(동국대 사회과학연구)
	• 박근혜정부의 치안정책 기본방향과 개혁과제(한국공안행정학회보)
2014	• 조선시대의 치안정책과 조직에 관한 연구(한국공안행정학회보)
	• 고려시대의 치안정책과 조직에 관한 연구(한국경찰학회보)
	• 경찰의 예산분석 및 효율화 방안에 관한 연구(한국경호경비학회보)
	• 경찰의 범죄피해자 정책실태와 개선방안(한국범죄심리연구)
	• '경찰의 날'에 대한 역사적 고찰과 변경가능성에 관한 연구(한국민간경비학회보)
2016	• 해방 이후 범죄대응을 위한 경찰조직 변천에 관한 연구(한국범죄심리학회)
2017	• 역대정부의 치안정책 분석 및 범죄추세분석에 관한 연구(한국공안행정학회보)
2018	• 역대 치안총수와 인권정책에 관한 연구(한국경찰학회보)
	• 역대 치안정책의 수립과정 분석 및 미래에 관한 연구(한국공안행정학회보)
	• 박근혜 정부의 치안정책 및 범죄추세 분석에 관한 연구(한국경찰학회보)
2019	• 경찰의 역사성 및 정통성 확립과 미래 치안개혁 과제(한국공안행정학회보)
2020	• 북한의 치안정책에 관한 연구(한국경찰학회보)

제2판
범죄학과 형사사법체계론

초판발행   2019년 9월 25일
제2판발행   2021년 4월 26일

지은이   김창윤
펴낸이   안종만 · 안상준

편 집   정은희
기획/마케팅   박세기
표지디자인   조아라
제 작   고철민 · 조영환

펴낸곳   (주) **박영사**
                서울특별시 금천구 가산디지털2로 53, 210호(가산동, 한라시그마밸리)
                등록 1959.3.11. 제300-1959-1호(倫)

전 화   02) 733-6771
fax   02) 736-4818
e-mail   pys@pybook.co.kr
homepage   www.pybook.co.kr
ISBN   979-11-303-1291-0 93350

copyright©김창윤, 2021, Printed in Korea

정 가   34,000원